Lilly-Britt Weiß

„Die neuesten Fortschritte der Zuschneidekunst."
Zur Formalisierung der Schnitttechnik im Schneidergewerbe im 19. Jahrhundert.

Lilly-Britt Weiß

„Die neuesten Fortschritte der Zuschneidekunst."

Zur Formalisierung der Schnitttechnik im Schneidergewerbe im 19. Jahrhundert.

Lilly-Britt Weiß Verlag • Berlin

Lilly-Britt Weiß ist promovierte Historikerin, Diplom-Ingenieurin und Gestalterin.

Ihr besonderes Interesse gilt der Bewahrung und Vermittlung von handwerklichem Wissen und Können. 2019 gründete sie den Lilly-Britt Weiß Verlag und gibt Fach- und Sachbücher zum Thema Handwerk heraus.

Bei diesem Werk handelt es sich um eine an der KIT-Fakultät für Geistes- und Sozialwissenschaften des Karlsruher Instituts für Technologie (KIT) angenommene Dissertation. Tag der mündlichen Prüfung: 21.01.2020.

Bibliografische Information der Deutschen Nationalbibliothek:

Die Deutsche Nationalbibliothek verzeichnet diese Publikation in der Deutschen Nationalbibliografie; detaillierte bibliografische Daten sind im Internet über http://dnb.d-nb.de abrufbar.

ISBN 978-3-9822448-0-8

Umschlaggestaltung: Lilly-Britt Weiß

Verlag: Lilly-Britt Weiß Verlag

Herstellung: BoD – Books on Demand, Norderstedt

Dieses Buch ist in gedruckter Version und als E-Book erschienen.

Für meine Familie

Inhaltsverzeichnis

Abstract

Das Ziel dieser Forschungsarbeit ist es, einen fundierten Beitrag zur Bewahrung des Wissens und zur Rekonstruktion der Praxis der Zuschneidekunst im Schneiderhandwerk im 19. Jahrhundert zu leisten. Durch den Blick auf die historische Vielfalt ihrer Wissensformen werden technisch-gestalterische Spielräume auf dem Gebiet der Bekleidungstechnik als handwerkliche Kunst eröffnet und hinterfragt. Bisher unbekannte historische Bedeutungszusammenhänge der Entfaltung, Aneignung und Anwendung dieser (handwerklichen) Technik werden hierbei aufgedeckt und neue methodische Ansätze der Technik- und Wissensgeschichte in der Auseinandersetzung mit historischen Quellen erstmals auf das bislang in der technikhistorischen Forschung unberücksichtigte Gebiet der Zuschneidekunst angewendet.

Im Folgenden werden die Formalisierung und Verbreitung des technisch-künstlerischen Wissens der Zuschneidekunst untersucht. Dem bis dahin in der Meisterwerkstatt situierten und weitergegebenen Erfahrungswissen wurde bis zur Jahrhundertwende ein formalisiertes Wissen an die Seite gestellt, das universell anwendbar sein sollte. Dieses besitzt bis heute Gültigkeit und bildet die Grundlage für die Schnittkonstruktion. So wird jedoch nicht nur ein explizierbares, auf mathematisch-geometrischem Wissen basierendes Regelwerk analysiert, sondern zudem die impliziten Wissensformen der Praxis der Zuschneidekunst erörtert. Untersucht wird der historische Kontext, in dem das (wissenschaftliche) Wissen der Zuschneidekunst generiert und formalisiert wurde und der Frage nachgegangen, wer die Akteure und Adressaten dieses Wissens waren und wie das Wissen verbreitet, überprüft und schließlich universalisiert wurde – ohne dass das implizite Wissen jemals verloren ging bzw. überflüssig wurde.

Die 1850 gegründete Europäische Moden-Akademie in Dresden als *Raum des Wissens* ist zentraler Gegenstand der Forschung. Die Gründung der ersten höheren Bildungseinrichtung für das Schneidergewerbe im deutschsprachigen Raum gibt Aufschluss darüber, dass im 19. Jahrhundert, als Reaktion auf die Herausforderungen der im Rahmen der Industrialisierung bedrohten handwerklichen Strukturen, die Notwendigkeit gesehen wurde, das Wissen des Schneiders auf dem Gebiet der Zuschneidekunst zu systematisieren. Dabei bilden die Aktivitäten der Akademie nicht nur den Prozess der Formalisierung des Wissens der Zuschneidekunst ab, sondern zeigen eine Forschungs- und Lehrpraxis, die auch heute noch die Grundlage für die Ausbildung eines, nun als „Ingenieurwissenschaft" definierten Wissens im Bereich der Bekleidungstechnik ist.

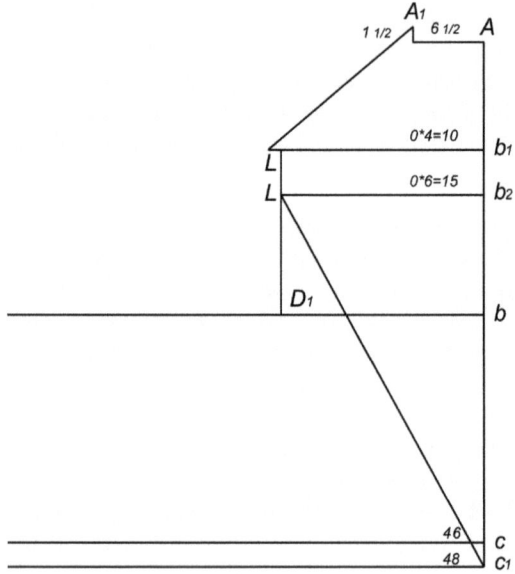

Figur 1

Abb. 1: Figur 1 – Schnittzeichnung nach der Konstruktionsanleitung für den Gehrock nach Wendelin Mottl. Entwicklungsstufe 1. *Quelle: Grafik von Lilly-Britt Weiß, 2018 (Legende: siehe Anhang B)*

1. Einleitung

Ein immerwährendes und wesentliches Bestreben des Menschen ist der „Wunsch, eine Arbeit um ihrer selbst willen gut zu machen"[2]. Unabhängig davon, um welche Arbeit es sich handelt, ist dieser Wunsch gepaart mit der Aneignung von Wissen und der Ausbildung von Fertigkeiten, die sich in einer kontinuierlichen Beschäftigung verfeinern. Handelt es sich um eine in der materiellen Sphäre eingebettete handwerkliche Tätigkeit, ist diese verbunden mit praktischem Tun und das Begreifen handwerklicher Herstellungsprozesse ist gestützt durch ein technisch-gestalterisches Verständnis. Die Motivation, ein Objekt herzustellen, geht einher mit dem Stolz, dieses in den Händen zu halten und dabei den Entstehungsprozess durchdrungen zu haben.[3] Dieses von Sennet gezeichnete Idealbild trifft gewiss nicht auf alle handwerklich Tätigen in ihrer realen Berufspraxis zu, ermöglicht jedoch, das Erlernen und Durchdringen eines Handwerks offenzulegen. So ist das „Handwerken, das Arbeiten mit den Händen, [ist] eine fundamentale menschliche Fertigkeit zur Bewältigung der Herausforderungen des Alltags, gleichgültig, ob diese im privaten Rahmen oder im beruflichen Arbeitszusammenhang zur Anwendung kommt."[4] Als Beispiel für ein spezifisches technisches und künstlerisches Wissen und Können steht die Zuschneidekunst des Schneiderhandwerks, die bisher in technik- und wissenshistorischen Fragestellungen kaum Berücksichtigung findet, obgleich auch die „Entwicklung der Schnitttechnik [einhergeht] mit der Technisierung der Welt und der Herausbildung eines naturwissenschaftlichen Weltbildes"[5]. Eine Art Schattendasein fristen die Schnitttechnik und ihre Geschichte als selbstverständlicher Bestandteil der Herstellung von Bekleidung und nicht eindeutig bestimmt werden können die Ursprünge. So schrieb Edward B. Giles 1887: „The origin of the art of cutting by system is unknown, and it seems almost impossible to discover it. We shall most probably find that it grew by degrees. First a simple rule, the result of experience, then

---

[1] Vgl. Seligman 1996, S. xi.
[2] Sennett 2012, S. 19.
[3] Vgl. ebenda, S. 9-28 (Prolog).
[4] Lindloff/ Zeitler 2016, S. 7; in diesem Zusammenhang erweist sich eine Wissensgeschichte des Handwerks laut Reinhold Reith als Desiderat der Handwerksforschung, die den Wissenstransfer und die Wissensbestände des alten Handwerks thematisiert. Vgl. Reith 2016.
[5] Kraft 2001, S. 109.

other and more complex ones were introduced. Afterwards, these were compared and combined, and something like a system or method was evolved."[6]

Die Kunstfertigkeit, zweidimensionale Vorlagen für unsere dreidimensionalen Kleidungsstücke zu konstruieren, steht im Fokus dieser Forschungsarbeit. Diese rekonstruiert unter sowohl technik- und wissensgeschichtlichen als auch unter bildungshistorischen Gesichtspunkten die Entstehung, Formalisierung und Verbreitung des technisch-künstlerischen Wissens der Zuschneidekunst im 19. Jahrhundert. Dem bis dahin in der Meisterwerkstatt situierten und weitergegebenen Erfahrungswissen wurde bis zur Jahrhundertwende ein formalisiertes Wissen in Form von schriftlich und bildlich niedergelegten systematischen Regeln und Anweisungen an die Seite gestellt, das universell anwendbar sein sollte. Dieses besitzt bis heute Gültigkeit und bildet die Grundlage für die Schnittkonstruktion – unabhängig davon, welche technischen Mittel und Werkzeuge für die praktische Umsetzung und Vervielfältigung von Schnittmustern bis heute entwickelt wurden. In der vorliegenden Arbeit wird jedoch nicht nur ein explizierbares, auf mathematisch-geometrischem Wissen basierendes Regelwerk analysiert, sondern zudem die impliziten Wissensformen erörtert. Kern der Untersuchung ist demnach nicht das fertige Kleidungsstück oder kostümgeschichtlich relevante Aspekte der Mode und damit verbundene gestalterische Ausformungen, sondern das Wissen um die Technik der Schnittgestaltung.

Um den Prozess der Formalisierung und Zirkulation des Wissens der Zuschneidekunst nachzuzeichnen, wird im Folgenden deren historischer Kontext im deutschsprachigen Raum untersucht und der Frage nachgegangen, wer die Akteure und Adressaten dieses Wissens waren und wie das Wissen verbreitet und überprüft und schließlich in eine dem Anspruch nach allgemeingültige und anwendbare Form gebracht wurde. Die 1850 gegründete Deutsche Akademie der Höheren Bekleidungskunst in Dresden als *Raum des Wissens* ist in diesem Zusammenhang zentraler Gegenstand der Untersuchung.[7] Die Gründung dieser ersten höheren Bildungseinrichtung für das Schneidergewerbe im deutschsprachigen Raum gibt Aufschluss darüber, dass im 19. Jahrhundert, als Reaktion auf die Herausforderungen der im Rahmen der Industrialisierung bedrohten handwerklichen Strukturen, die Notwendigkeit gesehen wurde, das Wissen des Schneiders auf dem Gebiet der Zuschneidekunst zu systematisieren. Dabei bilden die Aktivitäten der Akademie nicht nur den Prozess der Formalisierung des Wissens der Zuschneidekunst ab, sondern zeigen eine Forschungs- und Lehrpraxis, die auch heute noch die Grundlage für die Ausbildung der Bekleidungstechnik und Bekleidungsgestaltung bildet. Die Tradierung des handwerklichen Wissens und die praktische Ausführung, die Identität der Akteure im Schneidergewerbe und die Einbettung in ökonomische und soziale Rahmenbedingungen werden in dieser Fallstudie, im Sinne eines Bottom-up Ansatzes, rekonstruiert, bei

---

[6] Giles 1887, S. 73; auch Kraft zitiert Giles. Vgl. Kraft 2001, S. 18.
[7] Im Fortgang wird die Bildungseinrichtung umbenannt in Europäische Moden-Akademie.

dem konkrete historische Prozesse, Örtlichkeiten und Personen im Zentrum der Betrachtung stehen.[8] Die Geschichte einer solchen Institution ermöglicht damit, „gleichzeitig eine historische Berufssoziologie, die nach Berufsfeldern von Technikern und Ingenieuren fragt, sowie Prozesse der Professionalisierung zwischen Ausbildungsgängen, Berufsanforderungen und Statusinteressen"[9] abzuleiten.

Ein zentrales Motiv der Forschungsarbeit ist es, mit der historischen Analyse auch einen fundierten Beitrag zu einer ganzheitlichen technologischen und kulturellen Aufklärung im Hinblick auf die Ausübung der Schnitttechnik zu leisten. Ziel ist es, bisher unbekannte historische Bedeutungszusammenhänge der Aneignung und Anwendung dieser Technik aufzudecken. Durch den Blick auf die historische Vielfalt ihrer Wissensformen sollen neue technisch-gestalterische Spielräume und Potenziale auf dem Gebiet der Bekleidungstechnik als Ingenieurwissenschaft wie auch für den Bereich der Bekleidungsgestaltung und der handwerklichen Ausbildung im Schneiderfach eröffnet werden. Zugleich sollen neue methodische Ansätze der Technik- und Wissenschaftsgeschichte in der Auseinandersetzung mit historischen Quellen erstmals auf das bislang in der technikhistorischen Forschung unberücksichtigte Gebiet der Zuschneidekunst angewendet werden. Die Geschichte des Schnittes, in der Geschichte der Mode wie des Textilwesens bisher weitgehend unbeachtet, gilt es zu bewahren und der Schnitttechnik als Kulturtechnik Anerkennung zu verleihen.[10]

1.1 Einführung in den Forschungsgegenstand

Die Transformationsprozesse der Industrialisierung des 18. und 19. Jahrhunderts, die mit einem Wandel sowohl technischer und struktureller Formen der Herstellung von Produkten als auch mit der Ausweitung des Handels verbunden waren, bedrohten den Arbeits- und Lebensraum der Werkstatt des Handwerkers und so auch die Existenz des Schneiderhandwerks. Die fortwährenden Entwicklungen, die Organisation der Arbeit zu zergliedern, sprich die Idee von der Konstruktion, der Fertigung und der Vermarktung zu trennen, führten dazu, dass das Wissen und Können, bis dahin situiert in der Meisterwerkstatt, aus einem ganzheitlichen Arbeitsprozess herausgelöst wurde. Die „ökonomisch getriebene Vereinheitlichung von Praxen und Produkten"[11] zur Steigerung der Wirtschaftlichkeit und Funktionsfähigkeit ging zugleich einher mit dem Verlust der Wertschätzung der innovativen

---

[8] Vgl. Valleriani 2017a, S. v; vgl. Flämig 1996, S. 3.
[9] Lundgreen 1987, S. 293.
[10] „Obwohl es einleuchtend ist, daß andere Schnitte zu anderen Bekleidungsformen führen, ist die Geschichte des Schnittes für die Geschichte der Bekleidung bisher weitgehend unbeachtet geblieben." Kraft 1998, S. 44.
[11] „Sie [d. h. die Verantwortungspflicht und ihre Verteilung auf die Akteure] kann allerdings auch in Zeiten einer ökonomisch getriebenen Vereinheitlichung handwerklicher Praxen und Produkte die innovative Kraft des Handwerks hemmen, weil sie gerade hinsichtlich des konstruktiven und zweckgerichteten Charakters handwerklicher Herstellung die freie Entfaltung der Ziele und Zwecke einschränkt." Janich 2015, S. 70.

Kraft des Handwerks. Diese wurde nicht nur gehemmt, sondern war Teil der zunehmenden Diskreditierung handwerklicher Berufszweige. Der Handwerker als Banause, von altgriechisch *bánausos*, nahm somit die letzte Position hinter dem Wissenschaftler und dem Ingenieur ein, wobei die Hierarchisierung gleichermaßen die Trennung von Theorie und Praxis und die damit verbundene Anerkennung widerspiegelt. [12] Anzumerken ist hierbei auch, dass den Industriezweigen, die durch eine retardierende fertigungstechnologische Entwicklung und eine anhaltende Beibehaltung handwerklicher Elemente gekennzeichnet sind, in der Forschung bisher weniger Beachtung geschenkt wird. [13]

Das Handwerk des Schneiders zeichnet sich insbesondere dadurch aus, dass es den lebendigen und beweglichen Menschen bedient. „Auf dem Umweg der zweiten Haut war die bekleidete Illusion perfekter Nacktheit zu schaffen, deren materielle Umsetzung dem Kunsthandwerk alsbald Macht und Ansehen verschaffte." [14] Die Existenzsicherung des Handwerks und die Versicherung der kulturell bedeutsamen technisch-gestalterischen Leistungen motivierten die Schneider im Verlauf des 19. Jahrhunderts dazu, ihre Kunstfertigkeit zu verfeinern und zu verwissenschaftlichen. Basis der Formalisierung des Wissens der Zuschneidekunst ist der menschliche Körper, für den dreidimensionale Kleidungsstücke gestaltet und entwickelt werden. Diese bestehen aus zweidimensionalen textilen Flächen, die nach Vorlage, d. h. Schnittmustern, zugeschnitten und wieder zusammengesetzt werden. Die Schnitttechnik folgt dabei gewissen Funktionsprinzipien, die im Fortgang erörtert werden und die Gestaltungsmöglichkeiten des Schneiders sowie den Grad der Übersetzung eines erfahrungsbasierten Wissens in ein formalisiertes Regelwerk bestimmen. [15] Der Formalisierungsprozess der Zuschneidekunst bezieht sich dabei auf die Übertragung des Erfahrungswissens des Schneiders und die damit verbundene Anwendung auf den lebenden, beweglichen und kaum zu vereinheitlichenden menschlichen Körper auf ein allgemeingültiges Regelwerk für die Herstellung von Bekleidung. Als Beispiel steht die Zuschneidekunst für ein genuin handwerkliches Wissen und Können, das diesem Regelwerk noch immer innewohnt. Die Untersuchung des Formalisierungsprozesses und das dabei verfügbar gemachte Ergebnis der Bestrebungen der Schneider wird Grenzen und Variablen der Berechenbarkeit der Natur aufzeigen. Die Verwissenschaftlichung des Schneidergewerbes und die damit verbundene Theoretisierung unterstützte auch laut Daniela Döring die Professionalisierung und Legitimierung des Handwerks als Kunst. Der menschliche Körper sollte dabei auf Basis mathematisch-geometrischer Prinzipien berechenbar, begreifbar und messbar gemacht werden, um die Praktiken des Maßnehmens und des Zuschnitts zu optimieren

---

[12] Vgl. ebenda, S. 15-16; vgl. König 1999, S. 10-11.
[13] Vgl. Döring, F.-W. 1992, S. 479.
[14] Sprenger 2010, S. 53.
[15] Siehe dazu Kapitel 2.1.

und zu rationalisieren.[16] „Über die Zahl wird der Körper zum Wissensobjekt"[17] und die Zuschneidekunst spiegelt die Möglichkeiten der Ver- und Bearbeitung der Zahl wider. So wird sich zeigen, „daß bis heute das Maß aller Dinge noch nicht gefunden und ein unermeßlicher Rest geblieben ist – Freuen wir uns daran!"[18]. Jahrhundertelang hatte der Schneider gelernt, in räumlichen Dimensionen zu denken und war nicht abhängig von Maßen, die in abstrakten Einheiten kodiert waren. Der Zuschnitt war eine individualisierte intuitive Kunst, die nicht beiläufig kommuniziert werden konnte.[19] „Die geschneiderte Kleidung hat die Drapierung verdrängt und an Stelle zufälliger Wirkungen fest berechnete gesetzt"[20], so dass im Fortgang die Schnittmethoden Ergebnisse der Systematisierung praktischer Erfahrungen waren. Auch dem Prinzip der Drapierung liegt ein komplexes Wissen über die Wirkungen der textilen Fläche am Körper zugrunde, während der Faltenwurf jedoch nur annährend vorausgesagt werden kann und so dem Zufall überlassen bleibt. Einen technischen Ursprung spricht Elke Domke dem Schnitt zu, der jedoch ebenso ein hohes Maß an kreativem Vermögen impliziert, das sich durch Phantasie und Spontanität auszeichnet und somit ein „Produkt dieses Denkens und Handelns"[21] ist. Der technische Ursprung bezieht sich hierbei auf die Anwendung von systematischen Anleitungen unter Berücksichtigung der Parameter und Funktionsprinzipien der Zuschneidekunst als Basis für die Konstruktion. „Der wahre Künstler des Bekleidungsfaches, der am höchsten geschätzte und am höchsten bezahlte, ist ja auch der Zuschneider."[22] So ist das Ergebnis enttäuschend, wenn das Kleidungsstück nicht passt, wenn die gestalterische Idee, die Auswahl des feinsten Stoffes oder die Raffinesse der Verarbeitung die unzureichende Passform nicht ausgleichen können.[23] Das Befolgen einer Konstruktionsanleitung alleine ist somit kein Garant für ein angemessenes Ergebnis und ist gebunden an das kreative Vermögen und die Erfahrung des Konstrukteurs.

Die Systematisierung des Wissens der Zuschneidekunst ist zum einen begründet durch die Funktionsprinzipien der Technik, die es im Detail zu erörtern gilt. Um die wissenshistorische Entwicklung einer formalisierten Schnitttechnik zu rekonstruieren, bedarf es darüber hinaus einer Erläuterung der Rahmenbedingungen, in denen der Formalisierungsprozess

---

[16] Vgl. Döring, D. 2011, S. 175-177; vgl. Kraft 1998, S. 48-49.
[17] Döring, D. 2011, S. 25.
[18] Albrecht 2000, S. 13-14; Roland Albrecht wird auch zitiert von Daniela Döring. Vgl. Döring, D. 2011, o. S. (Prolog).
[19] „He learned to think in spatial distances rather than in measurements coded into abstract units, such as inches. Mastery of the art of cutting was achieved after years of training and experience. Cutting was an individualized intuitive art that could not be quickly communicated to another." Kidwell 1979, S. 4.
[20] Boehn 1918, S. 56.
[21] Domke 1998, S. 97; Ruth Sprenger bezeichnet den Schneider als „Herr der Ringe". Die Ringe beziehen sich hierbei auf die gemessenen Weitenverhältnisse, sprich die Umfangsmaße des Körpers. Durch das Messen wird der Künstler zum Handwerker, während das Handwerk gebunden ist an die Erfahrung, das Augenmaß und die Intuition. Vgl. Sprenger 2010, S. 108.
[22] Boehn 1918, S. 57.
[23] „No matter how lovely the fabric, how fine the garment design, or how expert the sewing, the results are disappointing if the garment fits poorly." Fan/ Hunter/ Yu 2004, S. 196-197.

eingebettet war. Die Arbeit des Schneiders in der Meisterwerkstatt zeichnete sich nicht nur durch einen ganzheitlichen, durchgängigen Arbeitsprozess aus, sondern war geprägt durch eine direkte Vermittlung der Fertigkeiten des Meisters, die dieser durch Zeigen und mündliche Anweisungen an die Lehrlinge und Gesellen weitergab. Das Milieu des Handwerks war zunächst nicht gebunden an schriftliche oder bebilderte Anleitungen. Die Erarbeitung von Schnittsystemen, basierend auf anatomischen und mathematischen Prinzipien, und die Theoretisierung des Erfahrungswissens des Schneiders spiegeln den „Wechsel von der Mündlichkeit zur Schriftlichkeit als primärem Träger der Wissensvermittlung"[24] wider. Damit verbunden war eine Zirkulation des Wissens durch Fach- und Lehrbücher und durch das Medium der Fachzeitschrift. Seit die Erstellung und Verbreitung von Fachliteratur für das Schneidergewerbe im 19. Jahrhundert florierten, ermöglichte dies eine weitflächige Weitergabe des Wissens in Form von Konstruktionsanleitungen, Zeichnungen und auch Schnittmustern. Die Entwicklungen und systematisierten Darstellungen im Bereich der Zuschneidekunst lassen darüber hinaus die Versuche erkennen, eine einheitliche Fach-, Bild- und Zeichensprache für die Schnitttechnik zu generieren – eine Fachsprache, die sowohl das erfahrungsbasierte Wissen als auch die theoretischen Grundlagen zusammenführen sollte.[25] Die Systematisierung des Wissens der Zuschneidekunst geht somit einher mit einem Anstieg schriftlicher Ausdrucksformen, die darauf ausgerichtet war, Wissen zu teilen und sich darüber auszutauschen. Die Verbreitung der aufgestellten Regeln der Schnitttechnik waren diesbezüglich an allgemein verständliche fachsprachliche Beschreibungen gebunden. Der Anmerkung von Marcus Popplow folgend, dass über lange Zeiträume gesammeltes und zusammengefügtes verkörpertes Wissen dennoch in beträchtlichem Umfang nicht in Medien der Verbreitung und Vervielfältigung festgehalten wurde, wird die Analyse der Entwicklung der Fachliteratur der Schneider auch die Grenzen der Verschriftlichung aufzeigen.[26]

Mit der Gründung der Deutschen Akademie der Höheren Bekleidungskunst 1850 in Dresden wurde „ein Institut, welches mit der Theorie zugleich die praktische Uebung, und somit eine Garantie anerkannter Brauchbarkeit des Erlernten darbietet"[27], ins Leben gerufen. Diese Institution sollte den Leistungen und Funktionen einer Akademie entsprechen – Wissen zu verteilen, zu diskutieren, zu bewahren, zu sammeln und nutzbar zu machen.[28] Die Advokaten der wissenschaftlichen Methoden[29], Gustav Adolf Müller und Johann Heinrich Klemm, erstrebten, das implizite Wissen des Schneiders, primär die Kunst der Schnittgestaltung, auf ein wissenschaftliches Niveau zu heben. Während einerseits die Professiona-

---

[24] Gierl 2012b, S. 85; zur illiteraten Vermittlung von Gebrauchswissen im Bauhandwerk. Vgl. Erben 2005, S. 610.
[25] Vgl. Gierl 2012b, S. 85.
[26] Vgl. Popplow 2015, S. 851, S. 854.
[27] Europäische Moden-Akademie 1900, S. 24.
[28] Vgl. Gierl 2005, S. 154.
[29] „Advocates of »scientific« methods sought to capture the dressmakers` tacit craft knowledge [...]." Hård/ Oldenziel 2013, S. 38.

lisierung und Weiterbildung von Schneidern wesentliches Anliegen der Akademie war, sollte zudem der Status des Berufsstandes eine Aufwertung erfahren. Zum 50-jährigen Jubiläum formulierte eine Festschrift dazu im Jahre 1900: „Die Gründer sind von der Absicht durchdrungen gewesen, dahin wirken zu wollen, dass unser Handwerk in die Reihen der bevorzugten Gewerbetreibenden eintreten konnte. An Stelle primitiver Handwerksleistungen sollten solche treten, die sich den Kunstprodukten näherten. Dies wurde in nicht zuwiderlegender Weise als leitender Grundsatz aufgestellt, denn nur dadurch, dass die fachlichen Leistungen den Zweck erfüllten, die äussere Erscheinung des Menschen zur vorteilhaften Repräsentation, die Vorzüge des Wuchses zur vollen Geltung zu bringen und etwaige Mängel der körperlichen Beschaffenheit in geschickter Weise zu verdecken, um sie dem Auge weniger sichtbar werden zu lassen, liess es sich erreichen, dass unser Handwerk in Verbindung mit der Erreichung höherer Bildungsgrade eine Position in den ersten Reihen der Gewerbetreibenden einnehmen konnte."[30] Die Formalisierung des Wissens der Zuschneidekunst und die Zirkulation und Vermittlung des Wissens im Wirkungskreis des institutionellen und ideellen Raumes der Akademie sind eingebettet in die produktionstechnischen und wirtschaftlichen Transformationsprozesse des 19. Jahrhunderts, auf die das Schneidergewerbe zu reagieren hatte. Eine Erörterung der Entwicklung der Bekleidungsindustrie, d. h. der zunehmenden Verbreitung verlagsmäßig organisierter Produktionsstrukturen und der Möglichkeiten der seriellen Herstellung von Bekleidung wird zum einen verdeutlichen, dass die Notwendigkeit bestand, das Wissen und die Qualifikationen des Schneiders an neue Rahmenbedingungen anzupassen. Zum anderen waren die Fortschritte der Zuschneidekunst prägend für diese Entwicklungen.

Kaum ein anderes Kunstwerk ist so der Vergänglichkeit preisgegeben wie die Kleidung des Menschen"[31] und an den Schnittmustern lassen sich zweifelsohne die einzelnen Epochen der Modegeschichte ablesen, heißt es in Ruth Sprengers Darstellung der Geschichte der Schneiderkunst.[32] Eine Auseinandersetzung mit der Geschichte der Zuschneidekunst und dem Schaffen einzelner Zuschneider und ihrer Methoden soll in der Folge dazu führen, das Wissen und Können der Schneiderkunst zu analysieren, um die Komposition aus impliziten und expliziten Elementen darzulegen und das Wesen der Kunstfertigkeit zu bewahren. Denn die Schnittmethoden, so betont es Claudia Kidwell, sind in weniger als 90 Jahren, seit der Periode ihrer größten Popularität, so gut wie in Vergessenheit geraten.[33] Auch merkt Ruth Sprenger an, dass selbst diejenigen, die ein besonderes Interesse an der Mode haben,

---

[30] Europäische Moden-Akademie 1900, S. 5.
[31] Sprenger 2010, S.11.
[32] „Am Schnitt ist nicht nur die Epoche seiner Entstehung innerhalb der Modegeschichte ablesbar. Darüber hinaus lassen sich an den Schnittmustern auch »Epochen« und Entwicklungen innerhalb des Schaffens eines Schneidermeisters ablesen. Ebenda, S. 115; eine ausführliche Darstellung der Modeepochen ist bei Erika Thiel zu finden. Vgl. Thiel 2010.
[33] „Yet in less than 90 years since the period of their greatest popularity, these drafting systems are all but forgotten." Kidwell 1979, S. 1.

die Wahrnehmung und das Bewusstsein für die Passform unserer Kleidung und die Qualität der Verarbeitung verloren haben.[34] Laut Aussage eines Lehrbuchautors der frühen 1920er Jahre, Rudolf Maurer, gab es bis zu Beginn des 19. Jahrhunderts kein nennenswertes Prinzip für die Konstruktion von Schnitten. „Eigenes Genie, eine glückliche Auffassungsgabe, die sich auf langjährige Erfahrung stützte, waren die Grundlagen, die man beim Zuschneiden nötig hatte."[35] Dennoch merkte dieser an, dass seitdem eine neue Zeit, eine Zeit der Verfeinerung der Zuschneidekunst, angebrochen war, die sich in den allseits zu identifizierenden Bestrebungen der Schneiderwelt, ihre Kunst zu verwissenschaftlichen, niederschlug.[36] Auch in einem aktuellen Überblickswerk heißt es mit Blick auf das Ziel, den Schnitt mathematischer aufzustellen: „Der deutsche Schneider ist in dieser Hinsicht mehr Techniker als Künstler".[37]

„Bei einer technikgeschichtlichen Betrachtung ist ein wichtiger Aspekt, daß die geschichtliche Aufarbeitung zur Erschließung der eigenen gegenwärtigen gesellschaftlichen Realität führt"[38], betont Almuth Bohnsack in ihrer Kulturgeschichte über das Spinnen und Weben. Somit ist die Geschichte der Zuschneidekunst begleitet von Fragen zur praktischen Ausführung und zum Erlernen der Schnitttechnik. Ist die Konstruktion von Schnittmustern leichter geworden? Was musste ein Schneider im 19. Jahrhundert lernen und auf welche Inhalte werden gegenwärtig Wert gelegt? Welche Berufsfelder haben sich im Fortgang herausgebildet? Konnte die Produktivität durch optimierte Methoden der Schnitttechnik gesteigert werden? Und welche positiven und negativen Auswirkungen können identifiziert werden?[39] Die Rückbesinnung auf die historische Entwicklung der Formalisierung der Zuschneidekunst und die damit verbundene Wiedergewinnung des Wissens eröffnen dabei einen Diskurs über die Zukunft der Schnitttechnik und stellen ein „Immer-weiter"[40], wie es Paul Konrad Liessmann bezeichnet, in Frage. „Wise is the cutter who prepares for the future by studying both the past and the present"[41], heißt es bereits in einem Artikel der Zeitschrift *„The Practical Cutter and Tailor"*, veröffentlicht im Dezember des Jahres 1900. Die innovative Kraft des Handwerks gilt es somit wieder offenzulegen und die wechselseitige Ver-

---

[34] „Der Triumph der Konfektion hat dazu geführt, daß selbst modisch interessiertes Publikum Wahrnehmung und Bewusstsein für Verarbeitungsqualität und Passform weitgehend verloren hat." Sprenger 2010, S. 163.
[35] Maurer 1922, S. 2.
[36] Maurer führt in seinem Handbuch einige Werke anderer Zuschneider auf, die einen Beitrag zur Verwissenschaftlichung der Schnitttechnik leisteten. Vgl. ebenda, S. 2-4.
[37] „Der deutsche Schneider ist in dieser Hinsicht mehr Techniker als Künstler." Roetzel 2007, S. 15.
[38] Bohnsack 1981, S. 12.
[39] Bohnsack formuliert folgende Fragen bezüglich der historischen Entwicklung in der Textilproduktion: „Ist die Arbeit leichter oder schwerer geworden? Was mußte ein Textilarbeiter früher lernen, was muß er heute lernen? Wer wurde früher Textilarbeiter, wer wird es heute? Kann die Produktivität der Maschinen noch gesteigert werden? Wie ist es überhaupt zu der bisherigen Produktionssteigerung gekommen? Wem kam und wem kommt diese Entwicklung zugute? Welche positiven und negativen Auswirkungen hat sie?" Ebenda, S. 15.
[40] Liessmann 2012, S. 162; über den Reformbegriff der Gegenwärtigkeit und Zukunftsfähigkeit. Vgl. ebenda, S. 161-162.
[41] Seligman 1996, S. xi.

bindung von Wissen und Können als unabdingbare Voraussetzung für die Gestaltung der Welt zu extrahieren. Dies bedeutet auch, über die Wissenschaft als primären Bezugspunkt hinaus zu denken und die Aufmerksamkeit auf Fallbeispiele zu lenken, um technologische Entwicklungen nachzuzeichnen und zu evaluieren.[42] Der Fortschritt der Technisierung und so auch die zunehmende Digitalisierung, die alle Bereiche des menschlichen Lebens begleiten, haben neben der Weiterentwicklung und Nutzung technischer Geräte, die das Leben dem Anspruch nach „vereinfachen", unmittelbare Auswirkungen auf das Wissen und die Implementation von Wissen, die diese Entwicklungsprozesse konstituieren. Diesbezüglich stellt sich die Frage, um welche Art von Wissen es sich handelt und wie dieses Wissen im Fortgang genutzt wird. Als Fallbeispiel dient hierbei nun die Technik der Schnittgestaltung – die Zuschneidekunst.

1.2 Stand der Forschung

Die Schnitttechnik wird gegenwärtig in Forschung, Lehre und Praxis aus unterschiedlichen Perspektiven untersucht. Zu diesen Fachgebieten zählen zum einen geisteswissenschaftliche Disziplinen, die kultur-, sozial- und modegeschichtliche Aspekte berücksichtigen und zum anderen der Bereich der angewandten Wissenschaften, die den Bereich der Schnitttechnik unter produktionstechnischen und wirtschaftlichen Problemstellungen erforschen und in die Lehre integrieren. Deutlich werden durch abgegrenzte Fragestellungen einzelner Fachgebiete Bruchlinien zwischen Praxis und Theorie, Kunst und Handwerk sowie zwischen technischem Können und den daraus hervorgehenden Ausdrucksmöglichkeiten.[43]

Weitgehend erforscht und dokumentiert sind die historischen Entwicklungen der Produkt- und Prozessinnovationen im Bereich der handwerklichen und industriellen Textiltechniken, die der Herstellung von Bekleidung vorgelagerten Verarbeitungsstufen. Nicht nur in der Fachliteratur, sondern auch in der musealen Präsentation wird der Prozess vom Rohstoff bis zum textilen Flächengebilde nachgezeichnet. Während eine historische Auseinandersetzung mit der Schnitttechnik in der Sekundärliteratur und in Industrie- und Textilmuseen kaum eine Rolle spielt, existieren umfangreiche Darstellungen bspw. zur Mechanisierung des Spinnvorgangs, zur Automatisierung der Webtechnik, zur Geschichte der Nähmaschine und der Nähtechnologie sowie Beiträge zur historischen Entwicklung des Textilgewerbes einzelner Regionen.[44] Auch Daniela Döring und Ilse Schütte betonen hierbei, dass die Ge-

---

[42] Vgl. Popplow 2015, S. 856.
[43] Vgl. Sennet 2012, S. 22.
[44] Vgl. Pfister 2007, S. 905-908; vgl. Pfister 2011a, S. 398- 403; vgl. Pfister 2011b, S. 403-408; vgl. Pfister 2011c, S. 408-411; vgl. Paulinyi/ Troitzsch 1991, S. 145-167, S. 280-318; vgl. Bäckmann 1991; vgl. Bohnsack 1981; vgl. Connolly 2010; vgl. Hausen 1978. Die textiltechnische Abteilung im Deutschen Technikmuseum in Berlin ist spezialisiert auf die Flächengestaltung von Geweben und Maschenwaren. Darüber hinaus werden die Filzherstellung, die Seidenblumenmanufaktur und die Hutmacherei gezeigt. Vgl. Deutsches Technikmuseum; im

21

schichte der Herstellung von Bekleidung und die Entwicklung der Konfektionsindustrie sowohl in der Textil- und Modegeschichte als auch im Rahmen sozial- und wirtschaftshistorischer Studien weniger erschlossen sind. Bedingt ist dieses Ungleichgewicht durch eine retardierende Entwicklung der Textil- und Bekleidungsproduktion.[45] Eine umfassende Untersuchung der historischen Entwicklung des Produktionsprozesses in der Fertigkleidungsbranche, der Konfektionsindustrie, sprich die Darstellung der Transformationsprozesse von einer handwerklich-verlagsmäßigen Produktion bis zu einer industriell und fabrikmäßig organisierten Form der Herstellung von Bekleidung, legte Friedrich-Wilhelm Döring vor.[46] Die Schnitttechnik, als wesentlicher Bereich der Entwicklung und Produktion von Bekleidung, klammert dieser jedoch aus und setzt seinen Schwerpunkt auf den Bereich des Nähens und die damit verbundenen technischen und strukturellen Voraussetzungen der Produktion.[47]

Kulturwissenschaftliche Studien zum Thema Textilien an deutschen Universitäten setzen einen Schwerpunkt auf die Kulturtechniken des Webens, Strickens und Nähens. Auch im Bereich der Textildidaktik und ästhetischen Bildung werden vorwiegend Herstellungsverfahren textiler Flächen behandelt. Im Vordergrund steht das Textile als Kommunikationsmedium zwischen dem Menschen, seiner Umwelt und der Gesellschaft. Ob und inwieweit die Schnitttechnik bzw. das Schneiderhandwerk schwerpunktmäßig berücksichtigt wird, ist nicht erkennbar.[48] Bestandteil der Mode- und Kostümforschung sind die Untersuchung der Formen und Silhouetten und ihr Wandel im Laufe der Geschichte. Erforscht werden Stilepochen, regionale Kleidungscodes oder einzelne Kleidungsstücke. Neben der Präsentation der Kostüme bis in die heutige Zeit, z. B. in Modemuseen, Modesammlungen oder Sonderausstellungen, umfasst die Erforschung der Kleiderformen auch sozialwissenschaft-

---

Staatlichen Textil- und Industriemuseum Augsburg werden 200 Jahre Mode- und Kostümgeschichte, historische und High-Tech Webstühle und bspw. die Musterbuchsammlung der Neuen Augsburger Kattunfabrik präsentiert. Vgl. TIM Bayern; für weitere museale Präsentationen im Internet. Vgl. Erzabtei St. Ottilien; vgl. Textilwerk Bocholt.

[45] Für ihre Dissertation hatte Daniela Döring Quellenmaterial in diversen Museen und Bibliotheken angefragt und hatte hierbei wenig Erfolg. Vgl. Döring, D. 2011, S. 149; vgl. Hülsenbeck 1981, S. 254.

[46] Vgl. Döring, F.-W. 1992; siehe auch Friedrich Lengers Studie der Entwicklungen des Bekleidungsgewerbes in Düsseldorf im 19. und 20. Jahrhundert. Bedingt durch die Quellenlage und die Dominanz der Herrenschneiderei im Untersuchungszeitraum erörtert dieser die Umstrukturierung des Handwerks im Bereich der Herstellung von Herrenbekleidung. Vgl. Lenger 1989.

[47] Döring, F.-W. 1992, S. 16-17.

[48] Im Fach Textilgestaltung der Universität Dortmund (Institut für Kunst und materielle Kultur) sind folgende Themenfelder zu verzeichnen: Die Kulturanthropologie beschäftigt sich mit den Beziehungen des Menschen zu seiner textilen Sachkultur. Im Bereich der Technologie, Produktion und Textilwirtschaft stehen die Gewinnung, Struktur und Eigenschaften textiler Materialien im Vordergrund. So werden Herstellungsverfahren theoretisch rekonstruiert, um Impulse für die didaktische Vermittlung zu geben. Vgl. Universität Dortmund; das Studienfach Textil der kulturwissenschaftlichen Fakultät der Universität Paderborn unterstützt die Ausbildung von vestimentär-performativen und design-orientierten Kulturkompetenzen. Zum Lehrplan zählen das Erlernen grundlegender Gestaltungsmethoden, pädagogische Vermittlungsarbeit, Kuratieren und Präsentieren des Textilen. Ein Schwerpunkt in Lehre und Forschung von Prof. Dr. Kerstin Kraft ist u. a. die Schnitttechnik. Vgl. Universität Paderborn.

liche Fragestellungen, die den Menschen und seine Umgangsformen mit Körper und Kleid beleuchten.[49] Der Kontext der Gestaltung der zugrundeliegenden Schnittmuster wird hierbei kaum erwähnt. Die zentrale Bedeutung des Zuschnitts streicht Max von Boehn als einer der Wenigen in seiner kulturgeschichtlichen Studie zur Bekleidungskunst und Mode aus dem frühen 20. Jahrhundert heraus.[50] Dagegen liegt der Fokus der Arbeiten von Brunhilde Dähn und Uwe Westphal auf der Geschichte der Berliner Konfektion, die unter vorwiegend wirtschaftlichen, sozialen und modegeschichtlichen Fragestellungen beleuchtet wird. Während Brunhilde Dähn den Aufstieg der *Mode von der Stange* um den Berliner Hausvogteiplatz nachzeichnete, rekonstruiert Westphal den Aufstieg und Wirkungskreis von Textil- und Konfektionshäusern in Berlin von der Mitte des 19. Jahrhunderts bis zum Ende der 1930er Jahre. Die Bekleidungsmode deklariert dieser hierbei als Kulturgut, das alle Bereiche des kulturellen Lebens durchdringt, während die deutsche Mode fortwährend in Konkurrenz zu der Mode aus Paris oder auch London steht und sich durch ein traditionelles Kopieren etablierte.[51] Jutta Zander-Seidel verweist auf eine wissenschaftsorganisatorische Differenzierung innerhalb der materiellen Kultur, die seit Beginn des 20. Jahrhunderts die Unterscheidung einer kostüm- und stilgeschichtlichen Perspektive und einer volkstümlichen Sichtweise, die Gebrauchszusammenhänge beleuchtet, hervorgebracht hat.[52] Die Modehistorikerin Barbara Burman unterstreicht hierbei den erkenntnistheoretischen Mehrwert der Erforschung der Geschichte der Damenschneiderei, die ein weites Feld kultureller, sozialer und ökonomischer Praktiken offenlegt sowie geschlechterspezifische Fragestellungen eröffnet. Burman schreibt der Damenschneiderei die Bedeutung einer historischen Praktik zu, die dem Akt der Produktion den Akt der Konsumption entgegensetzt.[53] Die Herstellung von Bekleidung wird hierbei vorwiegend in der privaten Sphäre der Frau beleuchtet, die am modischen Geschehen teilhaben möchte, und mit der Geschichte der Nähmaschine in Beziehung gesetzt.

Indessen sind Arbeiten zu nennen, die sich unter verschiedenen Fragestellungen mit der Schnitttechnik befassen. Hierbei können die Forschungen von Ruth Oldenziel und Mikael Hård angeführt werden. Unter dem Titel „*Copying and Pasting Paris*" stellen diese das transnationale Netz der Zirkulation, Adaption und Neugestaltung der Mode im 19. Jahrhundert dar. Dieses war geprägt durch den Wirkungskreis von Warenhäusern, durch das Wachstum des Zeitschriftenwesens, die Entwicklung des Versandhandels, der Einführung

---

[49] Vgl. u. a. Thiel 2010 und Riello 2010; Im Modemuseum Schloss Meyenburg werden historische Mode und Accessoires von 1900 bis 1970 der Sammlung Josefine Edle von Krepl gezeigt. Vgl. Modemuseum Meyenburg; siehe auch die Sonderausstellung „Fashioning Fashion" im Deutschen Historischen Museum (27.04. - 29.07.2012). Vgl. Deutsches Historisches Museum.
[50] Vgl. Boehn 1918.
[51] Vgl. Dähn 1968; vgl. Westphal 1992; „Wir in der Mode sind uns in diesem voll und ganz bewußt, daß wir von Paris, um dem Geschmack der Weltmode anpassen zu können, abhängig sind." STYL Blätter des Verbandes der Deutschen Modenindustrie aus dem Jahr 1923 zitiert von Westphal. Vgl. ebenda, S. 56.
[52] Vgl. Zander-Seidel 1990, S. 15.
[53] Vgl. Burman 1999, S. 2-3.

der Nähmaschine für den Hausgebrauch und die Bereitstellung von Schnittmustern auf Papier. Als modische Vorreiter, die sowohl in den Vereinigten Staaten als auch auf dem europäischen Kontinent kopiert und zur Entfaltung nationaler Moden beitrugen, führen Oldenziel und Hård die französische Aristokratie für die Damenmode und die britische Mittelklasse für die Mode des Herren an. Hierbei spielt insbesondere die Verbreitung von Schnittmustern eine Rolle.[54] Auch Barbara Burman thematisiert im Rahmen ihrer Forschungen die Geschichte der Schnitttechnik im Hinblick auf die Verfügbarkeit und Nutzung von Schnitten, insbesondere für die Anfertigung von Damenkleidung für den privaten Bereich. Burman merkt hierbei an, dass der Schnitt jedoch unten in der Hierarchie der materiellen Kultur steht.[55] Der Schwerpunkt der Arbeit von Joy Spanabel Emery liegt dagegen auf der Analyse der historischen Entwicklung des Handels mit Schnittmustern in den USA. Die Kommerzialisierung von Papierschnitten erörtert Emery ebenso anhand der Rekonstruktion des Netzwerkes der am wirtschaftlichen Geschehen beteiligten Akteure und Medien. Die Herausbildung des Zeitschriftenwesens für das Schneiderhandwerk und für den Bereich der Bekleidungsmode setzt Emery in unmittelbare, wechselseitige Beziehung zur Entwicklung der massenhaften Produktion und Verbreitung von Schnittmustern aus Papier. Insbesondere behandelt Emery hierbei die Erfolgsgeschichten einzelner Unternehmen wie Ebenezer Butterick & Co und Mme Demorest, die u. a. über das Medium der Zeitschrift und der damit verbundenen Werbung und Promotion ihre Schnittmuster flächendeckend vermarkten konnten. Diesbezüglich spricht Emery auch die größenmäßige Standardisierung oder auch die Verfügbarkeit von Schnittmustern, die nach individuellen Maßen konstruiert wurden, an.[56] Emery thematisiert hierbei nicht die historische Rekonstruktion der Wissensbestände der Zuschneidekunst. Unter Mitwirkung der Wissenschaftlerin wurde jedoch ein elektronisches Archiv historischer Schnitte ins Leben gerufen, das seinen Sitz in Rhode Island hat. Dieses dient zugleich der Forschung und der Bewahrung von Schnittmustern. „There is nothing so cheap and yet so valuable; so common and yet so little realized; so unappreciated and yet so beneficial as the paper dress pattern. Truely one of the great elemental inventions in the world history – The tissue of Dreams"[57], heißt es bereits in der Oktober-Ausgabe der Zeitschrift *The Designer* aus dem Jahr 1916. Einem anderen kulturtheoretischen Ansatz folgend findet die Schnitttechnik – insbesondere das Maß, das in den Schnitt einfließt – Berücksichtigung u. a. in den Arbeiten von Gabriele Mentges und Heike Jenß. Das Maß wird hierbei als Spiegel gesellschaftlicher und kultureller Normen hinsichtlich des Umgangs mit Kleidung und Moden herangezogen. Die Formalisierung der Schnitttechnik, die den Weg einer massenhaften Produktion durch die Entwicklung standardisierter Maßtabellen ebnete, steht hierbei im Fokus. Von einer Konstruktion von

---

[54] Vgl. Hård / Oldenziel 2013, S. 19, S. 24.
[55] Vgl. Burman 1999, S. 9.
[56] Vgl. Emery 2014, S. 3-18, S. 40 ff..
[57] Vgl. ebenda, S. 4; vgl. Commercial Pattern Archive.

Gleichheit durch Uniformierung, einer Gleichheit, die durch technische und maschinelle und mathematische Verfahren ermöglicht wird, spricht Mentges. [58] Das Maß fungiert dabei nicht nur als universell anwendbare, sondern auch als uniforme Einheit, die Fragen der Massenhaftigkeit und des Konformismus gegenüber eines modischen Individualismus aufwirft. Eine materielle Ausprägung von Uniformität spiegelt sich in der Kleidung und im Umgang mit dem Körper wider. [59] Das Bedürfnis des Andersseins gleicht laut Heike Jenß einem Massenbedürfnis, so dass die Individualisierungsbestrebungen zu einer vermeintlichen Vielfalt des modischen Ausdrucks führen. Eine Mode der Vielfalt ist jedoch dadurch durch Konformität gekennzeichnet. In diesem Zusammenhang erörtert Jenß die technischen Möglichkeiten im Rahmen von Mass-Customization-Konzepten, die an ein Baukastenprinzip im Bereich der Schnittkonstruktion gebunden sind. [60] Mentges verweist zudem auf Johann Georg Sulzer, der bereits im 18. Jahrhundert das Verständnis und die Ästhetik der Schönheit im Hinblick auf Uniformität, Ordnung und Regelhaftigkeit thematisierte und sich hierbei auf die Vermessung des Körpers und die Standardisierung idealer Körpermaße bezog. [61]

Gabriele Mentges und so auch Daniela Döring erörtern in ihren Arbeiten den historischen Kontext der Formalisierung der Zuschneidekunst in Bezug auf die serielle Herstellung von Bekleidung. Wegbereitend für die Konfektionsindustrie sei die Herstellung von Uniformen für das Preußische Heer im 18. Jahrhundert gewesen. Zunächst wurde diese einheitliche, in Serien hergestellte Kleidung auf Basis der Körpergröße der Soldaten entwickelt, die in Gruppen eingeteilt wurden. [62] Das entscheidende Moment für die Herausbildung der Konfektionsindustrie und Massenproduktion war laut Jutta Zander-Seidel und Friedrich-Wilhelm Döring zunächst der Handel mit Altkleidern. Der Handel mit vorgefertigten Kleidungsstücken war dem Schneiderhandwerk durch die Regelungen der Zünfte verboten, so dass die Altkleiderhändler dadurch einen Markt erschließen konnten. Seit dem 14. Jahrhundert sind laut Zander-Seidel Belege für den Handel mit textilen Gebrauchtwaren zu finden, während sich im Verlauf des 18. Jahrhunderts das Manufaktur- und Verlagswesen herausbildete. Noch im 16. und 17. Jahrhundert war der Schneider ausschließlich mit der kundenindividuellen Fertigung von Kleidung betraut. Die schnitttechnischen Möglichkeiten und

[58] „Jedoch diese soziale Konstruktion von Gleichheit durch Uniformierung wird auf eine besondere – spezifisch moderne – Weise hergestellt, nämlich mittels einer technisch-maschinellen Gleichartigkeit: Sie wird also materiell nach Maßgabe der Ökonomie und der Technik produziert wie durch die Vermessung der Körper, durch das Maß als uniforme Einheit und durch die standardisierte Herstellung der Kleidung." Mentges 2005, S. 26-27.
[59] Vgl. ebenda, S. 17-42.
[60] Jenß 2005, S. 199-220.
[61] Ein Verweis auf die „Allgemeine Theorie der schönen Künste" (1771-1774) von Johann Georg Sulzer ist bei Mentges zu finden. Sie verwendet hierbei, vermutlich unbeabsichtigt, den Nachnamen Sulzbach. Vgl. Mentges 2005, S. 24-25.
[62] Vgl. ebenda, S. 20; vgl. Döring, D. 2011, S. 152.

Verfahrensweisen, die grundlegend für die Herstellung standardisierter Massenartikel sind, werden hierbei jedoch nicht explizit erwähnt.[63]

Die Geschichte der Zuschneidekunst unter Aspekten, die die Weiterentwicklung der schnitttechnischen Errungenschaften thematisieren, ist u. a. in der kulturhistorischen Abhandlung von Otto Niemann dargelegt. Neben der Darstellung unterschiedlicher Schnittmethoden, zu denen auch die Arbeiten von Johann Heinrich Klemm und Gustav Adolf Müller zählen, behandelt Niemann zudem die Entwicklung und inhaltliche Konzeption der fachwissenschaftlichen Literatur für das Schneiderhandwerk.[64] Auch hierbei findet eine Rekonstruktion der Wissensbestände der Zuschneidekunst keine wesentliche Berücksichtigung. Hinsichtlich der Technik der Schnittgestaltung sind vor allem die Forschungen der Textilwissenschaftlerin Kerstin Kraft zu nennen, die in ihrer 2001 veröffentlichten Arbeit mit dem Titel „kleider.schnitte" die Wichtigkeit der Geschichte des Schnittes für die Geschichte der Bekleidung betont hat.[65] Der Zuschnitt von Kleidung, der die Drapierung ablöste, hatte seinen Ursprung im 12. Jahrhundert, während sich die ersten Grundformen aus dem Kreis entwickelten, bevor Ärmel oder der Kragen abgelöst wurden. Das Prinzip des Schneidens, in der materiellen Ausprägung der Zerteilung der textilen Fläche, fungiert bei Kraft als Allegorie für die Entwicklung eines naturwissenschaftlichen Weltbildes.[66] Wie auch bei Otto Niemann und Daniela Döring sind bei Kerstin Kraft Darstellungen über die Entwicklung und den Aufbau der Schnittsysteme zu finden.[67] Daniela Döring zeichnete im Rahmen ihrer Dissertation die Geschichte der Vermessung des Körpers und die der Konfektionsgrößen nach. Ausgangspunkt ist hierbei die wissenstheoretische Konzeption des mittleren Körpers, die sie in einen alltagsrelevanten Kontext setzt.[68] Im Fokus steht hierbei die kulturtheoretische Konzeption des Maßes und des Körpers und die damit verbundene Wechselbeziehung. Während laut Döring das Wissen nicht mehr im geheimen Erfahrungsschatz der Schneider, sondern in der instrumentellen Technik des Vermessens lag, werden die Wissensformen jedoch nicht weiter erörtert. [69]

Ein Überblick über die im anglo-amerikanischen Raum entwickelten proportionalen Schnittmethoden, von Systemen basierend auf direkten Maßen oder auch Mischformen ist bei Claudia Kidwell zu finden, die ihrer kulturhistorischen Arbeit über die Geschichte der Schnitttechnik eine umfassende Bibliographie der fachwissenschaftlichen Literatur bei-

---

[63] Vgl. Zander-Seidel 1990, S. 376 ff.; vgl. Döring, F.-W. 1992, S. 37-58.
[64] Vgl. Niemann 1986.
[65] Vgl. Kraft 1998 und Kraft 2001.
[66] Vgl. Kraft 2001, S. 31 ff., S. 63.
[67] Vgl. ebenda, S. 67 ff.; vgl. Niemann 1986, S. 11-39; vgl. Döring, D. 2011, S. 154-164.
[68] „Als materiale Einheit und Habitus erfährt hier die wissenstheoretische Konzeption des »mittleren Körpers« einen Transfer in einen alltagsrelevanten Kontext." Döring, D. 2011, S. 147.
[69] „Das Wissen liegt nicht mehr im geheimen Erfahrungsschatz der Meisterinnen und Meister, sondern in der instrumentellen Technik des Vermessens." Ebenda, S. 156.

fügt.[70] Im Fokus stehen dabei die schnitttechnischen Errungenschaften für das Damenschneiderhandwerk. Auch Kevin L. Seligman stellte eine umfangreiche Sammlung amerikanischer und englischer Fachbücher, Anleitungen, Kataloge und Fachzeitschriften für die Schneiderkunst zusammen, während dieser hierbei die Entwicklung der Schnittmethoden nur erwähnt und diesbezüglich auf die Arbeiten von Kidwell und Patricia A. Trautman verweist. Letztere erarbeitete eine Bibliographie unter Angabe der Standorte der amerikanischen Schnittsysteme des 19. Jahrhunderts.[71] In zwei übergreifenden Kategorien unterteilt Seligman die fachwissenschaftlichen Schriften in England und den USA. Zum einen handelte es sich um Unterrichtsanleitungen für Frauen und Mädchen für den Hausgebrauch und zum anderen beinhaltet seine Sammlung Fachliteratur für den professionellen Schneider und die professionelle Schneiderin, zu welcher auch Konstruktionsanleitungen für die Schnittgestaltung zählen. Bei diesen Arbeiten handelt es sich im Prinzip um eine systematische Darstellung bzw. Zusammenstellung von Schnittmethoden und der fachwissenschaftlichen Literatur für das Schneiderfach.

Einen, um einen praktischen Nutzen erweiterten Ansatz verfolgt Janet Arnold. Diese rekonstruierte und stellte historische Schnittmuster in Form von nachvollziehbaren Diagrammen dar, um einerseits einen Überblick über die modegeschichtlichen Elemente und Formen vom 16. bis zum 19. Jahrhundert zu geben und andererseits durch die praktischen Anleitungen die Kunst des Zuschnitts zu bewahren. Als eine zeitaufwändige Beschäftigung bezeichnet Arnold dabei den Prozess, die Formen und Ausstattung der Kleidungsstücke in konstruktive Elemente zu übersetzen.[72] Ableiten lässt sich hierbei die Wertschätzung für die handwerkliche Schneiderkunst und die Bedeutung, das Wissen und Können so zu rekonstruieren, dass es nicht nur bewahrt, sondern auch angewendet werden kann. Anzumerken gilt es in diesem Kontext, dass es neben Kostümbildnern insbesondere interessierte Laien sind, die sich mit der Sammlung historischer Schnittmuster beschäftigen und der Öffentlichkeit zur Verfügung stellen. Zudem zeigt die florierende Do-it-yourself-Bewegung, dass sich eine Vielzahl von Menschen zunehmend mit textilen Handwerkstätigkeiten auseinandersetzt.[73] Eine wachsende Anzahl von Publikationen, die sich mit Anleitungen zum Selbermachen beschäftigen, bestätigt diese Entwicklung. Neben der Einführung ins Nähen, Stricken oder Häkeln können Laien lernen, eigene Schnitte nach einer Vorlage oder Anleitung zu erstellen. So scheint es eine intrinsische Motivation zu sein, sich im privaten Be-

---

[70] Vgl. Kidwell 1979, S. 25 ff., S. 31 ff., S.45 ff., S. 102 ff..
[71] Siehe den Verweis auf die Arbeiten von Claudia Kidwell und Patricia Anne Trautman [Clothing America: a bibliography and location index of nineteenth-century American pattern drafting systems. Earleville 1987]. Vgl. Seligman 1996, S. xi-xii.
[72] „Taking patterns and making detailed drawings to show constructional features is a time-consuming occupation." Arnold 1985, S. 2; vgl. Arnold 1964.
[73] Siehe eine Sammlung historischer Schnittmuster von Costume Antique. Vgl. Costume Antique; vgl. Angebot von Schnittmustern des Verlags Aenne Burda. Vgl. Burda 2018a; vgl. CUT. Leute machen Kleider.

reich Zeit und Raum für das Erlernen und Üben von Fertigkeiten für das Herstellen maßgeschneiderter, individueller Produkte zu nehmen.[74]

Im Vergleich zu den skizzierten historisch orientierten Arbeiten verfolgen dagegen die Technik- und Ingenieurwissenschaften in Praxis und Lehre das Ziel, praxisnahe, zukunftsorientierte Lösungen zu entwickeln, um Verfahren und Werkzeuge an die Bedingungen der fortschreitenden Globalisierung anzupassen und den Nachwuchs möglichst schnell und effizient auf die Herausforderungen in der Textil- und Bekleidungsindustrie vorzubereiten. Die Fragestellungen beziehen sich dabei zum Beispiel auf die 3D-CAD Produktentwicklung, auf die Erarbeitung einer durchgängigen Prozesskette zur Kopplung von virtuellen 3D-Modellen und 3D-Basiskonstruktionen an die 2D-Modellschnittentwicklung[75] oder auf Technologien für die Empfehlung von Konfektionsgrößen im Online-Geschäft.[76] In unterschiedlichen Ausbildungswegen werden die manuelle und die CAD-gestützte Schnittgestaltung gelehrt und erst im Laufe der praktischen Tätigkeiten geübt. Im Fokus stehen vorwiegend Produkt- und Prozessinnovationen zugunsten einer möglichst reibungslosen Produktion für die kurzen Produktlebenszyklen. Dennoch ist es zunehmend schwieriger für die Kunden, etwas Passendes zu finden. So fallen nicht nur Konfektionsgrößen unterschiedlich aus, und das sogar bei Angeboten eines einzelnen Bekleidungsunternehmens, auch die Passformen leiden.[77] So stellt sich nicht nur die Frage nach den technischen Verfahren, sondern auch nach den Methoden, wie die Fertigkeiten gelehrt und geübt werden. Am Beispiel der 3D-CAD-Entwicklung von Avataren, durch die am Bildschirm virtuelle Anproben durchgeführt werden können, lässt sich zudem eine Distanz zum leiblichen Körper, zum Bekleidungserzeugnis und zu Körperproportionen ablesen.[78] Tendenziell müssen dafür IT-Experten ausgebildet werden, die nicht zwangsläufig bekleidungstechnisches Wissen mitbringen.[79] Zunehmend liegt der Fokus auf der Beherrschung von CAD-Anwendungen und die handwerklichen Tätigkeiten, die essentiell für das Verständnis der Schnittkonstruktion

---

[74] Ein Forschungsschwerpunkt der Technikphilosophin Nicole Karafyllis ist das „Handwerken als ein bisher unterschätzter Begriff der Philosophie". Karafyllis 2013, S. 305; in ihrem Aufsatz „Handwerk, Do-it-yourself-Bewegung und die Geistesgeschichte der Technik" untersucht sie das Selbermachen als eine Form der gesellschaftlichen Technisierung. Vgl. ebenda; eine besondere Aktualität wird zudem den Themen Handarbeit, Selbermachen und Handwerk in dem Begleitband zur Sonderausstellung des Freilichtmuseums Hessenparks *Handwerken. Vom Wissen zum Werk* (10.04 - 27.11.2016) zugesprochen. Thematisiert werden hierbei die Verortung handwerklichen Wissens, Dokumentationen handwerklicher Praktiken und die museale Vermittlung von Wissen und Fertigkeiten unterschiedlicher Handwerkszweige. Vgl. Lindloff/ Zeitler 2016.
[75] Vgl. Hohenstein Institute 2016.
[76] Siehe dazu die Forschungsanliegen des FTB - Forschungsinstitut für Textil und Bekleidung der Hochschule Niederrhein. Vgl. Hochschule Niederrhein 2011; siehe auch ein Forschungsprojekt der Hochschule für Technik und Wirtschaft Berlin. Vgl. Hochschule für Technik und Wirtschaft Berlin 2013.
[77] Diese Aussage beruht auf den beruflichen Erfahrungen der Verfasserin in der Bekleidungsindustrie.
[78] Sennett spricht über eine Diskrepanz zwischen Simulation und Wirklichkeit bei der Erstellung von Bauplänen mittels CAD, d. h. bei der Konzeption von Gegenständen ohne den Bezug zu tatsächlichen Proportionen. Vgl. Sennett 2012, S. 60-65.
[79] Im Rahmen des 6. HTW Symposiums zum Thema Textilien für Bekleidung und Technik am 25.10.2013 sprach Prof. Michael Ernst der Hochschule Niederrhein über die Anforderungen an die Qualifikationen im Bereich der 3D-Produktentwicklung von Bekleidung. Eine zitierfähige Version seines Vortrags liegt jedoch nicht vor.

sind und auch die Basis für eine virtuelle Produktentwicklung bilden, treten in den Hintergrund. Nichtsdestotrotz ist es noch immer ein wesentlicher Schwerpunkt der Forschung, die Umsetzung und wechselseitige Bedingung von Körpermaßen und Körperhaltungen in der Schnittkonstruktion zu analysieren, um „optimale Möglichkeiten zur Erstellung paßformsicherer, größenunabhängiger Kleidungsschnitte"[80] zu erarbeiten. „Die Forschungsgemeinschaft Bekleidungsindustrie beschäftigt sich in einem ihrer Forschungsschwerpunkte mit Fragen der Systematisierung der Schnittkonstruktion."[81] Thematisiert werden in diesem Zusammenhang u. a. der Bereich der industriellen Maßkonfektion, die Verfahren der berührungslosen Ermittlung von Körpermaßen und die Systematisierung von Körperhaltungsdaten.[82] Zudem sei an dieser Stelle auf die Versuche des Deutschen Instituts für Normung verwiesen, internationale, allgemein anwendbare und systematisierte Regelungen für die Vermessung des Körpers für die Schnittkonstruktion, die Vereinheitlichung von Maßtabellen und Größenbezeichnungen oder auch entsprechende Spezifikationen für die virtuelle Produktentwicklung zur Verfügung zu stellen.[83] Ein Überblick mit Angaben zur Geschichte über die technologischen Entwicklungen und den Bedingungen eines wissenschaftlichen Verständnisses für den Bereich der Passform und des Erscheinungsbildes von Kleidung und Körper sind in der Monographie von Jintu Fan, Lawrance Hunter und Winnie Yu zu finden, die diese ansatzweise in einen internationalen Kontext setzen. Die Autoren betonen hierbei einen Mangel an einer umfassenden Behandlung der Bekleidungstechnologie aus einer wissenschaftlichen und technologischen Perspektive.[84] Im Jahr 2010 erschien darüber hinaus der Bericht eines Forschungsprojektes des MIRALab der Universität Genf, das darauf abzielte, eine Lösung für eine wirklichkeitsgetreue virtuelle Anprobe von Kleidungsstücken zu entwickeln. Hierbei wurden geometrisch und physisch bedingte anthropometrische und anatomische Ansätze für die Modellierung von Körpern und die Parameter für die Simulation von textilen Flächen erörtert. Zudem wurden hierbei die Tools im Bereich der dreidimensionalen Gestaltung und Konstruktion von Kleidungsstücken und die Anwendung von entsprechenden Technologien in der Produktentwicklung in der Bekleidungsindustrie dargestellt.[85]

---

[80] Vgl. Abschlussbericht des Forschungsvorhabens zur „Erforschung der optimalen Möglichkeiten zur Erstellung paßformsicherer größenunabhängiger Kleidungsschnitte auf der Basis berührungslos ermittelter menschlicher Körpermaße und individueller Haltungscharakteristika zum Zweck einer kurzfristig durchführbaren Maßkonfektion". Vgl. Kirchdörfer/ Reusch 1993.
[81] Ebenda, o. S. (Vorwort).
[82] Vgl. ebenda; im Abschlussbericht von Kirchdörfer und Reusch sind zudem Verweise auf weitere Forschungsberichte zum Thema Schnitttechnik der Forschungsgemeinschaft Bekleidungsindustrie e. V. zu finden. Vgl. ebenda, o. S. (Vorwort).
[83] Vgl. DIN EN 13402-1 2001; vgl. DIN EN 13402-2 2002; vgl. DIN EN 13402-3 2013; vgl. DIN ISO 18825-1 2014; vgl. DIN ISO 18825-2 2015; vgl. ISO 8559 1989.
[84] „ Most books related to the subject cover aspects, such as sociology (e. g. dressing for the right occasion) and dress-making, and there is a lack of a comprehensive treatment of the subject, particularly from the scientific and technological perspective." Fan/ Hunter/ Yu 2004, o. S. (Preface).
[85] Vgl. Magnenat-Thalmann 2010; das 1989 von Prof. Nadia Magnenat-Thalmann gegründete MIRALab ist eine

Um bereits auf die Transformationsprozesse der Ausbildung im Schneiderhandwerk, insbesondere im Bereich der Schnitttechnik, überzuleiten, die noch im Detail erörtert werden, sei auf die bildungshistorische Forschung verwiesen. Diesbezüglich liegen nur einzelne Darstellungen zur Geschichte des Ausbildungswesens für das Schneiderhandwerk oder zu Qualifizierungsmöglichkeiten für Bekleidungstechniker und Bekleidungsgestalter vor. Umfassender, wenn auch nicht in einem ausgeschöpften Umfang, gestaltet sich die Untersuchung des Textilfachschulwesens. Aufschlussreich dabei sind u. a. die Darstellungen einzelner Schulgeschichten, wie die Rekonstruktion der Geschichte der Staatlichen Kunst- und Fachschule für Textilindustrie in Plauen, gegründet 1877 und zerstört 1945, die eingeordnet ist in einen wirtschaftlichen, sozialen und kulturellen Kontext. [86]

Die zuvor aufgeführten Wirkungsbereiche verfolgen zweifelsohne berechtigte Zielsetzungen und Fragestellungen, die entsprechende fachbezogene Abgrenzungen sinnvoll machen. Dennoch wird durch den skizzierten Forschungsstand deutlich, dass das Wissen über die Technik der Schnittgestaltung verloren geht, wenn diese nicht anhand ihrer historischen Entwicklung aufgearbeitet und festgehalten wird. Zudem kann betont werden, dass die Technik auch in den Bereichen, die eine Auseinandersetzung bisher weitgehend ausklammern, ein bedeutsames Themenfeld für theoretische und praktische Arbeiten bietet. Vor diesem Hintergrund ist nun die erweiterte Forschungsperspektive dieser Arbeit begründet. Unter der Zielsetzung, das ganzheitliche Wissenskonzept der Zuschneidekunst zu rekonstruieren, kann somit ein bislang ungenutztes Quellenmaterial herangezogen und ausgewertet werden. Diesbezüglich liegen historische Lehrbücher und Zeitdokumente im deutschsprachigen Raum vor, die zum einen die Entwicklung der Systematisierung der Zuschneidekunst und den damit verbundenen Forschungsprozess dokumentieren. Zum anderen bieten diese die Möglichkeit, den historischen Verlauf der Institutionalisierung der Ausbildung und die Entwicklung von Lehrinhalten nachzuzeichnen. Die Quellen, die im Rahmen dieser Arbeit untersucht werden, stammen weitgehend aus dem 19. Jahrhundert und werden in der Folge in einen technik- und wissenshistorischen Kontext gesetzt. [87]

1.3 Methodisches Vorgehen

In ihrer Studie über die Industrialisierung und Verwissenschaftlichung des Wissens im Klavierbau im Zeitraum von 1830 bis 1930 erörtert Sonja Petersen den Prozess der Formalisierung des handwerklichen Erfahrungswissens, das in spezifischen *Räumen des Wissens* generiert und bewahrt wurde. Dieses Wissen zeichnete sich durch unterschiedliche Formen

---

interdisziplinäre Forschungseinrichtungen, spezialisiert auf die Bereiche Computergraphik, Computer Animation und virtuelle Welten. Vgl. MIRALab.
[86] Vgl. Wefeld 1988; vgl. Hüttinger 1999; vgl. Flämig 1996.
[87] Vgl. u. a. Mottl 1893.

aus, insbesondere geprägt durch ein personengebundenes Können und ein implizites Erfahrungswissen. Im Rahmen ihrer abschließenden Betrachtung verweist die Technikhistorikerin auf Perspektiven einer weiterführenden Forschung im Bereich des Instrumentenbaus. Von Interesse wäre zum einen eine Analyse des Klaviers als Objekt des Wissens, eine Untersuchung der Lehrbücher für den Klavierbau oder auch die Untersuchung der beruflichen Ausbildung im Hinblick auf die Frage, wie ein Handwerker zum Wissenschaftler wird.[88] Im Rahmen dieser Studie werden u. a. die von Petersen aufgeworfenen Fragestellungen hinsichtlich der Formalisierung der Zuschneidekunst im Schneidergewerbe des 19. Jahrhunderts aufgenommen. Das Forschungskonzept impliziert dabei sowohl Ansätze und Methoden der Technik- und Wissensgeschichte als auch Fragestellungen im Bereich der historischen Bildungsforschung. Zudem werden sozial- und wirtschaftsgeschichtliche Hintergründe berücksichtigt.

Aus welchen Gründen, durch wen und wie wurde das Wissen der Zuschneidekunst formalisiert und systematisiert und wo kann dieses Wissen verortet werden – dies gilt es im Folgenden zu erörtern. Wer sind hierbei die Akteure und die Adressaten des Wissens und wie wurde das Wissen verbreitet, überprüft und zu einem allgemein gültigen und anwendbaren Regelwerk? Die Geschichte einer Institution – in diesem Fall die Geschichte der Europäischen Moden-Akademie – ermöglicht die Rekonstruktion des Prozesses der Formalisierung der Schnitttechnik und die damit verbundene Zirkulation des Wissens. Sowohl der physische und geographische Raum als auch die gesellschaftlich geprägte Institution und ihr repräsentativer Wert für die Schneiderwelt geben Aufschlüsse über die Rahmenbedingungen der geschichtlichen Entwicklung der Zuschneidekunst. Martina Heßler konstatiert in diesem Kontext, dass „Raumstrukturen [...] die Vorstellungen über den Platz der Wissenschaft in der Gesellschaft, darüber, wie Wissen in einer Gesellschaft und welches Wissen produziert werden soll [offenbaren]"[89]. Die Europäische Moden-Akademie als idealer und institutioneller Ort im Kontext der Fortentwicklung der Bekleidungskunst eröffnet hierbei den Zugang zur Geschichtsschreibung der Schnitttechnik.[90] Untersucht werden verschiedene Kategorien der Analyse dieses Ortes, die Parallelen zum Begriff des Raumes nach Heßler aufweisen. Zu diesen Kategorien zählt zum einen der materielle Raum und die Ausstattung für die Ausbildung im Schneidergewerbe und zum anderen der Raum, durch den eine interne wie auch externe Kommunikation und eine damit verbundene Praxis für die Lehre und Forschung ermöglicht wurden. Dem Anspruch folgend, die Zuschneidekunst auf ein wissenschaftliches Niveau zu heben, wurde in Dresden ein neuartiges Konzept umgesetzt, das in dieser Form Modellcharakter im deutschsprachigen Raum hat. Somit wird die erste

---

[88] Vgl. Petersen 2011, S. 11-14, S. 239-242.
[89] Heßler 2007, S. 14.
[90] Martina Heßler behandelt in ihrer Analyse des historischen Topos der kreativen Stadt drei thematische Schwerpunkte: Die Geschichte der Stadt, die Geschichte der Naturwissenschaften und das Verhältnis der Gesellschaft zu Wissenschaft und Technik, erörtert anhand von Fallbeispielen. Vgl. ebenda, S. 23.

höhere Bildungsanstalt für das Schneidergewerbe auch als symbolischer Ort untersucht, durch den sich das Schneidergewerbe repräsentierte.[91] Hierbei soll nachgewiesen werden, dass die Dresdner Akademie identitätsstiftend für das Selbstverständnis des Schneiderhandwerks wirkte und als *Raum des Wissens* Ort der Wissensproduktion im Bereich der Schnitttechnik war. *Räume des Wissens* gilt es nach Mitchell G. Ash unter unterschiedlichen Fragestellungen zu untersuchen. Zu diesen zählt die Analyse der Anerkennung und Privilegierung von Forschungsstätten und ihrer Akteure ebenso wie die Organisation, in der Wissen vermittelt, generiert und erworben wird. Auch spielen bei Ash sowohl die internen Beziehungen als auch die Kommunikation mit außerinstitutionellen Akteuren und Ressourcen eine Rolle. Zudem gilt es der Frage nachzugehen, wo das Wissen situiert ist, wann Ergebnisse von Forschungen als allgemeingültiges Wissen anerkannt sind und mit welchen Mitteln dieses Wissen übermittelt und öffentlich zugänglich gemacht wird.[92] Auch laut Marcus Popplow ist der Prozess der Formalisierung von Wissen mit Praktiken des Austauschs, Medien der Repräsentation und einem damit verbundenen institutionellen Umfeld verknüpft, in dem sowohl Forschungen auf einem Fachgebiet als auch die Vermittlung von Wissen eingebettet sind.[93] Matteo Valleriani bezeichnet entsprechende *Räume des Wissens* als Verwaltungen für die Bearbeitung von Wissen, als „administrations handling knowledge"[94], die maßgeblich daran beteiligt sind, Innovationen hervorzubringen. Somit soll die Analyse der Europäischen Moden-Akademie als *Raum des Wissens* dazu dienen, die Produktion, die Transformation und Adaption sowie die Bewahrung des Wissens auf dem Gebiet der Zuschneidekunst zu rekonstruieren, in dem die institutionelle Organisation und das dort situierte Wissen in Beziehung gesetzt werden.[95]

Die Erschließung der Geschichte der Europäischen Moden-Akademie wird Aufschluss darüber geben, dass im 19. Jahrhundert die Notwendigkeit gesehen wurde, das Wissen des Schneiders auf dem Gebiet der Zuschneidekunst als Reaktion auf die Bedrohung handwerklicher Strukturen im Zuge der fortschreitenden Industrialisierung zu systematisieren und zu formalisieren. Aus bis dahin traditionellem Erfahrungswissen, situiert und weitergegeben in der Meisterwerkstatt, entstand bis zur Jahrhundertwende ein universalisiertes wissenschaftliches Wissen, das bis heute Gültigkeit besitzt und die Grundlage für die Schnittkon-

---

[91] Heßler unterscheidet drei analytische Kategorien des Raumes, die identitätsstiftend wirken. 1. Materieller Raum (Anordnung des Gebäudes, räumliche Arrangements), 2. Sozialer Raum/ Kommunikationsraum (Organisation der Kommunikation, Austausch unter den Akteuren, Praktiken der Nutzer), 3. Symbolischer Raum (Zeichen, Repräsentationen, Codes, die diskursiv und visuell erzeugt werden). Vgl. ebenda, S. 14-16.
[92] Fragestellungen nach Mitchell G. Ash: 1. Welche Forschungsstätten sind wann und wo als institutionelle Räume des Wissens anerkannt und privilegiert worden und aus welchen Gründen? 2. Organisation des Wissenserwerbs und der Forschungspraxis (Handlungen, Mittel, zeitliche Angaben), 3. Innen-/ Außenwelt-Verhältnisse (Akteure, Ressourcen), 4. Wo ist das Wissen situiert? Wann und für wen gelten Forschungsergebnisse als Wissen? (Vermittelnde Trägerschaft, kommunikative Netzwerke, public knowledge). Vgl. Ash 2000, S. 240.
[93] Vgl. Popplow 2015, S. 855.
[94] Valleriani 2017a, S. VI.
[95] Vgl. ebenda, S. VI.

struktion bildet – unabhängig davon, welche technischen Mittel und Werkzeuge für die praktische Umsetzung und Vervielfältigung von Schnittmustern bis heute entwickelt wurden. Die Analyse der ersten höheren Bildungseinrichtung für das Schneidergewerbe, der Forschungs- und Lehrpraxis und ihrer Akteure rekonstruiert den Formalisierungsprozess. Damit einhergehend soll herausgearbeitet werden, dass diesem ideellen und institutionellen *Raum des Wissens* für die Zuschneidekunst die Rolle eines Vorläufers der gegenwärtigen ingenieurwissenschaftlichen Ausbildung der Bekleidungstechnik zugesprochen werden kann und der historische Abgleich gleichermaßen wertvolle Impulse für die Evaluierung der heutigen Lehr- und Forschungspraxis bietet. Methodisch integriert die Analyse der Rekonstruktion der Formalisierung und Zirkulation des Wissens, verortet in der Europäischen Moden-Akademie, analytische Kategorien und Fragestellungen von Ash, Heßler, Petersen, Popplow und Valleriani.

Der Formalisierungsprozess der Zuschneidekunst – die Übersetzung des handwerklichen, auf Erfahrungen basierenden Wissens der Zuschneidekunst in ein formalisiertes, kodifiziertes Regelwerk – impliziert die Frage nach dem Verständnis von Wissenschaftlichkeit und die Spezifizierung des Prozesses der Verwissenschaftlichung der Bekleidungskunst. Implizite Formen des Wissens, die übersetzt werden in eine explizite, kodifizierte, allgemeingültige und allgemein anwendbare Form von Wissen, werfen die Notwendigkeit auf, dieses Wissens zu lehren und einzuüben. Insbesondere spielt hierbei die institutionelle Organisation für die Qualifizierung eine Rolle, die bestimmte Formen und Medien der Wissensvermittlung mit sich bringen. Darüber hinaus müssen in diesem Zusammenhang sowohl das Selbstverständnis und die soziale Stellung einer Berufsgruppe, wie die der Schneider, als auch der Wert von Bildung innerhalb der Gruppe als Mittel der Repräsentation des Berufsstandes erörtert werden. „[I]mplizit in den Traditionen der wissenschaftlichen Forschungspraxis enthalten"[96] ist es, dass die Forschungsgemeinschaft das Wissen hervorbringt – durch die Anerkennung von Expertenwissen und die Anerkennung von Autoritäten, basierend auf einer wechselseitigen Kontrolle und Überprüfung über ausgewählte Kanäle der Kommunikation. „Solche Entscheidungen beruhen auf grundlegenden Überzeugungen vom Wesen der Dinge und der geeigneten Methode"[97], so dass die Ergebnisse angewendet und diesen der Wert von Wissenschaftlichkeit zugesprochen werden kann. Anzumerken gilt es, dass Michael Polanyi diesbezüglich Orte der Forschung wie bspw. Laboratorien in Betracht zieht, während die Modenakademie vorrangig als Ausbildungsstätte verstanden werden kann. Dennoch kann diese auch als Forschungsinstitution betrachtet werden. Zum Zweck der Lehre musste jedoch zunächst ein formalisiertes, explizites Regelwerk für die Vermittlung erarbeitet werden, während parallel zum Formalisierungsprozess die besagten Regeln der

---

[96] Polanyi 1985, S. 61.
[97] Ebenda, S. 60.

Schnitttechnik stetig verfeinert und überarbeitet wurden. Es bildete sich somit eine Forschungsgemeinschaft heraus, bestehend aus Lehrenden und praktizierenden Zuschneidern, die zuvor separat voneinander an der Fortentwicklung der Zuschneidekunst arbeiteten.

Das Erfahrungswissen impliziert das Wissen um den Kontext eines ganzheitlichen Herstellungsprozesses, in dem zum einen routinierte Arbeitsabläufe ausgeführt und überblickt werden müssen, während zum anderen körperlich-sinnliche Erfahrungen im Umgang mit realen Dingen einfließen.[98] „Ich werde das menschliche Erkennen ausgehend von der Tatsache betrachten, daß wir mehr wissen, als wir zu sagen wissen"[99], betont Michael Polanyi. Auch Georg Mildenberger setzt sich in seiner Studie über die impliziten Komponenten des technischen Wissens mit der Frage auseinander, ob Expertise mit diesem nicht zu explizierenden Wissen gleichzusetzen ist. Verweisend auf Polanyi führt er zudem an, dass implizite Formen des Wissens zwar nicht zu explizieren, aber dennoch Ausgangspunkt für die Formulierung von Forschungsfragen und die Evaluation von Erkenntnissen sind.[100] Wesentlich dafür ist die konkrete Handlung, die Tat, d. h. die Kompetenz des Ausführenden, die Kontrolle über den Körper und die Handgriffe, eine geschulte und eingeübte Wahrnehmung und die Beobachtung von Vorbildern.[101] Als wesentliches Element des Wissens bezeichnet Reinhold Reith, Harry Collins anführend, das implizite Wissen. „Er [Collins] verweist auf die situative Kontextabhängigkeit des Wissens. Um es sich aneignen zu können, müsse man – im Sinne eines personalen Transfers – mit anderen zusammenkommen, die es schon besitzen. Explizites Wissen sei eine Art materialisiertes Wissen, [...], und es sei auch an anderen Orten verfügbar."[102] Douglas Harper bezeichnet dieses Wissen als Wissen über Materialien (*knowledge of materials*), das sich nur im Rahmen der konkreten Arbeit mit diesen entfaltet.[103] Die handwerklichen Arbeiten, die Harper am Beispiel des Mechanikers Willie erörtert, spezifiziert er in Anlehnung an Claude Levi-Strauss als eine Form von *Bastelei*, bzw. als Wissenschaft des Realen (*science of the concrete*). Die Bearbeitung eines Problems ist dabei verbunden mit einem Improvisieren mit dem Vorhandenen, durch das sich der *Bastelnde* nicht nur definiert, sondern über sich hinauswächst. So wird dieser zum Denker, der den Lösungsweg prüft und an die Gegebenheiten anpasst.[104] In diesem Zusammenhang wird sich zeigen, dass auch die Geschichte der Zuschneidekunst geprägt ist durch die *Basteleien* einzelner Personen und den daraus resultierenden Lösungswegen in Form von Schnittmethoden. Die implizite Komponente bezeichnet Andreas Fickers als *Handlungs-*

---

[98] Vgl. Böhle et al. 2001, S. 98-99.
[99] Polanyi 1985, S. 14; vgl. auch Georg Mildenberger zu Polanyi: „Damit wird deutlich, dass der Begriff des Tacit Knowledge sehr ernst gemeint ist, denn das Wissen, um das es hier geht, kommt nicht in der Rede zum Ausdruck. Es wird bestenfalls angedeutet oder eben stillschweigend vorausgesetzt." Mildenberger 2002, S. 102.
[100] Vgl. Mildenberger 2002, S. 103, S. 110, S. 170.
[101] Vgl. ebenda, S. 119-120.
[102] Reith 2016, S. 52.
[103] Vgl. Harper 1987, S. 53.
[104] Vgl. ebenda, S. 74.

wissen, das in Relation zu einem theoretisch fundierten Wissen und einem Nichtwissen steht. Dieses Verhältnis gilt es im Bereich der Schnitttechnik aufzudecken, während das „Scheitern bzw. kreatives Problemlösen [...] hier auch zu einem zentralen Bestandteil des Lern- und Bildungsprozesses [wird]"[105]. Das Verhältnis von Wissen und Nichtwissen wird auch im Rahmen der Erarbeitung von wissenschaftlich begründeten Regeln für die Zuschneidekunst erörtert. Das Explizieren des Handlungswissens kann laut Fickers dadurch erfolgen, dass ein Dialog mit den Dingen geführt wird.[106] Das Handwerk spezifiziert Peter Janich als Vorbild für das Mundwerk, so dass eine Befragung der historischen Quellen, insbesondere der Hand- und Lehrbücher, Aufschluss darüber geben soll, inwieweit das Handlungswissen der Zuschneider verschriftlicht wurde und in den Formalisierungsprozess der Schnitttechnik einfloss.[107]

Sonja Petersen identifiziert im Klavierbau des 19. und 20. Jahrhunderts ein Nebeneinander heterogener Wissenskomponenten, zu denen informelles Erfahrungswissen, formalisiertes und standardisiertes Wissen über den Instrumentenbau in einzelnen Firmen sowie wissenschaftliches Wissen zählen.[108] Auch das Wissenskonzept der Schnitttechnik, das sich ebenso durch die Verschmelzung verschiedener Wissensbestandteile auszeichnet, entspringt einem personengebundenen Erfahrungswissen. Durch die sukzessive Integration wissenschaftlicher und empirischer Erkenntnisse und Theorien entstand ein formalisiertes Wissen, das die implizite Komponente nicht substituieren kann, wie es nachzuweisen gilt. Ist es die neuzeitliche Aufgabe der Wissenschaft, Mittel und Lösungswege für gegebene Zwecke bereitzustellen,[109] sind die Bemühungen, die Zuschneidekunst zu verwissenschaftlichen, eingebettet sowohl in übergreifende Entwicklungen im Bereich der Wissenschafts- und Bildungsgeschichte als auch verknüpft mit dem Fortgang der Industrialisierung und den damit einhergehenden Auswirkungen auf das Schneiderhandwerk. Diesbezüglich werden im Folgenden, im Anschluss an die Darstellung der Funktionsprinzipien der Schnitttechnik, die Transformationsprozesse der Ausbildung im Schneiderhandwerk im 19. Jahrhundert und die produktionstechnischen und strukturellen Entwicklungen in der Bekleidungsindustrie beleuchtet und somit die historischen Rahmenbedingungen für den Formalisierungsprozess rekonstruiert. Wissenschaft, so heißt es in der Enzyklopädie der

---

[105] Fickers 2015, S. 78.
[106] Fickers bezieht sich hierbei auf Hans-Peter Hahn. Vgl. ebenda, S. 80, S. 84; zu Methoden ethnologischer Forschungen und der Verwurzelung der Forschenden und ihrer Gegenstände im Alltäglichen, Konkreten und Materiellen. Vgl. Hahn 2010, S. 9-21. „Dinge sind Zeugnisse, Dinge haben Bedeutungen, aber sie sind noch mehr als das. Sie sind möglicherweise Partner in Dialogen, die Ethnolog/innen erst noch zu führen lernen müssen." Ebenda, S. 18.
[107] „Immerhin lässt sich schon zu Beginn dieser Überlegungen sagen, dass das Mundwerk sich das Handwerk als Vorbild nehmen kann und sollte. Denn nicht die mundwerkliche Beschreibung oder Erzählung des handwerklichen Machens, sondern nur das handwerkliche Machen selbst, sein Vollzug und seine Produkte zählen." Janich 2015, S. 17-18.
[108] Vgl. Petersen 2011.
[109] Vgl. Mildenberger 2002, S. 18.

Neuzeit, stellt Konzepte bereit, durch die die Dinge der Welt nicht nur klassifiziert werden, sondern das vorhandene Wissen darüber schaffend bearbeitet wird.[110] Die Genese der modernen Naturwissenschaften, beginnend im 17. Jahrhundert, zeichnete sich durch eine zunehmende Sammlung und Systematisierung von Erkenntnissen über die Natur unter Anwendung mathematischer und experimenteller Methoden aus. Die Natur wurde nicht mehr nur beobachtet, sondern durch Verfahren des Quantifizierens und Messens berechenbar, so dass die Menge an verwertbaren Daten wuchs und Phänomene und Zusammenhänge präziser erörtert werden konnten. Somit wurde neues Wissen generiert und auf die Fortentwicklung der künstlichen und technischen Welt angewendet.[111] Die Geometrie ist „das alles prägende Werkzeug geworden, mit dem die Naturwissenschaften und die Technik die gesamte natürliche und künstliche Welt unter mathematische Maßstäbe gebracht haben"[112], heißt es bei Janich. Das Zeichen der Zahl bezeichnen Daniela Döring und Claude Draude als Produkt des Wissenschaftssystems des 19. Jahrhunderts, das als Garant für Objektivität stand.[113] „Die wissenschaftliche Zugangsweise diente schließlich diesem Bestreben, bewiesene, verläßliche und nachvollziehbare, mithin auch reproduzierbare Meisterstücke im Schneiderhandwerk durch methodisch-systematische Fortschritte hervorzubringen"[114], heißt es bei Ruth Sprenger. Die Erfassung und Sammlung von Daten mithilfe von metrischen und informatorischen Verfahren wurden durch Berechnungen und Konstruktionsanleitungen im Bereich der Zuschneidekunst operationalisiert und fanden ihre materialisierte Ausprägung in Form von Kleidungsstücken. Der haptische und materielle Bezug, so betonen es Döring und Draude, trat im Vergleich zur Zahl dabei in den Hintergrund.[115] Thematisiert wird im Folgenden auch die Wechselbeziehung zwischen der Entwicklung mathematisch-geometrischer Theorien der Zuschneidekunst und der Herausbildung der Konfektionsindustrie, die auf der Verfügbarkeit von vereinheitlichten Konfektionsgrößen und standardisierten, reproduzierbaren Schnittvorlagen basierte.[116]

Die Formalisierung der Zuschneidekunst als Teilbereich des Schneiderhandwerks geht somit einher mit der Herausbildung eines ingenieurwissenschaftlichen Wissens für die Bekleidungstechnik und Bekleidungsgestaltung, durch das die handwerkliche Kunstfertigkeit übersetzt wurde in systematisierte, mathematisch-geometrisch fundierte und empirisch er-

---

[110] Vgl. Gierl 2012a, S. 61.
[111] Vgl. ebenda, S. 61-63; vgl. Wilson 2012, S. 11-12.
[112] Janich 2015, S. 23.
[113] „Zahlzeichen changieren seltsam zwischen den Dingen und dem Abstrakten. Als Medium der Übersetzung, als Sichtbarmachung von Einheiten und Ungleichem und als Beschriftung von Objekten scheinen sie ebenso unsichtbar wie wirkmächtig und evident. Doch ist das abstrakte und universelle Zahlzeichen maßgeblich ein Produkt des Wissenschaftssystems des 19. Jahrhunderts, das dieses Konzept als Garant für Objektivität entwirft." Döring/ Draude 2012, S. 61.
[114] Sprenger 2010, S. 53.
[115] Vgl. Döring/ Draude 2012, S. 61.
[116] Elke Domke führt folgende Einflussfaktoren für die Entwicklung der Konfektion auf: Normierung durch die Generierung und Einführung von Konfektionsgrößen, die Standardisierung des Schnittes, modeabhängige und saisonale Faktoren sowie technische Entwicklungen wie bspw. die Nähmaschine. Vgl. Domke 1998, S. 34-39.

probte Aussagen, die für die Rationalisierung und Optimierung der Fertigung von Bekleidung relevant waren und sind. Der Formalisierungsprozess der Zuschneidekunst ist geknüpft an ein Wissen, die Heterogenität der Wissenskomponenten erst einmal außer
Betracht gelassen, das sich durch „eine von mehreren Individuen geteilte Fähigkeit zum
sozialen Handeln"[117] auszeichnet. Die Systematisierung des Wissens der Schnitttechnik ist
in diesem Kontext eingebettet in einen institutionellen und ideellen Rahmen, in dem Wissen
hergestellt, synthetisiert und zirkuliert. Die Gründung und Entwicklung der Europäischen
Moden-Akademie bildet diesen Prozess der Wissensgenerierung und Wissensverbreitung
durch die Etablierung einer bis dahin nicht existenten interaktiven Forschungs- und Lehrpraxis für das Schneidergewerbe ab. Die Akademie als *Raum des Wissens*, so lautet die
These, ist beispielgebend für die Konstellationen, in denen handwerkliches Wissen kodifiziert und formalisiert wurde und sich ein neues Wissenskonzept, hier im Bereich der Bekleidungstechnik, herausbilden konnte.

Die soziale Realisierung und die damit verbundenen Praktiken der Forschung und Lehre
auf dem Gebiet der Zuschneidekunst im 19. Jahrhundert, eingebettet in die institutionelle
Organisation der Europäischen Moden-Akademie, ihrer Akteure und Organe, führen zu einem weiteren essentiellen Aspekt des Formalisierungsprozesses. So gilt es die Formen des
Wissens der Zuschneidekunst, die in ein kodifiziertes, anerkanntes Regelwerk übersetzt
wurden, näher zu erörtern. Die Untersuchung der Forschungsarbeiten einzelner Akteure
bzw. Mitglieder der Akademie und die damit einhergehenden Darstellungen und Zirkulation der Ergebnisse geben zum einen Aufschluss darüber, welches Wissen bzw. welche
Formen des Wissens in den Prozess der Wissensgenerierung einflossen. Zum anderen wird
erörtert, welches Wissen entscheidend für die Aneignung und die Anwendung in der Praxis
war und noch ist. So wird im Rahmen dieser Arbeit das Wissen zergliedert und anschließend wieder zu einem, für die Zuschneidekunst inhärenten, ganzheitlichen Wissenskonzept
zusammengeführt. In diesem Zusammenhang werden die Hand- und Lehrbücher einer Auswahl von Zuschneidern analysiert, durch die unterschiedliche Wissenskomponenten transparent werden, während darüber hinaus auch das Schnittmuster als materialisiertes Objekt
des Wissens thematisiert wird.

Die Analyse der Wissensformen der Zuschneidekunst berührt somit Fragestellungen und
Forschungsdesiderata der Wissensgeschichte. Als beispielhaft für das Wissen, das im Kontext der industriellen Entwicklungen des 18. und 19. Jahrhunderts entstand, soll hergeleitet
werden, wie bezüglich der Zuschneidekunst ein modernes, wissenschaftlich fundiertes Wissen aus handwerklichem Erfahrungswissen generiert wurde. Jakob Vogel betont die Bedeutung dieser Transformationsprozesse hinsichtlich der Herausbildung der modernen Industriegesellschaft und der Entstehung von Expertentum. Diesbezüglich verweist Vogel auch

---

[117] Jakob Vogel bezieht sich hierbei auf Nico Stehr. Vgl. Vogel 2004, S. 641; vgl. auch Stehr 1994, S. 208-209.

auf die Wechselbeziehung von Wissen und der Gestaltung industrieller Prozesse des 19. Jahrhunderts und auf die Koexistenz unterschiedlicher Formen und Systeme von Wissen, so dass ein wissenschaftliches Wissen nicht ohne Weiteres dem praktischen Wissen gegenübergestellt werden kann.[118] Technische Wandlungsprozesse, so heißt es bei André Leroi-Gourhan, ruhen auf dem Auftreten des Handwerkers[119] und der Handwerker verfügt über die Mittel der Hand, um somit „den Triumph der künstlichen Welt über die Natur zu erringen"[120]. Philipp Sarasin analysiert Wissen als ein *historisches Phänomen*. So gilt es danach zu fragen, wie und warum spezifische Wissensbestände auftauchen, zu welchem Zeitpunkt und in welcher Zeitspanne dieses Wissen entsteht, angewendet und gegebenenfalls wieder in Vergessenheit gerät. Relevant sind in diesem Zusammenhang auch die Erforschung der Ursprünge des Wissens, welche Akteure an der Wissensproduktion beteiligt waren und in welchen Formen das Wissen verbreitet wurden.[121] Daran anknüpfend dient die Zerlegung und Zusammensetzung der Wissensbestände der Zuschneidekunst dazu, zu erörtern, welchen Stellenwert die einzelnen Formen des Wissens im 19. Jahrhundert hatten, welchen Stellenwert das Wissen der Schnitttechnik im Verlauf der Geschichte grundsätzlich eingenommen hat und welche Elemente dieses Wissens gegenwärtig zentral sind in Lehre und Forschung. Bezugnehmend auf die von Daniel Speich Chassé und David Gugerli formulierten Desiderata an eine wissenshistorische Forschung, in der historische Konstellationen der Wechselbeziehungen von Wissen, Wissenschaft, Technik und Gesellschaft zu untersuchen sind, rückt die Aneignung und Zirkulation von wissenschaftlich-technischem Wissen in der Alltagskultur in den Fokus.[122] Diese Kultur und die Praktiken der alltäglichen Anwendung und Weiterentwicklung des Wissens der Zuschneidekunst sollen im Rahmen der Untersuchung der Europäischen Moden-Akademie und durch die Analyse der Schnittmethoden einzelner Akteure des Wissens rekonstruiert werden.

Die Verarbeitungstechnik im Bekleidungsfach ist laut Ruth Sprenger eine unabschließbar innovative Disziplin, die gekennzeichnet ist durch eine variable Mischung aus tradiertem Wissen, persönlich erarbeiteter Methode und gekonnter Improvisation[123]. Während Nico Stehr die marginale Rolle sowohl des praktischen, impliziten Erfahrungswissens und eines lokalen, personengebundenen Wissens im Rahmen der Produktion von wissenschaftlichem und technologischen Wissen hervorhebt, zeigt sich in der Analyse der unterschiedlichen Wissensbestandteile der Zuschneidekunst jedoch, welche essentielle Bedeutung der erfah-

---

[118] Vgl. Vogel 2004, S. 651-652.
[119] Vgl. Leroi-Gourhan 1988, S. 220.
[120] Ebenda, S. 227.
[121] „Wissen ist ein historisches Phänomen und wird von uns ausschließlich als solches behandelt, das heißt: nicht hinsichtlich der Frage, ob bestimmte Wissensbestände nun wahr oder falsch, besser oder schlechter, nützlich oder unnütz sind, sondern nur: wie, wann und gegebenenfalls warum ein bestimmtes Wissen auftaucht und wieder verschwindet." Sarasin 2011, S. 165; vgl. ebenda, S. 167.
[122] Vgl. Gugerli/ Speich Chassé 2012, S. 86-87.
[123] „Verarbeitungstechnik ist bis heute eine unabschließbar innovative Disziplin, eine variable Mischung aus tradiertem Wissen, persönlich erarbeiteter Methode und gekonnter Improvisation." Sprenger 2010, S. 55.

rungsbasierten, individuellen Handwerkskunst für die Herausbildung einer Wissenschaft zugeschrieben werden muss.[124] Die Synthese eines ganzheitlichen Wissenskonzeptes für die Zuschneidekunst, das anhand der Analyse der Schnittmethoden einer Auswahl von Zuschneidern, die als Akteure der Europäischen Moden-Akademie fungierten, erörtert wird, dient zum einem dem Nachweis der Signifikanz von impliziten, auf handwerklichen Kompetenzen beruhenden Wissensformen. Zum anderen soll der Beweis erbracht werden, dass das Wissen der Zuschneidekunst im 19. Jahrhundert die Grenze der Kodifizierung und Formalisierung erreicht hatte und dieses Wissenskonzept – unabhängig von technischen Entwicklungen im Bereich der Schnittgestaltung – noch immer seine Gültigkeit besitzt.

„Bei allem, was Menschen heute wissen müssen und wissen können – und das ist nicht wenig! –, fehlt diesem Wissen jede synthetisierende Kraft. Es bleibt, was es sein soll: Stückwerk – rasch herstellbar, schnell anzueignen und leicht wieder zu vergessen.“[125] Mit diesen Worten kritisiert Paul Konrad Liessmann die gegenwärtige Situation im Bereich der Bildung und Wissensvermittlung. So gilt es „sich ein klares Bild von Zeiten und Umständen zu machen, über welche leider auch heute noch nur zu verschwommene und irrige Ansichten herrschen. Geschichte soll aber nie zu wenig getrieben werden; nur aus der Vergangenheit lernt sich die Gegenwart verstehen und begreifen“[126], heißt es in Wilhelm Zinckes Darstellung der Geschichte der Schneiderinnung Berlins aus dem Jahr 1888. Die historische Rekonstruktion der synthetisierenden Kraft der Europäischen Moden-Akademie als Raum der Wissensgenerierung und Wissensvermittlung dient auch dazu, Gestaltungsspielräume für die Forschungs- und Lehrpraxis im Bereich der Bekleidungstechnik und Bekleidungsgestaltung aufzudecken. Gleichermaßen ermöglicht die Analyse der Wissensbestandteile der Schnitttechnik, technische Entwicklungen insbesondere hinsichtlich der zunehmenden Digitalisierung und Virtualisierung im Bereich der Produktentwicklung zu hinterfragen. Behauptet wird diesbezüglich, dass das zunehmend vernachlässigte Arbeiten an der Materie und das damit verbundene Erfahrungswissen zu einer stetigen Erweiterung der Lücke zwischen dem Subjekt, dem arbeitenden Individuum, und dem Objekt, der Arbeit an einem realen Gegenstand, führt. Wissen geht somit verloren. In diesem Fall betrifft dies den Umgang des Schnittkonstrukteurs mit dem realen menschlichen Körper, die taktile und visuelle Arbeit des Körpers, des Auges und der Hand, das Verhältnis zum Endprodukt, zum Kleidungsstück, und zu denjenigen, die bekleidet werden. Die Erörterung des historischen Formalisierungsprozesses und die Identifikation der verschiedenen Wissenskomponenten können so auch die Grundlage für die Evaluation und Weiterentwicklung von technischen

---

[124] „Dies bedeutet natürlich nicht, daß ich nicht den eigentümlichen Funktionen nicht-wissenschaftlichen Wissens in einer hoch differenzierten Gesellschaft nachgehen konnte, was eine andere Fragestellung wäre. Während sich das wissenschaftliche Wissen immer mehr differenziert, möglicherweise sogar zunehmend Motor dieses Prozesses ist, gilt dies, wenn überhaupt, nur in bescheidenem Maße für das nicht-wissenschaftliche Wissen. Stehr 1994, S. 292; vgl. auch Vogel 2004, S. 642.
[125] Liessmann 2012, S. 8.
[126] Zincke 1888, S. IV.

und digitalen Verfahren und Werkzeugen der Schnitttechnik bieten. Dies ermöglicht zugleich die Beurteilung der Qualität der Aus- und Weiterbildung hinsichtlich einer Optimierung der Vermittlung eines ganzheitlichen Wissenskonzeptes der Schnitttechnik.

1.4 Kategorien der Analyse und Quellenmaterial

Die vorliegende Forschungsarbeit umfasst die Analyse von drei wesentlichen Kategorien, die unter verschiedenen Fragestellungen die Erörterung der entscheidenden Elemente des Formalisierungsprozesses der Zuschneidekunst ermöglichen. Zu diesen Analysekategorien zählt zum einen die Institution der Europäischen Moden-Akademie, deren Geschichte rekonstruiert wird. Zum anderen umfasst der daran anschließende Teil der Arbeit die Darstellung des personengebundenen Wissens einer Auswahl von Akteuren der Dresdner Akademie. Zudem werden die materiellen und verschriftlichten Formen des Wissens, die Zirkulation des Wissens und die Dokumentation bzw. Repräsentation des Formalisierungsprozesses nachgezeichnet.

Basis für die Untersuchung der drei Schwerpunkte bildet ein zum Teil lückenhaftes historisches Quellenmaterial in Form von Denkschriften und Protokollen von Generalversammlungen, Schulprogrammen und Fachzeitschriften sowie Hand- und Lehrbücher der Zuschneidekunst des 19. Jahrhunderts. Der Fokus der Analyse liegt auf den Quellen, die einen direkten Bezug zur Europäischen Moden-Akademie aufweisen, obgleich weiteres Material herangezogen wird, um den historischen Kontext umfassend zu erfassen. Die Akademie als *Raum des Wissens*, konstituiert aus unterschiedlichen institutionellen Organen und den daran mitwirkenden Personen, spiegelt einen Rahmen wider, in dem das handwerkliche Wissen im Bereich der Schnitttechnik auf ein wissenschaftliches Niveau gehoben wurde. Wie bereits zuvor erwähnt, sind auch ähnliche Entwicklungen hinsichtlich der Systematisierung der Zuschneidekunst in anderen europäischen Ländern und in den USA zu verzeichnen. Zweck dieser Arbeit ist es jedoch nicht, einen umfangreichen Überblick über die internationalen Errungenschaften auf diesem Gebiet zu geben.[127] Als erste höhere Bildungseinrichtung für das Schneidergewerbe im deutschsprachigen Raum besitzt die Europäische Moden-Akademie und die damit verbundene Lehr- und Forschungspraxis einen Vorbildcharakter. Die Auswahl der behandelten Werke der Zuschneider und ihrer Methoden ermöglicht die Erörterung der heterogenen Wissensformen der Schnitttechnik, die noch heute ihre Gültigkeit besitzen. Die Untersuchung des bisher kaum berücksichtigten historischen Quellenmaterials in den Forschungen der Technik- und Wissensgeschichte leistet somit einen Beitrag zur Bewahrung des kulturellen Erbes. Die methodische Herangehensweise und die hierbei bearbeiteten Fragestellungen können darüber hinaus übertragen werden auf

---

[127] Vgl. Erörterung des aktuellen Forschungsstandes in Kapitel 1.2.

technik- und wissensgeschichtliche und auch bildungshistorische Untersuchungen, die sich auf andere Bereiche handwerklich-technischer Fertigkeiten beziehen.

Sowohl Jutta Zander-Seidel als auch Kerstin Kraft weisen auf die grundsätzlichen Schwierigkeiten der Erschließung des historischen Quellenmaterials zur Geschichte der Bekleidung hin, sofern dieses noch erhalten ist oder im Verlauf durch Autoren bereits neu interpretiert oder auch gekürzt wurde und dennoch als Quelle herangezogen werden kann. Zander-Seidel führt hierbei die *„Die Trachten der Völker in Bild und Schnitt"*, verfasst 1866 von Carl Köhler, an, dessen kostümgeschichtliche Abhandlung von Emma Sichart neu verfasst und gekürzt wurde, während das Werk noch heute als Standardwerk gilt.[128] Die Schwierigkeiten beziehen sich laut Kerstin Kraft auf eine generelle schlechte Quellenlage, die u. a. darauf zurückzuführen ist, dass die Schneidergilden bis in die Neuzeit sowohl Schnitte als auch Kleiderordnungen geheim hielten. Darüber hinaus ist insbesondere das Schnittmuster, die Patrone, fortwährend verändert worden, um diese an den Körper der Kundschaft anzupassen und somit prinzipiell von Papierzerfall bedroht, während Aufzeichnungen von Arbeitsabläufen, Techniken o. ä. in der Meisterwerkstatt nicht vonnöten waren. Wenn Schnittteile erhalten sind, wird dabei die Entstehung nicht mehr sichtbar. Die Geschichte der Zuschneidekunst kann in diesem Zusammenhang nicht durchgehend oder widerspruchsfrei rekonstruiert werden. So werden auch voneinander abweichende Jahreszahlen, Titel von Hand- und Lehrbüchern oder individuelle Interpretationen von Schnittmethoden im Rahmen der Erschließung der Primärquellen offensichtlich.[129]

Die Europäische Moden-Akademie verfügte sowohl über eine Bibliothek als auch über ein Archiv. Die Vermutung liegt nahe, dass darin ein umfangreiches Material über die Geschichte und Organisation der Institution, über das Schulprogramm, über die Mitglieder und die von der Verlagsgesellschaft herausgegebenen Fachbücher und Zeitschriften gesammelt wurde. Da die Dresdner Institution 1945 zerstört wurde, kann angenommen werden, dass wertvolles Quellenmaterial verloren ging. Im Bestand der Sächsischen Landes- und Universitätsbibliothek in Dresden sind jedoch u. a. die Denkschrift zum 50-jährigen Bestehen der Akademie sowie Dokumente über den Bibliotheksbestand und das Verlagsprogramm der Expedition Europäische Moden-Akademie vorhanden, die teilweise bereits digitalisiert wurden. Ebenso, wie auch in der Lipperheideschen Kostümbibliothek in Berlin, sind in Dresden zahlreiche Ausgaben der Zeitschriften des Verlags zu finden. Zu diesen zählen die *„Europäische Modenzeitung"*, das Zentralorgan der Akademie, oder auch Ausgaben von *„Der Beobachter", „Phönix"* und Exemplare von *„Der praktische Schneider"* und *„Die praktische Schneiderin".* Weitere Zeitschriften, die für diese Arbeit herangezogen wurden wie *„Die Rundschau für das gesamte deutsche Schneidergewerbe"* und

---

[128] Vgl. Köhler 1871a und 1871b; vgl. Sichart 1926a und 1926b.
[129] Über die Dokumentation von Kleidung. Vgl. Zander-Seidel 1990, S.46-47; vgl. Kraft 2001, S.22, S. 52, S. 57; vgl. Mottl 1893, S. 11 ff..

„Das Zentralorgan des Allgemeinen Deutschen Arbeitgeber-Verbandes für das Schneidergewerbe" gehören zum Bestand der Bayerischen Staatsbibliothek. Zum Teil sind jedoch die Zeitschriften von Papierzerfall bedroht und nicht mehr einsehbar. Nutzwertige Informationen enthalten zudem die Protokolle der Generalversammlungen und Statuten der Akademie, die als gesonderte Dokumente in den Bibliotheken in München und Dresden und so auch im Dresdner Stadtarchiv bewahrt werden. Im Stadtarchiv in Dresden sind darüber hinaus Dokumente über die Deutsche Fachschule für das Schneidergewerbe in Dresden, die 1910 in die Räume der Genossenschaft Europäische Moden-Akademie einzog, zu finden. Zu diesen zählen sowohl das Schulprogramm als auch Mitteilungen über den Schulbetrieb. Während eine Vielzahl von Hand- und Lehrbüchern der Zuschneider, die analysiert wurden, bereits in digitalisierter Form, insbesondere in der Sächsischen Landes- und Universitätsbibliothek, vorliegen, konnte im Fortgang der Forschung festgestellt werden, dass dort weitere Werke digitalisiert wurden und vermutlich noch werden.[130]

Die Arbeit gliedert sich in der Folge in drei Hauptteile, denen eine Erörterung der historischen Rahmenbedingungen und die Einführung in die Schnittgestaltung vorangestellt sind. Zunächst werden die Funktionsprinzipien der Schnitttechnik erläutert, ein Überblick über die Geschichte der Zuschneidekunst gegeben und daran anschließend die technischen Entwicklungen erörtert. [Kapitel 2] Der Untersuchung der drei analytischen Kategorien geht darüber hinaus eine Darstellung des wirtschaftlichen, sozialen, produktionstechnischen und bildungsbezogenen Kontextes der industriellen Entwicklungen des 19. Jahrhunderts voraus. Hierbei werden die Transformationsprozesse der Ausbildung und die Anforderungen an die Qualifikationen im Schneiderhandwerk dargelegt. In diesem Zusammenhang spielen die produktionstechnischen und strukturellen Entwicklungen im Bekleidungsgewerbe eine entscheidende Rolle. Darüber hinaus werden die Möglichkeiten für die Aus- und Weiterbildung für Schneider und die Herausbildung späterer Studienmöglichkeiten auf den Gebieten der Bekleidungstechnik und Bekleidungsgestaltung thematisiert. Die bildungsgeschichtlichen Entwicklungen werden dabei in Bezug zur Herausbildung des Textilfachschulwesens gesetzt. [Kapitel 3] Grundsätzlich ist festzustellen, dass die Entwicklung eines Fachschulwesens für den Bereich der Bekleidungsherstellung kaum Beachtung in der Forschung findet, so dass diese weitestgehend aus historischem Quellenmaterial zu rekonstruieren ist.[131]
Die historischen Entwicklungen im Bereich der fachlichen Bildung, in der die Geschichte einzelner Institutionen beleuchtet wird, sind eingebettet in den Kontext der Herausbildung einer formalisierten, ingenieurstechnischen Ausbildung auf Basis technischer und wissen-

---

[130] Siehe u. a. die Digitale Sammlung *Historische textiltechnische Fachliteratur* der Sächsischen Landes- und Universitätsbibliothek. Vgl. Sächsische Landes- und Universitätsbibliothek.
[131] Detaillierte Informationen zu unterschiedlichen Ausbildungswegen und Lehranstalten für den Bereich der Bekleidungsherstellung sind zu finden bei Hans- Joachim Wefeld. Vgl. Wefeld 1988; knappe Ausführungen zum Textilfachschulwesen sind u. a. im Handbuch der deutschen Bildungsgeschichte zu finden. Vgl. Lundgreen 1987, S. 300; vgl. Grüner 1991, S. 396.

schaftlich begründeter Regeln und der damit verbundenen Profilierung von Berufsstän-
den.[132]

Der daran anschließende erste Hauptteil behandelt die Analyse der Europäischen Moden-
Akademie als *Raum des Wissens* und die Rekonstruktion der Lehr- und Forschungspraxis
der Institution. [Kapitel 4] Hierbei wird das historische Quellenmaterial, zu dem die noch
erhaltene Denkschrift, verfasst zum 50-jährigen Bestehen der Akademie, und insbesondere
Niederschriften der Generalversammlungen zählen, nach der Motivation für die Fortentwicklung der Zuschneidekunst befragt. Entscheidend ist dabei die Institutionalisierung und
Entwicklung der Organe der Akademie – der Lehranstalt und des Verlags.[133] Zu identifizieren gilt es hierbei, in welchem Maß die Akteure, d. h. die Mitglieder der Akademie, die
Strukturen nutzten, um zum einen die Zuschneidekunst zu verwissenschaftlichen und einen
Beitrag dazu zu leisten, Wissen zu produzieren, zu evaluieren und zu überprüfen. Zum anderen werden der inhaltliche und organisatorische Aufbau der Aus- und Weiterbildung auf
dem Gebiet der Zuschneidekunst erörtert. Das Quellenmaterial gibt Aufschluss über die
Motivation der Gründung, die verbunden war mit der Notwendigkeit einer technisch-gestalterischen Weiterentwicklung der Bekleidungskunst im Kontext der fortschreitenden Industrialisierung. Zudem wird auch das Selbstverständnis des Berufsstandes des Schneiders
thematisiert. Diesbezüglich spiegeln die Quellen einerseits den wirtschaftlichen und sozialen Kontext des Schneidergewerbes Mitte des 19. Jahrhunderts wider und geben andererseits Hinweise darauf, dass sich das Schneidergewerbe durch die Verwissenschaftlichung
der Handwerkskunst zu profilieren beabsichtigte. Die Europäische Moden-Akademie wird
somit als „Ort der Forschung, an dem Wissen entsteht"[134] untersucht, eine lokale Forschungspraxis und das damit verbundene Forschungsinteresse dargelegt und der Rahmen
für die Entstehung von Wissen, den Austausch darüber und die Verbreitung nachgezeichnet.
Die wirtschaftlichen, sozialen und auch bildungsbezogenen Transformationsprozesse des
Schneiderhandwerks im 19. Jahrhundert bildeten die Rahmenbedingungen für die Formalisierung und Systematisierung der Zuschneidekunst. Herauszuarbeiten gilt es darüber hinaus, wie das Wirken der Akademie als Mittel der Repräsentation des Schneidergewerbes
öffentlich wahrgenommen und inwieweit der wissenschaftliche Fortschritt, die Verfeinerung der Zuschneidekunst und das Angebot im Bereich der Ausbildung und Weiterqualifi-
kation anerkannt und adaptiert wurden. Überleitend auf die weiteren Analysekategorien
enthalten die historischen Quellen wertvolle Informationen zu den an der Lehre und For-

---

[132] Zur Herausbildung einer ingenieurwissenschaftlichen Ausbildung im 19. Jahrhundert, beruhend auf
formalisierten, technischen und wissenschaftlichen Grundregeln; zur Herausbildung eines Standesbewusstseins des
Ingenieurs; zur Herausbildung von höherer technischer Bildung des 18. und 19. Jahrhunderts. Vgl. Popplow 2007,
S. 951-953.
[133] Vgl. Europäische Moden-Akademie 1900; vgl. Theuerle 1862.
[134] Sonja Petersen zitiert Hans-Jörg Rheinberger. Vgl. Petersen 2011, S. 165.

schung beteiligten Akteure und den damit verbundenen Errungenschaften hinsichtlich des Formalisierungsprozesses der Zuschneidekunst.[135]

Jutta Zander-Seidel hebt in ihrer historischen Studie über die Kleidung und Haustextilien in Nürnberg den „Eigenanteil des 19. Jahrhunderts an seinen kostümhistorischen Aussagen"[136] hervor und verweist diesbezüglich auf den dokumentarischen Wert von Chroniken, Haushaltsbüchern, Briefwechseln oder auch Kleiderordnungen. Anknüpfend an die Repräsentation des Schneidergewerbes durch die Europäische Moden-Akademie werden die Werke einer Auswahl von Zuschneidern analysiert und das Wissen der Technik herausgearbeitet. [Kapitel 5] Das Quellenmaterial wird in diesem Zusammenhang auch in Bezug auf das Verhältnis zwischen der Erweiterung bzw. Formalisierung des praktischen Erfahrungswissens zum Aufstieg der Schneider zu wissenschaftlich gebildeten Experten befragt.[137] Die Hand- und Lehrbücher, die vorwiegend der Erforschung der unterschiedlichen Wissensformen der Zuschneidekunst dienen, werden darüber hinaus hinsichtlich der individuellen Motivation der Akteure, die Schnitttechnik fortzuentwickeln und entsprechende Erkenntnisse und Errungenschaften zu kommunizieren, untersucht. Damit einhergehend wird auch der wirtschafts-, sozial- und kulturgeschichtliche Kontext thematisiert, der, wie sich zeigen wird, wesentlicher Bestandteil der Werke war. So kann zum einen das individuelle Selbstverständnis wie auch das übergreifende Selbstbild des Schneiders herausgearbeitet werden. Die Erörterung des Wissenskonzeptes der Zuschneidekunst impliziert zum einen Fragen nach den wissenschaftlichen, d. h. der geometrisch-mathematischen Fundierung der Schnittmethoden, die in den Hand- und Lehrbüchern dargestellt werden: Welches Wissen zogen die Zuschneider heran und wie wurde dieses auf die individuellen Lösungen übertragen? Zum anderen dient die Analyse der Zuschneideverfahren der Identifikation des impliziten, auf praktischer Erfahrung beruhenden Wissens der Schneider und zur Beantwortung der Frage, wie diese dieses Wissen verschriftlichten. Fickers zitiert im Rahmen seiner Darstellung der Methoden einer experimentellen Medienarchäologie folgende Aussage Ernst Cassirers: „Alle geistige Bewältigung der Wirklichkeit ist an diesen doppelten Akt des »Fassens« gebunden: an das »Begreifen« der Wirklichkeit im sprachlich-theoretischen *Denken* und an ihr »Erfassen« durch das Medium des *Wirkens*; an die gedankliche wie an die technische Formgebung."[138] Das Erfassen der unterschiedlichen Wissensbestandteile der Zuschneidekunst erfolgt daran anknüpfend anhand der Untersuchung der textlichen Ausarbeitungen von u. a. Maßanleitungen und Konstruktionsanweisungen und wird ergänzt

---

[135] Als ein aktuelles Forschungsfeld der Technik- und Wissenschaftsgeschichte deklariert Sonja Petersen das Verhältnis von Technik, Wissen und Raum. Die Historikerin bezieht sich hierbei auch auf die Analysekategorien von u. a. Martina Heßler und Mitchell C. Ash. Vgl. ebenda, S. 22-23.
[136] Zander-Seidel 1990, S. 12; vgl. ebenda, S. 12.
[137] „In der Perspektive einer umfassenden Wissensgeschichte wäre vor diesem Hintergrund weiter zu fragen, welche Auswirkungen etwa der soziale Aufstieg der wissenschaftlich gebildeten Experten auf das praktische Erfahrungswissen der in den einzelnen Bereichen tätigen Handwerker und Arbeiter besaß." Vogel 2004, S. 653.
[138] Cassirer 1985, S. 52; auch Fickers zitiert Cassirer. Vgl. Fickers 2015, S. 75.

44

durch eine reale Nachstellung der gegebenen Instruktionen, durch die gegebenenfalls lückenhafte, nicht zu explizierende Informationen offengelegt werden sollen. Zusätzlich zur Untersuchung der Schnittmethoden und der Entschlüsselung der Wissensformen der Zuschneidekunst werden die Hand- und Lehrbücher hinsichtlich der Forschungspraxis der Akteure befragt. Das bedeutet, dass nicht nur die Anwendung von mathematisch-geometrisch fundierten Grundregeln, sondern auch der Einfluss, die Beurteilung und Adaption bereits erarbeiteter Zuschneidemethoden in der Gemeinschaft der Schneider, die ebenso informelles Erfahrungswissen und explizit formulierte Theorien und Prinzipien kombinierten, behandelt.

Der Formalisierungsprozess des Wissens der Schnitttechnik im 19. Jahrhundert ist unmittelbar mit dem Anliegen verknüpft, die Fortschritte und Fortschrittlichkeit des Schneiderhandwerks möglichst flächendeckend zu kommunizieren und für die Aus- und Weiterbildung verfügbar zu machen. Der an die Auswertung der Werke der Zuschneider anschließende dritte Untersuchungsbereich bezieht sich auf die Zirkulation und die dafür genutzten Medien der Kommunikation und Vermittlung der Zuschneidekunst. [Kapitel 6] Zu den Quellen, die hierbei untersucht wrden, zählen neben den Hand- und Lehrbüchern im Speziellen die Fachzeitschriften für das Schneidergewerbe, die im Wirkungskreis der Europäischen Moden-Akademie ins Leben gerufen, konzipiert und gestaltet wurden. Eine Ebene der Untersuchung bezieht sich auf die Dokumentation des Formalisierungsprozesses der Zuschneidekunst und die öffentliche Darstellung des Selbstverständnisses des Schneidergewerbes im Kontext der sozialen, wirtschaftlichen, produktionstechnischen und bildungsspezifischen Transformationsprozesse des 19. Jahrhunderts über das Medium der Zeitschrift in Ergänzung zum Fachbuch. Diesbezüglich werden auch die über diese Medien ausgehandelten Diskurse thematisiert und die Praktiken der Kommunikation im Rahmen der Fortentwicklung der Zuschneidekunst sowie die öffentliche Repräsentation im Bereich der Forschung und Lehre aufgedeckt. Eine weitere Untersuchungsebene bezieht sich auf das technisch-gestalterische Wissen der Bekleidungskunst, das über gedruckte Medien zirkulieren konnte. Hierbei wird die Darstellung des Wissens in Form von schriftlichen Anweisungen, Zeichnungen und Bildmaterial und von fachspezifischen Zeichen und Begriffen erörtert. Damit einhergehend wird auch Bezug genommen auf die Veränderungen bzw. Anpassungen der Darstellung des technisch-gestalterischen Wissens hinsichtlich der Form, der Beschreibungen und der vermittelten Inhalte im Verlauf der Geschichte. In Ergänzung zu der zuvor erwähnten Nachstellung historischer Zuschneidemethoden zur Entschlüsselung der Wissensformen der Zuschneidekunst wird im Hinblick auf die Verbreitung des Wissens Bezug genommen auf das Schnittmuster, als materialisierte Form der formalisierten Regeln der Schnittkonstruktion. Der Untersuchung der drei analytischen Kategorien folgt die abschließende Betrachtung der Arbeit, die zudem weitere Forschungsperspektiven im Bereich der Schnitttechnik beinhaltet. [Kapitel 7]

Zusammenfassend sei an dieser Stelle angemerkt, dass die Untersuchung der Europäischen Moden-Akademie als *Raum des Wissens*, die Analyse der Wissensformen der Zuschneidekunst und die Darstellung der medialen Praktiken des Austauschs und der Wissenszirkulation voneinander abgegrenzte Untersuchungsbereiche bilden und jeweils unterschiedliche Fragestellungen behandeln. Dennoch soll darauf hingewiesen werden, dass sowohl die Fragen als auch die Argumentationen Überschneidungen aufweisen. Der Grund dafür ist, dass das historische Quellenmaterial, das schwerpunktmäßig für die einzelnen Kategorien herangezogen wurde, wertvolle Informationen für die jeweils anderen Fragestellungen beinhaltet. Dadurch werden die Wechselbeziehungen und gegenseitigen Einflussfaktoren, die die Aktivitäten und den Wirkungskreis der Akademie konstituieren, untermauert. Daran anknüpfend kann transparent gemacht werden, wer die Adressaten und Diskursteilnehmer im Kontext der Herausbildung einer verfeinerten, wissenschaftlich fundierten Disziplin, das heutige Fachgebiet einer ingenieurwissenschaftlichen Bekleidungstechnik und den Bereich der Bekleidungsgestaltung betreffend, waren und welche institutionellen und ideellen Mittel dafür herangezogen wurden. Die Erschließung des historischen Quellenmaterials, das für diese Forschungsarbeit ausgewählt wurde folgt der Idee von Geschichte nach der Definition Roger Collingwoods. Dieser umschreibt *The Idea of History* wie folgt: „Historical knowledge is the knowledge of what mind has done in the past, and at the same time it is the redoing of this, the perpetuation of past acts in the present. Its object is therefore not a mere object, something outside the mind which knows it; it is an activity of thought, which can be known only in so far as the knowing mind re-enacts it and knows itself as so doing. To the historian, the activities whose history he is studying are not spectacles to be watched, but experiences to be lived through in his own mind; they are objective, or known to him, only because they are also subjective, or activities of his own."[139] Vor dem Hintergrund einer ingenieurwissenschaftlichen und gestalterischen Ausbildung und einem Erfahrungswissen aus der Praxis in der Industrie und in der Lehre, impliziert diese Studie eine subjektive Ebene, die die Quellenarbeit erweitert und das geistige Nachempfinden und die damit verbundene Erkenntnisgewinnung durch eine konkrete Dimension unterstützt.[140]

---

[139] Collingwood 1946, S. 2018; zudem zitiert Fickers Roger Collingwood. Vgl. Fickers 2015, S. 76.
[140] Fickers betont diesbezüglich einen „erkenntnistheoretischen Mehrwert eines experimentellen Zugangs zur Geschichte der Wissenschaften [...] in der Problematisierung der komplexen Interaktion von Objekten, Praktiken, Ideen und handelnden Akteure [...]." Fickers 2015, S. 76.

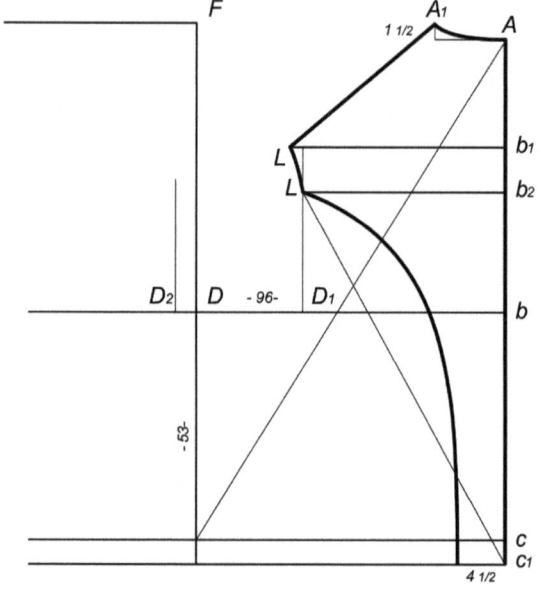

Figur 2

Abb. 2: Figur 2 – Schnittzeichnung nach der Konstruktionsanleitung für den Gehrock nach Wendelin Mottl. Entwicklungsstufe 2. *Quelle: Grafik von Lilly-Britt Weiß, 2018 (Legende: siehe Anhang B)*

„Das Tuch oder das Schneiderkleid, wir kennen
auch im 20. Jahrhundert nichts anderes"[141]

Max von Boehn, 1918

2. Über die Technik und das Wissen der Schnittgestaltung

2.1 Die Funktionsprinzipien und die Praxis der Schnittgestaltung

„Wir leben in geometrisch geformten Gehäusen aus Stein und Beton, aus Glas und Metall [...], die uns vor Witterung und Sonnenstand unabhängig machen."[142] Zwar macht uns nicht immer ein Mantel unabhängig von extremen Witterungsverhältnissen, so kann man jedoch unsere Kleidung als Gehäuse bezeichnen, das den menschlichen Körper unmittelbar umhüllt – unsere zweite Haut. Während Bauwerke jeglicher Art und Größe zunächst als Idee im Geist entstehen, benötigt man für die Realisation zum einen entsprechende technische Zeichnungen, Baupläne, Grundrisse o. ä., mittels derer die Idee, zunächst in zweidimensionaler Form dargestellt und beschrieben, eine dreidimensionale Form annehmen kann. Für das Verstehen dieser Konstruktionszeichnungen und Erläuterungen, die die tatsächliche Errichtung eines Bauwerkes anleiten, ist zum anderen die Kenntnis über die Eigenschaften der einzusetzenden Materialien und das Vermögen, Proportionen einzuschätzen, essentiell. So müssen Stein, Beton oder Metall passgenau verarbeitet und bearbeitet werden, damit die Konstruktion von dauerhafter, standfester Form ist. Zudem sind die Dimensionen eines Gebäudes sowohl im Verhältnis zum äußeren Umfeld als auch zum Innenleben hinsichtlich des Zweckes der Nutzung und der Einrichtungen zu betrachten.

Grundsätzlich entsteht nun die Idee zu einem Kleidungsstück ebenso zunächst im Geist. Die Basis, um Funktionen des Schutzes oder des Schmückens durch Kleidungsstücke zu erfüllen, bildet der menschliche Körper. Wurde bereits einleitend erwähnt, dass zweidimensionale textile Erzeugnisse anfangs um den Körper drapiert wurden, ermöglicht der Schnitt eine weitere Annäherung an die Anatomie und die Proportionen des menschlichen Körpers. Im Gegensatz zu Beton, Holz oder Glas handelt es sich bei den Materialien, die ebenso, den Funktionen entsprechend, passgenau auf den Körper abgestimmt werden sollen, um biegeschlaffe Materialien, die ursprünglich flächig vorliegen und durch den Schnitt und das anschließende Fügen die dreidimensionale Form des Kleides annehmen. Zudem muss sich die äußere textile Hülle an die Bewegung des Menschen anpassen, so dass sich die geometri-

---

[141] Boehn 1918, S. 33.
[142] Ropohl 2009, S. 15.

49

sche Formgebung der Kleidung durch den Schnitt als äußerst komplexer Vorgang gestaltet. Dagegen ermöglicht der Umstand, dass das Haus nicht unmittelbar gebunden ist an die Bewegung und die Nähe des menschlichen Körpers, einen flexibleren Gestaltungs- und Konstruktionsprozess. Die Technik der Gestaltung von Schnitten beinhaltet somit in erster Linie eine intensive Auseinandersetzung mit dem Körper und dem zu verarbeitenden Material. Neben gestalterischen Merkmalen und Silhouetten, die eine modegeschichtliche Epoche auszeichnen, glückt die Umsetzung einer Idee, unabhängig von der damit bezweckten und erfüllten ästhetischen Funktion, nur dann, wenn das Kleidungsstück gut passt, d. h. die Merkmale des menschlichen Körpers mit den Eigenschaften der textilen Fläche in Einklang gebracht werden. Ein *intelligenter Schnitt* zeichnet sich nach Kerstin Kraft in erster Linie durch die Passform und die gestalterischen Erfordernisse der Idee, d. h. des Entwurfs aus.[143] Neben einer zunehmend im Fokus stehenden rationellen Fertigung, die sich auf den Aufwand einzelner Arbeitsschritte, auf die Fertigungszeit und den Verbrauch von Stoffen bezieht, besteht die Kunst der Schnitttechnik darin, die Variablen der Eigenarten des menschlichen Körpers, die nicht nur die Anatomie und die Proportionen des Körpers, sondern auch die Bewegungen vom Laufen, Sitzen bis zum Atmen betreffen, einzuarbeiten. Um der Individualität des Körpers gerecht zu werden, heißt es bei Kerstin Kraft „eine körperbetonende Kleidung muß vom Körper her gedacht werden."[144] Hinzukommen die Merkmale der textilen Flächen, die sich zum einen auf die Trageeigenschaften und zum anderen auf die Verarbeitungsmöglichkeiten auswirken. Ein Schnittmuster, eine Schablone zum Zuschneiden des Stoffes, beinhaltet somit quantifizierbare Größen gepaart mit veränderlichen Faktoren und zeigt schließlich die Kunst des Konstrukteurs, diese miteinander zu verbinden. Jedes einzelne Schnittmuster spiegelt nicht nur das technisch-künstlerische Wissen und Können der Konstrukteure wider, sondern ein Blick in die Mode- und Kostümgeschichte zeigt, so schreibt es Ruth Sprenger, dass wir an der Konstruktion die wesentlichen Gestaltungsmerkmale einzelner Epochen der Modegeschichte ablesen können.[145] Sprechen wir heute von Schnittgestaltung, Schnitttechnik oder Schnittkonstruktion, verweist der noch im 19. und beginnenden 20. Jahrhundert verwendete Begriff der *Zuschneidekunst* auf die genuine Verbindung der Tätigkeit, Schnittmuster zu gestalten, mit dem Schneidergewerbe. „Die Schneiderkunst hatte die perfekte Nacktheit eines unvollkommenen Körpers zu suggerieren"[146], so dass die Handwerkskunst als bedeutende Kulturtechnik und herausfordernde Leistung des Menschen in der Kulturgeschichte angesehen werden muss. Als Kulturgut wird die Kunst bzw. das Handwerk, den Körper zu bekleiden, auch in dem aktuellen Sammelband die „*Meisterschneider*" hervorgehoben. Mit der Intention, die „[h]ohe Schule

---

[143] „Ein »intelligenter Schnitt« wäre ein optimal passender und den Stoffverbrauch und Arbeitsaufwand minimierender, der in der Lage ist, den ästhetischen Anforderungen und dem Entwurf gerecht zu werden." Kraft 2001, S. 45.
[144] Ebenda, S. 41.
[145] Vgl. Sprenger 2010, S.115.
[146] Ebenda, S. 23.

der Handwerkskunst prominenter Herrenschneider"[147] festzuhalten und weiterzugeben, sind in dieser Publikation der Deutschen Bekleidungs-Akademie in München die wesentlichen Kriterien und „Geheimnisse" der Schnitttechnik anhand der Arbeiten einer Auswahl von Schneidern dargestellt. Die professionelle Anfertigung von maßgeschneiderter Kleidung zeichnet sich zusammenfassend dadurch aus, dass eine Harmonie von Anzug und Träger entsteht. Die Grundlagen dafür sind eine präzise Ermittlung der Maße des Kunden und die Aufstellung eines individuellen Schnittes unter der Prämisse, Figurabweichungen zu kaschieren.[148] Wesentlich für die Kunst der Maßschneiderei ist darüber hinaus die überwiegende Verarbeitung der Stoffe und Zutaten mit der Hand. Sowohl die Konstruktion eines kundenindividuellen Schnittes, basierend auf den Körpermaßen, die direkt und persönlich ermittelt werden, als auch die Kunst der manuellen Verarbeitung zeichnen sich durch die unmittelbare Nähe zu und der wechselseitigen Beziehung zwischen dem Schneider, dem Kunden und dem Produkt aus. Der komplette Arbeitsprozess gegebenenfalls vom Entwurf, der Schnittgestaltung, der Verarbeitung, den Anproben und Änderungen bis zum fertigen Kleidungsstück, der in den Händen des Schneiders liegt, ist ein komplexer und zeitaufwändiger Prozess, der gebunden ist an die Erfahrungen und Fähigkeiten der ausführenden Person.

Das Anliegen dieser Forschungsarbeit, den Formalisierungsprozess der Zuschneidekunst nachzuzeichnen und darzulegen, impliziert zunächst eine Spezifizierung des Begriffes der Zuschneidekunst. Damit einhergehend ist es zweckdienlich, die Grundprinzipien und das Wesen des Verfahrens der Schnitttechnik zu erläutern. Damit einhergehend erfolgt die Einführung gängiger Begrifflichkeiten, Parameter und Arbeitsschritte der Produktentwicklung. „Das Tuch oder das Schneiderkleid, wir kennen auch im 20. Jahrhundert nichts anderes",[149] heißt es bei Max von Boehn. Das Drapieren des Tuches um den Körper leitete die Entwicklung der Kleidung ein. Das Drapieren einerseits und die Schneiderei andererseits bezeichnete der Kulturhistoriker als zwei Systeme der Bekleidungskunst.[150] Als *natürliches Prinzip* benennt Kerstin Kraft die Falte, die durch das einfache Um- und Anlegen der textilen Flächen um den Körper, befestigt durch bspw. Schnürungen, entsteht. Künstlich dagegen ist das *Prinzip des Schnittes*.[151] Noch einmal sei darauf hingewiesen, dass sich der Begriff der Zuschneidekunst, heute bezeichnet als Schnitttechnik, in dieser Forschungsarbeit auf den Prozess der Konstruktion von Schnitten und der Ableitung von Schnittmustern als Vorlagen für die Herstellung von Kleidungsstücken bezieht. Im Anschluss an die Konstruktion in Form einer Zeichnung wird der Schnitt oder das Schnittmuster als Schablone für das Zuschneiden des Stoffes verwendet und so die Form des Kleidungsstückes festgelegt. Die-

---

[147] Deutsche Bekleidungs-Akademie 2007, o. S. (Vorwort).
[148] Vgl. Flingelli 2007, S. 9.
[149] Boehn 1918, S. 33.
[150] Vgl. ebenda, S. 32-33.
[151] Kraft 2001, S. 101.

ser Prozess, im Englischen als *Cutting* bezeichnet, ist nach Claudia Kidwell zum einen als ein mentaler Prozess der Festlegung der Form und zum anderen als physischer Akt des Schneidens zu betrachten. Der Schneider, im Französischen *le Tailleur,* ist folglich nach Kidwell derjenige, der schneidet. [152] Das tatsächliche Schneiden der textilen Fläche auf Basis des Schnittes und das anschließende Zusammenfügen der zweidimensionalen Flächen zu einem dreidimensionalen Kleidungsstück dient dazu, den Körper des Menschen zu verdecken, zu schützen und zu schmücken, so dass das textile Material durch den Schnitt eine Aufwertung hinsichtlich der Funktion und äußeren Erscheinung bekommt. In der Dissertation von Elke Domke heißt es: „Die Konstruktion enthält die Projektion der dreidimensionalen Form in eine zweidimensionale Darstellung, die wiederum die reversible Transformation in die Dreidimensionalität nach erfolgter Fertigung ergeben muss." [153] Kraft dagegen stellt „das Maßnehmen am menschlichen Körper und die Umsetzung dieser Maße in ein zweidimensionales Schnittmuster entsprechend dem gewünschten Kleidungsstück" [154] in den Fokus, um den Prozess der Schnittgestaltung zu beschreiben. Kleidung zu entwerfen und umzusetzen, impliziert laut Fan, Hunter und Yu ein Bewusstsein für die Wahrnehmung von Schönheit zu entwickeln, die Attraktivität des Körpers und die Vielfalt von Körperbildern zu erkennen, um einschätzen zu können, wie die wahrgenommene Erscheinung von Körpern durch Kleidung verändert wird. [155] Die Schnittgestaltung ist somit der Prozess, diesen ganzheitlichen dreidimensionalen Entwurf, der zunächst als Idee im Kopf entsteht, in ein zweidimensionales Schnittmuster umzuwandeln. Die Anwendung von mathematisch fundierten Anleitungen auf Basis linearer Maße wird dabei durch Näherungsversuche ergänzt. [156] Durch technische Konstruktionen wird der Körper also in Form einer künstlich erzeugten, einer erweiterten Körpersilhouette abgebildet und, so heißt es bei Josephine Barbe, der reale Körper zum Idealkörper, der vorwiegend wahrgenommen und hinsichtlich der Attribute von Schönheit beurteilt wird. [157]

Bis zur Wende zum 20. Jahrhundert wurde dem bis dahin in der Meisterwerkstatt situierten und weitergegebenen Erfahrungswissen, Kleidung zu gestalten und anzufertigen, ein formalisiertes Wissen an die Seite gestellt, das universell anwendbar sein sollte und in den Grundzügen heute noch Gültigkeit besitzt. In diesem Zusammenhang wird im Rahmen

---

[152] „*Cutting* the parts of a garment historically refers to the mental process of determining the shape of the pieces as well as the physical act of cutting. (...)„The Old French word *tailleur* meant literally *one that cuts.*" Kidwell 1979, S. 3.

[153] Domke 1998, S. 58.

[154] Kraft 2001, S. 41.

[155] „In order to design garments to present the best image of the wearer, it is necessary to understand the perceptions of beauty, body attractiveness and body image as well as how the perception of body appearance can be modified through clothing." Fan/ Hunter/ Yu 2004, S. 1.

[156] „Traditionally, pattern making in the apparel industry involves the process of obtaining the linear measurements over the body surface with a tape measure, and then applying these measurements to draft the pattern based on a mathematical foundation and approximation." Ebenda, S. 196.

[157] Vgl. Barbe 2012, S. 16.

dieser Arbeit ein explizierbares, auf mathematisch-geometrischem Wissen basierendes Regelwerk analysiert und gleichermaßen implizite Wissensformen erörtert, die heute wie auch in der Vergangenheit nur teilweise mit Worten ausgedrückt werden können. Wie es in anderen Technikwissenschaften der Fall ist, so sind auch in der Bekleidungstechnik Begriffe, Definitionen und Zeichen essentiell, die zum Zeichnen, Verstehen, Lesen und Umsetzen der Konstruktion notwendig sind. Somit wird im Folgenden auf die Parameter und die damit einhergehenden sprachlichen und zeichenhaften Ausdrucksformen der Schnitttechnik eingegangen.

Ein passendes Kleidungsstück als Ergebnis einer gelungenen Schnittkonstruktion erfordert eine Definition des Begriffes der Passform. Während an dieser Stelle nicht auf die vielfältigen Definitionen von Schönheit eingegangen wird, ist es jedoch entscheidend, darauf zu sprechen zu kommen, unter welchen Kriterien eine gute Passform eines Kleidungsstückes beurteilt werden kann – sprich der Schnitt als materielles Zeugnis einer schönen und passenden Form. So könnte man davon ausgehen, dass der Schnitt, konstruiert mittels mathematisch-geometrischer Regeln unter Einbeziehen der Maße des Körpers und der Eigenschaften des Materials, die Grundlage für ein passendes Kleidungsstück bildet. Dagegen zeigen unterschiedliche Definitionen des Begriffs der Passform, dass eine wesenhafte, implizite Komponente der Zuschneidekunst kaum zu beschreiben ist. Für eine gute Passform (*good fit*) scheint es kein einheitliches Übereinkommen bezüglich der verantwortlichen Merkmale zu geben, bemerken Fan, Hunter und Yu und führen in diesem Zusammenhang unterschiedliche Definitionen an.[158] Bei Shraga Efrat heißt es diesbezüglich: „Although the appreciation that fit of a garment is a critical feature of the effectiveness of the appearance of the garment, and although the work above indicates that workers have attempted to rationalise the problem of fit, because of its complexities, and the effect that design and fashion has upon it, no attempt to quantitatively compare the fit of garments has been reported in the published literature"[159]. Ferner heißt es: „Fit is directly related to the anatomy of the human body and most of the fitting problems are created by the bulges of the human body"[160], während im Oxford Dictionnary Passform definiert wird, als die Fähigkeit (*ability*), die richtige Form und Größe zu haben.[161] Einflussfaktoren auf die Passform eines Kleidungsstückes sind die physische und psychologische Bequemlichkeit und die damit einhergehende Wahrnehmung des Trägers und gleichermaßen des Beobachters. Die subjektiven

---

[158] Vgl. Fan/ Hunter/ Yu 2004, S. 29.

[159] Efrat 1982, S. 56.

[160] Fan, Yu und Hunter wie auch Efrat zitieren die Arbeit von Gertrude Cain [The American way of designing. New York 1950]. Vgl. Fan/ Hunter/ Yu 2004, S. 31; vgl. Efrat 1982, S. 56.

[161] „[Fit is defined as] the ability to be the right shape and size." Fan/ Hunter/ Yu 2004, S. 29; „Be of the right shape and size for someone or something." Soanes/ Hawker 2006, S. 377; in Bezug auf Kleidung kann der englische Begriff *fitting* als „an occasion when one tries on a garment that is being made or altered" verwendet werden. Ebenda, S. 377; als Verb wird *to fit* definiert als „try clothing on someone in order to make or alter it to the correct size. Das Substantiv *fit* ist dann „the way in which something fits." Ebenda, S. 377.

und objektiven Wahrnehmungen und somit das Erkennen eines guten Schnittes können in diesem Zusammenhang abweichen, so dass die entsprechenden Merkmale, ob definiert oder undefiniert, nur einen Bezugsraum darstellen. Dennoch wird die Fertigkeit eines Schnittgestalters an der Passform des Kleidungsstückes gemessen. Zu den Merkmalen der Passform zählen laut Fan, Hunter und Yu die Bequemlichkeit in Bewegung und im Ruhezustand, die Linienführung, der Silhouette und Form des Körpers folgend, und die Symmetrie bzw. Balance des Kleidungsstückes am Körper. Zudem zeichnet eine gute Passform das schmeichelnde Umhüllen durch die textile Fläche ohne die Bildung von Falten aus.[162] Folglich kann festgehalten werden, dass das Einschätzen der Passform eine implizite Dimension beinhaltet und nur näherungsweise durch sprachliche Formulierungen und quantitative Kriterien definiert und vermittelt werden kann. Dazu betont Efrat: „[…] fit is the single most important element in the appeal and saleability of a garment, more important than style features, fabric type, color, price etc. Despite this, the principle of fit and the understanding of which factors contribute to a good fitting garment are not clearly understood by pattern makers working in the industry, including those who have a good understanding of clothing construction."[163]

Die entscheidende Bezugsgröße für die Schnittgestaltung ist der menschliche Körper. So wurden bereits zu Beginn der Kulturgeschichte des Menschen Schmuckstücke durch die handwerkliche Bearbeitung, Trennung oder Vereinigung von Muscheln, Schnecken, Knochen, Steinen oder Elfenbein erzeugt, durch die diese ursprünglichen Elemente durch die Formveränderung einen gesteigerten Wert erfuhren und dementsprechend genutzt und wahrgenommen wurden.[164] „Schmuck und Zier des Körpers vermischen sich mit der Kleidung"[165] insbesondere deshalb, weil der Schmuck ebenso wie ein Kleidungsstück eine vom Menschen erwünschte Funktion erfüllt und der Mensch zum Träger wird. Darüber hinaus kann der Mensch nur tragen, was buchstäblich vom Körper gehalten bzw. getragen werden kann. „Das sind in erster Linie Hals, Hüften und die Knöchel der Arme und Beine, welche die statischen und architektonischen Punkte bezeichnen, die der menschliche Körper zu Schmuckträgern bestimmt hat."[166] Bestimmend ist somit „das statische Grundgesetz aller Bekleidungskunst, die Schwerkraft, die ihr die Richtung vorschreibt, von der ihre Tendenzen auszugehen haben und auf die sie immer wieder zurückführen müssen."[167] Die in Kapitel 5 erörterte Auseinandersetzung mit den Konstruktionsanleitungen und Erläuterungen zum Vermessen des menschlichen Körpers einzelner Zuschneider wird zeigen, inwieweit sich ein Schnittkonstrukteur Wissen über die Anatomie aneignen muss und wie dieses Wis-

---

[162] Vgl. Fan/ Hunter/ Yu 2004, S. 38-39.
[163] Efrat 1982, S. 54.
[164] Vgl. Boehn 1918, S. 19; zu Kleidung und Schmuck der Steinzeit. Vgl. Thiel 2010, S. 9-20.
[165] Boehn 1918, S. 20.
[166] Ebenda, S. 20.
[167] Ebenda, S. 30.

sen in die Schnittgestaltung einfließt. Diese Grundlagen bilden auch heute die Basis für die Ausübung der Tätigkeit. Die Bemühungen um einheitliche Begrifflichkeiten, die Entwicklung eines formalisierten Regelwerkes, das allgemein anwendbar ist und die Spezifizierung von entsprechenden Beurteilungskriterien gehen einher mit den Bestrebungen, die Kleidung näher an den Körper zu bringen. Je näher die Kleidung zu unserer zweiten Haut und damit passgenauer wurde, musste nicht nur die Konstruktion stetig verfeinert, sondern auch das Wissen, die Fertigkeiten und die Wahrnehmung der Gestalter und Konstrukteure spezifischer und präziser werden.[168] Die fortwährenden Bemühungen, die Schnitttechnik und Kriterien der Beurteilung zu optimieren und zu unterstützen, zeigen, dass das Wesen dieser Kunst nicht vollständig aufgedeckt und quantifizierbar ist. 1918 schrieb Max von Boehn im Hinblick auf das Bestreben des Menschen, seinen Körper zu schmücken von „Ausblicke[n] zu Möglichkeiten des Fortschreitens, die heute noch nicht abgeschlossen sind".[169] In den folgenden Kapiteln werden in diesem Zusammenhang nicht nur die unterschiedlichen Wissensformen der Zuschneidekunst, sondern auch die Zirkulation und Vermittlung dieses Wissens erörtert. Ausgehend von der Analyse der Bemühungen, die Schnitttechnik weiterzuentwickeln und zu systematisieren, wird zudem die Frage nach den Möglichkeiten des Fortschreitens erneut gestellt.

Die Schnittkonstruktion ist ein wesentlicher Teilbereich der Produktentwicklung für ein Kleidungsstück und wird in der Folge kurz skizziert.[170] Die Idee zu einem Kleidungsstück wird zunächst in Form einer Entwurfszeichnung – aus freier Hand oder gegenwärtig meistens mittels einer Computer-Software gezeichnet – visualisiert. Diese Zeichnung zeichnet sich in den meisten Fällen dadurch aus, dass sie dem Betrachter einen Eindruck der ästhetischen Wirkung des Kleidungsstückes geben soll. Es handelt sich um eine vorwiegend künstlerische Darstellung der Idee. Die Ausführung berücksichtigt dabei nicht zwangsläufig die realen Proportionen des Körpers oder des Kleidungsstückes, zeigt jedoch die wesentlichen Gestaltungsmerkmale – die Form und Linienführung bzw. Silhouette, die Farbgebung, das Material sowie gestalterische Details wie Verschlüsse und andere dekorative Elemente. Der geschulte Blick eines Schnittkonstrukteurs sollte diesen nun dazu befähigen, ein Schnittmuster aus der Entwurfszeichnung ableiten zu können. Der Entwurf bildet somit die Grundlage für die daran anschließende Erarbeitung des Schnittes. Ein Maßschneider, der einen Kundenwunsch erfüllen und ein Kleidungsstück auf Maß anfertigen soll, wird zunächst die Körpermaße des Kunden nehmen, um im ersten Schritt eine sogenannte *Grundkonstruktion* zu erarbeiten. In diese Konstruktion fließen nun einerseits

---

[168] Umgekehrt konnte das Kleidungsstück durch eine Verfeinerung der Expertisen der Konstrukteure näher an den Körper rücken. So stellt sich die Frage, ob der Bedarf nach körperbetonter Kleidung erst durch die Fertigkeiten generiert wurde.
[169] Boehn 1918, S. 12.
[170] Die Darstellung der Produktentwicklung von Kleidungsstücken basiert auf den berufspraktischen Erfahrungen der Verfasserin.

gemessene, direkte Körpermaße ein und werden durch proportionale Berechnungen einzelner Konstruktionsstrecken ergänzt. Dadurch werden die wesentlichen Längen- und Weitenverhältnisse des Kleidungsstückes festgelegt.[171] Unabhängig davon, ob der Schnitt manuell auf Papier gezeichnet oder eine CAD-Anwendung genutzt wird, ist die *Grundkonstruktion* die Basis für die anschließende *Modellierung* des Schnittes. Die „Differenz zwischen Kleid und Körper"[172] wurde somit im ersten Schritt festgelegt. Die Konstruktion des Grundschnittes beinhaltet somit die Auswahl der relevanten Körpermaße und die Berechnung von proportionalen Verhältnissen dieser Maße auf Basis der Konstruktionsanleitungen, so dass die Schnittzeichnung ausgeführt werden kann. Einbezogen werden dabei Zugaben zum Körpermaß, die eine Bewegungsfreiheit des Trägers garantieren. Der Grundschnitt kann nun entweder für einen bestimmten Körper auf Basis individueller Körpermaße konstruiert werden oder ein Konstrukteur verwendet dafür die Maße, die einer bestimmten Größe einer Standardmaßtabelle entnommen worden sind. Nachdem eventuelle Anpassungen des Grundschnittes nach einer vorherigen Anprobe vorgenommen wurden, kann nun die Ausarbeitung der gewünschten Silhouette und der modellbedingten Nahtführungen folgen. Das bedeutet der Grundschnitt wird entsprechend des gewünschten Modells bearbeitet, sprich modelliert. Auch bei der *Modellierung* des Schnittes werden numerische Zugaben, die sich sowohl auf den Körper und die Bewegungsfreiheit als auch auf die gestalterischen Merkmale des Kleidungsstückes und das Material beziehen, eingearbeitet. Bei der Konstruktion eines Ärmels spielt bspw. nicht nur die Länge des Armes eine Rolle, sondern auch die gewünschte, einem bestimmten stilistischen Zweck dienende Länge des Ärmels. Handelt es sich um einen klassischen Hemdärmel, sollte dieser ein bisschen mehr Länge im Schnitt enthalten. Wird nun ein Ärmel konstruiert, müssen nicht nur die Länge und Weite hinsichtlich der Bewegungsfreiheit bedacht, sondern auch die optisch gewünschten Maßverhältnisse festgelegt werden. Die zugeknöpfte Manschette ist abhängig vom Umfang des Handgelenks und sollte dieses nicht zuschnüren. Ausgehend von diesem Umfang ist es jedoch zudem eine Aufgabe der Gestaltung, wie viel Weite diese letztendlich wirklich am fertigen Hemd haben wird. Betrachtet man die Länge der Manschette, muss einerseits die Länge des Armes berücksichtigt werden, um ein visuell ansprechendes Verhältnis zwischen Ärmel und Manschette zu erzeugen. Jedoch kann auch diese aufgrund von gestalterischen Kriterien in der Breite variieren. Die Kunst besteht also darin, auf Basis der Körpermaße einen nicht nur passenden Schnitt für ein Kleidungsstück zu erarbeiten, bei dem entsprechende Zugaben für die Bewegung des

---

[171] Geübte Maßschneider benötigen u. U. keine Grundkonstruktion und können gleich mit der Modellkonstruktion beginnen. Zudem nutzen Konstrukteure auch bereits erarbeitete Grundkonstruktionen, die entsprechend der gewünschten Passform modelliert werden. Eine Grundkonstruktion wird für eine bestimmte Produktgruppe erstellt (z. B. für die Hose, das Hemd, das Kleid, das Sakko oder die Jacke).
[172] Mentges 1995, S. 49.

Körpers berücksichtigt wurden, sondern darüber hinaus einen Blick für die optische Wirkung zu haben, die das fertige Kleidungsstück am Körper zeigen soll.

Im Anschluss an die *Modellierung* des Schnittes können alle einzelnen Schnittteile herausgelöst und weitere Schnittteile (z. B. Vorlagen für die Fütterung) abgeleitet werden. Die zweidimensionalen Schnittteile dienen als Schablonen für den Zuschnitt der textilen Fläche. Durch das Zusammenfügen des zugeschnittenen Stoffes bekommt die Fläche nun eine dreidimensionale Form als Kleidungsstück. Der sogenannte *Produktionsschnitt*, die Vorlage für das endgültig anzufertigende Kleidungsstück, enthält zudem Nahtzugaben für den Fügevorgang oder Markierungen für Verschlüsse. Im Rahmen der serienmäßigen Fertigung ist der fertige *Produktionsschnitt* Ausgangspunkt für die *Gradierung*, d. h. für das Verkleinern und Vergrößern der berechneten Proportionen für die benachbarten Größen. Das Schnittmuster, als bleibende zweidimensionale Form,[173] ermöglicht somit die Reproduktion der Umsetzung des Entwurfs.

Die Wechselbeziehung zwischen dem Schneider, dem Kunden und dem Produkt, als Wesensmerkmal der Meisterwerkstatt, löste sich im Rahmen der Entwicklung der seriellen Fertigung von Bekleidung auf. Im Zuge der Herausbildung industrieller Fertigungsverfahren bis hin zur Massenproduktion von Kleidung und der heutigen Fast-Fashion-Industrie[174], die durch eine zunehmende Arbeitsteilung gekennzeichnet ist, wurden die einzelnen Handlungen im Arbeitsprozess der Kleiderfertigung isoliert und sowohl personell als auch räumlich getrennt. Diese Isolierung ist dabei mit einer Entfremdung vom Produkt und vom Kunden seitens der Gestalter wie auch umgekehrt verbunden.[175] Die Zerlegung des Handlungsablaufes im Bereich der Schnittgestaltung unter heutigen Produktionsbedingungen lässt sich exemplarisch wie folgt zusammenfassen: In der Designabteilung eines Bekleidungsunternehmens werden Entwurfszeichnungen der einzelnen Kleidungsstücke einer Kollektion angefertigt und die gestalterischen Elemente hinsichtlich der Formen, Farben und Materialien festgelegt. Anschließend daran werden diese Entwürfe mittels technischer Zeichnungen spezifiziert. Diese Zeichnungen beinhalten in der Regel Angaben zu den Fertigmaßen des Modells für eine Mustergröße. Die technischen Spezifikationen werden dann an ein Partnerunternehmen für die Fertigung der Kleidung weitergeleitet. Dieses Unternehmen wird somit auch damit beauftragt, ein Muster der entsprechenden Größe zu fertigen. Der Schnitt liegt dabei im Verantwortungsbereich des Produzenten. Nachdem dieses Muster von der Designabteilung hinsichtlich der gewünschten Passform und der Verarbeitung

---

[173] „Das zweidimensionale Schnittmuster ist eine bleibende Form, die ein Kleidungsstück unendlich oft reproduzierbar macht." Barbe 2012, S. 118.
[174] In Kapitel 3 wird noch im Detail auf die Entwicklungsgeschichte der Bekleidungsindustrie eingegangen.
[175] Übertragbar auf den Umgang und die Fertigung von Kleidung äußert sich auch Kraft bezüglich der Fortentwicklung der Technik und den Auswirkungen auf den Menschen. „Der Mensch konnte sich als mittels der Technik distanzieren: von der Umwelt, von Gefühlen, von Mitmenschen und am Ende noch von seinem eigenen Körper." Kraft 2001, S. 108.

mittels Anproben beurteilt wurde, müssen entsprechende Änderungswünsche wieder an den Produzenten kommuniziert werden, so dass der Schnitt und die Verarbeitungstechnik angepasst werden können. Der produktionsreife Schnitt wird dann nach Abstimmung mit den gewünschten Größensprüngen des Bekleidungsanbieters gradiert, so dass dann der komplette Größensatz zum Zuschnitt des Stoffes freigegeben werden kann. Die Schnittlagebilder liegen dabei ebenso in der Verantwortung des produzierenden Unternehmens. Bei der Schnittbilderstellung werden die einzelnen Schnittteile bzw. Schablonen des kompletten Schnittteilsatzes auf der textilen Fläche für den anschließenden Zuschnitt ausgelegt unter der Prämisse, dass möglichst wenig Material verbraucht wird.[176]

Verfügt ein Bekleidungsanbieter, wie es bspw. bei kleineren Modelabels der Fall ist, über ein Musteratelier, bedeutet dies jedoch nicht zwangsläufig, dass Entwurf und Schnitt in einer Hand liegen. Das Design wird auch hier in Form einer technischen Zeichnung an den Schnittkonstrukteur weitergegeben, während die Anpassungen nach der Anfertigung des Musterteils hinsichtlich der schnitttechnischen Umsetzung oftmals ohne Beisein des Konstrukteurs festgelegt und dann kommuniziert werden. Gegebenenfalls erarbeitet die Schnittabteilung des Anbieters die Gradierung in Eigenregie, bevor der Größensatz an einen externen Produzenten weitergeleitet wird. Die Zerlegung des Herstellungsprozesses von Bekleidung und die damit verbundene Spezialisierung auf einzelne Arbeitsschritte in der Produktentwicklung heben nun in keiner Weise ein umfassendes Wissen über die wesentlichen Elemente der Schnittgestaltung und deren Anwendung auf. Diesbezüglich erfordert insbesondere die räumliche Trennung der beteiligten Personen, unter Berücksichtigung der individuellen Kompetenzen und Erfahrungen, eine intensivere Kommunikation hinsichtlich der Abstimmung der technisch-gestalterischen Ausführung des Schnittes. In diesem Zusammenhang spielt der Einsatz von Medien für die Gestaltung und Verständigung eine entscheidende Rolle.

Dieser skizzierte Ablauf von Handlungsschritten ist und bleibt wesentlich für die Schnittkonstruktion[177] unabhängig davon, dass heute unterschiedliche Herleitungen der Konstruktion im Sinne unterschiedlicher Schnittsysteme gegenübergestellt werden können. Der Prozess der Formalisierung und Systematisierung der Schnitttechnik im 19. Jahrhundert zeichnete sich insbesondere durch Forschungen zur menschlichen Anatomie und zur Herleitung verschiedener Schnittmethoden aus, die alle das Ziel verfolgten, die Zuschneidekunst zu optimieren und zu rationalisieren, wie sich in der Folge zeigen wird. Die ausführliche Beschäftigung mit der Anatomie des menschlichen Körpers und der Auswahl und Ermittlung der für die Schnittkonstruktion relevanten Körpermaße repräsentiert eindeutig

---

[176] Weiterführende Informationen zur Schnittgestaltung, zum Gradieren und zur Schnittbilderstellung sind bei Hannelore Eberle zu finden. Vgl. Eberle 2007, S. 144 ff..

[177] Einen Überblick des Handlungsablaufs der Schnittentwicklung gibt auch Elke Domke (Entwicklung der Grundkonstruktion, Ableitung der Modellkonstruktion, Entwicklung des Produktionsschnittes, Vervielfältigung des Produktionsschnittes). Vgl. Domke 1998, S. 58-61.

die wichtigste Kenngröße der Zuschneidekunst. Die gestalterischen Merkmale, unabhängig davon, wie aufwendig und phantasievoll der Entwurf ist, können nur durch die qualifizierte Einarbeitung der Parameter des Körpers zu einer entsprechenden Passform führen, so dass Körper und Kleid eine ästhetische Einheit bilden. Bis heute, so heißt es auch bei Kerstin Kraft, haben sich die Grundlagen und die damit verbundenen Herausforderungen nicht verändert.[178]

2.2 Die historische Entwicklung der Zuschneidekunst von ihren Anfängen bis ins 19. Jahrhundert

Von einer über 800-jährigen Geschichte der Schnitttechnik spricht Kerstin Kraft in ihrer kulturanthropologischen Studie „zeit.schnitte"[179]. Einleitend wurde bereits darauf hingewiesen, dass die Geschichte der Zuschneidekunst Gegenstand vereinzelter kultur- und modegeschichtlicher Arbeiten ist. Neben den Darstellungen von Otto C. Niemann, Kerstin Kraft, Janet Arnold, oder auch Volkmar Arnulf, die die Entwicklungsgeschichte der Schnitttechnik aus unterschiedlichen Blickwinkeln thematisieren[180], setzten sich auch die Zuschneider im 19. Jahrhundert mit den Ursprüngen und Fortschritten ihrer Kunst auseinander. Erörtert wurden in diesem Zusammenhang nicht nur die Geschichte der Gewänder der Völker, die Fortentwicklung unterschiedlicher Schnittmethoden der Zuschneidekunst sowie technische Neuerungen, sondern auch die Möglichkeiten der Verbreitung des entsprechenden Wissens. Insbesondere, so wird sich noch zeigen, sind diese historischen Abhandlungen zentrale Bestandteile der Hand- und Lehrbücher über die Zuschneidekunst im 19. Jahrhundert.[181] Zudem wurde die Kulturgeschichte der Schneiderkunst in den sich herausbildenden Fachzeitschriften aufbereitet, um damit insbesondere die handwerklichen und künstlerischen Fertigkeiten des Schneiders als Kulturtechnik und als wesentlichen Teil der Entwicklung der menschlichen Kultur herauszustreichen.[182] Die nun folgende Darstellung

---

[178] „Die Grundlagen und Vorgehensweisen der beschriebenen Systeme haben sich bis heute nicht verändert. Auch ihr Ziel ist nach wie vor das Gleiche: perfekt sitzende Kleidung herzustellen." Kraft 2001, S. 90.

[179] Vgl. ebenda 2001, S. 18.

[180] Siehe Kapitel 1.2 zum Stand der Forschung. Vgl. Niemann 1986; vgl. Kraft 1998; vgl. Kraft 2001; vgl. Arnold 1964; vgl. Arnold 1985; vgl. Arnulf 1988.

[181] Siehe Wendelin Mottls „Kritische Übersicht und Studien der Entwicklung der Zuschneidekunst und die Theorie derselben". Vgl. Mottl 1893, S. 11-142; siehe Heinrich Klemms Kapitel über „Die historische Entwicklung der Zuschneidekunst und der Literatur des Bekleidungsfaches bis auf die neueste Zeit". Vgl. Klemm 1870, S. 1-37.

[182] Siehe Heinrich Klemms „Specialgeschichte der Zuschneide-Kunst und der historische Entwicklung des Bekleidungsfaches von ihren ersten Spuren bis auf die neueste Zeit". Heinrich Klemm bemerkt hierbei, dass frühe Werke der Zuschneidekunst kaum mehr auffindbar sind, dass jedoch anhand der Analyse der Literatur und der Schnittzeichnungen die Geschichte der Zuschneidekunst rekonstruiert werden kann. Die Abhandlung, veröffentlicht in der „Europäischen Modenzeitung" ist sogleich eine Ausführung über die historische Entwicklung der Zuschneidekunst, die in seinem Handbuch enthalten sind. Vgl. Europäische Modenzeitung 1856, 7. 1856 – 12. 1856; vgl. Klemm 1870; siehe Wendelin Mottls Beitrag „Die historischen Trachten der Böhmen". Vgl. Europäische Modenzeitung 1861, 9. 1861 – 11. 1861; siehe Heinrich Klemms „Versuch einer Urgeschichte der Bekleidung nach den Kosmogenien der verschiedenen Stammvölker" und den „Versuch einer Urgeschichte der

der Meilensteine der Geschichte der Schnitttechnik dient dazu, den kontextuellen Rahmen sowohl für die Untersuchung der Europäischen Moden-Akademie und ihrer Akteure als auch für die mediale Zirkulation des Wissens der Zuschneidekunst zu schaffen.

„Erst also mit dem Streben, die Form des Körpers direct zu zeigen, nicht bloss errathen zu lassen, erst dann, als sich das Kleid dem Leibe eng anschmiegen sollte, begann die Kunst des Schneiders [...],"[183] heißt es in einer Schrift von 1880. Anknüpfend an die vorherige Erörterung der Wichtigkeit der Kenntnisse der Anatomie des menschlichen Körpers für die Schnittkonstruktion, erforderte die sich entwickelnde Nachfrage breiterer Bevölkerungsschichten nach verfeinerter, körperbetonender Kleidung eine höhere Kunstfertigkeit, Schnitte zu zeichnen, die in der Folge eine serielle Herstellung von Bekleidung ermöglichte.[184] Durch die Teilung des Körpers in Segmente auf Basis anatomischer Studien, konnte die Einteilung der planen textilen Flächen und die anschließende Zusammensetzung der Einzelteile zu einer Körperform erfolgen.[185] In diesem Zusammenhang sieht Gabriele Mentges die künstlerischen Studien und Proportionslehren von Albrecht Dürer und Leonardo Da Vinci als Gewinn für die Praxis des Schneiders und die Fortentwicklung ihrer Kunstfertigkeiten.[186] So findet man beispielsweise Verweise auf die Auseinandersetzung mit den Werken von Hermann Riegel und dessen Grundriss der bildenden Künste oder auf Adolf Zeising in Wendelin Mottls Handbuch über die Zuschneidekunst.[187] In „Die aus der Arithmetic und Geometrie heraus geholten Gründe der Menschlichen Proportion" aus dem Jahr 1746 legte Georg Lichtensteger dar, wie sich durch geometrische Formen die Proportionen des menschlichen Körpers herleiten lassen.[188] Auf Basis der Gesetzmäßigkeiten der Geometrie wird auch Gustav Adolf Müller seine anthropo-trigonometrische Schnittmethode entwickeln, auf die noch eingegangen wird.[189] Die „Neue Lehre von den Proportionen des menschlichen Körpers" von Adolf Zeising gibt einen detaillierten Überblick über die Geschichte der philosophisch und mathematisch begründeten Systeme, um die Frage der menschlichen Proportion zu beantworten.[190] Bevor dieser sein eigenes System hinsichtlich des Verhältnisses von Körperproportionen und Schönheit erörterte, erläuterte

---

Bekleidung vom technischen Standpunkte". Vgl. Europäische Modenzeitung 1857, 3. 1857 – 12. 1857; weitere Ausführungen dazu in Kapitel 6 dieser Arbeit.

[183] Langer 1880, S. 11.

[184] „Since the time man first began to wear shaped garments made of more than one piece of material, he has been faced with two tasks - forming the separate pieces of the garment and sewing them together. As garments became more elaborated and as fashion requirements for a specific line became more exacting, greater skill was required for both tasks." Kidwell 1979, S. 3.

[185] Vgl. Hülsenbeck 1981, S. 265; vgl. Kraft 2001, S. 47-48, S. 54-55.

[186] Vgl. Mentges 1995, S. 45.

[187] Vgl. Mottl 1893, S. 125; siehe auch das Werk von Hermann Riegel [Grundriß der bildenden Künste: im Sinne einer allgemeinen Kunstlehre und als Hülfsbuch beim Studium der Kunstgeschichte. Hannover 1874]; vgl. Zeising 1854.

[188] Vgl. Lichtensteger 1746, o. S. (Vorrede).

[189] Vgl. u. a. Müller, G. A. 1863.

[190] Vgl. Zeising 1854, o. S.-XII (Vorwort).

Zeising zahlreiche Ansätze und Forschungen von Philosophen, praktischen Künstlern, Anatomen und Physiologen von der Antike bis ins 19. Jahrhundert.[191] Ohne weiterführend auf die zunehmende Mathematisierung und Geometrisierung der Welt und die Bestrebungen einzugehen, mittels naturwissenschaftlicher Gesetzmäßigkeiten die Natur und so auch den menschlichen Körper berechenbar und beherrschbar zu machen, stellt sich in diesem Zusammenhang die Frage, ob die Nachfrage nach körpernaher Kleidung die Entwicklung und Formalisierung der Schnitttechnik und eine Verfeinerung der Fertigkeiten erforderte. Oftmals wird jedoch der Bedarf nach körpernaher und modischer Kleidung als Anstoß für die Verfeinerung der Zuschneidekunst angesehen. Andersherum wurde eine entsprechende Nachfrage erst dadurch generiert, dass zunächst einzelne Schneider die Lehre der Anatomie des Körpers auf die Gestaltung von Kleidung anwendeten. Waren die ersten Systeme zwar unvollkommen, wurden dadurch jedoch andere Zuschneider animiert, anatomische und bekleidungstechnische Forschungen durchzuführen und ihre Erfahrungen zu teilen und zu erweitern. Ob nun die Teilung der textilen Fläche, der Schnitt oder das Bedürfnis nach dieser Teilung Ausgangspunkt für die technisch-künstlerischen Entwicklungen in der Herstellung von Bekleidung waren, kann an dieser Stelle nicht beantwortet werden. Es handelt sich dabei indessen um ein wechselseitiges Phänomen, das zudem im Kontext der produktionstechnischen und wirtschaftlichen Entwicklungen der Bekleidungsherstellung und dem Bedarf nach einer höheren Bildung im Schneidergewerbe zu sehen ist. Während u. a. Claudia Kidwell die Demokratisierung der Mode als Basis für die Entwicklung von Größensystemen und der serienmäßigen Produktion von Kleidung sieht[192], kann man auch bei dieser These fragen, ob nicht die Studien der Schneider über unterschiedliche Körperdimensionen und Körperformen grundlegend für die Konfektion und die darauffolgende Demokratisierung der Mode waren. Hatte zwar der Anstieg der Bevölkerung oder die höhere Verfügbarkeit von Textilien im Zuge der Industrialisierung Auswirkungen auf den Bedarf und die Nachfrage von Kleidung, hätte dieser Umstand nicht zwangsläufig Wirkung auf die Entwicklung von zunehmend körperbetonter Kleidung haben müssen. Auch für die gegenwärtige Entwicklung in der Herstellung und Konsumption von Bekleidung sollten diese wechselseitigen Bedingungen und Auswirkungen von technischen Neuerungen hinterfragt werden, während sich hierbei die Fortentwicklung der Schnitttechnik als exemplarischer Analysegegenstand anbietet. Im Rahmen der Darstellung der fortlaufenden Technisierung und Spezialisierung im Bereich der schnitttechnischen Möglichkeiten wird dieser Aspekt noch einmal aufgenommen. Des Weiteren wird im nachfolgenden Kapitel die Entwicklung der Konfektionsindustrie erörtert, um die produktionstechnischen und wirtschaftlichen

---

[191] Zeising führt hierbei die Arbeiten von Pythagoras, Plato und Aristoteles auf, verweist auf weitere Künstler, Anatomen und Physiologen der alten Griechen und Römer und auf u. a. die Studien von Quetelet, Dürer und auch Lichtensteger. Im Anschluss daran folgt die Erläuterung seines eigenen Systems. Vgl. Zeising 1854, S. 11-35, S. 35-68, S. 131 ff..
[192] Vgl. Kidwell 1979, S. 1

Rahmenbedingungen darzulegen und die Anforderungen sowie die Ausbildungsmöglichkeiten im Schneidergewerbe einordnen zu können.

In der kulturhistorischen Studie zur „*Bekleidungskunst und Mode*" unterschied Max von Boehn zwei Systeme der Anpassung textiler Flächen an den Körper in Form von Kleidungsstücken – Das Drapieren und den Schnitt.[193] Bevor der Stoff nun geteilt wurde, wickelte sich der Mensch diesen um den Körper. Ausgehend vom größten Körpermaß wurden rechteckige textile Flächen durch Faltenbildungen und Schnürungen dem Körper angepasst. Beispiele dafür sind die im antiken Griechenland und im alten Rom getragenen Wickelgewänder – bspw. die Toga und der Chiton. Die ersten einfachen, groben Schnitte wurden zunächst ohne Maßnehmen bzw. Berücksichtigung von Körpermaßen durch Probieren und Abformen an den Körper angepasst. Aus der Tunika entwickelte sich im 11. Jahrhundert, laut Ilse Schütte, ein einfacher Schnitt eines Hemdes. Dieses Gewand wurde von beiden Geschlechtern getragen und hatte bereits angesetzte Ärmel.[194] Basierend und vermittelt durch Erfahrungen und nicht für einen erweiterten Wissenstransfer außerhalb der Haus- und Familiengemeinschaft gedacht, da Kleidung für den Eigenbedarf gefertigt wurde, wurden diese Grundformen am Körper probiert oder alte Kleidungsstücke aufgetrennt und als Vorlage verwendet. Die ersten Formen zugeschnittener Gewänder entwickelten sich aus dem Kreis bzw. Halbkreis. Entscheidend waren dabei lediglich die Vorder- und Rückenlänge der Gewänder, die durch das Ansetzen von Ärmeln, Kragen oder Kapuzen verfeinert und durch Schnüren oder Umgürten an den menschlichen Körper rückten.[195] Josephine Barbe stellt diesbezüglich heraus, dass die erste schnitttechnische Fertigkeit das Schnüren war, bevor die textile Fläche geschnitten wurde und sieht hier den Ursprung der Entwicklung des Schneiderhandwerks.[196] Die Grundform des Kreises beschreibt auch Niemann in seiner historischen Abhandlung über die Zuschneidekunst. Die Maße der Vorder- und Rückenlänge wurden noch im 16. Jahrhundert mit einem Faden genommen und die Gewänder mit Zirkel und Lineal und schließlich die Rundungen des Halsausschnittes und des Armloches aus freier Hand, basierend auf Erfahrungen, ausgezeichnet.[197] Der Beruf des Schneiders entwickelte sich nunmehr, als dieser die textile Fläche zu taillieren – zu schneiden, zu spalten, zu zerlegen – begann und zu Kleidungsstücken zusammensetzte.[198] Damit ermöglichten individuelle Talente, der Kleidung eine Form zu geben, diese Fähigkeiten auch außerhalb der Hausgemeinschaft anzubieten und sich zu spezialisieren. Bis Ende des 18. Jahrhunderts waren das Messen einerseits und andererseits das Anpro-

---

[193] Vgl. Boehn 1918, S. 32-33.
[194] Vgl. Thiel 2010, S. 21-43; vgl. Hülsenbeck 1981, S. 255, S. 261.
[195] Vgl. Hülsenbeck 1981, S. 260-261; vgl. Kraft 2001, S. 39; vgl. Niemann 1986, S. 9; vgl. Mentges 1995, S. 42-43; vgl. Barbe 2012, S. 41; vgl. Kidwell 1979, S. 13.
[196] Vgl. Barbe 2012, S. 41.
[197] Vgl. Niemann 1986, S. 9.
[198] Vgl. Barbe 2012, S. 31-32.

bieren, Abformen und Anpassen von Kleidung an den Körper ein individueller, einmaliger Akt, der zwischen dem Zuschneider und dem zu Bekleidenden abgewickelt wurde.[199]

Über das Handwerk des Schneiders heißt es 1827 in der Oekonomischen Enzyklopädie, dass dieses „[k]ünstlerisch, ja wissenschaftlich zu betreiben [ist], indem man den Körper nach mathematischen Gesetzen eingetheilt, und dadurch die verschiedenen Längen und Breiten desselben und seiner Theile, die sonst gemessen wurden, berechnet und in eine Tabelle gebracht hat"[200]. Das Ausmessen des Körpers und damit verbundene Aufzeichnungen numerischer Werte wurden durch die Einführung der universell gültigen Maßeinheit des Urmeters 1799 ermöglicht.[201] Die Basis für die Entwicklung von Schnittsystemen wurde durch das Verfahren, Zahlenwerte zu ermitteln, und schließlich durch die Erfindung des Zentimetermaßbandes von Fulerand Antoine Barde im Jahr 1815 gelegt.[202] Die Einführung des Maßbandes ermöglichte es, direkte Maße des menschlichen Körpers zu nehmen und ersetzte somit den Faden und Papierstreifen gleichermaßen wie die unpräzisen Maßeinheiten der Elle oder des Fußes.[203] Obwohl der Schneider, so stellt es Janet Arnold in „*Patterns of Fashion*" heraus, lieber die gekerbten Papierstreifen der Kunden aufbewahrt hätte, anstatt Maße in ein Buch zu schreiben[204], führten festgesetzte, universell gültige Maßeinheiten zu einer neuen Betrachtung bzw. Auseinandersetzung mit dem menschlichen Körper, die sich auf die Entwicklung der Zuschneidekunst auswirkte. In diesem Zusammenhang betont Kerstin Kraft, dass damit Ergebnisse wissenschaftlicher Studien vergleichbar wurden und auf technische Innovationen übertragen werden konnten.[205] Der Schneider war also nun in der Lage, numerische Daten des Körpers zu sammeln und zu verarbeiten und mathematisch-naturwissenschaftliche Gesetzmäßigkeiten auf Methoden der Schnitttechnik anzuwenden. Die Systematisierung des Maßnehmens und die damit einhergehende Entwicklung von Regeln für Messtrecken, Messverfahren und Messinstrumente zeigten sich jedoch nicht nur in verfeinerten Formen, Schnittmuster zu zeichnen, sondern hatten zudem Auswirkungen auf die Entstehung von Maßtabellen für Normal-größen im Verlauf des 19. Jahrhunderts, die wesentlich für die serielle Fertigung der Kleidung sind.[206] Darüber hinaus spielen die Analyse und Berechnung von Proportionen des Körpers und die Verhältnisse einzelner Längen- und Umfangsmaße zueinander eine entscheidende Rolle bei der Beurteilung unterschiedlicher Körperhaltungen und Wuchsformen, die wiederum in die Schnitttechnik einfließen und gleichermaßen die Unterschiede von durchschnittlichen Wer-

---

[199] Vgl. Fan/ Hunter/ Yu 2004, S. 174.

[200] Josephine Barbe zitiert diese Aussage aus der Oekonomischen Enzyklopädie aus dem Jahr 1827. Barbe 2012, S. 116.

[201] Vgl. Kraft 2001, 67-70; vgl. Mentges 1995, S. 42; vgl. Döring, D. 2011, S. 155.

[202] Vgl. Waugh 1964, S. 130; vgl. Kidwell 1979, S. 7.

[203] Vgl. Mentges 1995, S. 42

[204] „The tailor would have kept these notched strips for all customers rather than writing measurements down in a book." Arnold 1964, S. 4.

[205] Vgl. Kraft 2001, S. 67.

[206] Vgl. Link 2005, S. 51.

ten standardisierter Maßtabellen zu realen, individuellen Körpermerkmalen aufzeigen. Das Maßnehmen als zentrale Aufgabenstellung im Bereich der Schnitttechnik scheint eine nicht vollständig zu lösende Herausforderung zu sein, da die Einzigartigkeit des Menschen nicht ausschließlich in Zahlenwerten zu erfassen ist.

Die ersten Versuche, die Schnitttechnik zu verfeinern und auf einem wissenschaftlichen, sprich auf einem mathematisch-naturwissenschaftlichem Regelwerk zu begründen, waren Resultate von Experimenten und Annahmen. Unterschiedliche Herangehensweisen und Ausführungen führten zu mehr oder weniger zulänglichen Systemen, die durch die ehrgeizigen Bemühungen der Schneiderwelt kommuniziert, besprochen, abgewandelt und weiterentwickelt wurden. Basierend auf den Längen- und Weitenmaßen der Kunden, die die Zuschneider zunächst auf Papierstreifen durch Einkerbungen festgehalten hatten, wurden bis ins 19. Jahrhundert Schnittmuster aus freier Hand auf ein kariertes, blaues Papier gezeichnet, „ein nach und nach für eine Körpergrösse mühsam zurecht gemachter Schnitt"[207]. Durch eine anschließende Vergrößerung oder Verkleinerung der Quadrate konnte der Schnitt an die individuellen Maße bzw. die Körperdimensionen unter-schiedlicher Kunden angepasst und im Fortgang wiederverwendet werden. Diese Quadrat- bzw. Netzzeichnung wurde als *Blaue Patrone* bezeichnet – blau war das Papier der ersten Zeichnung, während der Begriff *Patrone* für die *Form*, das *Muster* oder das *Modell* steht.[208] In seiner detaillierten Erörterung der Entwicklung der Zuschneidekunst kritisierte aller-dings Wendelin Mottl diese Praktik des Kleidermachers, durch die sich seiner Auffassung nach kein Zugewinn der eigenen Kunstfertigkeit ergeben konnte. Zudem merkte dieser an, dass die ersten Werke von Zuschneidern des 18. Jahrhunderts, so auch *L'Art du Tailleur* von François-Alexandre-Pierre Garsault aus dem Jahr 1764, nur Konturen von Kleidungsstücken, vermutlich nach Augenmaß gezeichnet, enthielten und dennoch als fortschrittlich galten. [209]

Die Arbeiten anderer Zuschneider und die Herleitungen der Schnittmethoden in ihrem historischen Verlauf wurden, wie sich noch zeigen wird, auch in den Hand- und Lehrbüchern des 19. Jahrhunderts thematisiert und damit die jeweiligen Systeme legitimiert. „So wurde das 19. Jahrhundert zum Jahrhundert berühmter Schneider [...]."[210] Sowohl in der Sekundärliteratur als auch in den Primärquellen wird die von J. H. Michel, einem in London ansässigen deutschen Schneidemeister, entwickelte Schnittmethode als wegweisend herausgestellt. Der nach Wendelin Mottl als Erfinder der *Drittelberechnung* bezeichnete Schneider veröffentlichte 1818 sein erstes Werk mit dem Titel „*Neuer und unfehlbarer Grund nach der neuesten Mode arithmetisch zuzuschneiden, welches nach Proportionen*

---

[207] Mottl 1893, S. 14.
[208] Vgl. ebenda, S. 14-15; vgl. Niemann 1986, S. 11-14; vgl. Döring, D. 2011, S. 153.
[209] Vgl. Mottl, S. 14; siehe auch die Übersetzung des Werkes von Garsault aus dem Jahr 1788. Vgl. Halle 1788, o. S. (Zeichnungen im Anhang).
[210] Thiel 2010, S. 304.

der menschlichen Grösse berechnet ist "[211]. Das Zuschnittsystem Michels basierte auf der Dreiteilung der Oberweite des Mannes. Das halbe gemessene Maß des Brustumfangs, auch als Oberweite bezeichnet, wurde gedrittelt und damit die Breitenverhältnisse der Brustbreite, des Armloches und der Rückenbreite im Schnitt festgelegt. Der Schnitt konnte somit ausgehend von unterschiedlichen Brustumfangsmaßen verkleinert oder vergrößert werden. Die Grundidee, den Schnitt auf Basis der Oberweite aufzubauen, kann tatsächlich als revolutionär und zukunftsweisend bezeichnet werden, denn diese wurde nicht nur zu Michels Zeiten aufgegriffen und weiterentwickelt, sondern ist bis heute Ausgangspunkt für die Konstruktion von Oberteilen.[212] Weitere Ausgestaltungen von Schnittsystemen auf Basis proportionaler Berechnungen weisen auf einen intensiven Austausch auf dem europäischen Kontinent hin. Nach Einführung des Zentimetermaßbandes 1815 bemühte sich nicht nur der Franzose Barde um auf geometrischen Berechnungen basierende Schnittzeichnungen, sondern auch Compaigne und Fontaine, beide Zuschneider und Lehrende in Paris. Letztere nahmen das gemessene Maß der halben Oberweite von 48 cm als Basis und Ausgangsgröße für ihre Methode. Ein Papierstreifen wurde dann in 48 Teile geteilt und die Entfernungen der Stellpunkte für diese Mustergröße konstruiert. Sowohl kleinere als auch größere Umfangsmaße wurden ebenso in 48 Teile geteilt und dementsprechend die einzelnen Papierstreifen, deren 48 Einheiten jeweils einen geringeren oder höheren Teilbetrag beinhalteten, als Schema für die Schnittzeichnung verwendet.[213] Sowohl Niemann als auch Mottl heben das Wirken von Johann Heinrich Klemm im Hinblick auf die Vervollkommnung dieser Proportionalmethode hervor, die dieser seit den 1840er Jahren in seinen Lehrbüchern verbreitete. Klemm übernahm die Teilung des Brustmaßes in 48 Teile und ergänzte sein, auch als *Reduktionsmethode* bezeichnetes Schnittsystem, durch weitere Hilfsmaße, Stellpunkte und die Integration von direkt genommenen Maßen. So wurde zunächst der Schnitt unter Verwendung des Reduktionsmaßstabes konstruiert und im Anschluss durch die Berücksichtigung individueller Körpermaße und Haltungsunterschiede kontrolliert und an den Körper angepasst. Klemms System ermöglichte die Zeichnung von 36 unterschiedlichen Größen.[214]

Ein weiteres Beispiel dafür, einen Maßstab für die Längen- und Breitenverhältnisse für die Konstruktion des Schnittes festzulegen, ist bei Eduard Kuhn zu finden. Basis seines Proportional-Systems war die Einteilung des Körpers in acht Kopflängen. Eine durchschnittliche Kopflänge beträgt 24 cm (bspw. vom Scheitelpunkt bis zum Kinn). Zwei Kopflängen setzte er damit der halben Oberweite von 48 cm gleich und zeichnete seinen Schnitt nach proportionalen Verhältnissen der Kopflängen. Auch hierbei war die Oberweite Ausgangs-

---

[211] Vgl. Mottl 1893, S. 17; vgl. Niemann 1986, S. 18-19; vgl. Maurer 1922, S. 2-3.
[212] Siehe die Maßberechnungstabelle des Schnittsystems Müller & Sohn. Vgl. Deutsche Bekleidungs-Akademie 2000, S. 12; siehe auch die Konstruktion eines Sakkoschnittes in Teilzeichnungen. Vgl. ebenda, S. 13 ff..
[213] Vgl. Mottl 1893, S. 21-22; vgl. Kraft 2001, S. 77.
[214] Vgl. Niemann 1986, S. 19-23; vgl. Kraft 2001, S. 77; vgl. Mottl 1893, S. 23-24, S. 27-32.

punkt der Konstruktion. Zudem entwickelte Kuhn 1879 einen sogenannten *Conformateur*, wie bereits Pierre Roudel zwei Jahre zuvor. Der *Conformateur* war ein Messinstrument in Form einer Jacke aus Gummi mit ausziehbaren vertikalen und horizontalen Streifen bzw. Markierungslinien. Zog eine zu vermessende Person diese Jacke an, konnten die individuellen Maße und Proportionen direkt abgelesen und auf die Konstruktion übertragen werden. Kerstin Kraft spricht in diesem Zusammenhang Pierre Roudel die Begründung des orthogonalen Systems der Schnittkonstruktion zu. Dieses bedeutete einerseits, den Schnitt in rechten Winkeln aufzubauen und gleichzeitig den Schnitt des Vorder- und Rückenteils in einer Zeichnung zu konstruieren. Grundlage dafür waren die Maßverhältnisse, abgelesen an den eingestellten Markierungslinien des *Conformateurs* und der damit verbundenen Einteilung des Körpers in Flächen.[215] Heute wird der *Conformateur* noch im Bereich der Hutherstellung verwendet, um damit die Dimensionen des Kopfes ermitteln zu können.[216] Bei denen am *Conformateur* abgelesenen Maße handelte es sich um direkt am Körper genommene und nicht proportional berechnete Maße, die auf die Schnittkonstruktion übertragen wurden. Diese direkten Maßsysteme wurden auch als *Corporismetrie* bezeichnet. Corporismetrische Schnittmethoden legitimierten sich dadurch, dass die tatsächlichen Körpermaße den individuellen Körperformen und Körperhaltungen Rechnung tragen sollten. Nichtsdestotrotz geben die direkt ermittelten Maße mithilfe des *Conformateurs* Aufschluss über die proportionalen Verhältnisse des Körpers, die in die Schnittzeichnung einfließen, so dass die Methoden im Grunde genommen als kombinierte Systeme bezeichnet werden können, die sowohl auf Körpermaßen und proportionalen Berechnungen aufgebaut waren. Die Zuschneider, die sich mit der Erarbeitung corporismetrischer Schnittsysteme befassten, wie auch Gustav Adolf Müller – sein System der *Anthropo-Trigonometrie* wird noch im Detail besprochen – entwickelten diesbezüglich unterschiedliche Instrumente zum Messen, um die individuellen Maße möglichst genau ermitteln zu können. Neben dem *Conformateur* entwickelten u. a. Anton Gunkel und Gustav Adolf Müller Messinstrumente bestehend aus zusammenhängenden und verschiebbaren Leib-, Rücken-, Brust- und Halslochgürteln für die Ermittlung der Körpermaße.[217]

„Die Standardisierung von Maß und Zahl"[218] bildete nun das Fundament für die Weiterentwicklung der Schnitttechnik, für die Systematisierung von Körpergrößen in Form von Maßtabellen und die Herstellung von *Kleidung von der Stange* und die *Demokratisierung der*

---

[215] Vgl. ebenda, S. 68-81; vgl. Niemann 1986, S. 32-34; vgl. Kraft 2001, S. 78-80; das Werk von Eduard Kuhn mit dem Titel „*Mass und Zuschneidesystem für Herrenschneiderei"*, vermutlich veröffentlicht in Berlin 1879, ist nicht mehr auffindbar. Wendelin Mottl führt den Titel des Werkes Kuhns in seinem Lehrbuch auf. Vgl, Mottl 1893, S. 70.
[216] Siehe Abbildungen und Erläuterungen zur Anwendung des Conformateurs bei der Fertigung von Hüten des Musée du Chapeau in Bern. Vgl. Musée du Chapeau.
[217] Vgl. Niemann 1986, S. 24-27; vgl. Müller, G. A. 1863, S. 20-21, o. S. (Platte 1); vgl. Gunkel/ Müller 1871, S. 39-40, o. S. (Tafel 1 und 2); vgl. Mottl 1893, S. 43-57, S. 121-124.
[218] Döring, D. 2011, S. 155.

Mode im Verlauf des 19. Jahrhunderts[219]. „The creation of the first tailors' drafting systems in Europe was a technological revolution against the individualistic, secretive practices of the past"[220], schreibt Kidwell. Das Geheimnis, der Erfahrungsschatz des Schneiders, jahrhundertelang wohl behütet, wurde durch die Möglichkeit, das Wissen in Zahlen und Worten zu beschreiben, gelüftet. Zudem eröffneten die Entwicklungen im Bereich der Drucktechnik, Studien, Theorien und Methoden der Schnitttechnik zu kommunizieren. War das Wissen einst situiert in der Hausgemeinschaft oder der Meisterwerkstatt und nicht für den Transfer gedacht, entfaltete sich im 19. Jahrhundert ein reger Austausch im Bereich der Schneiderei[221], so dass somit auch der Weg für eine serielle Fertigung geebnet war. Die Entwicklung der Konfektion in Deutschland basierte laut Daniela Döring und Gabriele Mentges auf der Uniformschneiderei für das Preußische Heer Mitte des 18. Jahrhunderts. Für eine Vielzahl unterschiedlich gebauter Männer mussten einheitlich gestaltete Kleidungsstücke seriell hergestellt werden. In diesem Zusammenhang wurden entsprechende Körpermessdaten, insbesondere die Körperhöhe, in vier verschiedene Größen der Soldaten eingeteilt, um ein Größensystem für die Herstellung der Uniformen zu schaffen. Die Uniformierung als gestalterisches Konzept spiegelt dabei die Notwendigkeit oder das Bedürfnis wider, Körper und Kleidung zu standardisieren und das Angebot seriell hergestellter Kleidungserzeugnisse für eine breite Masse zu ermöglichen. Darüber hinaus verweist gerade die militärische Kleidung auf ästhetische Idealbilder, Gleichförmigkeit und die wohl proportionierte mittlere Größe.[222] Die Eigenversorgung von Alltagskleidung war jedoch bis ins 19. Jahrhundert üblich und die Kleidung maßgeschneidert, unabhängig davon, in welchem Ausmaß die Längen- und Umfangsmaße des Körpers berücksichtigt wurden. Kerstin Kraft spricht in diesem Zusammenhang von *Nähen direkt am Körper*, während Claudia Kidwell dieses Verfahren als *pin-to-the-form* bezeichnet, welches bis ins 19. Jahrhundert praktiziert wurde. Nahtführungen durch das Trennen eines vorhandenen Gewandes auf ein neues Kleidungsstück zu übertragen, lässt sich auch laut Janet Arnold bis ins 19. Jahrhundert nachweisen.[223]

Die Analyse der Körperproportionen hinsichtlich sogenannter Idealmaße des Menschen zeigt sich zudem in der Auseinandersetzung mit der antiken Skulptur des Apollo von Belvedere. So waren die Maße der Statue, die als Inbegriff der Schönheit begriffen wurden, nicht nur Gegenstand von Forschungen in den Bildenden Künsten, sondern auch im Rah-

---

[219] *Kleidung von der Stange* ist die Bezeichnung für konfektionierte Kleidung für einen anonymen Kundenkreis nach standardisierten Maßen. Die serielle, massenhafte Fertigung von Kleidungsstücken führte dazu, dass der Erwerb modischer Produkte unabhängig von gesellschaftlichen Hierarchien möglich wurde, d. h. die Mode demokratisiert wurde. Heute spricht man diesbezüglich von *Ready-to-wear* und *Pret-a-porter*. Vgl. auch Kidwell 1979, S. 1.
[220] Ebenda, S. 98.
[221] Vgl. ebenda, S. 8; vgl. Döring, D. 2011, S. 155.
[222] Vgl. Döring, D. 2011, S. 152-154; vgl. Mentges 1995, S. 41-42; vgl. Mentges 2005, S. 9.
[223] Vgl. Arnold 1964, S. 4.

men der Studien diverser Schneider, wie auch bei Wendelin Mottl.[224] Im Kontext der Herausbildung von Konfektionsgrößen wurde darüber hinaus über eine *Helena des 19. Jahrhunderts* gesprochen. So wurde das *Fräulein Gelbstern* bezeichnet, das die gängigste Größe und damit das Idealmaß des weiblichen Körpers der Berliner Konfektion des ausgehenden 19. Jahrhunderts verkörperte.[225] Auch hierbei wird der Rückgriff auf mathematisch-geometrische Gesetzmäßigkeiten und die Studien der alten Welt deutlich. Hinsichtlich der Entwicklung von Normalgrößen und der Systematisierung von Konfektionsgrößen im 19. Jahrhundert spricht Jürgen Link von einem parallelen Prozess. Der Entwurf einer *mittleren Größe* und die damit verbundene Formalisierung in Form von Maßtabellen basierte laut Daniela Döring auf den Studien des Körpers durch die Schneider und der Sammlung von Körperdaten, die wiederum Auswirkungen auf die Schnitttechnik hatten.[226] Das wissenstheoretische Fundament der Konfektion lässt sich am männlichen Sakko und den diesbezüglichen Schnittmethoden ablesen, während sich die *mittlere Größe* im alltäglichen Kontext in Gestalt der Vorführdamen äußerte.[227] Dörings These, dass der Anzug des Herren im Fokus der theoretischen Entwicklung des Wissens im Hinblick auf die Systematisierung steht, kann dadurch bestätigt werden, dass die Zuschneider des 19. Jahrhunderts ihre Systeme auf der Konstruktion des Gehrocks begründeten und erläuterten.[228]

Die Anfänge der Schnitttechnik in unserem heutigen Verständnis können somit in das 19. Jahrhundert datiert werden, wie es auch Kerstin Kraft herleitet, während sich laut Janet Arnold das theoretische, auf der Lehre der Geometrie basierende Fundament der Zuschneidekunst bereits im 18. Jahrhundert erkennen lässt. In diesem Zusammenhang führt Arnold u. a. eine Damenjacke bestehend aus 20 Schnittteilen an.[229] Auch Norah Waugh bezeichnet das 18. Jahrhundert als das Jahrhundert des Zuschnitts, während im 19. Jahrhundert die

---

[224] „Die idealen Körpermessungen verdanken wir der plastischen Kunstschule, welche vor uralten Zeiten die Körperdimensionen eines Apollo de Belvedère etc. in Proportionen ausgemessen und dieselben als Normalproportionen sich bis auf den heutigen Tag bewährten." Mottl 1893, S. 130.

[225] *Die bunten Sterne der Hausvogtei* war ein Größensystem für Damenbekleidung, entwickelt von dem Berliner Konfektionär Valentin Manheimer. Die Körperdimensionen der Probierdamen seines Geschäftes entsprachen den Maßen, die der Größenbezeichnung *Ein gelber Stern* zugeordnet waren. Vgl. Dähn 1968, S. 14, S. 18 ff.; vgl. Döring, D. 2011, S. 177-178.

[226] „Bevor während des 19. Jahrhunderts parallel zueinander Normalgrößen und Systeme diskontinuierlich gestreuter Konfektionsgrößen entwickelt wurden, hatte sich das massenhafte Körpermessen im Schneiderhandwerk bereits als ein Schlüsselsektor normalistischer Verdatung etabliert." Link 2005, S. 50-51; Daniela Döring stellt hierbei fest, dass der Standardisierungsprozess der Bekleidungsindustrie auf zwei Techniken basierte – dem Maßnehmen und dem Schnitt. Vgl. Döring, D. 2011, S. 19.

[227] „Während das wissenstheoretische Fundament der Konfektion am männlichen Sakko entwickelt wird, vollzieht sich die alltagsrelevante Durchsetzung der Konfektionskleidung über die ambivalenten Praktiken der »Vorführdamen« und literarischen Erzählungen der »Sterngrößen«". Döring, D. 2011, S. 19.

[228] Weitere Ausführungen dazu folgen in Kapitel 5.

[229] „Die Schnitttechnik hatte das Zerlegen, das Zergliedern vorweggenommen – selbstverständlich ohne entsprechende Regeln und formulierte Hintergründe – und hatte es bis zum Ende des 18. Jahrhunderts so weit vorangetrieben, daß eine Damenjacke ohne weiteres aus zwanzig und mehr Schnittteilen bestehen konnte. Das systematische Ordnen der Schnitttechnik sollte erst im 19. Jahrhundert erfolgen." Kraft 2001, S. 66; siehe dazu auch Janet Arnolds Abbildungen und Schnittzeichnungen von Damenjacken um 1720-1740, um 1735-1740 und um 1760-1770. Vgl. Arnold 1964, S. 26-27.

Betonung auf der Passform der Kleidung lag.[230] So heißt es bei Waugh: „This state of affairs was due to several causes, the main one being the adoption of cloth and a more scientific approach to the whole technique of tailoring."[231] „Im Jahre 1846 begann eine neue Periode der Zuschneidekunst"[232], heißt es zudem in der geschichtlichen Darstellung von Volkmar Arnulf. Insbesondere betont der Berliner Maßschneider das Wirken von Johann Heinrich Klemm, einem der Gründer der Europäischen Moden-Akademie. Dieser, so schreibt Arnulf, „verstand es, der Zeit Rechnung tragend, den Schneidern das Zuschneiden so leicht wie möglich zu machen."[233] Die detaillierte Analyse der Schnittmethoden von Johann Heinrich Klemm, Gustav Adolf Müller und Wendelin Mottl wie auch der Arbeiten von Anton Gunkel, Josef Zeischke und Alfred Schrödter wird zeigen, inwieweit sich die Zuschneider des 19. Jahrhunderts mit der Kombination aus direkten Körpermaßen, proportionalen Berechnungen der Maßverhältnisse und der Integration von Hilfsmaßen bei der Konstruktion von Schnittmustern beschäftigten und somit ihre Schnittmethoden begründeten. Während einerseits der bereits angesprochene Austausch, der gleichzeitig eine Wettbewerbssituation erzeugte, und das damit verbundene Aufgreifen von Ideen und die Weiterentwicklungen von Erfindungen im Bereich der Schnitttechnik nachgezeichnet werden können, ermöglicht die Untersuchung andererseits die Erörterung der expliziten und impliziten Elemente des Wissens der Zuschneider. Das Fundament, die Anatomie des menschlichen Körpers in Form von Konstruktionsanleitungen für die Schnitttechnik in ein System zu bringen, zeichnete diese zukunftsweisenden Bemühungen im 19. Jahrhundert aus. So bestehen auch die heutigen Schnittmethoden aus einer Kombination aus Hauptmaßen, Proportionsberechnungen und Hilfsmaßen. „Bei dem Zusammenwirken und Abwägen aller Möglichkeiten sowie beim Modellieren und Probieren am Körper zeigt sich der wahre Meisterschneider."[234] Unabhängig davon, ob es sich um einen maßgeschneiderten Schnitt oder um die Schnittkonstruktion für seriell hergestellte Kleidungsstücke handelt, sind die Anwendung der anatomischen, mathematischen Gesetzmäßigkeiten des Körpers und die Kunst, diese zu erkennen und umzusetzen, entscheidend für die Schnitttechnik. „Es gibt keine festgeschriebenen Formeln der Bekleidungskunst, wie es sie für die Baukunst, die Plastik, die Malerei und Musik gibt. Im Erlernen und Beherrschen der Handwerkskunst der Herrenkleidermacher liegt, ein bereits entwickeltes Formempfinden vorausgesetzt, uner-

---

[230] Vgl. Waugh 1964, S. 112; bei Mentges heißt es, dass sich die Schneider seit dem 17. Jahrhundert um eine Vereinheitlichung der Schnitte bemühten, während diese im 18. Jahrhundert bereits in der Lage waren, brauchbare Schnittmuster zu zeichnen. Hierbei verweist Mentges auch auf Waugh. Vgl. Mentges 1995, S. 43.
[231] Waugh 1964, S. 112.
[232] Arnulf 1988, S. 42.
[233] Ebenda, S. 42.
[234] Arnulf 2007, S. 19.

meßlich viel Interpretationsspielraum, trotz der scheinbar strengen Vorgaben des Bildes, dem ein elegant gekleideter Herr zu ähneln hatte"[235], heißt es bei Ruth Sprenger.

2.3 Die Technisierung und Spezialisierung der Schnitttechnik im 20. Jahrhundert

Die Anatomie des Menschen als wesentliche Bezugsgröße für die Zuschneidekunst und der damit verbundene Vorgang des Messens werden im Rahmen der Nachstellung und Analyse einer Auswahl von Schnittmethoden des 19. Jahrhunderts im Detail erörtert. Dies wird zeigen, in welchem Ausmaß sich die Zuschneider konkret mit dem Körperbau und der Körperhaltung des Menschen beschäftigten. Zuvor wurde bereits konstatiert, dass das Maßnehmen ein entscheidendes Element der Schnittkonstruktion ist. Bedingt durch die Individualität des menschlichen Körpers, gestaltet sich sowohl der Vorgang des Messens als auch die Erfassung des Körpers in Zahlenwerten als nicht vollständig lösbare Aufgabe. Mit dieser Problematik befassten sich jedoch nicht nur die Schneider im 19. Jahrhundert, sondern auch heute sind die Berechenbarkeit und Vermessung des menschlichen Körpers sowie Bestrebungen der Systematisierung und Standardisierung der Schnitttechnik Gegenstand der bekleidungstechnischen Forschung. Die Analyse der historischen Schnittmethoden dient der Begründung der anfangs aufgestellten These, dass dem Erfahrungswissen des Schneiders im 19. Jahrhundert ein formalisiertes Wissen in Form von schriftlich und bildlich niedergelegten systematischen Regeln und Anweisungen an die Seite gestellt wurde, das noch immer grundlegend für die Schnittkonstruktion ist. Wenn dieses formalisierte Wissen unabhängig von technischen Neuerungen noch immer Gültigkeit besitzt und im Kern bereits im 19. Jahrhundert expliziert wurde, ist es sinnvoll, die historische Perspektive in Bezug zu setzen zu gegenwärtigen Fragestellungen und Herausforderungen in Forschung und Praxis.

So sind zunächst anthropometrische Untersuchungen und die darauf basierende Ableitung von Parametern für die Schnitttechnik auch gegenwärtig noch Gegenstand der Forschung. Im Fokus stehen dabei insbesondere die Optimierung von Messverfahren und Messanleitungen sowie die Generierung universell gültiger Begrifflichkeiten zur eindeutigen Identifikation von zu nehmenden Maßen und den damit einhergehenden Messstrecken.[236] Als *Anthropometrie* wird die Wissenschaft bezeichnet, die sich mit dem Maß des Menschen beschäftigt – abgeleitet aus griechisch *anthropos*, deutsch *menschlich* und aus griechisch

---

[235] Sprenger 2010, S. 103.
[236] Vgl. DIN EN 13402-1 2001, DIN EN 13402-2 2002, DIN EN 13402-3 2013; vgl. DIN ISO 18825-1 2014, DIN ISO 18825-2 2015; vgl. ISO 8559 1989. Darüber hinaus spielen stetig die Generierung von Konstruktionsmaßen, d. h. die Berechnung von proportionalen Verhältnissen von Körpermaßen und eine entsprechende Implementation in die Schnittkonstruktion eine Rolle in der Forschung. Vgl. Kirchdörfer et al.1989; vgl. Kirchdörfer et al. 1995.

metron, deutsch das *Maß*[237]. Die *angewandte Anthropometrie* erforscht numerische Daten des Menschen – der Größe, der Form und der physischen Merkmale und wird somit auch im Bereich der Bekleidungsgestaltung angewendet.[238] Um nun zu wissen und zu erkennen, welche Weiten- und Längenmaße entscheidend für die Schnitt-konstruktion sind, werden den entsprechenden Messstrecken und -punkten zum einen Bezeichnungen zugewiesen und zum anderen beschrieben, an welchen Stellen des Körpers diese gemessen werden müssen. Fan, Hunter und Yu führen dabei anatomische Orientierungspunkte und Körpermaße auf. Ein Beispiel dafür ist die *Körperlänge* als zu identifizierendes Körpermaß, die vom Scheitelpunkt – dem anatomischen Orientierungspunkt – senkrecht bis zur Standebene gemessen wird. Die Terminologie der Orientierungspunkte ist der Anatomie entlehnt und es haben sich weitestgehend allgemein gültige Bezeichnungen für die Körpermaße für die Konstruktion von Schnitten durchgesetzt.[239] Diese scheinen auf den ersten Blick eindeutig zu sein, doch eine genauere Analyse zeigt, dass noch immer die Notwendigkeit besteht, entsprechende Erklärungen zu ergänzen. So wird der horizontale Umfang über die höchste Stelle der Brust als *Brustumfang* bezeichnet. Gleichermaßen wird dieses Körpermaß jedoch auch *Oberweite* genannt. Für die Konstruktion eines Oberteils ist dieses Körpermaß essentiell. Zu wissen gilt es jedoch, ob das Maß des *Brustumfangs* oder der *Oberweite* als komplettes Maß, als Umfangsmaß oder nur die Hälfte des gemessenen Maßes für die proportionalen Berechnungen eingearbeitet wird. [240]

Die Vereinheitlichung von Maßbezeichnungen und die des Messvorgangs sind verbunden mit der Notwendigkeit der Standardisierung, die Fan, Hunter und Yu betonen. Einerseits dienen vereinheitlichte Regeln für die Bemaßung dazu, den Messvorgang effektiv und effizient vorzunehmen. Andererseits kann somit gewährleistet werden, dass zuverlässige, reproduzierbare und konsistente Maße ermittelt werden können.[241] Diesbezüglich verweisen die Autoren bspw. auf die Joint Clothing Council London, die 1975 Terminologien und Methoden, Körpermaße zu nehmen, veröffentlicht hat. Die Körpermaße wurden hierbei in vier Gruppen unterteilt: Statur bzw. Körperbau, Längenmaße von Körpersegmenten, Breitenmaße des Körpers und Umfangsmaße.[242] 1989 erarbeitete die Internationale Organisation für Normung (ISO) eine Norm für die Bereiche der Bekleidungskonstruktion und für anthropometrische Studien. Diese sollte als Referenz für Reihenmessungen oder für die Schnittkonstruktion ihre Anwendung finden. Definiert wurden dabei horizontale Maße und Umfangsmaße (z. B. Schulterbreite, Halsumfang), vertikale Maße (z. B. Hüfthöhe) oder weitere Maße (z. B. Schulterneigung). Die Definition der Körperdimensionen und der ent-

---

[237] Vgl. Kytzler/ Redemund/ Eberl 2007, S. 1066, S. 1080.
[238] Vgl. Fan/ Hunter/ Yu 2004, S. 169.
[239] Vgl. ebenda, S. 169-174.
[240] Jansen/ Rüdiger 2002, S. 2-3, S. 61, S. 80-81, S. 262-264; vgl. Deutsche Bekleidungs-Akademie 1980, S. 7-9; vgl. Deutsche Bekleidungs-Akademie 2000, S. 9-12.
[241] Vgl. Fan/ Hunter/ Yu 2004, S. 169.
[242] Vgl. ebenda, S. 170.

sprechenden anatomischen Positionen der Messstrecken wurden durch Zeichnungen ergänzt, während abschließend kurz die Hilfsmittel zur Vermessung des Körpers angesprochen werden.[243] In „*The Measurement of Human Growth*" betont Noël Cameron, der sich in erster Linie mit der Lehre des menschlichen Körperwachstums beschäftigt und keine bekleidungstechnischen Aspekte thematisiert, die Wichtigkeit der Messtechnik. In diesem Zusammenhang gibt er einen Überblick über unterschiedliche Messinstrumente und deren Verwendung zum Messen einzelner Messtrecken wie das Zentimetermaßband, das Anthropometer oder das Stadiometer. Zudem führt er die Leser in die, bzw. seine Regeln ein, die entscheidend sind, um akkurate, verlässliche Daten erheben zu können. Eine Person sollte leicht bekleidet und in einer komfortablen Umgebung gemessen werden. Die entsprechende Auswahl von zu nehmenden Maßen muss im Vorfeld festgelegt und die anatomischen Orientierungspunkte müssen möglichst gekennzeichnet sein. Auch seine Ausführungen enthalten entsprechende Definitionen der Körpermaße und Abbildungen zum Messvorgang.[244] „Inevitably this text reflects my own training and approach to auxological anthropometry"[245], schreibt Cameron im Vorwort seiner Studie und verweist damit auch auf die Tatsache, dass es beim Messen zwei Unbekannte gibt – der Messende und der zu Vermessende. Obwohl es sich um numerische Werte handelt, die im Anschluss ausgewertet oder auch bei der Schnittkonstruktion weiter verarbeitet werden können, ist der Mensch beweglich und eine zweite Messung wird kaum die identischen Maße hervorbringen können.[246] In diesem Zusammenhang heißt es auch bei Fan, Hunter und Yu, dass Maße alleine keine Passform garantieren, da der Messvorgang einerseits und die Konstruktion andererseits in direkter Abhängigkeit stehen zur Beobachtungsgabe und Beurteilung der Körperform, während die Kontur, die Haltung, die Proportion und Symmetrie des Körpers Ausgangspunkt sind und durch numerische Werte, sprich proportionale Berechnungen und Zugaben, in ein Schnittmuster transformiert werden, das schließlich die individuellen Merkmale des Trägers, die des Kleidungsstückes und die Fertigkeit des Ausführenden innehat.[247]

Während ein erfahrener Maßschneider zur Umsetzung einer Idee gegebenenfalls nur eine Entwurfszeichnung benötigt und für die Erarbeitung des Schnittes nicht einmal einen Grundschnitt konstruiert, um ein Kleidungsstück nach individuellen Kundenwünschen und

---

[243] Vgl. ISO 8559 1989.

[244] Vgl. Cameron 1984, S. 16-45; „The anthropometric measurements are presented in five groups: lengths, diameters, circumferences, skin folds and weights." [Hierauf folgt eine Liste der Maße] Ebenda, S. 56.

[245] Ebenda, S. 3.

[246] Man bedenke hierbei, dass der zu vermessende Mensch beim Messvorgang atmet und sich, wenn auch nur minimal, bewegt; „A final note [...] must concern the problems inherent in auxilogical anthropometry – the fact that accurate instrumentation has overcome many errors inherent in anthropometry does not mean that the greatest source of error is not still the measurer himself." Ebenda, S. 14.

[247] „[...] however many measurements are taken from a human body and however carefully they may be applied to a pattern, this will not guarantee a perfectly fitted garment since measurements alone cannot fully determine the shape of the human body. An observation and judgement of shapes and contours must be applied in order to achieve a good fit." Fan/ Hunter/ Yu 2004, S. 196.

Körpermaßen zu fertigen, ist der direkte Kontakt zwischen Kunde und Schneider in der heutigen Fast-Fashion-Industrie kaum noch der Fall. Mit dem Beginn der serienmäßigen Fertigung von Bekleidung, die im folgenden Kapitel thematisiert wird, geht die Vereinheitlichung der Maße und Größenbezeichnungen einher, da für einen möglichst großen Kundenkreis einheitliche und massenhaft hergestellte Produkte angeboten werden. Die Bemühungen um die numerische Erschließung des Körpers und die damit einhergehenden Messverfahren im 19. Jahrhundert mündeten in der Entwicklung von standardisierten Maßtabellen, durch die seriell hergestellte Kleidungsstücke möglichst vielen Menschen passen sollten und zur Grundlage der Schnittgestaltung wurden.[248] Die Entstehung der sogenannten *Normalmaße* führt Daniela Döring auf das empirische Wissen und den Erfahrungsschatz der Zuschneider zurück. Die intensive Auseinandersetzung mit Körpermaßen, Körperhaltungen und Messverfahren führte dazu, das Gewöhnliche oder Häufigste im Gegensatz zu individuellen, „abnormalen" Wuchsformen[249] zu identifizieren und Durchschnittswerte zu bilden. Diese Erfahrungswerte und entsprechende Berechnungen der Schneider sind in tabellarischer Form in diversen Hand- und Lehrbüchern des 19. Jahrhunderts enthalten, die zunächst als Kontrolle für den Lernenden der Zuschneidekunst gedacht waren, um das eigene Vermögen, zu messen, nachzuprüfen.[250] In den Standardisierungsprozess von Maßtabellen flossen in diesem Zusammenhang jedoch nicht nur gemessene, direkte Maße ein, sondern zudem die proportionalen Berechnungen, die für die Konstruktion des Schnittes verwendet wurden und zu verschiedenen Schnittsystemen führten.[251] Mit der Einführung von Konfektionsgrößen geht die Vereinheitlichung der Zuschnitte einher, heißt es in Mentges Aufsatz *„Der Mensch nach Maß – der vermessene Mensch "*. In das Jahr 1830 wird hier die Vervielfältigung und Verbreitung von Schnittmusterbögen nach Standardmaßen datiert, vor dem Hintergrund jedoch, dass der „sogenannte Normalwuchs [...] die am seltensten empirisch nachweisbare Wuchsform [ist]"[252].

Einen geschichtlichen Überblick über die Entwicklung von Größensystemen und Standardmaßtabellen basierend auf repräsentativen Reihenmessungen geben auch Fan, Hunter und Yu. In Deutschland werden seit 1957 regelmäßig Reihenmessungen zur Ermittlung von Körpermaßen und Körperproportionen sowie deren Verbreitung unter der Bevölkerung durchgeführt. Diese Messungen bilden die Grundlage für die Generierung von Körper- und

---

[248] „Das ganze 19. Jahrhundert ist gekennzeichnet von zahlreichen Versuchen der Schneider, probate Verfahren zur korrekten, praktischen Vermessung auszuarbeiten und den menschlichen Körper numerisch zu erschließen." Mentges 1995, S. 45.
[249] Als abnormale oder unregelmäßige Wuchsformen bezeichneten die Zuschneider im 19. Jahrhundert u. a. einen vorgebogenen, einen geduckt gehenden, einen zurückgebogenen oder auch einen sehr gerade gestreckten Wuchs bzw. Körperbau. Vgl. Klemm/ Klemm 1846, S. 50-51; weitere Ausführungen dazu folgen in Kapitel 5 dieser Arbeit.
[250] Vgl. Döring, D. 2011, S. 166-167.
[251] Weitere Ausführungen zu normalem und ungleichmäßigem Wuchs sind u. a. bei Daniela Döring zu finden. Vgl. ebenda, S. 167-174.
[252] Mentges 1995, S. 47.

Fertigmaßtabellen für die Bekleidungsindustrie. Die dafür verantwortlichen Hohensteiner Institute veröffentlichten 1963 eine umfassende Studie zur Oberbekleidung von Damen und Mädchen basierend auf der Reihenmessung der Jahre 1961 bis 1962.[253] In Kooperation mit dem Unternehmen Human Solutions wurde zuletzt in den Jahren 2008 bis 2009 eine Ermittlung der Körperdaten der deutschen Bevölkerung durch berührungslose Messverfahren durchgeführt, die unter dem Namen SizeGERMANY branchenintern verfügbar sind. Jüngst starteten die ersten anthropometrischen Reihenmessungen in den USA und Kanada, umgesetzt wiederum durch Human Solutions. [254]

Die Berücksichtigung von Haltungsabweichungen von Normalgrößen wie bspw. ein runder Rücken, ein Hohlkreuz oder Hängeschultern bei der Schnittkonstruktion betonen auch Kirchdörfer und Reusch in ihrer Studie aus dem Jahr 1993 zur Zukunft der Maßkonfektion.[255] Vor dem Hintergrund der Zielsetzung des Forschungsvorhabens, Möglichkeiten zur „Erstellung passformsicherer größenunabhängiger Kleidungsschnitte auf Basis berührungslos ermittelter menschlicher Körpermaße und individueller Charakteristika"[256] für die Maßkonfektion zu erörtern, definieren diese relevante Körpermaße und Haltungsmerkmale, die erläutert und bebildert werden, um deren Einfluss auf die Schnittkonstruktion zu analysieren.[257] Als nicht hinreichend erweisen sich nach Kirchdörfer und Reusch ferner die Definitionen von Längen- und Umfangsmaßen zusammengestellt in der DIN 61516 aus dem Jahr 1978 und in der DIN 61517 aus dem Jahr 1980, da diese nicht zu einer zufriedenstellenden Berücksichtigung von Haltungscharakteristika im Rahmen der Schnittgestaltung führen.[258] Zudem weisen die Autoren darauf hin, dass die Interpretationen von Körpermaßen in der Schnittgestaltung generell häufig unterschiedlich ausfallen und auch die Verwendung von veralteten Standardmaßtabellen zu Änderungen im Schnitt und Passformproblemen führen.[259] Somit werden im Abschlussbericht des Forschungsvorhabens individuelle Abweichungen der Körperhaltungen kategorisiert und spezifiziert, eine entsprechende Erfassung der Daten erläutert und die Einbindung in die Schnittkonstruktion dargelegt.[260] Ein weiterer Versuch, eine Systematik für ein einheitliches Größensystem und

---

[253] Vgl. Fan/ Hunter/ Yu 2004, S. 174-177.

[254] Vgl. Hohenstein Institute 2014; vgl. SizeGERMANY; vgl. Human Solutions.

[255] Als Maßkonfektion bzw. industrielle Maßkonfektion wird die Herstellung von Bekleidung in Serien verstanden, bei der individuelle Maße des Kunden berücksichtigt werden. Seit 1990 bemühten sich die Hohenstein Institute um die serienmäßige Herstellung von Kleidung nach individuellen Maßen mit Verfahren und Werkzeugen der Massenproduktion. Die Kleidungsstücke sollten ohne eine Zwischenanprobe passend sein, die Kunden sollten zudem nicht mit erheblichen Mehrkosten belastet werden, während die Kleidungsstücke bereits nach 7-10 Tagen auszuliefern waren. Vgl. Seidl et al. 2001, S. 55, S. 68-73.

[256] Spezifikation des Forschungsvorhabens von Kirchdörfer und Reusch. Kirchdörfer/ Reusch 1993, o. S. (Titel).

[257] Vgl. ebenda, S. 7.

[258] Vgl. ebenda, S. 7; vgl. DIN 61516-1 1978, DIN 61516-2 1978; vgl. DIN 61517 1980. Alle drei Normen wurden zurückgezogen.

[259] Vgl. Kirchendörfer/ Reusch 1993, S. 6.

[260] Siehe Kapitel 8 des Forschungsberichtes von Kirchdörfer und Reusch: Schnittkonstruktion nach individuellen Körpermaßen und Haltungsvarianten. Vgl. Kirchdörfer/ Reusch 1993, S. 109-157.

damit verbundene Größenbezeichnungen für den europäischen Raum aufzustellen, ist in der dreiteiligen Norm DIN EN 13402 des Deutschen Instituts für Normung zu finden, die als Referenzmodell für die Bekleidungsindustrie gedacht ist. Der erste Teil, veröffentlicht im Jahr 2001, beinhaltet die Definitionen und Messverfahren zur Ermittlung von Körpermaßen. Kategorisiert werden dabei zum einen sogenannte *Primärmaße*, d. h. die wesentlichen Körpermaße, durch die es auch dem Träger ermöglicht wird, die eigene Größe zu identifizieren. Zudem werden *Sekundärmaße* aufgeführt, die gegebenenfalls als zusätzliche Anhaltspunkte dienen. Auch ein entsprechendes Instrumentarium sowie Verfahren für die Ermittlung der Maße werden in der Norm dargelegt. [261] Sowohl die Spezifikation der *Primär-* als auch der *Sekundärmaße* ist Teil des zweiten Teils der DIN EN 13402-2 aus dem Jahr 2002. [262] Die DIN EN 13402-3, veröffentlicht im März 2014, behandelt abschließend die Zuordnung von Körpermaßen zu Standardmaßtabellen. In diesem Zusammenhang werden *Sprungwerte*, d. h. die numerische, durchschnittliche Differenz eines Körpermaßes von einer Größe zur benachbarten Größe, spezifiziert. Des Weiteren enthält die Norm eine Auflistung von Körpermaßkombinationen. [263] An dieser Stelle sei darauf hingewiesen, dass die soeben angeführten Forschungen keinen Anspruch auf Vollständigkeit oder Aktualität erheben, sondern dazu dienen, beispielhaft aufzuzeigen, dass die Bestrebungen, einheitliche Begrifflichkeiten und Definitionen für Körpermaße, Messtrecken und Größenbezeichnungen für die Optimierungen im Bereich der Schnittkonstruktion oder die Generierung von Standardmaßtabellen stetig fortgeführt werden. Wie sich noch zeigen wird, war die Auseinandersetzung mit dem Körper und seinen Proportionen auch zentral für den Formalisierungsprozess der Schnitttechnik im 19. Jahrhundert. Ob und inwieweit diese Fragestellungen in letzter Konsequenz beantwortet werden können, bleibt zunächst offen.

Vor dem Hintergrund der historischen Entwicklung und Formalisierung der Zuschneidekunst sowie unter Berücksichtigung der für die Schnitttechnik relevanten Funktionsprinzipien und Parameter impliziert die technische Entwicklung in der gegenwärtigen Bekleidungsindustrie nun insbesondere den Einsatz digitaler Medien im Produktentwicklungs- und Produktionsprozess. Die Herausforderungen in einem arbeitsteiligen Prozess der Produktentwicklung bestehen zunehmend darin, insbesondere den zeitlichen Aufwand bis zum fertigen Ergebnis zu minimieren. In diesem Zusammenhang erörtert Dietrich Thöne den Einsatz von rechnergestützten Verfahren und Informationstechnologien für die Bereiche der Schnittkonstruktion, Gradierung und Optimierung der Schnittlagebilder, der Fertigungsplanung sowie der anschließenden Fertigung von Bekleidungserzeugnissen. Im Fokus stehen dabei informationstechnologische Lösungen hinsichtlich der Flexibilität und Wirtschaftlichkeit der Bekleidungsproduktion. [264] Seit Mitte der 1970er Jahre wurden in

---

[261] Vgl. DIN EN 13402-1 2001, S. 6-7; vgl. DIN EN 13402-2 2002; vgl. DIN EN 13402-3 2014.
[262] Vgl. DIN EN 13402-2 2002.
[263] Vgl. DIN EN 13402-3 2014.
[264] Vgl. ebenda, S. 99-102.

großen Unternehmen der Bekleidungsbranche Systeme für die Gradierung und das Schnitt-bildlegen eingesetzt, um den Zuschnitt und die Produktion direkt steuern zu können, während Anfang der 1980er Jahre erstmalig rechnergestützte Anwendungen im Bereich der Schnittkonstruktion zum Einsatz kamen. Zunächst von wenigen Unternehmen genutzt, mussten die ersten CAD-Schnittprogramme hinsichtlich der Anwendungsstandards und Schnittstellen optimiert werden, um den Prozess der Produktentwicklung effizient zu gestalten und die Anwendungen in die Unternehmensabläufe zu integrieren. Das Verfahren der Schnittkonstruktion definiert Thöne als einen Vorgang der „Abwicklung eines Beklei-dungserzeugnisses"[265]. Das bedeutet, dass die Oberfläche des Kleidungsstückes als räumlicher Körper unter mathematischen Gesetzmäßigkeiten in die Ebene gebracht wird. Die Umsetzung der Entwurfszeichnung, die Thöne auch als perspektivische Modellskizze bezeichnet, muss jedoch keine entsprechende mathematische Relation zum Schnitt aufweisen. Die Aufgabenstellung des Schnittkonstrukteurs besteht folglich darin, basierend auf den Erfahrungen, die Perspektiven zu wechseln und einen Ausgleich in Form des Schnittes zu finden. Thöne kritisiert hierbei oftmals eine mangelhafte Spezifikation der Entwürfe und einen Verlust von Informationen, so dass die Entwicklung eines fertigen Produktionsschnit-tes mehrerer Durchläufe mit wiederholten Beurteilungen der Passform bedarf.[266]

Auf der IMB 1985 wurden laut Thöne eine Vielzahl von Branchenlösungen im Bereich des Computer Aided Designs für die Bekleidungsindustrie vorgestellt, die einen integrierten Arbeitsablauf vom Design bis zur Planung der Produktion ermöglichen sollten. Die Ziel-setzung bestand nun darin, Gestalter und Schnitttechniker in der Produktentwicklung zu entlasten. Neben der Implementation EDV-basierter und produktionstechnischer Parameter für den Entwurf und die Fertigung von Kleidungsstücken in den entsprechenden Anwen-dungen, mussten die organisatorischen und kommunikativen Prozesse innerhalb und außer-halb der Bekleidungsunternehmen angepasst und der Einsatz von Computer Aided Design als Unternehmensstrategie begriffen werden.[267] Nicht nur das Erlernen innovativer Anwen-dersoftware bspw. für den Modellschnitt, die Gradierung und das Schnittbild, sondern auch die Nutzung veränderter Kommunikationswege mussten durch Schulungen der Mitarbeiter unterstützt werden.[268] Seit den 1980er Jahren wurden zunächst 2D-CAD-Softwarelösungen entwickelt, die es erlaubten, einerseits Körperdaten in Form von standardisierten oder indi-viduellen Maßtabellen zu hinterlegen und Konstruktionsanleitungen für die Schnitterstel-lung und anschließende Gradierung zu programmieren. Heute unterscheiden sich die In-tegration der Körpermaße und der Schnittsysteme, wie u. a. das System von Müller & Sohn, Unikut oder Hohenstein, und die damit einhergehende Anwendung für den Nutzer zwischen den Software-Anbietern, während die Funktionsprinzipien der Schnitttechnik beibehalten

---

[265] Thöne 1986, S. 102.
[266] Vgl. ebenda, S. 101-102.
[267] Vgl. ebenda, S. 99-100.
[268] Vgl. ebenda, S. 99-100, S. 110-111.

werden.[269] Die seit Ende der 1980er Jahre eingesetzten 2D-CAD-Anwendungen, mittels derer der zeitliche Aufwand im Rahmen der Entwicklung von Grund- und Modellschnitten sowie die damit verbundenen Änderungen und Modifikationen reduziert werden sollten, wurden bereits Mitte der 1990er Jahre durch Lösungen erweitert, die die dreidimensionale Gestaltung von Bekleidungserzeugnissen am Computer einleiteten. [270] Diesbezüglich wurden Technologien, die bereits im Rahmen ergonomischer Simulationen und Analysen in der Automobilbranche zum Einsatz kamen, auf die Anwendung im Bekleidungssektor übertragen. Die technologische Weiterentwicklung dieser Systeme, die sich auf die Gestaltungsmöglichkeiten im digitalen dreidimensionalen Raum beziehen, sind nun darauf ausgerichtet, den menschlichen bekleideten Körper zu simulieren, um bspw. digitale Anproben durchzuführen und Änderungen am Modell sowie dem Schnitt reziprok vorzunehmen.[271] Auch in diesem Zusammenhang spielen die Faktoren Zeit- und Materialeinsparung eine Rolle, während darüber hinaus die Möglichkeiten der Visualisierung und eine entsprechende Beurteilung des Kleidungsstückes am virtuellen Avatar einen effizienten Produktentwicklungsprozess unterstützen sollen. Die digitale Darstellung der Silhouette und Passform der Kleidung am Körper und die Simulation der textilen Fläche – der Farbgebung, Musterung und Textur – begünstigen so im besten Fall, dass die Anfertigung realer Musterteile entfällt. Die Generierung von virtuellen bekleideten Modellen auf Basis gescannter anthropometrischer Daten dient laut Fan, Hunter und Yu dazu, den Produktentwicklungsprozess bezüglich gestalterischer Merkmale und Bemaßungen zu lenken. Die Beurteilung der Passform und Silhouette eines Kleidungsstückes wird dabei ergänzt durch die Simulation der textilen Fläche am Körper, d. h. des Faltenwurfs und des Falls des Stoffes. Neben der Farbgebung und Musterung müssen somit für die digitale Darstellung der textilen Fläche auch Parameter des Gewichts, der Elastizität und der Oberflächenbeschaffenheit in den CAD-Anwendungen hinterlegt werden, damit diese möglichst wirklichkeitsgetreu abgebildet werden können.[272] Als Schlüsseltechnologie bezeichnen die Autoren ein virtuelles Modell, das den Faltenwurf zeigt. Durch diese Möglichkeit der Darstellung können das Design eines Kleidungsstückes, die Eignung der textilen Flächen und die Schnittfüh-

---

[269] DIE CAD-Anwendung Grafis ermöglicht bspw. die Integration unterschiedlicher Schnitt- und Maßsysteme, die nach individuellem Bedarf programmiert werden können. Vgl. Grafis CAD Software; 1992 wurde in einem Forschungsbericht zur Entwicklung von Anforderungsdefinitionen für die automatische Modellschnittkonstruktion konstatiert, dass es bis dato kein durchgängiges computergestütztes Konzept vom Entwurf bis zum Schnittlagebild gäbe und die einzelnen Programme einzelne Arbeitsschritte abdeckten, aber kein CAD-System eine vollständige automatische Schnittkonstruktion ausführen könne. Ohne weiter auf die aktuellen Entwicklungen von Möglichkeiten hinsichtlich durchgängiger Lösungen vom Entwurf über den Schnitt bis zur virtuellen Simulation von Kleidungsstücken einzugehen – eine entsprechende Durchgängigkeit wäre zu prüfen – bleibt die Tatsache, dass in der Praxis unterschiedliche Schnittsysteme eingesetzt werden und dadurch die Herleitung einer fundierten, durchgängigen wissenschaftlichen Basis für die Konstruktionsvorgaben und die Implementation in CAD-Programmen erschwert wird. Im Rahmen des Forschungsvorhabens wurden die Systeme Müller & Sohn, Unikat und Hohenstein gegenübergestellt. Vgl. Kirchdörfer et al. 1992, S. 6, S. 11, S. 35 ff..
[270] Vgl. ebenda, S. 100; vgl. Fan/ Hunter/ Yu 2004, S. 135.
[271] Vgl. Fan/ Hunter/ Yu 2004, S. 213 ff.; vgl. Thöne 1986, S. 108-11.
[272] Vgl. Fan/ Hunter/ Yu 2004, S. 135.

rung beurteilt werden, während Änderungen hinsichtlich der technisch-gestalterischen Umsetzung und der Parameter am Computer vorgenommen werden, ohne dass die Fertigung weiterer Musterteile nötig ist.[273]

Die Nutzung von sowohl 2D- als auch 3D-Anwendungen im Bereich der Schnittkonstruktion ist unmittelbar verbunden mit der Integration von individuellen Körpermaßen oder standardisierten Maßtabellen. Während Standardmaßtabellen in einem entsprechenden Datenformat in die Systeme eingepflegt werden können, ist die Integration von individuellen Maßen an eine vorherige Ermittlung derselben gebunden. Als die effektivste Methode, um genaue und individuelle Körpermaße zu ermitteln, stellen Kirchdörfer und Reusch die berührungslose Erfassung anthropometrischer Daten heraus, die es Anfang der 1990er noch zu entwickeln galt. In diesem Zusammenhang stellen diese in ihrem Forschungsbericht eine Reihe optischer Verfahren vor, auf die auch Fan, Hunter und Yu zu sprechen kommen. Zu diesen zählen bspw. die Somatografie oder das Arbeiten mit Moiré-Mustern. Durch diese Verfahren wurden optisch erzeugte Bilder bekleideter oder unbekleideter Personen ausgewertet und die Passform und der Faltenwurf am Körper mittels mathematischer und quantitativer Terme ausgewertet.[274] 1995 wurde der von der Firma Tecmath entwickelte 3D-Bodyscanner *Vitus* für eine berührungslose, exakte Vermessung des menschlichen Körpers präsentiert.[275] Die berührungslose Ermittlung von Körpermaßen durch den Einsatz von Body-Scannern ermöglicht zum einen die Integration und die Übertragung der Körpermaße auf CAD-Anwendungen im Bereich der Schnittentwicklung durch entsprechende EDV-Schnittstellen. Zum anderen können mithilfe der gescannten Daten virtuelle Abbilder des menschlichen Körpers generiert werden, die sowohl für Präsentationszwecke als auch für digitale Anproben in einer virtuellen Umgebung zum Einsatz kommen. So ermöglichen die 3D-CAD-Anwendungen im Bereich der Bekleidungsgestaltung und der Schnittkonstruktion einen wechselseitigen Austausch. Bezugnehmend auf das von der Europäischen Union Ende der 1990er Jahre geförderte Projekt *E-Tailor* bezeichnet Jürgen Link den Einsatz von Bodyscannern als die „industrielle Implementierung der alten Corporismetrie"[276]. Vor dem

---

[273] „Drape modelling, in particular 3D visualisation of designed garments in draped form, is one of the key technologies in computer-aided garment design (CAD) and internet apparel systems." Ebenda, S. 125; den Faltenwurf oder Fall der textilen Fläche, engl. *drape*, definieren Fan, Yu und Hunter, den *"Textile Terms and Definitions of the Textile Institute Manchester"* entsprechend, wie folgt: „The ability of a fabric to hang limply in graceful folds, e. g. the sinusoidal-type folds of a curtain or a skirt." Ebenda, S. 114; damit verbunden sind subjektive Eigenschaften, wie die wahrgenommene ästhetische Erscheinung und der visuelle Eindruck der Farbe, Struktur etc., die Bequemlichkeit und die Passform von Bekleidung und objektive Faktoren, die sich auf die mechanischen und optischen Eigenschaften der textilen Fläche beziehen. Vgl. ebenda, S. 114; zudem erörtert Nadia Magnenat-Thalman CAD-basierte Tools zur Simulation von Kleidung im Design-Prozess und in der Schnittkonstruktion. Vgl. Magnenat-Thalman 2010, S. 139-159.
[274] Vgl. Kirchdörfer/ Reusch 1993, S. 17-27; vgl. Fan/ Hunter/ Yu 2004, S. 72-88.
[275] 2002 hat sich die Abteilung des Unternehmens Tecmath, verantwortlich für den Einsatz von Bodyscannern für die Bekleidungsindustrie, abgespalten und das Unternehmen Human Solutions wurde gegründet. Vgl. Fan/ Hunter/ Yu 2004, S. 145; siehe auch den Bodyscanner *Vitus Bodyscan* von Human Solutions. Vgl. Human Solutions.
[276] Link 2005, S. 54.

Hintergrund, kurzfristig auf individuelle und variable Kundenwünsche eingehen zu können, zielte das Projekt darauf ab, direkte Körpermaße von Kunden zu ermitteln und diese als Grundlage für die Herstellung individuell angepasster Kleidungsstücke im Baukastenprinzip zu verwenden – wie bspw. für die Fertigung von Herrenanzügen.[277] Etwa zwei Millionen Messpunkte des Kunden wurden hierbei von einem Bodyscanner erfasst und die Daten an die Hersteller von Anzügen übermittelt, so dass ein vermeintlicher Maßanzug zu relativ günstigen Preisen gefertigt werden konnte. Ruth Sprenger merkt diesbezüglich an, dass ein „solcherart gefertigter »Maßanzug« trotz aller Präzision der Datenerfassung nicht darüber hinwegtäuschen [wird], daß es sich nicht um eigentliche Maßarbeit handelt, da die Voraussetzungen industrieller Fertigung niemals einholen können, was als Herausforderungen des Schneiderhandwerks in der Arbeit eines Maßschneiders umsetzbar wird."[278] Von einer „Simplifizierung von Größen und Formen"[279] spricht Heike Jenß hinsichtlich der zunehmenden Rationalisierungsbestrebungen in der Bekleidungsindustrie und hebt in diesem Zusammenhang die technischen Möglichkeiten im Bereich der nach individuellen Körpermaßen massenhaft hergestellten Kleidungsstücke hervor. So führt Jenß das Konzept der *Mass-Customization*, der kundenindividuellen Massenproduktion, an und stellt hierbei die verschiedenen Prinzipien der Produktion – Uniformierung und Standardisierung sowie Differenzierung und Individualisierung – gegenüber. Diesbezüglich verweist die Autorin u. a. auf das Beispiel der individuell zugeschnittenen Jeans – das Levi's Personal Pair.[280]

Zuvor wurde bereits darauf verwiesen, dass hinsichtlich der Vermessung und Bezeichnung anthropometrischer Körperdaten noch immer ein Bedarf nach universell gültigen Termini und festgelegten Verfahren besteht. In diesem Zusammenhang ist es entscheidend zu betonen, dass diese Daten neben einer konsistenten, exakten Ermittlung von Körperdaten auch entsprechend kongruent in die unterschiedlichen CAD-Anwendungen integriert werden müssen. Die Verarbeitung und Implementierung der digitalen Daten beziehen sich somit einerseits auf die Nutzung für rechnergestützte Anwendungen und die damit einhergehende Programmierung von Parametern und andererseits auf das Wissen und Können der Nutzer,

---

[277] Vgl. ebenda, S. 53-54. 3,5 Millionen Euro bewilligte die Europäischer Kommission 1999 für das Forschungsprojekt, das angegliedert war an das IST (Information Societies Technology)-Programm und die Wettbewerbsposition der Bekleidungsindustrie Europas durch Maßkonfektion stärken sollte. Folgende Unterprojekte zählten hierbei dazu: 1. Entwicklung einer europäischen Infrastruktur für standardisierte Größeninformationen und für die Durchführung von Reihenmessungen; 2. Die Entwicklung von Werkzeugen und Standards zur Optimierung der gesamten Wertschöpfungskette für Maßbekleidung unter Berücksichtigung der Passform, der Kosten und zeitlichen Faktoren der Bereitstellung von Kleidungsstücken für den Kunden; 3. Die Entwicklung einer realitätsnahen virtuellen Einkaufsumgebung für Angebote von Bekleidung im Internet. Vgl. Sprenger 2010, S. 163; vgl. Seidl et al. 2001, S. 62.
[278] Sprenger 2010, S. 163; vgl. ebenda, S. 163; vgl. Asendorf 2002.
[279] Jenß 2005, S. 202.
[280] Vgl. ebenda, S. 205-208; vgl. Seidl et al. 2001, S. 63-64; das Konzept der kundenindividuellen Massenproduktion (Mass Customization) beinhaltet die Herstellung von Gütern oder auch Leistungen für einen verhältnismäßig großen Absatzmarkt. Die Produkte sind hierbei so gestaltet, dass diese das Bedürfnis jedes einzelnen Kunden treffen, während die Kosten für die Herstellung vergleichbar sind mit denen der massenhaften Produktion. Vgl. Seidl et al. 2001, S. 24.

die Parameter und Prinzipien der Schnitttechnik anzuwenden. Kirchdörfer und Reusch sprechen hinsichtlich der Ermittlung von Körpermaßen und der visuellen Erfassung von Körperhaltungen von einer nötigen Sachkenntnis gepaart mit subjektiven Wahrnehmungen und betonen somit die potenzielle Effizienz und Optimierung berührungsloser Messverfahren.[281] Als inkonsistent und unpräzise bezeichnen Fan, Hunter und Yu die Messergebnisse und Beurteilungen der Passform basierend auf subjektiven Methoden und fordern dementsprechende Abhilfe durch quantitative Verfahren. Diese sollen die persönlich bedingten, auf Erfahrung basierenden Kompetenzen der beurteilenden Personen ausgleichen, während die Autoren gleichermaßen die Entwicklung objektiver Methoden als Herausforderung erachten. Insbesondere wird in diesem Zusammenhang auf Probleme bei der Ermittlung von Körperdaten durch den Einsatz von 3D-Bodyscannern verwiesen. Schwierig zu erfassen sind zum Beispiel verdeckte Körperstellen wie die Achselhöhle, der Schritt oder der Unterbrustbereich. Darüber hinaus atmet und bewegt sich die zu vermessende Person während des Messvorgangs, während die digitale Ermittlung von Körpermaßen auch durch die Oberflächentextur, durch u. a. Behaarung, erschwert werden kann. Unterschiedliche, individuelle Körperhaltungen und Wuchsformen und die damit verbundenen anthropometrischen Orientierungspunkte müssen zudem durch die rechnergestützten Anwendungen erkannt und entsprechend verarbeitet werden können. Den Technologien, den menschlichen Körper berührungslos zu vermessen, sprechen die Autoren dennoch großes Potenzial zu, weisen jedoch auch hierbei auf eine mangelnde Standardisierung hin.[282]

Um dem Bedarf nach digitalen, dreidimensionalen Körperdaten u. a. im Bereich der Maßkonfektion oder *IT-Mode* zu entsprechen, wurde im Dezember 2014 der Entwurf der Norm DIN ISO 18825 mit dem Titel *„Digitale Anproben"* veröffentlicht. Im ersten Teil der Norm werden das Vokabular und die Terminologien des virtuellen Körpers des Menschen festgelegt. Der *Modeavatar*, der den unterschiedlichen Körpertypmerkmalen zu entsprechen hat, dient – als virtuelle Verkörperung des Kunden – dazu, zum einen die Bereiche der Entwicklung und Herstellung von Bekleidung zu unterstützen und zum anderen die Daten für den Vertrieb, das Kundenmanagement, die Präsentation sowie die Bestellungen verarbeiten zu können.[283] Das virtuelle Modell als parametrischer menschlicher Körper wird nun durch virtuelle Körpermaße und Merkmale des realen Menschen generiert, die den anthropometrischen Maßen entsprechen sollen. Dennoch wird im zweiten Teil des Entwurfs der Norm der Avatar wie folgt definiert: „Die Definition des virtuellen menschlichen Körpers basiert nicht auf der menschlichen Anatomie. Die virtuellen Orientierungspunkte sind jedoch, da

---

[281] Vgl. Kirchdörfer/ Reusch 1993, S. 17-18.
[282] Vgl. Fan/ Hunter/ Yu 2004, S. 43, S. 72, S. 164-167; weitere Ausführungen zu berührungslosen Messverfahren und der automatischen Ableitung, Erfassung und Weitergabe von Körpermaßen und zu computergestützten Lösungen für eine automatische Schnittkonstruktion sind bei Seidl zu finden. Vgl. Seidl et al. 2001, S. 87 ff., S. 119 ff..
[283] Vgl. DIN ISO 18825-1 2014, S. 4-5.

der virtuelle menschliche Körper über Körpermaße verfügen sollte, die dem wirklichen menschlichen Körper weitgehend entsprechen, eng mit den am menschlichen Körper definierten anatomischen Orientierungspunkten verbunden."[284] Die Visualisierung des menschlichen Körpers am Bildschirm bedeutet somit, dass zwar einerseits die Anthropometrie grundlegend ist, während andererseits spezielle, auch andere virtuelle Maße und Orientierungspunkte in den Systemen festgelegt und verarbeitet werden, um den virtuellen Menschen ausschließlich in der virtuellen Umgebung zu generieren. „[W]ährend Ähnlichkeiten zu bestehenden anthropometrischen Körpermaßen beizubehalten sind"[285], werden im zweiten Teil der DIN ISO 18825 die entsprechenden virtuellen Maße und Orientierungspunkte definiert. Ohne an dieser Stelle weiter auf die mit der Generierung virtueller menschlicher Abbilder verbundenen Algorithmen einzugehen, ist es plausibel, dass die digitale Darstellung des Avatars und die Verarbeitung der Daten und Parameter des Körpers sowie der virtuellen Bekleidungserzeugnisse eigenen mathematischen Gesetzmäßigkeiten folgen. Dennoch ist in diesem Zusammenhang anzumerken, dass die Nutzung dieser Daten und Algorithmen im Bereich der Produktentwicklung für Bekleidungserzeugnisse bedacht werden muss. Die Schnelligkeit des Scanvorgangs und die damit verbundenen präziseren und reproduzierbaren Körperdaten, die sowohl als digitaler Output als auch Input an CAD-Anwendungen für die Bekleidungsgestaltung und die Schnittkonstruktion gekoppelt werden, ermöglichen auf den ersten Blick einen beschleunigten, rationelleren Produktentwicklungsprozess. So können Ressourcen eingespart werden, wenn die Anfertigung von Musterteilen minimiert wird.[286] Dennoch ist zu bedenken, dass nicht nur die Anwendung entsprechender Software und Parameter erlernt, sondern auch die visuelle Beurteilung eines bekleideten *Modeavatars* geschult werden muss, da die am Bildschirm dargestellten Proportionen verändert sind. Die sich stetig fortsetzende Forschung und Optimierung der Datenermittlung und Datenverarbeitung im Sinne einer fortwährenden Suche nach Möglichkeiten der Annäherung an den Körper, scheint dagegen gleichermaßen ein Prozess der Entfremdung zu sein. Im Gegensatz zum beobachtenden Auge zeigt die instrumentelle Technik, dass sich Unregelmäßigkeiten den Vermessungs- und Systematisierungsversuchen widersetzen.[287] Werden heute manuelle Tätigkeiten zunehmend durch computertechnische Anwendungen ersetzt, sollte die Frage gestellt werden, ob nicht, wie es auch bei Ropohl heißt, die Geschwindigkeiten über die Fähigkeiten hinausgehen.[288] Neue Technologien und Verfahren erfordern in diesem Zusammenhang mit der Anwendung einhergehende Kenntnisse und Erfahrungen, während jedoch diese zudem stets mit dem Wissen

---

[284] DIN ISO 18825-2 2015, S. 5; vgl. DIN ISO 18825-1 2014, S. 5.
[285] DIN ISO 18825-2 2015, S. 5.
[286] Vgl. Fan/ Hunter/ Yu 2004, S. 135.
[287] Hierbei sei auf die Entwicklungen der Zuschneidekunst des 19. Jahrhunderts verwiesen. „Hatte das beobachtende Auge im Schneidereigewerbe gegenüber den instrumentellen Techniken des Schnitts, Zuschneidens und Maßnehmens bereits an Autorität verloren, wird es hier wiederum für die Mängel der Maßzahl herangezogen." Döring, D. 2011, S. 168.
[288] Vgl. Ropohl 2009, S. 14.

über die manuellen Arbeitsabläufe und Funktionsprinzipien – so auch im Bereich der Schnitttechnik – verbunden sind und erst die Grundlage für eine effektive Nutzung gewährleisten. „Für die Schnittgestaltung ist der Computer abzulehnen, da er das Empfinden des Meisters nicht ersetzen kann. Allerdings ist vom Meister zu fordern, daß er die hochentwickelte Zuschneidetechnik beherrscht und weiterentwickelt"[289] – heißt es in einer Festschrift der Berliner Schneidergilde 1988. Folgt man dieser Ansicht, müssen die impliziten und expliziten Wissensformen der Schnitttechnik identifiziert werden, um adäquate technisch-künstlerische Mittel für die Zukunft zu gestalten.

Bevor nun die historische Vielfalt der Wissensformen der Schnitttechnik und die damit verbundenen, noch immer gültigen Funktionsprinzipien im Detail anhand der Analyse der Zuschneidemethoden aus dem 19. Jahrhundert erörtert werden, wird im folgenden Kapitel die Ausbildung im Bereich der Schnitttechnik im Kontext der Transformationsprozesse im Zeitalter der Industrialisierung dargelegt. Auch werden in diesem Zusammenhang Aspekte der Zergliederung von Arbeitsprozessen, Spezialisierungen im Bereich der Bekleidungstechnik sowie die Rationalisierung von Produktionsabläufen in der Herstellung von Bekleidung thematisiert. Die zuvor skizzierten aktuellen Entwicklungen und Fragen der Systematisierung und Standardisierung der Schnitttechnik erscheinen hierbei als logische Konsequenz der Fortentwicklung der Bekleidungsindustrie. Die technischen und ökonomischen Rahmenbedingungen standen darüber hinaus in Wechselbeziehung zum Erlernen und Ausüben der Zuschneidekunst, so dass gleichermaßen die Aus- und Weiterbildungsoptionen im Schneiderfach im 19. Jahrhundert wie auch im weiteren Verlauf des 20. Jahrhunderts erörtert werden.

---

[289] Arnulf 1988, S. 85.

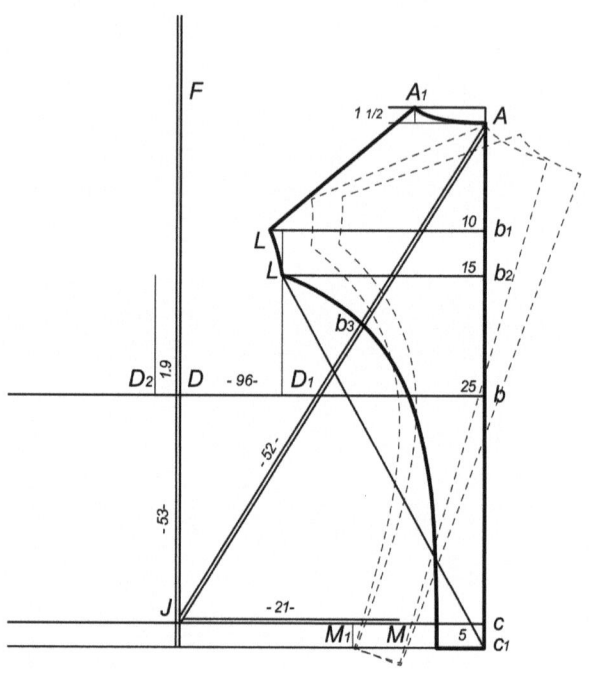

Figur 3

Abb. 3: Figur 3 – Schnittzeichnung nach der Konstruktionsanleitung für den Gehrock nach Wendelin Mottl. Entwicklungsstufe 3. *Quelle: Grafik von Lilly-Britt Weiß, 2018 (Legende: siehe Anhang B)*

„Es geht um die tendenziell mechanisierte und automatisierte
Herstellung von identischen Produkten unter identischen
Bedingungen mit identischen Mitteln.
Der Begriff der Industrie wurde so von Anbeginn als Gegensatz
zum Handwerk verstanden, das auf die individuelle Herstellung
von nichtidentischen Produkten unter nicht
identischen Bedingungen abzielte. "[290]

Konrad Paul Liessmann, 2012

3. Die technisch-künstlerische Ausbildung der Zuschneidekunst im 19. und 20. Jahrhundert

3.1 Transformationsprozesse der gewerblichen Ausbildung im Zeitalter der Industrialisierung

Anknüpfend an die Erörterung der Funktionsprinzipien der Schnitttechnik, den geschichtlichen Einblick in die Entwicklung erster Schnittmethoden und den Ausblick auf gegenwärtige Herausforderungen des Erlernens und Ausübens der Zuschneidekunst, stellt sich die
Frage nach den historischen Transformationsprozessen der gewerblichen Ausbildung bedingt durch wirtschaftliche und produktionstechnische Entwicklungen wie durch neue technische Möglichkeiten. Angesprochen wurde zuvor bereits die Frage, ob die Weiterentwicklung der Schnitttechnik auf dem Bedürfnis, körpernahe Kleidung zu tragen, basierte oder
ob die Zuschneider im 19. Jahrhundert ihr Erfahrungswissen vermehrt austauschten und
dadurch verbesserte Möglichkeiten erarbeitet wurden, die Kleidung dem Körper anzupassen und im Fortgang eine serielle Fertigung zu ermöglichen. Mehr Beachtung wird hierbei
in der Technikgeschichte Artefakten wie der Nähmaschine als technische Neuerung geschenkt. Der Übergang von der Handnäherei zur Maschinennäherei erfolgte in der zweiten
Hälfte des 19. Jahrhunderts und leitete die Überleitung der handwerklichen bedarfsorien-
tierten Herstellung von Bekleidung zu einer marktorientierten Produktion ein. Während die
Mechanisierung der Nähtechnik zunächst weniger Bedeutung für die Massenherstellung
hatte, da Bekleidung vorwiegend in hausindustrieller, handwerklicher Produktion gefertigt
wurde, musste darüber hinaus erst ein geeigneter Nähmechanismus entwickelt werden. Ein
kontinuierliches Maschinennähen in Verbindung mit einer massenhaften Fertigung von
Nähmaschinen ermöglichte schließlich Isaac Merritt Singer 1851. Zeitgleich damit etab-

---

[290] Liessmann 2012, S. 38.

lierten sich die ersten Konfektionsunternehmen in Deutschland.[291] Während die Weiterent-wicklung der Nähtechnik zweifelsohne die Produktionskapazitäten in der sich herausbil-denden Konfektionsindustrie erhöhte und die Näharbeiten erleichterte, war es jedoch ent-scheidend, Verfahren zu entwickeln, um in der Lage zu sein, möglichst identische Produkte für einen erweiterten Kundenkreis fertigen zu können. Essentiell war dafür die Fortent-wicklung der Schnitttechnik und die Erarbeitung eines formalisierten Wissens in der Zu-schneidekunst im 19. Jahrhundert. Damit verbunden war es, einerseits das personenge-bundene Erfahrungswissen aus der Meisterwerkstatt zu lösen und andererseits ein entspre-chendes anwendbares, allgemein gültiges Regelwerk zu entwickeln, das bisher nicht vor-handen war. Der Prozess der Formalisierung der Schnitttechnik ist dementsprechend einge-bettet in die Rationalisierungsbestrebungen und die Aufteilung von Funktionen und Ar-beitsvorgängen in der Kette von Arbeitsschritten in der Herstellung von Bekleidung. Die diesbezüglichen Bemühungen im Rahmen der Weiterentwicklung der Schnitttechnik dau-ern bis heute an.

Vor diesem Hintergrund sollen nun die wirtschaftlichen und sozialen Kontexte beleuchtet werden, die einerseits den Niedergang des Handwerks und die Reaktionen auf veränderte ökonomische Strukturen betreffen und andererseits auf die Notwendigkeit hindeuten, dass die Ausbildung im Schneidergewerbe essentiell für das Fortbestehen der Handwerkskunst und für die Existenzsicherung der Schneider im Rahmen der produktionstechnischen Ent-wicklungen der Bekleidungsindustrie war. Das Handwerk und die damit einhergehende „Natur des empirischen Verfahrens"[292] im Kontext der Werkstatt galt Ende des 19. Jahr-hunderts als eine „niedergehende Formation, die volkswirtschaftlich nicht lebensfähig, be-triebswirtschaftlich unfähig und technisch rückständig schien"[293]. In diesem Zusammen-hang wurde die Werkstatt nicht als Raum eines für die Ökonomie relevanten Wissens angesehen, so dass dieses Wissen in der Folge aus dieser Sphäre ausgelagert und für eine örtlich ungebundene Vermittlung aufbereitet und expliziert werden musste.[294] Die Europä-ische Moden-Akademie, die erste höhere Bildungseinrichtung für das Schneidergewerbe im deutschsprachigen Raum, formierte sich im Rahmen dieser Transformationsprozesse mit dem Ziel, auf die Herausforderungen für das Handwerk zu reagieren. Erörtert werden

---

[291] Vgl. Döring, F.W. 1992, S. 100-105; vgl. Hausen 1978, S. 148; vgl. Bäckmann 1991; vgl. Lenger 1989, S. 76-77. Ausführungen zu den Veränderungen handwerklicher Tätigkeiten durch den Einsatz von Maschinen in der zweiten Hälfte des 19. Jahrhunderts sind auch in dem Aufsatz „Handwerkliche Qualitätsarbeit und Maschinen" von Anke Hufschmidt zu finden. Darin erörtert die Autoren u. a. die Unterschiede zwischen der Handnäherei und der Nutzung der Nähmaschine und führt hierbei eine Studie aus dem Jahr 1905 an, bei der die qualitativen Unterschiede bezüglich der Leistungen beider Verfahren untersucht wurden. Vgl. Hufschmidt 2016, S. 57-72.
[292] Reinhold Reith zitiert hierbei Werner Sombart. Vgl. Reith 2016, S. 44; siehe auch [Sombart, Werner: Der moderne Kapitalismus. Historisch-systematische Darstellung des gesamteuropäischen Wirtschaftslebens von seinen Anfängen bis in die Gegenwart, Band 1, 2. Auflage, Leipzig 1916, S. 37].
[293] Reith 2016, S. 44.
[294] Siehe hierzu auch Reinhold Reiths Aufsatz „Vom Wissen zum Können. Wissenstransfer und Wissensbestände im historischen Handwerk". Vgl. ebenda, S. 44-55.

somit zum einen übergreifende Entwicklungen im Bereich der beruflichen Bildung und Qualifizierung handwerklich-gewerblicher Tätigkeiten im Zuge der fortschreitenden Industrialisierung, die für die Kontextualisierung der Entwicklung und des Wirkungsgrades der Akademie entscheidend waren. Zum anderen werden die wirtschaftlichen und produktionstechnischen Verschiebungen im Rahmen der Herausbildung der Konfektionsindustrie dargelegt, um daran anschließend zu den heterogenen Ausbildungsmöglichkeiten in der Textil- und Bekleidungsbranche überzuleiten. Entscheidend ist dabei auch die Implementation der Ausbildung im Bereich der Schnitttechnik in verschiedenen Ausbildungsmodellen bis ins 20. Jahrhundert.

Das 18. Jahrhundert, oft als *pädagogisches Jahrhundert* beschrieben, zeichnete sich laut Moses Mendelssohn durch einen praktischen Fortschritt in allen Bereichen des Lebens und zudem durch einen theoretischen Fortschritt in den unterschiedlichsten Wissensgebieten aus. Diese Entwicklungen hatten einen unmittelbaren Einfluss auf die Auflösung tradierter Arbeitsprozesse im Handwerk. Den Vorstellungen der Aufklärung nach war der Mensch damit beschäftigt, sowohl seine Kräfte und Leistungen als auch die Nutzung seines Verstandes zu optimieren, sprich zu vervollkommnen.[295] Die Meisterwerkstatt war nicht nur der Ort der Wissenstradierung und Ausübung eines ganzheitlichen Herstellungsprozesses, sondern definierte auch den Lebens- und Aktionsraum und stützte das Berufsverständnis des Handwerks. Die Idee der Berufung zu einer handwerklichen Tätigkeit implizierte dabei einen mit ästhetischem Glanz versehenen Vorstellungsinhalt, der zunehmend erschüttert wurde. Die steigende Notwendigkeit nach einer den neuen Anforderungen entsprechenden beruflichen Ausbildung und die erhöhte Wertschätzung von Bildung führten zu einer allmählichen Abwertung des Berufes als Utilitäres, wie es bei Herwig Blankertz heißt.[296] In diesem Zusammenhang spricht Manfred Wahle von der Ablösung des tradierten Berufsethos durch ein arbeitsspezifisches Rationalitätsprinzip.[297] Während das zünftig organisierte Handwerk durch kollegiale, wenn auch oft durchaus konfliktreiche Verhältnisse und eine Abschottung nach Außen gekennzeichnet war, bedurfte es einer Öffnung der Lebens- und Arbeitsformen, um auf die wachsende Konkurrenz durch die Erweiterung des Handels

---

[295] Barbara Stollberg-Rilinger zitiert hierbei den Aufklärer Moses Mendelssohn und leitet davon das Verständnis des Bildungsbegriffes des 18. Jahrhunderts ab. „Bildung, Kultur und Aufklärung sind [...] Wirkungen des Fleißes und der Bemühungen der Menschen, ihren geselligen Zustand zu verbessern [...] Bildung zerfällt in Kultur und Aufklärung. Jene scheinet mehr auf das Praktische zu gehen [...], Aufklärung hingegen scheinet sich mehr auf das Theoretische zu beziehen." Vgl. Stollberg-Rilinger 2005, S. 1.

[296] Vgl. Blankertz 1969, S. 13-14, S. 28.

[297] Manfred Wahle zur Bedeutung, den Folgen und Problemen des Industrialisierungsprozesses des 19. Jahrhunderts: „[...], dass das aus dem Mittelalter tradierte Berufsethos durch ein arbeitsspezifisches Rationalitätsprinzip unter dem Einfluss modernisierter, mithin maschinisierter Produktionsweisen abgelöst wurde. Mit der dynamischer werdenden Industrialisierung seit den 1870er Jahren verfielen tradierte normative Zwänge, die familial-personalistische Bestimmtheit der kleingewerblichen Produktion erschien als überlebt und das Festhalten an Brauch, Ehrbarkeit und Herkommen als antiquiert." Wahle 2010, S. 9-10.

und die Segmentierung der Märkte sowie auf die arbeitsteiligen Prozesse der sich entwickelnden Produktionsformen reagieren zu können.[298]

Die Transformation der gewerblichen Produktionsprozesse im Verlauf des 18. und 19. Jahrhunderts wirkte sich unmittelbar auf den Bereich der beruflichen Ausbildung im Schneidergewerbe aus, während die Flexibilisierung der Arbeitsprozesse und die Entwicklung verfeinerter Technologien gleichermaßen die Ausübung der traditionellen Handwerkskunst beeinflussten, da diese „komplexere[n] Technologien nicht mehr allein in Handwerkstraditionen zu vermitteln waren"[299]. In der Blütezeit des Manufaktur- und Verlagswesens bildeten sich allmählich Strukturen der Arbeitsteilung und räumlichen Zusammenfassung von Arbeitsschritten in handwerklich-gewerblichen Produktionszweigen heraus, während die Herstellung von Produkten des alltäglichen Lebens weiterhin auf handwerklichem Wissen und Können und den damit verbundenen Methoden basierte. Insbesondere hatte das stetige Wachstum der Bevölkerung einen steigenden Bedarf nach Nahrungsmitteln zur Folge. Das führte zu technischen Neuerungen in der Landwirtschaft und zur Erweiterung von Absatzmärkten, die über die regionalen Strukturen der Produktion und des Vertriebs hinauswuchsen. Die ökonomischen Entwicklungen im agrarischen Bereich wirkten sich auch auf die gewerbliche Produktion textiler Flächenerzeugnisse aus, die mit einer effizienten Ausnutzung von Ressourcen und Arbeitskräften sowie Nebenerwerbstätigkeiten auf dem Land einhergingen. In Wechselwirkung mit diesen Strukturveränderungen stand somit auch die allmählich beginnende Auslagerung des Wissens und Könnens des Handwerks, das zuvor in den Meisterwerkstätten situiert war.[300] Hinzu kam, dass das Kennzeichen der Industrialisierung als die „mechanisierte und automatisierte Herstellung von identischen Produkten"[301] beschrieben werden kann, die in gleichförmig gestalteten Produktionsprozessen mit weitgehend identischen Arbeitsmitteln bewerkstelligt wurde. Dem entgegen stand die handwerkliche Produktion von „nichtidentischen Produkten unter nichtidentischen Bedingungen"[302]. In diesem Zusammenhang spricht Blankertz von einem ganzheitlichen Arbeitsprozess in Bezug auf die Fertigung von Werkstücken in der Meisterwerkstatt – von der Idee, sprich dem Entwurf, bis zur Vollendung des Werkes. Dieser Prozess basierte auf Erfahrungen und Übung komplexer, zusammenhängender und zusammen ausgeführter Arbeitsgänge. Damit verbunden waren ein Wissen und entsprechende Fertigkeiten auf jeder einzelnen Stufe der Herstellung. Dagegen zeichnete sich die industrielle Fertigung durch

---

[298] Vgl. Stratmann 1987, S. 271-272; zu den Entwicklungslinien der Berufsbildung von der Ständegesellschaft bis zur Gegenwart. Vgl. Pätzold/ Reinisch/ Wahle 2015.

[299] In Bezug auf die Errichtung u. a. der École Polytechnique in Frankreich Ende des 18. Jahrhunderts und der Berg- und Bauakademien sowie Gewerbeakademien in Deutschland heißt es bei Hans Poser: „Diese Institutionen entstanden als Reaktion auf die komplexer werdenden Technologien, die nicht mehr in Handwerkstraditionen allein zu vermitteln waren." Poser 2000, S. 25; vgl. auch Stollberg-Rilinger 2005, S. 15; vgl. Jeismann 1987, S. 1-4.

[300] Vgl. Stollberg-Rilinger 2005, S. 13-16.

[301] Liessmann 2012, S. 38.

[302] Ebenda, S. 38.

arbeitsteilige, hochspezialisierte Einzelleistungen aus. Deren Ausführung war verbunden mit sich wiederholenden Tätigkeiten, durch die sich ebenso Erfahrungsregeln herausbildeten. Das Beherrschen technischer Verfahren und Werkzeuge war jedoch in den frühen Fabriken weniger an ein umfassendes, theoretisch durchdrungenes Wissen gebunden. Um die Potenziale des Handwerks im Rahmen der verschärften Konkurrenzsituation durch das Manufaktur- und sich entwickelnde Verlags- und Fabrikwesen zu bewahren, reichte die traditionelle Tradierung des Wissens – die Überlieferung der Berufsbildung in der Werkstatt – nicht mehr aus.[303]

Die stetig ansteigende Nachfrage nach gewerblich produzierten Waren leitete im Fortgang die Entwicklung der Massenproduktion ein, während die in Manufakturen und im Heimgewerbe vorgenommene Herstellung von Waren zu einer Konkurrenzsituation mit dem zünftig verfassten Handwerk im urbanen Bereich führte, das zunehmend unter Druck geriet. „Vor allem in Bereichen von Massenproduktion im Textil- und Metallgewerbe, wo die Qualitätsstandards nicht so hoch waren, verdrängte das billigere protoindustrielle Heimgewerbe das Zunfthandwerk immer mehr."[304] Die Transformationen im Textil- und Bekleidungsgewerbe waren indem, und sind es teilweise noch heute, durch fließende Übergänge und verschiedene Produktions- und Organisationsformen gekennzeichnet, die sich nicht ablösten, sondern gleichzeitig implementiert wurden.[305] Der Übergang von der Agrar- zur Industriegesellschaft seit den 1870er Jahren war zusammenfassend geprägt durch Prozesse der zunehmenden Rationalisierung und Technisierung, durch veränderte Hierarchien im Arbeitsprozess und beruflichen Funktionen sowie durch Teilung komplexer Arbeits- und Herstellungsprozesse, die Auswirkungen auf die beruflichen Qualifikationen und die Wissensvermittlung hatten.[306] Auch der Ausbau der Verkehrsnetze und die in schnellerer Frequenz erscheinenden Printmedien ermöglichten es, Produkte und Wissen überregional zu verbreiten. Der Anstieg der Bevölkerung und die Wanderung von Arbeitskräften zwischen Stadt und Land hatten zur Folge, dass traditionelle Strukturen in der Warenproduktion unter Druck gerieten, während sich gleichermaßen das gesellschaftliche Gefüge veränderte und ökonomische als auch technische Wandlungsprozesse einsetzten. Die Herausbildung der Konfektionsindustrie, der serienmäßigen Herstellung von Bekleidung, die im Detail noch besprochen wird, bedrohte insbesondere das Schneiderhandwerk. Während die Mechanisierung und Maschinisierung der Herstellung von textilen Flächen bereits seit der industriellen Revolution in Großbritannien weit fortgeschritten waren, so auch im 19. Jahrhundert in Deutschland, erforderten die bereits etablierten Produktions- und Vertriebsformen im Textilgewerbe Reaktionen durch das Bekleidungsgewerbe.[307] Die

---

[303] Vgl. Blankertz 1969, S. 19, S. 31-32; vgl. Liessmann 2012, S. 38-39; vgl. Jeismann 1987, S. 1-4.
[304] Stollberg-Rilinger 2005, S. 15.
[305] Vgl. Wahle 2010, S. 7-9.
[306] Vgl. Berg/ Herrmann 1991, S. 5.
[307] Vgl. Paulinyi/ Troitzsch 1991.

Aufsplitterung des ganzheitlichen Arbeitsprozesses, der durch ein konsistentes, erfahrungs-basiertes Wissen und Können gekennzeichnet war, wirkte sich damit ein-hergehend auf die Strukturen und Inhalte der beruflichen Aus- und Weiterbildung aus, die, wenn auch nicht vollständig, aus dem Wirkungskreis der Werkstatt gelöst wurden.[308]

In diesem Kontext entwickelte sich u. a. im Textil- und Bekleidungsgewerbe ein heteroge-nes System der beruflichen Bildung. Noch im 18. Jahrhundert wurde die berufliche Ausbil-dung im Handwerk im Rahmen des Zunftwesens geregelt und kontrolliert. Im Wirkungs-kreis der Werkstatt und der Handwerkerfamilien fand nicht nur die Ausbildung von Lehr-lingen und Gesellen statt, sondern ebenso das soziale Leben und die Eingliederung der Lernenden in die Verhaltensregeln der spezifischen Handwerkszweige. Die Vermittlung und Aneignung der handwerklichen Fertigkeiten erfolgten durch Zusehen, Vormachen und Nachahmen, während die Qualität der Ausbildung an das Erfahrungswissen und Können des Meisters und die Fähigkeit, dieses zu vermitteln, gebunden war. Ein schriftliches Re-gelwerk war in diesem Zusammenhang nicht vonnöten. Auch bestand im begrenzten Raum der Werkstatt wenig Bedarf für wissenschaftlich begründete Erkenntnisse für die hand-werkliche Produktion.[309]

In der Folge wurde jedoch auch das praktisch-technische Wissen im Schneiderhandwerk durch die Einbeziehung wissenschaftlicher Erkenntnisse der Anatomie und der Mathematik auf ein höheres Niveau gehoben, dass es zu formalisieren und zu vermitteln galt. Diese Entwicklung war bedingt durch und eingebettet in die Transformationsprozesse im 18. und 19. Jahrhundert. Somit verschoben sich durch die produktionsorganisatorischen Verände-rungen und Vertikalisierungstendenzen die Ziele der Aus- und Weiterbildung im Schnei-dergewerbe. Nunmehr standen die Aneignung von Kenntnissen und Fertigkeiten für die arbeitsteiligen Produktionsprozesse im Vordergrund.[310] Wurde das Berufsethos der hand-werklichen Tätigkeit zunehmend diskreditiert, waren das Fortkommen und der berufliche Status an einen gewissen Bildungsgrad gebunden, so dass der Begriff und Maßstab der Wissenschaftlichkeit in die Sphäre des Handwerks eindrang. So galt es „den rohen Hand-werker zum denkenden Künstler zu erheben [...] [und] allmählich einer höhern und einiger-maßen wissenschaftlichen Ausbildung fähig zu machen"[311]. Für die Implementierung von beruflichen Aus- und Weiterbildungsmöglichkeiten waren im 19. Jahrhundert in diesem

---

[308] Vgl. Liessmann 2012, S. 38-39; vgl. Jeismann 1987, S. 1-4; vgl. Döring, F.-W. 1992, S. 81-100.

[309] Die ersten Schritte, technisches Wissen zu sammeln, zu systematisieren und schriftlich festzuhalten waren bereits im Mittelalter zu verzeichnen. Somit wurde das Wissen sukzessive aus dem unmittelbaren Herstellungsprozess herausgelöst und die Möglichkeiten geschaffen, Vergleiche zu ziehen und ein allgemeines Regelwerk zu vermitteln. Faustregeln oder auch einfache Vorschriften des Bemessens für bestimmte Aufgabenbereiche bildeten hierbei die Basis und leiteten die Entstehung der Technikwissenschaften ein. Vgl. Buchheim/ Sonnemann, S. 20-22.

[310] Vgl. Stollberg-Rilinger 2005, S. 16; vgl. Bruchhäuser 2005, S. 401-403; vgl. Döring, F.-W. 1992, S. 81-100.

[311] Manfred Wahle zitiert hierbei eine Stellungnahme der Hamburgischen Patriotischen Gesellschaft aus dem Jahr 1792. Vgl. Wahle 2010, S. 16.

Zusammenhang insbesondere Handwerker- und Gewerbevereine gefordert, entsprechende Möglichkeiten zu schaffen und zu fördern.[312] Georg Wieck bezeichnete Mitte des 19. Jahrhunderts die sich herausbildenden industriellen Lehranstalten als Vehikel des industriellen Lebens.[313] Weiter konstatierte Wieck in seiner detaillierten Beschreibung der wesentlichen Industrie- und Handwerkszweige Sachsens aus dem Jahr 1840, dass die noch immer vorherrschende Abneigung gegen eine theoretische Durchdringung des Gewerbewesens im Abnehmen begriffen sei und das Wirken der Einrichtungen für gewerbliche Bildung in Zukunft in den Werkstätten und Fabriken erkennbar sein wird.[314]

Um auf die Erörterung der Herausbildung des Fachschulwesens für das Textil- und Bekleidungswesen überzuleiten, sei zunächst darauf hingewiesen, dass in der bildungsgeschichtlichen und technikhistorischen Forschung die Entwicklung des technischen Fachschulwesens bereits ausgiebig besprochen ist, so dass nur die Aspekte stichpunktartig berücksichtigt werden, die entscheidend für den vorliegenden Forschungsbereich sind. Anknüpfend an die historischen Untersuchungen des heterogenen gewerblichen Bildungssystems des 19. Jahrhunderts spricht Wolfgang König von einer ungleichzeitigen Entwicklung des Industrialisierungsprozesses und der Herausbildung eines entsprechenden Fachschulwesens, das die Möglichkeiten einer Allgemeinbildung und einer auf die wirtschaftlich-technischen Transformationsprozesse zugeschnittenen beruflichen Bildung ermöglichte.[315] König, Blankertz sowie auch Friedhelm Schütte und Alfred Kühne (1929) haben die Entwicklung der Herausbildung und Gründungswelle technischer und fachbezogener Lehreinrichtungen seit dem Beginn des 19. Jahrhunderts im Detail untersucht.[316] So entstanden technische Hochschulen, Gewerbeschulen und polytechnische Schulen aus der Erweiterung des inhaltlichen Lehrangebots und der Hebung des Niveaus der Ausbildung bereits existierender Lehranstalten. Zu diesen zählten Militär-, Bau- oder auch Realschulen. Die Ausweitung von gewerblichen Kursen zu Gewerbeschulen erfolgte meist in Residenzstädten, bedingt durch die Nähe zur Industrie und zu den regionalen Gewerbezweigen. Die Welle der Gründungen technischer Hochschulen spiegelte den Bedarf an qualifizierten Arbeitskräften wider, die eine den industriellen Anforderungen entsprechende Ausbildung zu absolvieren hatten.

---

[312] Vgl. Wahle 2010.

[313] „Eines der größten modernen Vehikel des industriellen Lebens und Treibens eines Volkes, sind die industriell-technischen Bildungsanstalten, die Kunst- und Gewerbevereine, die nach und nach auf alle gewerblichen Zustände einen bedeutenden und segenreichen Einfluss gewinnen; sie verbreiten Kenntnisse unter den Fabrikgewerben, wie unter den kleinen städtischen Gewerben, bewaffnen die Werkstätten mit der Intelligenz und der Kenntniß der rationellen Betreibung des Geschäfts, die da nöthig sind, um die Konkurrenz des Auslands zu bestehen." Wieck 1840, S. 393.

[314] „Die abgeschmackte Abneigung gegen eine gesunde Theorie der Gewerbswissenschaften ohne Pedanterie ist im Abnehmen begriffen, und bald werden wir die guten Folgen jener Institutionen für gewerbliche Bildung in unseren Werkstätten und Fabriken sich bemerkbar machen." Ebenda, S. 39; vgl. Pätzold/ Reinisch/ Wahle 2015, S. 11 ff., S. 24 ff., S. 46 ff..

[315] Vgl. König 2000, S. 118.

[316] Vgl. Blankertz 1969; vgl. König 1988; vgl. König 1999; vgl. König 2000; vgl. König 1998, S. 115-122; vgl. Schütte 2003; vgl. Schütte 2010, S. 1-39; vgl. Kühne 1929.

Kühne sah in der ersten Hälfte des 19. Jahrhunderts wenig Möglichkeiten für das Handwerk, auf die Transformationsprozesse mittels einer höherwertigen und inhaltlich ausgeweiteten Ausbildung zu reagieren. Erst in den 1870er Jahren wurde eine neue Periode der höheren Fachbildung durch die Errichtung von Fachschulen für unterschiedliche berufliche Richtungen eingeleitet.[317] War im Handwerk der Besuch von Fortbildungsschulen als Ergänzung zur handwerklichen Lehre durch ein theoretisches Grundlagenwissen oder der Erweiterung der Allgemeinbildung verbreitet, so weist die Herausbildung technischer Hochschulen einhergehend mit der Fokussierung auf eine ingenieurwissenschaftliche, höhere Ausbildung auf die Trennung von Theorie und Praxis hin, die vermeintlich überbrückt werden sollte. Einen mangelnden Technologietransfer mit der Industrie und eine noch kaum entwickelte Forschung konstatiert König, während er die technischen Lehranstalten als *Orte der Wissensvermittlung* und nicht der *Wissensgenerierung* bezeichnet.[318] Eine praxisbezogene und gleichermaßen wissenschaftliche Ausbildung von Ingenieuren, basierend auf mathematisch-naturwissenschaftlichen Grundlagen, musste sich jedoch trotz der Einführung von Laboratorien zu Zwecken der empirischen Forschung durch eine entsprechende Praxistauglichkeit bewähren.[319]

Die ersten Fachschulen des 18. Jahrhunderts waren nicht nur vielfältig organisiert, sondern wiesen Unterschiede in der Qualität der Ausbildungsinhalte und der didaktischen Kompetenzen auf. Die gewerblichen Schulen – Zeichenschulen, Berg-, Kunst- oder Bauakademien – hatten zudem einen Bezug zu regionalen Entwicklungen der verschiedenen Industriezweige. Weitestgehend zeigte sich erst im Laufe des Schulbetriebs, inwieweit die Ausbildung den Anforderungen der Fertigkeiten in der Praxis entsprach, so dass viele Schulen nicht dauerhaft betrieben wurden.[320] Erst am Ende des 18. Jahrhunderts waren überhaupt Schulen für bestimmte gewerbliche Berufe eingerichtet worden. Diese standen dennoch vor der Herausforderung, die Vermittlung handwerklicher Tätigkeiten durch Theorieunterricht zu ergänzen. Von einer wissenschaftlichen Fundierung kann man laut Blankertz zu diesem Zeitpunkt noch nicht sprechen. Insbesondere ist diesbezüglich auf das fehlende, bis dato nicht zwingend erforderliche schriftliche Regelwerk im Rahmen der traditionellen Tradierung der Handwerkskunst hinzuweisen. Ferner konnte nicht davon ausgegangen werden, dass die Auszubildenden überhaupt über die notwendigen Kenntnisse im Schreiben, Lesen und Rechnen verfügten, um ein entsprechendes theoretisches Wissen zu durchdringen. Im

---

[317] „Aber erst durch die Gründung Technischer Hochschulen mit wissenschaftlichem Anspruch in den 1870er Jahren wurde eine neue Periode in der Geschichte der höheren Fachbildung eingeläutet. So wurden zwischen 1868 und 1890 alle namhaften höheren technischen Lehranstalten in Deutschland in den Rang einer Technischen Hochschule (TH) erhoben – München 1868, Braunschweig, Darmstadt und Dresden 1877, Berlin und Hannover 1879, Karlsruhe 1885, Stuttgart 1890 –, oder, wie im Fall Aachen, 1870 neu gegründet." Schütte 2007, S. 547; vgl. König 2000, S. 116; vgl. Kühne 1929, S. 19; vgl. Blankertz 1969, S. 104.
[318] Vgl. König 1998, S. 119.
[319] Vgl. Schütte 2007, S. 547; zur Entwicklung des technischen Ausbildungswesens in Deutschland seit dem 18. Jahrhundert, insbesondere im Hinblick auf die Ausbildung von Ingenieuren. Vgl. Lundgreen 1994a.
[320] Vgl. Bruchhäuser 2005, S. 408-409.

Rahmen der Entwicklung des beruflichen Fachschulwesens spielten somit auch die Implementierung einer grundlegenden Allgemeinbildung und der gleichwertige Zugang zu Bildung eine wichtige Rolle.[321]

Die Verbindung von Handwerk und Theorie sowie die Lehre der zunächst als Hilfswissenschaften unterrichteten Fächer Mathematik, Mechanik und Chemie zielten darauf, neue Möglichkeiten für die Weiterentwicklung technisch-künstlerischer Fertigkeiten zu generieren. Wolfgang König spricht in diesem Zusammenhang von einem methodischen Übergang vom Wissen zum Können. Auf Basis mathematisch-naturwissenschaftlicher Kenntnisse sollten darüber hinaus die Fähigkeiten geschult werden, die Natur zu beobachten und zu erforschen, während gleichermaßen logisches, funktionales und räumliches Denken ausgebildet wurden. Insbesondere sollte die Förderung konstruktiven Denkens auf den Umgang mit Technologien vorbereiten, während u. a. in den Zeichenschulen, so konstatiert es Blankertz, diese Kenntnisse zugunsten der Vermittlung nach bestimmten Problemstellungen geordnet wurden. Eng verbunden damit war die Formalisierung des Wissens in Form einer spezifischen technischen Fach- und Zeichensprache der jeweiligen Technologie.[322] Dennoch merkt Wolfgang König an, dass die technischen Wissenschaften noch Mitte des 19. Jahrhunderts keine Mittel der Wissensproduktion waren, um technische Verfahren oder Produkte zu entwickeln und zu optimieren. Erfolgsversprechend war hierbei nur das Konzept des Gewerbeinstituts in Berlin, da dort industrielle Arbeitsvorgänge simuliert und auf einen übermäßigen Theorieunterricht verzichtet wurde. Der wissenschaftliche Betrieb führte nun zunehmend dazu, dass die Empirie in den Hintergrund trat. Die in der frühen Industrialisierungsphase gegründeten technischen Lehranstalten sollten sich jedoch als Investitionen für die Zukunft erweisen.[323]

Nicht nur König, sondern auch Blankertz spricht der Herausbildung des Hochschulwesens in Frankreich eine Vorreiterrolle in Europa zu, insbesondere der Vermittlung von praxisnahen und wissenstheoretischen Inhalten. König führt in diesem Zusammenhang die École des Arts et Métiers und die École Centrale des Arts et Manufactures an. Die Aufgabe der École des Arts et Métiers war es, eine berufliche Ausbildung zu ermöglichen, die angepasst an den Bedarf der Industrie in Verbindung mit allgemeinbildenden Fächern erfolgte. Diese ersten Industrieschulen, die sich zu Beginn des 19. Jahrhunderts etablierten, bildeten Facharbeiter und Meister aus. Aufbauend auf dieser Berufsausbildung bestand die Option, eine Weiterbildung an der École Centrale des Arts et Manufactures zu absolvieren. Diese zielte darauf ab, Ingenieure in einem eher weitgefassten Wirkungskreis auszubilden. Die 1829 in Paris auf private Initiative gegründete Lehreinrichtung nahm vorwiegend Schüler der oberen, bürgerlichen Schicht auf. Während die theoretische Lehre der Mathematik und der Na-

[321] Vgl. König 1988, S. 222; vgl. Blankertz 1969, S. 59-61; vgl. Kühne 1929.
[322] Vgl. König 1988, S. 222; vgl. Blankertz 1969, S. 59-61.
[323] König 2000, S. 116-118.

turwissenschaften im Fokus standen, wurde weniger Wert auf einen technisch-praktischen Unterricht gelegt. [324] Als Impulsgeber für Europa bezeichnet Blankertz die École Polytechnique, die 1794 zunächst unter dem Namen École Centrale des Travaux Publics gegründet und ein Jahr später umbenannt wurde. Das didaktische Programm dieser höheren Bildungseinrichtung basierte auf dem Konzept der *Géometrie Déscriptive* von Gaspard Monge. Die Ausbildung sollte Abhilfe hinsichtlich des Mangels an Ingenieuren schaffen. Parallel zur Praxisbezogenheit und den Begegnungen mit den Anforderungen der aufkommenden Industriezweige weist Blankertz dem Konzept von Monge eine gesellschaftliche Relevanz hinsichtlich der „Theoretisierung der Arbeit" zu – ein Konzept, das in dieser Form in Deutschland nicht zu finden war.[325] Als beispielhafte Einrichtung führt Barbara Stollberg-Rilinger die Royal Society in London auf, die Vorbildcharakter für die Gründung diverser Akademien in der zweiten Hälfte das 18. Jahrhunderts hatte, so auch in Berlin. Die Aneignung von Wissen sollte sich auf Basis aktiven Forschens, diskursiven Austauschs und gegenseitiger Kritik herausbilden. Essentiell war dafür ein neues empirisch-kritisches Wissenschaftsverständnis, das insbesondere Kommunikation und Austausch über die Grenzen korporativ geprägter Milieus in den Fokus rückte.[326]

Somit kann das technische Bildungswesen als heterogenes Versuchsfeld unterschiedlicher Konzeptionen zu Beginn des 19. Jahrhunderts verstanden werden, bevor das theoretische und praxisrelevante Wissen zugunsten wissenschaftlich-technischer Lösungen in Form von fachbezogenen Ausbildungen implementiert werden konnte. Eine konstruktive Verbindung der Vermittlung von praxisnahen Kenntnissen und theoretischem Wissen, zwar auf einer geringeren Stufe, sprechen sowohl Kühne als auch König dem bereits 1821 von Beuth gegründeten Berliner Gewerbeinstitut zu. Die Ausbildung von u. a. Werkstatt- und Fabrikleitern erfolgte in handwerklichen und kunsthandwerklichen Werkstätten, die mit einer modernen Maschinerie, vorwiegend aus England, ausgestattet waren. Ergänzend hatten die Schüler des Instituts die Möglichkeit, Volontariate zu absolvieren und Reisen zur Weiterbildung zu unternehmen.[327] Insbesondere wird im Folgenden noch die Notwendigkeit von Werkstätten und Laboren an Fachschulen im Rahmen der praktischen Ausbildung im Bekleidungsgewerbe diskutiert. Zudem werden die Ungleichzeitigkeit der Herausbildung und die Heterogenität von Textilfachschulen und Fachschulen für Bekleidung erörtert, die vor dem Hintergrund eines vielgestalteten Textilgewerbes und den damit einhergehenden Umwandlungsprozessen im Bekleidungsgewerbe erläutert werden. Zwischen 1878 und 1915 wurden Fachschulen für spezifische Berufszweige gegründet, deren Anzahl bis 1950

---

[324] Dauerhaft konnten sich drei Industrieschulen etablieren: in Châlons-sur-Marne (1803/1806), in Angers (1811/1815) und in Aix-en-Provence (1843). Die Schüler kamen hauptsächlich aus dem Handwerks- und Arbeitermilieu. Vgl. König 1999, S. 224-225; vgl. Popplow 2007, S. 976-977; vgl. auch König 2006, S. 182-183; vgl. auch Buchheim/ Sonnemann 1990, S. 148-150.
[325] Vgl. Blankertz 1969, S. 66-68, S. 77-78; vgl. auch Schütt 2000, S. 119-122.
[326] Vgl. Stollberg-Rilinger 2005, S. 22.
[327] Vgl. König 1998, S. 120-121; vgl. Kühne 1929, S. 19.

gleichblieb, heißt es bei Blankertz.[328] Neben der Herausbildung eines Fachschulwesens für das Bauhandwerk gab es in Deutschland vor 1870 lediglich Fachschulen für das Textilgewerbe.[329]

Im Hinblick auf die Erörterung der Herausbildung des Fachschulwesens im Textil- und Bekleidungswesen sind die Entwicklungen und Parallelen der beruflichen Bildung in der Landwirtschaft und im Kaufmannswesen von Interesse. Neben der Herstellung und Vermarktung agrarischer Produkte war das Textilgewerbe in ländlichen Gebieten insbesondere eingebettet in den Landwirtschaftsbetrieb. So bestand die Möglichkeit, auf saisonbedingte Schwankungen oder regionale Bodenbeschaffenheiten durch zusätzliche Erwerbstätigkeiten im Rahmen der Produktion von textilen Flächenerzeugnissen, d. h. zunächst in der Spinnerei und Weberei, zu reagieren. Im Unterschied zur ländlichen Selbstversorgung entschied die Flächennutzung über den Ertrag und somit über die Konkurrenzfähigkeit der landwirtschaftlichen Betriebe. Die Einflüsse der Industrialisierung hatten zur Folge, dass sich die Produktion zunehmend spezialisierte, um auf die Herausforderungen der lokalen, heterogenen Strukturen und Möglichkeiten zu reagieren. Neben Investitionen in technische Neuerungen und dem Einsatz effektiverer Landmaschinen zur Bedarfsdeckung wuchs das Interesse des Staates, die landwirtschaftliche Produktion und die Etablierung einer beruflichen Bildung zu fördern. Die Rationalisierung und Spezialisierung der landwirtschaftlichen Produktion und die Ausweitung des Handels bedeuteten zum einen, den Bedarf an qualifiziertem Nachwuchs durch eine fachspezifische Ausbildung zu decken. Zum anderen war der erfolgreiche Betrieb in der Landwirtschaft an Kompetenzen im Bereich der Wirtschaftsführung gebunden. In diesem Zusammenhang bildete sich zwischen 1800 und 1870 ein nach fachlichen Richtungen und unterschiedlichem Anspruchsniveau gegliedertes Bildungswesen im Bereich der Landwirtschaft heraus.[330] Zu den Lehreinrichtungen zählten Landwirtschaftsakademien, Fortbildungsschulen, Winterschulen und Ackerbauschulen. Als Orte der angewandten Forschung, die eine praktisch-theoretische Ausbildung für die Leitung, Pachtung oder Verwaltung von großen Betrieben anboten, wurden die Akademien teilweise an den sich etablierenden Lehrinstituten der Universitäten angegliedert. Vor dem Hintergrund, landwirtschaftliche Prozesse zu analysieren und somit die Effizienz der Produktion zu steigern, entstand die Landwirtschaftswissenschaft, vorangetrieben durch das Wirken Albrecht Daniel Thaers bereits zu Beginn des 19. Jahrhunderts.[331] Neben dem

---

[328] Vgl. Blankertz 1969, S. 104.
[329] Vgl. Lundgreen 1987, S. 300.
[330] Vgl. Schmiel 1987, S. 306-309.
[331] 1826 wurde das erste landwirtschaftliche Institut an der Universität Jena von F. G. Schulze gegründet und dort als Forschungsanstalt für landwirtschaftliche Fragestellungen angegliedert. 1862 übernahm Julius Kuhn in Halle den ersten Lehrstuhl für Landwirtschaft. Während im Verlauf des 19. Jahrhunderts Akademien oder auch Institute zu landwirtschaftlichen Hochschulen umgewandelt wurden, vergleichbar mit der Entwicklung technischer Hochschulen, setze sich die Forschung und Lehre an Universitäten zunehmend durch. Vgl. Schmiel 1987, 306-309; vgl. Schmiel 1991, S. 398-403.

Berliner Gewerbeinstitut misst Alfred Kühne diesbezüglich der 1807 von Thaer gegründeten Landwirtschaftsschule eine Vorbildfunktion bei. Die auf den Grundsätzen einer praktischen und zugleich wissenschaftlichen Ausbildung basierende Lehranstalt wurde 1824 in eine Akademie umgewandelt.[332]

Die zuvor beschriebenen Verschulungsprozesse lassen sich darüber hinaus auch im Bereich des Kaufmannswesens nachweisen. Die zunehmende Technisierung, ein breiteres Angebot von Waren, die Herstellung von Serienprodukten sowie das Aufkommen von Spezialläden hatten Auswirkungen auf die traditionelle Ausbildung des Kaufmanns. Insbesondere führte die überregionale Vernetzung von Kommunikation, Mobilität und Handel zu einem erweiterten Aufgabenspektrum, auf das es durch eine qualifizierende Ausbildung zu reagieren galt.[333] Die Gründerjahre des heutigen kaufmännischen Bildungswesens zwischen 1870 und 1919, so wird es im Handbuch der Deutschen Bildungsgeschichte bezeichnet, sind gekennzeichnet durch die Herausbildung von höheren Handelsschulen, Handelsrealschulen und Kursen zur Weiterbildung bis zur Errichtung von Handelshochschulen. Letztere verfolgten die Zielsetzung der „Erforschung der Grundlagen und Vorbedingungen für den modernen Handelsverkehr [und der] theoretischen Erfassung der Organisation und Technik sowie empfehlenswerter Methoden desselben"[334]. Die fachliche berufliche Bildung bezog sich auf die Bereiche der Handelswissenschaften, der Nationalökonomie, der Rechnungslegung und Handelsgeographie und wurde ergänzt durch allgemeinbildende Lehrinhalte.[335]

Inwiefern die einzelnen Bildungseinrichtungen und die didaktischen Inhalte und Methoden den Anforderungen an die Aus- und Weiterentwicklung in den Fachgebieten der Landwirtschaft und im kaufmännischen Bereich im Kontext der Transformationsprozesse in Produktion und Handel genügten, soll an dieser Stelle nicht weiter erörtert werden. Entscheidend sind der Überblick und der Verweis auf die Parallelen der Entwicklungen im beruflichen Bildungswesen im 19. Jahrhundert, da diese die Notwendigkeit widerspiegeln, durch eine abgestufte, vielgestaltige Ausbildung auf die veränderten Produktionsstrukturen im Zuge der Industrialisierung zu reagieren. Ein ebenso vielgestaltiges Bildungswesen entstand im

---

[332] Vgl. Kühne 1929, S. 19; auf die Aktualität von Albrecht Daniel Thaers 351 Thesen seiner landwirtschaftlichen Gewerbslehre weist Ernst Buresch, Direktor der Albrecht-Thaer-Gesellschaft, im Vorwort des Nachdrucks von Thaers Leitfaden aus dem Jahr 1815 hin. Diese knappe Darlegung von Thaers Hauptwerk *„Die Grundlagen der rationellen Landwirtschaft in 4 Bänden"* aus den Jahren 1810-1812 diente der Vermittlung seiner Lehre an der Universität Berlin, an der Thaer seit 1810 als Professor der Kameralwissenschaften im Fach Höhere Landwirtschaftswissenschaft lehrte. So heißt es in den Worten Bureschs: „Sie sind heute noch aktuell. Fortschritte in Wissenschaft und Technik seit 150 Jahren haben in zunehmender Eile die 12 Grundbegriffe zerlegt und verfeinert. Das erfordert gelehrtes Fachwissen. Vielfach fehlen heute jedoch die Voraussetzungen zur Gesamtschau aus handwerklichem Können und kunstgerechtem Talent." Thaer 1815, S. V; vgl. ebenda, S. VIII-IX. In der Vorrede seines Leitfadens weist Thaer zudem daraufhin, dass es für die landwirtschaftliche Betriebslehre bisher kein Lehrbuch gäbe, das eine theoretische Erläuterung des landwirtschaftlichen Systems und der Begrifflichkeiten zugunsten einer praxistauglichen Ausbildung beinhaltet. Vgl. ebenda, o. S. (Vorrede).
[333] Vgl. Horlebein 1991, S. 404-410.
[334] Ebenda, S. 408.
[335] Vgl. ebenda 1991, S. 404-410.

19. Jahrhundert im Textilgewerbe.[336] Das Nebeneinander der Herausbildung der Strukturen fachlicher Bildung insbesondere in den unterschiedlichen Bereichen der Landwirtschaft und der Textilherstellung kann zum einen auf den gemeinsamen Wirkungsradius in landwirtschaftlichen Betrieben zurückgeführt werden. Zum anderen waren alle Gewerbezweige, und so auch das Textilgewerbe, mit neuen Herausforderungen hinsichtlich der ökonomischen und sozialen Wandlungsprozesse konfrontiert. Die Herausbildung eines ausgereifteren Fachschulwesens zeigte sich laut Otto Franzen im zweiten Viertel des 19. Jahrhunderts. Der fachliche Unterricht an den entstehenden Bildungseinrichtungen thematisierte die „Gegenstände, die sich mit der Theorie und Praxis eines Berufes befassen"[337]. Der Brückenschlag zwischen einer theoretisierten fachlichen Bildung, ergänzt durch allgemeinbildende Fächer, und einer praxistauglichen beruflichen Bildung lässt sich im Fortgang des 19. Jahrhunderts nicht nur im landwirtschaftlichen oder kaufmännischen Bereich nachweisen, sondern durchzieht gleichermaßen die Entwicklung des Fachschulwesens im Textil- und Bekleidungsgewerbe.[338] Die Behandlung des Textilfachschulwesens im Allgemeinen dient der Kontextualisierung der Entwicklungen der Ausbildungsmöglichkeiten im Bereich der Bekleidungsherstellung. Die Untersuchung der beruflichen Bildung des Schneiders und auch die Entwicklung eines höheren Fachschulwesens für die Fachgebiete der Bekleidungsgestaltung und Bekleidungstechnik sind im Gegensatz zur Analyse der Herausbildung der beruflichen Bildung in der textilen Flächengestaltung in der Forschung weitgehend unbeachtet. Liegt der Forschungsschwerpunkt dieser Arbeit im Bereich der Bekleidungstechnik bzw. der Schnitttechnik, sind jedoch Hinweise auf die Entstehung von Textilfachschulen deshalb entscheidend, da diese den institutionellen und inhaltlichen Rahmen für die Integration der Fachgebiete der Bekleidungstechnik und -gestaltung in der historischen Entwicklung boten. Zudem spiegelt die Entwicklung der Implementation von Konfektionskursen an Textilfachschulen bis zur Herausbildung heutiger Fachrichtungen sowohl in den Bereichen der Bekleidungsgestaltung und der Bekleidungstechnik als auch im Bereich der Textilgestaltung die Ungleichzeitigkeiten der ökonomischen und technischen Wandlungsprozesse beider Gewerbe wider. Ferner gibt die Analyse der unterschiedlichen Bildungseinrichtungen Aufschluss darüber, in welchem Maße die zunehmende Arbeitsteilung und Spezialisierung auf die Ausbildungsinhalte und Vermittlungsmethoden übertragen wurden. In diesem Kontext, so wird sich noch zeigen, kann der Europäischen Moden-Akademie, gegründet von Zuschneidern mit der Intention, die Schneiderkunst auf ein wissenschaftliches Niveau zu heben, eine besondere Bedeutung zuerkannt werden.

Detaillierte historische Studien zur Mechanisierung und Maschinisierung der Spinnerei und Weberei im Zeitalter der Industrialisierung liegen bereits vor, so dass an dieser Stelle keine

---

[336] Vgl. Grüner 1991, S. 396.
[337] Franzen 1925, S. 1.
[338] Vgl. ebenda, S. 1-3.

weiteren Ausführungen der Transformationsprozesse vonnöten sind.[339] Wichtig anzumerken ist es jedoch, dass die ersten Fachschulen im Textilgewerbe Lehranstalten für die Handspinnerei waren. Die Vorläufer der Textilfachschulen, errichtet am Ende des 18. Jahrhunderts, stellten jedoch ihren Betrieb ein, als die maschinelle Spinnerei im Vormarsch war.[340] Bereits 1820 wurde dann die erste Webeschule in der sächsischen Stadt Reichenbach gegründet, gefolgt von Lehranstalten in Elberfeld und Mühlheim am Rhein, gegründet 1852 und in Krefeld, gegründet 1854. Die Herausbildung des Fachschulwesens im Bereich des Textilgewerbes ist ebenso auf die sich wandelnden wirtschaftlichen und produktionstechnischen Entwicklungen im Fortgang des 18. und 19. Jahrhunderts zurückzuführen. Die ökonomischen und strukturellen Wandlungsprozesse gingen einher mit der Einführung der mechanischen Weberei, der Entfaltung des Verlagswesens sowie den Anfängen der Fabrikproduktion und dem Rückgang hausindustrieller Fertigungsprozesse. Der steigende Bedarf an Textilien gepaart mit einer wachsenden Vielfalt des Angebots führten auch im Bereich der Textilproduktion zu Spezialisierungen. Nicht nur dem „wachsenden und sich zersplitternden Konsum"[341] geschuldet, richteten die Webeschulen ihr Augenmerk auf spezialisierte Ausbildungen in den Teilbereichen der textilen Flächengestaltung und der Veredelung von Textilien und schnitten das Lehrangebot auf die Anforderungen der lokalen Produktionszentren zu.[342] „Die Anstalt soll sich den besonderen Bedürfnissen der Crefelder Seidenindustrie anschließen, deshalb bleibt jede andere Art der Weberei außer der Seidenweberei unberücksichtigt"[343], heißt es in der Gründungsschrift der Krefelder Webeschule.

Eine rasante Entwicklung im Bereich des Textilfachschulwesens ist zwischen den Jahren 1850 und 1870 zu verzeichnen. Das abgestufte berufliche Bildungssystem ermöglichte die Ausbildung u. a. in der Weberei, im Musterzeichnen oder in der Fabrik- und Werksleitung. Die ein- bis zweijährigen Ausbildungsgänge vermittelten zum einen theoretische Inhalte, die sich auf Warenkunde, Bindungslehre, Kalkulation oder Gesetzeskunde bezogen. Zum anderen wurde Maschinenkunde im Bereich des Textilen thematisiert, während naturwissenschaftliche Fächer wie Physik und Chemie den Unterricht ergänzten. In Werkstätten und Versuchseinrichtungen wurden die theoretischen Inhalte in die Praxis umgesetzt. Bis 1918, so heißt es bei Gustav Grüner, wurden 13 höhere und 30 niedere Fachschulen für das Textilgewerbe errichtet.[344] Einen detaillierten Überblick über die Fachschulen und Spezialisierungen der verschiedenen Regionen im Deutschen Reich ist bei Franzen zu finden.[345] Beispiele dafür sind die Höhere Fachschule für Textil- und Bekleidungsindustrie in Berlin oder

---

[339] Siehe dazu Kapitel 1.2.
[340] Vgl. Franzen 1925, S. 3-4.
[341] Ebenda, S. 5.
[342] Vgl. ebenda, S. 4-5.
[343] Franzen beruft sich hierbei auf die Formulierung der Ziele der Fachschule, formuliert durch den Vorstand der Provinzial-Gewerbeschule und kommuniziert an die Regierung im Jahr 1854. Ebenda, S. 10.
[344] Vgl. Grüner 1991, S. 396.
[345] Vgl. Franzen 1925, S. 17-18.

die Höhere Fachschule für Textilindustrie in Mönchengladbach. Sowohl in Berlin, an der Hochschule für Technik und Wirtschaft, als auch in Mönchengladbach, an der Hochschule Niederrhein, besteht noch heute die Möglichkeit, ein Ingenieurstudium im Fach Bekleidungstechnik zu absolvieren. Ferner führt Franzen die Höhere Fachschule für Textilindustrie in Chemnitz und die Kunstschule für Textilindustrie im sächsischen Plauen auf, die 1945 zerstört wurde. Die 1855 gegründete Webeschule in Reutlingen wurde 1891 zur Fachschule für Weberei, Spinnerei und Wirkerei erweitert und trug ab 1908 die Bezeichnung Staatliches Technikum für Textilindustrie. An der Hochschule Reutlingen werden ebenfalls noch heute Studienmöglichkeiten für die Fachgebiete Textil- und Modedesign sowie für Textiltechnologie und Textilmanagement angeboten.[346]

Ohne differenzierter auf die einzelnen Schulprogramme einzugehen, seien an dieser Stelle kurz der Aufbau und die Spezialisierungen im Textilfachschulwesen in der zweiten Hälfte des 19. Jahrhunderts zusammengefasst. Auf die Verbindung zur örtlichen Industrie, wie in Krefeld, wurde bereits hingewiesen. So spezialisierten sich einige Fachschulen auf einzelne Fachgebiete der Textilherstellung, u. a. auf die Seidenweberei oder auf die Herstellung von Spitzen, wie es in Plauen der Fall war. Andere Einrichtungen deckten alle Bereiche der Textilproduktion ab – von der Spinnerei, Weberei, der Wirkerei, der Stickerei bis zur Veredelung, d. h. der Färberei und Appretur textiler Flächen. Es entstanden zudem Schulen, die ihren Fokus auf die Herstellung von Möbelstoffen, Futterstoffen oder Posamenten legten, während andere Einrichtungen zusätzlich Konfektionskurse anboten, wie z. B. in Berlin. Die theoretischen textil- und bekleidungstechnischen Ausbildungen in Form von Tages- und Abendkursen und das Angebot von Weiterbildungsmöglichkeiten der höheren und niederen Textilfachschulen wurden durch das praktische Lernen in Lehrwerkstätten und Laboratorien unterstützt. Ferner hatten (und haben) die Schüler die Möglichkeit, die entstandenen Fachbibliotheken und Lehrmittelsammlungen, wie die Gewebesammlung in Krefeld oder auch die Stoffmusterbücher des historischen Archivs der Hochschule für Technik und Wirtschaft in Berlin, für ihre Studien zu nutzen.[347]

Nachfolgend werden die wirtschaftlichen, strukturellen und produktionstechnischen Transformationsprozesse im Bekleidungsgewerbe hinsichtlich der Herausbildung der Konfektionsindustrie im 19. Jahrhundert erörtert, bevor die berufliche Bildung im Schneiderhandwerk thematisiert und somit kontextualisiert wird. Wurde bereits auf die Implementation von Konfektionskursen, die das Zuschneiden sowie das Nähen und Bügeln beinhalteten, hingewiesen, so werden anschließend an Beispielen die Umgestaltung der Schulprogramme einzelner Lehranstalten im Verlauf des 19. und 20. Jahrhunderts und die damit einherge-

---

[346] Vgl. Hochschule Reutlingen.
[347] Franzen legte in seiner Dissertation den Aufbau des Textilfachschulwesens in Deutschland und die Gliederung der Schulen nach Inhalten und Umfang des Unterrichts, nach Standorten und nach der Organisation der Ausbildungsgänge dar. Vgl. Franzen 1925, S. 17-25; vgl. Franzen 1930; vgl. Flämig 1996, S. 9-11; vgl. Textilkultur in Krefeld; vgl. Hochschule für Technik und Wirtschaft Berlin 2015.

hende Entstehung der heutigen Studien- und Ausbildungsmöglichkeiten im Bereich der Bekleidungstechnik und Bekleidungsgestaltung behandelt. Fokus werden dabei die Lehrangebote im Bereich der Schnitttechnik und die Nischenposition von Zuschneideschulen des 19. Jahrhunderts sein. Die Wende vom 19. zum 20. Jahrhundert bezeichnet Friedhelm Schütte als bildungspolitisches Experimentierfeld[348], während Wolfgang König in diesem Zusammenhang auf eine ungleichzeitige Entwicklung der industriellen Transformationsprozesse und der Herausbildung eines den neuen Anforderungen entsprechenden Bildungswesens verweist. Untermauert werden diese Feststellungen insbesondere durch die Analyse der Entwicklung und Umgestaltung der Fachschulen für die Textil- und Bekleidungsindustrie von ihren Anfängen an. Gekennzeichnet sind diese Prozesse durch die Bestrebungen, eine wissenstheoretische Grundlage auf Basis handwerklicher Tätigkeiten zu generieren und dieses Wissen zu formalisieren – ein bis dato als Erfahrungswissen tradiertes Wissen in der Sphäre der Werkstatt. Zudem erforderte die berufliche Bildung stets den Bezug zur praktischen Ausführung. Die ökonomischen und produktionstechnischen Entwicklungen führten dazu, dass sich sowohl einzelne Schulen und Schultypen und gleichermaßen das gesamte berufliche Bildungswesen fortwährend dem „Praxistext" stellen musste, so dass, und so auch im Bereich des Textil- und Bekleidungswesens, eine diskontinuierliche Umgestaltung desselben die Folge war. Eine detaillierte Gegenüberstellung von gegenwärtigen Studien- und Ausbildungsangeboten für die Textil- und Bekleidungsindustrie, die noch skizziert werden, zeigt, dass sich dieser Trend fortsetzt. „[J]e mehr sich Naturwissenschaft als Basis wirtschaftlich nutzbarer Technik darstellte "[349] und ein erweitertes leistungsbezogenes Wissen der Akteure in Produktion und Handel vor dem Hintergrund von Rationalisierungsbestrebungen, Spezialisierungen und der Zergliederung von Arbeitsprozessen erforderlich war, stieg zum einen der Bedarf nach einer berufsqualifizierenden Ausbildung. Zum anderen spiegeln sich die Transformationsprozesse direkt, wenn auch konsekutiv, in einem vielgestaltigen Bildungswesen wider.

3.2 Vom Schneiderhandwerk zur Konfektionsindustrie vom 12. Jahrhundert bis in die Gegenwart – ein Überblick

Im Vergleich zur Entfaltung des Textilgewerbes und den damit einhergehenden produktionstechnischen Transformationsprozessen zeigen die Entwicklungen der Bekleidungsindustrie, angefangen mit der Herausbildung des Berufes des Schneiders bis zur serienmäßigen Herstellung von Bekleidung, sowohl den verzögerten Entwicklungsverlauf beider Gewerbe als auch, dass ebenso im Fortgang des 19. Jahrhunderts die Grundstrukturen der Bekleidungsindustrie gelegt wurden. Die Fortschritte des Textilgewerbes als „charakteris-

---

[348] Vgl. Schütte 2007, S. 557.
[349] Jeismann 1987, S. 2.

tischer Träger der frühen gewerblichen Warenproduktion"[350] hatten jedoch direkte Auswirkung auf die Herstellung von Bekleidung. Die Mechanisierung der Spinnerei und Weberei ermöglichte eine rationellere Fertigung, so dass sich einerseits die Verfügbarkeit und Vielfalt von Textilien sowohl regional als auch überregional steigerte. Andererseits ermöglichten die produktionstechnischen Neuerungen, den steigenden Bedarf nach Textilien als Konsumgut zu decken. War das hausindustriell und handwerklich hergestellte Tuch ein wertvolles Gut, so nahmen Textilien als Handelsartikel allmählich einen veränderten Stellenwert hinsichtlich der Konsumption und Verwertung ein. So kann man in diesem Zusammenhang jedoch noch nicht von Massenware sprechen, da Textilien weiterhin kostbar waren, was sich unmittelbar auf den Zuschnitt von Kleidung und die Entstehung des Schneidergewerbes auswirken sollte.[351] Bereits im Mittelalter löste sich die Produktion von Garnen und Textilien allmählich aus dem Bereich der hausindustriellen Fertigung heraus, obgleich die Textilherstellung bis Mitte des 18. Jahrhunderts unter Anwendung traditioneller handwerklicher Techniken in bäuerlich-ländlichen Produktionsstrukturen verortet war. Bevor sich jedoch Mitte des 19. Jahrhunderts die fabrikmäßige Produktion von Textilien vorwiegend in urbanen Zentren gegen die Hausindustrie durchsetzte und Arbeitskräfte als Fabrikarbeiter vom Land in die Stadt abwanderten, zeigten sich die Weberei und Spinnerei als lukrative zusätzliche Erwerbszweige neben der landwirtschaftlichen Produktion. Mit der Einführung des Webstuhls und dem steigenden Bedarf nach Stoffen wurde das Weben einträglicher als die Arbeit auf dem Land. Der damit einhergehende *Garnhunger*, der Bedarf nach Spinnerzeugnissen für die Auslastung der Webstühle, wurde durch die Einführung der mechanischen Spinnerei gestillt. Die Weberei hatte sich als wichtiger Gewerbezweig im ländlichen Bereich etabliert, bevor die *ackerbauenden Weber* ihre Arbeitskraft den urbanen Fabriken zu Verfügung stellten.[352]

Bezugnehmend auf die zwei Verfahren der Formgebung von Kleidungsstücken – das Schneiden und das Drapieren – von Max von Boehn als Systeme der Bekleidungskunst bezeichnet, bildete sich der Beruf und damit einhergehend die Bezeichnung des Berufes des Schneiders durch den Prozess des Teilens, des Schneidens des Stoffes heraus.[353] Im Rahmen der Erörterung der Funktionsprinzipien der Zuschneidekunst und der historischen Entwicklung derselben wurde bereits auf die verfeinerten Formen der Bekleidung hingewiesen. Der Zuschnitt des Stoffes ermöglichte es, dass die Kleidung näher an den menschlichen Körper rückte. Das Schneiderhandwerk als ein kunstfertig betriebenes Handwerk implizierte in erster Linie den Zuschnitt, aber selbstverständlich auch das Nähen, das Kombinieren und Auswählen der Stoffe und Zutaten sowie das Applizieren von Knöpfen,

---

[350] Hülsenbeck 1981, S. 254.
[351] Vgl. Pfister 2011a; vgl. Pfister 2011b; vgl. Pfister 2011c.
[352] Vgl. Hülsenbeck 1981, S. 254-255, S. 260-266; vgl. Bohnsack 1985, S. 236-244.
[353] Vgl. Boehn, S. 33; vgl. Kraft 2001, S. 101; vgl. Lenger/ Lutum-Lenger 1991, S. 207; siehe auch Kapitel 2.2.

Stickereien und weiteren verzierenden Elementen.[354] Nach dem Zuschnitt – ganz grundsätzlich definiert als der Vorgang, die Form, Silhouette und die Linien- und Nahtführung des Kleidungsstückes festzulegen – folgt das tatsächliche Trennen des Stoffes durch das Schneiden, bevor die einzelnen zugeschnittenen Teile zusammengefügt werden. So wurde das Kunsthandwerk mit der Benennung des Schneiders und des Symbols der Schere versehen.[355] In diesem Zusammenhang wird im „Lexikon des alten Handwerks" betont, dass die Zuschneidekunst eine höhere Qualifikation voraussetzte als das Fügen, sprich das Nähen. Weiter wird darauf hingewiesen, dass die Schnittgestaltung zunächst auf den Erfahrungen der Meister basierte, ohne dass proportionale Regeln zur Anwendung kamen, während die Maße der Kundschaft durch Schnüre oder Papierstreifen genommen und festgehalten wurden. Die ersten Schnittmuster waren indessen gekennzeichnet durch eine einfache Linienführung, der Zuschnitt und das Schneiden gehörte jedoch ausschließlich zum Verantwortungsbereich des Meisters. Zu meiden galt der Verschnitt des teuren Stoffes durch eine fehlerhafte Formgebung oder das inkorrekte Schneiden desselben. Die textile Fläche sollte möglichst rationell ausgenutzt werden, ohne unbrauchbaren Abfall übrig zu lassen. Für seine Tätigkeit benötigte der Schneider nicht mehr als die Schere, Nadel, Faden und Fingerhut und die Möglichkeit, auf einem Tisch die Schnittteile und das zusammengefügte Kleidungsstück zu bügeln. Somit zählte das Schneiderhandwerk zu einem Gewerbe, dessen Ausübung kein hohes Kapital erforderte, da der Schneider nicht zwangsläufig örtlich gebunden war und seine Arbeitsutensilien stets mitnehmen konnte.[356]

Die Anfertigung von Kleidung lag bis zum Mittelalter im Verantwortungsbereich der Frauen, gehörte in diesem Zusammenhang zu den hauswirtschaftlichen Arbeiten und diente dazu, den Bedarf an Kleidung der Familie zu decken. Nachgewiesen sind Schneider männlichen Geschlechts in Klöstern im 11. Jahrhundert, bevor sich seit dem 12. Jahrhundert allmählich die Profession und somit das Schneidergewerbe herausbildete. In diesem Zusammenhang spricht Volkmar Arnulf von einem Erwachen des Korporationsgeistes, der dazu führte, den Berufsstand durch Gesetze, Pflichten und Rechte zu fördern und abzusichern. Im Rahmen der Entwicklung der Städte organisierten sich die Schneider zunehmend in Zünften, wie seit 1135 in Köln.[357] Das Wachstum der Bevölkerung und der erhöhte Bedarf an Kleidung bedeuteten für das Schneidergewerbe zum einen, den Grundbedarf der ärmeren Bevölkerungsschichten zu decken, während es zum anderen galt, den Wünschen nach Ausschmückung des gehobenen, herrschaftlichen Standes zu entsprechen. „Wie jedes Handwerk kunstfertig betrieben wurde und mehr oder weniger selbst zur Kunst wurde, so leisteten die Schneider in Schnitt, Farben, Zusammenstellung, Stickereien und anderen Verzierungen Außerordentliches – wahre Kunst- und Prachtwerke. Für die hohen Feste, weltliche

[354] Vgl. Arnulf 1988, S. 14.
[355] Vgl. Lenger/ Lutum-Lenger 1991, S. 210.
[356] Vgl. ebenda, S. 208-211.
[357] Vgl. ebenda, S. 207; vgl. Arnulf 1988, S. 12; vgl. Hülsenbeck 1981, S. 262-264.

wie kirchliche, für landesherrlich genehmigte und gewünschte Vergnügungen, mußte die beste Kleidung angelegt werden, äußerlich erkennbar durch Pracht und Glanz."[358] Die Konkurrenz zwischen den Schneidern, die Schere zwischen Arm und Reich – zwischen wohlsituierten Meistern mit finanzstarker Kundschaft und dem sprichwörtlich *armen Schneiderlein* – sowie der aufkommende Wettbewerb mit Schneidern, die ihre Tätigkeit außerhalb der Gilden ausübten, bewirkten die zunehmende Ausgestaltung des Zunftwesens. So schlossen sich im Fortgang Schneider zu Zünften zusammen in Braunschweig (1352), in Frankfurt (1352) oder auch in Bremen (1370).[359] Eine weiterführende Erörterung der Entstehung des Zunftwesens soll jedoch an dieser Stelle nicht weiterverfolgt werden. Die in diesem Zusammenhang wichtigen wirtschaftlichen und sozialen Fakten sind bspw. in der Chronik der 1288 gegründeten Berliner Schneidergilde, verfasst von Volkmar Arnulf, oder auch in der Denkschrift zum 400-jährigen Bestehen der Dresdner Schneiderinnung von Johann Heinrich Klemm aus dem Jahr 1881 nachvollzogen.[360] Wesentlich für den Zusammenschluss der Schneider in Zünften war es, die Existenz durch einen fairen Wettbewerb zu sichern und die Ausbildung zu regeln. So wurden in den Regelwerken die Anzahl von Gesellen und Lehrlingen, die Preisgestaltung, die Voraussetzungen für den Beitritt und die Auflagen für die Prüfungen festgelegt, um das Schneidergewerbe nach innen und nach außen zu kontrollieren.[361]

Entscheidend war es nun, dass neben der Konkurrenz durch Schneider, die nicht zünftig organisiert waren, das Gewerbe durch die wirtschaftlichen Entwicklungen im Handel sowohl mit Textilien als auch mit Altkleidern bereits seit dem 16. Jahrhundert zunehmend bedroht war. Dem zünftig organisierten Schneider war es von staatlicher Seite aus nicht gestattet, Kleidung auf Vorrat zu fertigen oder mit Rohstoffen zu handeln. Die Textilien mussten entweder von Tuchhändlern bezogen oder die Stoffe der Kunden verarbeitet werden.[362] Somit arbeitete der Schneider nach Bestellung für seine Kundschaft und wurde für jedes einzelne Werk entlohnt. Im Gegensatz dazu stieg jedoch der Bedarf nach Kleidung, so dass sich neue marktwirtschaftliche Strukturen im Kleiderhandel herausbildeten, um insbesondere den Bedarf der ärmeren Schichten zu decken. Während die Zunft bemüht war, die Existenzen der Schneider zu schützen, entwickelten sich daneben neue Strukturen der Produktion und des Kleiderhandels, die auch damit verbunden waren, die Regelungen der Zünfte zu unterlaufen und eine ernsthafte Bedrohung für das Handwerk bedeuteten. In diesem Kontext entwickelte sich die verlagsmäßige Kleiderherstellung als grundlegende Struktur der Bekleidungsindustrie. Zu den Handelsgütern zählten neben Textilien auch ge-

---

[358] Arnulf 1988, S. 14.
[359] Vgl. Lenger/ Lutum-Lenger 1991, S. 207.
[360] Vgl. Arnulf 1988; vgl. Klemm 1881; zur geschichtlichen Entwicklung des Zunftwesens. Vgl. Hülsenbeck 1981, S. 262-264; vgl. Lenger/ Lutum-Lenger 1991, S. 207 ff.; vgl. Döring, F.-W. 1992, S. 37 ff..
[361] Vgl. Pätzold/ Reinisch/ Wahle 2015, S. 11 ff., S. 24 ff..
[362] Vgl. Hülsenbeck, S. 264; vgl. Lenger/ Lutum-Lenger 1991, S. 208; vgl. Döring, F.-W. 1992, S. 37 ff.; vgl. Zander-Seidel 1991.

tragene Kleider. Dieser wirtschaftliche Bereich war deshalb ertragreich, da sich der Absatz und Bedarf von Altkleidern durch finanziell schwächer gestellte Bevölkerungsschichten erhöhte und dadurch bedingt neue Möglichkeiten der Kleiderfertigung außerhalb des zünftigen Handwerks erschlossen wurden. So wurden insbesondere außerzünftige Schneider durch Tuch- und Kleiderhändler angeworben, Kleidung für dieses Marktsegment zu fertigen, die nach Bearbeitung als getragene Kleidung verkauft wurde. So entwickelte sich, den Ausführungen von Friedrich-Wilhelm Döring folgend, aus einer ungesetzlichen Herstellung und des Verkaufs von Bekleidung eine avancierte Stufe des Handels. Diese war gekennzeichnet durch differenziertere Beziehungen zwischen der Produktion und dem Verkauf und eröffnete diverse Erwerbsmöglichkeiten für eine Vielzahl von Akteuren im Bekleidungshandel und -gewerbe. Neben dem Handel mit Gebrauchtwaren wurden Kleidungsstücke repariert oder auch umgearbeitet. Kleidung zirkulierte „like a currency"[363], konstatiert hierbei Georg Stöger in seiner Untersuchung von Gebrauchtwarenmärkten in der Vormoderne.[364] Im Auftrag von Händlern und Verlegern begann die Lohnarbeit von Schneidern, denen die Stoffe und Zutaten zur Verfügung gestellt wurden, um Kleidung auch auf Vorrat zu fertigen, während der Handel und der damit verbundene Kontakt zur Kundschaft im Verantwortungsbereich der Auftraggeber lag. Die Ausweitung des Kommunikations- und Handelsnetzes ermöglichte schließlich auch die Entwicklung von überregionalen Absatzmärkten. Die Ausformung des Verlagssystems im Bereich der Kleiderproduktion im 18. Jahrhundert spiegelte insbesondere die komplementäre Situation zwischen dem zünftig verfassten Handwerk und dem Altkleiderhandel wider. Während der Schneider neue und individuelle Kleidung für einen begrenzten Kundenkreis herstellte und verkaufte, war es das Prinzip des Handelns mit getragenen Kleidern, das sich bereits im 17. Jahrhundert ausprägte, nicht nur einen hohen Absatz zu erzielen, sondern auch in höheren Mengen Kleidung an einen nicht bekannten Kundenkreis zu verkaufen.[365] Der Weg zur serienmäßigen Herstellung von Kleidung war demzufolge geebnet. Während die Herstellung von Kleidung für eine individuelle Kundschaft, d. h. die Bearbeitung von Einzelaufträgen, noch im 18. Jahrhundert vorherrschend war und der Handel mit Kleidung bis ins 19. Jahrhundert vorwiegend im regionalem Raum vonstattenging, wurde das Zunfthandwerk, das sich zunehmend in den Städten ansiedelte, bedroht durch die Entfaltung der verlagsmäßig organisierten Produktion. Auch der Handel mit Altkleidern war bis ins 19. Jahrhundert ein wesentlicher Teil des Marktgeschehens, während die Vermischung aus Neu- und Altwaren zu fortwährenden Konflikten in Handel und Gewerbe führten. Döring legt in diesem Zusam-

---

[363] Stöger 2010, S. 19.
[364] Vgl. Stöger 2010.
[365] Vgl. Döring, F.-W. 1992, S. 37, S. 44-47; vgl. Zander-Seidel 1990, S. 383-397; vgl. Zander-Seidel 1991, S. 9-16.

menhang dem Zunftwesen im Schneidergewerbe eine mittelbare Beteiligung am eigenen Untergang zur Last, bedingt durch die starren Strukturen, das Gewerbe zu kontrollieren.[366] Obwohl das Schneidergewerbe noch bis Ende des 18. Jahrhunderts zu den bedeutendsten Handwerken der Zeit zählte, gestaltete sich die Situation im Fortgang des 19. Jahrhunderts stetig problematischer. Diese war durch den Rückgang der in der Meisterwerksatt situierten handwerklichen Anfertigung maßgeschneiderter Kleidung zugunsten einer sukzessiven Ausweitung der Herstellung und des Verkaufs von Serien geprägt. Im Speziellen die bereits aufgezeigten Möglichkeiten und Freiräume im Bereich des Handelns, insbesondere mit Alt-kleidern, geben Hinweise auf eine graduelle und wechselseitige Beziehung zwischen Handel und Produktion, die zur Ausformung des Verlagssystems seit dem 18. Jahrhundert führten.[367] Die Vorteile der verlagsmäßig organisierten Produktion lagen in der Flexibilität der Verleger, auf den Markt zu reagieren. So hatten diese einerseits den Zugang zu Stoffen und Zutaten, die gelagert werden konnten, und andererseits die Möglichkeit, die Herstellung der Kleidung variabel und nach Bedarf zu verteilen. Übertragen wurden die Aufträge der Klei-derherstellung an Schneider, die in Heimarbeit nach Anweisung arbeiteten und in Lohn-werkverhältnissen zum Verleger standen. Dieser war daneben verantwortlich für den Ein-kauf von Textilien und Rohstoffen, für die Gestaltung der Produkte und die Organisation der Vermarktung, so dass sich daraus der Kleiderfabrikant bzw. der Konfektionär heraus-bildete. Der durchgängige Prozess der Bekleidungsherstellung, einst situiert in der traditio-nellen Meisterwerkstatt, löste sich somit allmählich auf.[368] Die Konfektionsindustrie kann jedoch nicht als eine elaboriertere Fertigungsorganisation des Schneiderhandwerks angese-hen werden, sondern entwickelte sich als eigenständiger Wirtschaftszweig, der in Konkur-renz zum Handwerk stand.[369]

Die Organisation und Elastizität des Verlagssystems bildeten die Grundstruktur für die Ent-faltung der Konfektionsindustrie im Bereich der Kleiderproduktion – der serienmäßigen Herstellung von Kleidungsstücken nach standardisierten Maßen für einen anonymen Kun-denkreis. In diesem Zusammenhang wird die Uniformschneiderei Mitte des 18. Jahrhun-derts als impulsgebend für die Entwicklung von normierten Konfektionsgrößen für die Massenproduktion von Bekleidung angesehen.[370] Die Transformationsprozesse der Orga-nisation der Produktion und des Handels, der damit verbundene Bedarf und die steigende Nachfrage bedingt durch erweiterte Möglichkeiten, Kleidung zu erwerben, und die allge-meinen Entwicklungen in Handwerk und Industrie im Verlauf des 19. Jahrhunderts bilden

---

[366] Vgl. Lenger/ Lutum-Lenger 1991, S. 212; vgl. Döring, F.-W. 1992, S. 37; vgl. Stöger 2010, S. 9-13, S. 19-22, S. 79 ff., S. 245-246.
[367] Vgl. Lenger/ Lutum-Lenger 1991, S. 213-214; vgl. Döring, F.-W. 1992, S. 37.
[368] Vgl. Döring, F.-W. 1992, S. 50-55, S. 479 ff.; vgl. Lenger/ Lutum-Lenger 1991, S. 212.
[369] Vgl. Döring, F.-W. 1992, S. 59.
[370] Vgl. Döring, D. 2011, S. 152-154; vgl. Mentges 1995, S. 41-42; vgl. Mentges 2005, S. 9; vgl. Lenger/ Lutum-Lenger 1991, S. 212.

somit den Kontext für die Weiterentwicklung der Bekleidungsindustrie. Hierbei zeigt sich die Wechselbeziehung zwischen den Anforderungen, die nun an das Schneidergewerbe gestellt wurden, reproduzierbare, nach genormten Maßen gezeichnete Schnittmuster bereitzustellen, und dem Bedarf an Kleidung zu decken und gleichermaßen die Nachfrage zu stimulieren. Während sich die serienmäßige Herstellung von Kleidung in Fabriken und Konfektionsbetrieben ausweitete, blieb jedoch die handwerkliche Heimarbeit weiterhin Teil der Organisation der Produktion von Kleidungsstücken. Konfektionäre beauftragten sowohl Zwischenmeisterbetriebe als auch einzelne Handwerker, die unterschiedliche Arbeitsschritte im Rahmen der Produktentwicklung und Fertigung durchführten. In der Herrenbekleidung war es üblich, dass die Gestaltung und der Zuschnitt der Kleidung im Haus des Konfektionärs situiert war, während die bereits zugeschnittenen Teile mitsamt den Zutaten für das anschließende Fügen an Zwischenmeister übergeben wurden, die dann die Kleidungsstücke fertigten. Das Nähgut wurde also an unterschiedliche Betriebe weitergegeben, die wiederum einzelne Arbeitsschritte auslagerten und schließlich für die Fertigung und Aufbereitung der Kleidungsstücke für den Verkauf verantwortlich waren. In diesem Kontext entstand ein flexibler, arbeitsteiliger Produktionsprozess, während sich entsprechende Spezialisierungen für die einzelnen Arbeitsschritte oder auch für die Fertigung spezieller Produktgruppen herausbildeten. So wurde das Bügeln zunächst herausgelöst und erfolgte in größeren, zentral gelegenen Werkstätten, die von unterschiedlichen Betrieben genutzt werden konnten. Die Auflösung des Prinzips der Meisterwerkstatt führte nun auch dazu, dass gute Schneider bzw. Zuschneider zunehmend Aufträge in Konfektionsbetrieben erhielten und ihre Kompetenzen ausschließlich in diesem Bereich einbrachten.

Die Fortentwicklung der Konfektionsindustrie basierte somit zum einen auf dem produktionsstrukturellen Prinzip des Verlagssystems, das im 19. Jahrhundert vorwiegend im städtischen Raum angesiedelt war, und war zum anderen mit der Mechanisierung und Maschinisierung der Kleidungsherstellung verbunden. Die handwerkliche, hausindustrielle Fertigung von Kleidung blieb jedoch bis ins 20. Jahrhundert bestehen. Die Beibehaltung weitgehend handwerklicher Fertigungsverfahren bedeutete in diesem Zusammenhang, dass die Einbeziehung von Heimarbeitern für das Wachstum der Bekleidungsindustrie unabdingbar war. Als branchentypisch bezeichnet Friedrich-Wilhelm Döring das Verlagssystem im Bereich Bekleidung.[371] Auch die heutige Organisation der Bekleidungsproduktion weist vergleichbare Merkmale auf. Neben Maßschneidereien für die kundenindividuelle Herstellung von Kleidungsstücken existieren kleine und mittelständische Unternehmen, die ihre Produktentwicklung und Produktion verlagsmäßig organisieren. Während die Kollektionserstellung und die Entwurfsarbeiten im Haus erfolgen, wird die Fertigung ausgelagert. Neben der Vergabe von Lohnaufträgen ist auch die Eigenproduktion

---

[371] Vgl. Döring, F.-W. 1992, S. 37-55, S. 479 ff.; vgl. Lenger/ Lutum-Lenger 1991, S. 212-213; vgl. Hülsenbeck 1981, S. 254, S. 266, S. 272-277; vgl. Zander-Seidel 1990, S. 376-397.

nicht unüblich, während zur Abrundung des Sortiments auch Fertigware zugekauft wird. Global agierende vertikal organisierte Großunternehmen kontrollieren die komplette textile Kette mit firmeneigenen Fabriken, um möglichst flexibel auf den Markt zu reagieren. Auch im Rahmen dieser Struktur handelt es sich um einen arbeitsteiligen Prozess, der meist mit der Trennung von Gestaltung, Vermarktung und der Produktion gekennzeichnet ist.[372]

Die produktionstechnischen und organisatorischen Möglichkeiten der Serienfertigung hatten darüber hinaus einen unmittelbaren und wechselseitigen Einfluss auf die Entfaltung von Kleidermoden. Noch im 18. Jahrhundert stand die individuelle Fertigung von Kleidung im deutschen Raum im Vordergrund. Modezentren in unserem heutigen Verständnis, zu dem sich auch Berlin entwickelte, bildeten sich erst im Verlauf des 19. Jahrhunderts heraus.[373] Die Geschichte der Kleidermode und die Einführung und Legitimation der Bezeichnung Mode soll an dieser Stelle nicht weiterverfolgt werden. Die Konnotation von Mode als die Art und Weise, sich zu kleiden, veränderte sich im Kontext der Entfaltung der Konfektionsindustrie. Die Verwendung und Etablierung des Begriffes der Mode oder besser des Modetrends sind eng damit verbunden, dass eine Vielzahl von Personen ähnliche Gestaltungselemente, Formen und Silhouetten oder Materialien für einen gewissen Zeitraum bevorzugen. Mode in diesem Sinne konnte sich also nur durch die Möglichkeit entfalten, identische Produkte für größere Abnehmerkreise herzustellen und zu verbreiten. Neben den produktionstechnischen und strukturellen Voraussetzungen, Serien zu produzieren, bedurfte es zudem Wege der Kommunikation und des Austauschs, um sowohl gestalterische Impulse zu erlangen als auch zu geben. Ohne die Untersuchung der Medien der Kommunikation im Hinblick auf die Zirkulation des Wissens der Zuschneidekunst und den Bestrebungen, eine deutsche Mode zu etablieren, vorwegzunehmen, sei bereits darauf hingewiesen, dass das Anliegen, Mode zu kreieren, ein zentraler Aspekt im Rahmen der Formalisierung der Schnitttechnik im Schneiderhandwerk war. Als ein Ziel formulierten so auch die Gründer der Europäischen Moden-Akademie die Entfaltung einer deutschen Mode.[374] Diesbezüglich wird in einem Beitrag zur Entwicklung der Mode und Modehäuser, veröffentlicht im Geschichtsbuch des Dresdner Stadtmuseums, der Residenzstadt nicht der gleiche Stellenwert als Modezentrum wie Paris, Berlin oder auch Wien zugeschrieben. Dennoch schrieb Dresden Modegeschichte insbesondere durch die Errichtung der Europäischen Moden-Akademie – eine „Einrichtung von europäischem Rang"[375]. Das Wachstum und Florieren des Handels mit Textilien und Bekleidung in Dresden im letzten Drittel des 19. Jahrhunderts war bedingt und gefördert durch die Nähe zu den regionalen

---

[372] Vgl. Döring, F.-W. 1992, S. 491-499; zur Struktur der Textilwirtschaft und Formen Ihrer Vertikalisierung. Vgl. Grüger 2007, S. 7-54.
[373] Vgl. Lenger/ Lutum-Lenger 1991, S. 212; zur Entwicklung der Berliner Konfektion. Vgl. Dähn 1968; vgl. Westphal 1992; zur Mode und Modekaufhäusern in Dresden. Vgl. Reim 1996.
[374] Vgl. Deutsche Bekleidungs-Akademie Dresden 1856, S. 2.
[375] Reim 1996, S. 157.

Produktionszentren. Während sich sowohl die Industrie als auch das Handwerk an die Erfordernisse des königlichen Hofes anpassten, zog Dresden darüber hinaus internationale Gäste an.[376] „Als eine der reinlichsten und sauber gepflegtesten Städte steht es ebenso im besten Rufe"[377], beschreibt Hugo Pflugbeil, Direktor der Deutschen Fachschule für das Schneidergewerbe, die Stadt Dresden im Jahr 1910. „Das Leben im allgemeinen hat einen fast internationalen Anstrich dadurch erhalten, daß viele Ausländer sich hier ihre zweite Heimat geschaffen haben."[378] Während auch in Brandenburg das Textilwesen bereits im 18. Jahrhundert zu den blühendsten Industriezweigen zählte, entstanden ebenso in Sachsen florierende und technisch-fortschrittliche und spezialisierte Industriezentren im Bereich der Textilherstellung. Zu diesen zählten u. a. Leipzig, ausgezeichnet durch die Produktion von Seiden- und Samtgeweben sowie durch die Herstellung von Wachstuchen, oder die Stickereien, Spitzen und Tuche in der Plauener Region. Die allmähliche Auflösung der traditionellen handwerklichen Produktion und die Herausbildung des Verlagswesens in der Textil- und Bekleidungsbranche waren begleitet durch die Anstöße und Erfahrungen eingewanderter Handwerker, Manufakturleiter und Kundiger im Bereich des Wirtschaftens. Ferner brachten ausländische Fachkundige oder auch von Reisen zurückgekehrte Gesellen Knowhow im Umgang mit innovativen Arbeitsmitteln und Herstellungstechniken mit. Darüber hinaus wurde auch in einem ausführlichen Bericht über die Weltausstellung in Chicago 1893 die Innovationskraft der deutschen Textil- und Bekleidungsindustrie hervorgehoben. In der *Deutschen Abtheilung* wurden im sogenannten Industriegebäude neben Erzeugnissen und Errungenschaften der Metall-, Keramik- oder Glas-Industrie die Produktion von Seiden- und Samtstoffen aus der Krefelder Region und die sächsische Textilindustrie, die stellvertretend für das gesamtdeutsche Textilwesen lobend erwähnt wurde, präsentiert. Zur Ausstellung zählten sowohl die Hand- und Maschinenstickerei, die Spitzenherstellung, die Präsentation von Gardinen, Futterstoffen und Geweben für die Damenoberbekleidung als auch Bekleidungserzeugnisse im Bereich der Kinderkonfektion. Komplettiert wurde das Programm durch die Ausstellung der Tuchherstellung und der Leinen- und Wäscheindustrie Sachsens. Die Sammelausstellung, so heißt es im Rahmen der Berichterstattung, zeichnete sich durch Vielfalt und eine hohe Qualität aus.[379]

Der Rückblick auf die Herausbildung des Verlagssystems im Textil- und Bekleidungsgewerbe, ausgehend von produktionstechnischen Innovationen der Textilherstellung, einer steigenden Verfügbarkeit von Stoffen gepaart mit der erhöhten Nachfrage nach Kleidung und dem Handel mit Altkleidern, hat gezeigt, dass die Entwicklung der Konfektionsindustrie in direkter und wechselseitiger Verbindung zur Erweiterung des Absatzmarktes stand. In Ergänzung dazu ermöglichten die Kommunikationsmedien im Bereich des Zeitschriften-

---

[376] Vgl. ebenda, S. 152-153.
[377] Pflugbeil 1910, S. 18.
[378] Ebenda, S. 18.
[379] Vgl. Reichskommissar 1894, S. 195-208, S. 870-879.

wesens sowie die Verbreitung von Fachliteratur, Informationen, Wissen und auch Moden zu streuen. In diesem Kontext ist nun auch die Entstehung von Modezentren in Deutschland zu verorten. Beispielhaft und gleichermaßen impulsgebend für Europa ist die Berliner Konfektion am Hausvogteiplatz, wo *Mode für Jedermann* produziert und abgesetzt wurde. Eine hohe Bedeutung schreibt Brunhilde Dähn der Schneiderkunst Berlins zu, einer seit Jahrhunderten ausgeübten Tradition. Wurde bereits zuvor auf die produktionstechnischen Impulse fremdländischer Zuwanderer der sächsischen Textil- und Bekleidungsindustrie hingewiesen, konnte auch das Schneidergewerbe Berlins auf die Kompetenzen und Erfahrungen von französischen, russischen und polnischen Schneidern zurückgreifen. Das Handwerk war „gedrillt in der Schule preußischer Uniformfertigung"[380] und zeichnete sich durch handwerkliche Akkuratesse, pünktliche Ablieferung und einen sparsamen Stoffverbrauch aus. Auf dieser Basis entwickelte sich seit Mitte des 19. Jahrhunderts die Berliner Konfektion – die *Mode von der Stange*[381]. Die Konstituierung und Blüte der Altkleiderbörse, die Herausbildung von Konfektionsbetrieben und damit verbundene Ladengeschäfte und schließlich die Zusammenführung unterschiedlichster seriengefertigter Produkte und Produktgruppen in Form von großen Warenhäuser seit den 1880er Jahren, entstanden aus Textilwarenhäusern, stellen eine Entwicklung der „Übertragung des Zweckrationalismus der industriellen Produktion in die Sphäre des Warenhandels"[382] dar. Am Beispiel der Berliner Konfektion lässt sich der handelswirtschaftliche Impetus für die Fortentwicklung der Bekleidungsindustrie veranschaulichen, während das traditionelle Handwerk maßgeblich an den produktionstechnischen Voraussetzungen durch die Formalisierung der Schnitttechnik beteiligt war.

Im Hinblick auf die Entfaltung von Kleidermoden und einer damit verbundenen Formenvielfalt ist es erwähnenswert, dass sich die Konfektionsindustrie in ihren Anfängen vorwiegend auf die Fertigung von Arbeits- und Gebrauchskleidung niederer und mittlerer Qualität konzentrierte. Diese Kleidungsstücke waren weniger kompliziert und eine exakte Passform nicht zwingend notwendig. Stilistisch ausgereiftere Bekleidungsformen, die durch die Nähe zum Körper durch schnitttechnische Mittel, bspw. durch die Einarbeitung von Abnähern oder Einsätzen, gekennzeichnet waren, wurden weiterhin als Einzelanfertigungen in dem sich zunehmend spezialisierenden Handwerk gefertigt.[383] Die Konfektion, sprich die serienmäßige Herstellung von Fertigkleidung für unbekannte, „nicht vermessene Kunden"[384] konnte sich neben der produktionsstrukturellen Organisation nur

---

[380] „Jahrhundertealte handwerkliche Schneidertradition, bereichert durch französische Refugiés und aus Rußland-Polen geflüchtete Schneiderhandwerker, gedrillt in der Schule preußischer Uniformfertigung, der handwerkliche Akkuratesse, pünktliche Ablieferung und sparsamer Stoffverbrauch oberstes Gesetz waren, gaben der Berliner Konfektion ihre Grundlagen." Dähn 1968, S. 9.
[381] Vgl. ebenda, S. 9-10; vgl. auch Westphal 1992.
[382] Westphal 1992, S. 29; vgl. Barbe 2012, S. 179-181.
[383] Vgl. Hülsenbeck 1981, S. 264-265; vgl. Thiel 2010, S. 341; vgl. Döring, F.-W. 1992, S. 67.
[384] Hülsenbeck 1981, S. 266.

durch die mathematisch-naturwissenschaftliche Auseinandersetzung und folglich der Berechnung des menschlichen Körpers zugunsten der Aufstellung standardisierter Maße durchsetzen. Auf die Anfänge und Fortschritte im Bereich der Vermessung und der Formalisierung der Schnittgestaltung wurde bereits im Rahmen der Erörterung der historischen Entwicklung der Schnitttechnik hingewiesen. In der Folge wird die These, dass die Prinzipien der Schnitttechnik des 19. Jahrhunderts noch immer ihre Gültigkeit besitzen, durch die Analyse einer Auswahl von Schnittmethoden belegt. Die Ungleichzeitigkeiten bezüglich der Bestrebungen und Erfolge, die Zuschneidekunst auf ein wissenschaftliches Niveau zu heben und ein formalisiertes Regelwerk zu erarbeiten, und das Festhalten am traditionellen erfahrungsbasierten Prinzip im Bereich der Schneiderei begleiteten die Herausbildung des Verlagssystems bis zum „Siegeszug der Fertigkleidung"[385]. Aus diesem Grund gehörten zu den ersten serienmäßig produzierten Produktgruppen Hemden, Wäsche, Damenmäntel, Umhänge und Arbeitskleidung, für die, laut Annette Hülsenbeck, eine Standardisierung und Einteilung in unterschiedliche Größen nicht zwingend erforderlich waren.[386] Der konfektionierte Anzug, laut Ruth Sprenger eine Erfindung aus Amerika um das Jahr 1820, war durch eine relative Moderne geprägt. Weiter heißt es in Sprengers Ausführungen, dass die grundlegenden formgebenden Elemente der Herrenkleidung zu Beginn des 19. Jahrhunderts in Europa unter Einfluss der englischen Mode festgeschrieben waren. Die Kleidung für den Herren zeichnete sich durch einen tadellosen Schnitt und eine ausgefeilte Verarbeitung aus. Eine vielmehr zeitlose, einfache und unkomplizierte Linienführung in der Schnitttechnik führte dazu, dass der Fokus zunächst auf der serienmäßigen Herstellung von Herrenkleidung lag.[387] So beschreibt Erika Thiel die Mode für den Herren, sprich für den großunternehmerischen Bürger zwischen 1850 und 1918, als unpersönlich, sachlich und unauffällig bezogen auf unterschiedliche Anzug- und Rockformen vom Frack, Gehrock bis zum Jackett und schließlich zum Sakko.[388] Die Entwicklung einer bürgerlichen Mode im 18. Jahrhundert für den Herren ging laut Thiel von England aus. Die Möglichkeit der Reproduzierbarkeit bereitete dabei den Boden dafür, dass insbesondere das Bürgertum seinen Stand und Besitz kollektiv repräsentieren konnte. Beispielhaft ist in diesem Zusammenhang das Bild des englischen Dandys im Bereich der Herrenkonfektion. Während England stilgebend für die Herrenmode war, entwickelte sich Paris zum „leader of fashion" im Bereich der Damenmode. Noch im 18. Jahrhundert stand eine Kleidermode Deutschlands nicht in Konkurrenz zu England oder Frankreich. Nicht nur im wirtschaftlichen und industriellen Kontext zeigte sich Deutschland als rückständig, sondern auch im Bereich der Kleidung. Vorherrschend waren nationale und regionale Traditionen, sich zu kleiden. Für die „Verdammung der teutschen Nationalkleidung"[389] und die Emanzipation

---

[385] Ebenda, S. 266.
[386] Vgl. ebenda, S. 266.
[387] Vgl. Sprenger 2010, S. 25, S. 30, S. 159; vgl. Mentges 1995, S. 49.
[388] Vgl. Thiel 2010, S. 333.
[389] Ebenda, S. 307.

von der französischen und englischen Mode setzten sich jedoch im Fortgang des 19. Jahrhundert die Schneider ein.[390]

Die Kunst der Herrenschneiderei wurde als ernstzunehmende Angelegenheit gegenüber der Damenschneiderei angesehen und stand für Wissenschaftlichkeit und Innovation, während letztere das Dekorative repräsentierte, heißt es bei Kerstin Kraft.[391] Die Durchsetzung der Herrenkonfektion gepaart mit dem Knowhow männlicher Schneider als geübte und gelernte Arbeitskräfte in Konfektionsbetrieben, vorwiegend verantwortlich für den Zuschnitt, spiegelten somit auch die Trennung der Geschlechter wider. Der hochbewertete Zuschnitt gehörte zur männlichen Domäne, während weibliche Arbeiterinnen mit Näharbeiten oder der Anfertigung von Hosen, Kinder- oder Berufsbekleidung betraut wurden.[392] So wird sich noch in der Analyse der Fachliteratur zeigen, dass die Formalisierung der Zuschneidekunst ausschließlich ausgehend vom männlichen Gehrock gedacht wurde. Darüber hinaus waren Frauen hinsichtlich der Ausbildung in der Schnitttechnik benachteiligt und eigneten sich vorwiegend Näh- und Handarbeitskenntnisse in der hauswirtschaftlichen Praxis oder im Handarbeitsunterricht an[393], während die Lehre der Zuschneidekunst männlich dominiert war. Die schnitttechnischen Errungenschaften im Bereich der Herrenmode hatten erst im Fortgang Auswirkungen auf die Entwicklung der Damenkonfektion. Um 1900 zeichnete sich die Kleidung für Damen zunehmend durch einfachere Formen aus, so dass die Damenkonfektion Anschluss an die sich bereits etablierte Konfektion von Herrenbekleidung fand. Ein Beispiel für die gestalterischen und bekleidungstechnischen Inspirationen war das *Schneiderkostüm*, bestehend aus einem Jackett und einem dazugehörigen Rock.[394] Auch Döring stellt eine unterschiedliche Entwicklung in den Bereichen der Damen- und Herrenoberbekleidung fest. Die Entstehung der Damenkonfektionsbranche datiert dieser in die 1830er Jahre, während sich der Absatz von konfektionierter Herrenoberbekleidung in Deutschland erst seit 1870 ausweitete. Anzumerken gilt es hierbei, dass sich Döring auf den Absatz von Damenmänteln, Schals und Tüchern bezieht. Diese wurden vorwiegend bereits in gewünschter Form auf Vorrat gewebt, so dass sich die ersten Konfektionsunternehmen aus den Magazinen herausbildeten. Im Bereich der Herrenkonfektion lag der Fokus jedoch auf der Passform und der Qualität, so dass die Akzeptanz der massenhaften Herstellung von Kleidung erst in der zweiten Hälfte des 19. Jahrhunderts stieg. Entscheidend war dabei die Fortentwicklung der Schnitttechnik unter der Voraussetzung standardisierter Maße als wesentliches Kennzeichen der Konfektion.[395]

---

[390] Vgl. ebenda, S. 247, S. 303, S. 306-307; vgl. Hülsenbeck 1981, S. 264.
[391] Vgl. Kraft 2001, S. 84-85.
[392] Vgl. Döring, F.-W. 1992, S. 81-110; vgl. Lenger 1989, S. 73.74, S. 90.
[393] Vgl. Döring, F.-W. 1992, S. 483-487.
[394] Vgl. Thiel 2010, S. 362-363, S. 381; zur Herren- und Damenmode Mitte des 19. Jahrhunderts. Vgl. ebenda, S. 333-352.
[395] Vgl. Döring, F.-W. 1992, S. 60-67.

Somit standen die Bestrebungen, die Handwerkskunst der Schneiderei durch elaboriertere Methoden der Schnittgestaltung zu heben, in unmittelbarer Wechselbeziehung zur Entstehung der Konfektionsindustrie. Durch die bekleidungstechnischen Fortschritte hinsichtlich der Formalisierung der Schnitttechnik und der damit verbundenen Potenziale, u. a. standardisierte Größentabellen zu generieren, ebneten die Schneider den Weg zur Serienherstellung und Reproduzierbarkeit von identischen Produkten. Im Zuge der Demokratisierung der Mode im Zeitalter der Aufklärung und der Abschaffung der Kleiderordnungen, emanzipierte sich der Schneider und glaubte, die Erniedrigungen des Berufsstandes wären damit ad acta gelegt.[396] Die Entfaltung eines neuen Selbstverständnisses des Schneiderhandwerks und die kollektiven Errungenschaften führten jedoch gleichermaßen zu einem allmählichen Untergang desselben. Um die Mitte des 19. Jahrhunderts hatte sich die Herstellung von Bekleidungsserien nach standardisierten Maßen etabliert. „Die Ästhetik der Konfektion versteht Schönheit als Regelhaftigkeit, Uniformität, Ordnung und Symmetrie."[397] Während die naturwissenschaftlich-mathematische Auseinandersetzung mit der Anatomie und den Proportionen des menschlichen Körpers und die damit verbundenen Ableitungen für die Zuschneidekunst bereits zuvor dargestellt wurden, wird die Analyse der Schnittmethoden einer Auswahl von Akteuren der Europäischen Moden-Akademie weitere Aspekte der Beschäftigung mit Maßstäben der Uniformität und Regelhaftigkeit eröffnen. An dieser Stelle sei jedoch bereits darauf hingewiesen, dass die Zuschneider im Rahmen der Formalisierung der Schnitttechnik einen Teil ihres genuinen Erfahrungswissens in ein explizites Regelwerk überführen konnten, das auch heute zur Anwendung kommt, während ein anderer Teil stets implizit bleibt. So spricht zwar Annette Hülsenbeck zum einen vom Siegeszug der Fertigkleidung, die nach standardisierten Größen hergestellt wurde und noch wird.[398] Zum anderen kann jedoch die Passform und die Praxistauglichkeit der Größentabellen nach heutigen Maßstäben nicht beurteilt werden, da noch Mitte des 19. Jahrhunderts der Formalisierungsprozess durch unterschiedliche Herangehensweisen und Probieren gekennzeichnet war, basierend auf personengebundenem Erfahrungswissen der Zuschneider.

Verbunden waren die Transformationsprozesse im Bereich des Bekleidungsgewerbes mit „der medialen und technischen Geschwindigkeit des Jahrhunderts der Industrialisierung"[399]. Wesentlich war dafür zum einen die Zirkulation von Fachwissen, Allgemeinwissen und Informationen der Art und Weise der Gestaltung des kulturellen Lebens. Zum anderen prägten die erörterten ökonomischen, technischen und strukturellen Transformationsprozesse die Fortentwicklung der Textil- und Bekleidungsindustrie, während hierbei die Anforderungen an berufliche Qualifikationen hinterfragt und der Mangel an einer höheren Berufsbildung sowie der Bedarf nach entsprechenden Ausbildungsmöglichkeiten offenbar wurden.

---

[396] Vgl. Sprenger 2010, S. 49.
[397] Ebenda, S. 161.
[398] Vgl. Hülsenbeck 1981, S. 266.
[399] Döring, D. 2011, S. 149; vgl. ebenda, S. 149; vgl. Barbe 2012, S. 179-180.

Auch die Etablierung der Weltausstellungen, beginnend in London im Jahr 1851, als Plattform der Präsentation und Kommunikation der technischen Errungenschaften unterschiedlichster Industrie- und Gewerbezweige in einem globalen Kontext, gab Ansporn für die Herausbildung des beruflichen Bildungswesens.[400] Im Verlauf des 19. Jahrhunderts etablierten sich die Ausstellungen als populäres Medium der Demonstration von Fortschrittlichkeit und Modernität. Das Konzept bestand aus der Vorstellung einer maßstabsgetreuen Miniaturversion der Welt, das sowohl repräsentative als auch belehrende Funktionen beinhaltete.[401] Neben der Präsentation von neuen gewerblichen und industriellen Produkten, von Technologien und Erfindungen wurden im Kontext der Ausstellungen auch Fragen der Standardisierung thematisiert, die sich bspw. auf die Vereinheitlichung von Maßen, Gewichten und Patenten bezogen. Von staatlicher Seite aus dienten die internationalen Plattformen zudem dazu, den Gewerbefleiß und die Geschmacksbildung zu fördern, so dass zunehmend Handwerker, Arbeiter, Beamte und schließlich auch Schüler als Besucher vertreten waren. Die Darstellungen der internationalen Konkurrenz im Rahmen der Berichterstattungen ermöglichten somit im Nachgang ein Abgleichen der Fortschrittlichkeit der einzelnen Länder.[402] „Gut, billig und zweckmäßig, das Gemeinwohl fördernd produzieren, dieses, die Gleichheit hervorrufende und aus dem Streben nach Gleichheit entspringende Streben ist das Hauptziel aller Industrien geworden, welche das körperliche und geistige Wohlbefinden der Menschen hervorzurufen bestimmt sind, welche für die Nahrung, Kleidung und Wohnung der Völker zu sorgen haben."[403] Mit diesen Worten werden in der Berichterstattung über die Weltausstellung in Paris des Jahres 1867 die ökonomischen, produktionstechnischen und gesellschaftlichen Zustände Europas im Zeitalter der Industrialisierung beschrieben. Am Beispiel der Ausstellung in Chicago 1893 lässt sich insbesondere der wachsende Stellenwert von Bildung ablesen. Neben der Präsentation von Erzeugnissen der Metall-, Keramik-, Glas- oder Textilindustrie gehörten auch die Heilkunst, der Instrumentenbau, das Kunsthandwerk, Möbel und Einrichtungsgegenstände sowie das Buch- und Zeitschriftenwesen zum Ausstellungsprogramm.[404] Darüber hinaus präsentierten sich zahlreiche Bildungsanstalten der einzelnen Länder, wie auch die Europäische Moden-Akademie. Ausstellern und Besuchern wurde die Möglichkeit geboten, einen Vergleich des industriellen Fortschritts der einzelnen Länder und somit auch der Zielsetzungen im Bereich der Ausbildung zu ziehen, um somit Anstöße für die nationalen Entwicklungen zu gewinnen. Im Einladungsschreiben der Chicagoer Weltausstellung 1893 wird dem Un-

---

[400] „Einen kräftigen Anstoß zur Entwicklung des gewerblichen Unterrichts gab die Weltausstellung 1851: dort zeigte sich, daß Frankreich den übrigen Ländern auf kunstgewerblichem Gebiet dank seiner Schulen weit überlegen war. Das wirkte nicht nur auf England, sondern auch auf Deutschland ein [...]." Kühne 1929, S. 20. Die Weltausstellungen des 19. Jahrhunderts als Instrument der Gewerbeförderung und ihre berufspädagogische Bedeutung erörterte Richard Huisinga. Vgl. Huisinga 1996, S. 169-194.
[401] Vgl. Geppert 2013, S. 1.
[402] Vgl. ebenda, S. 8-10.
[403] K. K. Österreichisches Centra-Comité 1869, S. 226.
[404] Vgl. Reichskommissar 1894, S. 195-208; vgl. ebenda, S. 23-28.

terrichtswesen ein besonderes Interesse im internationalen Kontext zugesprochen, so dass dieser Bereich „die juwelengeschmückte Krone der gesammten Ausstellung"[405] sein sollte. Dass die Institutionalisierung und Ausfeilung des technischen und gewerblichen Ausbildungswesens noch im Gange war, kann daran abgelesen werden, dass ausschließlich Universitäten neben höheren und niederen Lehranstalten im Bereich der Allgemeinbildung sowie Volksschulen Teil der Ausstellung in Chicago waren. Damit einhergehend präsentierten sich 1893 auch eine Vielzahl von Bibliotheken – ein weiterer Hinweis auf den Stellenwert von Wissenschaft und Bildung im ausgehenden 19. Jahrhundert.[406] Essentiell war und ist in diesem Zusammenhang die berufliche Bildung, die es dem Menschen ermöglicht, Innovationen zu initiieren und den Status quo zu hinterfragen, während korrespondierend damit, innovative Verfahren und Techniken zu neuen Qualifikationen führen, die zunächst vermittelt und dann durch Übung gelernt und angewendet werden können. Die Vielgestaltigkeit der Bekleidungsindustrie spiegelt sich, wie sich hieran anschließend zeigen wird, entsprechend in der berufsfachlichen Bildung im Bereich der Bekleidungstechnik und Bekleidungsgestaltung wider.

3.3 Von der Auflösung der Meisterwerkstatt bis zu heutigen bekleidungstechnischen und gestalterischen Ausbildungsmöglichkeiten

Die produktionsstrukturellen, technischen und wirtschaftlichen Transformationsprozesse im Fortgang der Industrialisierung im 19. Jahrhundert hatten eine unmittelbare Auswirkung auf die Anforderungen an die Qualifikationen in Industrie und Handwerk. Eine Reaktion im Hinblick auf die Ausweitung und die Institutionalisierung der Aus- und Weiterbildung war diesbezüglich auch im Schneidergewerbe gefordert. Bildung im Allgemeinen wurde als „Motor der Professionalisierung und des ökonomischen Erfolgs"[407] angesehen, um auf neue Wettbewerbssituationen reagieren und die handwerkliche Produktion an neue Verfahren und technische Neuerungen anpassen zu können. Die Herausbildung des Verlagssystems und die damit einhergehenden Rationalisierungstendenzen, die zunehmende Arbeitsteilung und Spezialisierungen sowie die örtliche Trennung einzelner Arbeitsschritte in der Bekleidungsproduktion bedrohten einerseits die ökonomische Existenz des Schneiderhandwerks und andererseits auch die Legitimation und das Selbstverständnis desselben. Somit war die Etablierung einer den Anforderungen entsprechenden beruflichen Bildung verbunden mit Fragen der sozialen Stellung. Während bis ins 20. Jahrhundert handwerkliche Fertigungsverfahren in der Herstellung von Bekleidung vorherrschend waren, hatten die Schneider mit der Entwertung der traditionellen Ausbildung zu kämpfen und verloren damit

---

[405] Ebenda, S. 951; vgl. ebenda, S. 951 ff..
[406] Vgl. ebenda, S. 211-213.
[407] Wahle 2010, S. 5.

ein wesentliches Element des handwerklichen Charakters.[408] Die Auflösung der Meisterwerkstatt im Sinne der Zerlegung des ganzheitlichen Arbeitsablaufes erforderte nicht nur
die institutionellen Möglichkeiten der Fortbildung, die Angleichung der Erstausbildung,
sondern auch eine gewisse Bereitschaft, das geschlossene Milieu der Werkstatt zu verlassen
und die individuellen Qualifikationen erweitern zu wollen.[409] Die Emanzipationsbestrebungen und die damit verbundene Partizipation an den sich wandelnden sozialen, ökonomischen und produktionstechnischen Wandlungsprozessen werden im folgenden Kapitel
anhand der Gründung und des Wirkungsgrades der Europäischen Moden-Akademie rekonstruiert. Bereits an dieser Stelle sei jedoch darauf verwiesen, dass die Errichtung dieses
institutionellen und ideellen Raumes für das Schneidergewerbe sowohl subjektive, auf die
einzelnen Akteure bezogene, als auch kollektive Interessen des Handwerks spiegelte.
Insbesondere wird dabei der „emanzipatorische Nutzen von Bildung"[410] deutlich. Während
Gustav Adolf Müller und Johann Heinrich Klemm stellvertretend für die Gruppe der
Schneider stehen, die sich Mitte des 19. Jahrhunderts um die Hebung des Handwerks
bemühte, hierbei insbesondere die Verwissenschaftlichung und Formalisierung der
Zuschneidekunst vorantrieben und den Zugang zu einer höheren fachlichen Bildung
ermöglichte, legte das Handwerk dennoch eine gewisse Widerstandhaltung an den Tag,
sich neuen Lehr- und Lernmethoden zu öffnen. In Zusammenhang damit steht einerseits
das Festhalten an dem traditionellen Prinzip, das Erfahrungswissen des Meisters im
komplexen handwerklichen Fertigungsprozess nachzuahmen und für die eigene Existenz
zu nutzen. Andererseits galt es, durch die zunehmende Arbeitsteilung, die erhöhte Nachfrage nach Arbeitern und die damit einhergehende Beschäftigung von ungelernten Kräften,
das „alte Handwerk" dennoch zu bewahren. Ferner mussten sich neue Ausbildungs-
strukturen erst etablieren und ein flächendeckender Zugang zu Bildung gewährleistet
werden. Als hemmende Kraft kann in diesem Zusammenhang das zünftig verfasste Handwerk angeführt werden, das bis dato für die Aus- und Weiterbildung autorisiert war und
gleichermaßen für die Symbolkraft handwerklicher Traditionen stand. Frühe Formen der
Aus- und Fortbildung von Handwerkern wurden in diesem Kontext außerhalb der Zünfte
durch u. a. Handwerker(bildungs-)vereine initiiert. Die Konkurrenzsituation zwischen
Mitgliedern der Schneiderzünfte, unzünftigen Schneidern und ungelernten Arbeitern im
Bekleidungsgewerbe des 19. Jahrhunderts gepaart mit der Elastizität in Produktion und
Handel erforderte dennoch eine Reaktion durch entsprechende Bildungsmöglichkeiten. So
war der Schneider maßgeblich an der Entwicklung des Verlagssystems beteiligt, während
auch die behindernde Kraft der Zunft, im Grunde bemüht, die traditionellen Arbeits- und
Lebensformen aufrecht zu erhalten, die Auflösung der Meisterwerkstatt vorantrieb. Die

---

[408] „Mit der Entwertung und Aushöhlung der traditionellen Berufsausbildung verlor die Schneiderei zentrale
Elemente ihres handwerklichen Charakters." Lenger/ Lutum-Lenger 1991, S. 213.
[409] Vgl. ebenda, S. 213; vgl. Wahle 2010, S. 11-12.
[410] Wahle 2010, S. 5.

Professionalisierung und Aufwertung des Handwerks durch Bildung als Merkmal des 19. Jahrhunderts brachten neue Lösungen der Bildungsfrage auf den Weg, die sich auch im Schneiderhandwerk als vielgestaltiges Ausbildungswesen herauskristallisierten.[411]

Wurde zuvor die flexible und vielseitige Struktur der Bekleidungsindustrie erörtert, so ist auch das gewerbliche Bildungswesen geprägt durch unterschiedliche und abgestufte Ausbildungsformen. Hierbei sei erwähnt, dass sich die Anforderungen und Qualifikationen an die Arbeitskräfte im Handwerk und in der verlagsmäßig organisierten Konfektionsbranche unterschieden und eine Geschlechtertrennung zu verzeichnen war. Weibliche Arbeitskräfte wurden vorwiegend für Näharbeiten angelernt, die diese in Heimarbeit oder in Konfektionsbetrieben ausführten. Im Gegensatz dazu hatten männliche Schneider, an die ein höherer Anspruch an Qualifikationen – bedingt durch den Fokus auf den Zuschnitt – gestellt wurde, meist eine klassische handwerkliche Lehre absolviert und wurden somit sowohl im Handwerk als auch in der Konfektionsindustrie beschäftigt. Nicht weiter erörtert werden jedoch die Rekrutierung und Qualifizierung und die Entwicklung der Arbeitsmarktstrukturen im Konfektionsgewerbe.[412] Ziel dieser Forschungsarbeit ist die Rekonstruktion des Formalisierungsprozesses der Zuschneidekunst im Kontext einer höheren beruflichen Bildung im Schneidergewerbe, so dass der Fokus auf der Herausbildung des Fachschulwesens für Bekleidung liegt. Hierbei wird das innovative Schulkonzept der Europäischen Moden-Akademie erörtert. Während in der Sekundärliteratur das Fachschulwesen im Bereich der Textilherstellung relativ umfangreich besprochen wurde, sind jedoch die Ausführungen zur Entwicklung der beruflichen Bildung im Schneiderhandwerk, angefangen von der Lehre in der Meisterwerkstatt bis zur Institutionalisierung heutiger Studienmöglichkeiten in der Bekleidungsgestaltung und Bekleidungstechnik, weniger thematisiert, so dass an dieser Stelle vorwiegend auf Zeitdokumente zurückgegriffen werden muss. Die Überführung der traditionellen Schneiderlehre in einen institutionellen Rahmen mit festgelegten Methoden und Inhalten, die Entfaltung bestimmter Fachgebiete und Spezialisierungen und nicht zuletzt die Übersetzung des Erfahrungswissens in ein allgemein gültiges Regelwerk für die Ausbildung sind ausgehend von der allgemeinen Ausbildungssituation im Handwerk des 19. Jahrhunderts zu betrachten. Das Imitationsprinzip trat dabei gegen das analytische Erfassen handwerklicher Arbeitsmethoden und Arbeitsabläufe[413] an. Wesentlich für die Hebung der

---

[411] Vgl. Stollberg-Rilinger 2005, S. 1; vgl. Jeismann 1987, S. 1-2; vgl. Wahle 2010, S. 1; vgl. Pätzold/ Reinisch/ Wahle 2015, S. 7-16, S. 24-31, S. 46 ff.; zur Geschichte und dem Einfluss der Schneiderinnungen siehe auch die protokollierte Rede von F. A. Schmidt über das Zunftwesen im Rahmen der 4. Generalversammlung der Europäischen Moden-Akademie 1862. Vgl. Theuerle 1862, S, 43 ff..

[412] Detaillierte Informationen zum Arbeitsmarkt und den Ausbildungsmöglichkeiten für weibliche und männliche Arbeitskräfte der verlagsmäßig organisierten Konfektionsindustrie sind bei Döring zu finden. Vgl. Döring, F.-W. 1992, S. 81-100; vgl. auch Hausen 1978; Ausführungen zum Qualifikationsbedarf in der aufkommenden Industrie sind bei Gerhard Drees zu finden. Vgl. Drees 1996, S. 225-228; vgl. auch Pätzold/ Reinisch/ Wahle 2015, S. 66-75; vgl. auch Lenger 1989.

[413] „Hier wie dort ging es vielmehr um den reflexiven Umgang mit kleingewerblich-technischer Produktion und damit um den Abschied des Qualifikationsspiel- und beruflichen Kompetenzerwerbs auf der Basis

handwerklichen Bildung waren laut Manfred Wahle eine grundlegende Allgemein- und Fachbildung, die Möglichkeit der Weiterbildung und gleichzeitig die Persönlichkeitsbildung. Im Rahmen des Formalisierungsprozesses der Zuschneidekunst gestalteten sich insbesondere Kompetenzen im Lesen, Schreiben und Rechnen als zwingend notwendig, um die Fachliteratur für die Aus- und Fortbildung zu nutzen. Während die fachlichen Kompetenzen in der Herstellung von Produkten im Vordergrund zu stehen hatten, erweiterten sich die Lehrinhalte auf die Bereiche der Handelswissenschaften, der Naturwissenschaften oder der Kostümgeschichte, wie sich noch zeigen wird. Auch für die ergänzenden Lehrgegenstände bedurfte es einer gewissen Vorbildung. Gelernte Meister sollten darüber hinaus durch Fortbildungskurse ihr Wissen hinsichtlich neuer technischer Möglichkeiten oder auch in Bezug auf eine erfolgreiche Betriebsführung erweitern. Das Handwerk stand in diesem Kontext im Spannungsfeld zwischen der Notwendigkeit der Anpassung an neue Produktions- und Handelsstrukturen und dem Erhalt der Tradition. Ein zukunftsfähiges Handwerk musste sich somit darum bemühen, sich gleichermaßen zu emanzipieren und neue Wege zu erschließen, um an den veränderten Verhältnissen zu partizipieren.[414] Kein Widerspruch besteht jedoch zwischen Tradition und Fortschritt, denn sie „[entspringen] dem selben Geist [...]"[415].

Kennzeichen der Ausbildung in der Meisterwerkstatt war die Tradition der Imitation. Das didaktische und methodische Prinzip der Nachahmung war eingebettet in die geschlossene Sphäre der Werkstatt, in der der Meister mit seinen Gesellen und Lehrlingen eine genuine Gemeinschaft des Arbeitens und Lebens bildete. In Abhängigkeit von der Qualität des „geheimen" Erfahrungswissens lernten die Auszubildenden durch Anschauen und Nachmachen. Das Folgen von Anweisungen erforderte in diesem Kontext keine reflexive Betrachtung oder Beurteilung der vermittelten Inhalte, während die Aneignung von Kenntnissen keiner besonderen geistigen Fähigkeit bedurfte, heißt es bei Manfred Wahle. Die praktische Übung auf Basis des Imitierens des meisterlichen Könnens stellte die Ausbildung im Schneiderhandwerk dar.[416] Nur einer geringen Zahl von Gesellen war es bis zur Ausweitung der Verkehrs- und Transportnetze im Verlauf des 19. Jahrhunderts vergönnt, auf Wanderschaft zu gehen, um gegebenenfalls neue, erweiterte Kenntnisse zu erwerben. Die Existenzsicherung stand im Vordergrund. Darüber hinaus waren Reisen kostspielig und das Handwerk wurde in der Regel im lokalen Raum ausgeführt. [417] Folglich stellt sich die Frage, welches Wissen in der Meisterwerkstatt vermittelt wurde und inwieweit sich die Inhalte und Methoden der Ausbildung veränderten und sich im Fortgang ein Fachschulwesen im

---

erfahrungsgeprägter Wissensbestände des Meisters zugunsten des analytischen Erfassens handwerklicher Arbeitsmethoden und -abläufe." Wahle 2010, S. 22.
[414] Vgl. ebenda 2010, S. 1.
[415] Arnulf 1988, o. S. (Vorwort).
[416] Vgl. ebenda, S. 2.
[417] Vgl. Lenger/ Lutum-Lenger 1991, S. 211.

Bereich der Bekleidungstechnik und Bekleidungsgestaltung herausbildete, das im Kern das Wissen und Können des Schneiders beinhaltet. Die hemmende Wirkung der Zünfte, sprich das Festhalten an traditionellen Strukturen der handwerklichen Ausbildung, die zunehmende Arbeitsteilung, Rationalisierung und Spezialisierungen in der Kleiderproduktion sowie die anhaltenden Bemühungen, das Wissen und Können des Schneiders zu formalisieren, spiegeln die Position des Bekleidungsgewerbes als bescheidener Anteil der Textilindustrie wider und deuten auf die Herausforderungen der Emanzipation und Partizipation hin. Dieser Umstand zeigt sich auch im Rahmen der Entwicklung des Textilfachschulwesens und die damit einhergehende sukzessive Integration der Fachgebiete der Bekleidungstechnik und Bekleidungsgestaltung.

Als Fachschulen definiert Alfred Kühne 1929 Lehranstalten, „die eine Ausbildung für einen bestimmten Beruf in vollem Tagesunterricht vermitteln, der mindestens ein Jahr umfaßt"[418], während er einzelne Kursformate oder Meisterkurse nicht im engeren Sinne zum Fachschulwesen zählt. Des Weiteren unterscheidet Kühne vorbereitende und weiterführende Fachschulen, deren Aufnahme mitunter an eine zuvor absolvierte berufliche Ausbildung oder zumindest an das Vorweisen praktischer Erfahrungen gebunden ist. Während dieser Fachschulen zum einen nach beruflichen Spezialisierungen einteilt, sind diese zum anderen untergliedert in niedere oder höhere Fachschulen in Abhängigkeit von der entsprechenden Vorbildung.[419] Diese Stufung betrifft auch das Fachschulwesen der Textil- und Bekleidungsindustrie. So bildeten sich niedere und höhere Textilfachschulen, Spinn- und Webeschulen, spezialisierte Schulen für das Klöppeln oder die Posamentierbranche neben Zuschneideschulen, Gewerbeschulen für das Schneidergewerbe oder Modeabteilungen für Handwerker an Kunstgewerbeschulen heraus.[420] Im Unterschied zu anderen Fachschulen zeichnete sich die Fachschule im Bereich des Textilen durch einen hohen Anteil an praktischer Lehre aus. So war und ist es eine wesentliche Voraussetzung für die Lehranstalten, dass sie über eine entsprechende Ausstattung in Form von Werkstätten und Arbeitsmitteln verfügen, um die praktischen Übungen durchführen zu können. Der Unterricht in Praxis und Theorie muss sich in diesem Kontext auf den gesamten Prozess vom Rohstoff bis zum fertigen Produkt beziehen.[421] Als einen Sonderfall bezeichnet Friedhelm Schütte die Textilfachschulen, die dieser nicht als technische Fachschulen versteht. In diesem Zusammenhang führt er die methodischen und inhaltlichen Ausrichtungen der Lehranstalten im Bereich des Textilen an, die nur durch eine bescheidene Mathematisierung des Bildungsganges charakterisiert sind, während eine technische Ausbildung genuin auf mathema-

---

[418] Kühne definierte Fachschulen nach der Bestimmung der Reichsschulkonferenz. Vgl. Kühne 1929, S. 313.
[419] Vgl. ebenda, S. 313-317.
[420] Vgl. Gürtler 1929, S. 341-348; vgl. Kühne 1929, S. 316.
[421] Vgl. Gürtler 1929, S. 347-348.

tischen Grundlagen basiert.[422] Anzumerken ist hierbei jedoch die Tatsache, dass die Textiltechnik wie auch die Bekleidungstechnik an einen hohen Anteil an mathematisch-naturwissenschaftlichem Wissen gebunden ist. Implizit deutet jedoch Schütte auf eine geringere Wertschätzung bzw. Anerkennung der beiden Fachgebiete im Gegensatz zu anderen Bereichen der Technik hin, gegen die sich das Textile seit je her zu behaupten hat. Verwiesen sei an dieser Stelle auf den aktuellen Stand der Forschung, die zentralen Ansätze und Fragestellungen in der Auseinandersetzung mit der Bekleidungstechnik sowie die sich daraus ergebenen Forschungsdesiderata.[423]

Bereits aufgezeigt wurde, dass die historische Rekonstruktion der Entfaltung des Textilfachschulwesens im Vergleich zur beruflichen Bildung im Schneidergewerbe weitaus differenzierter ausgearbeitet worden ist.[424] Wenn in einzelnen Fällen, wie z. B. bei Gürtler oder auch Wefeld, Informationen über die künstlerisch-technische Ausbildung in der Bekleidungstechnik und Bekleidungsgestaltung seit Mitte des 19. Jahrhunderts zu finden sind, sind diese jedoch äußerst lückenhaft, während die Abgrenzung zwischen den Fachgebieten Textil und Bekleidung eine gewisse Unschärfe aufweist. So listet auch Karl Mühlmann Fachschulen für die Herstellung und Verarbeitung von Leder und Stoffen gemeinsam auf – die Gerberschule Freiberg, die Schuhmacherschule in Siebenlehn oder die Fachschule für Dekorateure, Polsterer, Tapezierer in Frankfurt am Main für den Bereich der Lederfabrikation. Für das Gebiet der Bekleidungsherstellung gibt dieser in Kühnes *Handbuch für das Berufs- und Fachschulwesen* aus dem Jahr 1929 die Deutsche Schneiderschule in Dresden an, an der ein- bis dreijährige Weiterbildungskurse angeboten wurden, deren Teilnahme an eine fachliche Vorbildung gebunden war. Vermutlich spricht der Autor in diesem Zusammenhang über die Deutsche Fachschule für das Schneidergewerbe unter der Direktion von Hugo Pflugbeil.[425] Des Weiteren heißt es, dass der Zielsetzung der „Hebung des ganzen Gewerbes der Herrenschneiderei"[426] folgend, an dieser kunstgewerblichen Fachschule des Schneidergewerbes Meisterkurse, Fachlehrerkurse und Sonderlehrgänge angeboten wurden.[427] Zudem waren Fachklassen für die Fertigung künstlerischer Damenbekleidung und für das Modezeichnen an diversen Handwerker- und Kunstgewerbeschulen eingerichtet worden. Auch weist Mühlmann auf zahlreiche Fachschulen für Schneider, Wäschenäher,

---

[422] „Die Textil-Fachschule als Technische Fachschule zu begreifen, ist in methodologischer Hinsicht insofern problematisch, als die curriculare Ausrichtung der Stoffverteilungspläne eine nur bescheidene Mathematisierung des Bildungsgangs, ein wesentliches Kriterium technischer Bildung, erkennen läßt. Die Textil-Fachschulen wurden überdies von Sonderprogrammen zur Förderung des technischen Nachwuchses ausgeschlossen. Insoweit sind sie als besondere technische Fachschulen zu betrachten." Schütte 2003, S. 7.
[423] Siehe dazu Kapitel 1.2 und die abschließenden Betrachtungen in Kapitel 7.
[424] Eine Sammlung von Quellen und Dokumenten über das Textilfachschulwesen hat Wolfdietrich Jost zusammengestellt. Vgl. Jost 2003, S. 295-340.
[425] Weitere Ausführungen dazu folgen in Kapitel 4.
[426] Mühlmann 1929, S. 377.
[427] Vgl. ebenda, S. 377-378.

Putz- und Kunststicker hin.[428] Die Uneindeutigkeit der Schulbezeichnungen und die Mischung von Bereichen und Spezialisierungen im Rahmen der Ausbildung im Textil- und Bekleidungsgewerbe spiegeln auch die heterogenen, noch nicht ausgereiften Strukturen der Ausbildungslandschaft bis ins 20. Jahrhundert wider. Exemplarisch kann nun anhand der historischen Entwicklung der Textilfachschule in Krefeld, der Hochschule für Technik und Wirtschaft in Berlin und des Textilfachschulwesens in Sachsen im 19. und 20. Jahrhundert die Aufnahme der Fachgebiete der Bekleidungsherstellung in die zunehmend erweiterten Schulprogramme nachgezeichnet werden. Zudem zeigen die Geschichte des Lette Vereins und des Oberstufenzentrums Bekleidung und Mode in Berlin, dass sich darüber hinaus Einrichtungen für die berufliche Bildung von Bekleidungsgestaltern und Bekleidungstechnikern bis in die heutige Zeit etablieren konnten, die nicht angebunden waren an eine Textilfachschule. Die Gründung der Europäischen Moden-Akademie im Jahr 1850 in Dresden erweist sich jedoch als Meilenstein der Geschichte des Fachschulwesens im Bekleidungsgewerbe. Impulsgebend war hierbei die Spezialisierung auf die Zuschneidekunst, so dass die Akademie als Vorbild für die Gründung weiterer Zuschneideschulen im Verlauf des 19. Jahrhunderts fungierte.

„Die Fachschule gedeiht, die im Mittelpunkt eines bodenständigen Gewerbes, das im Herzen »ihres« Gewerbe gelegen ist, die mit dem Gewerbe zusammen an seiner Förderung arbeitet, die von dem Gewerbe als »seine Fachschule« bezeichnet wird."[429] Ein Beispiel für das Gedeihen eines Gewerbes und die Herausbildung eines spezialisierten Industriezweiges, der die Entwicklung einer Fachschule maßgeblich beeinflusste, war die Textilindustrie im Raum Krefeld, spezialisiert im Bereich der Produktion von Seidengeweben. Die höhere Textilschule Krefeld, gegründet 1855, passte zunächst das Schulprogramm an den Bedarf des lokalen Produktionszentrums an. Die Fortentwicklung des Fabrikwesens in der Textilherstellung inklusive der produktionstechnischen Neuerungen, der Bedarf nach ausgebildeten Fachkräften, die zunehmende Segmentierung des Marktes und die damit verbundenen Spezialisierungen im Bereich Textil führten zur Erweiterung und Umgestaltung des Schulprogramms in den 1880er Jahren. 1883 wurde die Fachschule unbenannt in die Königliche Webe-, Färberei- und Appretur-Schule und die Ausbildung um die der Weberei anschließenden Bereiche der Veredelung – der Färberei und Appretur – erweitert. Zudem wurde bereits zu diesem Zeitpunkt eine noch heute bedeutsame Sammlung von Geweben, Stickereien, Spitzen und Gobelins, unterstützt von staatlicher Seite, in die Schule integriert. Diese diente sowohl der Repräsentation der Textilindustrie Krefelds als auch als Lehrmittelsammlung und Inspiration in den textilen Künsten.[430] Ohne weiter auf die historischen Meilensteine der Krefelder Fachschule einzugehen, sei jedoch an dieser Stelle auf die 1945 voll-

---

[428] Vgl. ebenda, S. 377-378.
[429] Vgl. ebenda, S. 380.
[430] Vgl. Franzen 1930, S. 6-10; weitere Informationen zur Geschichte der Einrichtung. Vgl. ebenda, S. 10-21; Informationen zur Gewebesammlung. Vgl. ebenda, S. 22-23 ff..

zogene Umwandlung in eine Textilingenieurschule verwiesen, an der in Ergänzung zur Ausbildung in der Web- und Drucktechnik und der Textilkunst auch Modeklassen für die Bereiche des Weißnähens, des Entwurfs und des Modezeichnens angeboten wurden. 1971 wurde die Fachschule, deren Ausbildungsangebot auch die Fachbereiche Chemie und Maschinenbau umfasste, geschlossen. Der Fachbereich Textil- und Bekleidungstechnik der heutigen Hochschule Niederrhein wurde in diesem Zusammenhang abgespalten und ist seitdem in Mönchengladbach angesiedelt.[431]

Während insbesondere die Herausbildung der Konfektionsindustrie für die Bekanntheit der Berliner Region gesorgt hatte, zeichnete sich Sachsen durch die Vielseitigkeit der textilen Flächengestaltung aus, so dass diese Region nicht nur eine wichtige Stellung in der gesamtdeutschen Textilindustrie einnahm, sondern zudem zu den Haupterwerbszweigen der sächsischen Industrie gehörte. Die Entstehung einzelner, spezialisierter Herstellungszentren, wie im Vogtland oder in der Region um Leipzig, führte dazu, dass auch ein vielgestaltetes Fachschulwesen entstand und Sachsen großes Interesse an der fachlichen Ausbildung im Bereich Textil hatte.[432] Ebenso beeinflussten die Interessen und Anforderungen der Textilindustrie die inhaltlichen Konzepte der Fachschulen, während diese von staatlicher Seite finanziell und materiell unterstützt wurden. So wurden Kosten für den Unterhalt der Lehreinrichtungen teilweise übernommen, Lehrmittel zur Verfügung gestellt oder auch Maschinen des derzeit neuesten Standes der Technik angeschafft. Die Vielgestaltigkeit der Schulen ergab sich somit aus den Strukturanforderungen der Dezentralisierung und Anbindung an die örtlichen Industrien, während Sachsen zudem über die meisten Textilfachschulen in Deutschland verfügte.[433] Die Ausbildungslandschaft erstreckte sich auf die Fachgebiete der Weberei und Spinnerei, der Herstellung von Spitzen, Stickereien und Posamenten sowie der Färberei. Der praktische und theoretische Fachunterricht in den einzelnen Spezialisierungen wurde ergänzt durch allgemeinbildende Fächer und das Angebot von Weiterbildungskursen im technisch-kaufmännischen Bereich.[434] Renommiert waren u. a. die 1810 gegründete Spitzenklöppelschule in Schneeberg oder die Fachschule für Stickerei und Spitzenindustrie in Plauen, die zum Ende des 19. Jahrhunderts ins Leben gerufen wurde. Auch heute noch werden an der Westsächsischen Hochschule Zwickau in Schneeberg Mode- und Textildesigner ausgebildet. Die Fachschule in Plauen, die ebenso wie die Europäische Moden-Akademie im Jahr 1945 zerstört wurde, sollte 1990 durch die Initiative von Künstlern, Wissenschaftlern und Unternehmen der Textilindustrie als Fachhochschule Vogtland auf Basis des historischen Konzeptes der Schule reorganisiert werden.[435] Bereits Mitte des 15. Jahrhunderts hatte sich die Tuchmacherei und in der zweiten Hälfte des 16.

---

[431] Vgl. Textilkultur in Krefeld.
[432] Vgl. Flämig 1996, S. 9.
[433] Vgl. ebenda, S. 10.
[434] Vgl. ebenda, S. 10-11.
[435] Vgl. ebenda, S. 3.

Jahrhunderts die Verarbeitung von Baumwolle in der Region um Plauen entwickelt, während in den 1770er Jahren die vogtländische Spinnerei eine Vormachtstellung einnahm. Zu Beginn des 19. Jahrhunderts zählte zudem die Herstellung von Spitzen zu den florierenden Industrien. Diese wurde in den 1890er Jahren gekrönt durch die Erfindung des Tülls, für deren Fabrikation Plauen berühmt wurde.[436] Das vogtländische Textilwesen war laut Rüdiger Flämig gekennzeichnet durch eine enge Vernetzung von Gestaltung, Produktion und Handel, so dass der Bedarf nach einer sowohl künstlerisch-ästhetischen als auch technischen Fachbildung zur Gründung der Kunstgewerblichen Zeichenschule 1877 in Plauen führte. Im Fortgang wurden in Plauen hauptsächlich Musterzeichner, Fabrikanten und Facharbeiterinnen im Bereich der Weißwaren ausgebildet. Der Fokus der Einrichtung lag jedoch stets auf der Textilkunst. In diesem Zusammenhang wurde bereits 1878 der Öffentlichkeit eine Muster- und Vorlagensammlung vogtländischer Textilerzeugnisse übergeben, die an die Schule angegliedert war. Im Rahmen der Umwandlung der Lehranstalt zur Vogtländischen Kunstgewerbeschule in Verbindung mit der königlichen Baugewerkschule Ende der 1880er Jahre wurde ein Sammlungshaus für die Textilschätze eingerichtet. Des Weiteren öffneten eine kunstgewerbliche und textiltechnische Bibliothek und das Plauener Textilmuseum sowie ein Tapetenmuseum 1891 die Türen für die Öffentlichkeit, unterstützt durch die Regierung Sachsens. [437] Die Muster-, Bücher-, und Vorbildsammlung diente sowohl der Lehre als auch der Repräsentation, wie es in Krefeld der Fall war. Bereits darauf verwiesen sei, dass begleitend zum Aufbau der Lehranstalt der Europäischen Moden-Akademie eine Fachbibliothek für die Schneiderkunst und ein Lehrmittelmuseum, unterstützt durch Unternehmen des Bekleidungsgewerbes, eingerichtet wurden. Das Wissen und Können, das in Akademien als „Vereinigungen gelehrter Männer verschiedener Berufe zum Zweck der Sammlung, Vermehrung, Prüfung und Verbreitung wissenschaftlicher Erkenntnisse"[438] in Bezug auf ein Fachgebiet vermittelt und erprobt wird, wurde durch die Einrichtungen von Bibliotheken, Lehrmittelsammlungen oder Museen auch in der Öffentlichkeit transparent und diente zudem der Bewahrung kultureller Techniken, in diesen Fällen der Textil- und Bekleidungskunst. Darüber hinaus deuten die zuvor besprochenen Fachschulen und die Spezialisierungen und Erweiterungen der Schulkonzepte zugunsten der Öffnung gegenüber neuen Teilbereichen auf die Notwendigkeit hin, Lehrinhalte über ein spezielles Fachgebiet hinaus in die fachliche Bildung zu integrieren. Unter dem Dach der Textilindustrie wurden somit sukzessive Inhalte der Schneiderkunst integriert, die zum einen den Fortbestand und Erfolg der Schulen unterstützten und zum anderen Möglichkeiten der beruflichen Bildung als Reaktion auf das vielgestaltete Textil- und Bekleidungswesen und den damit einhergehenden Bedarf an fachlich qualifizierten

---

[436] Vgl. ebenda, S. 12-14.
[437] Vgl, ebenda, S. 24-29, S. 75-79.
[438] Stollberg-Rilinger 2005, S. 22.

Arbeitskräften sichern sollten. Zudem spielten und spielen stets fächerübergreifende Kompetenzen eine Rolle in der beruflichen Bildung.

Ein ähnlicher historischer Entwicklungsverlauf wie in Krefeld ist auch bei der Hochschule für Technik und Wirtschaft in Berlin festzustellen. „In dieser Beziehung erhielt die Anstalt in Berlin wegen der Bedeutung der örtlichen Konfektion eine besondere Gestaltung"[439], heißt es bei Max Gürtler, der diesbezüglich vermutlich auf die ehemalige Webeschule und die Eingliederung von Konfektionskursen anspielt. Auf eine mittlerweile fast 150-jährige Geschichte der Textil- und Modeausbildung kann die Hochschule für Technik und Wirtschaft Berlin zurückblicken, die mit zahlreichen Umgestaltungen der Fachschule verbunden war. War Berlin bekannt für die Entstehung der Konfektion, sollte jedoch die fachliche Ausbildung für die Bekleidungsherstellung erst sukzessive in die bereits bestehende institutionelle Struktur einer Webeschule eingegliedert und ausgebaut werden, wie es auch in Krefeld der Fall war.[440] Auf Initiative der Textil-Innung Berlin wurde am 1. Oktober 1874 die Fachschule für Dekomponieren, Komponieren und Musterzeichnen gegründet. Neben dem Berliner Gewerbinstitut, das seinen Betrieb bereits 1824 aufnahm, zählte die Fachschule zu den ältesten Gewerbeschulen Berlins.[441] Die ersten Diskussionen über das Schulkonzept und notwendige Strategien für den Fortbestand der Schule erfolgten bereits in den letzten zwei Dekaden des 19. Jahrhunderts. „Die lediglich der ästhetischen Seite dienende Berliner Anstalt [sei] eingegangen"[442], hieß es 1880 und dies hatte zur Folge, dass die Schule einen Rückgang der Schülerzahlen verzeichnete. 1882 wurde die Fachschule den Berliner Behörden unterstellt und im Fortgang umbenannt in Städtische Webeschule (1886), die Weber, Posamentierer, Tuchmacher und Raschmacher ausbildete und zudem eine Lehrlingsausbildung im kaufmännischen Bereich anbot.[443] Dem Prospekt der Schule aus dem Jahr 1892 ist zu entnehmen, dass die Lehranstalt für den praktischen Unterricht Werkstätten für die mechanische Weberei, für die Handweberei, für die Wirkerei und das Posamentieren eingerichtet hatte. Die praxisbezogene Lehre wurde ergänzt durch sowohl theoretische Vorträge über die textile Flächengestaltung, das Maschinenwesen und die Geschichte der Weberei als auch über die kaufmännischen Wissenschaften. Neben den Arbeitsmitteln und Werkstatträumen verfügte die Schule über eine Bibliothek.[444] Die produktionstechnischen Transformationsprozesse in der Textilindustrie – die Mechanisierung der Weberei und Spinnerei, der steigende Bedarf an Arbeitskräften in den Bereichen der Färberei und in der Herstellung von Maschenwaren – sowie in der Bekleidungsindustrie führten zu Erweite-

---

[439] Gürtler 1929, S. 345.
[440] Vgl. Hüttinger 1999, S. 110-123; vgl. Wefeld 1988, S. 203-211, S. 544-547.
[441] Vgl. Hüttinger 1999, S. 110; vgl. Wefeld 1988, S. 203.
[442] Wefeld zitiert hierbei eine Abhandlung von Hermann Grothe [Die technischen Fachschulen in Europa und Amerika. Ein Bericht, bearbeitet unter besonderer Berücksichtigung der mittleren und niederen Fachschulen. Berlin 1882]. Vgl. Wefeld 1988, S. 203.
[443] Vgl. Hüttinger 1999, S. 111-112.
[444] Vgl. Städtische Webeschule 1892, S. 3, S. 6-8, S. 10-16.

rungen des Schulkonzeptes in den 1890er Jahren. So wurde 1895 ein Kursus für Kaufleute eingerichtet, der sich inhaltlich insbesondere auf die Praxis in der Weberei bezog.[445] Ferner versuchte die Schule, das eigene Profil in Konkurrenz mit anderen Fachschulen zu schärfen. So heißt es in einem Artikel im Berliner Tagesblatt vom 2. August 1895 die Schule sei weniger besucht im Vergleich zu Krefeld, so dass in Berlin die Konzentration der Ausbildung auf die Spezialbranchen der Herstellung von Teppichen, Möbelstoffen, Tüchern, Decken und Stoffen für Damenmäntel gelegt werden solle.[446] Als eine der „wichtigsten Textilfachschulen der Zeit"[447] erweiterte die Berliner Fachschule ihr Schulprogramm durch die Einführungen der Fachgebiete der Konfektion und der Stickerei im Jahr 1903. Die Umstrukturierung war in diesem Zusammenhang eng gebunden an die Erfolgsgeschichte der Konfektionsindustrie um die Jahrhundertwende. Eine detaillierte Erläuterung der Lehrinhalte der Fachausbildung von Ein- und Verkäufern für die Textil- und Konfektionsindustrie, von Musterzeichnern sowie von Konfektionären ist im Programm der Städtischen Höheren Webeschule zu finden. Diese wurde 1896 im Rahmen der Reorganisation des preußischen Textilfachschulwesens erneut umbenannt.[448] Der Kursus im Bereich der Konfektion gliederte sich in zwei Abteilungen. In der Konfektions-Abteilung wurden Konfektionäre und Direktricen für die Herstellung von Damenkleidung ausgebildet. Das Lehrprogramm umfasste dabei die Einrichtung der Stoffe und Zutaten, den Umgang mit der Kundschaft und den Bekleidungsentwurf. Die Abteilung für Maß und Zuschnitt wurde eingerichtet „für gelernte Schneider und Schneiderinnen die sich im Maßnehmen und Zuschneiden für Bekleidungsgegenstände aller Art vervollkommen, technische Fertigkeiten und Warenkenntnisse aneignen wollen [...]"[449]. Auf diesem Gebiet wurde sowohl das Schnittzeichnen, das Maßnehmen und Zuschneiden als auch die Arbeit an Näh- und Knopflochmaschinen, die Bügelei und die Warenkunde behandelt. Hiermit war nun der Grundstein für die Ausbildung der Fachgebiete in der Schneiderkunst an der Textilfachschule in Berlin gelegt. Die Fortentwicklung der fachlichen Bildung und die zunehmende Fokussierung auf den Bereich der Bekleidungsherstellung ist so auch in den Mitteilungen über den Unterrichtsbetrieb der Höheren Fachschule für Textil- u. Bekleidungs-Industrie des Schuljahres 1912/13 herauszulesen[450]. Der Ausbau der modehandwerklichen Abteilung spiegelte sich zudem in den fortlaufenden Umbenennungen der ehemaligen Webeschule wider. Aus der Höheren Fachschule für Textil- u. Bekleidungs-Industrie wurde die Textil- und Modeschule der Stadt Berlin (1932), daran anschließend die Textil- und Modeschule der Reichshauptstadt Berlin. Meisterschule (Fachschule für Damenschneiderei, Mode- und Textilentwurf. Berufsfachschule für Modegraphik, Theaterkostümentwurf, Handweben, Sticken und Wirken, für

---

[445] Vgl. Hüttinger 1999, S. 111-112; vgl. Städtische Webeschule 1895.
[446] Berliner Tagesblatt 1895.
[447] Hüttinger 1999, S. 113.
[448] Vgl. ebenda, S. 112-113; vgl. Städtische Höhere Webeschule 1903, S. 5 ff..
[449] Städtische Höhere Webeschule 1903, S. 13; vgl. ebenda, S. 11-13.
[450] Vgl. Höhere Fachschule für Textil- u. Bekleidungs-Industrie 1913.

Dessinateure und Textilkaufleute) (1939) und schließlich die Fachschule für Textilindustrie und Mode der Stadt Berlin (1945).[451]

In den Richtlinien für die Ausbildung in der modehandwerklichen Abteilung der Textil- und Modeschule der Stadt Berlin des Jahres 1933 heißt es, die höhere fachliche Bildung an der Lehranstalt sei gebunden an eine bereits absolvierte Lehre im Bereich der Damen- oder Herrenschneiderei. Die Lehrinhalte, die sowohl in praktischen Übungen als auch im Theorieunterricht vermittelt wurden, bezogen sich auf die Maßschneiderei, den Zuschnitt und das Maßnehmen, die Modellanfertigung, die Bekleidungsgestaltung und die modische Beratung der Kundschaft.[452] Ergänzt wurden die fachspezifischen Inhalte durch Unterrichtseinheiten in den Fächern Kostümkunde, Warenkunde und Buchführung. Die hier nur kurz zusammengefassten Inhalte der Ausbildung und die Bezeichnung *modehandwerkliche Abteilung* spiegeln die genuine Verknüpfung zum Handwerk und dem Tätigkeitsbereich des Schneiders wider. „Die Schule in Berlin ist, soweit mir bekannt, bisher die einzige in Preussen, wenn man nicht die Modeklassen des Lette-Vereins und der Reimannschule in Vergleich ziehen will"[453], die ein entsprechendes Programm anbot, ließ die Oberschulrätin Fuhr in diesem Zusammenhang verlauten. Weiter führt diese aus, dass „der Beruf, dem die Teilnehmer zustreben, noch zu wenig fest umrissen [ist] und im wesentlichen erst geschaffen werden muss"[454]. Der Begriff der *Mode* war erst in den schriftlichen Dokumenten der Berliner Lehranstalt in den zwanziger Jahren des 20. Jahrhunderts aufgetaucht und „die Mode stelle an die schaffenden Künstler in Handwerk und Industrie immer höhere Anforderungen"[455]. So wurden Modeabteilungen auch in das Programm von Kunstgewerbeschulen integriert, „anstatt die Dinge dort zu konzentrieren, wo sie naturgemäß besser zusammenpassen"[456]. Die Auflösung der Schneiderwerkstatt bedingt durch die wirtschaftlichen und produktionstechnischen Transformationsprozesse des 19. Jahrhunderts hatte zur Folge, dass nicht nur der ganzheitliche Prozess der Herstellung von Bekleidung zergliedert wurde, sondern dass die große Herausforderung darin bestand, eine berufliche Ausbildung zu bieten, die dieser Fragmentierung gerecht werden konnte. Dabei war es essentiell, die Tätigkeitsbereiche und Schwerpunkte neu zu definieren. In diesem Zusammenhang konnten sich die beiden komplementären Fachgebiete der Bekleidungstechnik und der Bekleidungsgestaltung herausbilden.

Nicht weiter thematisiert werden an dieser Stelle die allgemeinen wirtschaftspolitischen und bildungsgeschichtlichen Entwicklungen des technischen Ingenieurwesens und die Fortentwicklung des technischen Fachschulwesens im 20. Jahrhundert. Anzunehmen ist jedoch

---

[451] Vgl. Hüttinger 1999, S. 110-123.
[452] Textil- und Modeschule der Stadt Berlin 1933, S. 6-8.
[453] Ebenda, o. S.
[454] Ebenda, o. S.
[455] Wefeld 1988, S. 206.
[456] Ebenda, S. 206.

die Tatsache, dass die Entwicklung der heutigen Hochschule für Technik und Wirtschaft Berlin in diesem Kontext zu betrachten ist. Die Umstrukturierung der Schule in den 1950er Jahren mit dem Fokus auf der Ausbildung von Meistern, Technikern und Ingenieuren für die Bekleidungsindustrie hatte zur Folge, dass die Fachrichtungen im Bereich der traditionellen Textilgestaltung eingeschränkt wurden. Im Fortgang lag der Schwerpunkt der Ausbildung auf den Gebieten der Modegestaltung, des Modehandwerks, der Modegrafik und der Herstellung von Theaterkostümen. In Kritik geriet jedoch weiter ein vermeintlich fehlendes klares Schulkonzept. 1954 entstand im Folgenden die Fachschule für Bekleidung Berlin – ein Zusammenschluss aus der ehemaligen Fachschule für Textil und Mode Berlin mit Sitz am Warschauer Platz 6-8 in Berlin-Friedrichshain, der Abteilung Konfektion der Fachschule für Textilindustrie Karl-Marx-Stadt und der Abteilung Bekleidung der Fachschulen für angewandte Kunst Erfurt, Heiligendamm und Leipzig. Bevor die Fachschule 1964 in Ingenieurschule für Bekleidungstechnik umbenannt wurde, genossen etwa 1000 Ingenieure und 300 Gestalter eine fachliche Ausbildung am Warschauer Platz. Bis 1970 umfasste das Schulprogramm drei grundlegende Spezialisierungen. Ausgebildet wurden Produktions-Ingenieure für die Vorbereitung, Organisation und Durchführung der Produktion, Ingenieur-Ökonomen und Gestalter für industrielle Erzeugnisse.[457] 1989 wurde die Fachschule eingegliedert in die Ingenieurschule Berlin als Sektion Bekleidungstechnik. Hierbei lag der Fokus auf den Bereichen der Produktentwicklung und Konstruktion von Bekleidung. Zu den Lehrinhalten zählten in diesem Zusammenhang technologische Grundlagen, die Verarbeitungstechnik und die Gestaltung der Produktionsprozesse der Bekleidungsindustrie. Die gestalterische Ausbildung war vorwiegend an der Kunsthochschule Weißensee und an der Hochschule für industrielle Formgestaltung Halle-Giebichenstein angesiedelt. Im Rahmen der Gründungen von Fachhochschulen in den 1970er Jahren etablierte sich bereits die Ausbildung von Diplom-Ingenieuren der Bekleidungstechnik unter der Prämisse der „Umsetzung naturwissenschaftlicher und neuerdings auch wirtschafts- und geisteswissenschaftlicher Erkenntnisse in Produkten, Verfahren, Produktionstechniken und Programmen"[458]. Die Bekleidungskonstruktion, so stellt es Elke Domke in ihrer Dissertation dar, bildet die Schnittstelle zwischen der Gestaltung bzw. dem Design und der technischen Umsetzung – der Konstruktion. Sollten sich in diesem Zusammenhang unterschiedliche Spezialisierungen der Bekleidungsgestaltung und Bekleidungstechnik in Ausbildung und Studium herausbilden und etablieren, fügt Domke hinzu, dass letztendlich ein kreativer Bekleidungstechniker gleichzeitig ein technischer Designer zu sein hat[459]. Ein umfassendes Wissen und Können bezüglich eines ganzheitlichen Arbeitsprozesses von der Idee bis zur Realisation wird somit im Grunde genommen, trotz der fortschreitenden Arbeitsteilung und Zergliederung der Produktionsprozesse der Bekleidungsindustrie, durch

---

[457] Ingenieurschule für Bekleidungstechnik 1966, S. 2.
[458] Gassert 1995, S. 83; auch Elke Domke zitiert Gassert. Vgl. Domke 1998, S. 15-16.
[459] Vgl. Domke 1998, S. 50.

eine Trennung zu Stückwerk. „Im Prinzip sind Design und Konstruktion zwei Aspekte einer Sache, deren Trennung widernatürlich war und ist.“[460] Die Elastizität und Flexibilität der Herstellungsorganisation in der Bekleidungsindustrie, die zuvor erörtert wurde, lässt Raum für und fordert gleichermaßen ein abgestuftes berufliches Bildungswesen mit entsprechenden Spezialisierungen. Seit 1990 sind der Fachbereich Bekleidungstechnik und die Studienrichtung Bekleidungsgestaltung wesentliche Bestandteile des Studienangebots der Fachhochschule für Technik und Wirtschaft Berlin, heute Hochschule für Technik und Wirtschaft Berlin.[461] Bis zur Reorganisation des Hochschulraums im Zuge der Bologna-Reform konnten Studierende der Fachhochschule für Technik und Wirtschaft ihren Abschluss als Diplom-Ingenieur für Bekleidungstechnik oder als Diplom-Designer für Bekleidungsgestaltung erwerben. Das Studienprogramm der Bekleidungstechnik ermöglichte zudem die Spezialisierung in den Bereichen Technik und Schnittgestaltung. Letztere umfasste neben einem naturwissenschaftlichen Grundlagenstudium den Erwerb von Qualifikationen in den Bereichen der Kollektionserstellung, der Bekleidungskonstruktion, der manuellen und rechnergestützten Schnittgestaltung, der Gestaltungslehre und Warenkunde sowie in der Betriebswirtschaft, Arbeitswissenschaft und Fertigungstechnik.[462] Sowohl die Fachrichtungen Modedesign als auch Bekleidungstechnik sollen den Nachwuchs durch die Kombination von gestalterischen und fachspezifischen Kompetenzen für die Bekleidungsindustrie vorbereiten, während hierbei auch naturwissenschaftlich-technische, betriebswirtschaftliche und auch überfachliche allgemeinbildende Kenntnisse Berücksichtigung finden. Während die Ausprägung der Kreativität und die marktwirtschaftliche Machbarkeit von Entwürfen und modernen Technologien der Zukunft im Fokus des Designstudiums stehen, ist der Bekleidungstechniker vorwiegend mit der Entwicklung und Realisierung der Produkte und des Produktionsprozesses beauftragt, „damit aus phantasievollen Entwürfen tragbare Stücke werden“[463].

Hatte Friedhelm Schütte den Textilfachschulen eine Sonderstellung zugesprochen und diesen dabei den Status technischer Fachschulen aberkannt, sind dagegen bei Hans Joachim Wefelds historischer Aufbereitung des 300-jährigen technischen Schulwesens detaillierte Darstellungen der unterschiedlichen Lehranstalten zu finden, deren Schwerpunkt auf der Ausbildung von Gestaltern und Technikern für die Bekleidungsindustrie lag und noch liegt. Bereits erwähnt wurde, dass die Geschichte des Textilfachschulwesens in der Forschung ausführlicher behandelt wurde als die historische Rekonstruktion der Ausbildung im Bekleidungsgewerbe, so dass sich Wefelds Arbeit in diesem Zusammenhang als äußerst in-

---

[460] Ebenda, S. 56.
[461] Vgl. Hüttinger 1999, S. 118-123.
[462] Detaillierte Informationen zum Studienprogramm der Fachgebiete Bekleidungstechnik und Bekleidungsgestaltung. Vgl. Fachhochschule für Technik Berlin-Lichtenberg 1990, S. 10, S. 69 ff..
[463] Hüttinger 1999, S. 58; vgl. ebenda, S. 57-59; siehe auch das aktuelle Studienangebot der Hochschule für Technik und Wirtschaft Berlin. Vgl. Hochschule für Technik und Wirtschaft 2018a; vgl. Hochschule für Technik und Wirtschaft 2018b.

formativ erweist. Implizit deutet dieser darauf hin, dass das Fachgebiet der Bekleidungsherstellung sehr wohl als wissenschaftlich-technische Disziplin wahrgenommen werden
muss. Neben der Darstellung der Entwicklung der ehemaligen Städtischen Webeschule
Berlin führt Wefeld weitere Fachschulen auf, die exemplarisch für das abgestufte und vielgestaltete berufliche Bildungswesen für das Bekleidungsgewerbe stehen. Zu nennen sind
hierbei die Ausbildungsprogramme am Lette Verein und am Oberstufenzentrum Bekleidung und Mode in Berlin.[464] Beide Lehreinrichtungen spiegeln die inhaltliche Vielfalt in
der fachlichen Bildung im Bekleidungsgewerbe und die Stufung des beruflichen Bildungswesens wider. Wurde zuvor die Unschärfe des Profils der Berliner Webeschule und die
erforderliche Präzisierung der Ausbildungsgänge und die damit verbundenen Definitionen
der anschließenden Tätigkeitsfelder und Berufsprofile angedeutet, zeigt die Geschichte des
Lette Vereins, das Potential, neue Wege in der beruflichen Bildung zu gehen im Kontext
der Industrialisierung. Eine spezielle Bedeutung misst Wefeld der Stiftung zu, „weil die
Erlernung solcher Berufe und Fertigkeiten, die dem weiblichen Wesen angeblich nicht entsprachen, im Vordergrund standen und stehen"[465]. Die von Wefeld als technische Berufsfachschule bezeichnete Einrichtung war ein Träger von Privatschulen und maßgeblich für
die Entwicklung von u. a. Medizinisch-Technischen Assistenten und Metallographen als
neue berufliche Spezialisierungen verantwortlich, die nach einer Ausbildung am Lette
Verein zunächst nur von Frauen ausgeübt wurden.[466] „[A]ls einen institutionellen Reprä-
sentanten gegenwärtiger Modernität, die ihre Wurzeln hat in der Industrialisierung des 19.
Jahrhunderts, durch die nicht nur der Einfluß der ökonomischen Rahmenbedingungen auf
den einzelnen wuchs, sondern auch die Bedeutung des einzelnen für den ökonomischen
Fortschritt"[467], wurde die Lehranstalt angesehen. Im Vordergrund standen seit der Gründung des Lette Vereins 1866 die Aus- und Weiterbildung von Frauen. In den Anfängen
bemühte sich der Verein um die Arbeitsvermittlung von Lehrerinnen und Erzieherinnen für
Musikunterricht und Handarbeiten, während bereits im Mai 1866 der sogenannte Viktoria-
Bazar ins Leben gerufen wurde. Dort wurden Handarbeiten und künstlerische Erzeugnisse
von Frauen ausgestellt und verkauft. Deutlich wurde in diesem Kontext eine fehlende Pro-
fessionalität in den kunsthandwerklichen Ausführungen, so dass der Bedarf nach entsprechenden Ausbildungsmöglichkeiten für das weibliche Geschlecht stieg. Im Fortgang wurden Kurse an Schulinstituten in Zusammenarbeit mit Betrieben angeboten, bevor im
Oktober 1870 eine Gewerbeschule im Bazar für den Wäschezuschnitt, das Maschinennähen,
für gewerbliches Zeichnen und Handelswissenschaften eröffnet wurde. Des Weiteren
wurde die Handels- und Gewerbeschule in einen handelswissenschaftlich-sprachlichen Bereich und eine technische Abteilung unterteilt, deren Kursangebot auf die Entwicklung der

---

[464] Vgl. Wefeld 1988.
[465] Ebenda, S. 304.
[466] Siehe Geleitwort von Hans-Dieter Fussan. Vgl. Obschernitzki 1987, o. S..
[467] Ebenda, o. S. (Vorbemerkung).

128

späteren Berufsfachschule hinweist.[468] Zum Fächerkanon der gewerblichen Abteilung gehörten seitdem das gewerbliche Zeichnen, die Zuschneidekunst für das Schneiderhandwerk und die Konfektionsindustrie, der Wäschezuschnitt, Hand- und Maschinennäherei und zudem die Herstellung von Kunstblumen und Putz. „Die Schneiderkurse z. B. waren bereits Monate vor Kursusbeginn ausgebucht und konnten nur nach Voranmeldung besucht werden"[469], heißt es in Bezug auf den Erfolg der Schule im letzten Drittel des 19. Jahrhunderts. Ohne die weitere Entwicklung des Lette Vereins im Verlauf des 20. Jahrhunderts im Detail zu erörtern – ähnlich wie die bereits skizzierten Schulkonzeptionen ist diese durch zahlreiche Umwandlungsprozesse begleitet – ist dem Verein noch heute eine Berufsfachschule für Design angegliedert, an der das Fach Modedesign gelehrt wird.[470]

Im westlichen Teil Berlins wurde 1970 die Staatliche Fachschule für Bekleidungstechnik und Bekleidungsgestaltung gegründet. Mit Bezug auf die Bedeutung der Modeindustrie, die sich ursprünglich um den Hausvogteiplatz entfaltet hatte, fehlte derzeit eine ingenieurstechnische Ausbildungsmöglichkeit in West-Berlin, die durch einen Zusammenschluss zweier Berufsschulen, eine davon die 1962 gegründete Berufsschule für das Bekleidungsgewerbe und einer Oberschule entstand. 1979 wurde die Lehranstalt zum Oberstufenzentrum Textiltechnik und Bekleidung reorganisiert und bestand im Folgenden aus einer Berufsfachschule, einer Berufsschule und einer Fachoberschule. Ausgebildet wurden bis 1983 staatlich geprüfte Bekleidungstechniker und Bekleidungsgestalter in 4-semestrigen Lehrgängen, die einen hohen Praxisbezug hatten. Seit Mitte der 1980er Jahre verschob sich der Fokus der Schule auf den Bereich der Bekleidungsgestaltung, während die Bekleidungstechnik aus dem Fächerkanon gestrichen wurde.[471] Heute werden noch immer Textil- und Modenäher, Änderungsschneider, Textil- und Modeschneider, Modedesigner und Assistenten für Mode und Design am Oberstufenzentrum für Bekleidung und Mode ausgebildet. In Abhängigkeit der Vorbildung und Zielsetzung können unterschiedliche berufliche Ausbildungsgrade erreicht werden.[472] Eine Abstufung der Ausbildung hinsichtlich der Abschlüsse, der Inhalte und Dauer wird sich auch im Schulprogramm der Europäischen Moden-Akademie ausprägen.

---

[468] Vgl. ebenda, S. 26-27, S. 46-51.
[469] Ebenda, S. 51.
[470] Vgl. Lette Verein e.V..
[471] Vgl. Wefeld 1988, S. 518-520.
[472] Vgl. OSZ Bekleidung und Mode.

3.4 Die Nischenposition der Zuschneideschulen in der zweiten Hälfte des 19. Jahrhunderts

„Eine der wichtigsten, wenn nicht die wichtigste Frage für ein Gewerbe, ist die Ausbildung [...]. Die Bedeutung dieser Frage ist von allen Ländern durch die jährlich steigende Fürsorge anerkannt, die sich dem Fortbildungs- und Fachschulwesen widmen. [...] Die Textilindustrie verfügt über 37 Fach- und Handelsschulen, die sich in Web-, Spinnerei-, Stickerei- und Wirkschulen zergliedern. [...] Leider ist für die Ausbildung der Lehrlinge so gut wie nichts geschehen und wir stehen fast auf demselben Standpunkte, wie vor 50 Jahren."[473] Sechzig Jahre nach Gründung der Deutschen Akademie der Höheren Bekleidungskunst in Dresden, folgend umbenannt in Europäische Moden-Akademie, zog die Deutsche Fachschule für das Schneidergewerbe unter das Dach der ersten höheren Lehranstalt für Schneider. Während die historische Rekonstruktion dieser Entwicklung noch im Detail behandelt wird, sollen an dieser Stelle die Bemühungen, eine einheitliche Ausbildung im Schneidergewerbe zu institutionalisieren, betont werden. So zeigt die oben angeführte Stellungnahme bezüglich des Antrages eines Mitgliedes des Allgemeinen Deutschen Arbeitgeber-Verbandes des Schneidergewerbes aus dem Jahr 1906, eine entsprechende Fachschule zu gründen, dass sich der Aufbau eines einheitlich organisierten Fachschulwesens für die Schneiderkunst als herausfordernd darstellte. In seinen Ausführungen zu Lehrlings- und Fachschulfragen betonte Hugo Pflugbeil, Direktor der Dresdner Fachschule, in diesem Zusammenhang die Wichtigkeit der praktischen Ausbildung in der Meisterwerkstatt. Der Lehrling lernt in der Werkstatt, so dass keine einheitliche Ausbildung in der Schule möglich ist.[474] Während sich die gemeinschaftlichen Bemühungen vorwiegend auf methodisch-didaktische Aspekte der beruflichen Bildung im Schneidergewerbe bezogen – auf die Verbindung von Theorieunterricht und Praxis – so sind die Hürden für die Entfaltung und Etablierung des Fachschulwesens für das Schneidergewerbe in einem weiteren, insbesondere wirtschaftlichen und auch die soziale Stellung des Schneiders betreffenden Kontextes zu betrachten. Die Nischenposition und der Niedergang der Zuschneideschulen und der Lehranstalten, die sich auf das Schneiderhandwerk konzentrierten, spiegelt zum einen den Status des *armen Schneiders* wider, obwohl es im 19. Jahrhundert intensive Bestrebungen gab, das Ansehen des Handwerks durch die Verwissenschaftlichung der Bekleidungskunst zu heben.[475] „Gilt für das allgemeine Schulwesen das Wort: »Schulgeschichte ist Kulturgeschichte«, so ließe sich mit Bezug auf das fachlich bestimmte Schulwesen sagen: »Fach-

---

[473] Zentralorgan des ADAV 1906. Nr. 30 vom 28. Juli 1906, S. 1.
[474] Vgl. Pflugbeil 1918, S. 10-15.
[475] Ende des 19. Jahrhunderts wurde auf Initiative der Wiener Schneidergenossenschaft die erste Schneiderfachschule errichtet und es entstanden im Fortgang 32 Lehreinrichtungen für Lehrlinge in Wien. Vgl. Sprenger 2010, S. 65; beeinflusst durch Immigranten weist auch Seligman auf die Gründung diverser Zuschneide-Akademien in den USA am Ende des 19. Jahrhunderts hin. Vgl. Seligman 1996, S. 12.

schulgeschichte ist Wirtschaftsgeschichte«"[476], wie es diesbezüglich im Jahr 1930 in der Denkschrift der Textilfachschule in Krefeld heißt. Hatte sich die Struktur der Bekleidungsindustrie im Verlauf des 19. Jahrhunderts in ihren Grundzügen herausgebildet, entwickelte sich parallel und komplementär dazu ein berufliches Fachschulwesen, das sich ebenso durch Flexibilität und Vielfalt auszeichnete. Diese Struktur und die Gliederung in höhere und niedere Ausbildungsgänge und Spezialisierungen haben bis heute Fortbestand. So zeigte die vorherige Darstellung der Ausbildung in der Textil- und Bekleidungsindustrie, dass eine bildungsgeschichtliche Analyse stets kulturgeschichtliche Aspekte beinhaltet, während die Geschichte des Fachschulwesens die wirtschaftlichen Entwicklungen widerspiegelt.[477] Die Gründung der höheren Bildungsanstalt für das Schneidergewerbe in Dresden im Jahr 1850 war in diesem Zusammenhang impulsgebend und vorantreibende Kraft hinsichtlich der Verwissenschaftlichung und Lehrbarkeit des Schneiderhandwerks – im Speziellen der Zuschneidekunst – außerhalb der traditionellen Tradierung des Wissens, einst situiert in der Meisterwerkstatt. Diese Fortschrittlichkeit wird sich im Rahmen der Erörterung der historischen Entwicklung und des Wirkungskreises der Akademie zeigen. Fortwährend vom Niedergang bedroht, aber dennoch fortbestehend, war und ist es zentral für die Ausbildung, feinste Handarbeit zu vermitteln. So gilt es für den ehemaligen Vorsitzenden der bundesweiten Schneider-Innung Volkmar Arnulf, *Maßgeschneidertes* als Qualitätsbegriff und kulturelles Erbe zu erhalten.[478] Von zentraler Bedeutung ist hierbei die Kunst der Schnittgestaltung, das Schneiden nach Maß, so dass das Kleidungsstück für die Qualität der Ausführungen des Schneiders stehen kann. Um die Wende zum 20. Jahrhundert betonte diesbezüglich Michael Müller, Direktor und Gründungsvater der Deutschen Bekleidungs-Akademie, 1891 in München ins Leben gerufen, dass das Zuschneiden die Grundlage des Schneiderhandwerks bildet.[479]

Eine quantitative und qualitative bildungsgeschichtliche Untersuchung der Zuschneideschulen und Zuschneidevereine bleibt aufgrund von fehlenden Daten und mangelndem Quellenmaterial noch offen.[480] Im Rahmen der abschließenden Betrachtung dieser Forschungsarbeit wird jedoch auf diese Fragestellung noch einmal eingegangen. Ebenso wird der rasante Anstieg der Fachliteratur im Bereich der Zuschneidekunst im Kontext der medialen Repräsentation und Zirkulation der Bekleidungstechnik im Fortgang thematisiert. In seiner kulturhistorischen Untersuchung der Zuschneidekunst *„Der Zuschnitt im Wandel der Zeit"* hebt Otto C. J. Niemann die Bekleidungs-Akademie in München und die Zuschneideschule von Rudolf Maurer in Berlin besonders hervor. So heißt es: „[z]wei Zuschneide-

---

[476] Franzen 1930, S. 5.
[477] Vgl. Franzen 1930, S. 5.
[478] Vgl. Arnulf 1988, S. 85.
[479] Deutsche Bekleidungs-Akademie München 1894, S. 4.
[480] Die Rekonstruktion der historischen Entwicklung der Zuschneidevereine und Lehranstalten ist ein interessanter Ansatz für weiterführende Forschungen im Bereich der Ausbildung im Schneidergewerbe.

systeme/ -schulen haben eine große Verbreitung bei den Schneidern (Bekleidungsgewerbe) gefunden, das »Carré-System« und das »Müller-System«"[481]. Als die „[e]rste, grösste, besuchteste, modernste, einzig praktische Zuschneide-Akademie Süddeutschlands und Österreichs, nebst praktischer Bearbeitungsschule"[482] wird die Münchener Akademie in einem Prospekt des Jahres 1894 bezeichnet. „[O]hne nennenswerte Concurrenz"[483], verfolgte die Schule das Ziel, das von Michael Müller erarbeite Schnittsystem zu lehren und zu verbreiten. Der praktische Unterricht des Systems *Die Zukunft*, das dem Schüler zusicherte, nach Absolvieren der Ausbildung in der Lage zu sein, absolut sicher zuzuschneiden, wurde ergänzt durch Vortragsprogramme in der Fachwissenschaft des Schneiders. [484] Über einen schuleigenen Verlag wurden zudem Lehrbücher und Schnittmuster vertrieben. Bereits 1871 gründete Rudolf Maurer die Deutsche Gewerbeschule für Kleidermacher in Berlin, im Fortgang umbenannt in die Berliner Schneider-Akademie von Rudolf Maurer. Dieses privat geführte Institut war ebenso verbunden mit einem Modekunst-Verlag, während die Lehre im Bereich der Schnitttechnik auf dem von Maurer entwickelten *Carré-System* basierte.[485]

Um die Jahrhundertwende bildeten sich zahlreiche Zuschneidevereine, die mit den Schneiderinnungen verknüpft waren. Gruppierungen, die sich aus Absolventen u. a. der Berliner Schneiderakademie zusammensetzten, organisierten Vereinstreffen, in denen das Schnittzeichnen oder die Schnittkorrektur geübt oder auch weiterbildende Vorträge über die Schneiderkunst gehalten wurden.[486] Weiter führt Niemann an, dass seit den 1870er Jahren etwa 250 Zuschneideschulen gegründet und eine „Vielzahl von Zuschneidesystemen, die sich nur unwesentlich unterschieden"[487] entwickelt wurden. So sind in der Fachpresse des Bekleidungsgewerbes des ausgehenden 19. Jahrhunderts diverse Anzeigen zu finden, die sowohl die Zuschneidemethoden und Fachbücher als auch die damit unmittelbar verbundenen Kurse bewarben.[488] Arnulf fügt in diesem Zusammenhang hinzu, dass Ende des 19. Jahrhunderts zahlreiche Vereine zur Förderung der Zuschneidekunst gegründet wurden. Die Benennungen der Vereinigungen, so auch der Verein ehem. F.-Nebelscher-Zuschneideschüler, Akademische Vereinigung für Zuschneidekunst »Billas« oder Verein der ehem.

---

[481] Niemann 1986, S. 37.

[482] Deutsche Bekleidungs-Akademie München 1894, S. 4.

[483] Ebenda, S. 4.

[484] „Es gibt ein Wissen und Können, welches den Zuschnitt absolut sicher und präcis gestaltet. Dieses Wissen und Können lehrt die »Deutsche Bekleidungs-Akademie München«. Deshalb nennen wir dieses System »Die Zukunft«." Ebenda, S. 4.

[485] Vgl. Arnulf 1988, S. 46-47; vgl. Maurer 1922.

[486] Vgl. Arnulf 1988, S. 55-56.

[487] Niemann 1986, S. 37.

[488] In jeder Ausgabe der „*Europäischen Modenzeitung*" sind Anzeigen zu Lehrbüchern zu finden. Vgl. u. a. Europäische Modenzeitung 1852, 6. 1852; siehe auch die Bekanntgabe des Lehrkursus der Deutsche Bekleidungs-Akademie in Dresden. Vgl. Europäische Modenzeitung 1852, 6. 1852; siehe auch die Bewerbung des Schnittsystems von Michael Müller. Vgl. Deutsche Bekleidungs-Akademie München 1894; weitere Ausführungen zu den Inhalten der Fachzeitschriften folgen in Kapitel 6 dieser Arbeit.

Schüler der Zuschneidesch. A. Jürgens, Berlin, gegründet 1896, verweisen auf die Verknüpfung der Vereine mit einer entsprechenden Lehranstalt.[489]

Über die tatsächlichen Inhalte der Ausbildung in der Zuschneidekunst, die Qualität und Praxistauglichkeit der gelehrten Systeme, den räumlichen Wirkungskreis oder die Anzahl der Schulbesuche an den Zuschneideschulen kann leider keine Auskunft gegeben werden. Offen bleibt an dieser Stelle auch die Frage, inwieweit man überhaupt von Schulen oder Lehranstalten im klassischen Sinne sprechen kann. Entscheidend ist jedoch, dass die Vielzahl von Aus- und Weiterbildungsmöglichkeiten in der Schnitttechnik in Form von Kursen, Vereinsabenden, Vortragsreihen o. ä., initiiert von Zuschneidevereinen, Lehranstalten oder auch Einzelpersonen, die Relevanz des Formalisierungsprozesses der Zuschneidekunst und die unterschiedlichsten, flächendeckenden Bemühungen zeigen, ein universell gültiges Regelwerk der Schnitttechnik zu begründen. Diese weisen somit auch auf die hohe Bedeutung der Zuschneidekunst hin. Darüber hinaus zeigen die Versuche der Institutionalisierung der Ausbildung speziell in diesem Bereich, dass die Struktur der fachlichen Bildung des Schneiders im 19. Jahrhundert noch in den Kinderschuhen steckte. Die Europäische Moden-Akademie kann in diesem Sinne als Triebfeder für die Entwicklung der Zuschneideschulen gesehen werden, eine höhere berufliche Bildung im Schneiderhandwerk ausgehend von der Zuschneidekunst zu denken. Allein die Deutsche Bekleidungs-Akademie in München, gegründet von Michael Müller, besteht bis heute als M. Müller & Sohn – Fachschule für Mode und Schnitttechnik in Düsseldorf fort.[490]

---

[489] Vgl. Arnulf 1988, S. 56.
[490] Vgl. Müller & Sohn Düsseldorf.

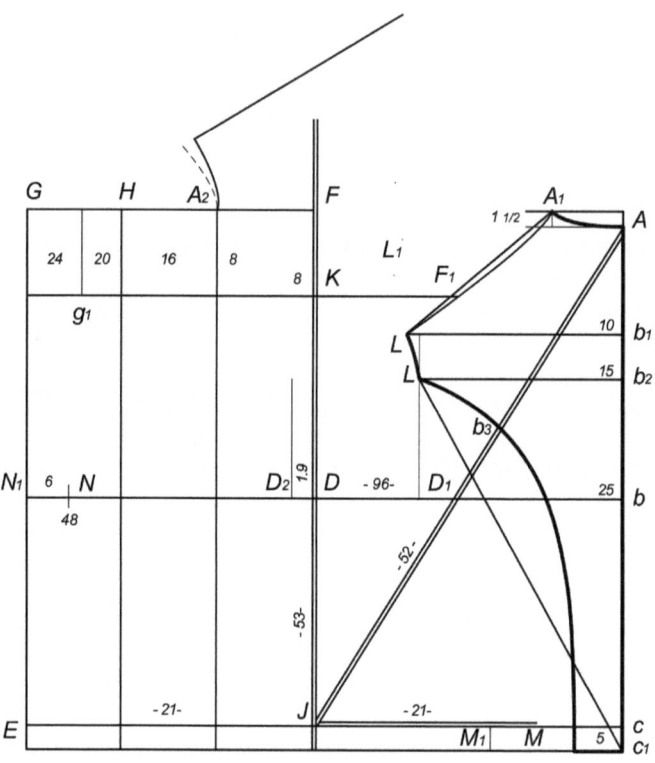

Figur 4

Abb. 4: Figur 4 – Schnittzeichnung nach der Konstruktionsanleitung für den Gehrock nach Wendelin Mottl. Entwicklungsstufe 4. *Quelle: Grafik von Lilly-Britt Weiß, 2018 (Legende: siehe Anhang B)*

„Die Gründung der Akademie hat vielfach zu
Nachahmungen Veranlassung gegeben,
aber diese sind weit gegen das geschaffene
Vorbild zurückgeblieben, [...]. "[491]

Auszug aus der Denkschrift zum 50-jährigen Bestehen
der Europäischen Moden-Akademie, 1900

4. Die erste höhere Bildungseinrichtung für das deutsche Schneidergewerbe – Die Europäische Moden-Akademie

4.1 Institutionengeschichte der Europäischen Moden-Akademie (1850-1900)

„Die Europäische Modenakademie ist eine Körperschaft von Fachmännern aller Nationen, welche einerseits die wissenschaftliche Aus- und Fortbildung der Bekleidungskunst, andererseits die Veredlung der Bekleidungsmode erstrebt, um Letztere sowohl den allgemeinen ästhetischen Begriffen, als auch den nationalen Bedürfnissen anzupassen"[492], heißt es im Entwurf des revidierten Statuts der ersten höheren Bildungseinrichtung für das Schneidergewerbe im deutschsprachigen Raum des Jahres 1862. Wissenschaftshistorische Fragestellungen aufnehmend, die die Professionalisierung von Berufsgruppen und die Entstehung und Zirkulation von Wissen durch Netzwerke oder Institutionen behandeln, wird die 1850 in der Residenzstadt Dresden gegründete Akademie im Folgenden als *Raum des Wissens* untersucht.[493] Die zuvor dargelegten Entwicklungen des Bekleidungsgewerbes im Kontext der fortschreitenden Industrialisierung im 19. Jahrhundert und die damit verbundenen erweiterten Anforderungen an die Qualifikationen und die Ausbildung im Schneiderfach führten zu Transformationsprozessen der Tradierung des handwerklichen Wissens und der Generierung und Verbreitung von neuen Wissensbeständen. Werden die unterschiedlichen Formen und der Prozess der Formalisierung des Wissens der Zuschneidekunst im anschließenden Kapitel erörtert, bildet die Europäische Moden-Akademie den institutionellen und ideellen Rahmen für diesen Prozess, der unter Aufnahme der *Dimensionen der Räumlichkeiten von Wissen* nach Martina Heßler und der wissenshistorischen Ansätze von Mitchell G. Ash untersucht wird. So wird zum einen die Akademie innerhalb ihres spezifischen geographischen Raumes analysiert. In diesem Zusammenhang sind die institutionelle Ausformung und das Netzwerk von Akteuren und die lokalen Bedingungen der Institutionalisierung zu untersuchen. Zum anderen werden die sozialen und gesellschaftlichen Möglich-

---

[491] Europäische Moden-Akademie 1900, S. 7-8.
[492] Europäische Moden-Akademie 1862, S. 3.
[493] Vgl. Gugerli/ Speich Chassé 2012, S. 94; vgl. Sarasin 2011, S. 168-171.

keiten der Akteure hinsichtlich des Austauschs von Fachmeinungen, von Motiven der För-
derer in Forschung und Lehre und hinsichtlich der Kommunikation des Selbstverständ-
nisses der Berufsgruppe des Schneiders erörtert. Darüber hinaus werden die Formen der
Inszenierung und Zirkulation des Wissens durch Fachzeitschriften, Ausstellungen oder die
Errichtung einer Bibliothek dargestellt.[494] Im Folgenden zeigt sich, dass die Dresdner
Bildungseinrichtung als zentraler *Wissensspeicher* auf dem Gebiet der Schneiderkunst im
Rahmen der Formalisierungsprozesse des Wissens im 19. Jahrhundert fungierte und ihre
Analyse es ermöglicht, die Bedingungen der Generierung, den Austausch und den Zugang
zu diesem Wissen abzubilden.[495]

Hervorzuheben ist, dass die Akademie in Dresden 1850 ausschließlich auf Basis der Privat-
initiative von Gustav Adolf Müller, seinerzeit Inhaber eines Schneiderfachgeschäftes am
Neumarkt in Dresden, und Johann Heinrich Klemm, Lehrender der Zuschneidekunst und
Redakteur aus Leipzig, aufgebaut und weiterentwickelt wurde. Dagegen waren die Textilfachschulen oder auch Handwerker- und Kunstgewerbeschulen im 19. Jahrhundert staatlich
oder städtisch initiierte und geförderte Institutionen, die in Verbindung mit Gewerbevereinen und der regionalen Industrie entstanden.[496] So gründete Peter Wilhelm Beuth, Leiter
der Abteilung für Handel und Gewerbe Preußens und Gründer des Vereins zur Beförderung
des Gewerbefleißes in Preußen, 1821 das Berliner Gewerbeinstitut, während die Errichtung
der Fachschule auf staatlichen gewerbepolitischen Fördermaßnahmen im Kontext der Neu-
organisierung des technischen Schulwesens basierte.[497] Ein weiteres Beispiel ist die Gründung einer höheren Gewerbeschule durch die Regierung Hannovers 1831, die sich unter
der Leitung von Karl Karmarsch zu einer polytechnischen Schule für die Ausbildung von
Technikern und Ingenieuren für den Staatsdienst entwickelte. Besondere Verdienste erwarb
sich Karl Karmarsch, der im Übrigen der Sohn eines Schneidermeisters war, im Hinblick
auf die Erarbeitung einer vergleichenden Technologie als eine Erfahrungswissenschaft, die
naturwissenschaftliche und technisch-praktische Kenntnisse vereinte und im Fortgang zur
Herausbildung einzelner technologischer Fachrichtungen führte und somit die Basis für die
Ausbildung von Ingenieuren in Deutschland im 19. Jahrhundert schaffte.[498] Während auch
die Entstehung der Landwirtschaftswissenschaft insbesondere in Verbindung zu Albrecht
Daniel Thaer gesehen wird, werden die Leistungen von Klemm und Müller in der Forschung zwar anerkannt, aber weniger in einem die Entwicklung einer „Bekleidungswissen-
schaft" betreffenden Kontext wertgeschätzt. Die Erörterung ihres Schaffens bezieht sich

---

[494] Zum *spatial turn* in der Wissenschaftsgeschichte. Vgl. Heßler 2007, S. 16-21; vgl. Ash 2000.
[495] Sonja Petersen verwendet u. a. den Begriff des *Wissensspeichers* in ihrer Abhandlung über das Wissen im Klavierbau im 19. und 20. Jahrhundert. Dabei bezieht sie sich auch auf Ash und Heßler. Vgl. Petersen 2011, S. 20-27.
[496] Vgl. Kühne 1929; vgl. Muthesius 1929; vgl. Gürtler 1929; vgl. Jost 2003, S. 299-326; vgl. Hüttinger 1999; vgl. Flämig 1996.
[497] Vgl. Drees 1996, S. 213-214.
[498] Vgl. Scholl 1996.

zum einen auf ihren Beitrag, die Zuschneidekunst fortzuentwickeln, und zum anderen auf ihre Tätigkeiten im Rahmen der Europäischen Moden-Akademie. Im Gegensatz zu den eben aufgeführten Institutionen, deren Errichtung geknüpft ist an einzelne Personen, handelte es sich indessen um staatliche Einrichtungen. Eine Sonderstellung nimmt hierbei die Europäische Moden-Akademie als höhere Bildungsanstalt für das Schneidergewerbe ein, und so auch die privat initiierten Gründungen von Zuschneideschulen im 19. Jahrhundert, wie bspw. die Lehranstalten von Michael Müller in München und Rudolf Maurer in Berlin.[499] Anzunehmen ist es, dass das fehlende staatliche Interesse der Förderung einer beruflichen Aus- und Fortbildung im Schneiderhandwerk im Zusammenhang mit den Strukturen der Produktion und der Rekrutierung von Arbeitskräften im Bekleidungsgewerbe gewertet werden muss. Hierbei spielen insbesondere geringere Anforderungen an die Arbeitsleistungen in der Konfektionsindustrie, die Möglichkeiten des Anlernens in der sich herausbildenden Industrie und die Fertigung von Bekleidung in Werkstätten und Heimarbeit eine Rolle, die im vorherigen Kapitel erörtert wurden.

Die Darstellung der Konstituierung der Dresdner Akademie und ihres Wirkungskreises wird jedoch zeigen, dass Müller und Klemm als Privatpersonen eine Institution und eine damit verbundene Vereinigung von Schneidern ins Leben riefen, die sowohl die berufliche Bildung als auch gewerbepolitische, soziale und gesellschaftliche Belange vorantrieben, wie es auch bei staatlich geförderten Einrichtungen oder Gewerbevereinen im 19. Jahrhundert der Fall war. Auszüge eines Briefwechsels aus dem Jahr 1849 zwischen Gustav Adolf Müller und Johann Heinrich Klemm belegen die Ziele und Motivationen der beiden zur Gründung der ersten deutschen Bekleidungsakademie.[500] Am 1. Juli 1850 nahm die Deutsche Akademie der Höheren Bekleidungskunst in den Räumlichkeiten Müllers ihren Lehrbetrieb auf. Die Einrichtung wurde am 25. August 1851 durch die Konstituierung einer Versammlung als öffentliches Institut anerkannt.[501]„Die akademische Bekleidungs-Lehranstalt hat den Zweck, jüngere Fachgenossen in der Bekleidungskunst nach wissenschaftlichen Grundsätzen und Regeln, sowie nach den neuesten Resultaten, welche die Bestrebungen der Akademie ergeben, dahin auszubilden, daß sie den zeitgemäßen Anforderungen des Publikums in ihrem Fache möglichst vielseitig zu entsprechen im Stande seien."[502] Mit diesen Worten beschrieben Müller und Klemm im Statut der Akademie des Jahres 1856 die übergeordnete Funktion des Instituts. Ihr Anliegen war es, das Ansehen des Schneiders zu

---

[499] Vgl. Kapitel 3.4.
[500] Weitere biographische Informationen zu Klemm und Müller sind in der Denkschrift zum 50-jährigen Bestehen der Akademie zu finden. Vgl. Europäische Moden-Akademie 1900, S. 8-15; siehe auch die Dokumentation des Briefwechsels zwischen Müller und Klemm. Vgl. ebenda, S. 16-12.
[501] Vgl. ebenda, S. 23-29, S. 34.
[502] Deutsche Bekleidungs-Akademie Dresden 1856, S. 7.

erhöhen, sprich die „Veredlung" des Berufs der Bekleidungskunst[503] zu fördern, denn der „Schneider ist der Vater der Mode, der Großvater des herrschenden Geschmacks, der Fabrikant der Schönheit und der Geburtshelfer der Grazie."[504] Die Aufwertung des Schneiderhandwerks bedurfte in ihren Augen insbesondere der Institutionalisierung von Aus- und Fortbildungsmöglichkeiten und die Formalisierung eines in ihren Worten wissenschaftlichen Wissens der Bekleidungskunst. Durch den Zusammenschluss der Schneider beabsichtigten die Gründer, ihr Ziel zu verwirklichen. Zudem strebten Müller und Klemm die Entfaltung einer eigenständigen deutschen Mode an, deren Entwicklung auch durch den Austausch der Mitglieder der Akademie untereinander unterstützt werden sollte. Die folgende Darstellung der Geschichte der Dresdener Einrichtung von der Gründung der Akademie 1850 über die Umbenennung und Erweiterung zur Europäischen Moden-Akademie bis zur Zerstörung im Jahre 1945 wird wertvolle Erkenntnisse bezüglich des physisch-geografischen Wirkungsgrades der Wissensstätte und dem Einsatz der Mittel zur Erfüllung der Akademieziele liefern. Im Anschluss werden dann die Gründungsmotive noch einmal aufgenommen, um die damit verbundenen Aktivitäten nebst ihrer Organisation darzustellen, für die Müller und Klemm den institutionellen Rahmen schufen. Im Überblick gehörten zu den dafür vorgesehenen Maßnahmen: 1. die Errichtung einer Lehranstalt, 2. die Förderung eines fachwissenschaftlichen Austauschs durch die Herausgabe von Zeitschriften, 3. Gutachtertätigkeiten sowohl zu technisch-gestalterischen als auch die Interessen des Schneidergewerbes betreffenden Fragestellungen, bspw. durch öffentliche Ausschreibungen, und 4. die Unterstützung der Ausbildung des Nachwuchses durch die Vergabe von Stipendien.[505] Im Rahmen der Fortentwicklung der Akademie wurde der Aktionsradius, wie sich noch zeigen wird, durch weitere Maßnahmen wie den Aufbau einer Bibliothek und Bestrebungen, Zweigstellen der Bildungseinrichtung zu gründen, erweitert.

Als die Akademie ihren Betrieb aufnahm, teilten sich Gustav Adolf Müller und Johann Heinrich Klemm das Amt des Direktoriums. Müller bekleidete diese Position bis zum Jahre 1873, während Klemm bis zu seinem Tod 1886 Direktor der Akademie war. Beide waren verantwortlich für die Interessensvertretung des Instituts nach innen und außen. Sowohl die Lehranstalt als auch der gegründete Verlag Europäische Modenzeitung waren zunächst Privateigentum der Direktoren. Zu ihrem Verantwortungsbereich zählte die Ernennung von Mitgliedern, sprich von „gebildeten Fachgenossen", die entweder durch die Zahlung von Mitgliedsbeiträgen oder durch das Verfassen von fachwissenschaftlichen Schriften die

---

[503] „Die deutsche Bekleidungsakademie ist eine Vereinigung von Fachmännern zur Ein- und Durchführung einer selbstständigen deutschen Bekleidungsmode, zur Veredelung des Berufs der Bekleidungskunst und zur Fortbildung in derselben." Ebenda, S. 2.
[504] Zitat aus der protokollierten Abschlussrede der 4. Generalversammlung der Akademie aus dem Jahr 1862. Theuerle 1862, S. 63.
[505] Siehe *„Erster Abschnitt. Wesen, Zweck und Wirksamkeit der deutschen Bekleidungs-Akademie. § 2. Mittel zum Zweck".* Vgl. Deutsche Bekleidungs-Akademie Dresden 1856, o. S..

Zwecke der Akademie unterstützten.[506] Die Schulleitung war neben verwaltungstechnischen Aufgaben zudem verbunden mit der Auswahl, Anstellung und Besoldung des Lehrpersonals und der Gestaltung des Lehrplans. Aufgenommen wurden Schüler, die durch eine Prüfung hinreichende technische Fähigkeiten im Schneiderfach vorweisen konnten.[507] Die Stipendienkasse aus den gezahlten Beiträgen oder Schenkungen wurde im Zuge der Reorganisation der Akademie im Anschluss an die Generalversammlung 1862 in Heidelberg in einen Stiftungsfonds umgewandelt, durch den sich die finanziellen Belastungen und Verantwortlichkeiten von Müller und Klemm reduzierten und Mittel für Erweiterungsmaßnahmen der Akademie, wie den Bau eines Akademiegebäudes, generiert werden sollten. Fortan war ein Verwaltungsrat zuständig für die vermögenstechnischen Belange des Instituts.[508] Die „Europäische Modenzeitung", die zunächst das Hauptorgan der Deutschen Bekleidungsakademie sein sollte und noch heute als die älteste Fachzeitschrift des Schneidergewerbes gilt[509], lag zudem im Verantwortungsbereich von Klemm und Müller. Als schaffend, belehrend und bildend bezeichneten die beiden Verleger und Redakteure die Zeitschrift, die Beiträge zum Wechsel der Moden Europas, zu den bildenden Künsten, zu Themen angrenzender Industriezweige und technische Schriften zur Bekleidungskunst publizierte und gleichermaßen die Einführung einer deutschen Mode fördern und verbreiten sollte. Dieses öffentliche Organ der Akademie enthielt zudem sowohl Gutachten von Mitgliedern, Protokolle der Generalversammlung, die Rechenschaftsberichte des Direktoriums als auch die Lehrpläne der Anstalt. Auch diente dieses Medium dazu, ganze Lehrbücher der Zuschneidekunst, so auch Müllers Werk über die *Anthropo-Trigonometrie*, in monatlichen Teilveröffentlichungen publik zu machen.[510] In diesem Zusammenhang wurden die Mit-

---

[506] Siehe „*§ 6. Rechte und Pflichten der Mitglieder*" des Statuts. Vgl. ebenda, S. 3; siehe auch „*§ 6. Rechte und Pflichten der Mitglieder*". Vgl. Europäische Moden-Akademie 1862, S. 4-6.
[507] Siehe „*Vierter Abschnitt. Die Lehranstalt. § 7*". Vgl. Deutsche Bekleidungs-Akademie 1856, S. 7; siehe „*Vierter Abschnitt. § 17. Organisation der Bekleidungs-Akademie*". Vgl. Europäische Moden-Akademie 1862, S. 12.
[508] Siehe „*Zweiter Abschnitt. Teilnahme an der deutschen Bekleidungsakademie und Verwaltung derselben. § 4. Ernennung der Mitglieder*", „*§ 10. Das Direktorium*". Vgl. Deutsche Bekleidungs-Akademie 1856, S. 2, S. 5-6; siehe „*Zweiter Abschnitt. Theilnahme an der Europäischen Modenakademie und an deren Verwaltung*", „*§ 10. Der Stiftungsfond*". Vgl. Europäische Moden-Akademie 1862, S. 7.
[509] Zwischen 1851 und 1902 wurde das Hauptorgan der Europäischen Moden-Akademie unter folgendem Titel veröffentlicht: „*Europäische Modenzeitung für Herrengarderobe: Hauptorgan des deutschen, französischen und englischen Modegeschmacks. Verlag Klemm & Weiß Dresden*". Im Fortgang, vermutlich bis 1938, wurde die Fachzeitschrift als „*Europäische Modenzeitung; EMZ; älteste deutsche Schneider-Fachzeitschrift; offizielles Organ der Genossenschaft Europäische Moden-Akademie*" bezeichnet. Siehe dazu u. a. die bibliographischen Informationen im Katalog der Sächsischen Landes- und Universitätsbibliothek.
[510] Siehe „*Dritter Abschnitt. Das öffentliche Organ der deutschen Bekleidungsakademie. § 14. Die Modenzeitung*". Vgl. Deutsche Bekleidungs-Akademie 1856, S. 6; siehe die Ankündigung und Bewerbung der Veröffentlichung der anthropo-trigonometrischen Zuschneidemethode von Gustav Adolf Müller. Diese konnten Abonnenten in monatlichen Lieferungen beim Verlag der Europäischen Moden-Akademie beziehen. Vgl. Europäische Modezeitung 1860, 4. 1860: auszugsweise publizierte Müller sein Werk in der „*Europäischen Modezeitung*", das in Form von Leserbriefen öffentlich diskutiert wurde. Vgl. Europäische Modenzeitung 1861, 1. 1861 – 12 .1861; siehe die Veröffentlichung des „*Lehrplans der Deutschen Bekleidungs-Akademie, das Programm nebst revidirtem Lehrplan für die deutsche Bekleidungs-Akademie subordinirte Lehr- und Fortbildungs-Anstalt zu Dresden*". Vgl. Europäische Modezeitung 1858, 2. 1858; siehe „*Berichte der Aktivitäten der Lehranstalt*". Vgl. Europäische

glieder aufgefordert, sich durch die Bereitstellung und Anfertigung von Zeichnungen, Lehr- und Handbüchern, bildlichen Darstellungen von Trachten und Moden, von alten Quellen wie Kleidergesetzen oder Erläuterungen zu Maßen oder Schnittmustern im Allgemeinen an der Wissensverbreitung und Wissensbewahrung zu beteiligen und gleichermaßen den Aufbau eines Archives zu unterstützen. Im Fortgang wurde die Sammlung an Text- und Bildmaterial zu einer Fachbibliothek in den Räumen den Europäischen Moden-Akademie zusammengeführt.[511]

Zu vermuten ist, dass mit der Zerstörung des Anwesens der Genossenschaft Europäische Moden-Akademie 1945 wertvolle Dokumente über die Geschichte und den Wirkungskreis der Akademie verloren gegangen sind. Dennoch können durch die Erschließung, insbesondere der Denkschrift, die 1900 zum 50-jährigen Bestehen verfasst wurde, und durch die noch erhaltenen Protokolle der Generalversammlungen wichtige Meilensteine der Institution aufbereitet werden. Die Auswertung ermöglicht darüber hinaus die Einbettung in den geschichtlichen Kontext sowohl der handwerklichen Ausbildung im Schneidergewerbe als auch der Formalisierung und Repräsentation des Wissens der Zuschneidekunst und gibt Aufschlüsse über die Herausforderungen, denen das Schneiderhandwerk im Zuge der Herausbildung der Konfektionsindustrie zu begegnen hatte. „Mit dieser Feier [lauten die Worte des Verfassers der Denkschrift 1900] frischen wir deshalb die Erinnerung an den Bestand des historisch so bedeutungsvoll gewesenen deutschen Handwerkerthums auf und andererseits ist die Gründung der Akademie ein ehrenvolles Zeugnis des eng geschlossenen korporativen Zusammenhaltens unserer früheren Gewerbegeneration [...].“[512]

Bereits 1856 konnte die Einrichtung einen Zuwachs an Mitgliedern und Schülern verzeichnen. Ohne Angabe genauer Zahlen konnte durch die Zahlung der Mitgliedsbeiträge die avisierte Stipendienkasse ins Leben gerufen werden. Der Lehrplan, auf dem nachfolgend noch eingegangen wird, wurde 1854 erweitert und ab 1856 hatten auch Gehilfen, die über ein den Anforderungen entsprechendes Talent verfügten, die Möglichkeit der Aufnahme in die Lehranstalt, bevor 1858 die ersten öffentlichen Prüfungen abgehalten wurden.[513] Als legendär bezeichnete der Verfasser der Denkschrift die 4. Generalversammlung, die 1862 in Heidelberg abgehalten wurde, und in der Tat den Weg zu der zukunftsweisenden Entwicklung der Akademie ebnete. Um den Wirkungskreis der Bildungseinrichtung und des Verlags zu erweitern und die Wahrnehmung der Aktivitäten und Interessen derselben europaweit zu verbreiten, sollte die erste deutsche Akademie für das Schneidergewerbe reorganisiert und umbenannt werden. So stimmten die Mitglieder für den Vorschlag des Direktoriums, die

---

Modenzeitung 1856, 12. 1856; siehe u. a. das Protokoll der 4. Generalversammlung der Akademie 1862. Vgl. Europäische Modenzeitung 1862, 9. 1862 – 12. 1862.
[511] Siehe „§ 6. Rechte und Pflichten der Mitglieder". Vgl. Deutsche Bekleidungs-Akademie 1856, S. 3; siehe „§ 6. Rechte und Pflichten der Mitglieder". Vgl. Europäische Moden-Akademie 1862, S. 4-6.
[512] Europäische Moden-Akademie 1900, S. 4.
[513] Siehe die Zusammenfassung der 3. Generalversammlung des Jahres 1856. Vgl. ebenda, S. 45-46.

Institution von nun an als Europäische Moden-Akademie zu bezeichnen.[514] Erwähnenswert ist hierbei, dass die Lehranstalt durch die Konstitution einer Versammlung bereits 1851 als öffentliches Institut legalisiert wurde. Zu den Mitgliedern, die an der ersten Generalversammlung am 25. August 1851 in Dresden teilnahmen, zählten Schneidermeister u. a. aus Prag, Heidelberg, Dresden, Halle, Wien, Hamburg und Frankfurt am Main. Gustav Adolf Müller, so ist es in der Denkschrift beschrieben, konnte zudem bereits im ersten Jahr des Akademiebetriebs auch Fachgenossen aus Kopenhagen, München, Berlin, Köln, Passau und Leipzig zur Mitwirkung am fachlichen Austausch gewinnen. Als Vertretung für die ausbildungspolitischen und gewerblichen Belange des Schneidergewerbes beabsichtigten die Gründer von Anfang an, ein möglichst europaweites Netzwerk aufzubauen. Anzunehmen ist es, dass sowohl die Kontakte von Klemm und Müller durch ihre Tätigkeiten zu in- und ausländischen Schneidermeistern diesbezüglich förderlich waren.[515] Die Aktivitäten der beiden Direktoren werden im Detail im folgenden Kapitel noch zur Sprache kommen. Entscheidend ist jedoch, dass dagegen die Schneiderzünfte bzw. Innungen stets in einem lokalen Kontext agierten, während Müller und Klemm indessen eine überregionale Vernetzung anstrebten, insbesondere hinsichtlich der Formalisierung und Vereinheitlichung der Zuschneidekunst. Im Fortgang besuchte darüber hinaus eine internationale Schülerschaft die Lehranstalt.[516] Der Austausch über die Fachorgane der Akademie ermöglichte es, eine Vielzahl von Schneidern in den Städten und auf dem Land über die Errungenschaften und den Wirkungsgrad der Akademie zu informieren. Zudem wurden Generalversammlungen nicht nur in Dresden abgehalten, sondern fanden auch in Leipzig (1852), in Heidelberg (1862) und in Berlin (1872) statt.[517]

Zur Erhöhung des Aktionsradius wurde nun 1862 in Heidelberg festgelegt, dass sowohl in Berlin, Wien, Prag, Paris und Heidelberg sogenannte Spezial-Moden-Akademien errichtet werden sollten.[518] Hinsichtlich der tatsächlichen Realisierung des Vorhabens und der Institutionalisierung der Zweigstellen fehlt eine entsprechende Beweislage. Das Anliegen war es jedoch, Unterricht im Schneiderfach in Form von neu gegründeten Fachschulen oder in Form einer Vernetzung eines Schneiderfachgeschäftes mit einer Sonntags- oder Gewerbeschule zu erteilen. Zudem wurden die Direktoren dieser Einrichtungen beauftragt, die Ziele der Akademie, eine deutsche Mode einzuführen, durch die Vorlagen von Entwurfszeichnungen, Schnittmustern oder Textilien zu unterstützen, die zu Beginn der Saison an die Europäische Moden-Akademie zu übermitteln waren und über die Fachorgane publiziert

---

[514] Siehe die Zusammenfassung der 4. Generalversammlung des Jahres 1862. Vgl. ebenda, S. 49-55; siehe die Tagesordnung der 4. Generalversammlung des Jahres 1862. Vgl. Theurle 1862, o. S.; siehe Antrag der Umbenennung, vorgetragen von Johann Heinrich Klemm sowie die Beschlussfassung der Mitglieder. Vgl. ebenda, S. 29-35.
[515] Vgl. Europäische Moden-Akademie 1900, S. 31, S. 34-37.
[516] Weitere Informationen dazu folgen.
[517] Vgl. Europäische Moden-Akademie 1900, S. 41 ff., S. 49 ff., S. 70 ff..
[518] Vgl. Theurle 1862, S. 10; vgl. Europäische Moden-Akademie 1900, S. 51.

werden konnten. Eingeführt werden sollte ein Zusammenkommen im Januar und Juli eines jeden Jahres, das dem Austausch von Formen, Schnitten und Modenbildern gewidmet werden sollte, um die Unterschiede und Gemeinsamkeiten der Ideen auszuwerten und damit die Bekleidungsgestaltung der kommenden Saison in ihren Grundzügen zu planen.[519] Somit war es zudem Aufgabe der Spezialakademien, sich mit Stofffabrikanten auszutauschen, so dass die Produktion von Textilien und Bekleidung aufeinander abgestimmt werden konnte. Genauso übernahmen die neuberufenen Schulleiter eine Beratungsfunktion für Mitglieder der Akademie.[520] Als Vorbild für diesen gestalterischen Austausch wurde in diesem Zusammenhang die Pariser Philanthropische Gesellschaft angeführt, die aus einem Zusammenschluss von 400 Schneidern bestand, die eine Auswahlkommission aus 15 Fachvertretern wählten. Es galt „die Mode der künftigen Saison in den Hauptgrundzügen zu entwerfen und Probestücke auszuführen"[521], um somit die Tendenzen der Mode zu bestimmen.

Nicht zuletzt durch den Umstand, dass Gustav Adolf Müller Anfang 1859 sein Schneiderfachgeschäft aufgab, um sich ausschließlich seinen Aktivitäten als Direktor der Akademie und der Erarbeitung seiner eigenen Zuschneidemethode zu widmen, stand das Vorhaben, Mittel für den Bau eines Akademiegebäudes zu generieren auf der Tagesordnung der 4. Generalversammlung 1862. So konnte zu diesem Zeitpunkt zwar der so genannte fachkünstlerische Teil der Zuschneidekunst fortgeführt werden, nur musste die praktische und technische Ausbildung, zuvor in Müllers Werkstatt durchgeführt, auf anderen Wegen erfolgen. Gerade diese Begrenzung der Lern- und Lehrmöglichkeiten verstärkte das Bemühen der Mitglieder um die Fortentwicklung der höheren Bildungseinrichtung für Schneider, die mit der Verfügbarkeit entsprechender Räumlichkeiten verbunden war.[522] Auch wenn dies in den Quellen nicht dezidiert erwähnt wurde, sollte die Errichtung eines Akademiegebäudes nicht nur dazu dienen, Räume für die praktische und theoretische Ausbildung zur Verfügung zu stellen oder einen Platz für die sich im Aufbau befindende Bibliothek zu schaffen, sondern diente auch der Repräsentation der Europäischen Moden-Akademie. Die Heidelberger Versammlung sprach sich für die Errichtung eines Stiftungsfonds sowohl für den Bau des Gebäudes als auch für die dauerhafte Einstellung eines Oberlehrers sowie für die Bezahlung von Honoraren für weitere Lehrer aus. Innerhalb der kommenden fünf Jahre sollte die Sammlung aus Mitgliedsbeiträgen und Spenden die finanziellen Mittel für den Bau verfügbar machen. „Auch ich habe Theil an diesem Pantheon der Schneider"[523], ließ Gustav Adolf Müller in seiner Rede verlauten, als er den Gebäudeentwurf vorstellte. Auch betonte Johann Heinrich Klemm, dass eine höhere Lehranstalt nur durch ein Gebäude als Akademie bezeichnet werden könne. 1866 wurde in der Nordstraße 20 der Dresdner

---

[519] Vgl. Theuerle 1862, S. 31-33.
[520] Vgl. ebenda, S. 31-33.
[521] Ebenda, S. 32.
[522] Vgl. ebenda, S. 11; vgl. Europäische Moden-Akademie 1900, S. 52, S. 58-60.
[523] Theuerle 1862, S. 32-24.

Neustadt der Grundstein für das Bauwerk gelegt, das 1876 feierlich eröffnet wurde. Das Grundstück hatte Müller der Akademie zur Verfügung gestellt. Bis zur Zerstörung zeigten zwei Denkmalbüsten, errichtet in der Eingangshalle des Akademiegebäudes, die Ehrbezeugung gegenüber den beiden Gründern und Direktoren. [524] Darüber hinaus stellte das Direktorium 1862 den Antrag, dass das zukünftige Hauptorgan der Akademie die neu zu gründende *„Universal-Modenzeitung"* sein sollte. Wie auch die *„Europäische Modezeitung"*, die neben der Zeitschrift *„Der Beobachter"* oder der *„Moden-Telegraph"* dann als Zweigorgan fungierte, sollte die *„Universal-Modenzeitung"* als technisches Hauptorgan zur „Veredlung und Gestaltung der Bekleidungsmode in Uebereinstimmung mit nationalen Bedürfnissen"[525] beitragen. Der Verlag von Müller und Klemm konnte 1862 bereits 10000 Abonnenten ihrer fachwissenschaftlichen Schriften und Zeitschriften verzeichnen und eine Erweiterung des Verlagsprogramms wurde stetig angestrebt.[526]

Von 1850 bis 1862 wurden 121 Schüler aus Deutschland, Polen, Russland, Schweden, Norwegen, Dänemark, Holland, Belgien, Frankreich und der Schweiz in der höheren Lehranstalt ausgebildet, während die Akademie seit ihrer Gründung 132 Mitglieder aufgenommen hatte. In Heidelberg wurde zudem bekannt gegeben, dass der Schneidermeister Friedrich Albert Schmidt aus Leipzig, Redakteur der Zeitschrift *„Der Beobachter"*, Mitglied des Direktoriums wurde.[527] 1869 gründeten Müller, Klemm und Schmidt die gemeinsame Verlagsanstalt Expedition der Europäischen Modenzeitung.[528] „Es entspricht dem Sachverhalte, wenn behauptet wird, dass die besprochenen Vorgänge die Aufmerksamkeit der gesammten Schneiderwelt auf sich lenkten. Der Zuspruch, welchen die Lehranstalt fand, die überraschenden Erfolge des Zeitungsunternehmens, welches nach Ablauf weniger Jahre eine Auflage aufzuweisen im Stande war, die bisher auf dem gleichen Gebiete noch nicht erreicht werden konnte, sind Belege, welche einen Widerspruch nicht aufkommen lassen."[529]

Insbesondere setzten sich Müller, Klemm und Schmidt für Spenden und Schenkungen für den Erwerb von Lehrmitteln und die Erweiterung der Bibliothek ein.[530] Im Jahr 1862 wurde ein gedrucktes Verzeichnis des Bestandes veröffentlicht, das insgesamt 445 Werke enthielt. Dem Interesse folgend, ein umfangreiches Wissen über die Bekleidungskunst zugänglich zu machen, wird hinsichtlich der Kategorie der Zuschneidekunst im Protokoll der Heidelberger Generalversammlung Folgendes betont: „In eben so vollständiger Weise ist die Geschichte der Zuschneidekunst durch die Originalausgaben fast aller bis jetzt überhaupt erschienenen Lehrbücher vertreten, so daß man durch Abtheilung III eine höchst lehrreiche

---

[524] Vgl. ebenda, S. 23-24, S. 31; vgl. Europäische Moden-Akademie 1900, S. 58-60.
[525] Europäische Moden-Akademie 1862, S. 10.
[526] Vgl. ebenda, S. 10; vgl. Europäische Moden-Akademie 1900, S. 48-50, weitere Ausführungen zum Verlagsprogramm folgen in Kapitel 4.3 und in Kapitel 6.
[527] Vgl. Europäische Moden-Akademie 1900, S. 49-52.
[528] Vgl. ebenda, S. 116.
[529] Ebenda, S. 56.
[530] Vgl. ebenda, S. 58.

Übersicht des ganzen Entwicklungsganges der Zuschneidekunst aller Methoden und Systeme gewinnt."[531] Maßgeblich trug Klemm durch Schenkungen zum Aufbau der Genossenschafts-Bibliothek der Europäischen Moden-Akademie bei, in der laut Verzeichnis der Jahre 1896 bis 1897 bereits 2000 Bände zu finden waren. Die 14 unterschiedlichen Themenbereiche umfassten nicht nur Werke über die Geschichte des Kostüms, der Zuschneidekunst sowie Modezeitungen, sondern auch Hand- und Lehrbücher über die Völkerkunde, über Handel und Buchführung, über textile Flächengestaltung oder Werke zur Gesundheit und Hygiene. Ergänzt wurde der Bestand durch belletristische und prosaische Literatur sowie durch allgemeine Nachschlagewerke. Betont wurde jedoch auch im Vorwort dieses Verzeichnisses, „dass dem besonderen Zweck der Bibliothek, eine möglichst vollständige Geschichte der Kleidertrachten und Moden aller Zeiten und Völker, sowie der Zuschneidekunst der Bekleidungs-Gegenstände, insofern Rechnung getragen ist, indem an die Spitze der Abteilungen diejenige für Geschichte der Kostüme gestellt ist, welcher sich dann als Ergänzung Moden-Zeitungen und Journale und Lehrbücher der Zuschneidekunst anschliessen."[532]

In den Jahren zwischen 1865 und 1868 stiegen sowohl die Anzahl der Schüler als auch die Auflage der Modenzeitung auf 20000 Exemplare an. Ob es sich in diesem Fall nur um die Auflage der „Universal-Modenzeitung" handelte oder sich der Begriff Modenzeitung auf das komplette Angebot an Zeitschriften des Verlags bezog, kann nicht rekonstruiert werden. Exakte Besucherzahlen der Lehranstalt liegen erst für die kommenden Jahre vor. 1874 bildete die Akademie 236 Schüler aus, unter denen 23 Schülerinnen an neu eingeführten Kursen im Zuschneiden von Damenbekleidung und Leibwäsche teilnahmen. Darunter wurden fünf Schüler durch die 1873 gegründete Müller-Gunkel-Stiftung gefördert. Alleine zwischen den Monaten Januar bis März 1878 nahm die Lehranstalt 100 Personen auf und in dem Rechenschaftsbericht des Jahres 1879 heißt es laut den in der Denkschrift wiedergegebenen Informationen, dass zwischen 1872 und 1878 insgesamt 2500 Schüler am Kursprogramm der Europäischen Moden-Akademie teilnahmen. 1880 waren es 330 Auszubildende.[533] 1880 gab der Rechenschaftsbericht „Aufklärung über die Verminderung des Schulbesuches, welcher dadurch hervorgerufen ist, dass inzwischen eine Anzahl von Konkurrenz-Instituten entstanden und dass von Seiten des Direktoriums – laut Übereinkommen – alle Jene von der Teilnahme am Unterrichte zurückgewiesen worden sind, welche dem Gewerbe nicht angehören"[534].

Nach Differenzen der Direktoren, die persönlicher und geschäftlicher Natur waren, schied 1871 zunächst Schmidt aus seinem Amt aus und gründete seine eigene Zuschneideschule,

---

[531] Theuerle 1862, S. 15; vgl. Expedition EMZ 1862; vgl. auch Europäische Moden-Akademie 1897.
[532] Europäische Moden-Akademie 1897, o. S. (Vorwort); vgl. ebenda, o. S. (Vorwort).
[533] Vgl. Europäische Moden-Akademie 1900, S, 66, S. 71-76.
[534] Ebenda, S. 77.

bevor Müller, der sich zudem auf die Herausgabe seiner eigenen Modenzeitung mit dem Titel „*Modebühne*" zu konzentrieren beabsichtigte, im gleichen Jahr seinen Rücktritt ankündigte und aus dem gemeinsamen Verlag ausstieg.[535] Müller trat dann ein Jahr später nach erheblichem Unmut unter den Mitgliedern hinsichtlich seiner Pläne, die Europäische Moden-Akademie nach Berlin zu verlegen, von seinem Amt zurück.[536] Nachdem Klemm und Schmidt weiterhin gemeinsam die Verlagsanstalt führten, stieg die Anzahl der Exemplare auf 28500 im Jahr 1872. Auch wurde das Angebot an Zeitschriften u. a. durch Müllers „*Modebühne*" erweitert.[537] 1874 wurde Carl Weiss Partner des nun als Expedition Europäische Modenzeitung, Klemm, Schmidt & Weiss benannten Verlags, der trotz des Ablebens von Klemm und Weiss im Jahr 1886 auch zukünftig diesen Namen führte.[538] Nachdem Johann Heinrich Klemm verschieden war, wurde nicht nur ein neuer Direktor – Eduard Schneider – gewählt, sondern darüber hinaus die Organe der Akademie – die Lehranstalt und der Verlag – geteilt. Das Verlagsunternehmen übernahm der Verlagsbuchhändler und Druckereibesitzer Ottomar Lehmann. Dieser sicherte zu, dass die bisher herausgegebenen Zeitschriften und Bücher nach wie vor erscheinen würden und damit die Interessen der Genossenschaft Europäische Moden-Akademie weiterhin unterstützt werden sollten. Auch sollten in diesem Zusammenhang die redaktionellen Tätigkeiten und der damit einhergehende fachliche Austausch mit dem Direktorium und den Lehrenden der Bildungseinrichtung fortgesetzt werden.[539] Bereits am 11. November des Jahres 1868 war die Akademie in das Genossenschaftsregister der Stadt Dresden eingetragen worden.[540] Laut Testament der 1889 verschiedenen Witwe Caroline Klemm, einer der Kommissionsrätinnen der Akademie, sollte auf Wunsch des ehemaligen Direktors eine Stiftung zur finanziellen Unterstützung mittelarmer Schüler ins Leben gerufen werden. Zudem gingen aus dem Erbe des Ehepaares Klemm das Grundstück der Villa Bellevue und 20000 Mark in den Besitz der Akademie über. Ein weiteres Anwesen, die Villa Auguste, wurde der Dresdner Schneiderinnung übertragen.[541] Im Rechenschaftsbericht, vorgetragen bei der 13. ordentlichen Generalversammlung des Jahres 1894 in Dresden, wurde eine Schülerzahl von 7650 vom Gründungsjahr bis 1894 verkündet, obwohl im gleichen Jahr ein Rückgang auf 203 Schüler im Gegensatz zum Vorjahr – 306 Schüler hatten die Lehranstalt 1892 besucht – registriert wurde.[542] In den Jahren 1895 bis 1897 waren 41 Ehrenmitglieder, 325 ordentliche Mitglieder sowie 626 Schüler und 318 Schülerinnen Teil des Zusammenschlusses zur Förderung der Ausbildung

---

[535] Vgl. ebenda, S. 68; insbesondere auf die Differenzen zwischen Klemm und Müller wird im Folgenden noch Bezug genommen.
[536] Vgl. ebenda, S. 68-70.
[537] Vgl. ebenda, S. 71-72.
[538] Vgl. ebenda, S. 116.
[539] Vgl. ebenda, S. 79-82.
[540] Vgl. ebenda, S. 66.
[541] Vgl. ebenda, S. 85-78.
[542] Vgl. ebenda, S. 91-93

der Bekleidungskunst und der Interessen des Schneidergewerbes.[543] Um 1900 gehörten sowohl das Akademiegebäude in der Nordstraße, ein dazugehöriger Park, die Bibliothek mit einem Bestand von 2000 Werken als auch die Müller-Gunkel-Stiftung, die Klemm'sche Stiftung und das Erbe Johann Heinrich Klemms zum Besitz der Akademie. Insgesamt wurden rund 10000 Schüler auf dem Gebiet der Schneiderkunst in den vorherigen 50 Jahren in der Dresdner Institution ausgebildet.[544]

Die in Übereinkunft zwischen der Genossenschaft Europäische Moden-Akademie und dem Allgemeinen Deutschen Arbeitergeber-Verband für das Schneidergewerbe (ADAV) gegründete Deutsche Fachschule für das Schneidergewerbe nahm ihren Unterricht 1910 in den Räumen der Dresdner Genossenschaft auf.[545] Nicht mehr zu rekonstruieren ist, ob der Lehrbetrieb der Bekleidungsakademie zwischen 1900 und 1910 eingestellt wurde und somit die Räumlichkeiten der Fachschule zur Verfügung gestellt und die Ausstattung genutzt werden konnten. Denkbar wäre, dass die Akademie entsprechend der Zielsetzung und des Lehrkonzeptes der Fachschule umbenannt wurde. Ferner wurde das Netzwerk durch eine Internationale Schnittmanufaktur, deren Favorit-Schnitte in der Bachstraße in Dresden hergestellt wurden, erweitert.[546] Trotz der 1886 vorgenommenen rechtlichen Teilung der Genossenschaft Europäische Moden-Akademie und des Verlags bildete sich seit der Gründung 1850 bis zur Zerstörung 1945 ein bis dahin einmaliger Zusammenschluss aus Akteuren und Organen zur Förderung der Schneiderkunst heraus, der in der Dresdner Neustadt angesiedelt war – eine ideelle, räumliche und materielle Verbindung und Vermittlungsinstanz, bestehend aus einer Lehranstalt, einem Verlag, einer Bibliothek und einem Lehrmuseum. Zudem bezog die Dresdner Schneiderinnung das Akademieanwesen.[547]

---

[543] Vgl. ebenda, S. 95

[544] Siehe die Zusammenfassung der 13. Generalversammlung der Akademie. Vgl. ebenda, S. 91-96, S. 105-108.

[545] Im Schulprogramm der Deutschen Fachschule für das Schneidergewerbe ist ein Grundriss des Anwesens enthalten. Dort ist ersichtlich, dass die Schneider-Innung um 1910 ihren Sitz in der Dresdner Neustadt hatte. Informationen über den Einzug der Innung sind in den herangezogenen Quellen nicht zu finden. Vgl. Pflugbeil 1910, S. 17; weitere Ausführungen über das Netzwerk der Akademie folgen in Kapitel 6 im Zuge der Erörterung der Zirkulation und Repräsentation des Wissens der Schnitttechnik.

[546] Erhalten ist ein Handbuch für den Zuschnitt nach der Methode der Schnittmanufaktur. Vgl. Internationale Schnittmanufaktur 1910; für diese Arbeit wurde zudem eine nicht veröffentlichte Präsentation mit dem Titel „Die Europäische Modenakademie in der Äußeren Neustadt zu Dresden" von Christian Peter Mallwitz herangezogen, die dieser der Verfasserin zur Verfügung gestellt hat. Mallwitz bot in der Vergangenheit historische Stadtführungen durch Dresden an. U. a. ist in seinen Unterlagen ein Verweis auf die Schnittmanufaktur zu finden. Vgl. Mallwitz o. J..

[547] Vgl. Pflugbeil 1910.

4.1.1 Standes- und bildungspolitische Zielsetzungen der Europäischen Moden-Akademie

Zurückkommend auf die Gründungsmotive der Akademie und die Aktivitäten des Netzwerkes können an dieser Stelle nicht nur das tatsächliche Wirken, sondern auch der symbolische Charakter der Institution als Musterbeispiel für die Interessensvertretung als historisch bedeutender Meilenstein des Bekleidungsgewerbes im deutschsprachigen Raum betont werden. „Welche gewerbliche Arbeitsleistung steht höher als diejenige, den Menschen repräsentationsfähig zu machen und durch die Art der Bekleidung seine gesellschaftliche Stellung, seinen Rang und Stand zu kennzeichnen?"[548] Eine derartige Fest-stellung reagierte im Jahr 1900 implizit auch auf das Fehlen eines formalisierten Wissensbestandes eines bisher als Erfahrungswissen, ohne festgeschriebene Regeln tradierten handwerklichen Wissens. Somit fehlte auch ein entsprechend qualifiziertes Lehrpersonal, das in der Lage gewesen wäre, einer Gruppe von Schülern Unterricht in der Bekleidungskunst zu geben. Noch zu Beginn des 19. Jahrhunderts bestanden mangelnde Ausbildungsmöglichkeiten im Schneidergewerbe. Die Entwicklungen im Bereich der technisch-künstlerischen Bildung, die Ausgestaltung eines Schulwesens zur Aus- und Fortbildung anderer Handwerkzweige berücksichtigend, ist die Verzögerung im Bereich des Schneiderhandwerks jedoch auch durch eine geringe Wertschätzung der Handwerkskunst begründet. In seiner 1862 gehaltenen Rede sprach Gustav Adolf Müller über die noch weitverbreitete öffentliche Wahrnehmung seiner Fachgenossen, die noch immer als untergeordnet, willensschwach und sogar beschränkt hinsichtlich ihres Geistesvermögens galten. Auch die dienende Abhängigkeit gegenüber höheren Ständen war nicht förderlich, um den Vorurteilen entgegenzuwirken.[549] Während in den 1860er Jahren bereits Hand- und Lehrbücher über unterschiedliche Zuschneidesysteme veröffentlicht waren, kritisierte Müller jedoch auch das Festhalten einer Vielzahl von Schneidern an alten Traditionen, so auch an der Verwendung der *blauen Patrone*[550]. Die damit konstatierte Engstirnigkeit, die auch Josef Zeischke abmahnte, war gewiss auch ein Zeichen für den Widerstand gegen den „Fortschritt" und die Angst vor dem Untergang des Handwerks. Nicht zu vergessen ist jedoch in diesem Zusammenhang die Tatsache, dass viele Schneider nicht einmal eine allgemeinbildende Schule besucht hatten und somit gar nicht in der Lage waren, ein Handbuch zu studieren. Zudem musste ein flä-

---

[548] Europäische Moden-Akademie 1900, S. 5.

[549] Theuerle protokollierte die Rede Müllers: „Sonst waren die Schneider untergeordnete, willenlose Werkzeuge vornehmer Gecken und Wüstlinge. Eigene Schaffenskraft, nach wissenschaftlichen und ästhetischen Principien geregelt, mangelte ihnen gänzlich, oder kam nicht zur Geltung, weil man damals nicht gewohnt war, den Schneider auch für ein denkendes Wesen anzusehen." Theuerle 1862, S. 18.

[550] Der Verweis Müllers bezieht sich hierbei auf die veraltete Methode, Schnittmuster ohne Berücksichtigung proportionaler Berechnungen auf Papier zu zeichnen. Die Zeichnung wurde dann in Quadrate bzw. ein Netz aufgeteilt, so dass der Schneider die einzelnen Quadrate entsprechend der Größe des Kunden verkleinern oder vergrößern konnte. Die erste Zeichnung in dieser Form wurde der Überlieferung nach auf blauem Papier erstellt. Vgl. dazu Kapitel 2.2.

chendeckender Vertrieb der fachwissenschaftlichen Schriften aufgebaut werden, während es sich außerdem ein Großteil der Schneider nicht leisten konnte, eine Bildungseinrichtung zu besuchen.[551]

„Nirgends mehr versagt man unserer Berufsthätigkeit die volle Anerkennung, die sie in Wirklichkeit verdient, weil dem Schneider ein Antheil an der Kulturentwicklung zufällt."[552] Diese Verdienste, wie sie nach den ersten 50 Jahren des Bestehens der Akademie hervorgehoben wurden, beruhten auf den Aktivitäten der Vereinigung von Fachexperten. Im Protokoll der 4. Generalversammlung 1862 wurde von etwa 10000 Fachgenossen gesprochen, deren Interessen durch das Wirken der Institution mit einer „Macht, die mit siegender Gewalt gegen Vorurtheil, Indolenz und Unwissenheit zu Felde zieht, und nach allen Seiten hin Eroberungen macht, und zwar nur mit friedlichen Mitteln"[553] vertreten wurden. Gab es zwar die Schneiderinnungen, die die wirtschaftlichen und sozialen Belange des Handwerkers zu unterstützen beabsichtigten, wurden diese jedoch durch die Entwicklungen des Bekleidungsgewerbes herausgefordert und ihr Wirken auch durch Mitglieder der Akademie kritisiert. Ausführlich unterrichtete so auch Friedrich Albert Schmidt, 1862 als Mitglied des Direktoriums ernannt, die Versammlung über die Geschichte und die Leistungen der Zunft von den Anfängen bis zu den Auswirkungen der Gewerbefreiheit auf das Handwerk. Als veraltet bezeichnete dieser das Zunftwesen, das sich noch immer gegen den Fortschritt in den Naturwissenschaften, der Mechanik, Mathematik und Chemie wandte und auch die humanitären Errungenschaften, wie die freie Wahl eines Berufes, nicht zu schätzen wusste. Während die Zunft sich verpflichtet sah, das Handwerk zu schützen, trug dieses, laut Schmidt, auch zum Untergang desselben bei. Insbesondere hob er das Fehlen von Regelungen des Gewerbewesens durch die Vereinigungen hervor, die jedoch fruchtbarer wären, als sich dem Kampf gegen die Industrie und die Vielfalt von Produkten oder gegen die Vorteile von größeren Betrieben, Kredite zu bekommen, zu entziehen und an veralteten Vorstellungen festzuhalten. Die Vereinigungen sollten vielmehr dazu beitragen, die Emanzipation des Kleingewerbes durch bspw. Rohstoffvereine, gemeinsame Lagerhaltung oder durch die gemeinschaftliche Nutzung von mechanischen Werkzeugen zu fördern. Nicht zuletzt betonte Schmidt die essentielle Aufgabe der Aus- und Fortbildung sowie der Schulbildung für Kinder, die ebenso durch die Vereine gefördert werden müssten, um „Intelligenz auch in die

---

[551] In seiner Rede thematisiert Müller zudem die fortschrittliche Entwicklung im Schneiderhandwerk, die Formalisierung der Zuschneidekunst und die Ausbildungssituation. Vgl. Theuerle 1862, S.18 ff.. Josef Zeischke spricht sich wie folgt aus: „Die allerschlimmsten Gegner benannten Strebens aber sind die, welche im Schlendrian verharren, oder die, welche mit einem unverwüstlichen Indifferentismus jede Neuerung auf diesem Gebiete an sich vorüberziehen lassen, ohne sie zu bemerken oder zu beachten. Aber auch diejenigen sind als unverbesserliche Feinde jedes Fortschrittes auf dem Gebiete der Zuschneidekunst anzusehen, die mit vornehmer Geringschätzung Alles das ignorieren, was nicht selbst auf das Tapet bringen, und damit in ihrer Alleinklugheit den Mittelpunkt ihres Handelns gefunden zu haben wähnen." Zeischke 1891, S. VI.
[552] Europäische Moden-Akademie 1900, S. 7.
[553] Theuerle 1862, S. 5.

148

Werkstätten des Handwerkers Eingang zu verschaffen"[554]. Mit intellektueller Kraft intendierte das Netzwerk der Europäischen Moden-Akademie, auf diese Herausforderungen zu reagieren, um einen Einfluss auf das „Räderwerk der Modenindustrie"[555] auszuüben. Als Austauschorgan zwischen Wissenschaft, Presse und Produktion war es das Ziel, die Ausbildung von Lehrlingen und Gesellen zu fördern, den Einsatz von Maschinen im Bekleidungsgewerbe zu evaluieren, die Vorteile der Gewerbefreiheit zu erörtern und die nationale Stoffproduktion sowie die Entwicklung einer deutschen Mode in Konkurrenz zu anderen europäischen Staaten zu unterstützen.[556] Neben Schmidts Vortrag darüber „wie den verderblichen Einflüssen der Gewerbefreiheit ein Damm entgegengesetzt werden könne, ohne der Segnungen der letzteren verlustig zu gehen"[557], gab die Akademie stetig Gutachten in Auftrag, die nicht nur in den Versammlungen diskutiert und meist verbunden waren mit Anträgen an die Mitgliedschaft, sondern auch prämiert wurden.[558] So beantragte auch Wendelin Mottl aus Prag, die „Generalversammlung wolle sich auf das Eingehendste mit der Frage beschäftigen, durch welche Mittel dem Mangel an tüchtigen Arbeitern abgeholfen werde"[559]. Daraufhin wurde u. a. empfohlen, dass Lehrlinge nicht mehr verpflegt, sondern entlohnt werden sollten, während diese außerhalb der Saison Musterstücke anzufertigen hatten und so nicht nur dauerhaft beschäftigt waren, sondern darüber hinaus ihre Fertigkeiten erweitern konnten. Während der Vorschlag, eine Alters- und Invaliden-Versorgungsbank für Angehörige des Bekleidungsgewerbes ins Leben zu rufen, von der Versammlung 1864 abgelehnt wurde, realisierte die Akademie ihr Vorhaben, einen eigenen Stiftungsfonds zu gründen. Zudem konnten die Zwecke der Institution, u. a. Stipendien zu vergeben, mit den Mitteln der Müller-Gunkel-Stiftung, 1873 von der Mitgliedschaft angenommen, unterstützt werden. Hinsichtlich der „Maßregeln zur Wahrung und Förderung der materiellen Interessen der Fachgenossen"[560] wurde Anfang der 1860er ein Zentralbüro für die Vermittlung von Zuschneidern errichtet, dessen Leitung im Verantwortungsbereich des Direktoriums lag. Verzeichnet wurden 83 Gesuche und 54 Zuschneidern konnte tatsächlich eine entsprechende Stellung vermittelt werden – zu diesen zählten 26 Schüler der Akademie.[561]

Neben dem übergeordneten Ziel, die sozialen und wirtschaftlichen Verhältnisse im Schneidergewerbe zu verbessern, stand im Fokus des Wirkens der Dresdner Akademie die Förderung der Aus- und Fortbildung in der Bekleidungskunst. „An Stelle primitiver Handwerks-

---

[554] Ebenda, S. 56. Theuerle protokollierte auch die Rede von F. A. Schmidt über das Zunftwesen und die Gewerbefreiheit. Vgl. ebenda, S. 42-55.
[555] Ebenda, o. S. (Vorwort); das Vorwort zum Bericht der 4. Generalversammlung verfassten Klemm, Müller und Schmidt.
[556] Vgl. ebenda, o. S. (Vorwort), S. 42-55.
[557] Ebenda, S. 42.
[558] Vgl. ebenda, S. 12-13. Siehe auch eine Liste von Preisausschreiben. Vgl. Europäische Moden-Akademie 1900, S. 120-121.
[559] Theuerle 1862, S. 58.
[560] Ebenda, S. 13.
[561] Vgl. ebenda, S. 12-13, S. 57-62; vgl. Europäische Moden-Akademie 1900, S. 71-72.

leistungen sollten solche treten, die sich den Kunstprodukten näherten."[562] Die Gründung einer höheren Lehranstalt für das Schneidergewerbe antwortete auf den Mangel an Fachschulen für Gesellen und Lehrlinge und reagierte auf das Bedürfnis nach einem systematischen Erlernen des empirisch Bewährten, das nach Ermessen der Akademiemitglieder in den ersten Dezennien des 19. Jahrhunderts aufgrund der industriellen Entwicklungen stieg.[563] Während eine Vielzahl von Schneidern keine elementare Schulausbildung genossen hatte, übte die Mehrheit zudem ihr Handwerk basierend auf ihrem Erfahrungswissen aus und das Wissen wurde als Geheimnis innerhalb der Werkstatt weitergegeben. Die eigene Praxis, das Talent und die individuelle Geschicklichkeit spielten diesbezüglich eine entscheidende Rolle hinsichtlich des Erfolges eines Geschäftes. Darüber hinaus fehlte es an Fachlehrern, die allerorten die Schneiderkunst lehren konnten. Grundsätzlich war Bildung verbunden mit entsprechenden finanziellen Mitteln, so dass nur wohlhabende Personen diese genießen konnten. Die Optionen, tagsüber der praktischen Tätigkeit nachzugehen und abends ergänzende Kurse zu besuchen, wurden von dem Zusammenschluss der Fachgenossen als ungenügend erklärt.[564] So galt es, durch „die Organe der Akademie unablässig dahin zu wirken, daß ein den gegenwärtigen Verhältnissen und Anforderungen entsprechendes Lehrverhältnis allseitig eingeführt werde."[565] Den Erfolg, den die Akademie mit der Verfolgung ihrer Ziele und der Institutionalisierung eines auf die Bedürfnisse des Schneidergewerbes zugeschnittenen Lehrkonzeptes erreichen konnte, belegt der Zulauf von Schülern aus unterschiedlichen Teilen Europas.[566]

Die zentrale Bedeutung und die Notwendigkeit eines systematisierten Regelwerkes auf dem Gebiet der Zuschneidekunst wird bei der Betrachtung der Entwicklung der Zuschneidemethoden und der Hand- und Lehrbücher deutlich, die Anfang des 19. Jahrhunderts zu beobachten ist. An Stelle des Wissens, das der Meister aus praktischer Erfahrung, geschickt oder ungeschickt, an seinen Gesellen weitergab, sollte ein wissenschaftliches, formalisiertes Wissen als Grundlage für die Ausbildung und Ausübung der Bekleidungskunst treten, das auf naturgesetzlichen, d. h. mathematisch-geometrischen und anatomischen Erkenntnissen, beruhte. Für Gustav Adolf Müller und Johann Heinrich Klemm, die beide ihre eigenen Zuschneidemethoden entwickelten und im Laufe ihres Lebens zahlreiche Schriften veröffentlichten, waren die Förderung des Formalisierungsprozesses und damit einhergehend die systematisierte Lehre das entscheidende Gründungsmotiv für die Lehr-anstalt. „Dies trigonometrische System [das System Müllers] nun schien uns ganz besonders geeignet, in dem verworreneren Zustande des Lehrfaches der Zuschneidekunst eine einheitliche, sichere

---

[562] Europäische Moden-Akademie 1900, S. 5.
[563] Theuerle 1862, S. 18-19.
[564] Vgl. ebenda, S. 19-20.
[565] Theuerle 1862, S. 57.
[566] Anfang der 1860er Jahre besuchten Schüler aus Ungarn, Schweiz, Polen, Frankreich und Skandinavien die Akademie. Vgl. Theuerle 1862, S. 20.

und ebenso wissenschaftliche Basis herzustellen; und um zugleich den oben angeführten Bedürfnissen unseres Gewerbes abzuhelfen, welches immer mehr sich zur Kunst erhebt, beabsichtigen wir, auf Grund jenes Systems die ERSTE DEUTSCHE AKADEMIE FÜR HÖHERE BEKLEIDUNGSKUNST in Dresden zu errichten."[567] Mit diesen Worten kündigten die zukünftigen Direktoren 1850 ihr Vorhaben an. Essentiell für den Formalisierungsprozess war nicht nur für Müller und Klemm, sondern auch für weitere Fachvertreter, die sich um die Weiterentwicklung der Zuschneidekunst bemühten, ein kritisch-konstruktiver Austausch, der durch den Zusammenschluss ermöglicht wurde. Während nicht nur das Regelwerk für den Unterricht der Lehranstalt erarbeitet und stetig evaluiert und angepasst wurde, setzten sich die Akteure der Akademie mittels der Herausgabe und des Vertriebs fachwissenschaftlicher Schriften für die flächendeckende Verbreitung des Wissens der Bekleidungskunst ein. Die geforderte aktive Beteiligung von in- und ausländischen Mitgliedern der Europäischen Moden-Akademie am Transfer von Wissen und Erfahrungen auf allen Gebieten der Bekleidungskunst sollte somit dazu genutzt werden, die Interessen des Schneidergewerbes, die Fortschritte der Schnitttechnik und die Entfaltung einer selbständigen deutschen Mode öffentlich zu machen und die Errungenschaften der Akademie zu verbreiten. Werden das Programm der höheren Lehranstalt und die Verlagstätigkeiten noch im Detail beleuchtet, kann an dieser Stelle noch ein weiteres Mittel der Repräsentation angeführt werden. So nahmen nicht nur einzelne Akteure und Mitglieder an öffentlichen Ausstellungen teil, wie u. a. Wendelin Mottl, dessen Wirken Gegenstand der Untersuchung des Wissens der Zuschneider sein wird, sondern auch die Europäische Moden-Akademie. 1893 stellte diese die Bildungseinrichtung sowie den Verlag und die darin erschienenen Schriften bei der Weltausstellung in Chicago vor. Weitere Präsentationen des Netzwerkes erfolgten 1897 im Rahmen der Sächsisch-Thüringischen Gewerbe- und Industrie-Ausstellung in Leipzig, gefolgt von der Teilnahme an der Ausstellung „Für Haus und Herd" im Jahr 1899, deren Schirmherrin Königin Carola in Dresden war. Dort wurden Schnitte und Hilfsmittel für die häusliche Schneiderei gezeigt.[568]

4.1.2 Das Schulprogramm der Deutschen Akademie für Höhere Bekleidungskunst (1850-1900)

Das wesentliche Motiv für die Gründung der Ersten Deutschen Akademie für Höhere Bekleidungskunst, 1862 umbenannt in die Europäische Moden-Akademie, waren die Förderung der Aus- und Fortbildung im Schneiderfach und das Schaffen eines institutionellen Rahmens für einen bisher fehlenden fachlichen Austausch der Fachvertreter, der in diesem Zusammenhang als Raum des Wissens erörtert wird. So beabsichtigten Gustav Adolf Müller

---

[567] Europäische Moden-Akademie 1900, S. 25.
[568] Vgl. ebenda, S. 130-131.

und Johann Heinrich Klemm „ein grösseres Institut in Deutschland zu errichten, wo der Kleidermacher nicht blos gründlichen Unterricht in der neueren Zuschneidekunst, sondern überhaupt diejenige technische und wissenschaftliche Ausbildung erlangen kann, welche er als tüchtiger Geschäftsmann in jeder Beziehung nöthig hat – ein Institut, welches mit der Theorie zugleich die praktische Uebung, und somit eine Garantie anerkannter Brauchbarkeit des Erlernten darbietet."[569] Vor dem Hintergrund der zuvor dargelegten Anforderungen, denen das Schneiderhandwerk im Zuge der fortschreitenden Industrialisierung zu begegnen hatte, ebneten ein insuffizientes System der beruflichen Bildung und der Institutionalisierung entsprechender Einrichtungen sowie das Fehlen von Lehrinhalten basierend auf allgemein anerkannten Regeln den Weg für die Dresdner Akademie. Während Müller und Klemm im Rahmen der Verkündung ihres Vorhabens, an die in der 1900 verfassten Denkschrift noch einmal erinnert wurde, die zentrale Bedeutung der Zuschneidekunst hervorhoben und zunächst ausschließlich das Zuschnittsystem Müllers gelehrt wurde, erkannten diese jedoch zugleich, dass die technisch-künstlerische Ausbildung durch die Einführung der Schüler in weitere Fachdisziplinen, mit denen der Handwerker im 19. Jahrhundert bei seiner Berufspraxis in Berührung kommen würde, zu ergänzen war. Denn so war der „Kleidermacher heutzutage Künstler und Kaufmann zugleich"[570].

Die Zuschneidekunst ist, wie in der Einführung dieser Arbeit bereits dargelegt, als Forschungsgegenstand der Technik- und Wissenschaftsgeschichte bislang praktisch unbeachtet. Insbesondere der Formalisierungsprozess des Wissens, der anhand von Fallbeispielen noch erörtert wird, wird deutlich zeigen, welche Potenziale sich aus der Analyse der impliziten und expliziten Wissensformen für die Geschichte der Technik und des Wissens ergeben. Die Konstruktion eines Schnittmusters ist immer die Basis für ein passendes, den ästhetischen Anforderungen entsprechendes Kleidungsstück. Die schönste Ausführung hinsichtlich der Stoffauswahl, der dekorativen Elemente und des Fügens der Schnittteile kann einen fehlerhaften Schnitt nicht kaschieren. Noch einmal Max von Boehns Ansichten aufgreifend, dass der Zuschneider der wahre Künstler des Bekleidungsfaches ist, erscheinen die Integration der Zuschneidekunst als zentraler Lehrinhalt der Akademie und die Förderung der Weiterentwicklung eines geeigneten Regelwerkes derselben als nachvollziehbar und gerechtfertigt. In Ergänzung dazu sind nun auch der Verbrauch der zu verarbeitenden textilen Flächen, eine entsprechende Preiskalkulation oder die Kenntnis über die Eigenschaften von Rohstoffen, Garnen oder Stoffen, die nicht nur bei der Schnittgestaltung, sondern auch bei der Verarbeitung bedacht werden müssen, essentieller Bestandteil des Wissens des Schneiders. Johann Heinrich Klemm und Gustav Adolf Müller brachten als Fachkundige auf dem Gebiet der Zuschneidekunst ein entscheidendes berufspraktisches und theoretisches Wissen mit, das sich im Schulprogramm der Bekleidungsakademie wider-

---

[569] Ebenda, S. 24.
[570] Ebenda, S. 23.

spiegelte. Von Vorteil waren in diesem Zusammenhang Klemms Erfahrungen als Leiter eines Zeichnen-Instituts für Kleidermacher in Leipzig und die vielseitigen Kompetenzen, die sich Müller als Inhaber eines erfolgreichen Marchand-Tailleur-Geschäftes in Dresden angeeignet hatte.[571] Letzterer hatte 1834 eine Schneiderlehre begonnen und nach Wanderjahren in Genf und Paris 1840 das Meisterrecht in Dresden erworben. Klemm gab seit 1844 Unterricht im Zuschneiden in Leipzig, während dieser seine Lehre bereits mit 13 Jahren 1824 begann. Wann dieser das Zeichen-Institut gründete ist nicht bekannt. Müller und Klemm beabsichtigten, drei Kurse an ihrer 1850 gegründeten Lehranstalt einzuführen, die unterschiedliche Ausbildungsziele verfolgten und damit einhergehend unterschiedliche Vor-aussetzungen für die Aufnahme der Schüler mit sich brachten. Der erste Lehrgang richtete sich an diejenigen, die ein eigenes Schneiderfachgeschäft zu leiten beabsichtigten, so dass hierbei das „Maximum der technischen und wissenschaftlichen Ausbildung"[572] gelehrt werden sollte. Während in diesem Kurs, wie auch bei den beiden weiteren Angeboten der Akademie, das Erlernen der Zuschneidekunst im Fokus stand, gehörten dazu auch der Unterricht im Rechnen und Schreiben, Lehreinheiten im Buchführungs- und Handelswesen sowie Sprachkurse. Ein weiterer Kurs richtete sich an Fachvertreter, die bereits über eine gewisse Vorbildung in den oben genannten Fächern verfügten oder für die eine kompaktere Ausbildung ausreichend war. Zuletzt konnten sich Schüler, die ihre Berufspraxis in einem engeren Aktionsradius ausführten, im kleinstädtischen oder ländlichen Bereich, ausschließlich dem Erlernen der anthropo-trigonometrischen Zuschneidemethode Müllers widmen. Diese Methode, die sich zur Zeit der Aufnahme des Lehrbetriebs noch im Entwicklungsprozess befand, wurde zwar als Unterrichtsbasis verwendet, durfte jedoch in der Praxis [noch] nicht herangezogen oder über die Grenzen der Bildungseinrichtung hinaus gelehrt werden. Eine detaillierte Erörterung des Müller'schen Systems wird diesbezüglich noch aufschlussreiche Informationen geben.[573]

Ob in einer der ersten Ausgaben der „Europäischen Modenzeitung", die im November 1850 erschien, ein detailliertes Schulprogramm abgedruckt worden ist, kann nicht mehr nachvollzogen werden. Da Müller und Klemm das Fachorgan als Austauschmedium für die Interessen und Aktivitäten der Akademie nutzten, kann dies jedoch vermutet werden. Im Protokoll der 4. Generalversammlung, die 1862 in Heidelberg tagte, ist indessen ein Verweis auf das Lehrangebot der Akademie zu finden, das in der 2. Ausgabe der Modenzeitung des Jahres 1858 veröffentlicht wurde. Durch eine Reorganisation des Kursangebotes 1857 wurde der Fächerkanon erweitert. Die „schulgerechte, nach Regel und System durchge-

---

[571] Weitere biographische Daten zu Klemm und Müller sind in der Denkschrift der Akademie zu finden. Vgl. ebenda, S. 8-15, S. 24-26.
[572] Ebenda, S. 26.
[573] Vgl. ebenda, S. 26-27.

führte Ausbildung"[574] beinhaltete von diesem Zeitpunkt an wissenschaftliche Disziplinen, die im Wesentlichen den Bereich der Zuschneidekunst, die Naturwissenschaften, die Ausbildung in den „Comptoirwissenschaften", Unterrichtseinheiten zur Kulturgeschichte und die Lehre der deutschen, der englischen sowie der französischen Sprache abdeckten. Aufgrund der Quellenlage ist nicht mehr zu rekonstruieren, welche Fächer seit der Aufnahme des Fachunterrichts 1850 gelehrt und welche Fachdisziplinen zum erweiterten Programm zählten, das ab 1857 angeboten wurde. In der Denkschrift zum 50-jährigen Bestehen der Akademie wurde eine positive Entwicklung der Lehranstalt konstatiert und so wurde das umfangreichere Studienprogramm vermutlich im Jahr 1854 der Königlich Sächsischen Regierung vorgelegt und von dieser genehmigt.[575]

Die Vermittlung eines mathematischen Grundlagenwissens diente, so lässt sich annehmen, dazu, die fehlende oder unzureichende Schulbildung der auszubildenden Schneider auszugleichen. Zu den gelehrten Teilgebieten der Mathematik zählten die Arithmetik und die Geometrie. Von besonderer Wichtigkeit waren profunde Kenntnisse der Geometrie, da das gelehrte Zuschneidesystem von Gustav Adolf Müller, die *Anthropo-Trigonometrie*, auf der Ausmessung des menschlichen Körpers in 38 Dreiecken basierte, die direkt auf die Konstruktion des Schnittes übertragen wurde. Als eigenes Fach wurde in diesem Zusammenhang die Lehre der Trigonometrie als Teil des Lehrplanes angeführt, die als die angewandte Zuschneidekunst bezeichnet wurde. Zusätzlich zu den mathematischen Grundlagen wurden die Schüler im Rahmen der Lehre der Zuschneidekunst in das Vermessen des menschlichen Körpers eingeführt. Ergänzt wurde die Lehre der Anthropometrie durch praktische Übungen im geometrischen Zeichnen und im Reduktionszeichnen. Des Weiteren waren die mathematische, physikalische und politische Geographie Teil des Grundlagenstudiums an der Bekleidungsakademie. Zudem wurden die Fächer Physik und Chemie gelehrt, die vermutlich die Basis für die Aneignung von Kenntnissen über die Eigenschaften von Rohstoffen und textilen Flächengebilden oder über die Funktionsprinzipien von Maschinen bildeten. Nebenbei bemerkt, gehören Mathematik, Physik und Textilchemie auch heute zum Grundlagenstudium der Bekleidungstechnik. Neben den technischen, mathematisch-naturwissenschaftlichen Fachgebieten wurden den Schülern grammatikalische, orthographische und stilistische Kenntnisse der deutschen Sprache vermittelt. Dazu zählte auch das Studium von literarischen Werken. Teil der Ausbildung waren darüber hinaus kulturgeschichtliche Inhalte, die sich auf die historische Entwicklung der Trachten und Moden bezogen. Ein weiterer Schwerpunkt des Curriculums lag in der Vermittlung von Kenntnissen auf den Gebie-

---

[574] Ebenda, S. 7; bereits 1856 wurden die Pläne der Umgestaltung des Kursangebotes der Akademie in der „*Europäischen Modenzeitung*" veröffentlicht. Vgl. Europäische Modenzeitung 1856, 8. 1856; siehe auch den Bericht über die Neuorganisation der Akademie. Vgl. Europäische Modenzeitung 1857, 6. 1857; siehe auch das komplette Kursprogramm des Jahres 1858. Einleitend verwies die Redaktion auch auf die Motivation der Gründung der Akademie und auf die Entwicklung der Institution. Vgl. Europäische Modenzeitung 1858, 2. 1858.
[575] Vgl. Europäische Moden-Akademie 1900, S. 44.

ten der Warenkunde, der Rechts- und Handelskunde. Abgerundet wurde das Lehrprogramm durch englische und französische Sprachkurse. Dieses nach der Reorganisation 1857 erweiterte Programm der Deutschen Akademie der Höheren Bekleidungskunst wurde weiterhin in den zuvor genannten Abstufungen angeboten und richtete sich in diesem gerade skizzierten Umfang an Schüler, die eine Laufbahn als Marchand-Tailleur anstrebten.[576] Vermutlich auf Beschluss der 3. Generalversammlung der Akademie im Jahr 1856, sollten zukünftig öffentliche Prüfungen abgehalten werden. 1858 wurden vier Schüler geprüft, die an dem erweiterten Kursprogramm teilgenommen hatten. Zufriedenstellende Resultate brachten die Prüflinge im Zuschnitt der Kleider hervor, während die Ergebnisse in den naturwissenschaftlichen Fächern, der Sprachlehre und in den „Comptoirwissenschaften" ebenso angemessen gewesen sein sollen.[577] Nach der Umgestaltung des Schulprogramms wurden acht Lehrer beschäftigt, die insgesamt 121 Schüler in sechs Klassen unterrichteten. Nebenbei erwähnt, mussten die beiden auf Lebenszeit gewählten Direktoren Müller und Klemm mit eigenen finanziellen Mitteln die Bezahlung des Lehrpersonals und den Unterhalt der Räumlichkeiten unterstützen.[578]

Zusammenfassend wurden die Lehre der Zuschneidekunst und die damit einhergehende Vermittlung der naturwissenschaftlichen Grundlagen sowie der Unterricht in den Fächern, die sich auf das Schneidergewerbe und die ökonomischen Kenntnisse hinsichtlich der Führung eines Geschäftes bezogen, ergänzt durch eine umfassende Allgemeinbildung. Neben der Kompensation einer mangelnden Vorbildung wurde den Schülern nach erfolgreichem Abschluss der Ausbildung somit auch die Möglichkeit geboten, sich aktiv für die Belange der Akademie einzusetzen, bspw. durch das Verfassen von Beiträgen für die Fachorgane derselben. Inwieweit dies bezweckt wurde oder ob Absolventen der Akademie sich entsprechend engagierten, wird aus dem Quellenmaterial nicht ersichtlich. Festgehalten werden kann jedoch, dass die Akademie an einem flächendeckenden Austausch auch über nationale Grenzen hinaus interessiert war. So liegt die Vermutung nahe, dass die Schüler nicht nur mit Blick auf ihre individuelle berufliche Zukunft ausgebildet werden sollten, sondern auch dazu befähigt wurden, an den Fachdiskursen teilzunehmen und die Interessen der Akademie zu vertreten.

Wie bereits im Rahmen der Darstellung der historischen Entwicklung der Europäischen Moden-Akademie erläutert wurde, lag die Gestaltung des Lehrplans im Verantwortungsbereich des Direktoriums. Obwohl es kritische Stimmen hinsichtlich der Anwendbarkeit der anthropo-trigonometrischen Zuschneidemethode Gustav Adolf Müllers gab, wurde das System, das dieser stetig zu verbessern beabsichtigte, bis 1878 in Dresden gelehrt. Skep-

---

[576] Vgl. ebenda, S. 44-46; siehe auch das Schulprogramm der Akademie. Vgl. Europäische Modenzeitung 1856, 8. 1856; vgl. Europäische Modenzeitung 1858, 2. 1858.
[577] Vgl. Europäische Moden-Akademie 1900, S. 46; siehe auch den „Bericht über die diesjährigen Hauptprüfungen der deutschen Bekleidungs-Lehranstalt zu Dresden". Vgl. Europäische Modenzeitung 1858, 5. 1858.
[578] Vgl. Theuerle 1862, S. 11.

tisch beurteilt wurde Müllers Werk u. a. von Anton Gunkel, der nicht nur Schwiegersohn Müllers werden sollte, sondern auch mit diesem gemeinsam eine fachwissenschaftliche Abhandlung für die Zuschneidekunst erarbeitete, die in den Grundzügen auf der *Anthropo-Trigonometrie* basierte. Das angepasste System wurde 1870 in den Unterricht integriert und Müller und Gunkel gaben „*Die gesammte Fachwissenschaft des Schneiders*"[579] heraus. Müller, der durch die Aufgabe seines Geschäftes 1859 die Räumlichkeiten für das praxisnahe Üben im Werkstattbetrieb nicht mehr stellen konnte, rief im Anschluss daran eine Nähschule ins Leben, die vermutlich bis zu seinem Rücktritt 1873 betrieben wurde. Durch die Nähschule konnte die theoretische Lehre durch den Erwerb von praktischen Erfahrungen erweitert werden, die ansonsten im Eigenheim oder in anderen Beschäftigungsverhältnissen gesammelt werden mussten. Gunkel, der nach Dresden umsiedelte, brachte für sein eigenes Geschäft Arbeiter aus Wien mit, die teilweise für den Nähunterricht eingesetzt wurden. Denkbar wäre es, dass Gunkel auch seine Räumlichkeiten dafür zur Verfügung stellte. Ob, und wenn ja, ab wann dafür Räume im Akademiegebäude genutzt wurden, ist aus dem Quellenmaterial nicht ersichtlich. Es ist lediglich eine Anmerkung zu finden, die sich auf eine Diskussion über die Weiterführung der Nähschule im Rahmen der 6. Generalversammlung im Jahr 1867 bezieht, die gleichzeitig mit der Einweihung des Gebäudes stattfand. Diesbezüglich sprachen sich die Mitglieder für die Erhaltung der fachpraktischen Ausbildung aus.[580]

Um die Jahrhundertwende gehörten zu den Lehr- und Werkstatträumen des Akademiegebäudes in der Nordstraße 20 zwei Säle für Kurse im Bereich der Herrenschneiderei und zwei Säle für den Unterricht auf dem Gebiet der Damenschneiderei. Zusätzlich dazu wurde ein Saal für einen Wäschekurs genutzt. Ein weiterer Raum war bestimmt für den Unterricht in den „Comptoirwissenschaften", in dem vermutlich auch die Lehre der weiteren allgemeinbildenden Fächer abgehalten wurde. In einer den zeitlichen Anforderungen entsprechend ausgestatteten Werkstatt hatten die Schüler die Möglichkeit, Proben, Kleidungsstücke für die Prüfungen oder auch Modelle anzufertigen. Was hinsichtlich der Ausstattung als neuzeitlich erachtet wurde, sprich welche Maschinen und Werkzeuge zur Einrichtung gehörten, kann nicht rekonstruiert werden. Darüber hinaus hatten das Direktorium, der Verlag Expedition Europäische Modenzeitung, Klemm & Weiss sowie der Klemm'sche Verlag ihren Sitz in der Nordstraße. In dem Saal, in dem die umfangreiche Fachbibliothek untergebracht war, konnten zudem Konferenzen abgehalten werden. Zusätzlich zu den Räumlichkeiten, die für die Lehre genutzt wurden, gab es eine Kantine und Wohnmöglichkeiten für etwa 40 Schüler.[581]

---

[579] Vgl. Gunkel/ Müller 1871.
[580] Vgl. Europäische Moden-Akademie 1900, S. 56-57, S. 65-66.
[581] Vgl. ebenda, S. 100-102; vgl. Pflugbeil 1910, S. 17-21.

Zum Lehrangebot der Akademie gehörten um 1900 unterschiedliche Kurse für Herren- und Damenkleider sowie für den Zuschnitt und die Verarbeitung von Wäschebekleidung. Bereits um 1874 wurden Kurse für die Damenschneiderei und Leibwäsche eingeführt. Wie bereits erwähnt, nahmen laut des Berichts des Direktoriums 23 Schüler und Schülerinnen im Jahr 1875 an dem erweiterten Lehrangebot teil.[582] Zuvor, so lässt sich vermuten, wurden ausschließlich Lehrgänge auf dem Gebiet der Herrenschneiderei angeboten, die auch nur von männlichen Schülern besucht wurden. Die Untersuchung der Lehr- und Handbücher für die Zuschneidekunst zeigt in diesem Zusammenhang auch, dass der Fokus derjenigen, die sich mit der Erarbeitung eines Regelwerkes beschäftigten, zunächst auf dem Zuschnitt von Herrenkleidung lag. Im weiteren Verlauf dieser Arbeit wird dieser Aspekt noch einmal aufgegriffen. Das „Herrenfach" umfasste die Zuschnittlehre und die Anfertigung der Herren- und Knabengarderobe sowie der Militärbekleidung und richtete sich an männliche Schneider. Mit der erforderlichen Vorbildung dauerte ein Kurs zwischen 10 bis 14 Tagen. Die Lehrzeit verlängerte sich durch die Teilnahme an den allgemeinbildenden Lehrfächern. In Ausnahmefällen konnten auch Söhne von Schneidermeistern an dem Kurs teilnehmen. Seit 1886 war Anton Gunkel für die Leitung der Lehre verantwortlich. Dieser verfasste im Laufe der Zeit zahlreiche Lehrbücher, die als Unterrichtsgrundlage verwendet wurden. Zu diesen zählten u. a. auch ein Lehrwerk für Damenschneiderei sowie für Damenwäsche und Kinderwäsche.[583] Die Teilnahme an dem Kurs für Damenschneiderei war offen für weibliche Schüler und unterlag keinen weiteren Beschränkungen. Dies ist ein Hinweis darauf, dass Frauen zwar als Näherinnen beschäftigt waren oder bereits Kenntnisse in der Schneiderkunst im Rahmen der Hauswirtschaft erlangt hatten, aber weder eine verantwortliche Stellung innerhalb eines Betriebs einnahmen noch eine entsprechende Vorbildung der Schülerinnen erwartet wurde. Dennoch wurde der Fachunterricht für die Anfertigung von Damenbekleidung und Leibwäsche um 1900 von weiblichen Lehrenden durchgeführt. Welche Ausbildung diese genossen hatten, ist allerdings nicht nachvollziehbar. Für die Kurse im Bereich der Wäschebekleidung wurde eine Dauer von 14 Tagen festgesetzt. Vermutlich wurde auch der Zuschnitt der Damenkleidung innerhalb eines zweiwöchigen Kurses unterrichtet. Im monatlichen Turnus wurden die Anfertigungen und somit auch der Schnitt von Kleidungsstücken als Prüfungsgegenstand durch eine Prüfungskommission beurteilt. In der Denkschrift der Akademie wird in diesem Zusammenhang auch von „fachwissenschaftlichen Schülerarbeiten" gesprochen.[584] In welcher Form jedoch die Lehrinhalte des theoretischen Studiums abgefragt wurden, wird in den Quellen nicht ersichtlich. Für die Anfertigung der Prüfungsmodelle im Bereich der Herrenschneiderei wurden den Schülern Stoffe zur Verfügung gestellt. Vermutlich war auch die Anfertigung von Modellen

---

[582] Vgl. Europäische Moden-Akademie 1900, S. 73.
[583] Vgl. Gunkel 1890; vgl. Gunkel 1892.
[584] „Für die Beurtheilung der fachwissenschaftlichen Schülerarbeiten besteht eine gewählte Prüfungskommission, deren Aufgabe es ist, sich im Laufe eines jeden Monats von den Leistungen der Schulbesuchenden zu überzeugen." Europäische Moden-Akademie 1900, S. 104.

Teil der Prüfung der Damen- und Wäscheschneiderei und wurde in dem erhaltenen Quellenmaterial nur nicht weiter erwähnt. Die Aneignung von Wissen wurde den Schülerinnen und Schülern der Akademie durch die Möglichkeit erleichtert, die Bibliothek zu nutzen, zu deren Bestand sowohl fach- und allgemeinwissenschaftliche als auch belletristische Werke gehörten.[585]

4.1.3 Der Verlag Europäische Modenzeitung

Anknüpfend an die historische Rekonstruktion der Institutionengeschichte der Ersten Deutschen Akademie für Höhere Bekleidungskunst und der damit verbundenen Motive zur Gründung einer Lehranstalt und eines Verlags, wird im Folgenden der Fokus auf dem Aktionsradius des zentralen publizistischen Organs der Dresdner Bildungseinrichtung liegen. In diesem Zusammenhang werden zum einen die geschichtliche Entwicklung des Verlags, der Verlagsschriften und der Akteure beleuchtet. Zum anderen wird der Wirkungsgrad, sprich die Förderung der Ziele der Akademie, sowohl im Rahmen der Untersuchung der behandelten Themenbereiche, die mittels der einzelnen Fachorgane distribuiert wurden, als auch im Zuge der Darlegung der publizistischen Mittel für den angestrebten fachlichen Erkenntnis- und Meinungsaustausch thematisiert. Im Fortgang dieser Arbeit wird zudem die Repräsentation des Wissens der Zuschneidekunst u. a. durch Zeitschriften für das Schneidergewerbe erörtert, die folgenden Betrachtungen noch einmal aufgenommen und in einem erweiterten Kontext des Formalisierungsprozesses der Schnitttechnik gedeutet. An dieser Stelle soll jedoch der Verlag der Europäischen Modenzeitung, wie zuvor die Lehranstalt und das Schulprogramm, als Teil des *Raumes des Wissens* der Akademie untersucht werden. Generell lag der Zweck der Gründung eines eigenen gemeinnützigen publizistischen Organs der Bekleidungsakademie darin, ein Medium für den fachlichen Austausch innerhalb der Schneidersozietät zu schaffen, das sowohl national als auch international die Belange derselben repräsentieren sollte.[586]

Auf das Wesentliche konzentriert, war es die Absicht der Gründer Gustav Adolf Müller und Johann Heinrich Klemm, „einer rein deutschen Mode Eingang zu verschaffen"[587], die sozialen und wirtschaftlichen Belange des Schneidergewerbes öffentlich zu thematisieren, den wissenschaftlichen Austausch über technisch-künstlerische Fragestellungen wie die Fortschritte der Zuschneidekunst zu fördern und schließlich die Aktivitäten der Europäi-

---

[585] Vgl. ebenda, S. 102-105.
[586] Siehe „*Dritter Abschnitt. Das öffentliche Organ der deutschen Bekleidungsakademie. § 14. Die Modenzeitung*".
Vgl. Deutsche Bekleidungs-Akademie 1856, S. 6; siehe „*Dritter Abschnitt. Das öffentliche Organ der deutschen Bekleidungsakademie. § 14. Die Modenzeitung*". Vgl. Europäische Moden-Akademie 1862, S. 10.
[587] Europäische Moden-Akademie 1900, S. 31.

schen Moden-Akademie bekannt zu machen.[588] In den noch erhaltenen, von der Institution oder ihren Gründern veröffentlichten Schriften wie der Denkschrift zum 50-jährigen Akademiebestehen, der wenigen Protokolle der Generalversammlungen oder der Statuten sind vielfältige Informationen zu finden, die auf die Entwicklung des öffentlichen Organs und die verbreiteten Inhalte hinweisen. So ermöglicht die Untersuchung sowohl der Schriften als auch die Erschließung einer Auswahl von Fachorganen, in diesem Zusammenhang von Zeitschriften, den Wirkungsgrad der Akademie nachzuzeichnen. Die bereits angesprochenen Themenbereiche werden im Folgenden an einzelnen Beispielen dargelegt, während ein historischer Überblick der Meilensteine des Verlags dazu beiträgt, die Möglichkeiten und die Reichweite des Informationsaustausches darzustellen.

Ohne weitere biographische Informationen zu Gustav Adolf Müller und Johann Heinrich Klemm vorwegzunehmen, die im Rahmen der Analyse des Wissens der Zuschneidekunst eine wesentliche Rolle spielen werden, lernten diese sich über Klemms redaktionelle Tätigkeiten bei der Modenzeitung „Phönix" kennen und entdeckten ihre gemeinsamen Interessen. Diese resultierten in dem Ansinnen, die Erste Deutsche Akademie für Höhere Bekleidungskunst zu gründen. Bekannt gegeben wurde ihr Vorhaben im November 1849 in eben dieser Zeitschrift, die zukünftig zum Programm des Verlags der Gründungsmitglieder gehören sollte.[589] Nachdem der Fachunterricht bereits im Juli 1850 aufgenommen wurde, veröffentlichten Klemm und Müller im November 1850 die erste Ausgabe der „Europäischen Modenzeitung" – das zentrale Fachorgan der Bekleidungsakademie. Die Redaktion und Herausgeberschaft der Zeitung diente dazu, „ein publizistisches Organ in's Leben zu rufen, durch welches nicht nur die Fachgenossen auf dem Laufenden erhalten und sich Angelegenheiten besprechen liessen, die speziell die Mode und das Fach betrafen, sondern auch Anregung gegeben werden sollte, in welch' zweckmässiger Weise sich durch die Akademie eine Vertretung aller gewerblichen Interessen schaffen liess."[590] Die älteste deutsche Schneider-Fachzeitschrift, wie es im Bibliothekskatalog der Sächsischen Landes- und Universitätsbibliothek heißt, sollte dem prosperierenden Verlag seinen Namen geben. Das zunächst von Müller und Klemm geleitete Zeitungsunternehmen fand nicht nur in der Sozietät Zuspruch – die erste Ausgabe wurde in einer Auflage von 1000 Exemplaren gedruckt und verbreitet – sondern es beteiligten sich bereits von Anfang an versierte Schneider sowohl aus allen Teilen des Deutschen Bundes als auch aus Dänemark und Frankreich am fachlichen Austausch über das neu gegründete Medium.[591] Paris galt Mitte des 19. Jahrhunderts nicht nur als Vorreiter der Mode, sondern auch auf dem französischen Markt wurden bereits Zeitschriften für das Modenfach angeboten. Obwohl es das Ansinnen war, eine eigenständige „Deutsche Mode" zu fördern, orientierten sich die Redakteure dennoch an den

---

[588] Vgl. ebenda, S. 30-32.
[589] Vgl. ebenda, S. 22.
[590] Ebenda, S. 30.
[591] Vgl. ebenda, S. 31-32.

Modebildern aus Frankreich. So wurde in den ersten Jahren der „Europäischen Moden-zeitung" das Pariser Modenblatt „Progrès" beigelegt. Seit 1855 stand die „Europäische Modenzeitung" in Wettbewerb mit der in Leipzig herausgegebenen Zeitschrift „Der Beob-achter", die redaktionell von Friedrich Albert Schmidt geleitet wurde, der später Mitglied des Direktoriums der Bekleidungsakademie werden sollte. Kritischer wurde nun die Kon-kurrenzsituation mit der Leipziger Zeitschrift in den darauffolgenden Jahren, als, bedingt durch in den Quellen nicht spezifizierte Differenzen, 1860 die Zusammenarbeit zwischen dem „Progrès" und dem Verlag in Dresden vorerst beendet wurde. Daraufhin sollte zukünf-tig der „Progrès" als Beilage der Zeitschrift „Der Beobachter" bezogen werden können. Als Ausgleich entschied sich die Redaktion des Verlags Europäischen Modenzeitung, diese zunächst durch die Beilage des „Journal des marchands tailleurs" und 1861 durch die Beilage „Modes Europienne"[592] der Pariser L' Académie zu erweitern. Im selben Jahr trat jedoch eine Wendung ein, als Müller und Klemm sich dafür entschieden, das Leipziger Fachblatt in ihr Verlagsunternehmen aufzunehmen, so dass auch die Kooperation mit Paris weitergeführt werden konnte. Schmidt blieb verantwortlicher Redakteur der Zeitschrift und beteiligte sich in der Folge auch am weiteren Programm des Dresdner Verlags.[593]

In den Jahren zwischen 1856 bis 1862 verdoppelte sich die Anzahl der Abonnenten. Bis Juni 1861 arbeiteten bereits 157 Autoren an den unterschiedlichen Zeitschriften des Ver-lagsunternehmens, während 3660 Schnittzeichnungen veröffentlicht wurden. Zudem konn-ten 41 fachwissenschaftliche Schriften, verfasst von Mitgliedern der Akademie, verzeich-net werden. Im Rechenschaftsbericht des Jahres 1862 heißt es, insgesamt 80 „ corres-pondierende Mitglieder",[594] wie diese in den Statuten bezeichnet wurden, hatten sich an den redaktionellen Tätigkeiten beteiligt.[595] Zum erweiterten Verlagsprogramm, das am 1. Dezember 1861 bekanntgegeben wurde, zählten sieben Zeitschriften. Ab dem darauffol-genden Jahr konnte die „Europäische Modenzeitung" inklusive der Beilage des Moden-blattes „Progrès" und des „Observateur" abonniert werden. Ob es sich bei dem „Obser-vateur" [übersetzt als Beobachter] um eine französische Version der einst in Leipzig ge-gründeten Zeitung handelte oder ob dem Zentralorgan der Akademie ein weiteres Pariser Modenblatt beigelegt wurde, ist ungewiss. Weiter heißt es, dass Müller und Klemm das Fachblatt „Der Beobachter" anboten, das die Entwicklungen der deutschen Mode repräsen-tieren sollte und dabei durch Kupferstiche französischer Mode ergänzt wurde. Neu ins Leben gerufen wurde, wie auf der 4. Generalversammlung 1862 in Heidelberg beschlossen,

---

[592] [Wortlaut des Verfassers der Denkschrift]. Vgl. Europäische Moden-Akademie 1900, S. 47; hierbei handelte es sich um die Beilage des Modekupfers „Modes Européennes pour l'organ del'Académie universelle des Tailleurs". Vgl. Europäische Modenzeitung 1861, 1. 1861.
[593] Vgl. Europäische Moden-Akademie 1900, S. 47-49. In der Statistik, abgebildet in der Denkschrift, heißt es „Der Beobachter" sei seit 1856 Teil des Verlagsprogramms gewesen. Vgl. ebenda, S. 124.
[594] Siehe „Zweiter Abschnitt. Teilnahme an der deutschen Bekleidungsakademie und Verwaltung derselben. § 5. Charakter der Mitgliedschaft". Vgl. Deutsche Bekleidungs-Akademie 1856, S. 3.
[595] Vgl. Theuerle 1862, S. 7.

die „*Universal-Modenzeitung*", die fortan als das zentrale Organ der Europäischen Moden-Akademie fungieren sollte. Für englischsprachige Bezieher, auch aus Amerika, rief das Unternehmen den „*Observer of Fashion*" ins Leben und gab gleichzeitig eine deutsche Version des Modenblattes heraus, das den Titel „*Der Beobachter der Mode*" trug. Neben der Herausgabe der Zeitschrift „*Phönix*", bei der Klemm ja bereits vor seiner Zusammenarbeit mit Müller redaktionell tätig war, gehörte der „*Moden-Telegraph*", dem auch ein Modenkupfer aus Paris beigelegt wurde, zum Programm.[596] 1866 wurde dieses durch ein weiteres Modenblatt ergänzt, die „*Moden-Post*", ein „besonders preiswerthes Journal für einfache Bedürfnisse"[597].

Nachdem Müller, Klemm und Schmidt 1869 eine offizielle Kooperation im Verlagsgeschäft eingegangen waren, die in der Gründung der fortan im Handelsregister eingetragenen Expedition Europäische Modenzeitung resultierte, führten jedoch die bereits erwähnten Auseinandersetzungen der drei Direktoren dazu, dass sich zunächst Müller 1871 aus dem gemeinsamen Verlagsgeschäft herauszog und Klemm und Schmidt dieses bis zum Eintritt von Carl Weiss 1874 alleine weiterführten. Anfang der 1870er Jahre wurden laut Quellenangaben etwa 28500 Exemplare des vielfältigen Zeitschriftenangebots verlegt und das Programm stetig erweitert. Hinzu kamen u. a. die „*Modebühne*", das Modenblatt Gustav Adolf Müllers, die „*Moderne Kindergarderobe*" und die „*Elegante Welt*", eine Fachzeitschrift für das Gebiet der Damenschneiderei.[598] Nach dem Ableben von Friedrich Albert Schmidt im Jahr 1881 wurde die Verlagsanstalt unter der Federführung von Klemm und Weiss geleitet, bis beide 1886 verschieden.[599] Im Zuge der Teilung der Genossenschaft der Europäischen Moden-Akademie übernahm 1887 der Dresdner Verlagsbuchhändler und Besitzer eines Druckereibetriebes, Ottomar Lehmann, den Akademieverlag, dessen Sohn Georg Lehmann 1894 Teilhaber wurde.[600] Den Namen des Verlags beibehaltend, so heißt es in der Denkschrift, brachte Lehmann das richtige Verständnis für die Belange des Verlags mit. „Der entstandenen vielseitigen Konkurrenz gegenüber hat sich das Unternehmen den ersten Rang zu wahren gewusst."[601]

Bedingt durch technische Neuerungen im Bereich der Reproduktionsverfahren, wie der Chromolithographie und der Phototypie, erfolgte eine Umstrukturierung der Verlagsanstalt. Neben diesen neuen Techniken stieg zudem der Bedarf nach Fachzeitschriften, die auch im ländlichen und kleinstädtischen Bereich vertrieben werden sollten. Parallel dazu sank die Nachfrage nach teuren Modekupfern. Eingerichtet wurde ein Atelier, in dem fünf Lithogra-

---

[596] Vgl. Europäische Moden-Akademie 1900, S. 47-49.
[597] Vgl. ebenda, S. 116; ein Überblick über die Meilensteine der Verlagsgeschichte findet sich ebenso in der Denkschrift. Vgl. ebenda, S. 115-124.
[598] Vgl. ebenda, S. 68-69, S. 71, S. 75, S. 116.
[599] Vgl. ebenda, S. 76, S. 79-80.
[600] Vgl. ebenda, S. 81, S. 114., S. 117.
[601] Ebenda, S. 114.

phen beschäftigt wurden. Den Zeitgeist um die Jahrhundertwende und das ursprüngliche Anliegen von Müller und Klemm aufgreifend, eine selbständige deutsche Mode zu etablieren, sollten in Zukunft auch vorwiegend deutsche Künstler mit dem Zeichnen von Modebildern beauftragt werden, die zuvor aus französischer Hand angefertigt wurden. Neben weiteren Erweiterungsmaßnahmen, wie der Herausgabe von *„Der praktische Schneider"* und *„Die praktische Schneiderin"*, erhöhte sich die Auflage der Zeitschriften um das Jahr 1900 auf 40000 Exemplare. Zusätzlich zu den deutschsprachigen Medien zählten zum Verlagsprogramm Fachblätter in englischer, französischer, polnischer, tschechischer und holländischer Sprache. Von 1890 bis 1900 hatte sich die Anzahl der Mitarbeiter des Verlags auf 30 Personen verdoppelt. Beschäftigt wurden neben Redakteuren, Kunstmalern, Zeichnern und Lithographen auch Experten auf dem Gebiet der Zuschneidekunst sowie neun Mitarbeiter, die mit dem Vertrieb betraut waren.[602]

Während nicht nur Klemm, Müller oder auch Wendelin Mottl ihre fachwissenschaftlichen Schriften auf dem Gebiet der Zuschneidekunst zunächst im Selbstverlag herausgaben, eröffnete sich für den Verlag der Europäischen Moden-Akademie ein ausbaufähiges Tätigkeitsfeld im Bereich des Fachbuchhandels. In den 1880er Jahren wurde der Buchverlag sukzessive ausgebaut. 1887 gehörten vier Handbücher, u. a. das Zuschneidewerk von Josef Zeischke *„Der Rock – Lehrbuch der directen Schnitt-Konstruktion für Röcke, Paletots, Westen"*, zum Angebot. Bereits drei Jahre später zählten etwa 40 Werke zum Verlagsprogramm. Dabei handelte es sich insbesondere um Hand- und Lehrbücher der Zuschneidekunst. Herausgegeben wurden zudem Anleitungen auf dem Gebiet der Buchführung, modegeschichtliche Abhandlungen, Maßbücher und Lexika für das Bekleidungsfach.[603] Es wurden jedoch bereits zuvor Bücher über den Verlag der Akademie verbreitet[604], so dass sich die eben skizzierte Erweiterung vermutlich, wenn auch nicht spezifiziert, auf den Buchdruck bezog, da Lehmann Besitzer einer Druckerei war. Als neue „Verlagsspecialitäten", den Bedürfnissen der Zeit entsprechend, wurden zudem Mode-Clichés und Modedrucke angeboten und das Programm durch den Vertrieb fertiger Schnittmuster, vorwiegend für Damenkleidung, erweitert.[605]

Das Vorhaben von Gustav Adolf Müller und Johann Heinrich Klemm, ein fachliches Organ ins Leben zu rufen, das „als schaffender, belehrender, und bildender Factor das Interesse aller mit der Mode unmittelbar zusammenhängender Industriezweige vertreten [sollte]"[606], kann nach Darstellung der Entwicklung des Verlagsunternehmens der Genossenschaft als erfolgreich und zukunftsweisend anerkannt werden. Wenn im weiteren Verlauf dieser Forschungsarbeit im Detail auf die Beiträge einzelner Akteure der Akademie zum Fortschritt

---

[602] Vgl. ebenda, S. 118-124.
[603] Vgl. ebenda, S. 125-127.
[604] Vgl. Theuerle 1862, S. 10.
[605] Vgl. Europäische Moden-Akademie 1900, S. 127.
[606] Deutsche Bekleidungs-Akademie Dresden 1856, S. 6.

des Formalisierungsprozesses der Zuschneidekunst und der Entwicklung von Lehrunterla-
gen im Bekleidungsfach eingegangen wird, so soll an dieser Stelle auf die publizistischen
Mittel hingewiesen werden, die zur Vermittlung des Wissens genutzt wurden. Anknüpfend
an den Sachverhalt, dass Lehr- und Handbücher im Bereich der Bekleidungskunst bis Ende
des 19. Jahrhunderts größtenteils in eigener Regie herausgegeben wurden, bekamen die
Fachexperten die Möglichkeit, ihre Werke über das neu gegründete Medium der Fachzeitschrift publik zu machen. Bevor Gustav Adolf Müller 1863 die zweite Auflage der
„Anthropo-Trigonometrie der Zuschneidekunst" als Gesamtwerk herausgab, veröffentlichte er sein System erstmalig in 12 Teilen, die monatlich seit April 1860 in der *„Europäischen Modenzeitung"* erschienen. Über die Verbreitung von fachwissenschaftlichen Schriften hinaus, wurde die Modenzeitung als Austauschplattform für Kritik und Anregungen
genutzt. So wurden auch die kritischen Beurteilungen der Zuschneidemethode Müllers von
April bis Dezember 1861 und auch im Januar und Juni 1862 abgedruckt. Klemm, so heißt
es, war in diesem Zusammenhang verantwortlich für die Sammlung der Beiträge.[607] Die
Fachbeiträge, die die Entwicklung von naturwissenschaftlichen und ästhetischen Regeln für
die Zuschneidekunst behandelten, wurden ergänzt durch Schnitt-zeichnungen und Angaben
von Maßen sowie durch Darstellungen von Modeformen und Silhouetten unterschiedlicher
Kleidungsstücke. Insbesondere sind an dieser Stelle die bildlichen Darstellungen in Form
von Modekupfern anzuführen. So erschien das *„Pariser Extra-Modentableau"* zweimal
jährlich, im Frühjahr und Herbst, und der *„Progrès"* als monatliche Beilage der *„Europäischen Modenzeitung"*.[608] Die „Ein- und Durchführung einer selbständigen deutschen Bekleidungsmode"[609] wurde somit unterstützt durch die Verbreitung von internationalen
Modethemen und Gestaltungsmerkmalen.

Über den Bereich der Zuschneidekunst und der Bekleidungsmode hinaus erschienen weitere Abhandlungen in monatlichen Lieferungen. Ein Beispiel dafür sind die Ausführungen
über die *„Buchhaltung für Associationen zum Zweck gemeinsamen Stoffeinkaufs"*, die von
Januar bis Oktober 1860 veröffentlicht wurden.[610] Publik gemacht wurden darüber hinaus
rechtliche Angelegenheiten des Schneidergewerbes im Zuge der Auseinandersetzung mit
öffentlichen Einrichtungen. 1852 reichte die Dresdner Handelsinnung Beschwerde gegen
das Führen des Titels *Marchand Tailleur* ein. In Frage gestellt wurde in diesem Zusammenhang die Legitimation dafür, dass sich ein Schneider zugleich auch Kaufmann nennen

[607] Vgl. Europäische Moden-Akademie 1900, S. 56-57; vgl. Theuerle 1862, S. 10; zur Veröffentlichung der
Methode Müllers. Vgl. Europäische Modenzeitung 1860, 4. 1860 – 5. 1860; vgl. Europäische Modenzeitung 1861,
1. 1861 – 12. 1861; siehe Kritiken zur Methode Müllers, gesammelt von Klemm. Vgl. Europäische Modenzeitung,
4. 1861 – 12. 1861; Vgl. Europäische Modenzeitung 1862, 1. 1862, 6. 1862.
[608] Vgl. Europäische Moden-Akademie 1900, S. 47; vermutlich handelt es sich bei dem Pariser Modekupfer um die
Modebilder betitelt als *„Modes Européenes pour l'organ del'Académie universelle du Tailleurs"*. Vgl.
Europäische Modenzeitung 1861, 1. 1861; siehe die Beilagen von Modekupfern der Europäischen Modenzeitungen.
Vgl. Europäische Modenzeitung 1852 ff..
[609] Deutsche Bekleidungs-Akademie Dresden 1856, o. S..
[610] Vgl. Theuerle 1862, S. 10.

durfte. Nachdem zunächst der Stadtrat Dresden und die königliche Kreisdirektion ein entsprechendes Verbot aussprachen, lautete das finale Urteil, das, nach eingelegtem Widerspruch, durch das Ministerium für Inneres gefällt wurde, „dass in der Führung des genannten Titels keine verletzende Anmassung liege; es sei aber auch dadurch keine Täuschung des Publikums beabsichtigt, weil aus der Verbindung des zusammengesetzten französischen Wortes»Marchand Tailleur« hervorgehe, dass der Schneider kein eigentlicher Kaufmann sei, jedoch ein Lager von Stoffen zur Auswahl für seine Kunden hält und insofern eine an gewisse Grenzen gebundene Handelsberechtigung ausübte"[611]. Ein entsprechender Bericht wurde in der April-Ausgabe des Jahres 1852 der *„Europäischen Modenzeitung"* veröffentlicht.[612]

Eine andere Form der Wissensakkumulation war die Ausschreibung von Preisfragen zu bestimmten Themen, die Leser dazu bringen sollten, ihre Expertise zu veröffentlichen – zumindest gegenüber der Redaktion, bei Abdruck auch gegenüber der gesamten Leserschaft. Diese Praxis ging auf eine Tradition in Zeitschriften des 18. Jahrhunderts zurück, in denen solche Preisfragen zu unterschiedlichsten Themen von der Philosophie bis zur Landwirtschaft ausgeschrieben wurden.[613] „Durch die vom Verlag veranstalteten Preisausschreiben wurde dem Gewerbe wiederholt Anregung gegeben, die zugleich den Zeitungen eine beachtenswerthe, inhaltliche Bereicherung brachten."[614] Die Ausschreibungen, die sich nicht nur auf gewerbliche Anliegen bezogen, sondern auch gestalterische Fragestellungen im Bereich der Mode thematisierten, trugen zum einen zum fachlichen Austausch und zur Verbreitung bei. Zum anderen haben die damit verbundenen Preise und Belobigungen gewiss auch Schneider, die nicht Mitglied der Akademie waren, dazu ermuntert, sich mit den fachlichen Fragen auseinanderzusetzen und an entsprechenden Wettbewerben teilzunehmen, die auf die Weiterentwicklung des Gewerbes zielten. Einige der abgehandelten Themen sind der Denkschrift zu entnehmen. Leider fehlen dabei entsprechende Nachweise über das exakte Erscheinungsdatum. 1892 wurde die Frage gestellt: „Was hat der Schneider, der sein Geschäft den Zeitverhältnissen entsprechend betreiben will, hauptsächlich zu beachten?"[615]. 1896 wurde ein „Preissauschreiben einer allgemeinen Modenwahl als Anregung zur Förderung des Modewechsels"[616] veröffentlicht und 1898 ein „Preisausschreiben über praktische Stoffeintheilung"[617]. Die Vermutung liegt nahe, dass diese Aufrufe alle in der *„Europäischen Modenzeitung"* als zentrales Organ der Akademie erschienen. So wurde 1852 eine Preisaufgabe in Bezug auf die Vor- und Nachteile der Unterhaltung von Magazinen fertiger

[611] Europäische Moden-Akademie 1900, S. 39.
[612] Vgl. ebenda, S. 38-40; siehe die Berichterstattung über den Prozess. Vgl. Europäische Modenzeitung 1852, 4. 1852.
[613] Vgl. Gierl 2009.
[614] Europäische Moden-Akademie 1900, S. 120.
[615] Ebenda, S. 120.
[616] Ebenda, S. 120.
[617] Ebenda, S. 121.

Kleidung im Kleingewerbe formuliert und die Preisschrift im Anschluss in der Zeitung gedruckt und durch Leserbriefe kommentiert.[618] Nicht zuletzt wurde insbesondere das Zentralorgan der Akademie genutzt, um die internen Angelegenheiten der Einrichtung und somit die Entwicklung des Wirkungskreises der Lehranstalt und des Verlags öffentlich bekannt zu machen. Folglich wurden die Rechenschaftsberichte des Direktoriums veröffentlicht, die u. a. Angaben zu Schülerzahlen, Beschlussfassungen und Aktivitäten der Mitglieder enthielten. Über dieses Medium wurde zudem über institutionelle Umstrukturierungen oder das Schulprogramm informiert. Auch biographische Informationen und Bildnisse von aktiven Mitgliedern der Akademie wurden veröffentlicht, um das Zugehörigkeitsgefühl und das Engagement zu stärken.[619]

„Fachorgane zu leiten, ist ungleich schwerer, weil ein sehr beschränktes Thema in anregender Weise oft wiederholt erörtert werden soll, um das Interesse der Leser wach zu erhalten."[620] Trotz dieser skeptischen Einschätzung gelang es den Herausgebern der periodischen Schriften im Umfeld der Akademie, durch das vielseitige Verlagsangebot einen interessierten und weiten Leserkreis zu erreichen. Unterschiedliche Themenbereiche – Technik und Wissen, Gewerbe und Soziales, Mode und Kunst – wurden in den Fachorganen behandelt. Dies zeigt das Bemühen, das Schneidergewerbe auf eine höhere Stufe zu heben und die Belange desselben umfassend zu repräsentieren. Die korrespondierende Entwicklung des Verlags und der Lehreinrichtung haben gezeigt, dass Gustav Adolf Müller und Johann Heinrich Klemm ein zukunftsweisendes, die Bedürfnisse der Zeit berücksichtigendes Unternehmen schufen, das auch nach dem Ableben beider in ihrem Interesse fortgeführt wurde. Eine Institution, die sich zum einen der Aus- und Fortbildung in der Bekleidungskunst auf „Mikroebene" und parallel dazu sowohl der Wissensgenerierung und Wissensvermittlung als auch der Interessensvertretung der Berufsgruppe des Schneiders auf „Makroebene" verpflichtete, gab es zuvor in diesem Bereich nicht. Die wechselseitigen Beziehungen zwischen der Lehranstalt und den Fachorganen spiegeln somit den Erfolg des Konzeptes der Akademie wider. Gustav Adolf Müllers Worte dazu lauteten: „Auch wir wollen in gemeinsamer Berathung und durch Zusammenwirken Dasjenige fördern und erstreben, wozu die Einzelkraft nicht ausreicht. Zusammengekommen aus Ost und West, aus

---

[618] Die Preisaufgabe lautete wie folgt: „Unter welchen Voraussetzungen und Bedingungen sind Magazine fertiger Arbeiten dem Kleingewerbe (zunächst der Kleidermacher) und der allgemeinen Wohlfahrt von Nutzen, und unter welchen Umständen und Verhältnissen von Nachtheil?" Hierbei galt es auch, die Mittel zur Behebung der Nachteile und die Änderungen gewerbepolitischer Verhältnisse zu erörtern. Vgl. Europäische Modenzeitung 1852, 2. 1852; siehe die Veröffentlichung der Preisschrift. Vgl. Europäische Modenzeitung 1854, 5. 1854 – 12. 1854.
[619] Oben wurde bereits auf die Reorganisation des Schulprogramms hingewiesen. Zudem wurde in jeder Ausgabe der Europäischen Modenzeitung eine Auflistung der Mitglieder der Akademie veröffentlicht. Vgl. Europäische Modenzeitung 1852 ff.; siehe auch Berichte der Aktivitäten der Akademie, die Informationen über die Mitglieder, die Einnahmen und Ausgaben, Preisaufgaben und Gutachten, Ausstellungen und die Anzahl der Abonnenten enthielten. Vgl. Europäische Modenzeitung 1856. 12. 1856; siehe auch Protokolle der Generalversammlungen. Vgl. u. a. Europäische Modenzeitung 1862, 9. 1862 – 12. 1862; siehe Angaben zu Schülerzahlen. Vgl. Europäische Modenzeitung 1891, 5. 1891; vgl. Europäische Modenzeitung 1892, 5. 1892.
[620] Europäische Moden-Akademie 1900, S. 112-113.

Süd und Nord wollen wir durch mündlichen Austausch unserer Gedanken und im geselligen Verkehr das Band immer fester knüpfen, das uns umschlingt. In leidenschaftsloser Debatte wollen wir Fragen erörtern, die in richtiger Beantwortung nicht alleine unserem Stande, sondern der Gesammtheit unserer Mitmenschen zum Segen und zur Wohlfahrt gereichen können."[621]

4.2 Die Deutsche Fachschule für das Schneidergewerbe in Dresden (1910-1945)

„Vollkommener Fachmann und klug berechnender Kaufmann zugleich zu sein, ist das Erfordernis der fortschreitenden Zeit. Die Eigenart der Einzelberufe bedingt aber Sonderausbildung im Rahmen der Erfordernisse der Gewerbe selbst."[622] Eine entsprechende Sonderausbildung auf dem Gebiet der Bekleidungskunst wurde an der Deutschen Fachschule für das Schneidergewerbe in Dresden implementiert. Die in Kooperation zwischen dem Allgemeinen Deutschen Arbeitergeber-Verband für das Schneidergewerbe (ADAV) und der Genossenschaft Europäische Moden-Akademie gegründete Bildungseinrichtung zog im Jahr 1910 in die Räume der Dresdner Genossenschaft ein. Hugo Pflugbeil, Mitglied des Aufsichtsrates der Europäischen Moden-Akademie, übernahm zunächst die Position des Direktors der Fachschule. Vor dem Hintergrund der Entstehung und Fortentwicklung des institutionellen Rahmens für die Vermittlung des bekleidungstechnischen Wissens, der zuvor im Detail dargelegt wurde, stellt sich die Frage, aus welchen Motiven eine entsprechende Lehranstalt gegründet und in die Genossenschaft integriert wurde. Während noch um 1900, gewiss aus einer persönlichen Perspektive heraus, die Verfasser der Denkschrift zum 50-jährigen Bestehen der Akademie eine Erfolgsgeschichte schrieben, wenn auch negative Entwicklungen durchaus berücksichtigt wurden, heißt es 1906 in der Verbandszeitschrift des ADAV: „Leider schlug ein Versuch, den die Genossenschaft Europäische Moden-Akademie machte, fehl, die Lehrwerkstätte ging nach kurzem Bestehen wieder ein."[623] Bedingt durch die Quellenlage ist nicht nachvollziehbar, ab welchem Zeitpunkt und ob der Lehrbetrieb tatsächlich eingestellt wurde – sollten doch zwischen 1895 und 1897 immerhin noch 626 Schüler und 318 Schülerinnen an der Akademie ausgebildet worden sein.[624] Die ursprüngliche Intention der Gründer Müller und Klemm war es, die Zuschneidekunst auf ein wissenschaftliches Niveau zu heben und dafür ein Netzwerk für einen technisch-gestalterischen Austausch zu schaffen. In diesem Zusammenhang wurde anerkannten Fachgenossen die Möglichkeit einer fundierten Aus- und Fortbildung im Schneiderfach gegeben, während ein talentierter Nachwuchs nur bedingt an der Lehranstalt aufgenommen wurde.

---

[621] Theuerle 1862, S. 5.
[622] Pflugbeil 1910, S. 3-4.
[623] Zentralorgan des ADAV. Nr. 30 vom 28. Juli 1906, S. 140.
[624] Europäische Moden-Akademie 1900, S. 96.

Vor diesem Hintergrund könnte sich das Scheitern darauf beziehen, dass die Bildungsstätte nicht auf den Bedarf einer grundlegenden beruflichen Ausbildung im Schneidergewerbe reagiert hatte. Darüber hinaus wäre es denkbar, dass eine theoretische Ausbildung zwar angeboten, das Erlernen der praktischen Fähigkeiten jedoch vernachlässigt wurde, obgleich die Akademie über eine Werkstatt verfügte. Gleichermaßen wäre zu hinterfragen, ob der Fokus der Lehre, der auf dem Gebiet der Zuschneidekunst lag, den zeitgemäßen Anforderungen noch genügte. Auch zu entrichtende Schulgebühren, die vermutlich für den Nachwuchs finanziell nicht tragbar waren, könnten ein Grund für einen Misserfolg gewesen sein. Anzunehmen ist es, dass sich der Fokus der Akademieaktivitäten zugunsten des Verlagsgeschäftes verschoben hatte und sich dieses zunehmend als Aushängeschild zu Prestigezwecken der Genossenschaft der Schneider entwickelte.

Die Entfaltung des Fabrikwesens, der Rückgang selbständig tätiger Schneider sowie die verschärfte Wettbewerbssituation um die Jahrhundertwende führten nicht nur zu einer veränderten Arbeitsorganisation und Arbeitsteilung und Tendenzen der Spezialisierung, sondern auch dazu, den Status quo der Lehrlingshaltung und Erstausbildung zu evaluieren. Auch Hugo Pflugbeil setze sich diesbezüglich mit Lehrlings- und Fachschulfragen auseinander. So galt es, dem „Mangel an Intelligenzen" entgegenzuwirken.[625] Der fortschreitende Niedergang des Handwerks, verbunden mit der Auflösung der Werkstatt und die Hinwendung zu technischen, akademischen und kaufmännischen Berufen, offenbarte die Tatsache des Fehlens von Fachkräften. Da die Nutzung der Werkstatt zum Erlernen der fachlichen Expertise als Ausbildungsstätte zunehmend verschwand, stand die Diskussion über ein flächendeckendes System für die berufliche Bildung im Fokus des Schneidergewerbes, um dem Bedarf nach einer fachbezogenen technischen und gleichzeitig kaufmännischen Ausbildung zu begegnen.[626] „Leider ist im Schneidergewerbe für die Ausbildung der Lehrlinge so gut wie nichts geschehen und wir stehen fast auf demselben Standpunkte, wie vor 50 Jahren"[627], konstatierte die Verbandszeitung des ADAV 1906. Dagegen hatten sich um die Jahrhundertwende bereits 37 Fach- und Handelsschulen in der Textilindustrie gegründet, die Fachkräfte für die Weberei, Spinnerei, Stickerei und Wirkerei ausbildeten, hieß es darüber hinaus an gleicher Stelle.[628] So waren die Schneider-Innungen sowohl mit der Herausbildung eines Berufsschulwesens für Lehrlinge als auch mit der Förderung der Ausbildung von einem den Anforderungen entsprechenden Lehrpersonal konfrontiert. Die Deutsche Fachschule für das Schneidergewerbe sollte in diesem Zusammen-

---

[625] „Der entfesselte Konkurrenzkampf, das Nachlassen der Lehrlingshaltung und -Ausbildung, insonderheit der Mangel an Intelligenzen, die sich vom Handwerk ab und kaufmännischen, technischen oder akademischen Berufen zuwandten, das immer fühlbar werdende Fehlen wirklich erstklassiger Kräfte, [...] sind die treibenden Faktoren [...], aus dem heraus die Bewegung entstand, eine gewerbliche Bildungsstätte auch für unseren Beruf zu schaffen [...]." Pflugbeil 1910, S. 4.
[626] Vgl. Pflugbeil 1918.
[627] Zentralorgan des ADAV. Nr. 30 vom 28. Juli 1906, S. 139.
[628] Vgl. ebenda, S. 139.

hang ihren Beitrag dazu leisten – „Einen sach- und fachkundigen, in allen Zweigen praktischer Schneiderei erfahrenen Mann bilden und ihn zu gleicher Zeit einführen in alle kaufmännischen Wissenschaften, ihm die Kenntnisse aller notwendigen Grundlagen übermitteln, die gewährleisten, den Ansprüchen gerecht werden zu können, die heute an den modernen Schneider als Fachmann und Kaufmann gestellt werden!"[629] Die Genossenschaft der
Europäischen Moden-Akademie sollte die „hütende Mutter der jungen Schule"[630] werden,
verfügte die Akademie doch nicht nur über eine entsprechende Ausstattung und Räumlichkeiten, sondern auch über finanzielle Mittel, die Fachschule zu unterstützen. Zudem
konnten das historisch gewachsene Ansehen, der institutionelle Rahmen und die Erfahrungswerte der Akademie für den Lehrbetrieb nur von Vorteil sein.[631] Die Wertschätzung
der Vorarbeiten, geleistet von den ehemaligen Direktoren, wird auch bei Hugo Pflugbeil
deutlich. „Klemm und Müller dringen hinaus in die Welt, finden ebenso in Paris wie in
Wien, Prag und Berlin für ihre Sache Mitkämpfer und Anhänger"[632], heißt es in seinem
Vortrag über „Das gewerbliche Schulwesen und die Wettiner" vom 25.05.1911, gedruckt
in den Schulnachrichten der Fachschule.[633] Diesen Worten folgt ein Auszug aus einem
belgischen Journal im Nachgang der Teilnahme der Europäischen Moden-Akademie an der
Weltausstellung in Brüssel 1910. Denn „[w]as deutsche Tatkraft auf dem Gebiete der Technik geleistet hat, ist staunenerregend, und welche hohen Aufgaben die Schule zu erfüllen
hat, zeigt mit bewundernswerter Offenheit das kleine Sachsen"[634].

Im Rahmen der 4. Hauptversammlung des Allgemeinen Deutschen Arbeitgeber-Verbandes
für das Schneidergewerbe, die 1906 in Hamburg tagte, regte der Brauschweiger Schneidermeister Carl Lippold eine Debatte über die Notwendigkeit an, eine höhere Fach- und Han-
delsschule zu gründen. Diese sollte darauf zielen, sowohl Meister, Führungspersonen für
Fachgeschäfte und Bekleidungswerke, Werkführer als auch Zuschneider auszubilden. War
es zunächst das Anliegen, eine Bildungseinrichtung in Niedersachsen anzusiedeln, stellte
jedoch Julius Arnold, Mitglied der Europäischen Moden-Akademie, eine Verbindung zu
Dresden her. Zwei Jahre später nahm der Direktor der Genossenschaft an der Mitglieder-
versammlung teil, die den Beschluss zur Erarbeitung eines Schulprogramms seitens der
Dresdner Akademie unter Mithilfe des ADAV fällte.[635] „Ein Kampf zwischen Einst und
Jetzt, dem alten aus harter Lebensschule hervorgegangenen Praktiker und der jüngeren Generation einer fortgeschrittenen Zeit mit anders sich gestaltet habenden Verhältnissen und

---

[629] Pflugbeil 1910, S. 11.
[630] Ebenda, S. 5.
[631] Vgl. ebenda, S. 5.
[632] Deutsche Fachschule für das Schneidergewerbe 1911, S. 3.
[633] Vgl. ebenda, S. 2-5.
[634] Ebenda, S. 5.
[635] Vgl. Pflugbeil 1910, S. 7-11; die Begründung des Antrags von Lippold ist zudem im Zentralorgan des ADAV
abgedruckt. Vgl. Zentralorgan des ADAV. Nr. 30 vom 28. Juli 1906, S. 139-140; vgl. Zentralorgan des ADAV. Nr.
31 vom 04. August 1906, S. 145-146.

Ansprüchen"[636] führte schließlich zur Einigung der Kooperationspartner am 23. Juli 1909. Der Aufsichtsrat und das Direktorium der Genossenschaft Europäische Moden-Akademie erklärten sich mit der Übernahme der Fachschule einverstanden, die mit der Anbindung an einen Werkstattbetrieb verbunden war. In den darauffolgenden drei Jahren wurden zudem die Räumlichkeiten der Akademie kostenlos zur Verfügung gestellt, während die Genossenschaft das Gründungsvorhaben mit 3000 Mark bezuschusste. Nachdem diese darüber hinaus den Gründungsprozess leitete, nahm die Schule am 1. Oktober 1910 unter der Direktion von Hugo Pflugbeil ihren Lehrbetrieb auf. Mit der Gestaltung des Lehrplans und der Steuerung der Finanzen wurde ein Schulausschuss betraut, der sich aus Vorstandsmitgliedern des ADAV und des Direktoriums der Modenakademie zusammensetzte.[637]

Im Juli 1910 gab die Deutsche Fachschule für das Schneidergewerbe eine Gründungsausgabe der später regelmäßig veröffentlichten Schulnachrichten heraus, die von Pflugbeil verfasst wurden. Die Gründungsausgabe beinhaltete nicht nur einen historischen Überblick über den Gründungsprozess, sondern enthielt zudem Angaben zum Lehrpersonal, zu Kooperationspartnern, insbesondere aus der Textilproduktion, zu den Räumen der Lehranstalt und den angebotenen Kursen.[638] Zum Personal zählten neben Lehrenden für das Zeichnen, für die Lehre der Farben und für das Fachgebiet der Anatomie und der Kostümkunde auch Fachkräfte, die den wirtschaftlichen Bereich abdeckten. Zudem wurden Sprachlehrer für Englisch und Französisch eingestellt. Darüber hinaus sollte ein Werkmeister die praktischen Fertigkeiten der Schüler ausbilden. Die unterschiedlichen Kurse, die noch detailliert besprochen werden, wurden durch regelmäßig veranstaltete Vortragsreihen zu den Themengebieten der Weberei, der Warenkunde sowie der Verarbeitung von Rohstoffen oder auch zu Fragen, das Handwerk betreffend, ergänzt.

Nicht nur um den Wissenserwerb der Schüler zu fördern, sondern auch um die Kenntnisse bereits erfahrener Schneider zu erweitern, wurde eine ständige Ausstellung bestehend aus textilen Flächengebilden, Rohstoffen, Zutaten und Kleidungsstücken eingerichtet. Seit Mitte des Jahrhunderts wurde der Aufbau von Sammlungen handwerklicher Künste durch Gewerbevereine oder auch Fachschulen gefördert. Die systematische Zusammenstellung von Anschauungsmaterialien und die Präsentation von Produkten dienten zum einen der allgemeinen Geschmacksbildung und fungierten zum anderen als Mittel für die Lehre. In diesem Kontext entstand u. a. die staatliche Gewebesammlung in Krefeld und die Sammlungen der Staatlichen Kunst- und Fachschule für Textilindustrie in Plauen im Vogtland.[639] Die ausbildungspolitischen und geschmacksbildenden Aktivitäten der Gewerbevereine im 19. Jahrhundert resultierten in der Errichtung von Gewerbeschulen, denen entsprechende

---

[636] Pflugbeil 1910, S. 10-11.
[637] Vgl. ebenda, S. 9-11.
[638] Vgl. ebenda; siehe auch die halbjährlichen Mitteilungen der Fachschule. Vgl. Deutsche Fachschule für das Schneidergewerbe 1911.
[639] Vgl. Flämig 1996, S. 75 ff.; vgl. Franzen 1930, S. 22 ff..

Sammlungen handwerklicher Künste angegliedert waren. Sowohl der Aufbau von Kunstgewerbemuseen als auch wissenschaftlicher Bibliotheken zielten darauf ab, gewerbliche, technische und künstlerische Impulse für die Ausbildung zu geben, während darüber hinaus handwerkliche Techniken bewahrt werden sollten. [640] Die Lehrmittelsammlung bzw. das Lehrmuseum der Dresdner Schneiderfachschule und die Bibliothek der Europäischen Moden-Akademie waren sowohl für die Schülerschaft als auch für die Öffentlichkeit zugänglich. Das Anschauungsmaterial für die Sammlung stellten zahlreiche Unternehmen und Fabrikanten. Zu diesen zählte u. a. die Firma Amann & Söhne aus Bönnigheim, die spezialisiert war, und heute noch ist, auf die Herstellung von Näh-, Knopfloch- und Maschinenseide. Auch die Nähgarne des Waldkirchen-Badener Hand- und Maschinenseiden-Herstellers Gütermann ist heute noch ein Begriff. Ferner wurden bspw. englische Tuchfabrikationen der Firma J. B. Neuerbourg & Co, ansässig in Aachen und London, oder die Arbeiten aus dem Lehrbetrieb von Carl Lippold aus Braunschweig ausgestellt. Die Sammlung, die sich im Akademiegebäude befand, wurde stetig erweitert und entwickelte sich zu einem öffentlich zugänglichen Lehrmittelmuseum der Schneiderfachschule. [641] „Der angefügte Situationsplan zeigt das ganze Besitztum der »Gema« [Genossensschaft Europäische Moden-Akademie], wie solches in dieser Art wohl nirgend anderswo bestehen dürfte."[642] Von Vorteil für die 1910 gegründete Lehranstalt war es gewiss, dass diese nicht nur die Zuschneidesäle für Herren- und Damenkleidung, Räume für die allgemeinbildenden Fächer und die Werkstätten der Europäischen Moden-Akademie nutzen konnte, sondern den Lernenden und Lehrenden die umfangreiche Bibliothek zu Zwecken der Weiterbildung zugänglich war, die sich im ersten Stock des Hauses befand. Zudem waren ein Bügel- und ein Maschinen-Zimmer eingerichtet worden. Auch bestand die Möglichkeit, die Wohnräume des Akademiegebäudes für die Unterbringung der Schüler zu nutzen. [643]

Rückblickend auf das Schulprogramm der Ersten Höheren Akademie für Bekleidungskunst, das Kurse auf unterschiedlichen Niveaus, sprich für den individuellen Lernbedarf der Schüler, vorsah, wurden auch an der Fachschule für das Schneidergewerbe verschiedene Kurse angeboten. An „Schüler in jugendlichem Alter"[644] richtete sich der erste Lehrgang, in dem diese in allen fachspezifischen und kaufmännischen Fertigkeiten ausgebildet werden sollten. Dem praktischen Unterricht aller „im Schneiderfach vorkommenden Näharbeiten"[645] wurde ein wöchentlicher Umfang von 30 Stunden zugewiesen, ergänzt durch 15 Stunden

---

[640] Vgl. Drees 1996; vgl. Muthesius 1929; bereits im 18. Jahrhundert wurde dem Museum eine wichtige Aufgabe als Bildungseinrichtung zugesprochen. Hierbei verweist Wolfgang König auf das 1794 in Paris gegründete Conservatoire des Arts et Métiers, das als technisches Museum Weiterbildungsmöglichkeiten für Techniker und Ingenieure anbot. Vgl. König 2006, S. 19

[641] Vgl. Pflugbeil 1910, S. 13-16.

[642] Ebenda, S. 18.

[643] Vgl. ebenda, S. 17-20.

[644] Ebenda, S. 23.

[645] Ebenda, S. 23.

Theorieunterricht. Die gesamte Ausbildung dauerte drei Jahre. Um an der Lehranstalt aufgenommen zu werden, mussten die Schüler eine achtjährige Schulbildung an einer Bürger- oder höheren Schule nachweisen. Zum theoretischen Lehrprogramm zählten u. a. das Freihandzeichnen, die Kostümkunde, die Anatomie sowie Kurse zur Buchführung und zum kaufmännischen Rechnen. Als Wahlmöglichkeiten wurden das Erlernen von Sprachen – Englisch und Französisch – oder auch die Ausbildung der Schönschrift angeboten.[646] Im Unterschied zum Programm der Modenakademie mit dem Schwerpunkt im Bereich der Zuschneidekunst, führte Hugo Pflugbeil im Schulprogramm zunächst die Richtlinien für den kaufmännischen Bereich auf. So lässt sich vermuten, dass der Fokus der Ausbildung sich verschoben hatte. Zu den Unterrichtsinhalten zählten folgende Fachgebiete: 1. Die Berufs- bzw. Warenkunde, die die Vermittlung von Sachkenntnissen zu textilen Herstellungsverfahren, Rohstoffen und textilen Flächengebilden vorsah und ergänzt wurde durch die Handelsgeographie und Handelsgeschichte; 2. Die „Einsicht in staatliche und bürgerliche Verhältnisse zwecks Erziehung zu politischer Reife"[647] wurde im Bereich der Gesetzes- und Verfassungskunde abgedeckt. Thematisiert wurden in diesem Zusammenhang die Entwicklung des Handwerks, Gewerbeordnungen oder das Gerichts- und Versicherungswesen; 3. Die Lehre der Grundrechenarten, die Berechnungen von Maßen, Gewichten oder Währungen sowie die Zinsrechnungen dienten dazu, diese in der zukünftigen Berufstätigkeit anzuwenden; 4. Ergänzt wurden die Rechenarten durch die Übung von Kalkulationen von Preisen und Herstellungskosten oder die Aufstellung einer Gewinn- und Verlustrechnung, so dass die Schüler in die Lage versetzt wurden, die Rentabilität von Geschäftsunternehmen abzuschätzen; 5. Ein weiteres Fach umfasste den Unterricht in „den üblichen Formen des schriftlichen Verkehrs"[648] – den Umgang mit u. a. Quittungen, Lieferscheinen, Angeboten und Verträgen; 6. Schließlich zählte auch die Vermittlung von Kenntnissen über gesetzliche und gewerbliche Bestimmungen zum Unterrichtsplan, die sich auf die gewerbliche Buchführung bezogen.[649] Die Richtlinien für den Zeichenunterricht, die im Vergleich zum kaufmännischen Unterrichtsleitfaden geradezu spärlich erläutert wurden, sahen vor, des „Schülers Auge und Hand in Bezug auf Maß und Form zu bilden"[650]. In diesem Bereich sollten Fertigkeiten im Entwurf und der Skizzierung von modischen Neuheiten geübt werden. Aus freier Hand oder mit Lineal sollten Detailzeichnungen einzelner Kleidungsstücke oder die Konstruktionszeichnungen für Kragen, Klappen oder Façons angefertigt werden. Ergänzt wurde der Zeichenunterricht durch einen von Pflugbeil als ein Fachgebiet zusammengefassten Bereich, der sowohl die Geschichte der Trachten unterschiedlicher Völker, die Lehre der Farben wie auch die menschliche Anatomie umfasste.[651] „Die Statue, die Büste,

---

[646] Vgl. ebenda, S. 23-24.
[647] Ebenda, S. 27.
[648] Ebenda, S. 29.
[649] Vgl. ebenda, S. 27-30.
[650] Ebenda, S. 30.
[651] Vgl. ebenda, S. 30.

der Oberkörper, der Arm, der Unterkörper und der Fuß"[652], sind die einzigen Stichworte, die hinsichtlich des anatomischen Unterrichts aufgeführt wurden. Die Lehre der Anatomie, die essentiell für das Erlernen der Schnittkonstruktion ist, setzte Pflugbeil hierbei nicht explizit in den Kontext der Ausbildung der Zuschneidekunst. Vor dem Hintergrund, dass die „Unterweisung in der vollständigen Anfertigung der Groß- und Kleinstücke mit dem Ziele, ein leichtes Großstück, sowie Hose und Weste selbständig und gut herzustellen"[653] als Zweck, nicht nur des ersten bereits angeführten Kurses postuliert wurde, fehlen jedoch weiterführende Angaben zur Werkstattlehre. Zu vermuten ist dennoch, dass die Schüler im Rahmen des technisch-praktischen Unterrichts sowohl Kenntnisse auf dem Gebiet der Fügeverfahren als auch Methoden der Schnittkonstruktion erlernten. Ferner hatten die Auszubildenden gewiss die Möglichkeit, textile Prüfverfahren, bspw. die Untersuchung der Echtheit von Stoffen, mithilfe der Sammlung textiler Flächenerzeugnisse durchzuführen. Ein weiterer Kurs richtete sich an Schüler, die bereits eine umfassendere Allgemeinbildung, sprich einen längeren Aufenthalt an einer Schule vorweisen konnten und vermutlich über eine gewisse praktische Vorbildung verfügten. Innerhalb von zwei Jahren wurden diese dazu befähigt, „später in einem feinen Geschäft vorstehen zu können"[654]. Das Erlernen der praktischen, fachtechnischen Fertigkeiten in einem Umfang von 30 Wochenstunden war verbunden mit der Ausbildung des theoretischen kaufmännischen Wissens, das in 15 Wochenstunden vermittelt wurde. Zudem gehörte zum Lehrangebot das Belegen von den bereits erwähnten Wahlfächern.[655] „Für Schüler, die die praktische Lehre hinter sich haben, welche aber eine Vervollkommnung resp. Verfeinerung ihres beruflichen Könnens erstreben und gleichzeitig ihr kaufmännisches und fachtechnisches Wissen erweitern wollen"[656], wurde ein weiterer Lehrgang eingerichtet. Die praktischen und theoretischen Unterrichtsinhalte, die sich mit den ersten beiden Kursen deckten, wurden in gleicher wöchentlicher Stundenverteilung in einem halben Jahr vermittelt. Teilnehmen konnten diejenigen, die bereits eine abgeschlossene Schneiderlehre vorweisen konnten.[657]

„Unter der Leitung und praktischen Mitarbeit erfahrener Meister, unter ständiger Kontrolle des Schulausschusses, bestehend aus Fachleuten mit bestem Rufe und Inhabern nur erstklassiger Geschäfte mit der Verwaltung der »Gema« als Oberleitung, ist wohl Gewähr geboten, daß wir, unsern Absichten getreu, keine Akademiker, sondern in allen Sätteln gerechte und zu Erwartungen berechtigende Praktiker erziehen werden!"[658] Mit diesen Worten wurde das zuvor dargelegte Schulprogramm der Deutschen Fachschule für das Schneidergewerbe 1910 bekanntgegeben. Der Umfang des fachtechnischen Unterrichts im

---

[652] Ebenda, S. 30.
[653] Ebenda, S. 23.
[654] Ebenda, S. 24.
[655] Vgl. ebenda, S. 24-25.
[656] Ebenda, S. 25.
[657] Vgl. ebenda, S. 25-26.
[658] Ebenda, S. 11-12.

Vergleich zur Theorieausbildung belegt zweifelsohne den Schwerpunkt auf der praktischen Lehre. Obgleich die kaufmännischen Richtlinien umfassender erläutert wurden, während der Praxisausbildung keine detaillierte Darstellung im Kursprogramm zu Teil wird, diente der Unterricht in den theoretischen Fächern gewiss ebenso dazu, die Schüler auf die Berufspraxis vorzubereiten. Im Gegensatz dazu, lag der Fokus der Gründer der Europäischen Moden-Akademie auf der Hebung des Schneidergewerbes durch den Anspruch und der Forderung nach Wissenschaftlichkeit in der Ausbildung. Die Wichtigkeit der Zuschneidekunst und die Bemühungen, dafür ein wissenschaftliches und formalisiertes Regelwerk für die Lehre zu erarbeiten, war, so eine erste Hypothese, bereits so evident, dass die Zuschneidekunst im Schulprogramm der Fachschule keiner besonderen Erläuterung bedurfte. Es ist jedoch auch denkbar, dass die Kunstfertigkeit an Stellenwert im Rahmen der Ausbildung verlor.

Die Debatten und vielfältigen Bemühungen, ein Aus- und Fortbildungssystem im Schneiderfach zu institutionalisieren, bilden den Kontext für die Gründung der Deutschen Akademie der Höheren Bekleidungskunst 1850 und der Fachschule für das Schneidergewerbe 1910. Nicht nur der Unterricht für Lehrlinge und Gesellen oder die Fortbildung von bereits erfahrenen Schneidern mussten organisiert, sondern auch dem Fehlen eines geschulten Lehrpersonals entgegengewirkt werden. Auf Gesuch des Direktors Hugo Pflugbeil nach Unterstützung für die Einführung von Fachlehrerkursen beim Wirtschaftsministerium in der Abteilung Handel und Gewerbe wurde der erste Kurs 1921 an der Dresdner Lehranstalt eingeführt. An dieser Fortbildung nahmen 20 Personen teil.[659] Zur Förderung der Lehrlingsausbildung hatte darüber hinaus der Allgemeine Deutsche Arbeitgeber-Verband für das Schneidergewerbe einen Fonds eingerichtet und setze sich zum Ziel, durch die Ausschreibung von Wettbewerben nicht nur die jüngere Generation für das Erlernen des Schneiderfaches zu gewinnen, sondern den Austausch und das Ansehen der Bekleidungskunst zu erhöhen.[660] Über die Anzahl der Schüler sind nur wenige Informationen verfügbar. In den Nachrichten der Fachschule heißt es, dass im zweiten Semester des Jahres 1911 vierzehn Schüler ausgebildet wurden, während im 4. Semester des darauffolgenden Jahres 27 Teilnehmer verzeichnet wurden. Nur skizziert werden kann die Entwicklung der Fachschule, bis die Ausbildungsstätte 1945 zerstört wurde. Dem Untergang geweiht war das Akademiegebäude in der Nordstraße Dresdens mitsamt dem im Erdgeschoss eingerichteten Lehrmittelmuseum und der Bibliothek. Unter der Herrschaft der Nationalsozialisten wurde ein Verbot für die Ausbildung von ausländischen Schülern ausgesprochen. 1938 erfolgte die Übereignung sowohl der Akademie als auch der Fachschule an die Deutsche Arbeitsfront, die 1940 als Eigentümer eingetragen wurde. Noch erhalten ist ein Lehrplan aus dem Jahr 1940. Hierbei wird die Fachschule als Europäische Moden-Akademie der Deutschen

---

[659] Pflugbeil 1929, S. 37.
[660] Vgl. Pflugbeil 1918, S. 5.

Arbeitsfront bezeichnet. Ausgebildet wurde auf dem Gebiet der Herren-, Damen- und Knabenbekleidung und im Wäschezuschnitt.[661] Mit der Zerstörung der Akademie sind vermutlich und unglücklicherweise wichtige Zeitdokumente und Quellen für eine möglichst umfassende Rekonstruktion der Entwicklung der Europäischen Moden-Akademie verloren gegangen.

4.3 Die Europäische Moden-Akademie als Raum des Wissens

Die Gründung der Europäischen Moden-Akademie fiel in eine Periode der Neuorganisation des beruflichen Ausbildungswesens in den unterschiedlichsten gewerblich-technischen und kunsthandwerklichen Bereichen zur Sicherung der Anschlussfähigkeit der deutschen Staaten an eine internationale Konkurrenz im Fortgang der Industrialisierung im 19. Jahrhundert. Zu den Mitteln einer staatlichen Wirtschaftsförderung gehörten insbesondere der Aufbau eines Fachschulwesens zur Aus- und Fortbildung von Gewerbetreibenden und die Unterstützung der Aktivitäten von Gewerbevereinen. Zu den bildungspolitischen Maßnahmen zählten neben der Institutionalisierung einer fachlichen Bildung auf unterschiedlichen Niveaus und der Förderung der Allgemeinbildung, die Initiierung von fachlichen Diskursen über die Herausgabe von Fachzeitschriften, die Veranstaltung von Vortragsreihen und der Aufbau von Bibliotheken und Sammlungen. Insbesondere intendierten die im Verlauf des 19. Jahrhunderts gegründeten Gewerbevereine, über die technischen Entwicklungen im In- und Ausland zu informieren und private Initiativen zugunsten der Gewerbeförderung und solidarischen Unterstützung zu initiieren.[662] Die Europäische Moden-Akademie, die nicht auf staatlicher, sondern auf privater Initiative gegründet und aus privaten Mitteln der Mitglieder geführt wurde, verfolgte eine vergleichbare Zielsetzung für das Schneidergewerbe. Und so entstand ein korporativ organisiertes wirkmächtiges Netzwerk aus Fachvertreten im In- und Ausland, das entscheidende Impulse für die Aus- und Weiterbildung im Bekleidungsgewerbe setzte. Im Fokus stand hierbei das Vorhaben, die Anschlussfähigkeit der Qualifikationen an das Gewerbe durch die Formalisierung der Zuschneidekunst zu gewährleisten. Es gelang indessen den Gründern Gustav Adolf Müller und Johann Heinrich Klemm, und so auch ihren Nachfolgern, eine Institution mit entsprechenden Organen und Mitteln zu konstituieren, um auf die gewerbe-, bildungs- und sozialpolitischen Herausforderungen des Gewerbes zu reagieren. Die Dresdner Akademie reihte sich hierbei in die Praxis der bürgerlichen Gesellschaft ein, Vereine zu gründen – ein charakteristisches Merkmal des 19. Jahrhunderts. Zu diesen technisch-wissenschaftlichen Vereinen zählte u. a. auch der 1856 gegründete Verein Deutscher Ingenieure. Unter der Zielsetzung, eine fachliche Bildung zu fördern, technische Probleme und Lösungen zu diskutieren und die Interessen von Berufs-

---

[661] Vgl. Europäische Moden-Akademie 1940; vgl. Mallwitz o. J..
[662] Vgl. Drees 1996, S. 212-216.

gruppen und Gewerben zu vertreten, schlossen sich Unternehmer, Lehrende und Techniker zusammen und organisierten somit einen fachlichen Austausch.[663]

„Die Gründung der Akademie hat vielfach zu Nachahmungen Veranlassung gegeben, aber diese sind weit gegen das geschaffene Vorbild zurückgeblieben, denn es fehlten die zur Leitung erforderlichen Männer, wie sie durch den hochstrebenden Charakter, das agitatorische Talent und die fachlichen Fähigkeiten eines Gustav Adolf Müller und den Philantropen Heinrich Klemm, der ‚zielbewusst und selbstlos' sich der gestellten Aufgabe bis zum Augenblick seines Wirkens zugewendet hat, repräsentirt wurden."[664] Mit Bezug auf die allgemeine Entwicklung des Fachschulwesens im Bereich der Aus- und Fortbildung im Schneiderfach als auch auf die zuvor erörterte Herausbildung eines zukunftsweisenden *Raumes des Wissens*, der Europäischen Moden-Akademie, kann man an dieser Stelle kaum von Nachahmungen sprechen. Zweifelsohne hatte sich im Fortgang des 19. Jahrhunderts das Schneidergewerbe zunehmend mit der Ausbildungssituation auseinandergesetzt und Versuche unternommen, Abhilfe hinsichtlich des Fachkräftemangels zu schaffen. Deutschlandweit entstanden Zuschneideschulen, deren Gründung ebenso dadurch motiviert war, ein künstlerisches und technisches Wissen der Schnitttechnik zu lehren.[665] Auch einzelne Mitglieder der Akademie, wie Friedrich Albert Schmidt, entschieden sich dazu, eigene Fachschulen zu errichten. Neben der Fokussierung der Ausbildung auf den Bereich der Zuschneidekunst erweiterten die Textilfachschulen ihre Schulprogramme zugunsten der Integration von Konfektionskursen. Letztgenannte Entwicklung wurde bereits nachgezeichnet und die Herausbildung der heutigen ingenieurwissenschaftlichen Ausbildung der Bekleidungstechnik und der Studienmöglichkeiten im Fach Bekleidungsgestaltung dargelegt. Beispielhaft wurde u. a. die geschichtliche Entwicklung der Höheren Webeschule zu Berlin nachgezeichnet, der heutigen Hochschule für Technik und Wirtschaft Berlin, zu deren Angebot das Studium der Bekleidungstechnik/Konfektion und das Fach Modedesign zählen. Im Gegensatz zu diversen Ausbildungsmöglichkeiten an Fach- und Hochschulen, in denen alle Bereiche der Bekleidungstechnik abgedeckt werden, konnte nur eine Lehreinrichtung, die sich auf dem Gebiet der Schnitttechnik spezialisierte, fortbestehen. Die 1891 von Michael Müller in München gegründete Deutsche Bekleidungs-Akademie – diese „[e]rste, grösste, besuchteste, modernste, einzig praktische Zuschneide-Akademie"[666] – setzt bis heute ihren Lehrbetrieb in Düsseldorf fort. Nebenbei erwähnt, warben die Gründer und Gründerinnen der Zuschneideschulen stets damit, die beste Zuschneidemethode und eine

---

[663] Auch die Mittel und Methoden zur Erfüllung der Ziele der Europäischen Moden-Akademie decken sich mit denen der technisch-wissenschaftlichen Vereine. Vgl. Lundgreen 1994b; bereits im 18. Jahrhundert entstanden wissenschaftliche Gesellschaften auf privater Initiative in Großbritannien, die das Ziel verfolgten, einen fachlichen Gedankenaustausch zu initiieren und diesbezüglich als impulsgebend angesehen werden können. Vgl. Gispen 2006, S. 145.
[664] Europäische Moden-Akademie 1900, S. 7-8.
[665] Siehe Kapitel 3.4.
[666] Deutsche Bekleidungs-Akademie München 1894, S. 4.

optimale praktische Lehre anzubieten. Ob jedoch die Aufgabe, „in dem verworrenen Zustande des Lehrfaches der Zuschneidekunst eine einheitliche, sichere und ebenso wissenschaftliche Basis herzustellen"[667], tatsächlich erfüllt werden konnte, wird Gegenstand des folgenden Kapitels über das Wissen der Zuschneider sein.

Die Neugründungen und Erweiterungen der Fachschulen für die Textil- und Bekleidungsindustrie im 19. Jahrhundert eröffneten den angehenden und bereits ausgebildeten Schneidern erweiterte Möglichkeiten der Aus- und Fortbildung. Ob es sich dabei um eigenständige Lehrinstitute mit dem Fokus auf dem Gebiet der Zuschneidetechnik handelte oder gewerbliche Einrichtungen ins Leben gerufen wurden, die insbesondere den Stellenwert der kaufmännischen Wissenschaften betonten, spielt in diesem Zusammenhang zunächst keine gewichtige Rolle. Auch erhöhte sich das Zeitschriftenangebot und somit der mediale Austausch sowohl über fachtechnische als auch über soziale und gewerbliche Interessen im Schneidergewerbe. Ob man jedoch hinsichtlich der entstandenen Bildungseinrichtungen tatsächlich von einer Imitation der Europäischen Moden-Akademie sprechen kann, wird an dieser Stelle bezweifelt. „Eine der Eigenart und den Erfordernissen des modernen Schneidergewerbes Rechnung tragende universelle Bildungsstätte des zu leitenden Stellungen berufenen Nachwuchses"[668], zu gründen, war ebenso das Motiv des Allgemeinen Deutschen Arbeitgeber-Verbandes des Schneidergewerbes zu Beginn des 20. Jahrhunderts. Damit einhergehend sollte eine einheitliche Ausbildung geboten werden, die durch die Zusammenarbeit von Experten befruchtet und vorangetrieben wurde. „Wenn dies erreicht ist, daß einheitlich vorgebildete Fachlehrer nach einheitlichen Werken arbeiten können, dann wird unsere ganze fachberufliche Fort- und Ausbildung auf eine stolze und nutzbringende Höhe steigen."[669] Diese Worte des Direktors der Deutschen Fachschule für das Schneidergewerbe zeigen deutlich, dass die Gründung der Schule 1910 so gut wie identische Zwecke verfolgte, die ihrer Zeit Gustav Adolf Müller und Johann Heinrich Klemm motivierten, die Europäische Moden-Akademie zu errichten. Wie bereits zuvor erwähnt, ist nur zu vermuten, warum die Lehranstalt der Genossenschaft um die Jahrhundertwende scheiterte und sich somit die Möglichkeit eröffnete, dass nicht nur die Räume in Dresden, sondern das gewachsene Netzwerk an Akteuren und die Mittel durch die Fachschule genutzt werden konnten. Diese konnte sich somit erfolgreich in den institutionellen und inhaltlichen Rahmen der Akademie integrieren.

Die Zusammenführung der die Bekleidungskunst betreffenden fachlichen Inhalte und die Vertretung der Interessen des Schneidergewerbes durch die Organe der Europäischen Moden-Akademie weisen auf die Bedeutung eines Ortes hin, an dem und von dem aus Akteure handeln konnten. Vor dem Hintergrund, dass sich eine Vielzahl von Schneidern des

---

[667] Europäische Moden-Akademie 1900, S. 25.
[668] Pflugbeil 1910, S. 5.
[669] Pflugbeil 1918, S. 9.

19. Jahrhunderts im Alleingang um die Formalisierung eines Regelwerkes für die Zuschnei-dekunst bemühte, eröffneten Müller und Klemm diesen einen festen Rahmen, einen Raum für die Entfaltung und Vermittlung von Wissen. Dieser Raum bezieht sich in diesem Zu-sammenhang nicht nur auf die tatsächlichen Räumlichkeiten und auf die Mittel, die den Austausch und die Vernetzung hervorbrachten und unterstützten, sprich die Lehranstalt und der Verlag, sondern es entstand ein ideeller Raum, der durch die Zusammengehörigkeit der Sozietät gebildet wurde. Den Kontext der Zersplitterung des Wissens einerseits und ande-rerseits die mangelnde Vernetzung der Akteure berücksichtigend, schufen die Gründer der Akademie Wege, kontextbezogenes und lokal bedingtes Wissen zugänglich zu machen und zu verbreiten. Die Akademie als *Raum des Wissens* erfüllte somit die Aufgabe, Wissen zu generieren, zu speichern, zu evaluieren und zu lehren. Die bereits am Anfang des Kapitels dargelegten Motive zur Gründung der Ersten Deutschen Akademie für Höhere Beklei-dungskunst sind im produktionstechnischen, sozialen und wirtschaftlichen Kontext des 19. Jahrhunderts und den Anforderungen, die an das Schneidergewerbe gestellt wurden, zu se-hen. Die Rekonstruktion der Entwicklung der Akademie zeigt somit einerseits, dass Müller und Klemm nicht nur den Zeitgeist erkannten, sondern dass andererseits die Akademie als institutioneller und ideeller Raum eine eigenständige und eine in den Kontext eingebettete Geschichte hat. Die Kategorien von Ash aufnehmend, brachten Müller und Klemm einen *Raum des Wissens* hervor, der als physischer Raum nicht nur ein realer und materieller, mit entsprechenden Mitteln ausgestatteter Ort war, sondern der zudem einen Gestaltungs- und Handlungsspielraum für Personen und Organe bot. Auch spiegelt dieser sowohl die sozialen Praktiken, Hierarchien als auch personen- und gruppenbezogene Motive und Qualitäten wider. Die Inszenierung der Aktivitäten der Akademie als Sprachrohr der Schneidersozietät durch u. a. die Errichtung des Akademiegebäudes und die Diffusion ideeller und fachlicher Inhalte im Rahmen der Verlagstätigkeiten und öffentlichen Ausstellungen spiegelt eine symbolische, zeitbezogene Repräsentation innerhalb und außerhalb des Netzwerkes wider.

Die Aufbereitung der geschichtlichen Entwicklung und Untersuchung der Akademie als *Raum des Wissens* macht darüber hinaus deutlich, dass diese ein exzeptionelles Beispiel war für die Entstehung, Formalisierung und Vermittlung von technisch-künstlerischen Wis-sen im 19. Jahrhundert. Die Zusammenfassung des Konzeptes der Europäischen Moden-Akademie zeigt so auch die *Dimensionen der Räumlichkeiten von Wissen*, wie sie Martina Heßler erörtert hat, und gleichzeitig den besonderen Wirkungsgrad der Institution. Zwei-felsohne haben Müller und Klemm die Veranlassung dazu gegeben, Elemente ihres Kon-zeptes – inhaltlich sowie institutionell – aufzugreifen. Jedoch ist in der Fortentwicklung des Ausbildungssystems im Schneidergewerbe und der Distributionskanäle für das Wissen auf dem Gebiet der Bekleidungskunst kein weiteres konsistentes Akademie-Modell entstanden. Die einzigartige Verbindung der unterschiedlichen Organe der Akademie und die damit verbundene Vernetzung und Einbeziehung der Akteure sind nicht nur das Alleinstellungs-merkmal derselben, sondern weisen auf ihren Innovationscharakter hin. Ein umfassendes

Konzept – nicht nur räumlich-materiell, sondern insbesondere ideell betrachtet – wurde 1945 zerstört. Der Formalisierungsprozess der Zuschneidekunst als zentraler Gegenstand dieser Forschungsarbeit wurde maßgeblich durch die Aktivitäten der Akademie unterstützt und schließlich getragen von einzelnen Akteuren, die diesbezüglich Geschichte schrieben. Während der Gestaltungs- und Handlungsspielraum durch die Analyse der Institution deutlich wurden, wird im Folgenden der Frage nachgegangen, durch wen, wie und aus welchen Motiven heraus ein formalisiertes wissenschaftliches Wissen erzeugt wurde. Auch erörtert werden muss in diesem Zusammenhang, um welche Formen des Wissens es sich dabei handelt. Die Beantwortung dieser Fragen bedarf einer detaillierten Auseinandersetzung mit einzelnen Zuschneidern, sowohl mit ihren Werken als auch mit ihrem individuellen Engagement.

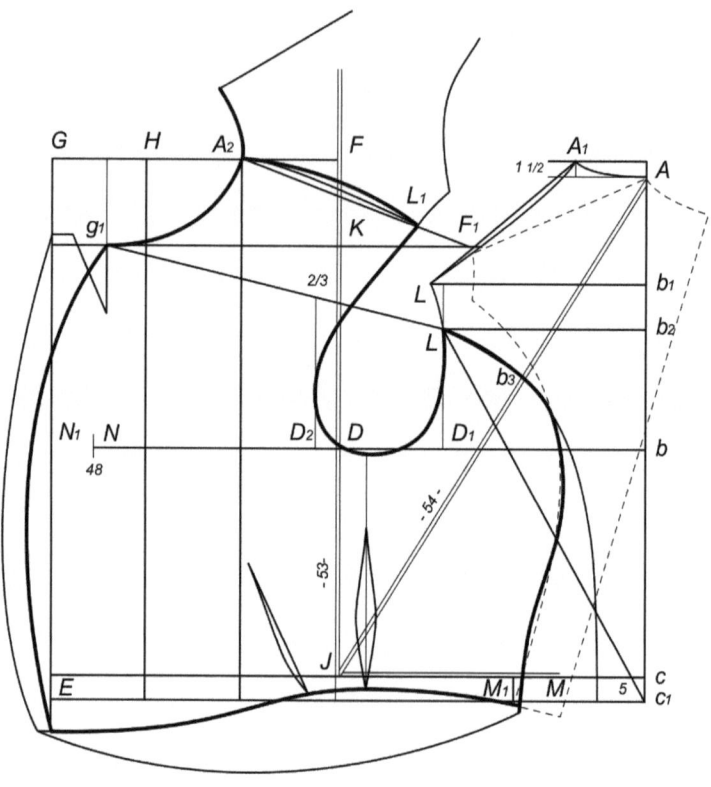

Figur 5

Abb. 5: Figur 5 – Schnittzeichnung nach der Konstruktionsanleitung für den Gehrock nach Wendelin Mottl. Entwicklungsstufe 5. *Quelle: Grafik von Lilly-Britt Weiß, 2018 (Legende: siehe Anhang B)*

„ Wir haben in diesem und dem ersten Capitel die Theorie
der Bekleidungskunst in allen ihren Regeln behandelt und
jeder Leser kann daraus das ihm passende benützen.
Die Operationsbasis der Zuschneidekunst verlangt aber
bedeutend mehr als blosse Theorie, sie verlangt ein
vollständiges Hineinleben und Selbstconstruieren
in jedem einzelnen Fall. "[670]

Wendelin Mottl, 1893

5. Die historische Vielfalt der Wissensformen der Zuschneidekunst

5.1 Personengebundenes Wissen

Im Jahr 1880 gab die Handels- und Gewerbekammer Wien ein Lehr- und Lesebuch für das Schneidergewerbe zum Schul- und Selbstunterricht[671] heraus, welches in kurzer Form das technische und kaufmännische Grundlagenwissen zusammenfasste, das nötig war, um das Schneiderfach auszuüben und zu erlernen. Im ersten Abschnitt gab Dr. C. Langer, Professor für Anatomie an der Universität Wien, eine Einführung in die „Leibesform und Gewandung"[672]. Sein Anliegen war es, die Arbeit und das praktisch erworbene Wissen des Schneiders über den Körper und am Körper bei der Gestaltung des Kleides um die wissenschaftliche Basis der Lehren der Anatomie und Physiologie des Menschen zu erweitern. Über das Zuschneiden schrieb er: „[W]ie in so manchen anderen technischen Zweigen der Industrie, ist die Praxis der Theorie vorausgeeilt. Zuerst kommt immer die an der Seite der Erfahrung gereifte Geschicklichkeit, dann erst das Princip."[673].

Wenn zuvor die Institution der Europäischen Moden-Akademie als *Raum des Wissens* und als Netzwerk von Lehrenden, Forschenden und Lernenden dargestellt wurde, soll nun die Entstehung, Verbreitung und Vermittlung des Wissens der Zuschneidekunst aus der Perspektive einzelner Akteure der Akademie beleuchtet werden. Hatten Müller und Klemm einen institutionellen Rahmen geschaffen, den es zuvor nicht gab, waren es dennoch die im Folgenden untersuchten Personen, die die Verwirklichung der Ziele vorantrieben und diesen Rahmen dafür nutzten. Die Erörterung ihres personengebundenen Wissens bildet das Kernstück dieser Arbeit. Im Folgenden werden das Werk und das berufliche Leben von

---

[670] Mottl 1893, S. 141-142.
[671] Vgl. Handels- und Gewerbekammer 1880.
[672] Vgl. Langer 1880, S. 1-148.
[673] Ebenda, S. 13.

Wendelin Mottl, Inhaber eines Schneiderfachgeschäftes in Prag, von Johann Heinrich Klemm und Gustav Adolf Müller, Gründer der Europäischen Moden-Akademie, und die Aktivitäten von Josef Zeischke, Anton Gunkel, Rudolf Tiesler und Alfred Schrödter, Lehrende der Zuschneidekunst, unter den folgenden Gesichtspunkten untersucht: 1. Welchen Beitrag leisteten die ausgewählten Experten hinsichtlich der Entwicklung der Zuschneidemethoden und der Formulierung von wissenschaftlich fundierten Theorien sowie im Rahmen der Lehre? Wie haben sich in diesem Zusammenhang Austauschbeziehungen entwickelt und zu ihrer Theoriebildung beigetragen? In welcher Form wurde ihr Werk verbreitet und eingesetzt und inwieweit wurden ihre Ansätze von anderen Akteuren aufgegriffen, für die eigene Arbeit genutzt und weiterentwickelt? Eine Analyse der einzelnen Zuschneidemethoden soll einerseits die Verknüpfung der konsekutiv und parallel entwickelten Systeme herausarbeiten und andererseits der Frage nachgehen, welche Prinzipien der Schnittgestaltung noch heute universell gültig sind und warum sich einige Methoden im Gegensatz zu anderen Versuchen durchgesetzt haben; 2. Die Grundlage für die Erörterung der unterschiedlichen Wissensformen, sprich des impliziten und expliziten Wissens im Bereich der Zuschneidekunst, ist die unmittelbare Beschäftigung mit Leib und Gewand in der Praxis. Diese Erfahrungen brachten alle ausgewählten Personen mit. Mittels der Beschreibungen ihrer Systeme einerseits und andererseits der damit einhergehenden praxisbezogenen und praxisorientierten subjektiven Erfahrungen im Schneidergewerbe, sollen der Zusammenhang, die Anwendung und das Konglomerat aus Erfahrungswissen und expliziten wissenschaftlichen Regeln, darunter auch Lehren der Anatomie des menschlichen Körpers und der geometrischen Formenlehre, erörtert werden.

Die Auswahl der zu untersuchenden Personen ist begründet durch Ihren Einsatz im Rahmen der Aktivitäten der Europäischen Moden-Akademie. Insbesondere ist in diesem Zusammenhang ihr Interesse zu nennen, die öffentliche Aufmerksamkeit für die Kunst des Schneiderfaches zu fördern. Zudem leistete jeder einzelne einen Beitrag im Bereich der Aus- und Weiterbildung auf dem Gebiet der Zuschneidekunst. Die individuellen Bestrebungen, an der Formalisierung des Wissens mitzuwirken, demonstrieren die von den Akteuren wahrgenommene Relevanz, eine möglichst einheitliche Zuschneidemethode zu entwickeln und zu verbreiten, um den Anforderungen der entstehenden Bekleidungsindustrie gerecht zu werden. Im Anschluss an die einzelnen Studien werden die unterschiedlichen Formen des Wissens der Zuschneidekunst zusammengefasst. Diese beziehen sich zum einen auf das Wissen der Zuschneider, das im Rahmen des Formalisierungsprozesses maßgeblich war. Zum anderen wird das Wissen, das zum Erlernen und Ausüben der Kunstfertigkeit nötig war und ist, aufgeschlüsselt. In diesem Zusammenhang wird es die Auseinandersetzung mit dem verfügbaren Quellenmaterial ermöglichen, auch das Verständnis von wissenschaftlichem Wissen im Bereich der Schnitttechnik im Sinne der Akteure zu definieren. Kerstin Kraft spricht von einem sich tradierenden, auf Erfahrung und praktische Erwägungen aufbauenden Vorgang bei den Entwicklungen in der Zuschneidekunst, der mit Zufällen, Missgeschicken und Probieren verbunden war.[674] Ebendiese Erfahrungswerte versuchten die Zuschneider explizit niederzuschreiben und intendierten mit ihren Studien, neues Wissen zu erzeugen. So generierten die Zuschneider ein Forschungsprogramm für das Schneiderhandwerk, sprich einen „Komplex von Hypothesen und methodischen Regeln, aus deren Befolgung sich eine mehr oder weniger kontinuierliche Entwicklung wissenschaftlicher Theorien"[675] ergab. Somit können die Zuschneider ohne Zweifel in diesem Sinn als Forscher bezeichnet werden. Sie formulierten Aussagen, die durch anatomische und mathematische Studien belegt und überprüft wurden, mit dem Ziel, das Wissen und die Erfahrungen im Bereich der Zuschneidekunst zu systematisieren.[676]

Bereits in der Erörterung des theoretischen Forschungsansatzes dieser Arbeit wurde darauf hingewiesen, dass die im Rahmen der Arbeit untersuchten historischen Schnittmethoden in der Praxis [von der Verfasserin] überprüft wurden. Diese Art der Rekonstruktion setzt im Rahmen der Erforschung der Wissensformen allerdings ein bereits vorhandenes Wissen und vertieftes Verständnis der Schnittgestaltung voraus. Wenn Douglas Harper in seiner viel zitierten Pionierstudie den Mechaniker Willie bei seinen Tätigkeiten beobachtet, Arbeitsabläufe bildlich dokumentiert und in den Gesprächen den Versuch unternimmt, Willies Wissen zu fassen, gestaltet es sich doch – so auch für Willie – als Herausforderung, den impliziten Anteil seines Wissens und Könnens zu verbalisieren. Harper, als Laie, hat während seiner Studien Anweisungen von Willie bekommen, selbst Reparaturen durchzuführen und so sicher ein gewisses Gefühl für Materialien, Kraftaufwendung und Arbeitsabläufe bekommen.[677] Die historische Rekonstruktion der Entstehung des formalisierten Wissens der Zuschneidekunst scheint auf den ersten Blick nur auf der Basis von Text- und Bildquellen möglich zu sein. Wie bereits in den Erläuterungen des theoretischen Rahmens erwähnt, besteht jedoch die Möglichkeit, auch ohne mit Wendelin Mottl oder Johann Heinrich Klemm zu sprechen, den Zugang zu ihren Arbeiten zu erweitern. Angelehnt an Andreas Fickers Konzept einer experimentellen Medienarchäologie steht hierbei nicht die Nutzung bzw. Bedienung eines Objektes in einem nachempfunden historischen Rahmen im Fokus, sondern das Verfahren, ein Objekt – in diesem Fall handelt es sich um Schnittmuster, die als Schablonen für die Herstellung von Kleidungsstücken benötigt werden – nach einer historischen Anleitung zu rekonstruieren. So wird die Möglichkeit geschaffen, nicht einen „Dialog mit den Dingen"[678], sondern einen Dialog mit den Zuschneidern zu führen.

---

[674] Vgl. Kraft 2001, S. 57.
[675] Mittelstraß 1980, S. 664.
[676] Dieses, in einem wissenschaftlichen Sinne definierte Wissen beabsichtigten die Zuschneider in eine begründete und überprüfbare Kenntnis zu übertragen und diese in einer Wissenschaft der Bekleidungskunst zu institutionalisieren. Siehe hierzu auch die Definition von Wissen in der Enzyklopädie Philosophie und Wissenschaftstheorie. Vgl. Mittelstraß 1996, S. 717-718.
[677] Vgl. Harper 1987; siehe auch Kapitel 1.3.
[678] Vgl. Fickers 2015; siehe auch Kapitel 1.3.

Hierbei sei darauf hingewiesen, dass im Rahmen technik- und wissenshistorischer Forschungen der letzten Jahre zunehmend implizites Wissen bei der Herstellung und der Nutzung von Objekten und Technologien thematisiert und jüngst die Vermittlung historischer Fertigkeiten fokussiert wird. Historische Rekonstruktionen von Praktiken und Artefakten sind ein nicht neues Mittel der experimentellen Archäologie. Die Nachstellungen dienen der Erzeugung eines tieferen Verständnisses von Fertigkeiten, Praktiken und der Offenlegung von impliziten Wissensformen, welche der Gestaltung der materiellen Kultur inhärent sind. Diesbezüglich spielt stets der Kontext der Herstellung und der Nutzung von Objekten und Technologien eine entscheidende Rolle. Als Herausforderung für die Technik- und Wissenschaftsgeschichte gestaltet sich laut Klaus Staubermann die Frage, wie historische Fertigkeiten in der Interaktion mit Artefakten verstanden und interpretiert werden können, während Michael B. Schiffer hierbei auf ein nicht festgeschriebenes, interdisziplinäres, experimentelles Vorgehen verweist.[679] Die Voraussetzung hierbei ist jedoch ein bereits vorhandenes Handlungswissen, das im Vorfeld durch das Erlernen von Fertigkeiten erworben sein muss. Dieser heuristische Ansatz, die Systeme durch die tatsächliche, praktische Umsetzung zu vergleichen, dient nun der Offenlegung allgemeingültiger Regeln der Schnitttechnik, von Erfahrungs- und Arbeitswissen und der Identifikation versteckter und weniger beachteter Wissensformen im Bereich der Schnitttechnik. Die Rekonstruktionen ermöglichen es dabei, Gemeinsamkeiten, Ableitungen und Weiterentwicklungen der Methoden zu bestimmen. Zudem können anatomische und mathematische Prinzipien hinsichtlich der Vermessung des Körpers und der Aufstellung der Konstruktionsvorschriften aufgedeckt und kategorisiert werden. Als Basis dafür dienen die schriftlich verfassten Anleitungen sowie die dazugehörigen bildlichen Darstellungen. Die Aufbereitung, d. h. die Zusammenstellungen der Studien und Methoden der Zuschneider in Form von Lehrbüchern, wird im Fortgang auch im Rahmen der Untersuchung der Zirkulation, Darstellung und Repräsentation des Wissens der Zuschneidekunst aufgegriffen. Zudem, so wird vermutet, kann die Erforschung der Werke Hinweise darauf geben, dass die Schnitttechnik als Teilbereich der Bekleidungstechnik als ein Musterbeispiel für die Ermittlung unterschiedlicher Wissensformen in den Ingenieurwissenschaften betrachtet werden kann. So kann darauf basierend auch die Vermittlung des ingenieurwissenschaftlichen Wissens hinterfragt werden. Handelt es sich zwar um fragmentarische Studien, untermauert das Wirken der Akteure des Wissens in Lehre und Forschung die Art und Weise, wie sich die Lehrinstitutionen und Ausbildungswege und die damit verbundenen Inhalte und Methoden im Bereich der Zuschneidekunst entwickelt haben.

---

[679] Vgl. Staubermann 2012, S. VI-XI; vgl. Schiffer 2013, S. 5-8.

5.1.1 Wendelin Mottl (1837-1916)

Als einen „Förderer des Fortschrittes in der Bekleidungs- und Zuschneidekunst"[680] bezeichnete Wendelin Mottl seinen Vater Mathias Mottl (1805-1874). Obwohl nicht der Vater in diesem Kapitel Gegenstand der Betrachtung ist, war dieser seinem Sohn ein erfolgreicher Lehrer, so dass ein Hinweis auf Mathias Mottl gerechtfertigt ist. Über die Person Wendelin Mottl und sein Werk ist verhältnismäßig wenig Quellenmaterial erhalten. Dennoch bietet dieses eine Fülle von Anhaltspunkten zu seinem Engagement und seinem Beitrag, den Fortschritt des Schneidergewerbes zu unterstützen. So steht dieser als erster Akteur des Wissens der Zuschneidekunst im Fokus der Betrachtung. Grundsätzlich geben das Werk und Wirken Mottls nicht nur Aufschluss über die historische Entwicklung der Zuschneidekunst und die Notwendigkeit für das Schneidergewerbe, ein einheitliches System der Schnitttechnik zu entwickeln, sondern die Analyse bietet zudem wertvolle Informationen zum Selbstbild des Schneiders, zu den sich wandelnden Anforderungen im Zuge der Entwicklung der Bekleidungsindustrie und zur Nutzung von technischen Neuerungen. Nicht zuletzt ermöglicht die Darlegung seiner anatomischen Studien[681] und die schriftlichen und bildlichen Beschreibungen seiner eigenen Zuschneidemethode[682], das Wissen bzw. die unterschiedlichen Formen des Wissens der Zuschneidekunst zu kategorisieren.

Wendelin Mottl, 1837[683] in Prag als Sohn von Mathias Mottl geboren, wurde im Geschäft des Vaters im Schneiderfach ausgebildet. 1834 gegründet, „vereinigte das Mottel'sche Atelier alle Stände, kurz, Mottl erlangte einen Namen und wurde modern, um in Permanenz modern zu bleiben"[684]. So verwies der Sohn in der 11. Auflage seines Handbuches über *„Die Grundlagen und die neuesten Fortschritte der Zuschneidekunst"* auf die fortschrittliche Verwendung des Zentimeter-Maßbandes und betonte, „dass an seinem [des Vaters] Schnitte selten etwas nachgeholfen werden musste"[685]. Als Wendelin Mottl gemeinsam mit seinem Bruder 1858 die Leitung des Familienunternehmens M. Mottl & Söhne übernahm, zählte dieses zu einem der größten und erfolgreichsten Schneiderfachgeschäfte für Herrenbekleidung in Prag. Zuvor unternahm Mathias Mottl mit seinen Söhnen Reisen sowohl in die deutschen Hauptstädte als auch nach Paris, um beide in die Fachwelt einzuführen.[686]

---

[680] Mottl 1893, o. S. (Danksagung).
[681] Siehe „*Theil I. Theoretischer Theil, Abschnitt II: Die männlichen Körperverhältnisse und die Theorie der Kleidung"*. Vgl. ebenda, S. 130-142.
[682] Siehe „*Theil II. Praktischer Theil"*. Vgl. ebenda, S. 147 ff.
[683] Laut Angabe im Katalog der Nationalbibliothek der Tschechischen Republik wurde Vendelín [Wendelin] Mottl im Jahr 1837 geboren und verstarb 1916. Vgl. Nationalbibliothek der Tschechischen Republik.
[684] Mottl 1909, S. 461.
[685] Ebenda, S. 462.
[686] Vgl. ebenda, S. 452, S. 463.

Als Repräsentant der Handels- und Gewerbekammer der Stadt Prag und Berichterstatter der Prager Kleidermacher-Genossenschaft wurde der K. u. K. Hoflieferant Wendelin Mottl[687] 1862 beauftragt, über die Ausstellung „sämmtlicher Errungenschaften des menschlichen Geistes in London"[688] zu berichten, in welcher der „Fortschritt in allen Fächern des menschlichen Thuns"[689] der Öffentlichkeit präsentiert wurde. Laut seinen Worten zeigte sich die Bekleidungsindustrie, das Gros der Ausstellung ausmachend, in „der unendlichen Pracht, ja Erhabenheit des Gesammteindrucks".[690] Zudem stellte Mottl nicht nur die *Classen*, angefangen mit Bekleidungsgegenständen jeglicher Art, über die Leder-, Pelz- und Fellverarbeitung bis zu Textilien, bestehend aus den unterschiedlichsten Rohstoffen, dar, sondern thematisierte darüber hinaus, welche Errungenschaften sowie technische und modische Neuerungen einzelne Länder und Regionen Mitte des 19. Jahrhunderts hervorgebracht hatten.[691] Seine Ausführungen zeigen insbesondere seine Würdigungen der Leistungen und Produkte der Aussteller, wenn er die Abteilung Frankreichs als „Tempel des Geschmacks"[692] beschrieb oder die „[s]taunen erregenden Maschinen und [...] die Solidität und ästhetische Einfachheit industrieller Erzeugnisse"[693] Englands erwähnte. Ohne nun den Fokus auf die Leistungen einzelner Länder zu legen, soll an dieser Stelle jedoch die Präsentation Österreichs angesprochen werden. Laut Mottl konnten die Ausstellungsgegenstände deutlich zeigen, dass Österreich auf dem Weg sei, Frankreich und England hinsichtlich des industriellen Fortschritts einzuholen.[694] „An fertigen Kleidungsstücken hat unstreitig Prag den Sieg davon getragen, denn dieselben zeichneten sich durch vollendete Technik, Ausarbeitung und sogar Erfindung [...] aus."[695] Die Bekleidungsindustrie Prags wurde u. a. von der Firma Gebrüder Krach repräsentiert. Robert Krach, aktives Mitglied der Europäischen Moden-Akademie und seit 1851 Teil des Akademischen Rates derselben[696], zeigte „ein Bonjour aus einem schwarzen und blau-dunklen Seidenstoff-Poplin angefertigt. Sehr künstlich daran war die etwa 8 Centm. von der Kante entfernte, aus sechs Reihen schmaler Seidenstreifen gebildete Bordüre."[697] Auch die Firma M. Mottl & Söhne stellte ihre innovativen Produkte aus. Mottl beschrieb in diesem Zusammenhang ein braunes „Velour-Jacket von eigenthümlichem Schnitt, in dem der Rückentheil mit dem Besatze des Vordertheils und die Vordertheile mit dem Rückenschoße aus einem Stücke be-

---

[687] Die biographischen Informationen und Positionen zu Wendelin Mottl sind aus den Buchtiteln entnommen. Vgl. Mottl 1893; vgl. Mottl 1909.
[688] Vgl. Mottl 1863.
[689] Ebenda, S. 1.
[690] Ebenda, S. 1.
[691] Vgl. ebenda.
[692] Ebenda, S. 1.
[693] Ebenda, S. 1-2.
[694] Vgl. ebenda, S. 7.
[695] Ebenda, S. 3.
[696] Vgl. Europäische Moden-Akademie 1900, S. 36.
[697] Mottl 1863, S. 3.

stehen"[698]. Mottls Schneiderfachgeschäft war eines der vier ausstellenden Unternehmen aus Prag, ein Verweis auf eine exklusive Stellung Mottls in der böhmischen Bekleidungsindustrie.[699] Auch darauffolgend wurde Mottl nicht nur Mitglied der Jury der Weltausstellung in Paris 1878 und Vorsitzender der Jury der Landesausstellung in Prag 1891, sondern seine Arbeiten wurden auch bei den Weltausstellungen in London 1862, in Paris 1867, in Wien 1873 und in Philadelphia 1876 ausgezeichnet.[700]

Ebenso detailliert wie die der ausgestellten Kleidungsstücke sind Mottls Beschreibungen der Errungenschaften von Fabrikanten im Bereich der Weberei und Spinnerei sowie seine Ausführungen über die Weiterentwicklung der Nähmaschine. In seinem Bericht über die „*Classe 38 (Kleidungsstücke für beide Geschlechter)*"[701] der Weltausstellung in Paris 1878 beschrieb Mottl den Fortschritt der Herren- und Damenkleiderherstellung, der sich seiner Meinung nach in den letzten drei Jahrzehnten gezeigt hatte.[702] Gerade auf dem Gebiet der Zuschneidekunst erkannte er die vielfältigen Bemühungen, allgemeine, auf Basis des menschlichen Körpers beruhende Methoden der Schnitttechnik zu entwickeln. So machte sich „ein reges Streben nach Vervollkommnung der Zuschneidekunst in erfreulicher Weise bemerkbar, indem daselbst mehrere Lehrsysteme der Corporismetrie und der directen Construction des Modells nach diesen Maaßen exponiert war [...]"[703]. Hierbei gab Mottl keine detaillierten Erläuterungen der ausgestellten Lehrsysteme, jedoch wird sich bei der Untersuchung seines Lehrbuches seine umfassende Auseinandersetzung mit den unterschiedlichen Zuschneidemethoden zeigen. An dieser Stelle sei nur erwähnt, dass er über einen in London 1862 ausgestellten Messapparat aus Kopenhagen schrieb, er „halte eine solche Methode für eine unnütze Belästigung der Kundschaft"[704]. Sein praxisorientierter Blick spiegelt sich darüber hinaus in seinen Ausführungen zur Einführung der Nähmaschine wider, der er die großartige Entwicklung der Bekleidungsindustrie zuschrieb.[705] Ob er nun über die mit Dampf-, Gas-, Wasser- oder Federkraft betriebenen Näh-, Knopfloch- oder Überwendlichmaschinen schrieb oder über die technischen Neuerungen bei der Verarbeitung von Schuhwaren berichtete, wird deutlich, dass Wendelin Mottl über eine weitreichende Kenntnis der Entwicklungen in der Industrie verfügte und die Präzision seiner Darstellung auf seinen Erfahrungsschatz auf dem Gebiet der Bekleidungsherstellung und insbesondere auf sein geschultes Auge hinweist. Die Berichte über die Weltausstellungen in London 1862 und in Paris 1878 zeigten somit zum einen sein umfassendes Wissen über

---

[698] Ebenda, S. 4.
[699] Vgl. ebenda, S. 3.
[700] Diese Informationen zu Wendelin Mottl sind aus den Buchtiteln entnommen. Vgl. Mottl 1893; vgl. Mottl 1909.
[701] Vgl. Mottl 1879.
[702] Vgl. ebenda, S. 5.
[703] Ebenda, S. 6.
[704] Mottl 1863, S. 10.
[705] „Die Fortschritte, welche in der technischen Ausführung der Herrenkleider und in der Zuschneidekunst gemacht wurden, sind ebenso wichtig, wie die allgemeine Einführung der Nähmaschinen, welchen diese Industrie überhaupt ihre großartige Entwickelung verdankt." Mottl 1879, S. 6.

die Fachgebiete der Kleiderherstellung, der Moden und Trachten unterschiedlicher Teile der Welt und über die Innovationen der textilen Flächengestaltung. Zum anderen weisen seine Schilderungen der Ausstellungsklassen auf seine Wertschätzung für Produkte und technische Neuerungen hin.[706]

Als Förderer der Zuschneidekunst und Vertreter der Interessen des Schneidergewerbes zeigte sich Mottls fortschrittsorientiertes Denken auch im Rahmen seiner Aktivitäten in der Europäischen Moden-Akademie. 1862 schrieb er, „wie wichtig im socialen Leben die Bekleidungs-Industrie und die mit ihr zusammenhängenden Gewerbe sind, und wie nothwendig es daher sei, daß zur größtmöglichsten Ausbildung derselben durch Fachschulen, Musterausstellungen und permanente Musterlager beigetragen werde"[707]. Bereits um 1850, im Rahmen der Gründung der Europäischen Moden-Akademie, wurde Mathias Mottl als Förderer der Ziele der Akademie genannt und so trat auch Wendelin Mottl hierbei in die Fußstapfen des Vaters.[708] Im Zuge der Reorganisation der Bekleidungsakademie im Jahr 1862 und der damit angestrebten Erweiterung des Wirkungskreises der sich fortan als Europäische Moden-Akademie bezeichnenden Institution wurde Wendelin Mottl beauftragt, eine der Zweigstellen, die Österreichische Filial-Modenakademie zu Prag, zu leiten.[709] Nicht nachzuvollziehen ist, wie die Bildungseinrichtung in Prag organisiert war, welche Lehrinhalte vermittelt wurden und welchen Beitrag die Mitwirkenden am Austausch mit Dresden leisteten.

Mit den protokollierten Worten „Wissen ist Macht, welche er [Gustav Adolf Müller] in seinem Vortrage uns zugerufen habe, läge die ganze Wahrheit, deren Gewicht wir erfassen sollten. Nur durch ein streng wissenschaftliches System könnten wir unsere Unabhängigkeit vom Zufall erreichen und unserer Selbstschätzung gerecht werden"[710] reagierte Mottl auf die Rede Gustav Adolf Müllers während der vierten Generalversammlung der Europäischen Moden-Akademie 1862 und stimmte dem Ausbau der Akademie zu. Bei der geplanten Gründung eines Stiftungsfonds für die Unterstützung des Baus eines Akademiegebäudes und hinsichtlich des Vorhabens, Stipendien an junge, minder bemittelte Fachkräfte zu geben, wurde Mottl im Rahmen der Aufgaben des Verwaltungsrates tätig. 1879 wurde Mottl Mitglied des Akademischen Senats, bevor er 1891 zum Präsidenten desselben ernannt wurde.[711] Zusätzlich zu seinem Einsatz im Rahmen der verwaltungstechnischen Aufgaben der Institution können an den Quellen zur Europäischen Moden-Akademie seine Bemühungen und inhaltlichen Vorschläge hinsichtlich der Förderung der Lehre im Schneiderfach abgelesen werden. So erkannte Mottl die Vorzüge der Gewerbefreiheit und schloss sich

---

[706] Vgl. ebenda, S. 9 ff.
[707] Mottl 1863, S. 2.
[708] Vgl. Europäische Moden-Akademie 1900, S. 31.
[709] Vgl. ebenda, S. 51; vgl. Theuerle 1862, S. 10.
[710] Theuerle 1862, S.26-27.
[711] Vgl. Europäische Moden-Akademie 1900, S. 54, S. 75-76, S. 90.

damit auch den Meinungen seiner Fachgenossen an, dass eine gewerbliche Ausbildung wichtig für das Selbstverständnis des Handwerks und für den Schutz desselben sei.[712] Insbesondere setzte sich Mottl mit der Frage nach Abhilfe gegen den zu verzeichnenden Mangel an Fachkräften auseinander, der kein periodischer, sondern ein zu allen Zeiten dagewesener sei.[713] Mottl selbst beschäftigte laut seiner Aussage auch weibliche Personen, die er mit der Herstellung von Westen und Hosen betraute, so dass die männlichen Arbeiter sich in der Hochsaison größeren Arbeiten widmen konnten.[714] In diesem Zusammenhang betonte Mottl die Vorzüge der Nähmaschine, durch die die Arbeiten erleichtert und gleichzeitig der Arbeitsablauf und die Einteilung von Aufgaben effektiver gestaltet werden konnten. Zudem sah er insbesondere die Notwendigkeit, Lehrlinge in den Fachgeschäften auszubilden und diese auch möglichst für ihre Arbeit zu entlohnen, um auf die höheren Anforderungen an das Schneidergewerbe durch die wachsenden Ansprüche an die Erzeugnisse seitens der Kundschaft zu reagieren. In Folge seines Antrags, sich mit diesen Fragen zu beschäftigen, ernannten die versammelten Mitglieder 1862 in Heidelberg eine Kommission, um entsprechende Lösungsvorschläge zu erarbeiten und ihre Erfahrungen auszutauschen. Auch hierbei wurde Mottl Mitglied des Ausschusses.[715] Mottls Motivation, das Wirken der Europäischen Moden-Akademie als höhere Lehranstalt und Inter-essensgemeinschaft des Schneidergewerbes zu fördern, ging einher mit dem Interesse der Gründer und Mitgliedschaft, die Zuschneidekunst zu verwissenschaftlichen und allgemein gültige Regeln in der Schnitttechnik zu entwickeln. So sprach er in diesem Zusammenhang von einer „Verwirrung [...], welche die verschiedenen Zuschneide-Systeme besonders bei einem Zuschneider-Wechsel in einem Geschäfte veranlassen. Man sei fast nie im Stande, einen neu eintretenden Zuschneider zu gebrauchen, bevor man ihm die eigene Methode beigebracht habe; selbst das beste bestehende System habe, wenn auch in seltenen Fällen, uns in Verlegenheit gebracht"[716]. Deutlich werden hierbei seine eigenen Erfahrungen bei der Führung seines Geschäftes und der Hinweis auf seine eigene Zuschnittmethode. Nicht von der Hand zu weisen ist seine Wertschätzung für das Bemühen anderer Experten auf dem Gebiet der Zuschneidekunst. Diese Tatsache wird insbesondere in seinem 1893 herausgegebenen Handbuch deutlich und noch erörtert. Zudem kommunizierte er diese Achtung der Leistungen durch sein Ersuchen, das Direktorium möge die Herausgabe von Biographien namhafter Vertreter des Schneiderfaches in der „Europäischen Moden-zeitung" veranlassen bzw. weiterführen, so dass die Fachwelt über die Grenzen der Institution hinaus von den Fortschritten und Bemühungen Kenntnis erlange. Bereits 1855 wurde das Porträt von Robert

---

[712] Vgl. Theuerle 1862, S. 57.
[713] „Es wäre zunächst die Frage zu beantworten, ob denn der fühlbare Mangel an Arbeitskräften nur ein periodischer oder zu allen Zeiten dagelegener sei, und ich meine, er gehöre zu den letzteren: wir fühlen ihn heute nur mehr als sonst, weil unsere Arbeit sich vermehrt hat und die Zahl tüchtiger Arbeiter mit dem Bedürfniß nicht gleichen Schritt hält." Ebenda, S. 58.
[714] Vgl. ebenda, S. 59.
[715] Vgl. ebenda, S. 58-59, S. 61.
[716] Ebenda, S. 26.

Krach, Mitbegründer der Akademie, veröffentlicht. Es folgten biographische Informationen über Fulerand Antoine Barde, der Schneider in Paris war, und Georg Stulz aus London, die 1856 und 1857 erschienen. Auf Wunsch der Akademie-mitglieder wurden zudem Bildnisse namhafter Mitglieder in demselben Fachorgan veröffentlicht – so auch eine Gedenktafel von Johann Heinrich Klemm, Gustav Adolf Müller und Friedrich Albert Schmidt in der 5. Ausgabe der *„Europäischen Modenzeitung"* aus dem Jahr 1862.[717]

Nur wenige originale Schriften von und über Wendelin Mottl sind noch erhalten. Die Informationen zu seiner Person können zum einen aus dem Quellenmaterial der Europäischen Moden-Akademie zusammengestellt und zum anderen durch Mottls eigene Angaben, die in seinem Lehrbuch oder seinen Berichten angeführt sind, rekonstruiert werden. Laut Auskunft des Stadtarchivs in Prag existiert eine bisher nicht aufbereitete und durch Papierzerfall bedrohte Sammlung aus Korrespondenzen und Gratulationsschreiben, die sich auf sein Wirken in der Lokalpolitik, in öffentlichen Organisationen Prags und auf seine Aktivitäten in der dort ansässigen Schneidergilde beziehen.[718] Diese können auch als Hinweis auf seine renommierte Position in Prag angesehen werden. Auch die Möglichkeiten, zu reisen, sich über seine beruflichen Tätigkeiten und Kompetenzen hinaus weiterzubilden und seinen Einfluss im Wirkungskreis der Europäischen Moden-Akademie zur Geltung zu bringen, kann man gewiss als Privileg bezeichnen. Die Nachfolge von Mathias Mottl als Leiter und Inhaber eines erfolgreichen Schneiderfachgeschäftes boten ihm diesbezüglich vermutlich eine gute finanzielle Ausgangslage. Die Auseinandersetzung mit den Anforderungen und Entwicklungen im Schneidergewerbe, seine beruflichen Erfahrungen und das Fördern eines Fachaustauschs verweisen auf eine intrinsische Motivation, sich insbesondere der Entwicklung der Schnitttechnik zu widmen.

Doch worin lag nun sein Beitrag auf dem Gebiet der Zuschneidekunst? Neben den Berichten über die Weltausstellungen in London und Paris gab Mottl ein Hand- und Lehrbuch mit dem Titel *„Die Grundlagen und die neusten Fortschritte der Zuschneidekunst. Theoretische und praktische Lehre"* heraus, welches 1892 in tschechischer und 1893 in deutscher Sprache erschien. Dieses ergänzte Mottl in den nachfolgenden Jahren durch vereinfachte Anleitungen zum Maßnehmen und Konstruktionsbeschreibungen weiterer Kleidungsstücke.[719] Aus mehreren Gründen ist das Werk Mottls für diese Arbeit besonders relevant. Zunächst gab Mottl einen Überblick über die historische Entwicklung der unterschiedlichen Zuschneidemethoden. Das Handbuch gibt somit Hinweise auf weitere fachwissenschaft-

---

[717] Vgl. ebenda, S. 14-16; vgl. Europäische Modenzeitung 1855, 7. 1855; vgl. Europäische Modenzeitung 1856, 2. 1856; vgl. Europäische Modenzeitung 1857, 1. 1857; vgl. Europäische Modenzeitung 1862, 5. 1862.

[718] Diese Sammlung ist derzeit nicht einsehbar. Auch wenn der Bestand vermutlich weitere Informationen zu Mottls Wirken eröffnen würde bzw. biographische Angaben noch einmal verifiziert werden könnten, ist die Einsicht für diese Arbeit nicht zwingend erforderlich. Das vorhandene Quellenmaterial ist für die Untersuchung der einzelnen Analysekategorien ausreichend. In den abschließenden Betrachtungen in Kapitel 7 wird noch einmal darauf hingewiesen, dass eine Erschließung der Sammlung von Interesse für ein weiteres Forschungsprojekt wäre.

[719] Vgl. Mottl 1909.

liche Literatur und das Wirken weiterer Zuschneider und Lehren der Schnitttechnik. Stellenweise sind darüber hinaus Informationen zu Artefakten und Werkzeugen zu finden, so dass Mottls Ausführungen die Erschließung weiterer Quellen erleichtern. Die folgenden Beispiele dienen dazu, einerseits das umfassende Wissen Mottls darzustellen, und andererseits die Entwicklungsgeschichte der Zuschneidekunst des 19. Jahrhunderts, die bereits skizziert wurde, aus Sicht eines Zeitzeugen nachzuvollziehen. Sowohl die Beschreibungen und Illustrationen der Schnittmethoden anderer Zuschneider als auch die Untersuchung seines eigenen Systems werden es ermöglichen, Aussagen über die unterschiedlichen Wissensformen der Schnitttechnik zu geben.

Das Erlernen, Begreifen und Ausüben der Kunst des Zuschneidens wurde für Mottl unterstützt durch die Kenntnis der parallel und konsekutiv entwickelten Systeme. So war es im ersten und theoretischen Teil des Handbuches sein Anliegen, einen „kritischen Überblick über sämmtliche tonangebende Zuschneidefachmethoden"[720] zu geben. Diese stellte er nicht nur in ihrer Theorie dar, sondern gab praktische Anweisungen in Form von Beschreibungen für die Entwicklung einer Grundkonstruktion des Gehrockes.[721] Die Konstruktionsanleitungen ergänzte er dabei durch Zeichnungen. Bereits in der Vorrede verwies der Autor darauf, dass die „Zuschneidekunst auf anerkannten und systematisch festgestellten Grundwahrheiten beruht, die für alle Folge ihre Geltung behalten werden"[722]. Die theoretische und wissenschaftliche Basis sei dabei die menschliche Anatomie und die damit einhergehende Berücksichtigung proportionaler Verhältnisse des Körpers. Seine naturwissenschaftlichen Studien werden nachfolgend auch zentraler Bestandteil der Herleitung seiner Methode und der dafür nötigen Anleitungen zum Maßnehmen sein. Darüber hinaus betonte Mottl die praktischen und sinnlichen Erfahrungen im Schneiderfach. In diesem Zusammenhang sprach er von Talent, das er als „das richtige Sichhineindenken in das Wesen einer Sache und dieses richtige Auffassen"[723] bezeichnete. „Es kommt auf die Auffassung und Ausführung des Systems sehr viel an, denn es bedingt ein glückliches Zusammenwirken von Talent, Feinfühligkeit und Schönheitssinn, um das richtige Verhältnis der Form zur Materie herauszufinden und den Erzeugnissen den Stempel der Feinheit und Eleganz auf-

---

[720] Mottl 1893, S. 1.
[721] Der Gehrock, auch als Leibrock oder Schoßrock bezeichnet, war eine ursprünglich einreihig bis zur Taille geknöpfte, enganliegende Jacke für den Herren. An der Taille waren vorne übereinanderliegende Schöße angesetzt, die bis zum Knie bzw. bis oberhalb des Oberschenkels reichten. Es handelte sich im Verlauf des 19. Jahrhunderts um einen Tagesanzug in gedeckten Tönen. Zu Beginn des 20. Jahrhunderts zählte der Gehrock als Zweireiher, meist offen getragen, zur offiziellen Tageskleidung von Ministern, Parlamentariern, Kommerzienräten, Geschäftsleuten und Ärzten. Aus dem Gehrock entwickelte sich im Fortgang das Sakko (Sackjackett). Dieser hatte keinen Schoß mehr und zeichnete sich durch eine bequemere Form und einen sackähnlichen geraden Schnitt aus. Vgl. Loschek 2011, S. 220; vgl. Loschek 1995, S. 46-48.
[722] Mottl 1893, S. 2.
[723] Ebenda, S.11.

zuprägen; im entgegengesetzten Falle aber die Kleider linkisch und ungelegen erscheinen zu lassen."[724]

Dass die Bekleidungskunst in ihren Anfängen eine zunächst ohne System, vielmehr auf Zufallsprinzipien basierende Technik war, Kleider herzustellen, erkannte Mottl selbstverständlich an. Er verwies in diesem Zusammenhang auf die bildlichen Quellen der Geschichte der Gewandung und Trachten, die zweifelsohne eine Beschäftigung mit dem Körper zeigten. Laut Johann Heinrich Klemm, so schrieb es Mottl, wurde die erste fachwissenschaftliche Schrift von Christoforo Serrano im Jahr 1619 in Sevilla verfasst. Ob das Werk, betitelt als *„Geometria del arte de vestir"* noch erhalten ist, ist ungewiss. Denn weder der Name des Autors noch der Titel können tatsächlich verifiziert werden. So führte Mottl im Anschluss in chronologischer Reihenfolge zahlreiche französische, deutsche und englische Zuschneider, Lehrbücher und Zuschnittmethoden auf.[725] Nicht immer sind die Angaben zum Titel oder dem Erscheinungsjahr nachvollziehbar.[726] Als die ersten Ansätze auf dem Weg zu einem auf Regeln basierenden Zuschnittsystem sah Mottl die „nach und nach entdeckten Handwerksvortheile [...], um nothdürftig die erforderliche oder gewün-schte Form zu zeichnen"[727]. So zeichnete François-Alexandre de Garsault Konturen von Kleidungsstücken unter der Berücksichtigung von Maßen nach dem Augenmaß – so Mottls Vermutung. Das im Jahr 1764 mit 18 Kupfertafeln erschienene Werk *„L'art du tailleur"* wurde 1788 ins Deutsche übersetzt und kann als Beispiel für die Anfänge genannt werden, die Fortschritte und Studien im Hinblick auf die Systematisierung der Zuschneidekunst zu verbreiten.[728] Über die ersten Bemühungen hinaus, modische Formen darzustellen und Körpermaße für die Schnittgestaltung einzubeziehen, erkannte Mottl Anzeichen für die Auseinandersetzung mit unterschiedlichen Formen des Körpers und die damit einhergehende Folgerung, dass Schnittvorlagen an verschiedene Körpergrößen und Körperformen angepasst werden müssten. Als ein Beispiel dafür führte er die *Schnell-Zuschneidekarte* von J. N. Hawlitscheck auf, einem Schneidermeister aus Leipzig, der um 1815 einen Schnittbogen zum Abpunktieren entwickelte, der die Konstruktion verschiedener Kleidergrößen ermöglichte und von Hawlitscheck selbst auf Wanderschaft verbreitet und verkauft wurde.[729] In Ergänzung zu der Notwendigkeit, Schnitte zu verkleinern und zu vergrößern, wurden laut Mottl 1810 die bis dahin gesammelten Erfahrungen beim Zuschneiden zusammengefasst von J. S. Bernhardt, der als Schneidermeister in Dresden tätig war. Insbesondere betonte Mottl hierbei den Ansatz, die Schnitte nach den Verhältnissen des Körpers zu konstruie-

---

[724] Ebenda, S.11.
[725] Vgl. ebenda, S. 11 ff.
[726] Bspw. führt Mottl das zweibändige Werk von J. S. Bernhardt an, der sich mit den Verhältnissen des Körpers und proportionalen Berechnungen beschäftigte, ohne den Titel anzugeben. Vgl. ebenda, S. 16; vgl. Bernhardt 1810 und 1811.
[727] Mottl 1893, S. 16.
[728] Vgl. ebenda, S. 14.
[729] Vgl. ebenda, S. 16.

ren.[730] Die Grundlage für die Regeln der Zuschneidekunst, die noch heute, wenn auch in abgewandelter Form, gültig sind, legte J. H. Michel aus London, der 1818 die sogenannte *Drittel-Berechnung* erfand. Auf Basis der Einteilung des Oberkörpermaßes war es die Idee, den Schnitt ausgehend von einer Grundlinie, d. h. der Brustumfangslinie, zu zeichnen und die Verhältnisse der Längen- und Breitenmaße abzutragen, so dass diese für jede beliebige Größe angepasst werden konnten. Obwohl keine weiteren Proportionen des Körpers mit entsprechenden Berechnungen von Michel berücksichtigt wurden, verbreitete sich die Methode rasant und sein Ansatz sollte auch in den kommenden Jahren von weiteren Fachexperten aufgegriffen und weiterentwickelt werden.[731] Diese Beispiele dienten Mottl zum einen dazu, die Geschichte der Zuschneidekunst wiederzugeben und bekannter zu machen. Zum anderen zeigen seine Ausführungen sein Bestreben, sich Wissen anzueignen, um dieses auch bei der Entwicklung seines eigenen Schnittsystems berücksichtigen zu können. Da sein Werk nur eine Quellenangabe enthält, kann nicht nachvollzogen werden, welche Schriftwerke er tatsächlich zur Verfügung oder inwieweit er Informationen zur „erfreuliche[n] Productivität [...] auf dem Felde der Literatur des Bekleidungsfaches"[732] durch einen persönlichen Austausch bekommen hatte. So könnte es der Fall gewesen sein, dass Wendelin Mottl auf seinen Reisen nach Paris und London die Bekanntschaft mit dort ansässigen Schneidermeistern und Lehrern der Zuschneidekunst gemacht hatte. Zu nennen sind in diesem Zusammenhang Compaigne und Fontaine, die parallel zueinander eine Zuschneidemethode auf Basis des Zentimeters und der Teilung der Oberweite entwickelten und in Paris lehrten. Andererseits besteht die Möglichkeit, dass Mottl die entsprechenden Fachzeitschriften las, wie z. B. das *„Bulletin indicatif des Modes"*, in dem Fontaine, Mitglied der Academie de l'industrie national, sein Werk 1828 veröffentlicht hatte.[733] Sein Vater hatte, vermutlich Ende der 1830er Jahre, einen Kurs bei dem Franzosen Lavigne, laut Mottl ein Professor der Zuschneidekunst, besucht und sein System mit dem des Pariser Zuschneiders verglichen[734], so dass ein Austausch als möglich erscheint. Neben den Angaben zu namhaften Zuschneidern, den fortschrittlichen Entwicklungen auf dem Gebiet der Zuschneidekunst und den Hinweisen auf die erschienenen Schriften sind zudem Hinweise auf Werkzeuge und Hilfsmittel, insbesondere zur Unterstützung des Ausmessens des Körpers, zu finden. So führte Mottl die Einführung des Zentimeter-Maßbandes um 1815 an, dessen Erfindung auch er dem Pariser Zuschneidelehrer Barde zuschreibt.[735] Des Weiteren beschrieb er den Messapparat, das Anthropometer, und das System des Maßnehmens von

---

[730] Vgl. ebenda, S. 16; vgl. Bernhardt 1810 und 1811.
[731] Vgl. Mottl 1893, S. 17-19; siehe auch Kapitel 2.2.
[732] „Eine nicht minder erfreuliche Productivität entwickelte sich auf dem Felder der Literatur des Bekleidungsfaches im Jahr 1834, in welchem Werke von Havlicek, Vandael und Wampe erschienen, die die Drittelmethode und die in den Anfangsgründen befindliche Centimeter-Schnittmethode verbreiteten." Mottl 1893, S. 20.
[733] Vgl. ebenda, S. 22-23.
[734] Mottls Handbuch enthält auch eine Erläuterung der Schnittmethode von Lavigne. Vgl. ebenda, 33-43 ff.; vgl. Mottl 1909, S. 40-49.
[735] Vgl. Mottl 1893, S.21.

Gustav Adolf Müller für dessen anthropo-trigonometrische Zuschneidemethode[736] sowie Pierre Roudels Konstruktion einer mechanischen Methode zur Körpervermessung, den Conformateur[737]. Auch bei der neunten Generalversammlung der Europäischen Moden-Akademie, abgehalten 1876, erläuterte Eduard Kuhn aus Berlin die Vorzüge des Einsatzes der sogenannten Gummijacke. Obwohl ein durchgeführter Praxistest den fortschrittlichen Nutzeffekt widerlegen sollte, integrierte Kuhn bei seiner Zuschneidemethode ein System, die Maße mittels des Conformateurs zu nehmen.[738]

Mottl setzte sich auch praktisch mit den einzelnen Systemen des Zuschneidens auseinander, so dass hierbei vorausgesetzt werden kann, dass er seine Recherchen auf Basis der entsprechenden fachwissenschaftlichen Literatur durchführte. So zitierte er auch Johann Heinrich Klemms *„Handbuch für höhere Bekleidungskunst"* aus dem Jahr 1846 mit den Worten: „Für den geübten Meister ist es allerdings der beste und einfachste Weg, sich eines direct auf die Körpermasse begründeten Zuschnitt-Systems zu bedienen [...]; wo soll aber das erforderliche Genie und Augenmass bei dem jungen Anfänger herkommen, der lediglich auf sein Lehrbuch angewiesen ist und kaum aus seiner Praxis zu beurtheilen vermag, warum der einfache Rockschnitt gerade so und nicht anders gestaltet ist"[739]. Nach Mottls Ermessen trug Klemm insbesondere zur Verbesserung und Verbreitung der Zentimeter-Methode bei. So erläuterte Mottl im Folgenden nicht nur die Konstruktion eines Grundschnittes für einen Rock nach Klemms Methode, sondern auch die *Anthropo-Trigonometrie* Müllers oder das *System Fortschritt* von Rudolf Tiesler. Ferner zählen zu seinen Beispielen das Schnittsystem Eduard Kuhns basierend auf der Kopflänge als Maßstab für die Berechnung der Längen- und Breitenmaße und eine freie Schnittzeichnungsmethode von Johanna Caroline Link, die hierbei die einzige weibliche Person war, die Mottl in seinem Handbuch bespricht.[740] Bei den Beschreibungen der einzelnen Konstruktionsanleitungen erläuterte Mottl die jeweilige Basis der Schnittaufstellung. Er gliederte die Methoden dabei nach vier unterschiedlichen Prinzipien: 1. Proportionale Methoden auf Basis der Oberweite des Körpers; 2. Die Verbindung aus direkt genommenen Maßen mit proportionalen Berechnungen; 3. Die Brust- und Taillenlinie als Basis der Konstruktion; 4. Die Aufstellung des Schnittes nach den genommenen Maßen der Vorder- und Rückenlänge.[741] Die Anleitungen, die durch

---

[736] Vgl. ebenda, S. 48 ff..

[737] Für Informationen zur Funktion und Anwendung des Conformateurs siehe Kapitel 1.2.

[738] Vgl. Mottl 1893, S. 68-83; vgl. Europäische Moden-Akademie 1900, S. 74-75.

[739] Vgl. Mottl 1893, S. 24; der Wortlaut Klemms lautete wie folgt: „Für den geübten Meister ist dies allerdings der beste und einfachste Weg; wo soll aber das erforderliche Genie und Augenmaß bei dem jungen Anfänger herkommen, der lediglich auf sein Lehrbuch angewiesen ist und kaum aus seiner Praxis zu beurtheilen vermag, warum der einfache Rockschnitt gerade so und nicht anders gestaltet ist [...]." Klemm 1870, S. 37; das Zitat kann in Klemms Handbuch aus dem Jahr 1870 nachgewiesen werden, während die Passage in der 20. Auflage aus dem Jahr 1865 noch nicht enthalten ist. Vgl. Klemm 1865, S. 17; die erste Auflage erschien jedoch auch laut Klemms Aussage im Jahr 1846. Vermutlich handelte es sich dabei um das Gemeinschaftswerk, das Klemm mit seinem Bruder Carl herausgab. Vgl. Klemm 1856, S. 16; vgl. Klemm/Klemm 1846.

[740] Vgl. Mottl 1893, S. 23ff., S.43 ff., S.69 ff., S. 106 ff.; vgl. Mottl 1909, S. 133 ff..

[741] Vgl. Mottl 1893, S. 129-130.

Zeichnungen der unterschiedlichen Entwicklungsschritte ergänzt wurden, enthalten genaue Instruktionen der einzeln abzutragenden Strecken für die Längen- und Breitenverhältnisse im Schnitt. Diese wurden, wie es auch heute praktiziert wird, mit Buchstaben oder Abkürzungen bezeichnet. Mit folgenden Worten leitete Mottl über zur Beschreibung seiner eigenen Schnittmethode, so dass nach dem zusammenfassenden Überblick der Zuschneider und Methoden nun die Analyse des Systems des Prager Schneidermeisters folgt. „Wir haben in diesem und dem ersten Capitel die Theorie der Bekleidungskunst in allen ihren Regeln behandelt und jeder Leser kann daraus das ihm passende benützen. Die Operationsbasis der Zuschneidekunst verlangt aber bedeutend mehr als blosse Theorie, sie verlangt ein vollständiges Hineinleben und Selbstconstruiren in jedem einzelnen Fall."[742]

„Ein richtiges Gefühl für das körperliche Ebenmass ist eine der wichtigsten Ursachen für eine geschmackvolle Herstellung eines Gewandes. Die idealen Körpermessungen verdanken wir der plastischen Kunstschule, welche vor uralten Zeiten die Körperdimensionen eines Apollo de Belvedère etc. in Proportionen ausgemessen und dieselben als Normalproportionen sich bis auf den heutigen Tag bewährten."[743] Wesentlich für die Aufstellung eines Schnittes war laut Mottl ein einfaches, sicheres und einheitliches System zur Vermessung des Körpers.[744] Wie noch zu sehen sein wird, ist auch bei allen anderen Zuschneidern das Maßnehmen nicht nur die Basis für die Schnittkonstruktion im Allgemeinen, sondern auch die Grundlage für die Entwicklung der jeweiligen Methode. Mottls Versuch, ein Maßsystem aufzustellen, implizierte sowohl die Anwendung eines bereits explizierten, anatomischen sowie mathematischen Wissens als auch seine Erfahrungen, die Körper seiner Kunden zu vermessen. Der praktische und unmittelbare Ansatz wird deutlich, wenn er zum Beispiel seine Ablehnung gegen Kreuz- und Quermessungen äußerte, da schon das Antupfen und Befühlen des Körpers ein unbehagliches Gefühl beim Kunden bewirke[745]. So spiegelt die im 19. Jahrhundert gängige Praxis, über dem Rock oder über Hemd und Weste zu messen, ein anderes Verhältnis zum Umgang mit dem Körper wider.[746] Zudem bestand die

---

[742] Ebenda, S. 141-142.

[743] Ebenda, S. 130.

[744] „Auch wir anerkennen vor allem das Prinzip, dass zur einheitlichen Behandlung der Zuschneidekunst vor allem ein Masssystem gehört, nach welchem wir alle diejenigen Höhen und Tiefen der runden Oberfläche des männlichen Körpers auf der Fläche wiedergegeben werden könnten." Ebenda, S. 145.

[745] „Wir sind keine Freunde von Kreuz- und Quermessungen, schon das Antupfen und Befühlen des Körpers erzeugt ein unbehagliches Gefühl beim Kunden und ist bei jedem halbwegs gerade gewachsenen Manne überflüssig; wir verfechten vielmehr die Ansicht, dass im Rahmen der Tief- und Hochmessungen soviel als möglich idealisirt werden muss, um die äusseren Formen der Kunden veredelt und möglichst proportionirt darzustellen." Ebenda, S. 145.

[746] Als Exkurs sei hierbei auf den Wandel im Umgang mit der Körperlichkeit des Menschen, auf einen Prozess des Verschwindens und der Wiederkehr des Körpers, verwiesen, den Irene Antoni-Komar beschreibt. Eine lange Tradition der Distanzierung und Disziplinierung wurde im 19. Jahrhundert abgelöst durch eine neue Inszenierung und Thematisierung des Körpers im Rahmen der Hygiene- und Lebensreformbewegungen. Vor dem Hintergrund der Berechenbarkeit der Natur und des mechanistischen Körperbildes von René Descartes wurde der Körper bis ins 19. Jahrhundert eher als Objekt und Arbeitsmittel betrachtet, der umhüllt und modelliert wurde durch Kleidung, bevor die Idee einer gesunden Lebensweise zu einer Wiederentdeckung der Natürlichkeit und einem Abbau von

Herausforderung des Zuschneiders nicht nur darin, ein passendes Kleidungsstück zu fertigen, sondern auch die Passform des Rockes eines Kunden im Verhältnis zum tatsächlichen Körperbau desselben zu evaluieren. So empfahl Mottl die Maße zu nehmen, wenn der Rock geschlossen war, und sich unterstützend die individuelle Haltung des Körpers zu merken. Eine „nicht zu legere noch zu stramme Position"[747] sollte der Kunde einnehmen, damit das richtige Maß gefunden werden konnte. Diese Aussagen beziehen sich, ähnlich wie der Mechaniker Willie in der Untersuchung von Douglas Harper eine gewisse Kraftanstrengung zum Schlagen eines Hammers auf ein bestimmtes Material beschreibt, auf ein körperlich erfahrenes Wissen, das in verbalisierter Form unpräzise bleibt und sich nur in einer wiederholten Praxis ausbilden kann. Gleichermaßen war es essentiell, so Mottl, dass die Zuschneider sich einen Körperschönheitssinn aneigneten, um „Abweichungen vom schönen Normalwuchs zu unterscheiden."[748] Ein Beleg dafür ist seine Auseinandersetzung mit der plastischen Kunstschule, dem goldenen Schnitt und den idealen Körperverhältnissen des Apollo von Belvedere. In einer der wenigen Fußnoten seines Werkes benannte Mottl in diesem Fall sogar seine Quellen.[749]

Die Entwicklung eines einheitlichen Maßsystems als Basis für allgemeingültige Regeln für die Zuschneidekunst war und ist direkt verknüpft mit dem Verhältnis zwischen Körper und Kleid und dem Umgang und dem körperlichen Kontakt zwischen dem Zuschneider und dem Körper der Kunden. So plädierte Mottl dafür, „die Kunden möglichst wenig zu belästigen und einen Rock nach wenigen Massen herzustellen"[750] – nach einem System basierend auf genommenen Maßen und proportionalen Berechnungen. Bevor er seine Praxis des Messens und die Messstrecken erläuterte, betonte Mottl die Wichtigkeit der Kenntnisse über die menschliche Anatomie im Schneiderfach. In diesem Zusammenhang tritt seine Anwendung von verifiziertem, anatomischem Wissen zu Tage. Seine Kenntnisse über den menschlichen Körperbau stellte Mottl anhand von zwei Zeichnungen des Skelettes dar und beschrieb das Knochengerüst im Hinblick auf die zu nehmenden Maße für die Konstruktion. Ob Mottl sich dieses Wissen nur durch Literaturrecherchen oder ergänzt durch den Kontakt

---

Schamgrenzen in der Öffentlichkeit führte. Vgl. Antoni-Komar 2001; so setzten sich die Schneider mit der Schönheit und den Idealen des Körpers mittels der Berechnung desselben auseinander, aber die Etikette erlaubte es nicht, dem Körper des anderen zu nahe zu kommen. Obwohl in der Folge der Wiederkehr des Körpers dazu geführt hat, dass dieser nun selbst Gegenstand von Modellierungen und Inszenierungen wurde, gilt es jedoch noch heute, eine Distanz zu wahren. Auch in diesem Kontext können berührungslose Messverfahren wie Body-Scanner betrachtet werden, während stets der, wenn auch leicht bekleidete Körper ausgemessen wird.
[747] Mottl 1893, S. 147.
[748] „Um dies zu kennen, muss er sich einen Körperschönheitssinn anzulernen suchen, und um Abweichungen vom schönen Normalwuchs gut zu unterscheiden, muss er den Normalwuchs gut studieren." Ebenda, S. 130.
[749] Mottl beschäftigte sich mit den Werken von Hermann Riegel [Grundriß der bildenden Künste: im Sinne einer allgemeinen Kunstlehre und als Hülfsbuch beim Studium der Kunstgeschichte. Hannover 1874] und von Adolf Zeising [Neue Lehre von den Proportionen des menschlichen Körpers aus einem bisher unerkannt gebliebenen, die ganze Natur und Kunst durchdringenden morphologischen Grundgesetze entwickelt und mit einer vollständigen historischen Übersicht der bisherigen Systeme begleitet. Leipzig 1854]. Vgl. ebenda, S. 125; siehe auch Zeising 1854.
[750] Mottl 1893, S. 145.

zu bspw. Anatomen der medizinischen Fakultät der Karls-Universität in Prag oder im Zuge seines Austauschs mit Wissenschaftlern während seiner Reisen aneignete, ist nicht mehr nachvollziehbar. Höchst wahrscheinlich ist jedoch seine Kenntnis des Lehrbuches für das Schneidergewerbe, herausgegeben von der Handels- und Gewerbekammer Wien im Jahr 1880. Vergleicht man das erste Kapitel dieses Werkes von Dr. C. Langer mit Mottls Werk, ist deutlich zu erkennen, dass er die Zeichnungen der Profil- und Vorderansicht des Skelettes mit leichten Abänderungen abzeichnete und die entsprechenden Erläuterungen des Körperbaus von dem Professor für Anatomie der Universität Wien abschrieb. Die Konstruktion von Oberteilen beginnt in der Regel am 7. Halswirbel. Von dort aus werden alle Längen- und anschließend die Breitenverhältnisse für die Konstruktion abgetragen. So begannen Langers und auch Mottls Erläuterungen mit den Worten: „Am Halse: [Abkürzungen: H.W.S. (Lange); a (Mottl)] Hals-Wirbelsäule aus 7 Wirbeln bestehend."[751] Bereits im theoretischen Teil seines Handbuchs führte Mottl die Zusammenstellung des Grundlagenwissens im Schneiderfach der niederösterreichischen Handels- und Gewerbekammer an.[752]

Zweifelsohne ist ein Maßschneider bei der Schnittkonstruktion stets mit individuellen Körperproportionen und unterschiedlichen Haltungen konfrontiert, die in den Schnitt eingearbeitet werden müssen. So können die idealen Körperverhältnisse der plastischen Kunstschule nur als Richtschnur genommen werden. Bereits in Mottls theoretischem Teil wird deutlich, dass sich nicht nur dieser, sondern so auch bspw. Gustav Adolf Müller und Johann Heinrich Klemm mit dem Wuchs des Menschen beschäftigten. So verändern sich bei den Berechnungen der Längen- und Breitenverhältnisse die gegebenenfalls zuzugebenden oder abzuziehenden Beträge bei aufrechten oder vorgebogenen Haltungen, genauso auch bei schlanken oder dickbäuchigen Personen.[753] Bei einem Großteil der Zuschneidesysteme wird ein genommenes Körpermaß wie die Oberweite eingeteilt und dient als Basis für weitere proportionale Berechnungen. So können eventuell fehlende Körpermaße im Verhältnis zu diesem Maß berechnet werden oder dienen der Kontrolle.[754] Diese Berechnungen können dann auf sowohl kleinere als auch größere Größen angewendet werden, so dass ausgehend von einer Basisgröße, bspw. eines ausgewachsenen Mannes mit einer Oberweite von 96 cm, ein Schnitt konstruiert wird und das Maß dann die Grundlage der Berechnungen bildet. Vor diesem Hintergrund ist es an dieser Stelle erwähnenswert, dass auch Mottl sich mit Methoden und Werkzeugen des Gradierens von Schnitten auseinandersetzte und 1854 eine *Reductions-Maschine* erfand, deren Anwendung laut Klemm eine Erleichterung für das Arbeiten am Zuschneidetisch gewesen sein soll. Dieser Apparat bestand aus einem

---

[751] Ebenda, S. 130; Langer 1880, S. 17.
[752] Vgl. Mottl 1893, S. 100-103.
[753] Siehe Mottls Einteilung der Körperhaltungen in 4 Positionsklassen (gerade, vorgebogen, zurückgebogen, verkrüppelt), die er im Folgenden weiter spezifiziert. Hierbei führt er u. a. Müller, Klemm, Lavigne und auch Kuhn an, die eine entsprechende Einteilung mit ähnlichem Wortlaut vornahmen. Vgl. ebenda, S. 28-29.
[754] Vgl. ebenda, S. 151-156.

Kästchen und einer Welle. Durch das Drehen der Welle wurden die Reduktionsteile der einzelnen Oberweitenmaße sichtbar und das genommene Maß des Brustumfangs [in Zentimeter] musste nicht umgerechnet werden, so dass eine direkte Übertragung auf den Schnitt möglich war.[755] Nicht vorweggenommen werden soll jedoch die Anwendung des sogenannten Reduktionsschemas, das im Rahmen der Untersuchung des Werkes von Johann Heinrich Klemm folgt. Ferner werden auch im Hinblick auf die Verbreitung von Schnittmustern in Fachzeitschriften das Vergrößern und Verkleinern von Schnittmustern noch einmal thematisiert, da „sie [die Zeichnungen] bequemer nachzuzeichnen sind"[756].

Das System Mottls beruhte nun auf direkt genommenen Maßen, sprich den Körpermaßen, die ergänzt wurden durch proportionale Berechnungen. Das Hauptmaß seines Systems war die Oberweite. Die entscheidenden Längenmaße für seine Konstruktion waren begründet durch sein Augenmerk auf die Rundung des Rückens und der Schulterblattpartie, die die Haltung der Kundschaft zeigen. Während er die Oberweite und Unterleibweite über der Weste nahm, wurden alle weiteren Maße über dem Rock gemessen. Ohne im Detail auf Mottls Messvorschrift einzugehen, zeigen einzelne Beispiele, welche Maße für Mottl entscheidend waren und welche Begriffe noch heute für die Konstruktion eines Schnittes verwendet werden. Zu diesen zählten bei Mottl die Rückenhöhe, die Oberweite und die Rückenbreite. Dagegen ist nicht genau festzustellen, ob die Unterweite der Taillenweite oder dem Bundumfang entsprach. Zudem werden die Begriffe Vorderbüstenlänge und Rückenbüstenlänge eingeführt. Betrachtet man Mottls Zeichnungen seiner Messvorschrift, werden diese Maße heute in der Form nicht gemessen und sind auch irrelevant für die Konstruktion von Oberteilen.[757] Ausgehend vom 7. Halswirbel zeichnete Mottl für den Schnitt eines Rockes eine vertikale Linie und trug an dieser die Länge des Rückens und der Taille ab. Diese Punkte wurden dann, wie es heute üblich ist, zur Brust- und Taillenlinie abgewinkelt und im Anschluss alle weiteren Maße und berechneten Beträge sowohl für das Rückenteil als auch für das Vorderteil abgetragen. Zunächst unabhängig davon, ob Mottls System für die Konstruktion eines passenden Schnittes geeignet war, wird der Vergleich mit weiteren Konstruktionsanleitungen und Schnittsystemen zeigen, welche Maße und geometrischen Berechnungen, Zugaben oder Richtungslinien der Zeichnungen Teil der heute allgemeingültigen Regeln im Bereich der Schnitttechnik sind.

Die Analyse von Mottls Konstruktionsanleitung ermöglicht darüber hinaus, noch einmal auf sein Erfahrungswissen als Zuschneider zu sprechen zu kommen. Dieses floss einerseits in die Entwicklung seiner Methode ein. Andererseits sind einige Angaben unvollständig und lassen einen gewissen Gestaltungsspielraum offen. Gerade die Unvollständigkeit lässt

---

[755] In Mottls Handbuch ist nur eine knappe Erklärung der Funktion und Anwendung der *Reductions-Maschine* ohne Abbildung zu finden. Weitere Informationen zu diesem Apparat sind nicht mehr auffindbar. Vgl. ebenda, S. 24-25.
[756] Ebenda, S. 153.
[757] Siehe Mottls Messanleitungen. Vgl. ebenda, S.145-156; siehe Mottls Konstruktionsbeschreibung für die Zeichnung eines Gehrockes. Vgl. ebenda, S. 157-172.

vermuten, dass Mottl die nicht berücksichtigten Angaben als selbstverständliches Wissen bei der Zeichnung der Konstruktion voraussetzte. Ein vollständiges Verständnis seiner Konstruktion erfordert somit ein Gespür für das Zeichnen eines Schnittes. Folgende Beispiele sollen Mottls Wissen aus seiner Praxis näher beschreiben, ohne dass die Konstruktion komplett verstanden werden muss und die Aspekte somit auch für Laien verständlich sind. Wie bereits erwähnt, war der Brustumfang entscheidend für die Schnittaufstellung bei Mottls System. Hatte nun eine Person eine halbe Oberweite von 40 bis 50 cm – nur das halbe Rückenteil und halbe Oberteil wurden und werden konstruiert – handelte es sich bei Mottl um ein Mittelmaß. Bei einer halben Oberweite von weniger als 40 cm addierte er jedoch 1 bis 2 cm, während er bei einem gemessenen Maß von 53 cm nur 52 cm der halben Oberweite für die proportionalen Berechnungen verwendete.[758] Warum Mottl jedoch die entsprechenden Beträge zugab oder abzog, erklärte er nicht. Fehlte nun bspw. die gemessene Rückenhöhe eines Kunden mit normalen, mittelmäßigen Proportionen, war es laut Mottl möglich, die Hälfte der halben Oberweite stattdessen abzutragen, während bei einer halben Oberweite von weniger als 44 cm oder mehr als 54 cm die halbe Taillenlänge genommen werden sollte.[759] Auch hierbei stellt sich die Frage, wie diese Angaben und Beträge zustande gekommen sind. Des Weiteren sprach Mottl von einer Verbreiterung der Achsel um 1 cm oder nahm für die Konstruktion des Halsloches im Rückenteil den Betrag von einem Achtel der halben Oberweite.[760] An anderer Stelle äußerte er, dass man „nach alt erprobter Proportion den Armlochvorsprung mit zwei Drittel halben Oberweite weniger 1 Ctm. [...] berechnet"[761]. Auch die Breite des Rückenteils in der Taille könnte je nach Geschmack 4 bis 5 cm betragen und so „zieht man die Contour der Rückenzeichnung nach Muster in geschmackvoller Weise aus"[762]. Nicht zuletzt sind in den Konstruktionszeichnungen Abnäher eingezeichnet, die nach der Kontrolle der Weiten der Anpassung an den Körper dienen. An welcher Position diese liegen, wie lang die Abnäher sind und in welchem Verhältnis die Abnäherinhalte zu verteilen waren, ließ Mottl offen. Er bemerkte im Anschluss an die Anleitung für eine Grundkonstruktion des Gehrockes, „dass die Form des Rückens nicht immer so sein muss wie sie hier gezeichnet ist, es kann die obere Naht höher oder tiefer gezeichnet werden, dann muss aber auch die Achsel höher oder kürzer gemacht werden"[763].

So flossen Mottls Kenntnisse der Anatomie des menschlichen Körpers in Kombination mit seinen Erfahrungswerten in Form von individuell erprobten Parametern aus der Praxis in die Entwicklung seiner Methode ein. Objektiv betrachtet, wird in diesem Zusammenhang

[758] Vgl. ebenda, S. 152.
[759] Vgl. ebenda, S. 158-159.
[760] Vgl. ebenda, S. 160.
[761] Ebenda, S. 162.
[762] „Nachdem man bei c 4-5 Ctm. je nach Geschmack in der Breite abgemessen, zieht man die Contour der Rückenzeichnung nach Muster in geschmackvoller Weise aus." Ebenda, S. 161.
[763] Ebenda, S. 170.

deutlich, so auch bei den Untersuchungen der Systeme von Müller, Klemm, Zeischke, Gunkel, Tiesler und Schrödter, dass Mottl einen Beitrag zur Entstehung und Verbreitung eines formalisierten Wissens im Bereich der Zuschneidekunst leistete. In seinen Darstellungen und Ausformulierungen seines Wissens versuchte er, dieses mit mathematischen Regeln zu belegen. Darüber hinaus zeigen gerade die Lücken in der Konstruktion, dass aus Erfahrungen und Handlungswissen ein formalisiertes, allgemein anwendbares Wissen zu generieren versucht wurde. So bildet Mottls Gesamtwerk einen Forschungsprozess ab, der so auch bei anderen Zuschneidern im 19. Jahrhundert zu finden sein wird.

5.1.2 Johann Heinrich Klemm (1819-1886)

Die Geschmacksbildung, die Ästhetik der Bekleidung sowie die Etablierung einer deutschen Mode standen im Vordergrund des Wirkens des Direktors und Gründungsmitglieds der Europäischen Moden-Akademie Johann Heinrich Klemm. „Das Studium der Literaturgeschichte des Bekleidungsfaches wie der Geschichte des Trachtenwesens ist in doppelter Beziehung eins der trefflichsten Bildungsmittel für den jungen Fachgenossen, dessen Lebensberuf im Umgange mit Personen der verschiedensten Stände vor Allem einen fein gebildeten Geschmack und ein gewisses ästhetisches Gefühl in der Wahl und Zusammenstellung der Garderobe [...] erfordert."[764] Der Schneidermeister, Redakteur, Verfasser und Herausgeber von Fachliteratur im Bereich Bekleidung wurde am 19. September 1819 in Pesterwitz bei Dresden geboren.[765] Bereits vor der Gründung der Europäischen Moden-Akademie gab Klemm Fachunterricht im Zuschneiden und gründete in Leipzig ein Zeichnen-Institut für Kleidermacher, das später integriert wurde in den Lehrbetrieb der Akademie.[766] Seine Maxime, es gäbe „heutzutage keine schönere und wichtigere Mitgabe auf den Weg des Lebens, als die nöthige Erfahrung und praktische Vorbildung für den erwählten Beruf"[767], zeigte, schon bevor Klemm die Bekanntschaft mit Gustav Adolf Müller machte, sein Interesse an einer fachkünstlerischen, technischen und wissenschaftlichen Bildung im Schneidergewerbe. Einhergehend mit seiner Lehrtätigkeit – Schüler aus allen Teilen Deutschlands besuchten sein Institut[768] – begann Klemm 1844 seine fachliterarischen Aktivitäten und die Arbeit daran, allgemeingültige Prinzipien für die Zuschneidekunst zu entwickeln und zu verbreiten. Schon in seiner Kindheit hatte Klemm ein großes Interesse für das Lesen entwickelt. Seine Auseinandersetzung mit kunstgeschichtlicher, kostümgeschichtlicher und medizinischer Fachliteratur spiegelt sich zum einen in seinen eigenen

---

[764] Klemm 1865, S. 3
[765] Vgl. Europäische Moden-Akademie 1900, S. 11
[766] Vgl. ebenda, S. 26.
[767] Ebenda, S. 28.
[768] Vgl. ebenda, S. 28.

Schriften zu unterschiedlichen Themengebieten wider.[769] Zum anderen zeigt seine schon frühzeitig begonnene Sammlungstätigkeit seine besondere Vorliebe für die Literatur. Die noch heute bekannte Klemm-Sammlung ging 1886 als Staatseigentum in das Buchgewerbemuseum in Leipzig über.[770] Nicht verwunderlich ist im Folgenden, dass sich der gelernte Schneidermeister mehr und mehr der Schriftstellerei widmete und sich zudem im Verlagsbuchhandel spezialisierte. Gepaart mit seinem fortwährenden Interesse, sich ein umfassendes Wissen anzueignen, erlernte Klemm auch die französische Sprache. Gemeinsam mit seinem Bruder Carl verbrachte Klemm einige Zeit in Paris, wo die beiden nicht nur den Zuschnitt von Bekleidung lehrten, sondern auch ihre eigene Zuschneidemethode weiterentwickelten, die in ihren Grundzügen auf den Studien Michels basierte.[771] Diese veröffentlichten die Gebrüder Klemm 1846 unter dem Titel „*Vollständiges Lehrbuch der modernen Zuschneidekunst und Bearbeitung sämmtlicher Herrenkleider*" mit den einleitenden Worten: „Unser Werk enthält überhaupt Alles, was ein gewandter Meister oder Zuschneider in seinem Fache gegenwärtig zu leisten und zu wissen nöthig hat, um den Anforderungen der feinen Modewelt genügend zu entsprechen."[772] Welche Anforderungen an das Schneidergewerbe und an das Lehren und Erlernen der Kunst des Zuschneidens gestellt wurden, wird eine differenzierte Analyse des Werkes Klemms noch zeigen.

1847 wurde Klemm von dem Verlagsbuchhändler Voigt aus Leipzig für die redaktionelle Leitung der Zeitschriften „*Der Elegante*" und „*Phönix*" engagiert. Diese Tätigkeit ebnete einerseits den Weg für die Verbindung zu Gustav Adolf Müller, der die Errichtung einer „Lehranstalt im grossen Stile"[773] in Erwähnung zog und kam andererseits Klemms Bestreben zugute, die Verbreitung des Wissens der Zuschneidekunst, so auch seines eigenen Zuschnittsystems, und den Austausch mit Fachexperten zu fördern. Auch Wendelin Mottl sprach in diesem Zusammenhang seine Anerkennung für Klemm hinsichtlich der „Vervollkommnung und Verbreitung der Centimeter-Zuschneidemethode"[774] aus. „Die Gründer sind von der Absicht durchdrungen gewesen, dahin wirken zu wollen, dass unser Handwerk in die Reihen der bevorzugten Gewerbetreibenden eintreten konnte"[775], heißt es in der Denkschrift zum 50-jährigen Bestehen der Europäischen Moden-Akademie. Somit ermöglichte die Gründung der Lehranstalt und die damit einhergehende Schaffung eines Fachorgans für das Schneidergewerbe – Die „*Europäische Modenzeitung*" – einen fruchtbaren

---

[769] Vgl. ebenda, S. 11-15; vgl. Klemm 1870, S. 3; siehe auch Klemms Kapitel über „*Die historische Entwickelung der Zuschneidekunst und der Literatur des Bekleidungsfaches bis auf die neueste Zeit. Eine Vorbereitung auf das Studium des Handbuchs*". Vgl. ebenda, S. 1 ff.

[770] Die zahlreichen gesammelten mittelalterlichen Handschriften und Wiegendrucke bildeten den Grundstock des 1884 gegründeten Buchgewerbemuseums, das heute zur Deutschen Nationalbibliothek in Leipzig gehört. Vgl. Deutsche Nationalbibliothek.

[771] Vgl. Klemm/ Klemm 1846; vgl. Mottl 1893, S. 23-26.

[772] Klemm/ Klemm 1846, S. 1.

[773] Europäische Moden-Akademie 1900, S. 13.

[774] Mottl 1893, S. 23.

[775] Europäische Moden-Akademie 1900, S. 5.

Transfer zwischen Erfahrungen und Methoden des Zuschneidens, um den Anforderungen an die Lehre gerecht zu werden und gleichermaßen die wissenschaftlich basierten Prinzipien der Schnitttechnik weiterzuentwickeln. In seiner Ansprache an die Mitglieder der Europäischen Moden-Akademie 1862 in Heidelberg konstatierte Klemm, dass „das einfache Gewerbe [...] in der Reihe der polytechnischen Berufsarten einen um so höheren Rang [gewinnt], je mehr es durch seine Leistungen und hauptsächlich durch den Bildungsgrad seiner Mitglieder sich die Achtung des größeren Publikums erwirbt"[776]. Diese Entwicklung, d. h. die steigende Anerkennung und einen Aufschwung des Schneidergewerbes, nahm Klemm seit der Errichtung der Institution wahr. Diesbezüglich ist anzumerken, dass Klemm die Fortschritte im Bekleidungsfach – sowohl die Aus- und Fortbildung, die Weiterentwicklung der Regeln der Zuschneidekunst als auch die technischen Neuerungen für die Bekleidungsherstellung – als Basis für die Herausbildung eines verfeinerten Sinnes für ästhetische Kleidungsstücke seitens der Kundschaft ansah. Folglich reagierte laut Klemm nicht das Schneidergewerbe auf höhere Anforderungen der Kunden, sondern die Förderung und Etablierung einer technisch-künstlerischen Ausbildung nach aufgestellten Prinzipien zeigte das Potential im Bereich der Zuschneidekunst durch geschmackvollere und besser passende Kleidungsstücke.[777] Die stetige Erweiterung des Verlagsprogramms der Expedition Europäische Modenzeitung und so auch Klemms Antrag, die „Universal-Modenzeitung" als Hauptorgan der Europäischen Moden-Akademie zu etablieren, ging einher mit seinem Anliegen, die Schöpfung einer deutschen Mode zu unterstützen und den Einfluss der Bekleidungsindustrie über die Grenzen hinaus zu erweitern.[778] Entscheidend waren für Klemm nicht nur die Bildung und der Austausch unter den Fachexperten, sondern auch die Ausarbeitung und Vervielfältigung von Modegrafiken, die den deutschen Geschmack zeigten. In diesem Zusammenhang ist der Verweis auf die Spezial-Moden-Akademien und die Funktion dieser Zweigstellen sinnvoll, die in Berlin, Wien, Prag, Paris und Heidelberg eröffnet wurden. Durch diese Einrichtungen sollte darüber hinaus der Einfluss auf die Herrenmode und die Textilindustrie sowie die Einführung von saisonalen Rhythmen gefördert werden.[779]

In der 26. Auflage seines Werkes „Vollständiges Handbuch der höhern Bekleidungskunst für Civil, Militär und Livree" aus dem Jahr 1870 betonte Klemm im Rahmen seiner Ausführungen zur Geschichte der Zuschneidekunst und der Entstehung der fachwissenschaftlichen Literatur auf dem Gebiet der Bekleidungstechnik den „lebhafte[n] Drang nach gründlicher Ausbildung unter den jüngeren Berufsgenossen und nach Fortbildung selbst unter

---

[776] Theuerle 1862, S. 30.
[777] Vgl. ebenda, S. 30.
[778] „Hierbei soll auch vorzugsweise der deutsche Geschmack und der deutsche Einfluß auf die Moden-Industrie thunlichst zur Geltung gebracht werden [...]." Ebenda, S. 32.
[779] Vgl. ebenda, S. 10, S. 29 ff.; vgl. Europäische Moden-Akademie 1900, S. 31-33, S. 50-51; siehe auch Kapitel 4.1.

den Gereifteren"[780]. Zu vermitteln gelte es dabei sowohl künstlerische, technische als auch merkantile Kenntnisse. Die Ausübung des Schneiderfaches erforderte nach seinem Ermessen und seinen Erfahrungen Talent und Geschmackssinn, die Auseinandersetzung mit den menschlichen Körperformen und die Anwendung von wissenschaftlichen Regeln der Zuschneidekunst.[781] Obwohl der Verfasser einer Kurzbiographie Klemms, Victor Hantzsch, um 1900 insbesondere die Schriften Klemms zur Ästhetik kritisierte und ein unvollständiges, sogar laienhaftes Wissen des Direktors konstatierte, zeigen diese, und so auch seine Lehrbücher über den Zuschnitt, Klemms umfassende Auseinandersetzung und Aufbereitung der unterschiedlichen Fach- und Wissensgebiete der Bekleidungstechnik und der Mode.[782] Bereits 1846 legten die Gebrüder Klemm ihre Schnittmethode dar, die auf der Anatomie des Körpers und davon abgeleiteten geometrischen Berechnungen basierte – die Grundelemente der zu generierenden wissenschaftlichen Basis der Zuschneidekunst. Ausgangspunkt für die Schnittkonstruktion für 36 unterschiedliche Körpergrößen und 60 *Körperconformationen* war der Maßstab der halben Oberweite von 48 cm, da „ein gut und vollkommen ausgewachsener Mensch in der halben Oberleibweite 48 Centimeter stark ist"[783]. Daraufhin wurden die unterschiedlichen Oberweiten-Maße jeweils in 48 Teile geteilt und für das Abtragen der Längen- und Weiteverhältnisse des Schnittes verwendet. Durch eingehende anthropometrische Studien waren für die Gebrüder Klemm die Anpassung der mathematisch berechneten Stellpunkte für die unterschiedlichen Körpergrößen und so auch die Berücksichtigung von Unregelmäßigkeiten des Körperbaus wesentlich.[784] Ausführlich beschrieb Klemm in seinem eigenen Handbuch der Bekleidungskunst die 20 wichtigsten Maße für seine Schnittaufstellung und ergänzte diese mit weiteren 18 Körpermaßen, die „nur bei ganz unregelmäßigen Körperhaltungen zu messen nöthig"[785] waren. Neben einer groben Einteilung der Körperformen in gerade, vorgebogene, zurückgebogene und verkrüppelte Haltungen des Mannes, setze sich Klemm auch mit der körperlichen Entwicklung von Kindern auseinander. Er folgerte, dass die Abweichungen der Brust, des Halses, des Rückens und der Schulter bei Kindern im Vergleich zum Erwachsenen eine andere Berechnung der Stellpunkte des Schnittes erforderlich machten.[786] So schrieb er in seinem Werk über die „*Vollständige Belehrung über Zuschnitt und Anfertigung der geschmackvollsten Knabenanzüge für jede Altersklasse*" über den Irrtum und die Verlockung, einen „Mann im verjüngten Maßstab"[787] zu zeichnen. In diesem Kontext betonte Klemm darüber hinaus, dass der Zuschnitt und die Komposition der Details bei der Konstruktion verknüpft seien

---

[780] Klemm 1870, S. 1.
[781] Vgl. Klemm 1870, S. 1.
[782] Victor Hantzsch veröffentlichte eine Biographie Klemms, die auf dem Portal *Deutsche Biographien* einzusehen ist. Vgl. Hantzsch 1906.
[783] Klemm/ Klemm 1846, S. 1; vgl. ebenda, S. 1.
[784] Vgl. ebenda, S. 17.
[785] Klemm 1870, S. 62; vgl. ebenda, S. 43 ff., S. 62 ff..
[786] Vgl. Klemm 1860a, S. 2; vgl. Mottl 1893, S. 28-29.
[787] Klemm 1860a, S. 1.

mit den individuellen Eigenschaften der Träger: mit der allgemeinen äußeren Erscheinung, mit dem Alter, dem Geschlecht und nicht zuletzt mit der Körperhaltung und den Bewegungen.[788]

Im Vorwort zu „*H. Klemm's Handbuch der Bekleidungskunst für Herren*" aus dem Jahr 1905 sprach der Verfasser Rudolf Tiesler, der als Lehrender an der Europäischen Moden-Akademie die Zuschneidemethode erweiterte, seine Anerkennung für das Werk Klemms aus. Dieser, so Tiesler, hatte in 60 Jahren kaum Veränderungen an der Aufstellung der Konstruktion vorgenommen und sein Werk lediglich an wechselnde Moden angepasst. Tiesler hob die Einfachheit, Verständlichkeit und die Brauchbarkeit des Systems hervor.[789] Bereits zu Beginn seiner fachliterarischen Tätigkeit unterstrich Klemm stets sein Anliegen, eine leicht zu erlernende Zuschneidemethode entwickelt zu haben. Diese sollte sowohl dem Anfänger ohne Kenntnisse der Mathematik als auch dem Fortgeschrittenen eine praktische und leichte Anleitung für den Zuschnitt aller Formen der Bekleidung, nicht nur der Modeformen, geben.[790] Wie es auch für Wendelin Mottl entscheidend war, bedurfte es nach Klemm einer Auseinandersetzung mit der „nothwendige[n] Theorie vor dem Beginn der praktischen Uebung"[791]. Wurde die Aufstellung einer Konstruktion durch die Anwendung von systematischen Prinzipien erleichtert, ersetzte diese jedoch nicht ein stetiges Üben, die Schulung des Augenmaßes und praktische Erfahrungen. Im Anschluss an das Studium der Zeichenmethode, so empfahl es Klemm, sollte das Zeichnen des Schnittes in der Basisgröße fortwährend geübt werden, um ganz selbstverständlich die Stellpunkte zu berechnen und diese auch beurteilen zu können.[792] „Takt, Schönheitssinn und Routine"[793] erforderte es zudem, geschmackvolle Schnittführungen zu zeichnen. Sein Supplement zur 7. und 13. Auflage seines Handbuches „*Die neuesten Zeichenvorlagen für Herrenkleidermacher*" aus dem Jahre 1860 enthielt eine Zusammenstellung unterschiedlichster Kleiderformen, sprich Modenbilder und Schnittzeichnungen mit Erläuterungen des Zeichnen-Lernens. Die bildlichen Darstellungen der Kleiderformen dienten als Vorlagen für die zu zeichnenden Schnittmuster. Immer wieder betonte Klemm die Wichtigkeit, aus freier Hand zu zeichnen und empfahl, zunächst einzelne Teile der Zeichnung – sowohl im verkleinerten Maßstab als auch in Originalgröße – zu üben und erst allmählich die Form zu einem Ganzen zusammenzusetzen. Somit würde der Blick für proportionale Verhältnisse und die Dimensionen des Körpers und des Kleides geschult werden.[794] So wie es noch immer praktiziert wird, dienten laut

---

[788] Vgl. ebenda, S. 1.
[789] Tiesler 1905, S. 1.
[790] „Die höchst einfache und doch stets sichere Zuschneidemethode eignet sich zugleich für Diejenigen, welche noch gar keinen Begriff vom Zuschneiden haben, weil wir die Sache von Grund aus, und auf eine klare und leicht verständliche Weise lehren." Klemm/ Klemm 1846, S. 2; vgl. ebenda, S. 1-4.
[791] Ebenda, S. 1.
[792] Vgl. Klemm/ Klemm 1846, S. 27-28.
[793] Klemm 1860c, S. 2.
[794] Vgl. ebenda, S. 3-4.

Klemm die Modeskizzen als Vorlagen für die Schnitterstellung, so dass durch eine möglichst genaue Darstellung der Silhouette, der Proportionen und der Details des Kleidungsstückes der Zuschnitt erleichtert würde. Nicht nur für die schnitttechnische Umsetzung eines Modells, sondern auch zur Vorlage bei der Kundschaft sollte das Zeichnen von Modeskizzen erlernt und geübt werden. Somit war der Zuschneider in der Lage, den Entwurf des Modells und mögliche Änderungen mit dem Kunden abzustimmen und über die Zeichnung zu kommunizieren.[795] 1873 erschien sein Lehrbuch „*Stigmographische Vorlagen zum freien Handzeichen für Fachschulen des Bekleidungsgewerbes"*.[796]

Klemm setzte einen Fokus auf das Studium der Körperproportionen und die individuellen Körperhaltungen und Wuchsformen des Menschen. In diesem Zusammenhang erläuterte er äußerst umfangreich sein *System der Corporismetrie* als Grundlage für sein Schnittsystem.[797] Die Wichtigkeit des Maßnehmens, die damit verbundenen Herausforderungen sowie die Notwendigkeit des Übens des Ausmessens der Längen- und Weitenmaße spielten bei allen im Rahmen dieser Arbeit behandelten Zuschneidern eine entscheidende Rolle als Basis für die Schnittzeichnung. Klemm bemerkte diesbezüglich, dass „die Unsicherheit des Maßnehmens [...] einer der größten Mängel im Bekleidungs-fache"[798] war. Ein exaktes und geschultes Ausmessen und die Kenntnis der zu messenden Körpermaße, festgelegt durch ein ausgefeiltes Maßsystem, verlangten laut Klemm zudem die Fähigkeit, die verschiedenen Körperformen beurteilen und erkennen zu können.[799] Ein geschultes Augenmaß ersetzte somit nicht die Behandlung der Anatomie des menschlichen Körpers seitens des Zuschneiders. Sein Zuschneidesystem – basierend auf direkt genommenen Maßen – ermöglichte es auch weniger geübten Zuschneidern, zunächst ein Grundmodell für einen regelmäßigen Körperbau zu zeichnen und die Stellpunkte der Konstruktion im Anschluss mittels der individuellen Körpermaße anzupassen. Folglich sollte ein Anfänger zunächst die Hauptmaße studieren, stetig das Ausmessen und die Zeichnung eines Grundschnittes üben, bevor dieser sich mit Unregelmäßigkeiten zu beschäftigen hatte. Hatte der Schüler sich erst mit dem Wesen des Systems näher vertraut gemacht, konnte der Zusammenhang zwischen den Maßen und den zu berechnenden mathematischen Stellpunkten der Konstruktion tatsächlich begriffen werden.[800]

Nicht nur das Wesentliche des Zuschnitts, sondern auch die Auseinandersetzung mit den Regeln der Ästhetik, die er nach seinen Erfahrungen, nach seinem eigenen Einschätzen und seinen durchgeführten Studien für allgemein gültig erklärte, gehörten zur erfolgreichen

---

[795] Vgl. ebenda, S. 2.
[796] Vgl. Hantzsch 1906; das von Hantzsch aufgeführte Lehrbuch ist nicht auffindbar.
[797] Vgl. Klemm 1870, S. 39 ff..
[798] Ebenda, S. 25.
[799] Vgl. Klemm/ Klemm 1846, S. 26.
[800] Vgl. ebenda, S. 27-28, S. 39-43, S. 69.

Ausübung des Schneiderhandwerks.[801] Gestützt auf alte Quellen – in den vorherigen 30 Jahren habe es keine Literatur dazu gegeben, heißt es bei Klemm – erarbeite er seine Abhandlung über „[d]ie *Menschliche Kleidung vom Standpunkte der Gesundheitspflege und Ästhetik*", die um das Jahr 1860 erschien.[802] Ergänzt wurden diese ästhetischen Studien durch seine Studien zur „*Ästhetik der Damen- und Herren-Toilette*", bei denen er sich mit den Regeln der Schönheit, des Geschmacks und der Farbharmonien von Bekleidung, Ausputz und Schmuck beschäftigte.[803] Denn „wer der Mode folgen und sie richtig benutzen will, der muss ihr Wesen erst ganz begriffen haben."[804] In diesem Zusammenhang legte Klemm seine Beurteilungen hinsichtlich einer geschmackvollen Kombination aus Farben und Stoffen dar, um die individuellen äußeren Erscheinungen, gebunden an gesellschaftliche Normen, zu verschönern bzw. angemessen zur Geltung zu bringen. So führte er die Leserschaft in die Lehre der Farbharmonie ein und erörterte detailliert die Wirkung der Farben, der Farbkombinationen und Farbkontraste als wichtige Kriterien bei der Herausbildung des Schönheitssinnes.[805] Beispielsweise riet Klemm ab von der Applikation einer schwarzen Bordüre auf einer grünen textilen Fläche, da das Schwarz durch die Reflexion stets schmutzig wirke.[806] Sich der Ausbildung auf dem Gebiet der Bekleidungskunst und der Veredelung der Mode verschrieben habend, äußerte sich Klemm nicht ohne Kritik zu Fragen der Gestaltung. So heißt es auch in seinen ästhetischen Studien: „Wie aber der Mensch bei jeder Sache leicht in Übertreibungen verfällt, so ging es auch hier; man vergaß über den Nebenzweck der Kleidung den Hauptzweck derselben: den Schutz des Körpers von außen, die innere Vervollkommenheit und angemessene Form, sowie die Rücksicht auf Leben und Gesundheit."[807] In Klemms Untersuchungen der Bekleidung unter medizinischen Aspekten erörterte er eingehend die Wirkungen von textilen Flächen, ihrer Materialkomposition und Struktur sowie der Form und Technik der Kleidung auf die Gesundheit und das Wohlbefinden des Menschen. Wurden zuvor die Anwendung der Lehre der Farbharmonien hinsichtlich einer geschmackvoll gestalteten Garderobe beschrieben, setzte sich Klemm dagegen auch mit den schädlichen Wirkungen und den Giftstoffen auseinander, die durch das Färben von Textilien den menschlichen Körper beeinträchtigten.[808] Ferner

---

[801] Vgl. Klemm 1860e, S. 171-173.

[802] Vgl. ebenda, S. 172-173.

[803] Vgl. Klemm 1860d.

[804] Klemm 1860e, S. 239.

[805] Vgl. ebenda, S. 117 ff..

[806] „Welche unangenehme Wirkung dagegen entstehen kann, wenn man schlechte Contraste wählt, zeigt folgende merkwürdige Erscheinung. Wenn man auf ein grünes Kleidungsstück schwarze Verzierungen anbringt, vielleicht Borden, Schnuren oder andere Posamentirarbeit, so erscheint letzteres stets in einer schmutzigen rothbräunlichen Farbe, denn die Masse der grünen Hauptfarbe erzeugt dem Auge als Widerspiel stets die Farbe Roth, und dieses gibt dem schwarzen Besatze jene schmutzige rothbraune Farbe, als ob der Posamentirer schlechte verschossene Seide oder Wolle dazu verarbeitet hätte." Ebenda, S. 128.

[807] Ebenda, S. 6.

[808] Siehe Kapitel 1 der ästhetischen Studien Klemms: „*Von den vier Elementen der Kleidung und vom Einfluß ihrer besonderen Eigenschaften auf Gesundheit und Leben des Menschen*". Vgl. ebenda, S. 1 ff.; Klemm legte Wert auf die Verbindung des Praktischen, des Schönen und des körperlichen Wohlbefindens. So verwies dieser bspw. auf die

flossen Klemms anatomische Studien, die sich nicht nur auf die Längen- und Weitenmaße des Menschen bezogen sondern auch u. a. die Muskulatur und das Nervensystem mit einschlossen, in seine Ausführungen zu den Folgeerscheinungen der Formgebung von Bekleidung ein. Insbesondere thematisierte er diesbezüglich die Verformungen des Knochengerüstes durch das Tragen von Korsetts. So betonte Klemm in Ergänzung zu seinen „Regeln der wahren Schönheit, des feineren Anstandes und guten Geschmacks in der Damen- und Herren-Toilette"[809] stets die erforderliche Berücksichtigung des Körpers, der Gesundheit und die praktische Nutzung bei der Bekleidungsgestaltung. Das höchste Gesetz, das es einzuhalten gelte, lautete, „das Ebenmaß des Körpers nicht [zu] entstellen, die Harmonie seiner Theile nicht [zu] unterbrechen, das freie Spiel nicht [zu] hemmen, die ganze Gestalt als ein unzertrenntes Ganzes [zu] bezeichnen, an welchem weder Mangel noch Ueberfluß zu bemerken ist"[810].

Zudem beschäftigte sich Klemm mit dem kaufmännischen Wissen, das für die Ausübung im Schneidergewerbe in Ergänzung zu den ästhetisch-gestalterischen, technischen und medizinischen Kenntnissen über die Kleidung erforderlich war. Erhielten an der Europäischen Moden-Akademie diejenigen, die die Führung eines größeren Geschäftes als Marchand-Tailleur planten, u. a. Unterricht im Buchführen sowie im Rechnen und Schreiben, so gehörte auch ein Lehrbuch über die Buchführung für Handwerker zum Verlagsprogramm des Direktors. Dieses verfasste S. Löwinsohn, Lehrender auf dem Gebiet der kaufmännischen Wissenschaften, vermutlich unter der Mitwirkung von Klemm.[811] Neben weiteren, die Aufgaben des Schneiders unterstützenden Veröffentlichungen, zu denen ein Massbuch für Herrenkleidermacher, ein Bestellungsbuch oder das *Centimeter-Reductionsschema* zählten[812], gab Klemm ein Lehrbuch für das Waschen, Färben und Reinigen für den geschäftlichen und häuslichen Gebrauch heraus, das eine Zusammenstellung von Verfahrensweisen, Rezepten und technischen Geheimnissen von Fachexperten auf dem Gebiet der Chemie enthielt.[813]

Während, die Anmerkung des Klemm-Biographen Victor Hantzsch aufnehmend, hier und da eine wissenschaftliche Fundiertheit in Klemms Werk fehlen mag, so wird jedoch sein

---

Auswirkungen zu enger oder zu weiter Kleidung. „Zuvörderst können Kleider entweder zu eng oder nach Befinden zu weit sein, und Beides tat besondere Nachtheile für unsern Körper. Zu enge Kleider hemmen den Ab- und Zufluß der Säfte und die Circulation des Blutes, drücken die Nerven, Muskeln und Knochen, und legen den Grund zu einer Menge innerer Krankheiten." Klemm 1860e, S. 18; hinsichtlich der chemischen Prozesse und giftigen Appreturen der Druckfarben für Textilien, zu denen u. a. Blausäure, Blei oder Arsenit zählen, führt Klemm Beispiele für Vergiftungserscheinungen an, bedingt durch das Tragen oder auch das Arbeiten mit entsprechenden Textilien. „Ferner wurde in neuerer Zeit ein Kleidermacher-Gehülfe gefährlich von der Arsenit-Krankheit befallen, nachdem er vierzehn Tage vorher ein mit grünem Laubwerk reich ausgeputztes Ballkleid angefertigt hatte." Ebenda, S. 109; vgl. ebenda, S. 7-8, S. 16-17 ff., S. 109.
[809] Ebenda, S. 171.
[810] Ebenda, S. 179.
[811] Vgl. Löwinsohn 1850; vgl. Klemm 1860a, o. S..
[812] Siehe abgedrucktes Verlagsprogramm. Vgl. Klemm 1860a, o. S..
[813] Vgl. Klemm 1860b.

Bemühen deutlich, das Wissen des Schneiders in allen Facetten aufzubereiten und zu verbreiten. Zusammenfassend beschäftigte sich Klemm mit den wesentlichen Fachgebieten der Bekleidungstechnik, die auch heute noch Teil einer ingenieurwissenschaftlichen Ausbildung sind – die Schnittkonstruktion, der Entwurf und die Gestaltungsmerkmale, die Verarbeitung, die textile Flächengestaltung, Werkstoffkunde, Betriebswirtschaft oder auch die Maschinenkunde.

Wie auch Wendelin Mottl befasste sich Klemm mit der Geschichte der Zuschneidekunst und der Entstehung der fachwissenschaftlichen Literatur mit dem Ziel, zu „verhindern, daß die Zeit und die Art der Entstehung der mathematischen Zuschneidekunst, sowie die Namen derjenigen nicht in Vergessenheit gerathen, die sich um dieses Fach verdient gemacht"[814] haben. Während kultur- und kostümgeschichtliche Abhandlungen über die Entwicklung der Schnittsysteme und somit auch über das Wirken von Klemm, Müller oder auch Compaigne und Fontaine existieren, gilt es in dieser Arbeit nicht nur die intrinsische Motivation der Akteure als Schneider und Lehrende zu untersuchen, sondern insbesondere ihr technisches und künstlerisches Wissen offenzulegen. So wird das jeweilige Werk der besprochenen Personen nicht nur als Teil der Geschichte der Zuschneidekunst beleuchtet, sondern das individuelle Arbeitswissen in den Fokus gestellt. Dieses erfährt somit eine erweiterte Wertschätzung, da nicht nur das Ergebnis, d. h. die Schnittmethode, sondern der Akteur der Wissensgenerierung im Fokus steht. Klemm, ähnlich wie Mottl, pries sein eigenes Wissen bzw. die daraus resultierende Schnittmethode als die geeignetste Methode an. Gleichermaßen honorierte er die Bemühungen anderer Zuschneider, kritisierte diese teils jedoch scharf.[815] Festzuhalten bleibt, dass sich die Kunst des Zuschneidens und damit das Schneidergewerbe seit den ersten Versuchen, geometrische und anatomische Gesetze für die Aufstellung von allgemeingültigen Regeln der Schnitttechnik anzuwenden, sich eines besseren Rufes erfreuen konnte. So jedenfalls behauptete es Klemm, der diesbezüglich allerdings durch seine aktive Partizipation am Formalisierungsprozess der Zuschneidekunst kein neutraler Beobachter des Fortschritts war. „Wie in unseren Tagen alle Künste und Wissenschaften unaufhaltsam fortschreiten und in ihrem Gefolge Handel und Gewerbe sich mehr und mehr entfalten, ja selbst einzelne Zweige der menschlichen Thätigkeit durch neue Entdeckungen aller Art oft eine ganz veränderte Richtung einschlagen, so hat sich in den letzten Decennien auch unser Bekleidungs-Fach – gehoben durch eine früher ganz entbehrte Fachliteratur – auf einen unverkennbar höhern Standpunkt emporgeschwungen, und die Einführung der mathematischen Zuschneidekunst, an Stelle der früheren höchst unzuverlässigen Handwerksprincipien, giebt von dem unablässigen Streben nach Vervollkommnung den erfreulichen Beleg."[816] Am 5. November 1849 schrieb er in einem später veröffentlichten

---

[814] Klemm 1870, S. 3.
[815] Insbesondere kritisierte Klemm die Schnittmethode Gustav Adolf Müllers, worauf im Folgenden noch eingegangen wird.
[816] Klemm 1870, S. 1.

Schreiben an Gustav Adolf Müller: „Von uns nach Dresden kreuzen sich die Briefe jetzt ununterbrochen, und so geht es in alle Zipfel Deutschlands, wo entweder Schnitte, Lehrbücher, Schemas, Centimeter, Maassbücher, Schnittmuster und dergl. verlangt werden, und jetzt ist gerade der Teufel los, die Schneiderei blüht in ganz Deutschland"[817]. Während die Gründung der Deutschen Bekleidungsakademie den mangelhaften Möglichkeiten einer höheren Ausbildung im Bekleidungsfach entgegenwirken sollte, kritisierte der Direktor stets in seinen Schriften sowohl das Fehlen von leicht begreifbaren Lehrbüchern im Bereich der Zuschneidekunst als auch von fähigen Gesellen, insbesondere in den ländlichen Regionen.[818] Dabei betonte er die Notwendigkeit, durch entsprechende fachwissenschaftliche Literatur das Selbststudium zu ermöglichen. Obgleich Klemm die Kunst des städtischen Schneidergewerbes in Deutschland als gleichrangig mit der Pariser Zuschneidekunst ansah,[819] fehlte jedoch seiner Auffassung nach in den Provinzen die Öffnung für den Fortschritt, sprich die Kenntnis und Anwendung von allgemeingültigen Regeln der Schnitttechnik. In diesem Zusammenhang ist zudem Klemms Bestreben zu erwähnen, in den Zeitschriften des Bekleidungsgewerbes nicht nur Modenbilder zu verbreiten, sondern diese durch schnitt- und verarbeitungstechnische Rubriken zu erweitern. Die Möglichkeit, Schnittmuster aus den Modezeitschriften zu kopieren, war für Klemm jedoch nicht unbedingt ausreichend und so empfahl er der Kundschaft, stets einen geschickten Kleidermacher für die Garderobe aufzusuchen.[820]

Klemms Interesse an der Geschichte, den Entwicklungen und den Herausforderungen des Schneidergewerbes zeigt sich auch in seiner Denkschrift zum 400-jährigen Bestehen der Schneider-Innung in Dresden.[821] Basierend auf originalen Prozessakten, Meisterstückbüchern und Dokumenten über die Regelung von Meisterprüfungen erörterte er die Geschichte der Zunft. In diesem Zusammenhang äußerte er seinen Vorwurf, die Innungen hätten maßgeblich am Untergang des Handwerks mitgewirkt. Die Zeit für Fortschritt nicht erkannt habend, hätte die Zunft zumindest noch die Aufgabe, gemeinschaftlich für die Ausbildung von Gesellen und Lehrlingen einzustehen und diese zu fördern.[822] Die Geschichte

---

[817] Europäische Moden-Akademie 1900, S. 21.
[818] Vgl. Klemm/ Klemm 1846, S. 3-4.
[819] „[...] denn wir beabsichtigen keinen großen Gewinn mit der Herausgabe unseres Werkes, sondern die Pariser Zuschneidekunst und Bearbeitung der Kleider auch in Provinzstädten Deutschlands immer mehr einführen und verbreiten zu helfen, damit wir die Franzosen in der Kleidermacherkunst nicht länger nachstehen, sonst möglichst gleichkommen mögen, wie es in den deutschen Großstädten schon der Fall ist." Ebenda, S. 16.
[820] „Am besten wird in allen jenen Beziehungen mit seiner Garderobe immer Derjenige bestellt sein, der sich vom besten und geschicktesten Kleidermacher bedienen läßt, anstatt seine Garderobe auf's Gradewohl aus dem ersten besten Kleidermagazine zu entnehmen, unbekümmert darum, ob sie allen Anforderungen nicht nur in Hinsicht auf Mode und Eleganz, sondern auch in Bezug auf die Annehmlichkeit im Tragen, sowie auf Gesundheit und Wohlbehagen des Körpers entspricht." Klemm 1860e, S. 44; vgl. Klemm/ Klemm 1846, S. 3; weitere Ausführungen zur inhaltlichen Konzeption der Fachzeitschriften folgen in Kapitel 6.
[821] Vgl. Klemm 1881; seit 1880 war Klemm Mitglied der Dresdner Schneiderinnung und wurde 1884 zum Ehrenmitglied derselben ernannt. Vgl. Europäische Moden-Akademie 1900, S. 14.
[822] Vgl. Klemm 1881, S. 42-43.

des Zunftwesens im Schneidergewerbe nicht im Detail thematisierend, kann jedoch darauf hingewiesen werden, dass die Innungen die Möglichkeiten einer höheren Bildung des Schneiders hemmten.[823] Ein Beweis dafür zeigte sich für Klemm in dem Prozess der Dresdner Schneider-Innung gegen J. S. Bernhardt. Diesen beschrieb Klemm als einen Schneidermeister mit „vorzügliche[r] Routine im Zuschneiden, welche Kunst ja damals noch ohne alle wissenschaftlichen Prinzipien betrieben wurde"[824], und als Vorreiter im Bereich der fachwissenschaftlichen Literatur in Deutschland, England und Frankreich. Vorgeworfen wurde Bernhardt die Förderung des Unterrichts für Frauen, da das Erlernen der Zuschneidekunst die weibliche Gefallsucht fördere. Genauso würde die Anleitung zum Selbstunterricht einen Nachteil für die Gesellen und Lehrlinge zur Folge haben, die, laut Klemms Ansicht, fälschlicherweise angelernt wurden durch die Innung.[825] Während die Innung die Gründung der Europäischen Moden-Akademie grundsätzlich nicht bekämpfte, klagte diese ohne Erfolg 1856 auch gegen Gustav Adolf Müller hinsichtlich der Erweiterung des Unterrichts für Gehilfen und Söhne von Schneidermeistern.[826]

Der Philanthrop Klemm, wie er in der Denkschrift zum 50-jährigen Bestehen der Dresdner Akademie bezeichnet wurde,[827] leistete zusammenfassend einen wichtigen Beitrag für die Geschichte der Zuschneidekunst durch die Entwicklung und Verbreitung seiner eigenen Zuschneidemethode. Zudem belegt sein Gesamtwerk seine Bemühungen, die unterschiedlichen Fachgebiete der Bekleidungskunst aufzubereiten und in Form von Lehrbüchern einer breiten Öffentlichkeit zugänglich zu machen. Damit einhergehend sollten deren Inhalte in die Ausbildung an der Europäischen Moden-Akademie integriert werden. Sein Interesse, die Entfaltung der Bekleidungsmode durch technisches und künstlerisch-ästhetisches Wissen in Deutschland zu fördern, war gepaart mit seinen Bemühungen, die Identität des Schneiders durch die Vermittlung von Wissen und die Vernetzung der Akteure des Wissens zu stärken. Die Verknüpfung der Entstehung und Verbreitung eines formalisierten Wissens der Zuschneidekunst mit der Schaffung und Nutzung des institutionellen Rahmens der Europäischen Moden-Akademie zeigt das verfügbare Quellenmaterial von und über Johann Heinrich Klemm und eröffnet einen entscheidenden Zugriff auf die Geschichte der Bekleidungskunst. Das gleiche Ziel wie Gustav Adolf Müller verfolgend, schrieb Klemm an seinen Mitstreiter: „Ich glaube, die Geschichte macht in ganz Deutschland ein Gerede von der Akademie, was grossartig ist."[828]

---

[823] Siehe dazu auch Kapitel 3.2.
[824] Vgl. Klemm 1881, S. 37.
[825] Vgl. ebenda, S. 37 ff..
[826] Vgl. ebenda, S. 42.
[827] Vgl. Europäische Moden-Akademie 1900, S. 8.
[828] Ebenda, S. 20.

5.1.3 Gustav Adolf Müller (1818-1884)

Gustav Adolf Müller wurde am 7. Juni 1818 in Hartmannsdorf bei Schneeberg im Erzge-
birge geboren. Zunächst strebte der Sohn eines Mühlenbesitzers eine Laufbahn als Lehrer
an. Da sein Stiefvater ihm jedoch die finanziellen Mittel für die Fortführung seiner Ausbildung im Dresdner Lehrerseminar entzog, begann er im Alter von 16 Jahren eine Schneiderlehre bei seinem Onkel in Zwickau. Im Anschluss an seine Wanderjahre durch Deutschland arbeitete Müller von 1839 bis 1840 als Zuschneider in Genf, bevor er weitere Erfahrungen in der Bekleidungskunst in Paris sammelte und erst 1843 nach Dresden zurück-
kehrte.[829] Die *Anthropo-Trigonometrie*, „erfunden in Paris und während einer langjährigen,
an Erfahrung reichen Praxis vervollkommnet"[830], heißt es auf dem Deckblatt seines gleich-
namigen Lehrbuches. Dieses liegt zudem in französischer und englischer Sprache vor.
Nachdem Müller bereits das Zuschneidewerk eines deutschen Zuschneiders ins Französische übersetzte, liegt die Vermutung nahe, dass er sein eigenes Werk ebenso in die beiden
anderen Sprachen übertrug. Gemeinsam mit dem besagten Zuschneider namens Buchhorn
gab Müller in Paris Unterricht im Zuschneiden neben seiner Tätigkeit in einem großen
Schneidergeschäft, bevor er in Dresden schließlich das Meisterrecht erwarb. Dass Gustav
Adolf Müller ein hohes Ansehen im Bekleidungsgewerbe in Dresden genoss, könnte darauf
zurückgeführt werden, dass er, versiert auch auf dem Gebiet der textilen Flächengestaltung,
ein Tuchmosaik für die Königin Marie von Sachsen fertigte. In der Denkschrift der Europäischen Moden-Akademie heißt es, Müller führte im Fortgang eines der größten Bekli-
dungsgeschäfte Deutschlands und war zudem Hoflieferant des sächsischen Königshau-
ses.[831] Diesbezüglich weisen die Biographien von Müller, Klemm und auch Mottl viele
Ähnlichkeiten auf. Alle drei waren gebildete Personen mit internationalen Erfahrungen und
Geschäftsbeziehungen im Bereich der Zuschneidekunst. Zudem erarbeiteten sie ihre eigenen Zuschneidemethoden, führten erfolgreiche Geschäfte – Müller und Mottl als Inhaber
von Schneiderfachgeschäften und Klemm als Gründer eines Zeicheninstituts – und waren
im Bereich des Verlagswesens tätig. Neben ihrer progressiven Mitwirkung im Rahmen der
Aktivitäten der Europäischen Moden-Akademie genossen alle eine gehobene Stellung und
einen guten Ruf unter ihren Fachgenossen im Schneidergewerbe.

Klemm und Müller lernten sich über die redaktionellen Tätigkeiten Klemms bei der Zeitschrift *„Phönix"* kennen, die Müller guthieß. Am 1. November 1848 schrieb er an Klemm:
„Dass Sie sich in neuerer Zeit, bei Ihrem Talente und dem nationalen Bestreben, was wir
gemeinschaftlich theilen, an dem »Phönix« betheiligen, habe ich mit Freuden begrüsst und
mich nicht enthalten können, Ihnen dies öffentlich als Anerkennung zu sagen."[832] Im Fort-

---

[829] Vgl. Müller 1863, o. S. (Vorwort); vgl. Europäische Moden-Akademie 1900, S. 8-11.
[830] Vgl. Müller 1863 (Buchtitel).
[831] Vgl. Europäische Moden-Akademie 1900, S. 8-11; vgl. Mallwitz o. J..
[832] Europäische Moden-Akademie 1900, S. 16.

gang verfassten die beiden Gründer gemeinsam das „*Statut der Deutschen Bekleidungs-Akademie*" und formulierten 1856 hiermit ihre Ziele bzw. die Ziele der Akademie, die Ausbildung von Zuschneidern und den Austausch von Fachexperten zu ermöglichen, eine deutsche Mode einzuführen und den Beruf und den Ruf des Schneiders zu fördern.[833] Im Jahr 1862 betonte Müller noch einmal, dass die gegründete Akademie eine Institution sei, „die wissenschaftliche [und] Kunst-Zwecke verfolgt [und] für [eine] höhere künstlerische Fachbildung"[834] stand. Der erste Direktor der Europäischen Moden-Akademie setze sich neben der technisch-künstlerischen Verfeinerung der Zuschneidekunst auch für eine gehobene wissenschaftliche Sprache ein, durch die in seinen Augen die Qualität der Bildung repräsentiert würde. Im Vorwort seines Werkes über die *Anthropo-Trigonometrie* heißt es: „[D]em es darum zu thun ist, bildend, belehrend und veredelnd auf seine Zeitgenossen zu wirken, darf nicht im gewöhnlichen Alltagstone Derjenigen schreiben, die in der Bildung zurückstehen, sondern muß vielmehr der Anschauungsweise der am meisten Vorgeschrittenen wo möglich noch vorauszueilen suchen, [...]".[835] Für Handwerker ungewöhnlich, so heißt es in der Denkschrift der Akademie des Jahres 1900, interessierte sich Müller für Musik, Gesang und Gedichte.[836] So passt an dieser Stelle Müllers Analogie zwischen dem Schneider und dem Maurer, denn „[b]eide fabrizieren Gehäuse für den Menschen, durch die sich derselbe in einem möglichst vorteilhaften Lichte zu präsentieren sucht"[837]. Der Schneidermeister genauso wie der Baumeister entwirft die „äußere Form durch Zeichnung und Schnitt nach vorhandenen körperlichen Bedingungen im voraus"[838], während die Aufgabe schließlich nur mit der Hilfe anderer umgesetzt werden kann – mit Webern, Knopfmachern oder Posamentierern bzw. Zimmermännern, Tischlern oder Dachdeckern. Basis der Gehäuse sind also der Schnitt oder der Grundriss, deren Entwurf eine fachliche Bildung voraussetzt, die für das Bauhandwerk bereits etabliert war.[839]

Polanyis Aussage aufnehmend, dass der Prozess des Forschens stets ein Gefühl der persönlichen Verantwortung mit sich bringt,[840] demonstrierten zweifelsohne Gustav Adolf Müller und Johann Heinrich Klemm ihre Hingabe zum Fachgebiet und formulierten es als ihre persönliche Pflicht, die Zuschneidekunst durch die Aufstellung wissenschaftlicher Prinzipien zu fördern. Zudem lässt sich sowohl ihr Antrieb, die höhere Bildung im Schneidergewerbe zu fördern, als auch die Realisierung ihres Vorhabens als besonderes soziales Engagement interpretieren. Verweist Polanyi darüber hinaus darauf, dass eine wissenschaftliche

---

[833] Vgl. Deutsche Bekleidungs-Akademie Dresden 1856.
[834] „Wie bekannt, bezeichnet das Wort »Akademie« einen doppelten Begriff. Einerseits legt man diese Benennung einer Gesellschaft bei, welche wissenschaftliche oder Kunst-Zwecke verfolgt, andererseits solchen Lehrinstituten, wo eine höhere, künstlerische Fachbildung erlangt werden kann." Theuerle 1862, S. 17.
[835] Müller 1863, S. I-II.
[836] Europäische Moden-Akademie 1900, S. 9.
[837] Theuerle 1862, S. 19.
[838] Ebenda, S. 19-20.
[839] Vgl. ebenda, S. 19-20.
[840] Vgl. Polanyi 1985, S. 69.

Meinung durch die Kritik und die Anerkennung unter Forschern entsteht – Polanyi bezeichnet dies als das *Prinzip der gegenseitigen Kontrolle*[841] – so sind die Auseinandersetzungen zwischen Klemm und Müller ein Musterbeispiel für die Aktivitäten der Fachexperten im Umfeld der Europäischen Moden-Akademie. Die Beziehung der beiden Direktoren und Gründern der Dresdner Akademie spiegelt Polanyis Prinzip einer wechselseitigen Prüfung bei ihrer jeweils unabhängigen Arbeit auf dem Gebiet der Zuschneidekunst wider. Ohne weiter auf die Kommunikationstechnologien und Möglichkeiten eines persönlichen und direkten Austauschs oder der Vernetzung von Fachkräften im 19. Jahrhundert einzugehen, nutzten Klemm und Müller nicht nur den Briefwechsel, sondern auch ihre Fachbücher, um sowohl ihre gegenseitige Anerkennung als auch Kritik zu äußern. So lässt sich aus dem Quellenmaterial insbesondere eine von Klemm postulierte Aufgeschlossenheit gegenüber Kritik und sein Gesuch nach Stellungnahmen zu seiner Schnittmethode sowie zu Fragen und Anregungen zur Bekleidungsmode oder technischen Neuerungen nachweisen. [842] Diese Tatsache kann jedoch nicht unkritisch stehen gelassen werden, da Klemm dagegen stets die Richtigkeit und Verlässlichkeit seines Werkes gegenüber anderen Arbeiten hervorhob, wie es auch bei Müller und Mottl der Fall war. Die verschiedenen Meinungen Müllers und Klemms kommen in einem polemischen Schriftwechsel zum Ausdruck, der durchaus amüsant zu lesen ist.[843] „Nämlich meine Methode reorganisiert das ganze Geschäft und das Verhältniss des Maassnehmens zur Zeichnung ist konstruktiv, während es bei allen übrigen applikativ ist"[844], schrieb Müller 1848 an Klemm über sein bis dato geheim gehaltenes anthropo-trigonometrisches Zuschnittsystem. Klemm, im Vorfeld in Kenntnis der Methode, äußerte bereits vor Veröffentlichung des Werkes scharfe Kritik und vertrat die Meinung, dass er in 14 Tagen einen tüchtigeren Zuschneider nach seiner Methode ausbilden könnte, während Müller dazu nicht einmal in vier Wochen im Stande wäre.[845] Trotz der Streitigkeiten hinsichtlich der Schnittsysteme führten Müller und Klemm ihre Interessen erfolgreich durch die Akademiegründung zusammen. Wenn auch etwas paradox, wurde die Lehranstalt auf Grund des Müller'schen Systems errichtet und dieses ab 1851 in Dresden gelehrt.[846] Da der Briefwechsel in Vorbereitung der Bekanntmachung des Vorhabens nur fragmentarisch vorliegt, kann nicht rekonstruiert werden, warum Klemm trotz seiner Einwände die

---

[841] „Ich möchte es das *Prinzip der gegenseitigen Kontrolle* nennen. Im vorliegenden Fall besteht es in „der einfachen Tatsache, daß Wissenschaftler einander sorgfältig im Auge behalten. Jeder Wissenschaftler unterliegt der Kritik aller seiner Kollegen, wird aber auch von ihrer Anerkennung ermutigt. Und genau auf diese Weise entsteht die *wissenschaftliche Meinung.*" Ebenda, S. 67.
[842] Bereits in ihrem frühen Werk forderten die Gebrüder Klemm die Leserschaft zur Kritik auf. Vgl. Klemm/Klemm 1846, S. 111; siehe Klemms Brief an Müller vom 5. November 1849, veröffentlicht in der Denkschrift 1900. Vgl. Europäische Moden-Akademie 1900, S. 18-21.
[843] Vgl. Europäische Moden-Akademie 1900, S. 16-21.
[844] Ebenda, S. 17.
[845] „Mithin kann es zehnerlei Methoden geben, welche in geeigneten und erfahrenen Händen »sowohl für das Lehrfach als auch für die Praxis« mit der Ihrigen gleich gut sein können. So z. B. getraue ich mir nach meiner jetzigen Methode in 14 Tagen einen tüchtigeren Zuschneider heranzubilden, als Sie es aus Gründen in 4 Wochen nicht im Stande sind; es kommt alles auf die Eintheilung und gewisse Vortheile an." Ebenda, S. 19.
[846] Vgl. ebenda, S. 16-18, S. 25; vgl. Mottl 1893, S. 43.

Anthropo-Trigonometrie als Lehrinhalt absegnete. Die Vermutung liegt nahe, dass Müller sich durchsetzen konnte, da der Fachunterricht zunächst in seinen Geschäftsräumen stattfand und er diesen Einfluss geltend machen konnte. [847] Erhalten ist die 2. Auflage von Müllers Handbuch „*Die Anthropo-Trigonometrie der Zuschneidekunst zunächst für Herrenkleidermacher*" aus dem Jahr 1863. Die Datierung der Erstauflage kann nicht mit Sicherheit festgestellt werden. So wird aber aus Müllers Vorwort ersichtlich, dass die Zuschnittmethode vor der Veröffentlichung in der Bekleidungsakademie gelehrt und zunächst geheim gehalten wurde.[848]

„Man will wieder einmal das durch Leichtfaßlichkeit und seine große Verbreitung so gemeinschädliche Klemm'sche Handbuch ohne Erbarmen von der Welt vertilgen, aber – diesmal ganz gewiß und radical!"[849] Diese Aussage von Gustav Adolf Müller und Anton Gunkel, angeführt von Klemm, belegt die fortwährende Auseinandersetzung der beiden Direktoren. Kritisierte Müller eine mangelnde Wissenschaftlichkeit und die Untauglichkeit des Klemm'schen Systems[850], bezeichnete Klemm diesen spitzzüngig als „Messias der ganzen Fachgenossenschaft"[851] und ergänzte seine Ausführungen über die Zwistigkeiten mit den zitierten Worten Müllers: „[W]ie es in der Welt nur ein Notensystem giebt, das die Nationen aller Sprachen verstehen, so darf es auch nur ein Zuschneidesystem geben"[852]. In diesem Zusammenhang zynisch den Erfahrungsreichtum Müllers anführend, hob Klemm dagegen die lückenhafte Ausarbeitung des überarbeiteten Systems, veröffentlicht in Müllers und Gunkels fachwissenschaftlichem Lehrbuch für das Schneidergewerbe, hervor, das vier unterschiedliche Systeme beinhaltete – eine „Kurzwaarenhandlung"[853] in den Worten Klemms. Auch hinsichtlich technischer Neuerungen in der Bekleidungsherstellung gingen die Ansichten Müllers und Klemms auseinander. Wurde zunächst Müllers Antrag zur Anschaffung einer Nähmaschine für den Lehrbetrieb an der Akademie abgelehnt, schaffte

---

[847] Vgl. ebenda, S. 30.
[848] Müller veröffentlichte seine Schnittmethode zuvor in Abschnitten in der Europäischen Modenzeitung. Somit könnte die 2. Auflage auch die erste Fassung des Gesamtwerkes sein. Vgl. Müller 1863, o. S. (Vorwort); vgl. Europäische Modenzeitung 1860, 4. 1860; vgl. Europäische Modenzeitung 1861, 1. 1861 – 12 1861.
[849] Klemm 1870, S. II; seinen Worten zufolge zitiert Klemm hierbei eine Textstelle aus dem Vorwort des Gemeinschaftswerkes von Müller und Gunkel. In der Ausgabe des Jahres 1869 (3. Auflage) ist das Zitat jedoch nicht zu finden. Anzumerken ist, dass das Handbuch eine Erweiterung und Neuauflage der Müllerschen *Anthropo-Trigonometrie* war und die Verfasser auch die einleitenden Worte Müllers der ersten beiden Ausgaben seines Lehrbuches der 3. Ausgabe beifügten. Nichtsdestotrotz kritisieren Müller und Gunkel die Schnittmethoden nach dem Proportional-System, die es zu verwerfen gelte. Hierbei verweisen diese auf das Werk von Klemm. Vgl. Gunkel/ Müller 1869, o. S.- S. II.
[850] Vgl. ebenda, S. II.
[851] Ebenda, S. VII.
[852] Ebenda, S. II; Müllers Worte dazu lauten: „Möge es nach und nach die vielköpfige Hydra empprischer [Rechtschreibfehler in Müllers Handbuch. Gemeint war sicherlich „empirischer"] und unreifer Zuschneidekunst mit den Waffen der Wahrheit und der Umunstößlichkeit aus dem Felde schlagen, um endlich eine einheitliche, allgemein gültige Grundlage herzustellen, auf welcher ein allgemeiner systematischer Fortschritt allein möglich ist, wie es in der ganzen Welt nur ein Notensystem giebt, in welchem sich die Nationen aller Sprachen verstehen." Müller 1863, S. III.
[853] Ebenda, S. IV; vgl. Gunkel/ Müller 1871.

dieser 1856 eine Nähmaschine der Firma Singer aus Amerika auf eigene Kosten an und betonte diesbezüglich die bessere Leistungsfähigkeit und die Notwendigkeit der Öffnung gegenüber dem technischen Fortschritt, die Konkurrenzsituation zwischen der entstehenden Konfektion und dem handwerklichen Betrieb berücksichtigend. Nach Anforderung eines Untersuchungsberichtes aus Boston sprach Klemm dagegen seine Warnung vor der Anschaffung von Nähmaschinen aus, da diese keine höhere Leistungsfähigkeit besäßen und zudem ein mangelhaftes Stichbild aufwiesen.[854] „Nun ist die deutsche Mode, deren Ideal wir zu verwirklichen suchen, erst im Entstehen"[855], schrieb Müller an Klemm und gemeinsam arbeiteten beide dennoch konsequent an ihrem zukunftsweisenden Vorhaben – an der Errichtung eines Instituts, dessen Lehrkonzept Theorie und Praxis verband[856] und gleichzeitig als Austauschorgan für technisches und künstlerisches Wissen zugunsten der Weiterentwicklung und Wertschätzung einer deutschen Kleidermode fungierte.[857]

Ohne die Analyse der *Anthropo-Trigonometrie* Müllers vorwegzunehmen, sei an dieser Stelle bereits erwähnt, dass die Konstruktion nicht im Rahmen der Analyse der Schnittsysteme nachgestellt wurde. Dennoch ergeben sich durch die Untersuchung von Müllers Proportional-Methode verwertbare Informationen für die Erörterung der Wissensformen der Zuschneidetechnik. Sein „agitatorisches Talent und die fachlichen Fähigkeiten"[858] sowie sein Engagement in der Europäischen Moden-Akademie rechtfertigen es, Müller als Akteur des Wissens in diese Arbeit zu integrieren. Müller war sowohl Gründer und Direktor als auch Mitglied des Verwaltungsrates und des Senats der Dresdner Institution. 1859 gab er sein Geschäft auf, um sich ausschließlich der Leitung der Lehreinrichtung und der Herausgabe der Fachmedien der Akademie zu widmen. Hier beteiligte sich Müller zudem mit seinem Privatvermögen und trieb die Unterstützung nicht nur von finanziell bedürftigen Schülern, sondern auch von Fachschulen durch die Gründung einer Stiftung voran. Die Müller-Gunkel-Stiftung, 1873 von der Generalversammlung der Europäischen Moden-Akademie angenommen, vergab bereits ein Jahr später fünf Stipendien. Erweitert wurden im Fortgang die Aktivitäten durch die Ausschreibung von Preisen zu unterschiedlichen Fachthemen, die das Bekleidungsgewerbe betrafen.[859] Die Konkurrenz zwischen Müller und Klemm und die bereits erwähnten Streitigkeiten wirkten sich dennoch auf die Leitung der Akademie aus. So kündigte Müller 1870 seinen Rücktritt an, mit der vermeintlichen Begründung sich auf

---

[854] Vgl. Europäische Moden-Akademie 1900, S. 42-43.
[855] Ebenda, S. 16.
[856] „[...] so liesse sich wohl etwas zu Tage fördern, was in Deutschland noch nicht da wäre, denn eine solche Akademie neben einem offenen Geschäft böte den Vorteil, die Theorie sofort durch die Praxis zu erproben." Ebenda, S. 17.
[857] „Der Bedeutung der Mode gegenüber, die in allen gesellschaftlichen, wirtschaftlichen und Culturverhältnissen so tief eingreift, daß sie eine allseitige Beachtung mit Recht verdient, ihr gegenüber sind zwar unsere Erfolge noch gering zu nennen, allein dies verringert die Bedeutung des Zieles nicht, welches bei Ausdauer erreicht werden kann." Theuerle 1862, o. S. (Vorwort).
[858] Europäische Moden-Akademie 1900, S. 8.
[859] Vgl. ebenda, S. 46-47, S. 54, S. 58, S. 71-76.

die Herausgabe seines eigenen Fachorgans – der Zeitschrift *„Modebühne"* – zu konzentrieren. Dennoch wurde er nicht nur 1871, sondern auch ein Jahr später als Direktor wiedergewählt. Bereits 1871 trat Müller aus dem gemeinsam mit Klemm und Schmidt gegründeten Verlag aus. Zusätzlich zu seinen Bemühungen, die Zuschneidetechnik zu vereinheitlichen, strebte Müller auch die Zentralisierung des Bekleidungsgewerbes an. Sein Vorhaben, die Europäische Moden-Akademie nach Berlin zu verlegen, erntete heftigen Widerspruch, so dass er 1873 endgültig als Direktor zurücktrat.[860]

In zwölf Monatslieferungen veröffentlichte Müller 1860 sein Werk über die *Anthropo-Trigonometrie*, die, wie es die Festschrift der Akademie 1900 formulierte, „das lebhafteste Interesse hervorrief und als ein sensationelles Unternehmen aufgefasst wurde. [So wurden die] althergebrachten Traditionen [...] dadurch in Frage gestellt, denn das Zuschneidewesen lenkte in neue, wissenschaftliche Bahnen".[861] Die Reaktionen auf Müllers auf direkten Körpermessungen beruhenden Systems waren in der Fachwelt zwiespältig. Anton Gunkel, zunächst Opponent des Systems, arbeitete später gemeinsam mit Müller an der Erweiterung der anthropo-trigonometrischen Methode. Auch Josef Zeischke beteiligte sich an dem Werk von Müller und Gunkel und integrierte die Studien Müllers in seine eigene Zuschneidemethode.[862] Durch sein Werk beabsichtigte Müller, die Erhebung der Zuschneidekunst unter die technischen Wissenschaften zu fördern. Hatten die Schneider ihr technisch-gestalterisches Wissen zuvor in der Praxis erworben und dabei Erprobtes weitergegeben und Ungeeignetes verworfen, sollte der fachliche Austausch zur Erweiterung von Wissen und Fertigkeiten führen und sich in den Schnittmethoden widerspiegeln. „Erfahrungen verdichteten sich zu Bemessungsregeln und Handlungsanweisungen. Systematisches Probieren ersetzte fehlende Kenntnis."[863] Der technische Fortschritt im Verlauf des 19. Jahrhunderts „resultierte aus gewagten Unternehmungen, kühnen Experimenten sowie aus Versuch und Irrtum."[864] Zu formulieren galt es eine gemeinsame Sprache und ein mathematisches Regelwerk, das allgemeine Anwendung in der Praxis finden sollte. Müller kritisierte die noch immer mangelnden einheitlichen Prinzipien bei der Gestaltung von Schnitten. Zudem fehlte den entwickelten Schnittsystemen die naturgesetzliche Grundlage. Hatte der Meister der Vergangenheit seine *blaue Patrone* als Resultat seiner eigenen Erfahrung gehütet und als Grundlage für die Schnitte verwendet, so hielten auch zu seiner Zeit die Zuschneider noch an einer technisch mehr oder minder versierteren Form fest.[865] Denn die Methoden entstan-

---

[860] Vgl. ebenda, S. 67-70.
[861] „Dazwischen fällt die Zeit der Ausgabe des Müllerschen Zuschneidewerkes, welches das lebhafteste Interesse hervorrief und als ein sensationelles Unternehmen aufgefasst wurde. Die althergebrachten Traditionen wurden dadurch in Frage gestellt, denn das Zuschneidewesen lenkte in neue, wissenschaftliche Bahnen. Die von Müller aufgestellten Thesen bleiben nicht ohne allen Widerspruch, aber auch nicht ohne bereitwillige Zustimmung." Ebenda, S. 56.
[862] Siehe dazu Kapitel 5.1.4.
[863] Buchheim/ Sonnemann 1990, S. 64.
[864] Gispen 2006, S. 139.
[865] Siehe hierzu auch Kapitel 2.2.

den aus Erfahrung, zufälligen Entdeckungen aus der Praxis und wurden ebenso stets als die richtige Methode angesehen und im eigenen Wirkungsbereich angewendet. Trotz aller Kritik an der bisher zusammenhanglosen Empirik und chaotischen Zerfahrenheit, reihte sich Müller dennoch letztlich auch selbst in diese Riege ein. [866] Sein System – als Grundlage für die Lehre an der Akademie – bezeichnete er als eine wissenschaftliche Lösung. Bereits seit 1851 gelehrt, aber noch geheim gehalten, nutzte Müller seinen Einflussbereich für die Ausbreitung, Weiterentwicklung und die Prüfung der Praxistauglichkeit seines Systems, nachdem mit Sicherheit auch in seinem Geschäft zugeschnitten wurde. Somit verurteilte er nicht nur Klemms Methode mit den Worten: „[...], denn alle Proportional- und Schablonensysteme sind und können nichts anderes sein, als unvollkommenes Ersatzmittel in Ermangelung eines umfassenden Maßes; oft werden sie zu Eselsbrücken für den Schlendrian."[867] Des Weiteren ließ Müller im Rahmen der Heidelberger Generalversammlung 1862 verlauten, dass „[g]egenüber der geistigen Ueberlegenheit der heranreifenden jüngeren Generation [...] die alte Empirik, insofern sie von der fortschreitenden Wissenschaft überholt und als unzureichend oder gar als falsch verurteilt worden ist, die Segel streichen müsse, [...]."[868] Auch wenn die Bekleidungskunst durch das richtige Augenmaß, Erfahrung und Talent ausgeführt werden könne, so sei es nur nachhaltig nutzbringend, wenn die Ausbildung der Kunstfertigkeit auf vereinheitlichten Prinzipien beruhe.[869] Müllers *Anthropo-Trigonometrie* sollte nun die Möglichkeit eröffnen, das Zuschneiden systematisch zu lehren und zu lernen und damit einhergehend dazu führen, dass sich ein Schneider durch diese höhere Bildung nicht mehr zu genieren brauchte, ein Schneider zu sein. So herrsche noch die verbreitete Meinung, die Ausübung der Schneiderkunst sei keine Kunst, obwohl diese auf wissenschaftlichen und auch ästhetischen Regeln basierte. Zudem werde sie als untergeordnetes, primitives Handwerk verhöhnt.[870] Die Ursache dafür sah Müller in dem Mangel an einer zuverlässigen und sicheren Zuschnittmethode, die er nun vermeintlich erfunden hatte. Die *Anthropo-Trigonometrie* stand nach Müller für die Verbindung zwischen Theorie und Praxis – anwendbar für die Lehre und den Geschäftsbetrieb. So sollte sich das Schneidergewerbe emanzipieren und erheben können.[871]

---

[866] „Es machte auf mich stets einen höchst niederschlagenden Eindruck, diese wichtige Fachwissenschaft, die eine bessere Würdigung verdiente, ihrer zusammenhanglosen Empirie und ihrer chaotischen Zerfahrenheit halber so niedrig angeschlagen zu sehen." Müller 1863, o. S. (Vorwort); vgl. Theuerle 1862, S. 18.
[867] Müller 1863, S. III.
[868] Theuerle 1862, S. 18.
[869] „Es hat zwar schon manchen geschickten und großen Schneider gegeben, allein seine Geschicklichkeit beruhte auf einem vortrefflichen Augenmaße und auf angeborenem Talente. Dies einem Anderen zu lehren, war er nicht im Stande, denn es fehlte ihm an stichhaltigen Regeln dafür. Seine Kunst ging mit ihm zu Grabe und hatte für Niemanden einen bleibenden Nutzen." Ebenda, S. 21.
[870] „Sonst waren die Schneider untergeordnete, willenlose Werkzeuge vornehmer Gecken und Wüstlinge. Eigene Schaffungskraft, nach wissenschaftlichen und ästhetischen Prinzipien geregelt, mangelte ihnen gänzlich, oder kam nicht zur Geltung, weil man damals nicht gewohnt war, den Schneider auch für ein denkendes Wesen anzusehen." Ebenda, S. 18.
[871] Vgl. ebenda, S. 18, S, 21.

Ein Preisgeld von 500 Talern wurde am 1. November 1849 von der Europäischen Moden-Akademie „für denjenigen ausgesetzt, welcher im Stande sein sollte, ein sowohl für das Lehrfach, als auch für die Praxis gleich gutes oder besseres System als das trigonometrische in seinem Gesammtumfange ist, zu bieten"[872]. Die Teilnehmer hatten fünf Monate Zeit, ihre Ergebnisse in Form von umgesetzten Kleidungsstücken einer Jury, bestehend aus dem Dresdner Stadtrat, ausgewählten Schneidermeistern und sachverständigen Redakteuren, vorzuführen. Eingesandt wurde eine einzige Bewerbung, die jedoch abgelehnt wurde. Müllers corporismetrisches System basierte, wie die Festschrift der Moden-Akademie Jahrzehnte später resümierte, laut damaliger Expertenmeinung auf unwiderleglichen mathematischen Regeln bei der Ausmessung des menschlichen Körpers, die zuvor kein anderer Zuschneider hergeleitet hatte. [873] Das Handbuch „*Die Anthropometrische Trigonometrie zunächst für Herrenkleidermacher"* überarbeitete Müller im Fortgang gemeinsam mit Anton Gunkel. In „*Die gesammte Fachwissenschaft des Schneiders"* fassten beide sowohl die erweiterte anthropo-trigonometrische Methode, ein sogenanntes *Schnellmeßsystem* als auch die Schnittkonstruktion nach einer proportionalen Methode zusammen. Ihr Werk sollte das Wissen enthalten, das ein Zuschneider für die Ausübung seiner Tätigkeit benötigte. Auch für den Selbstunterricht gedacht, diente das Handbuch als Unterrichtsmaterial der Lehranstalt.[874] Als „das wissenschaftliche Verfahren der Zuschneidekunst"[875] bezeichneten Gunkel und Müller die *Anthropo-Trigonometrie*, die durch ein exaktes Maßsystem und damit durch eine korrekte Schnittzeichnung gekennzeichnet war. Dagegen stand „das »empirische«, auf Erfahrungs-Resultaten beruhende, Verfahren in der Zuschneidekunst"[876], sprich die Aufstellung einer Konstruktion mittels indirekter Maße, basierend auf proportionalen Berechnungen von Längen- und Weitenverhältnissen des Körpers.[877]

„Eben deshalb erwächst aus diesen Fragmenten der ebenen und sphärischen Trigonometrie eine eigene, nur auf den menschlichen Körper anwendbare Wissenschaft, die ich darum auch mit dem Namen »anthropometrische Trigonometrie« bezeichnet habe"[878], heißt es in Müllers Herleitungen seines Maß- und Konstruktionssystems. Dieses basierte auf den geometrischen Gesetzen der Mantelabwicklung des Kegels, des Zylinders und der Kugel, durch welche die Oberfläche des menschlichen Körpers berechnet und ausgemessen werden sollte. Der Ausgangspunkt Müllers war seine Feststellung, dass die Grundform des menschlichen Rumpfes entweder die Form eines Kegels oder die eines Zylinders habe. So beschrieb er die erste Figur wie folgt: „1) als gestumpfter, aber verkehrt stehender Kegel, wenn er einer

---

[872] Europäische Moden-Akademie 1900, S. 27.
[873] Vgl. ebenda, S. 32-34.
[874] Vgl. ebenda, S. 67; vgl. Gunkel/ Müller 1871, S. 1.
[875] Gunkel/ Müller 1871, S. 1.
[876] Ebenda, S. 2.
[877] Vgl. ebenda, S. 1-2.
[878] Müller 1863, S. 8.

sogenannten gut gebauten Person angehört, [...], und wo die Oberweite (N-O-N) größer ist als die Taillenweite (E-E)"[879]. Der Körper wurde in 38 Dreiecken, basierend auf den zuvor angesprochenen mathematisch-geometrischen Regeln, ausgemessen und die trigonometrischen Maße im Anschluss direkt auf die Zeichnung übertragen. So handelte es sich um Kreuz-, Längen- und Kreismessungen, durch die die Dimensionen der Körperoberfläche erfasst werden sollten und im Folgenden auf die Konstruktion der Körperhülle angewendet und übertragen wurden. Dadurch sollte gewährleistet werden, dass die unterschiedlichsten Körperformen und Körperhaltungen direkt ermittelt und bereits beim Grundmodell berücksichtigt werden konnten. [880] Wendelin Mottl kommentierte das System Müllers dagegen wie folgt: „Welche Ursache liegt aber wohl dieser Erscheinung zu Grunde? Zunächst die, dass die Eintheilung der Körperoberfläche des Mannes in Dreiecke zu viele Endpunkte erfordert, nach welchen hin immer zwei Masse zu leiten sind, um dieselben mittels Kreisdurchschnitte auf der Fläche wiederzufinden. Dies erfordert schon an sich so viele Massen, dass man sich veranlasst sah, sie sowie die ganze Methode aufzugeben, wenn die Verwendung derselben zu viel Zeit erforderte. Aber noch abzusehen davon, waren die vielen Massen noch häufig die Veranlassung zu einem ganz fehlerhaften Resultate, denn ein einziges zu kurz oder zu lang genommenes Mass, war im Stande jeden einzelnen der vielen hiezu erforderlichen Punkte auf Stellen hin zu verschieben, wohin sie nicht gehören."[881] Während eine konkrete Stellungnahme Müllers hinsichtlich der Kritik von Mottl nicht nachvollziehbar ist, ist zu vermuten, dass dieser einerseits bemüht und überzeugt war, eine wissenschaftlich begründete Methode für die Schnittkonstruktion entwickelt zu haben. Andererseits erachtete Müller das Studium eines Proportional-Systems als notwendig, bei dem zunächst die Zeichnung für eine regelmäßige Körperform aufgestellt wurde. Denn „an seinen Formen bildet sich Auge und Geschmack, und nur wer die Regel kennt, kann Abweichungen von derselben richtig beurtheilen"[882]. In diesem Zusammenhang verwies Müller dann auf das besondere Talent und auf ein geschultes Augenmaß als Voraussetzung für die Modifikation und Anpassung einer proportionalen Zeichnung auf eine unregelmäßige Körperform, „während die trigonometrische Construction die richtige Form unmittelbar selbst ergiebt [...] "[883]. Gemeinsam mit Anton Gunkel erarbeitete Müller nicht nur ein erweitertes System der *Anthropo-Trigonometrie*, sondern dem gemeinsamen Lehrbuch „*Die gesammte Fachwissenschaft des Schneiders*" wurden Anleitungen auf Basis proportionaler Berechnungen hinzugefügt. Anzunehmen ist, dass die Praxistauglichkeit des anthropo-trigonometrischen

---

[879] Ebenda, S. 8; Anmerkung: Die Buchstaben, die in Klammern gesetzt sind, bestimmen die Anfangs- und Endpunkte der Messstrecken am Körper, die auch in der Konstruktion verwendet werden.
[880] Vgl. ebenda, S. 8 ff.; vgl. Mottl 1893, S. 43-57.
[881] Mottl 1893, S. 57-58.
[882] „Daß dem trigonometrischen das proportionale System vorangeht, ist eine didactische Nothwendigkeit, denn das erstere bildet in gewisser Beziehung die Variationen zu dem Thema des Letzteren. Das Proportional-System stellt die regelmäßigen Bauarten des menschlichen Körpers dar, an seinen Formen bildet sich Auge und Geschmack, und nur wer die Regel kennt, kann Abweichungen von derselben richtig beurtheilen." Müller 1863, S. III.
[883] Ebenda, S. III.

Systems auch seitens Müllers zu überdenken war.[884] Die Fachwissenschaft für das Schneiderhandwerk sollte nicht nur den Anforderungen der Lehre an der Dresdner Bekleidungsakademie entsprechen, sondern auch Lernenden ohne Schulbildung das Studium der Zuschneidekunst ermöglichen. „Wie aber die Ergründung der Wahrheit oft erst durch den Meinungsaustausch mehrerer gleichgesinnter und strebsamer Personen ans Licht gefördert wird, so geschah es auch hier"[885], dass sich, zunächst gegnerische Positionen einnehmend, Müller und Gunkel als Akteure des Wissens in der Bekleidungskunst zusammenschlossen.[886] Essentiell war es für Müller, dass die Vermittlung eines theoretischen Wissens im Bereich der Zuschneidekunst einhergehen muss mit der Praxis. Während diese Verbindung im Rahmen des Lehrbetriebs an der Dresdner Akademie umgesetzt wurde, so gab der Direktor auch in seinen Schriften den Rat, dass die theoretischen Studien eines bzw. seines Schnittsystems ergänzt werden müssten durch eine praktische Tätigkeit in einem Meisterbetrieb. Zudem empfahl er die Aufnahme einer weiterführenden wissenschaftlichen Ausbildung, bspw. an einer Realschule, damit sich die künftigen Zuschneider ein umfassendes Wissen aneignen konnten. Maßnahmen, um dem Mangel an einer wissenschaftlichen Allgemeinbildung im Schneidergewerbe entgegenzuwirken, sind auch in seinem Lehrbuch zu finden. Zusätzlich zu seiner detaillierten Darstellung seines Mess- und Konstruktionssystems listete Müller alle Fremdwörter, die in seinem Werk vorkamen, auf und erläuterte diese. Darüber hinaus führte er die Leserschaft in die Dezimalrechnung ein, führte die Zeichen und Abkürzungen auf und erklärte darüber hinaus das Zeichnen im Maßstab.[887] Für das künstlerisch-technische Studium der Zuschneidekunst fügte Müller seinem Werk Zeichnungen in natürlicher Größe bei, um „dem Lernenden darin ein wirkliches Modell an die Hand zu geben [und], um sein Auge für die ästhetische Form zu bilden"[888]. Ergänzt wurden diese durch die Darstellung der einzelnen Entwicklungsschritte als Maßstabszeichnungen, da „aus einer vollendet vorliegenden Zeichnung der Anfänger nicht zu erkennen vermag, wie dieselbe angefangen und bis zur Vollendung weiter construirt werden muß"[889]. Wurden, so Müller, seine Zeichnungen zwar durch die Vielzahl der Linien in der Konstruktionszeichnung kritisiert, betonte dieser, dass gerade die einzelnen Linien zum Verstehen und Erlernen des Zeichnens beitrugen.[890] Wesentlich für das System Müllers waren das Maßnehmen und das Beurteilen des Körperbaus sowie die Berücksichtigung der Unregel-

---

[884] Vgl. Gunkel/ Müller 1871.
[885] Hierbei bezog sich Müller zwar auf seinen Austausch mit F. A. Schmidt, jedoch können seine Worte auf seine Beziehung zu Gunkel übertragen werden. Ebenda, S. II.
[886] Vgl. Gunkel/ Müller 1871, S. 1 ff.
[887] Vgl. Theuerle 1862, S. 11; siehe Auflistung der Fremdwörter. Vgl. Müller 1863, S. IV; siehe Erläuterungen zur Dezimalrechnung, Abkürzungen und Zeichen sowie zur Maßstabszeichnung. Vgl. ebenda, S. 4.
[888] „Die Modellfiguren oder Patronenzeichnungen habe ich, so weit möglich, in natürlicher Größe dargestellt, um einerseits dem Lernenden darin ein wirkliches Modell an die Hand zu geben, wenn man seine Nachbildungen übereinstimmen müssen, wenn er eine Bürgschaft für die Richtigkeit seiner Construction haben will, andererseits aber auch, um sein Auge für die ästhetische Form zu bilden." Müller 1863, S. III.
[889] Ebenda, S. III.
[890] Vgl. ebenda, S. II.

mäßigkeiten desselben. So hatte der Lernende stets die „Formen der Regelmäßigkeit im Geiste vor sich zu haben, um Mißbildungen der Zeichnung vorzubeugen"[891]. Sein Maßsystem zeichnete sich dementsprechend dadurch aus, dass durch die trigonometrischen Maße die Dimensionen und Verhältnisse des ganzen Rumpfes erfasst wurden und nicht nur einzelne Längen- und Breitenmaße. [892] Die Konstruktion eines Rockmodells nach der anthropo-trigonometrischen Methode wurde im Rahmen dieser Arbeit jedoch nicht durchgeführt. Diese Entscheidung ist dadurch begründet, dass die Art und Weise der Konstruktion weniger Gemeinsamkeiten mit der heutigen Praxis aufweist als die Methoden der anderen Schnittsysteme. Eine detaillierte Erörterung der Unterschiede ist nicht erforderlich für die Identifikation des Wissens der Zuschneider. Nichtsdestotrotz fließen in die abschließende Auswertung des Wissens der Zuschneider Elemente aus Müllers Studien mit ein.[893]

5.1.4 Lehrende an der Europäischen Moden-Akademie – Anton Gunkel, Josef Zeischke, Rudolf Tiesler und Alfred Schrödter

Die folgende Untersuchung der Zuschneider und Lehrenden der Schnitttechnik – von Anton Gunkel, Josef Zeischke, Rudolf Tiesler und Alfred Schrödter – ergänzt die vorherigen Studien der Akteure des Wissens im Wirkungskreis der Europäischen Moden-Akademie. Während Wendelin Mottl zwar aktives Mitglied der Institution war, können keine nachweisbaren Verbindungen zu einer direkten Integration von Elementen seines Maß- und Schnittsystems und der Entwicklung seiner Methode in den Werken der anderen Zuschneider identifiziert werden. Wie bereits erörtert, setze sich Mottl in seinem Theorieteil intensiv mit diversen Konstruktionsanleitungen auseinander. Zu diesen zählten auch die Arbeiten von Gunkel, Zeischke und Tiesler.[894] Die Beziehung zwischen Gustav Adolf Müller und Anton Gunkel wurde bereits aufgezeigt und wird in diesem Kapitel erneut aufgenommen. Im Vergleich zu den anderen Zuschneidern liegen ausführlichere Informationen über die Person und das Werk Anton Gunkels vor.[895] Da in der vorliegenden Arbeit das Wissen der Zuschneider, die damit einhergehende Explikation ihres Arbeitswissens und der Kontext, in dem sie sich am Formalisierungsprozess der Schnitttechnik beteiligten, im Vordergrund stehen, kann über fehlende biographische Fakten zu Josef Zeischke, Rudolf Tiesler und Alfred Schrödter hinweggesehen werden. Die Verbindungen können durch das vorliegende Quellenmaterial dennoch nachgewiesen werden und ihre Methoden wurden ebenso wie die

---

[891] Ebenda, S. III.
[892] Vgl. ebenda, S. II.
[893] Siehe dazu Kapitel 5.2.
[894] Vgl. Mottl 1909, S.85 ff., S.110 ff., S.133 ff.; vgl. Mottl 1893, S. 83 ff., S. 121 ff..
[895] Vgl. Mottl 1909, S. 110 ff.; vgl. Mottl 1893, S. 121 ff.; vgl. Europäische Moden-Akademie 1900, S. 56-57, S. 67, S. 71-72, S. 86-87, S. 103-104.

Methoden von Mottl und Klemm nachgestellt und verglichen mit dem heute noch angewendeten Schnittsystem von M. Müller & Sohn.

Anton Gunkel, ursprünglich aus Wien stammend, zog vermutlich um 1870 nach Dresden und eröffnete dort ein Schneiderfachgeschäft. Informationen über seine Wiener Vergangenheit liegen nicht vor. Da er in Dresden österreichische Arbeiter beschäftigte, liegt die Vermutung nahe, dass er zuvor auch dort ein Geschäft geführt hatte. Die Verbindung zu Gustav Adolf Müller, entstanden im Rahmen der Auseinandersetzung über die Schnittmethode Müllers, zog nicht nur die Zusammenarbeit an dem gemeinsamen Lehrbuch nach sich, sondern ließ ihn auch in die Familie einheiraten.[896] Als aktives Mitglied der Europäischen Moden-Akademie wurde Gunkel auch in der späteren Denkschrift von 1900 beschrieben. Er wurde bereits 1862 zum Ehrenmitglied derselben ernannt und ausgezeichnet für seine Mitarbeit und das Verfassen zahlreicher technischer Beiträge in den Organen der Akademie.[897] Die Veröffentlichung des Gemeinschaftswerkes von Müller und Gunkel, datiert auf das Jahr 1870, wurde im gleichen Jahr bei der 7. Generalversammlung verkündet. Die erste Fassung, auf die zwei weitere folgen sollten, erschien in einer Auflage von 3000 Exemplaren und diente als Lehrmaterial für den Unterricht an der Bekleidungsakademie. Als erster Lehrer des Instituts wurde Josef Zeischke berufen. Dieser lehrte dort für die Dauer von 20 Jahren.[898] Bis 1878 wurde in Dresden nach der Methode Müllers und Gunkels gelehrt. Das verbesserte und überarbeitete System der *Anthropo-Trigonometrie* wurde im Rahmen der Lehre erweitert durch eine bereits angesprochene Proportional-Methode und *ein Schnellmeßsystem*. Stets den wissenschaftlichen Anspruch der *Anthropo-Trigonometrie* betonend, deren Anwendung auch eine höhere Bildung voraussetzte, intendierten die beiden, durch die Ergänzung der anderen Ansätze auch bei einer fehlenden Schulbildung das Erlernen der Zuschneidekunst zu ermöglichen.[899] Die Vermittlung der theoretischen „Kenntnisse, [...] welche ein Schneider der neueren Zeit besitzen muss"[900] wurde durch Anschauungsmaterial in Form von Zeichnungen und Schnitttafeln, angefertigt von dem Mitherausgeber Anton Gunkel, ergänzt.[901]

Anton Gunkels Wirken hinsichtlich der finanziellen Unterstützung von Schülern und Schulen durch die Müller-Gunkel-Stiftung, gegründet 1872, wurde bereits aufgezeigt. Zudem setze er sich auch im Rahmen seines Geschäftsbetriebes für die Ausbildung von Schneidern ein und eröffnete dafür eine Nähschule, die gleichzeitig angebunden war an die Europäische Moden-Akademie. Im Jahr 1886 übernahm Anton Gunkel die Leitung des Unterrichts der

---

[896] Vgl. Europäische Moden-Akademie 1900, S. 56-57; vgl. Gunkel/ Müller 1871.
[897] Vgl. Theuerle 1862, S. 8.
[898] Vgl. Europäische Moden-Akademie 1900, S. 57, S. 67.
[899] Vgl. Gunkel/ Müller 1871, S. 1.
[900] Ebenda, S. 1.
[901] Vgl. ebenda, S. 1.

Lehranstalt.[902] Nach Ableben Müllers 1884 arbeitete Gunkel weiter an der Verfeinerung des Maß- und Schnittsystems und veröffentlichte bereits 1885 ein „*Vollständiges Handbuch der Zuschneidekunst, zunächst für Herrenschneider: zum Selbstunterricht bearbeitet*"[903]. Nach diesem Lehrbuch wurde ab 1887 an der Bekleidungsakademie gelehrt.[904] Im Vorwort der vierten und erweiterten Auflage, die in Zusammenarbeit mit H. Wille, zweiter Lehrer des Instituts, entstand, heißt es: „Noch mit ihm [Gustav Adolf Müller] im Vereine arbeitete ich vor ca. 20 Jahren das Lehrbuch »Die Fachwissenschaft des Schneiders« aus, welche Zuschneidemethode in Tausenden von Exemplaren die weiteste Verbreitung und in Hunderten von Zuschriften die ehrendste Anerkennung fand. Wenn das System doch Mängel hatte, so lagen dieselben im Wesentlichen am Massnehmen, an welchem alle Zuschneidemethoden kranken, bei denen man nach direkt auf dem Körper genommenen Massen konstruiert, denn der beste Maassnehmer wird bei wiederholten Messungen eines und desselben Körpers jedesmal ein anderes Massresultat erzielen; es ist daher bei solchen Konstruktionen eine Unmöglichkeit, stets einen tadellosen Erfolg zu garantieren. Alle diese Systeme werden und müssen die Konstruktion verfehlen, weil sie schon am Maassnehmen scheitern, denn es giebt keinen lebenden Körper, der während des Messens diejenige Ruhe zu bewahren vermöchte, welche zur absoluten Sicherheit der Maassbestimmung unbedingt erforderlich ist."[905] Im Verlauf seiner weiteren Studien, insbesondere zur Bewältigung der Herausforderungen beim Ausmessen des Körpers, entwickelte Gunkel zunächst einen Messapparat – ein verstellbares Geflecht aus verschiedenen Gürteln, durch das alle Messungen ausgehend von einem Zentralpunkt durchgeführt werden konnten.[906] Gunkels Untersuchungen führten zum einen zu seinen Erkenntnissen, dass ein ungenaues Messen sich direkt auf die Schnittzeichnung auswirkte. Zum anderen intendierte er ein Maß- und Schnittsystem aufzustellen, das leicht für den Anfänger zu erlernen war, dem es an einem geschulten Augenmaß fehlte.[907] „Das Maassnehmen, auf diese Weise ausgeführt, erfolgt mit einer Sicherheit, welche überraschend wirkt"[908], schrieb er über die Erfindung seines Messapparates 1885, während er später das Messen mit diesem Hilfsmittel wieder verwarf. Um 1889 überarbeitete Gunkel seine Methode vor dem Hintergrund, dass die Ausbildung der Schüler zeitlichen Beschränkungen unterlag. Gleichermaßen berücksichtigte er die

[902] Vgl. Europäische Moden-Akademie 1900, S. 57, S. 71-72, S. 82.
[903] Nicht genau nachvollziehbar sind die Datierungen des Handbuches. So wird zudem vermutet, dass Gunkel auch die Titel abänderte. Das „*Lehrbuch der Europäischen Moden-Akademie, enthaltend die Zuschneidelehre für Herren- und Knabengarderobe*" aus dem Jahr 1903 enthält Gunkels Vorwort zur ersten Auflage seines Handbuches aus dem Jahr 1885. Vgl. Gunkel 1903, S. 3-4; im Bestand der Sächsischen Landes- und Universitätsbibliothek ist eine Auflage aus dem Jahr 1886 zu finden. Darüber hinaus veröffentlichte Gunkel weitere Werke für den Zuschnitt von Damenbekleidung. Vgl. Gunkel 1890 und 1892.
[904] Vgl. Mottl 1893, S. 121.
[905] Gunkel 1903, S. 4; 1909 zitiert Mottl Gunkels Aussage mit leicht abgewandeltem Wortlaut. Vgl. Mottl 1909, S. 110.
[906] Vgl. Mottl 1909, S. 110-112; vgl. Mottl 1893, S. 122-124.
[907] Vgl. Gunkel 1903, S. 4.
[908] Ebenda, S. 4.

Problematik, dass bei unvollständig oder falsch genommenen Maßen kein korrekter Schnitt eines Kleidungsstückes konstruiert werden konnte. Dafür führte er an der Lehranstalt Schnellkurse ein, durch die das Zeichnen eines Grundmodells mit nur wenigen Maßen möglich war.[909] Während „die Bedeutung des Systems für die Zukunft"[910] 1892 durch die Akademieleitung konstatiert wurde, kritisierte Mottl die Arbeit Gunkels mit den Worten: „Das System ist jedenfalls gut durchdacht, aber es bietet bedeutende Schwierigkeiten, namentlich dem Anfänger, und zwar sowohl das richtige Maßnehmen als auch die Aufstellung."[911] Gunkels vereinfachtes System basierte auf direkt genommenen Maßen, ohne anatomische und proportionale Berechnungen zu berücksichtigen. Während die Anwendung mathematischer Gesetzmäßigkeiten auf das Ausmessen des menschlichen Rumpfes die Grundlage der *Anthropo-Trigonometrie* war, an der Gunkel zuvor mitgearbeitet hatte, verwarf dieser die Prinzipien im Fortgang seiner Studien. Die hauptsächlichen Mängel an Müllers System lagen laut Gunkel am Maßnehmen. Nichtsdestotrotz enthält das Lehrbuch der Europäischen Moden-Akademie aus dem Jahr 1903 noch immer Elemente des Werkes von Müller, Dazu zählten die Erklärung der Bezeichnungen der zu messenden Punkte am Körper, die Einführung in das Dezimalsystem und die Erklärungen zum Zeichnen im Maßstab.[912]

„Diejenigen, welche ihre angeblich neu erfundenen Methoden auf dasselbe gründeten, haben trotz ihrer aufgewendeten Mühe doch nur Stück- und Flickwerk geliefert, weil sie übersahen, dass man, um etwas Zweckmässiges zu schaffen, den alten Bau völlig niederreissen und einen von Grund auf neuen errichten müsse."[913] So beschrieb Gunkel passend seinen Forschungsprozess und sein Wirken, das als *work as bricolage* bezeichnet werden kann. „Das natürliche Bestreben nach Vervollkommnung einerseits und der Wunsch, sich den ständig wechselnden Bedürfnissen der Zeit nach bestem Wissen anzupassen, war Grund für die Neuaufnahme eines direkten Systems, vermittels dessen in einfacher Weise mit wenigen Maassen überraschend günstige Resultate erzielt werden."[914] Mit diesen Worten honorierte die Leitung der Europäischen Moden-Akademie 1903 die Methode Gunkels. Die Beobachtungen und Studien Gunkels und die damit verbundenen Unsicherheiten und Erkenntnisse führten fortwährend zu Anpassungen und Revisionen seiner Zuschneidemethode. Gunkels Arbeitsprozess wie die Tatsache, dass die Fachvertreter der Akademie fortwährend ihr Einverständnis zur Integration wechselnder Systeme als Unterrichtsmaterial gaben und die jeweilige Methode stets als die Richtige priesen, zeigen, dass bis zum ausgehenden 19. und

---

[909] Vgl. Europäische Moden-Akademie 1900, S. 86-87; vgl. Gunkel 1903, S. 5.
[910] Vgl. Gunkel 1903, S. 5.
[911] Mottl 1893, S. 124; Mottl 1909, S. 112-113; Mottl verweist hierbei auf die überarbeitete Version des Lehrbuches des Jahres 1903. Vgl. ebenda, S. 113.
[912] Vgl. Gunkel 1903, S. 9-12.
[913] Ebenda, S. 3.
[914] Ebenda, S. 4.

beginnenden 20. Jahrhundert noch immer kein einheitliches System der Schnitttechnik entwickelt wurde und Anwendung fand.

Hatte Gustav Adolf Müller bei der 4. Generalversammlung der Europäischen Moden-Akademie das Fehlen einer einheitlichen und sicheren Schnittmethode kritisiert und die diversen Prinzipien und Systeme, die bis dato entwickelt wurden, verglichen mit der „Sprachverwirrung beim babylonischen Thurmbau"[915], so bemängelte auch Josef Zeischke aufs Schärfste diesen Umstand. Zweifelsohne ist für das geschulte Auge durch die Betrachtung eines Kleidungsstückes, getragen am Körper, zu erkennen, ob ein Schnitt korrekt erstellt wurde. So erkannte Josef Zeischke seiner Zeit, dass die Kleidung im 19. Jahrhundert diesen Sachverhalt widerspiegelte. „Ach wäre dieser Stoff noch bei den Fabrikanten"[916], schrieb er im Vorwort seines Lehrbuches aus dem Jahr 1891. Den Zuschnitt sah Zeischke als das Wesentliche der Bekleidungsherstellung an und stellte somit auch die Frage, warum es noch immer Studien und Untersuchungen über die Grundlagen der Schneiderkunst geben müsse. Fließen in die Entwicklung von Regeln der Schnitttechnik insbesondere praktische Erfahrungen und langjährige Übung ein, wunderte es den ersten Lehrer der Europäischen Moden-Akademie, warum bis dahin noch keine allgemeingültigen und praxistauglichen Methoden entwickelt worden waren.[917] Zudem übte Zeischke Kritik an den von ihm bezeichneten Methodenerfindern, die seiner Meinung nach nicht ausschließlich das Ziel der Formalisierung der Zuschneidekunst und die Deckung des Bedarfs nach Ausbildung im Schneidergewerbe verfolgten. Durch die Herausgabe von Lehrbüchern oder die Eröffnung von Schulen folgten diese eher ihren eigenen Interessen, sprich der Herausstellung der eigenen Bildung und Wissenschaftlichkeit gegenüber der heranwachsenden Generation von Schneidern.[918] In diesem Zusammenhang kann nicht definitiv ausgeschlossen werden, dass es unter den an der Weiterentwicklung der Zuschneidekunst Beteiligten Vertreter gab, die primär zugunsten ihrer eigenen Stellung, des allgemeinen Ansehens des Schneiders oder auch aus finanziellen Gründen Handbücher verfassten.

Der Fachlehrer Josef Zeischke lehrte 20 Jahre lang an der Deutschen Bekleidungsakademie in Dresden und unterrichtete nach der Fachwissenschaft des Schneiders von Müller und Gunkel. Nachdem Müller und Klemm verschieden waren, trat Zeischke aus der Akademie aus und gründete 1887 sein eigenes Lehrinstitut, die Internationale Akademie der Zuschneidekunst für Herren-, Damen-, Kinder-Garderobe und Wäsche in Dresden.[919] 1880 veröffentlichte Zeischke ein Supplement zur *Anthropo-Trigonometrie* von Müller und Gunkel,

---

[915] „Sie alle wissen es eben so gut wie ich, daß bis zur Stunde nichts in der Welt mehr einem verworrenen Chaos gleicht, als die Zuschneider in Bezug auf System und Principien. Die Sprachverwirrung beim babylonischen Thurmbau konnte nicht ärger sein.". Theuerle 1862, S. 21.
[916] Zeischke 1891, S. V.
[917] Vgl. ebenda, S. V.
[918] Vgl. ebenda, S. VI.
[919] Vgl. ebenda, S. IX; vgl. Mottl 1893, S. 83-84; vgl. Europäische Moden-Akademie 1900, S. 67.

bevor er 1891 seine eigenes Lehrbuch „*Der Rock – Lehrbuch der directen Schnitt-Konstruktion für Röcke, Paletots, Westen*" herausgab. [920] Dieses Handbuch war seiner Auffassung nach die erste Abhandlung über die Neufassung des triangulären Maß- und Zuschnittsystems, d. h. eine Adaption und gleichzeitig Abänderung der Methode der *Anthropo-Trigonometrie*. [921] Wendelin Mottl, der sich auch mit dem System des Lehrers auseinandersetze, erkannte in Zeischkes Arbeit zudem Elemente der Methoden von Pierre Roudel und Friedrich Albert Schmidt.[922] Obgleich Zeischke die Ausmessung des Körpers nach dem triangulären Prinzip Müllers für richtig hielt, um die Dimensionen des Körpers zu ermitteln, und dieses der Ausgangspunkt für seine Methode war, hielt er dennoch die Übertragung der Dreiecksmessung auf das Konstruktionssystem für nicht tauglich. Diese Aussage begründete auch Zeischke mit der Abhängigkeit der Vielzahl genommener Maße von der Zeichnung und die fehlerhafte Konstruktion bei Maßabweichungen. Bei seiner Methode reduzierte er jedes genommene Maß auf einen Wert, der in die Zeichnung einfloss und verband diesen mit proportionalen Berechnungen. [923] Die Bezeichnung der zu messenden Punkte des Körpers sowie die Zuteilung von Buchstaben übernahm Zeischke von Müller und Gunkel. Zudem sind in seinem Lehrbuch Figuren und Tafeln, bspw. die bildliche Darstellung der Maßanleitung, enthalten, die ursprünglich von Gunkel gezeichnet worden sein können.[924] Heißt es bei Gunkel, dass die Zeichnung „mit Zugabe von allen Nähten direkt auf den Stoffe erfolgt"[925], ist seine Benennung, es handele sich um ein Grundmodell des Rockes, jedoch eher zweifelhaft. So stellt sich in diesem Zusammenhang die Frage nach der Passform und der Einarbeitung modischer Silhouetten, die dann vermutlich am konfektionierten Kleidungsstück vorgenommen werden mussten. Dagegen betonte Zeischke, dass ein Grundmodell nicht gleichgesetzt werden könne mit dem, wie er es nennt, Erstlingsprodukt. Die Aufstellung einer Grundkonstruktion stellte die Basis dar, um in weiteren Schritten Modifikationen vorzunehmen.[926]

---

[920] Vgl. Zeischke 1880; vgl. Zeischke 1891.

[921] Vgl. Zeischke 1891, S. 4.

[922] „Im übrigen findet diese Methode schon im Werke von F. A. Schmidt, wenn auch nicht so präzis, Ausdruck. Wenn man die beiden Zeichnungen nebeneinander stellt, so findet man äußerlich wenig Unterschied. Daraus erfolgt die Erkenntnis, daß Zeischke, durch Roudel angeregt, sein System mit Benützung von Müller und Schmidt auf der oberen und unteren Horizontale und der hinteren und vorderen Büstenlänge sowie der Weichenbreite recht gut konstruierte [...]." Mottl 1909, S. 90.

[923] Vgl. Zeischke 1891, S. 2-5; auch Mottl kritisierte die Vielzahl der zu nehmenden Maße bei der Methode Müllers. Vgl. Mottl 1893, S. 57-58.

[924] Siehe „*Kapitel II: Von der triangulären Ausmessung des Körpers*". Vgl. Zeischke 1891, S.11-16, o. S. (Tafel 1 und Tafel 2); siehe „*Drittes Capitel. Das Meß-System für die Anthropo-Trigonometrie sowohl, wie für die Schnellmessung. § 21. Die anthropometrischen und trigonometrischen Messungen nach ihrer Reihenfolge*". Vgl. Gunkel/ Müller 1871, S. 44-49, o. S. (Tafel 1 und Tafel 2); siehe auch „*V. Kapitel. Der Meß-Apparat und die zur anthropometrischen Trigonometrie erforderlichen Messungen. § 36. Die anthropometrischen und trigonometrischen Messungen nach ihrer Reihenfolge*". Vgl. Müller 1863, S. 22-25.

[925] Gunkel 1903, S. 15.

[926] Vgl. Zeischke 1891, S. VI.

Im Kontext der Entwicklungen auf dem Gebiet der Zuschneidekunst konstatierte Josef Zeischke zusätzlich zu seiner Kritik an der nach seinem Ermessen größtenteils unbrauchbaren Methodenvielfalt, dass die Einführung eines einheitlichen Zuschneidesystems, durch das wissenschaftliche Prinzipien in Übereinstimmung mit der praktischen Erfahrung gebracht würden, in naher Zukunft nicht realisiert werden könne.[927] Die Herausforderung lag laut Zeischke zum einen an der Tatsache, dass die Vielzahl der unterschiedlichen Aussagen der Zuschneider nicht zu einem konstruktiven Austausch führte, sondern noch immer jeder einzelne nach seinen Regeln zuschnitt und diese als praxistauglich und sicher beurteilte.[928] Während zum anderen zwar der Bedarf nach allgemeingültigen Prinzipien herrschte, lag allgemein die Befürchtung vor, dass durch diese die individuelle Behandlung der Kundschaft und der Gestaltungsspielraum leiden könnten. Auch die Einführung von Regeln in den Geschäften gestaltete sich, so Zeischke, als schwierig.[929] So kann man in Zeischkes Werk zudem wertvolle Information zum geschichtlichen Kontext und den damals bestehenden Hürden bezüglich der Formalisierung der Schnitttechnik herauslesen. Auch in Zeischkes Lehrbuch sind weitere Angaben zur Geschichte der Zuschneidekunst und Verweise bspw. auf die Verwendung der *blauen Patrone* oder die Entwicklung der *Proportional-Methoden* und der *Corporismetrie* zu finden.[930] In diesem Zusammenhang honorierte Zeischke, trotz aller Kritik an den Methoden, die ersten Versuche zu Beginn des 19. Jahrhunderts und erkannte das Fundament, auf dem alle Weiterentwicklungen beruhten. Er sprach sich dafür aus, „daß wir den Männern, welche zu jener Zeit die Proportionalmethode auszubilden bestrebt waren, heute noch zu Dank verpflichtet sind; sie haben den Boden geschaffen, auf dem die Zuschneidekunst sich überhaupt entwickeln konnte"[931].

Seine Wertschätzung für die *Reductions-Methode* Heinrich Klemms legte Rudolf Tiesler in „*Heinrich Klemm's Handbuch der Bekleidungskunst für Herren*", erschienen um 1905, dar. So stellte er die Einfachheit, die Verständlichkeit und damit die Brauchbarkeit der Methode des ehemaligen Direktors der Europäischen Moden-Akademie heraus. Dieser hatte in den 60 Jahren seines Schaffens, in denen er 54 Auflagen seines Werkes herausgab, kaum Veränderungen an seinem System vorgenommen, dieses lediglich dem Wechsel der Moden und Kleiderformen angepasst und entsprechend erweitert.[932] 1888 hatte sich die Methode jedoch durch die Studien Gunkels überholt, so dass Tiesler das *Reduktionsschema* für die Einteilung der Oberweite um die Anwendung eines Schemas für die Längenmaße erweiterte, damit auch abweichende Figuren berücksichtigt werden konnten. So überarbeitete er das Werk Klemms „nach den neuen Theorien des Herrn Rudolf Tiesler, Redakteur der

---

[927] Vgl. ebenda, S. 4, S. VII
[928] Vgl. ebenda, S. V.
[929] Vgl. ebenda, S.V-VI.
[930] Vgl. ebenda, S. V-VI, S. 1-4.
[931] Ebenda, S. 2.
[932] Vgl. Tiesler 1905, o. S. (Vorwort).

Europäischen Modenzeitung, [...], so daß auch die Schnittaufstellung für derartige Wuchsformen bequem, einfach und sicher ist."[933] Zudem integrierte er direkt genommene Maße in sein Konstruktionssystem. Vor dem Hintergrund der Konkurrenz zwischen dem Handwerksbetrieb und der sich rasant entwickelnden Konfektion im Bekleidungsgewerbe beabsichtigte Tiesler, in kurzer und klarer Form eine einfach nachzustellende Methode zu verbreiten. Ungefähr zur gleichen Zeit arbeitete Tiesler an dem „Meisterschaftswerk der Bekleidungskunst für Herren"[934] [so bezeichnete es Mottl], das den Titel *„Die gesammte Fachwissenschaft des Kleidermachers. System Fortschritt"* trug. Seine Maß- und Zuschneidemethode soll an dieser Stelle nicht weiter erläutert werden, da Tieslers System noch im Rahmen der Auswertung der Nachstellung der Konstruktionen betrachtet wird. Festzuhalten gilt es dennoch, dass Tiesler die Herleitung seiner Theorien und Regeln in seinem Lehrbuch aus dem Jahr 1905 nicht weiter ausführte, sondern sich die Darstellungen ausschließlich auf die praktische Anwendung des Zeichnens und die Anleitung zum Maßnehmen bezogen.

So kann die These aufgestellt werden, dass die bis zu diesem Zeitpunkt entstandenen Prinzipien und Regeln neben den umfangreichen Herleitungen, wie es bspw. bei den Darstellungen von Klemm und Mottl der Fall war, das ganze explizierbare Wissen der Zuschneidekunst enthielten. Zunächst unabhängig davon, ob die erarbeiteten wissenschaftlichen Grundlagen der einzelnen Systeme vollständig, korrekt und sicher für den Zuschnitt waren, wurden diese im Fortgang nur noch rezipiert und unterschiedlich zusammengesetzt, ohne dass tatsächlich neue Erkenntnisse hinzukamen. So rezipierte auch Alfred Schrödter das Werk Gustav Adolf Müllers und arbeitete dieses um. Nachdem sich der erste Lehrer und Zuschneider der 1910 neugegründeten Fachschule für das Schneidergewerbe in Dresden intensiv mit der Form, Haltung und Bewegung des Körpers auseinandergesetzt hatte, entwickelte er eine trianguläre Konstruktionsmethode, die anatomische Gesetzmäßigkeiten und die Lehre der Proportionen berücksichtigte.[935] Die konsekutiv und parallel entwickelten Methoden sind zusammenfassend durch den Austausch der Akteure des Wissens und durch ihre Mitwirkung an der Lehre und Verbreitung der Zuschneidekunst im Rahmen der Aktivitäten der Europäischen Moden-Akademie entstanden. Europaweit wirkend, kann der Dresdner Institution eine tragende Rolle im Formalisierungsprozess der Zuschneidekunst zugeschrieben werden. Die Analyse, die Rezeption und Revision des personengebundenen Wissens und die damit einhergehenden Methoden und deren Weiterentwicklung sind hierbei entscheidend. Zudem muss der Einfluss und das Engagement, die Herleitung wissenschaftlicher Prinzipien zu fördern und zu lehren, für die Fortschritte der Zuschneidekunst angeführt werden. Nicht zu vernachlässigen ist hierbei insbesondere das implizite Erfah-

---

[933] Ebenda, o. S. (Vorwort).
[934] Mottl 1909, S. 133; vgl. Expedition EMZ 1905; eine kurze Erläuterung der Inhalte des vierbändigen Werkes ist zudem bei Mottl zu finden. Vgl. Mottl 1909, S. 133-134.
[935] Vgl. Schrödter 1930, S. 6.

rungswissen der Zuschneider, das auch im Rahmen der praktischen Rekonstruktion der Schnittsysteme identifiziert werden kann, um schließlich der Frage nachzugehen, warum sich bspw. das System M. Müller & Sohn als heute noch marktführend durchgesetzt hat.

5.2 Die Bedeutung der Wissensformen der Zuschneider des 19. Jahrhunderts aus heutiger Perspektive

Als Erfahrungswissen definiert Polanyi nach den Worten von Sonja Petersen „eine leiblich gebundene Fertigkeit, die sich durch Handeln selbst darstellt und nicht geäußert werden kann"[936]. Geäußert haben sich jedoch die in den vorherigen Abschnitten besprochenen Zuschneider. Ihr Beitrag zur Entstehung eines allgemeingültigen, anwendbaren und wissenschaftlichen Wissens war geprägt durch ihre Erfahrungen aus der Praxis. Ihre Fertigkeiten waren in zweierlei Richtungen leiblich gebunden. So setzten sie einerseits ihre eigenen körperlichen Sinne ein, um andererseits einem anderen menschlichen Körper eine Hülle zu geben. Wenn man die Entwicklung von Schnittsystemen und die damit einhergehenden Anleitungen, Messvorschriften und Konstruktionszeichnungen betrachtet, scheint es auf den ersten Blick, als wäre es möglich, dieses Erfahrungswissen vollständig zu explizieren. Unabhängig davon, welche der besprochenen Methoden tatsächlich praxistauglich sind, haben Mottl, Müller, Klemm, Zeischke, Gunkel, Tiesler und Schrödter den Versuch unternommen, zusätzlich zu ihren geometrisch-mathematischen Studien ihre eigenen Erfahrungswerte in Form von definierten Arbeitsschritten, proportionalen Berechnungen und individuellen Parametern zusammenzufassen. Dennoch weisen gerade die fehlenden oder vagen Informationen bei ihren Anleitungen, wie z. B. Instruktionen zum Auszeichnen einer Kurve, darauf hin, dass es noch eine weitere Form des Wissens gibt, die nicht in Zahlen ausgedrückt werden kann. Auch wenn Parameter für die Zeichnung eines Armloches festgelegt sind, wird die Kurve, von unterschiedlichen Personen gezeichnet, stets eine andere Form haben. Genauso bedarf es Übung und Erfahrung, um die Passform eines Kleidungsstückes zu beurteilen und den Schnitt entsprechend zu verändern. So ist diese Fertigkeit gebunden an das Erfahrungswissen und die Übung des Zuschneiders. Denn auch die Änderungen zur Optimierung der Passform werden in jedem Fall unterschiedlich sein und das Kleidungsstück wird eine andere Form haben, auch wenn es sich nur um für den Laien kaum sichtbare Nuancen handelt. Harper vergleicht die Arbeit des Mechanikers Willie als *work as bricolage* nach dem Konzept von Claude Lévi-Strauss. [937] Frei übersetzt als „Bastler mit handwerklichem Geschick" handelt es sich um eine Person, die durch das Ausprobieren an einem konkreten Objekt oder Vorhaben, auch wenn es sich um Kleinigkeiten handelt, versucht, Lösungen zu finden, die dann in den eigenen Erfahrungshorizont

---

[936] Petersen 2011, S. 15.
[937] Vgl. Harper 1987, S. 74 ff.

einfließen.[938] Obwohl die Zuschneider Experten auf ihrem Gebiet waren, kann man ihren Forschungsprozess als Probieren und Basteln bezeichnen, der auf ihrem im Arbeitsprozess angeeigneten Wissen basierte und darauf zielte, allgemeingültige Prinzipien im Bereich der Zuschneidekunst zu finden. Diese erfahrungsgeleiteten Zugänge zeigen einerseits ein doch unvollständiges, jeweils an die Person gebundenes Wissen und andererseits ihr tatsächliches Können, so dass bei näherer Analyse der Methoden die zwei Pole technischen Schaffens sichtbar werden – die Verbindung aus Kunst und Wissenschaft.[939]

Wie eingangs erwähnt, ist ein Austausch mit den Zuschneidern nicht mehr möglich, so dass die Forschung auf das noch erhaltene Quellenmaterial der Werke und Biographien angewiesen ist. Dennoch war es in diesem Fall möglich, die Analyse der schriftlichen Quellen durch den praktischen Vergleich der Methoden mittels einer Nachstellung der historischen Verfahren zu erweitern. So kann das Handlungswissen, das wissenschaftliche Wissen und in Ansätzen auch das Nichtwissen erfasst werden. So handelt es sich bei dem im Rahmen dieser Arbeit durchgeführten praktischen Vergleich im übertragenen Sinne um eine Weiterführung und Wiederaufnahme von Wendelin Mottls Auseinandersetzung und Analyse der unterschiedlichen Systeme. Diese Methode setzt dabei ein entsprechendes Handlungswissen voraus, das gebunden ist an die Fertigkeiten der untersuchenden Person.[940] Sowohl die Studien zu den einzelnen Zuschneidern als auch die Rekonstruktion der Schnittmethoden zielen darauf ab, die unterschiedlichen Wissensformen aufzudecken, die die Basis für das Ausüben der Zuschneidekunst bilden. Darüber hinaus konnten bereits die Bedingungen für die Partizipation am Forschungsprozess – die Mitwirkung daran, das Wissen der Zuschneidekunst zu formalisieren – erörtert werden. So wird im Folgenden das *working knowledge* der untersuchten Personen in Anlehnung an Harpers Konzept zusammengefasst – ihr Wissen um den Körper und ihren Umgang mit diesem, ihr ästhetischer und sinnenbezogener Zugang und die Erprobung und Aneignung ihres Handlungswissens. In diesem Zusammenhang spielen auch der Selbstwert der eigenen Arbeit, die des Zuschneiders im Allgemeinen und die Wertschätzung der Arbeiten anderer Akteure des Wissens auf dem Gebiet der Zuschneidekunst eine Rolle. Diese Aspekte kamen in den Studien der ausgewählten Personen zum Vorschein. Wurde im Rahmen der vorherigen Untersuchung des Wirkens der Zuschneider bereits auf den Austausch zwischen den Personen und die Adaption und Weiterentwicklung der Methoden zugunsten eines einheitlichen, auf mathematisch-geometrischen und anatomischen Prinzipien beruhenden Maß- und Schnittsystems hingewiesen, erfolgt nun die Auswertung nach technisch-gestalterischen Aspekten. So werden einerseits die

---

[938] „The bricoleur is presented first as a thinker: considering, reconsidering, always with a view to what is available, what is at hand." Ebenda, S. 74.
[939] Siehe Heymann und Wengenroth zum technischen Schaffen, zur Verbindung von Kunst und Können und zur Verwissenschaftlichung. Vgl. Heymann/ Wengenroth 2001, S. 107-108.
[940] Zur Interaktion zwischen Objekten und Praktiken und zum Verhältnis von Handlungswissen, theoretischem Wissen und Nichtwissen. Vgl. Fickers 2015, S. 77-78.

Grundlagen, die die Methoden gemein haben, als auch Unterschiede zusammengefasst, um das Wesen der Zuschneidekunst zu erfassen und um gleichermaßen der Frage nachzugehen, inwieweit und ob sich diese Grundlagen von der heutigen Praxis unterscheiden. Andererseits ermöglicht die Rekonstruktion der Konstruktionsmethoden nicht nur die Identifikation des personengebundenen Wissens der analysierten Personen, sondern daraus folgernd die Darlegung der unterschiedlichen Wissensformen, die auch heute noch für die Ausbildung und Ausführung der Kunstfertigkeit wesentlich sind.

Der Körper, der durch Kleidung umhüllt werden soll, ist zweifelsohne die Basis für ein Maß- und Konstruktionssystem. So betonen alle untersuchten Personen stets das „mit grösster Genauigkeit und Sorgfalt auszuführende Massnehmen, weil die Konstruktion der Zeichnung in direkter Folge von ihm abhängt"[941]. Zunächst unabhängig davon, ob Müller den Körper in 38 Dreiecken ausmaß oder Klemm für sein System 20 Hauptmaße und 18 Ergänzungsmaße auflistete, wurden, abgeleitet von der Anatomie des Körpers, Maßanleitungen aufgestellt, die zunächst als ein rein explizites Wissen angesehen werden können. Unregelmäßige, individuelle Körperformen und Körperhaltungen berücksichtigend, können darauf basierend die genommenen Maße Aufschluss über unterschiedliche Figuren in Form von Zahlen geben. Unterteilten bspw. Mottl, Müller und Gunkel die Figurtypen in gerade, aufrechte, geneigte und gewölbte Körperstellungen und ergänzten diese Kategorisierung mit Verweisen auf proportionale Veränderungen der Verhältnisse der Längenmaße, so ist auch heute bei dem System von M. Müller & Sohn von der normalen, aufrechten und geneigten Haltung wie auch von Figuren mit Hohlkreuz und vorgedrücktem Leib die Rede.[942] Wird bei der Konstruktion von M. Müller & Sohn zum Beispiel die Rückenlänge proportional berechnet, dient das gemessene Maß dazu, die Balance des Körpers in der Zeichnung auszugleichen.[943] Um einem fehlerhaften Messen entgegenzuwirken, empfahl Klemm das Messen stetig zu üben und sich die Reihenfolge der Messungen einzuprägen. Während dieser und so auch Mottl, Müller und Gunkel in ausführlicher Form alle Messstrecken beschrieben, enthielten die Maßanleitungen zudem figürliche Darstellungen und bereits die Benennung der Strecken und Punkte am Körper durch Buchstaben, die dann auf die Kon-

[941] Gunkel 1903, S. 13.
[942] Siehe „Fünfte Lection. Gründlicher Unterricht in der Stellung und Abänderung der Schnitte für alle vorkommenden Unregelmäßigkeiten oder Abweichungen des männlichen Wuchses, nebst genauer Beschreibung derselben". Vgl. Klemm/ Klemm 1846, S. 47-66; siehe „§ 21. Erklärung der Rückenformations-Classen". Vgl. Müller 1863, S. 11-12; siehe die Positionsclassen bei Mottl. Vgl. Mottl 1893, S. 139-140; siehe „§ 4. Anleitung zur Uebertragung einer Zeichnung in andere, nicht zu sehr abweichende Verhältnisse mittels zwei verschiedener Maßstäbe". Vgl. Gunkel/ Müller 1871, S. 17-20; siehe Figurabweichungen und Haltungsfehler beim System Müller & Sohn. Die Beschreibungen der unregelmäßigen Körperhaltungen sind ergänzt durch entsprechende Abänderungen in der Schnittkonstruktion. Vgl. Deutsche Bekleidungs-Akademie 2000, S. 214-238; auch im Bereich der Schnittentwicklung für Damenbekleidung werden Schnitte für anormale Figuren mit verschiedenen Haltungsfehlern dargestellt und erläutert. Vgl. Deutsche Bekleidungs-Akademie 1980, S. 254 ff.
[943] Vgl. Deutsche Bekleidungs-Akademie 2000, S. 215.

struktion übertragen wurden.[944] Das Identifizieren von unterschiedlichen Körperhaltungen durch das genommene Maß ersetzt jedoch nicht das tatsächliche Erkennen, es erfordert zudem ein geschultes Auge. Denn wird bspw. ein Maß proportional berechnet, so muss der Zuschneider dennoch im Vorfeld erkennen, ob dieser für die Konstruktion ein Körpermaß nehmen muss. Um einem fehlerhaften Messen entgegenzuwirken, entwickelten die Zuschneider diverse Hilfsmittel. Zu nennen sind in diesem Kontext der *Messapparat* von Müller, Klemms *Corporismetrischer Gürtel* oder der *Armlochring* von Zeischke.[945] Während sich das *Zentimetermaßband* bereits etabliert hatte und letztendlich ausreichend ist, um den Körper zu vermessen, zeigen die Erfindungen dieser technischen Hilfsmittel, dass der Prozess des Messens nicht nur eine komplexe Aufgabe war und noch immer ist, sondern auch mit der individuellen Fertigkeit und Übung des Messenden verbunden ist. Das Erlernen sollte durch ein entsprechendes Instrumentarium unterstützt werden. So sind das theoretische Wissen über die Anatomie des Körpers und eine einheitliche Anleitung für das Messen der Längen- und Breitenverhältnisse die Grundlage für die Aufstellung der Konstruktion. Dieses explizite Wissen muss dennoch ergänzt werden durch das Sehen und leibhaftige Erspüren der Punkte und Strecken, das mit einem Üben am Körper verbunden ist. So kann sich ein Erfahrungswissen herausbilden.

Ohne eine Auflistung und einen Vergleich der weitestgehend identischen oder ähnlichen Begrifflichkeiten für sowohl die Bezeichnung von Maßen als auch für die Punkte und Strecken der Konstruktionszeichnung vorzunehmen, ist davon auszugehen, dass im Schneiderhandwerk vor der Formalisierung des Wissens eine gewisse Fachsprache gesprochen wurde. Grundlage dafür waren zweifelsfrei der menschliche Körper und die anatomischen Bezeichnungen desselben. So hieß es bei Müller: „Um ferner Wiederholungen weitschweifiger Umschreibungen und Benennungen zu vermeiden, habe ich mich gewisser Zeichen bedient, welche theils als bekannt vorauszusetzen, theils in § 4 erklärt sind. Auch habe ich die verschiedenen Punkte am menschlichen Körper, welche bei Messungen berührt werden, mit den Buchstaben des Alphabets benannt, wodurch die verschiedenen Messungen sich dem Gedächtnis viel leichter einprägen und außer der Reihe leichter zu notiren sind."[946]

Die Einführung in die unterschiedlichen Systeme erfolgte bei allen Zuschneidern mit der Aufstellung des Rockmodells für eine normale Körperhaltung. Inwieweit man in diesem Zusammenhang von einer Grundkonstruktion sprechen kann, ist zu bezweifeln. Die Maße dafür wurden teilweise über dem Rock oder aber über der Weste einer Person genommen, so dass bei der Zeichnung ohnehin bereits unterschiedliche Zugaben eingearbeitet wurden. Unabhängig davon, ob es sich um ein proportionales System oder eine Methode basierend

---

[944] Vgl. Mottl 1893, S. 147-151; vgl. Gunkel/ Müller 1871, S. 23; vgl. Gunkel 1903, S. 13-14; vgl. Klemm 1870, S. 43-69; vgl. auch Schrödter 1930, S. 7-9; vgl. auch Tiesler 1905, S. 10-12.
[945] Vgl. Klemm 1870, S. 42, S. 46-47; vgl. Gunkel/ Müller 1871, S. 42-43, Figur 1 auf Tafel 1 (o. S.); vgl. Zeischke 1891, S. 6-7.
[946] Müller 1863, S. II.

auf direkt genommenen Maßen handelte, bestimmten die Zuschneider zusätzlich Zugaben – für die Bewegung, den Komfort oder für Nähte – die auf ihr eigenes Erfahrungs- und Arbeitswissen zurückzuführen sind. Die untersuchten Konstruktionsanleitungen beinhalten keine Angaben zu den zu verarbeitenden Stoffen. Vor dem Hintergrund, dass unterschiedliche Qualitäten textiler Flächen sich auf die Schnittkonstruktion und Verarbeitung auswirken, fehlen auch in heutigen Schnittbüchern entsprechende Angaben. Die angegebenen Zugaben, d. h. die Entfernung zum Körper, implizieren bereits indirekt die Wahl des Gewebes für ein bestimmtes Kleidungsstück.[947] So enthält der Schnitt eines Mantels höhere Zugaben im Vergleich zur Konstruktion eines Hemdes. Die Bestimmung der zugegebenen Werte unter Berücksichtigung der Stoffqualität hängt jedoch ebenso von den Erfahrungen des Zuschneiders ab.

Während in den Anleitungen die genommenen Maße erklärt und durch anatomische Gesetzmäßigkeiten belegt wurden, fehlt weitestgehend ein wissenschaftlich begründeter Beweis dafür, wie diese Werte zustande gekommen sind. So liegt die Vermutung nahe, dass sich diese Beträge in ihrer individuellen Praxis als Zuschneider bewährt haben und so in die Methode einflossen. Die Rekonstruktion der Methoden hat gezeigt, dass es Lücken in den Konstruktionsbeschreibungen gibt, so dass keine original- bzw. detailgetreue Schnittzeichnung in ihrer Vollständigkeit möglich ist. Während weitere Ausführungen dazu noch folgen, muss an dieser Stelle angemerkt werden, dass unabhängig davon, ob ein Rock nach einer der Anleitungen tatsächlich gepasst hat, eine Grundkonstruktion in den meisten Fällen zunächst nicht zwangsläufig passt und stets an den individuellen Körper angepasst werden muss. Das bedeutet, dass im Fortgang auch die zuvor angegebenen Zugaben in einer Vorschrift durch den Schnittkonstrukteur verändert werden. Am Beispiel der Bestimmung der Rückenbreite lassen sich die individuellen Berechnungen der Zuschneider aufzeigen und damit einhergehend die Frage aufgeworfen werden, warum die eine Methode der anderen vorzuziehen sei, wenn der Schnitt ohnehin abgeändert werden muss, damit das Modell passt. Mottl unterteilte die Höhe im Rückenteil, von der aus die Rückenbreite abgetragen werden sollte, als die untere und obere Spiegelbreite. Für die Ermittlung dieser Längenmaße teilte er die Rückenhöhe in einem Verhältnis von 4:10 und 6:10, während er die Rückenbreite als ein Fünftel der Oberweite bestimmte. Tiesler dagegen trug 11,5 *Maßteile* ausgehend vom 7. Halswirbel ab und verwendete die halbe gemessene Rückenbreite. Bei der Proportional-Methode von Müller und Gunkel wurde in der hinteren Mitte von der Hälfte der Armlochtiefe $1/14$ der Oberweite nach oben angezeichnet und ebenso wie Mottl ein Fünftel der Oberweite als Maß der Rückenbreite abgetragen.[948]

[947] Hierbei sei zu bedenken, dass die Anleitungen die grundlegenden Regeln für die Konstruktion von Kleidungsstücken beinhalten und stets durch den Schnittmacher modifiziert werden. Bei der Vielfalt textiler Flächenerzeugnisse macht eine dezidierte Angabe von Zugaben, die sich auf ein spezielles zu verarbeitendes Material beziehen, kaum Sinn. Hierbei fließt das Erfahrungswissen des Konstrukteurs in die Schnittgestaltung ein.
[948] Vgl. Gunkel/ Müller 1871, S. 26; vgl. Mottl 1893, S. 158-159; vgl. Tiesler 1905, S 13.

Durchgesetzt hat es sich, dass die Konstruktion durch das Abtragen von rechtwinkligen Linien entsteht, „so daß alle Ecken, Erhöhungen und Vertiefungen davon berührt werden"[949]. Der Anfangspunkt ist der 7. Halswirbel, von dem aus die obere und untere Horizontale – die Brustlinie und Taillenlinie – festgelegt werden. Daraufhin werden die proportional errechneten Breitenverhältnisse – bspw. die Rückenbreite, die Brustbreite und der Armlochdurchmesser abgetragen. In allen behandelten Konstruktionsanleitungen fließen proportionale Berechnungen in die Zeichnung ein. Werden die Berechnungen teilweise erläutert, wie es bei Mottl der Fall war, so geben Klemm und Tiesler nur die *Maßteile* ihres *Reduktionsschemas* an, ohne in der Anleitung zu begründen, wie die Verhältnisse zustande gekommen sind. Pierre Roudel hatte bereits durch die Entwicklung des *Conformateurs* nachgewiesen, dass das Rückenteil und das Vorderteil direkt voneinander abhängen müssten.[950] Während Mottl und Schrödter die Zeichnungen des Rücken- und Vorderteils zusammenhängend konstruierten, zeichneten Tiesler und Gunkel diese separat. Angefangen mit dem Rückenteil übernahmen diese entweder dessen Hauptlinien oder Kurven für die Konstruktion des Vorderteils. In heutigen Systemen, wie auch bei M. Müller & Sohn, werden das Rücken- und das Vorderteil zusammenhängend aufgestellt.[951]

Allen Anleitungen gemein ist es, dass die Zuschneider Abnäher in ihre Zeichnung einfügten. Dabei fehlen jedoch größtenteils Angaben zur genauen Position, zur Länge und zum Inhalt der Abnäher. Es stellt sich hierbei die Frage, ob diese Angaben nicht für wichtig erachtet wurden, ob ein gewisses Erfahrungswissen dafür vorausgesetzt wurde oder ob es dem Zuschneider selber überlassen werden sollte, diese zu zeichnen. An dieser Stelle kann Tiesler mit folgenden Worten zitiert werden: „Diese Punkte genügen vollkommen, um das Hinterteil aus freier Hand fertig zu zeichnen, in dem man mit dem Bleistift oder der Kreide fassonmäßig von einem Punkte zum anderen fährt, wobei aber ganz besonders zu berücksichtigen ist, daß die Ausführung der großen Zeichnung genau dieselbe Form zeigt, wie solche in der kleinen Vorlage angegeben ist."[952] Geht es um eine exakte Schnittzeichnung unter Berücksichtigung des bereits aufgeführten Arbeitswissens in Form von Erfahrungswerten bei der Bestimmung von Zugaben, Positionen von Abnähern oder den Berechnungen der proportionalen Verhältnisse von Längen- und Breitenmaßen, beinhaltet die Aufstellung einer Schnittzeichnung weitere Gestaltungsspielräume. Als Lücke in der Konstruktionsbeschreibung anzusehen, weisen die Erläuterungen zum Auszeichnen der Konturen und Kurven auf ein Wissen hin, das eng verbunden ist mit der Handfertigkeit und dem Augenmaß des Zuschneiders. So „muß man einigermaßen wissen, in welchem Grade dieselbe [Seitennaht] nach unten zu hohlen ist. Die Haltung des Körpers muß hierfür den Anhalt bieten"[953] und

---

[949] Gunkel/ Müller 1871, S. 15.
[950] Vgl. Mottl 1893, S. 68-81; vgl. Niemann 1986, S. 32-34; vgl. Kraft 2001, S. 78-80.
[951] Siehe dazu auch Kapitel 2.
[952] Tiesler 1903, S. 13.
[953] Zeischke 1891, S. 25.

„besonders wollen die Seiten- und Achselnath am Rückentheile mit Accuratesse ausgeführt sein, damit man sie weder zu viel ausholt, noch allzu gerade schneidet"[954]. Für die Zeichnung von geschmackvollen, ästhetischen Linien, wie es Klemm betonte, bedarf es sowohl Übung und Fleiß als auch ein geschultes Auge.[955] So stellten Klemm, Müller und Gunkel sowohl Zeichnungen im Maßstab als auch Originalpatronen zur Verfügung, um darzustellen, wie eine entsprechende Form gezeichnet werden sollte. „Der Lernende soll auch für den Selbstunterricht eine ganz sichere Anleitung erhalten, genau diejenige Form zu erzielen, welche im Kleinen vorgeschrieben ist, und die in Ansehung des Hals- und Armloches für eine ästhetische, d. h. das Schönheitsgefühl befriedigende, Façon und Form des ganzen Kleides von wesentlichem Einfluß ist."[956]

Die untersuchten Konstruktionsanleitungen beinhalten zusammenfassend ein explizites Wissen, das in Form von Maßanleitungen, Konstruktionslinien, Begriffen oder Buchstabenkennungen beschrieben, dargestellt und angewendet werden kann. Bei näherer Betrachtung enthält dieses Wissen jedoch einen impliziten Anteil, der zwar teilweise in Zahlenwerten ausgedrückt wurde, aber dennoch auf einem individuellen, erprobten Arbeitswissen der Zuschneider beruhte, welches auch für die Anwendung der Methoden unumgänglich war. Folglich gliederten und formalisierten die Zuschneider die wesentlichen Komponenten, die in den Schnitt einfließen. Zu diesen zählen die mathematisch-geometrischen Prinzipien, die Dimensionen des menschlichen Körpers betreffend, die in Form von Formeln und in den darauf basierenden Schnittzeichnungen dargestellt und somit allgemein verfügbar wurden. Darüber hinaus zeigen die Beschreibungen und die praktische Realisierung des Messvorgangs, das Erkennen von Körperhaltungen einschließend, und das Zeichnen der Schnittmuster, dass die Theorie nur mit einer einzuübenden bzw. eingeübten Praxis zu einem angemessenen Ergebnis in Form eines passenden Schnittes führen kann. Enthalten die untersuchten Schnittsysteme gewollt oder ungewollt Lücken und gestalterische Freiräume, so kann konstatiert werden, dass, auch verglichen mit heutigen Konstruktionsmethoden, es nicht möglich ist, das Wissen komplett zu explizieren. Ein Zuschneidesystem kann immer nur ein Leitfaden sein, durch den der Konstrukteur das eigene Wissen und Können zum Ausdruck bringt – ob in der Entwicklung desselben oder in der Anwendung.

Das technisch-gestalterische Schaffen der Zuschneider und ihr Beitrag zur Genese eines allgemeingültigen, formalisierten Wissens waren wesentlich von ihrem Handlungswissen abhängig. Dieses spiegeln die personengebundenen Kriterien der ästhetischen Gestaltung von Bekleidung, die Integration ihrer Studien und ihre darauf basierenden Zuschneidesysteme wider. Für die Formalisierung der Funktionsprinzipien der Schnitttechnik, auch in einem weiter gefassten Kontext von Technikgenese gesehen, sind diese Kriterien

---

[954] Klemm 1870, S. 79.
[955] Vgl. Klemm 1860c, S. 1-3.
[956] Gunkel/ Müller 1871, S. 17.

entscheidend dafür, welche Errungenschaften sich durchsetz(t)en und den Status der Allgemeingültigkeit erlangen. Wenn man davon ausgeht, dass die Zuschneider ihre eigenen Methoden anwendeten und diese den individuellen Praxistest bestanden haben müssen, stellt sich die Frage, warum sich bspw. das System von M. Müller & Sohn durchgesetzt hat, obwohl es genauso in den Anfängen als *work as bricolage* anzusehen ist. Ein unvollständiges, zufällig in der eigenen Praxis erworbenes Wissen wird so vermutlich auch durch weitere zufällige Gegebenheiten rezipiert, gegebenenfalls verfeinert und schließlich übernommen. Somit waren der Formalisierungsprozess und die Entstehung eines allgemeingültigen Regelwerkes in der Zuschneidekunst bereits mit den Entwicklungen der Schnittmethoden des 19. Jahrhunderts abgeschlossen. Das explizite und implizite Wissen, das in den Handbüchern zusammengestellt ist, spiegelt sich somit in den Schnittzeichnungen und den daraus entstehenden Kleidungsstücken wider. Weiterführend enthalten die Zeichnungen, die ein Schnittmacher basierend auf den Vorschriften konstruiert, ebenso das individuelle Erfahrungswissen desselben. Der Schnittmusterbogen als Hilfsmittel der Gestaltung und Medium der Verbreitung und die damit einhergehende Bild- und Zeichensprache verdient im Folgenden eine nähere Betrachtung. Ein Vergleich der Lehrbücher des 19. Jahrhunderts mit heutiger Fachliteratur wird zudem Aufschlüsse geben, in welchem Ausmaß die unterschiedlichen Wissensformen im Fortgang dargestellt und vermittelt wurden. Darüber hinaus ist es von Interesse, welche weiteren Medien über die Lehr- und Handbücher hinaus im Rahmen der Entstehung und Verbreitung des Wissens der Zuschneidekunst eine Rolle spielten.

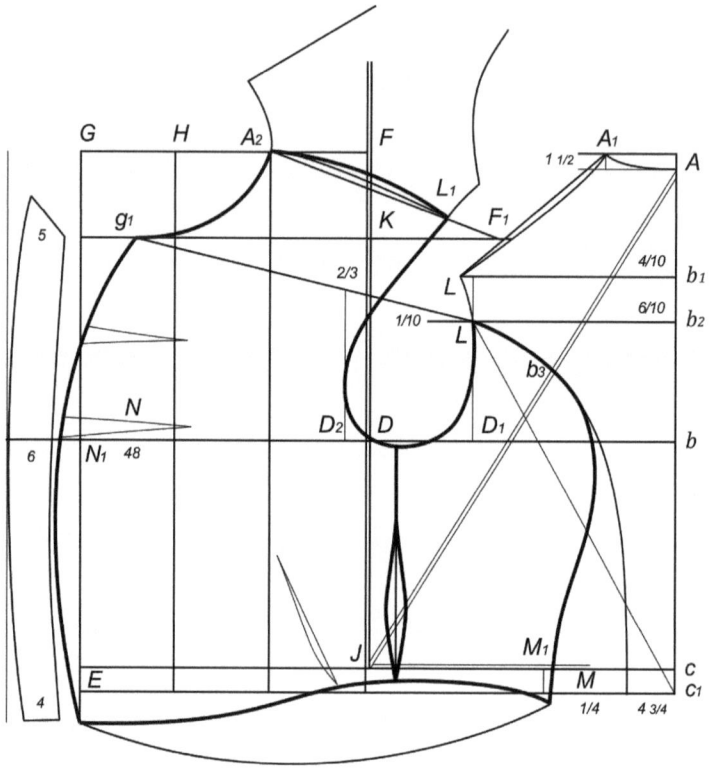

Figur 6

Abb. 6: Figur 6 – Schnittzeichnung nach der Konstruktionsanleitung für den Gehrock nach Wendelin Mottl. Entwicklungsstufe 6. *Quelle: Grafik von Lilly-Britt Weiß, 2018 (Legende: siehe Anhang B)*

„ Wie in unseren Tagen alle Künste und Wissenschaften
unaufhaltsam fortschreiten und in ihrem Gefolge Handel
und Gewerbe sich mehr und mehr entfalten, [...],
so hat sich in den letzten Decennien auch unser Bekleidungs-Fach
– gehoben durch eine früher ganz entbehrte Fachliteratur –
auf einen unverkennbar höhern Standpunkt emporge-
schwungen, und die Einführung der mathematischen
Zuschneidekunst, [...], gibt von dem unablässigen
Streben nach Vervollkommnung den erfreulichsten Beleg. "[957]

Johann Heinrich Klemm, 1870

6. Die Zirkulation, Darstellung und Repräsentation des Wissens der Zuschneidekunst

„Vergangenen Monat habe ich nicht weniger als 116 Briefe erhalten und gegen 150 beantwortet und selbst fortgeschickt. Von uns nach Dresden kreuzen sich die Briefe jetzt ununterbrochen, und so geht es in alle Zipfel Deutschlands, wo entweder Schnitte, Lehrbücher, Schemas, Centimeter, Maassbücher, Schnittmuster und dergl. verlangt werden, und jetzt ist gerade der Teufel los, die Schneiderei blüht in ganz Deutschland."[958] Mit diesen Worten umschrieb, wie bereits zuvor zitiert, Johann Heinrich Klemm im November 1849 in seinem Briefwechsel mit Gustav Adolf Müller sowohl den Bedarf nach formalisierten, kodifizieren Regelwerken, Anleitungen und Vorlagen für die Zuschneidekunst als auch den fortlaufenden Formalisierungsprozess des handwerklichen Wissens und Könnens des Schneiders.[959]

Der Prozess der Kodifikation und Formalisierung setzt im Grundsatz gewisse Mittel und Medien voraus, die es ermöglichen, dass das explizite Wissen zunächst eine Form bzw. ein Format bekommt, durch welche es aufgezeichnet, gespeichert und somit vermittelt werden kann. Ferner bedarf es bestimmter Techniken, mittels derer die Form erzeugt wird. So bedingt die Anfertigung einer technischen Zeichnung das Vermögen, zu zeichnen. Die Zeichnung, die als Mittel für einen Prozess des Austauschs von Wissen und unterschiedlichen Wissensformen fungiert, muss zudem gelesen und verstanden werden. Der von Klemm angesprochene Bedarf nach Schnittmustern und Schnitten sowie Lehr- und Maßbüchern in der Schneiderei zeigt, welche materiellen Ausführungen im Zuge der Formalisierung des einst ausschließlich mündlich, durch Vormachen und Probieren tradierten Wissens der Be-

---

[957] Klemm 1870, S. 1.
[958] Europäische Moden-Akademie 1900, S. 21.
[959] Vgl. ebenda, S. 18-21.

kleidungskunst als Kommunikationsträger genutzt und ausgearbeitet wurden. Die Entwicklung der Drucktechnik, so beschreibt es Matteo Valleriani, war so auch für die Schneiderkunst eine Verbündete im Prozess der Kodifikation, die es ermöglichte, praktisches Wissen zu verbreiten. In einer materialisierten Form des Buches oder auch des Schnittmusters konnte und kann immaterielles Wissen vermarktet und gleichermaßen ein Bedarf nach mehr Wissen generiert werden.[960] In der folgenden Erörterung der Formen und Formate der Zirkulation und Wissensspeicherung werden sich zum einen die Bemühungen einer flächendeckenden Diffusion des Wissens der Zuschneidekunst durch Lehrbücher und Zeitschriften zeigen. Zum anderen wird die Analyse der Kodifikation des praktischen Wissens die Grenzen der Formalisierung des Wissens nachweisen. So schließt die materielle Form des Schnittmusters immer einen impliziten, nicht darstellbaren Anteil des Wissens ein, der in der finalen materiellen Form nicht mehr offensichtlich ist. In diesem Zusammenhang weist Eugene S. Ferguson Entwurfzeichnungen von Ingenieuren stets eine intuitive, nicht festgelegte Komponente hinsichtlich einer individuellen Bildsprache zu.[961] Zudem kämpft, so Sennett in seinem Essay über das Handwerk, die „Sprache [...] mit der Darstellung physischer Tätigkeiten, und dieser Kampf zeigt sich nirgendswo so deutlich wie dort, wo die Sprache uns sagt, was wir tun sollen"[962]. Bedurfte das Prinzip der Imitation in der Meisterwerkstatt des Schneiders zunächst keiner Verschriftlichung des handwerklichen Könnens oder des Arbeitsablaufes, war die mündliche Tradierung jedoch an eine Kommunikation über die Sprache und ein spezifisches Vokabular gebunden. Diesbezüglich belegen die Anleitungen der Schnittkonstruktionen in den Hand- und Lehrbüchern die Versuche, das Erfahrungswissen in eine schriftliche Form zu bringen. Dieses Bemühen zeigt sich einerseits in den Formulierungen und andererseits in den individuellen Terminologien und der sich daraus entwickelten Fachsprache im Bereich der Schnitttechnik. In diesem Zusammenhang betont Sven Dupré, dass das Erfinden eines Fachvokabulars im Kontext handwerklicher Tätigkeiten und die damit verbundene allgemeine Verwendung der Terminologien und Zeichen, sprich die Verbreitung und Übersetzung dieses Wissens, durch die materielle gedruckte Form ermöglicht wurden. So handelt es sich bei Schnittmustern in einem übergeordneten Sinn um mobile Formate für die Zirkulation des allgemeinen Wissens der Zuschneidekunst, während diese gleichermaßen die Anweisungen für einen speziellen Fall, für die Gestaltung eines bestimmten Kleidungsstückes beinhalten. In seinem Beitrag in „The Structures of Practical Knowledge" erörtert Dupré die Nähe des Verfassens, Nutzens und Abwandelns von Rezepten zum praktischen Wissen, das diese enthalten. In diesem

---

[960] Vgl. Valleriani 2017b, S. 5-6, S. 13.

[961] „So genau und eindeutig die Zeichnungen zu sein scheinen, verbirgt ihre Präzision doch auch viele informelle Entscheidungen, unausgesprochene Urteile, Intuitionen und Annahmen über die Beschaffenheit der Welt. Die Umwandlung einer Idee in eine künstliche Sache, an der Entwerfer und Erbauer beide beteiligt sind, ist ein komplexer und subtiler Vorgang, der wohl immer der Kunst näher ist als der Wissenschaft." Ferguson 1993, S. 15; vgl. Petersen 2011, S. 15.

[962] Sennett 2012, S. 240.

Kontext verweist der Autor auf die Grenzen der Sprache, die mit der Kodifikation von prak-tischem Wissen verbunden ist und auf den Prozess, das in dieser Form verschriftlichte Wis-sen durch die praktische Anwendung zu erproben, zu verbreiten, zu übersetzen und zu ver-ändern. Insbesondere spielt in diesem Kontext Fehlerhaftes eine entscheidende Bedeutung. Anknüpfend an die Analyse der expliziten und impliziten Wissensformen der Zuschneide-kunst im vorherigen Kapitel können die verschriftlichten Anleitungen, die Zeichen- und Bildsprache der Hand- und Lehrbücher und die daraus entstehenden Schnittmuster als Re-zepte gelesen und für die Darstellung der Formalisierung der Zuschneidekunst genutzt wer-den. Sowohl die Erarbeitung des Regelwerkes der Schnitttechnik als auch die Anwendung des Regelwerkes spiegeln in besonderem Maße einen Prozess des *Learning-by-Doing* wider, der trotz der vermeintlichen Berechenbarkeit an das Augenmaß, die Erfahrung und die in-dividuelle Beurteilung gebunden ist und handwerklichen Fertigkeiten inhärent ist. „The codification of practical knowledge resulted in a reflection of the nature of artisanal knowledge."[963] Im Folgenden werden nun die Medien und Formen – der Schnittmuster-bogen, die Fachzeitschrift und das Lehrbuch – untersucht, durch die das Wissen der Zuschneidekunst aufgezeichnet und gespeichert wurde und somit zirkulieren konnte.

6.1 Der Schnittmusterbogen

Die Zeichnung im Allgemeinen ist ein essentielles Medium im Produktentwicklungs-prozess von Bekleidungserzeugnissen. Vom Entwurf bis zur Produktrealisierung finden unterschiedliche Formen der zeichnerischen Darstellung und Spezifizierung von Klei-dungsstücken ihre Verwendung, denen unterschiedliche Funktionen zugeschrieben werden können. Eine skizzenhafte, künstlerische Entwurfszeichnung dient dazu, eine Idee im Ge-staltungsprozess festzuhalten, diese im weiteren Verlauf weiterzuentwickeln oder zu ver-ändern, so dass der Kreis der Adressaten einen Eindruck der gewünschten Form, Silhouette und der Gestaltungsmerkmale des Entwurfs bekommen kann. Diese freie Zeichnung kann in diesem Zusammenhang das gesamte Kleidungsstück oder auch einzelne gestalterische Details abbilden. Während die Entwurfszeichnung das zeichnerische Vermögen des Zeich-ners spiegelt, ist die Darstellungsform nicht zwangsläufig ein Abbild des realen Produktes, so dass bspw. Proportionen nicht unbedingt berücksichtigt werden müssen. Die Entwurfs-zeichnung dient somit in erster Linie der Kommunikation und ebenso als Vorlage für die produktionstechnische Umsetzung des Modells. Als Kommunikationsmittel findet auch die technische Zeichnung eine Anwendung. Diese enthält und speichert Informationen über das zu fertigende Erzeugnis, die die Grundlage für die Herstellung bilden, und ermöglicht einen Austausch zwischen denen am Herstellungsprozess beteiligten Akteure.[964] Damit einher-

---

[963] Dupré 2017, S. 186; vgl. ebenda, S. 168; vgl. Valleriani 2017b, S. 10; vgl. auch Fickers 2015, S. 79.
[964] Vgl. Marx 2000, S. 14-16.

gehend können die einzelnen Arbeitsschritte und Anforderungen an die Funktionen der einzelnen dargestellten Bestandteile abgelesen und übertragen werden. Im Gegensatz zur Entwurfszeichnung ist die technische Zeichnung charakterisiert durch eine relativ abstrakte, möglichst präzise und unter Umständen realitätsferne Darstellung des Produktes und seiner einzelnen Bausteine mit Verzicht auf dekorative oder illustrative Elemente des Zeichnens. Wesentlich für die Produktentwicklung von Bekleidung ist es in diesem Kontext, dass nicht nur die Informationen, die in der technischen Zeichnung festgeschrieben sind, gelesen und verstanden werden müssen, um die Spezifikationen für die Fertigung zu nutzen, sondern ebenso die Entwurfszeichnung. Der Entwurf ist die Basis für die Anfertigung einer technischen Zeichnung, die wiederum alle spezifizierenden und arbeitsanleitenden Informationen beinhalten muss, die im Anschluss die Konstruktion des Schnittmusters ermöglichen. Somit dienen sowohl die skizzenhafte, künstlerische Entwurfszeichnung, die präzise ausgearbeitete technische Zeichnung als auch die Schnittzeichnung dem Informationsaustausch und der Speicherung der produktionsrelevanten Daten.[965] Auch in der Architektur finden unterschiedliche zeichnerische Darstellungsformen Verwendung. Handelt es sich im Bereich der Architektur wie auch bei der menschlichen Bekleidung um dreidimensionale Gebilde, die in Abhängigkeit zur Umwelt und zum Körper stehen, sind hierbei sowohl illustrative, abstrakte oder auch perspektivische Zeichnungen zu nennen. Diese implizieren jedoch immer eine Darstellung der Objekte in der Fläche, die als Anleitung für die Fertigung der dreidimensionalen Form dient. Seit dem späten Mittelalter hatte sich das Spektrum der Darstellungen von technischen Artefakten von der einfachen Skizze bis zur geometrisch konstruierten Präsentationszeichnung erweitert. Damit einhergehend wurde die Verbreitung der dargestellten Informationen über technische Artefakte durch die materialisierte Form der Illustration ermöglicht, so dass sich die „technischen Artefakte in die Welt des gelehrten Wissens"[966] eingliedern konnten, während im Bereich der handwerklichen Fertigung, und so auch im Schneiderhandwerk, die technische Zeichnung zunächst keine Rolle spielte. Lediglich gab es Darstellungen von dekorativen Motiven wie Stickereien, die Präsentationszwecken dienten, ohne dass die Anleitung für die Fertigung im Vordergrund stand. Die produktionstechnischen und ökonomischen Transformationsprozesse im Bekleidungsgewerbe des 19. Jahrhunderts, in deren Kontext der Formalisierungsprozess der Zuschneidekunst zu betrachten ist, schreiben nun auch der Zeichnung eine besondere Bedeutung zu. So bedurfte es präziser Anleitungen für die Herstellung von Bekleidung in den zunehmend arbeitsteiligen Prozessen, die verbunden waren mit eindeutigen und austauschbaren Informationen zu den Kleidungsstücken.[967]

Eine besondere Form der technischen Darstellung, die als Anleitung für die Herstellung eines Objektes, in diesem Fall eines Bekleidungserzeugnisses, verwendet wird, ist die

---

[965] Vgl. Marx 2000, S. 14-16; vgl. König 1999, S. 9; vgl. Heymann/ Wengenroth 2001, S. 110.
[966] Popplow 2011b, S. 305.
[967] Vgl. Hubert 2005, S. 614-615; vgl. Popplow 2011b, S. 303-310.

Schnittzeichnung. Die Zeichnung eines Schnittes dient der anschließenden Übertragung von Konstruktionsanleitungen in ein materielles Schnittmuster als Vorlage bzw. Schablone für den Zuschnitt der textilen, zweidimensionalen Flächen des Kleidungsstückes. Im Rahmen der Darstellung der Funktionsprinzipien der Schnitttechnik wurde der Prozess der Schnittentwicklung eines sogenannten Grundschnittes über die Modifizierungen und Modellierungen bis zum fertigen Schnittteilsatz für die Produktion erläutert. Der Produktionsschnitt enthält dabei alle produktionsrelevanten Informationen. Zu diesen zählen die Anzahl der einzelnen Schnittteile und die damit einhergehende Spezifikation der zu verwendenden Materialien (Oberstoff, Futterstoff und Einlagen). Zudem enthält jedes einzelne Schnittteil Anweisungen für das Fügen. Festgelegt ist u. a. in welcher Richtung die Schablone auf den Stoff gelegt werden muss. Darüber hinaus sind auch Nahtzugaben, die Position von Knöpfen, dekorativen Elementen oder verzierenden Nähten spezifiziert. Die Darstellung der Informationen in einem Schnittmuster, die in der Produktrealisation gelesen und verstanden werden müssen, erfolgt durch das Einzeichnen von unterschiedlichen Linienarten, z. B. für Nahtzugaben, oder von Symbolen in Form von Pfeilen, Rechtecken, oder Kreisen. Ist ein kleines Rechteck an einer Schnittkante zu sehen, handelt es sich in den meisten Fällen um einen sogenannten *Knips*. Ein *Knips* in der Kontur des Armloches eines Vorderteils und ein entsprechender *Knips* am Schnittteil des Ärmels zeigt, an welcher Stelle Vorderteil und Ärmel gefügt werden müssen.[968] Neben zeichnerischen Symbolen enthält ein Schnittmuster auch schriftliche Informationen. Zu diesen zählen bspw. die Bezeichnung oder die Modellnummer des Kleidungsstückes, die Anzahl der zuzuschneidenden Teile oder auch die Konfektionsgröße des Kleidungsstückes. Die materielle Form des Schnittteilsatzes auf Papier oder heute auch als digitale Version dient in diesem Kontext als Schablone für den Zuschnitt eines Kleidungsstückes in den originalen Dimensionen und enthält dabei alle relevanten Instruktionen für die Herstellung. Gleichermaßen ist das Schnittmuster das Ergebnis der Schnittzeichnung und beinhaltet, wenn auch nicht mehr erkennbar und nachvollziehbar, den kompletten Prozess der Schnittentwicklung. Nicht mehr erkennbar ist in diesem Zusammenhang, inwieweit Körpermaße oder proportionale Berechnungen des Körpers eingearbeitet wurden, welche Konstruktionsanweisung, sprich welche Schnittmethode, befolgt wurde, in welchem Maß der Schnitt verändert, abgewandelt oder modifiziert wurde oder ob dem Schnitt eine bereits zuvor erstellte Grundkonstruktion zugrunde liegt. Bei jeder einzelnen Entwicklungsstufe des Schnittmusters bis zum fertigen Produktionsschnitt handelt es sich um eine technisch-zeichnerische Form der Schnittgestaltung, die Anweisungen und Informationen für die nächste Stufe enthält und gelesen und verstanden werden muss.

Das Schnittmuster ist somit ein (technisches) Artefakt, in dem sich das implizite und explizite Wissen des Zuschneiders verschränken. Die Form der Darstellung ist in diesem Kon-

---

[968] Beispiel für Markierungen sind auch bei Joy Spanabel Emery zu finden. Vgl. Emery 1999, 243-244; vgl. auch Hård/ Oldenziel 2013, S. 38.

text eine komprimierte und abstrakte Form von Erfahrungswerten. Diese gibt jedoch nicht nur die individuelle, personenbezogene Fertigkeit, das Rezept der Konstruktionsanleitung zu befolgen und anzuwenden wider, sondern verweist in einem umfassenden Kontext auf die Entwicklung bzw. Formalisierung der Schnitttechnik – auf eine über 800-jährige Geschichte des Zuschnittes.[969] Das Schnittmuster in seiner materiellen Form als Schablone kann reproduziert werden und dient der Produktion und Reproduktion von Kleidungsstücken, während der Entwicklungsprozess einmalig und nicht reproduzierbar ist. Über die Schablone hinaus lebt die Kunst der Zuschneiderei in dem dreidimensionalen Bekleidungserzeugnis weiter. Durch die biegeschlaffen Eigenschaften der textilen Fläche ist die eigentliche zweidimensionale Form jedes einzelnen Schnittteiles nicht mehr unmittelbar sichtbar, aber stets vorhanden. „Paper patterns were technically complex affairs"[970] – und so sind sie es auch heute noch. Unabhängig davon, ob oder in welchem Ausmaß genommene Maße des menschlichen Körpers in die Schnittentwicklung einflossen oder proportionale Berechnungen vorgenommen wurden, ist die Schnittzeichnung verbunden mit einem räumlichen und visuellen Begreifen des Körpers und der damit verbundenen Übertragung auf das Kleidungsstück. Darüber hinaus impliziert die Kunst des Zuschneidens die Kenntnisse über die Eigenschaften des zu verarbeitenden Materials, die ebenso in den Schnittteilen einkalkuliert sind. Auch das direkt am Körper abgeformte Schnittteil beinhaltet alle für die Form des Kleidungsstückes relevanten Informationen. Die finale Passform in materialisierter Form des Schnittmusters spiegelt stets den Erfahrungsschatz des Schneiders wider, auch wie es anfänglich bei der berühmten und wohlgehüteten *blauen Patrone* der Fall war. Die Relevanz des Schnittmusters als Schablone bzw. Patrone und Informationsträger potenzierte sich in dem Moment, als der Bedarf nach serienmäßig hergestellten Kleidungsstücken anstieg, d. h. als sich die Konfektionsindustrie entwickelte. Nichtsdestotrotz hatte der Schneider seine Patrone und sein Wissen behütet und nutzte diese zur Reproduktion seiner Schneiderkunst. So änderte dieser gegebenenfalls seine Rezeptur und passte die Form den kundenindividuellen Körpern und Wünschen an. Für die Herstellung von identischen Produkten für eine unbekannte Kundschaft bedurfte es jedoch Vorlagen und Anleitungen, die unter den am Herstellungsprozess beteiligten Akteuren ausgetauscht und verbreitet werden konnten. Damit einhergehend ermöglichen Schnittmuster, Kleidungsstücke zu fertigen, ohne dass eine mündliche Erläuterung erforderlich war. Seit Mitte der 1830er Jahre etablierte sich in Deutschland allmählich die Nutzung von gedruckten Schnittmustern in gewerblichen Betrieben und im Bereich der Hausindustrie, die in unterschiedlichen, bereits standardisierten Größen verfügbar waren.[971] Diese wurden von Verlegern an die entsprechenden Herstellungsbetriebe und Zwischenmeisterbetriebe gemeinsam mit den zu verar-

---

[969] „Ein beliebiger Schnittmusterbogen [...] beinhaltet in äußerst komprimierter und abstrakter Form alle Frage, die die vorliegende Arbeit beantworten will. In ihm zeigen sich Erfahrungswerte und Entwicklungsschritte von über 800 Jahren Zuschnitt von Bekleidung, die es zurückzuverfolgen gilt." Kraft 2001, S. 18.
[970] Hård/ Oldenziel 2013, S. 38.
[971] Vgl. Lenger/ Lutum-Lenger 1991, S. 210.

beitenden Materialien weitergegeben. Die Zirkulation von Schnittmustern erfolgte darüber hinaus, wie noch im Detail besprochen wird, über die Verbreitung durch Fachzeitschriften oder auch als Beilagen in Lehrbüchern. Bei den Schnittzeichnungen, die in Zeitschriften und Büchern abgedruckt waren, handelte es sich hauptsächlich und verständlicherweise um Maßstabszeichnungen. Partiell lagen diesen jedoch Schnittmuster in originaler Größe bei. Im Fortgang des 19. Jahrhunderts wurden die Schablonen zunehmend im Versandhandel und Kaufhäusern angeboten und verkauft.[972]

Die Zielsetzung Johann Heinrich Klemms und Gustav Adolf Müllers, eine Lehranstalt für das Schneidergewerbe zu gründen, um eine höhere Qualifizierung und Professionalisierung durch die Vermittlung weiterentwickelter Methoden der Zuschneidekunst zu ermöglichen, war insbesondere gepaart mit dem persönlichen Anliegen Müllers. Dieser beabsichtigte zunächst, die Lehre auf sein System der *Anthropo-Trigonometrie* zu gründen. In diesem Zusammenhang nutzten Müller und so auch seine Nachfolger die Akademie und ihre Organe zur Verbreitung der Schnittmethoden. Ein entsprechendes Vorgehen legten auch Rudolf Maurer in Berlin und Michael Müller in München an den Tag. In beiden Zuschneideschulen wurden ausschließlich die Schnittsysteme der Gründer gelehrt und verfeinert, während diese Hand- und Lehrbücher für den Unterricht und für den Vertrieb über die zu den Schulen gehörenden Verlage verfassten. Sowohl Rudolf-Maurer's Privat-Zuschneideschule als auch die Deutsche Bekleidungs-Akademie Michael Müllers erweiterten darüber hinaus ihren Wirkungskreis, indem an beiden Schulen Abteilungen für die Herstellung von fertigen Schnittmustern und ein damit einhergehender Schnittmusterversand eingerichtet wurden. Zum Angebot zählten sowohl komplette Größensätze nach standardisierten Maßen für Kleidungsstücke, während auch die Schnittentwicklung nach individuellen, zuvor eingesandten Maßen möglich war. Bereits mit Aufnahme des Schulbetriebes der Akademie in München baute Michael Müller vermutlich eine Schnittmusterabteilung auf, die im Prospekt des Schulprogrammes aus dem Jahr 1895 Erwähnung findet.[973] Die Erweiterung des Netzwerkes der Genossenschaft Europäische Moden-Akademie durch die Einrichtung der Internationalen Schnittmanufaktur und den Vertrieb der *Favorit-Schnitte* wurde vermutlich erst in den ersten Dekaden des 20. Jahrhunderts in die Wege geleitet.[974] Die *Favorit-Schnitte* basierten ebenso auf einer individuellen Schnittmethode – der *Zuschneidelehre Favorit*. Die Schnittmuster wurden „nur nach Anproben hergestellt"[975] und zeichneten sich durch einen „guten Sitz, eine gefällige Linienführung und das geschmackvolle Arrangement"[976] aus. Dem Leitfaden zum Gebrauch der Schnitte zufolge, handelte es sich hierbei

---

[972] Siehe dazu auch Kapitel 1.2.
[973] Vgl. Maurer 1922, S. III-XII; vgl. Deutsche Bekleidungs-Akademie München 1894, S. 3-4, S. 19.
[974] In den vorliegenden Quellen sind keine Hinweise auf die Schnittmanufaktur zu finden. Diese Informationen basieren auf der Präsentation von Mallwitz. Erhalten ist jedoch ein Handbuch für die Benutzung der *Favorit-Schnitte*. Vgl. Internationale Schnittmanufaktur 1910.
[975] Internationale Schnittmanufaktur 1910, S. 4.
[976] Ebenda, S. 4.

vermutlich vorwiegend um Schablonen zur Fertigung von Damenbekleidung. Besonderes Merkmal der Schnittmethode war es, dass die fertigen Schnittmuster, die Grundmodelle, als Basis genutzt wurden. Das bedeutete, dass der Aneignungsprozess der Methode darin bestand, nach einer Gebrauchsanweisung die verfügbaren Schnittschablonen individuellen Maßen oder gewünschten Gestaltungsmerkmalen anzupassen und zu verändern. So warb die Manufaktur damit, dass es „den schwerfälligen und kostspieligen Weg des mühsamen Ausprobierens irgendeiner Neuheit"[977] nicht mehr gibt, befolgte man die Schnittmethode. Das Prozedere kann wie folgt beschrieben werden: Eine Auswahl von modischen Schnitten, die in einem Modenalbum veröffentlicht wurden, konnte ausgewählt und in Form von Schnittmustern bestellt werden. Halbjährlich erschienen neue Schnittmuster, so dass die Sammlung der verfügbaren Modelle und Formen der Kleidung stetig erweitert wurde. Die Schnittmuster konnten in unterschiedlichen Größen bestellt werden, während einzelne Modelle in unterschiedlichen Varianten angeboten wurden.[978] Für den Gebrauch der Schablonen gab die Schnittmanufaktur einen Leitfaden heraus, der detaillierte Anweisungen zu den gegebenenfalls vorzunehmenden Modifikationen der Schnitte beinhaltete. Nach Angabe der Oberweite oder Hüftweite wurde der Grundschnitt bestellt, während die „Normalschnitte in den meisten Fällen ganz genau passen, da sie alle an wirklichen Figuren (nicht an Büsten), und zwar an verschiedenen Figuren sorgfältig ausprobiert sind"[979], so dass Änderungen vorwiegend bei besonders abweichenden Köperbauten notwendig wurden. Neben Anweisungen zum Abändern der Schnitte enthielt der Leitfaden Erklärungen zum Maßnehmen, zur Kontrolle des Schnittes und zur Anprobe sowie Anmerkungen zu einem rationellen Zuschnitt bzw. der Einteilung des Stoffes. Ausdrücklich wurde darauf hingewiesen, dass die Schnittmuster keine Nahtzugaben für das Fügen enthielten und diese entsprechend hinzugefügt werden mussten, während jedoch Angaben zum Fadenlauf oder der Berücksichtigung von Musterungen der textilen Flächen beigefügt waren. [980] Die verwendeten Zeichen und Bezeichnungen für die Fertigung der Modelle wurden im Detail aufgelistet und in sieben Sprachen übersetzt.[981] Als Marke erlangte der *Favorit-Schnitt* einen internationalen Ruf, während die Methode der Anpassung fertiger Schnittmuster zudem an zahlreichen Bildungseinrichtungen gelehrt wurde.[982] Vergleichbar ist die Methode der Schnittentwicklung der Internationalen Schnittmanufaktur mit der gegenwärtig praktizierten Herangehensweise, Modellschnitte auf Basis von in CAD-Anwendungen hinterlegten Grundkonstruktionen oder bereits erarbeiteten Modellen anzufertigen. Ohne Zweifel ist die Modifikation eines bereits konstruierten Grundmodells an hohe schnitttechnische Qualifikationen und

---

[977] Ebenda, S. 4.
[978] Vgl. ebenda, S. 9 ff.; siehe ein Beispiel aus dem Leitfaden: „Glatte Bluse mit verbreiterter Schulter und glattem eingesetzten Aermel". Ein Modell in 3 Varianten, in Abbildungen dargestellt. Vgl. ebenda, S. 6.
[979] Ebenda, S. 18; vgl. ebenda, S. 17-19.
[980] Vgl. ebenda, S. 20-25, S. 47 ff..
[981] Vgl. ebenda, S. 9-12.
[982] Vgl. ebenda, S. 4-5; an welchen Einrichtungen die Zuschneidelehre unterrichtet wurde und in welchem Ausmaß die Schnitte vertrieben wurden, kann nicht rekonstruiert werden.

fundierte Kenntnisse der Erarbeitung einer Grundkonstruktion gebunden. Der Prozess, die Basis zu zeichnen mitsamt den Änderungen und Anpassungen, die zur Form geführt haben, ist jedoch nicht mehr unmittelbar transparent und nachvollziehbar. Fast unbemerkt wird somit das Wissen der Zuschneidekunst fortwährend weitergegeben.

Während eine detaillierte historische Aufbereitung der Geschichte des Schnittmusterbogens in Deutschland fehlt – im Lexikon des alten Handwerks werden die 1830er Jahre als der Zeitraum bestimmt, in dem die Verbreitung und Vervielfältigung von gedruckten Schnittmustern hierzulande begann[983] – setzten sich Hård und Oldenziel wie auch Emery mit der Kommerzialisierung von Papierschnittmustern vorwiegend im amerikanischen und britischen Raum auseinander. „Paper patterns as tools"[984] wurden ab den 1850er Jahren über verschiedene Vertriebskanäle verbreitet. Zu diesen zählten in erster Linie Zeitschriften, in denen zunächst Schnittmuster zum Kopieren in maßstabsgetreuen Zeichnungen abgebildet und zum Teil Schnittmuster in Originalgröße beigelegt wurden. Die Zeichnungen wurden ergänzt durch entsprechende Verarbeitungshinweise. Mit dem Aufkommen der gedruckten Schablonen auf Papier bildete sich, insbesondere in den USA, der Versandhandel und der Handel mit Schnittmustern in Ladengeschäften heraus.[985] „Patterns available in the early 1850s left much to be desired"[986], heißt es bei Emery. Die Geschichte der Verbreitung der Schnittmusterbögen ist eng verknüpft mit der Herausbildung des Zeitschriftenwesens im Bereich der Mode.[987] Emery gibt einen detaillierten Einblick in diese Interdependenz, insbesondere vor dem Hintergrund der Entwicklung der professionellen Damenschneiderei sowie des Aufkommens des Schneiderns im privaten Bereich.[988] Zu den Pionieren der Unternehmen, die sich auf die Anfertigung und den Vertrieb von Schnittmusterbögen spezialisierten, gehörten u. a. Ebenezer Butterick & Co und Mme Demorest, die ihre Geschäfte bereits seit den 1850er Jahren auf- und ausbauen konnten.[989] Die Firma Mme Demorest bot die ersten serienmäßig produzierten Schnittmuster für den privaten Gebrauch an, die im Versandhandel und Läden verkauft wurden. 1871 waren diese auch in unterschiedlichen, standardisierten Größen verfügbar.[990] Sowohl die Schnittmuster mit entsprechenden Anleitungen als auch die Entwicklung der Kleidermoden wurden parallel dazu in Fachzeitschriften präsentiert, die von zahlreichen Schnittmusterherstellern zu Verkaufszwecken gegründet wurden – so auch von Mme Demorest und Ebenezer Butterick. Interessanterweise, so stellt Emery zudem fest, hatte die Kommerzialisierung der Schnittmuster ihren Ursprung in den USA, während die Bewerbung von Schnittmustern auf dem europäischen Kontinent,

---

[983] Lenger/ Lutum-Lenger 1991, S. 210.
[984] Hård/ Oldenziel 2013, S. 36
[985] Vgl. ebenda, S. 15, S. 36-40.
[986] Emery 2014, S. 28.
[987] Emery 1999, S. 237
[988] Vgl. ebenda; vgl. Emery 2014.
[989] Vgl. Emery 1999, S. 236-237; vgl. Emery 2014; vgl. Seligman 1996, S. 31-40.
[990] Vgl. Emery 2014, S. 40.

insbesondere in Frankreich und England, begann.[991] So wurden die Schnittgestaltung und die Papierschablonen in den USA maßgeblich inspiriert durch die Mode in Europa. Durch die Möglichkeiten des Reisens einerseits und andererseits durch die Entwicklung der Printmedien im Bereich der Mode und Bekleidung entstand ein kreativer und konstruktiver Austausch, der mit der Zirkulation von Wissen und Erfahrungen über das Medium des Schnittmusterbogens verbunden war.

Die Zirkulation des technisch-künstlerischen Wissens der Zuschneidekunst über das Medium der Fachzeitschrift, sowohl für den professionellen und industriellen Bereich als auch für Freizeitbeschäftigungen, geht einher mit der Zirkulation des Schnittmusterbogens und der Rezeptur, diesen zu gebrauchen und anzupassen. Der Schnitt findet schließlich den finalen Ausdruck in unserer Kleidung. Die Zirkulation, Darstellung und Repräsentation der Bekleidungskunst wird im Folgenden anhand der Herausbildung der Fachzeitschriften des Bekleidungsgewerbes, d. h. anhand der Inhalte und Gliederungen der Medien, erörtert, die sich im Rahmen der Aktivitäten der Europäischen Moden-Akademie herausgebildet haben. Zuvor sei jedoch noch auf eine der renommiertesten deutschen Modemagazine – auf die Zeitschrift *„Burda Moden"*, 1850 von Aenne Burda ins Leben gerufen – verwiesen, über die seit 1852 erstmalig in Deutschland Schnittmuster in Form eines Versandhandels für den Hausgebrauch angeboten wurden. Dieses Konzept lebt bis heute fort und ist ergänzt durch den Handel mit Schnittmustern in digitaler Form.[992]

6.2 Fach- und Austauschorgane des Schneidergewerbes im 19. Jahrhundert

Mitte des 19. Jahrhunderts, zwischen 1850 und 1870, blühte das Zeitschriftenwesen für die Bekleidungsindustrie. Von einer regelrechten Explosion der Zirkulation von Modemagazinen sprechen Mikael Hård und Ruth Oldenziel. Um 1840, so heißt es zudem bei Heidrun Reim, erschienen bereits etwa 800 Fachzeitschriften, die sich mit Bekleidungsgegenständen beschäftigten.[993] Die Entstehung des Zeitschriftenwesens des Bekleidungsfaches und der Mode hatte ihre Wurzeln in Frankreich bereits Ende des 18. Jahrhunderts und weist eine parallele Entwicklung zum Anstieg der Publikationen von Fachbüchern auf.[994] Wurden Zeitschriften seit den 1740er Jahren als Beilagen von Zeitungen, als sogenannte gelehrte Artikel, verbreitet, bildeten sich zunehmend inhaltlich, auf einen Gegenstand bezogene Zeitschriften heraus, die über nationale Grenzen hinaus verbreitet wurden und einen weit-

---

[991] Vgl. ebenda, S. 60-63.
[992] Zur Geschichte der Burdas und der Zeitschrift *„Burda Moden"* siehe die Internetpräsenz des Verlags. Vgl. Burda 2018b; vgl. Köpf 2002, S. 104-105, S. 306-312.
[993] Vgl. Hård/ Oldenziel 2013, S. 25; vgl. Reim 1996, S. 154.
[994] Vgl. Seligman 1996, S. 18.

läufigen Austausch ermöglichten.[995] Durch die transnationale Zirkulation von Modenbildern, Schnittzeichnungen oder auch beigelegten Schnittmustern wurde der Weg für das Bekleidungsgewerbe eröffnet, zu einer globalen Angelegenheit zu werden.[996] Der Fokus der bisherigen Forschung zur historischen Entwicklung der Modezeitschriften liegt auf Magazinen und Formaten für die Damenmode, während die Zeitschrift für den Herren zwar Erwähnung findet, jedoch keine Untersuchung der Inhalte, Themenschwerpunkte oder des Fortbestehens existiert. Auch heute spielt die Modefachpresse für Damenbekleidung eine wesentlich höhere Rolle als Modezeitschriften für Herrenbekleidung. Damit verbundene geschlechterspezifische Fragestellungen sollen jedoch an dieser Stelle nicht weiterverfolgt werden.[997] Die Analyse des Verlagsprogramms der Europäischen Moden-Akademie wird jedoch einen spannenden Eindruck von den vorwiegend von männlichen Schneidern gegründeten Zeitschriften und den damit verbundenen inhaltlichen Schwerpunkten geben können, die maßgeblich an der Etablierung der Fachpresse in den Bereichen der Mode und der Bekleidungstechnik mitgewirkt haben.

Eine umfassende Bibliographie der Fachzeitschriften im Bereich der Bekleidung in Großbritannien und in den USA ist bei Seligmann zu finden, der partiell auch auf das Zeitschriftenwesen des europäischen Kontinents verweist. Seit 1770 erschienen Modemagazine für Damen in Frankreich, die Modenbilder der modischen Vorlieben der Pariser Damen und bereits Anleitungen für Schnittzeichnungen enthielten. Zudem wurden Themen, die die Etikette betrafen, Kunst und Literatur aber auch Kochen und Handarbeiten behandelt.[998] Der Leipziger Verleger Justin Bertuch gab bereits 1786 die erste deutsche Modezeitschrift heraus. Zunächst unter dem Titel „*Journal der Moden*" veröffentlichte dieser gemeinsam mit dem Künstler Georg Melchior Kraus eine Sammlung einzelner Blätter zu den Themenschwerpunkten Mode, Kunst, Literatur, Luxus und sittenhafte Umgangsformen. Die Sammlung erschien monatlich und änderte bis zum 42. Jahrgang ihres Bestehens oftmals den Titel in Verknüpfung mit den Themenschwerpunkten. 1827, im letzten Jahr ihres Bestehens, wurde das Periodikum unter der Bezeichnung „*Journal für Literatur, Kunst und geselliges Leben*" verbreitet.[999]

---

[995] Vgl. Bödeker 2005, S. 505.

[996] „But it was the transnational circulation of magazines, pictures, patterns, and clothing that enabled fashion to develop into a truly global affair." Hård/ Oldenziel 2013, S. 13.

[997] Exakte Zahlen zum Angebot heutiger Fachzeitschriften im Bereich Bekleidung und Mode liegen nicht vor. Die Einschätzung beruht auf den Erfahrungswerten der Verfasserin. Dennoch wäre eine entsprechende Untersuchung unter geschlechterspezifischen Fragestellungen ein interessantes Forschungsanliegen.

[998] Vgl. Seligmann 1996, S. 21 ff.

[999] 1. Jahrgang (1786): „*Journal der Moden*"; 2. – 27. Jahrgang (1787–1812): „*Journal des Luxus und der Moden*"; 28. Jahrgang (1813): „*Journal für Luxus, Mode und Gegenstände der Kunst*"; 29. – 41. Jahrgang (1814–1826): „*Journal für Literatur, Kunst, Luxus und Mode*"; 42. Jahrgang (1827): „*Journal für Literatur, Kunst und geselliges Leben*". Vgl. Journal des Luxus und der Moden; eine umfassende Erschließung der Zeitschrift wurde von der Stiftung Weimarer Klassik in Auftrag gegeben. Vgl. Kulhes 2003.

In ihrem 1870 veröffentlichten „*Hand- und Hülfsbüchlein für Damen aller Stände*" äußerte sich die Damenschneiderin Emilie Dunsch zum Zeitschriftenwesen mit den Worten, dass „bis zum Ueberfluß für das Modebedürfniß der Damenwelt gesorgt ist"[1000]. Als Erfinderin einer eigenen Schnittmethode kritisierte diese jedoch, dass die veröffentlichten Schnittzeichnungen nicht immer geeignet für die Nutzung waren. Diese bedurften insbesondere Erfahrungen hinsichtlich des Vergrößerns und Verkleinerns und des Anpassens an besondere Körperbauten. Wenn die Bezeichnung Modezeitschrift verwendet wurde, wurde nicht nur die Kleidermode angesprochen, sondern zudem fertigungstechnische Themen im Bereich der Bekleidungsherstellung berücksichtigt. Die Herausbildung von Fachzeitschriften in den USA und Großbritannien, insbesondere in Verknüpfung mit der Verbreitung von Schnittmusterbögen, wurde bereits zuvor erwähnt. Joy Spanabel Emery bestimmt in diesem Zusammenhang die 1830er Jahre als den Beginn des Zeitschriftenwesens für Damenbekleidung. Hierbei führt diese u. a. das Fachblatt „*Journal des Desmoiselles for Home Sewing*", 1833 gegründet, auf. Der Titel weist dabei auf die zunehmende Fokussierung auf den Bereich des Nähens als Freizeitgestaltung und der Fertigung der individuellen Garderobe nach den herrschenden Modetrends hin. Parallel dazu entwickelte sich auch das Fachbuch für Bekleidungsgegenstände.[1001] Dieser Trend, so konstatiert es Seligman, setzte sich in der ersten Hälfte des 20. Jahrhunderts fort. Die inhaltliche Gewichtung der Frauenzeitschriften und Bücher lag zunächst auf der Hobbynäherei und der Bereitstellung von Anleitungen und Zeichnungen für die Eigenanfertigung von durch die Mode inspirierter Kleidung. Zunehmend, so heißt es weiter bei Seligmann, wurde das Spektrum im Hinblick auf die Inhalte und Anweisungen für den Schul- und Handarbeitsunterricht und für Modeinstitute erweitert und somit auch die Professionalisierung für Frauen thematisiert. [1002] Die Entstehung und Profilierung der Fachzeitschriften sowohl für den Bereich der Damenmode als auch der Herrenbekleidung ist im Kontext der Geschlechtertrennung in der Zuschneidekunst zu sehen, auf die Kerstin Kraft hingewiesen hat. Die Herrenschneiderei als ernsthaftes Ansinnen, geprägt durch Wissenschaftlichkeit und Fortschritt, stand im Gegensatz zur Assoziation von Kleidung zum Zwecke der Dekoration und als schmückendes Beiwerk.[1003] Zudem sei hierbei auf die konsekutive Herausbildung der Konfektionsindustrie für Damenkleidung hingewiesen. Bevor die *Mode von der Stange* im Bereich der Damenoberbekleidung flächendeckend verfügbar war, musste das weibliche Geschlecht Mittel und Wege nutzen, modische Kleidung selbst anzufertigen, so dass die zumindest für den amerikanischen und englischen Raum ausführlich nachgezeichnete Herausbildung und thematische Fokussierung der Modemagazine für Damen nachvollziehbar ist.

[1000] Dunsch 1870, S. 4.
[1001] Vgl. Emery 2014, S. 20-23.
[1002] Vgl. Seligman 1996, S. 15.
[1003] Vgl. Kraft, S. 84-85.

„Diese Zeitung soll als technisches Organ der deutschen Bekleidungsakademie nicht allein die wechselnde Mode, sondern auch die bildende Kunst ins Auge fassen, als schaffender belehrender und bildender Factor das Interesse aller mit der Mode unmittelbar zusammenhängender Industriezweige vertreten, vorzüglich die Modeschöpfungen der tüchtigsten deutschen Meister in entsprechender Weise dem Publikum vorführen, außerdem aber auch die europäische Mode in ihrem Gesamtbilde darstellen und daher die französischen, englischen und sonstigen Originalkostüme nicht minder berücksichtigen [...]"[1004], heißt es im Statut der deutschen Bekleidungs-Akademie aus dem Jahr 1856. Die besagte *„Europäische Modenzeitung"*, die einhergehend mit der Gründung der Lehranstalt ins Leben gerufen wurde, verweist einerseits auf den zunehmenden internationalen Austausch über die Bekleidungsmode und spiegelt zum anderen die Emanzipationsbestrebungen des deutschen Schneidergewerbes gegenüber den Entwicklungen in Frankreich und England wider. Zudem wird deutlich, dass die Zeitung unterschiedliche Themen behandeln würde, die über die modischen Entwicklungen hinaus technische, wirtschaftliche und soziale Fragestellungen der Bekleidungsindustrie betreffen. Über eine „glückliche Verbindung der Schule mit dem Moden-Kunstverlag"[1005], von der auch Rudolf Maurers Zuschneideschule profitieren sollte, repräsentierte die *„Europäische Modenzeitung"* als belehrendes und bildendes Fachorgan die ernsthaften Bemühungen des Handwerks, die Bekleidungskunst wissenschaftlich und fortschrittlich zu betreiben.

Eine Präsentation des Verlagshauses, die um das Jahr 1900 datiert ist, spiegelt nicht nur die erfolgreiche Entwicklung der Expedition Europäische Modenzeitung seit Mitte des 19. Jahrhunderts wider, sondern stellte zudem das „vermittelnde Band der Fachpresse"[1006] zur Förderung des Zusammenhaltes des Schneidergewerbes heraus. Die redaktionellen Tätigkeiten in einem übergeordneten Sinn dienten der Interessensvertretung der Schneider, der Fortentwicklung der deutschen Mode und der Verbreitung von technisch-künstlerischem Wissen in unterschiedlichen und angrenzenden Gebieten der Bekleidungstechnik. Die zahlreichen Publikationen, die unter Mitwirkung von Fachexperten unterschiedlichster Nationalitäten entstanden, wurden zudem international vertrieben.[1007] Der Darstellung beigefügt ist ein Verzeichnis der in- und ausländischen Zeitschriften, zu denen u. a. die *„Europäische Modenzeitung"*, *„Der Beobachter der Herrenmode"*, *„Der praktische Schneider"* und *„Die praktische Schneiderin"*, *„Le Parisien"* oder auch der *„Heeren-Modetelegraaf"* zählten.[1008] Zusätzlich zum Zeitungsgeschäft wurde von der Verlagsanstalt eine Vielzahl von Fachbüchern herausgegeben, die die Bereiche der Zuschneidekunst, der Buchführung und Kos-

---

[1004] Deutsche Bekleidungs-Akademie Dresden 1856, S. 6.
[1005] Maurer 1922, S. XII.
[1006] Expedition EMZ 1900, S. 4.
[1007] Vgl. Ebenda, S. 3-5.
[1008] Vgl. Ebenda, S. 28-29; auch in der Denkschrift ist eine Auflistung des Angebotes des Verlagshauses und ein geschichtlicher Überblick enthalten. Vgl. Europäische Moden-Akademie 1900, S. 111-127.

tümgeschichte abdeckten. Auch Adressbücher zu Herstellern und Bezugsquellen oder auch *„Das Lexikon des Kleidermachers"* zählten zum Angebot.[1009] Ergänzt wurde das Angebot des Verlags durch den Verkauf von Zeichenvorlagen, Wandtafeln, Moden-Tableaus, Schneiderwappen und diversen Utensilien, zu denen Messapparate, Kopierräder und Arbeitsmittel zum Zeichnen gehörten.[1010] „Eine Hauptspecialität der Firma ist die Lieferung von Schnitten aller Gattungen für Herren- Damen-, Kindergarberobe und Wäsche."[1011] Sowohl Schnitte nach Maß als auch Konfektionsschnitte, die nach den vorherrschenden Moderichtungen aus Paris, Wien und Berlin gestaltet wurden, konnten bezogen werden, während das Verlagshaus zudem ein „[g]rosses Lager von Normalschnitten"[1012] bewarb. Auch Briefpapier oder Werbeplakate konnten in Auftrag gegeben werden.[1013]

Redaktionell, zeichnerisch und fachtechnisch waren um die Jahrhundertwende etwa zehn Personen im Verlagshaus tätig. Zu den ausführenden Arbeiten zählten die Anfertigung von Entwürfen und natürlichen Zeichnungen von Kleidungsstücken und Accessoires, das Verfassen der fachlichen Beiträge und die Erstellung der Schnitte. Die Redakteure wurden auf ihren Informationsreisen stets durch eine zeichnende Kraft begleitet, welche die aktuellen Modeformen für die spätere Ausarbeitung in Form von Aquarellen, Lithographien oder Kupferstichen skizzierte. Die Schnittmuster wurden zunächst in originaler Größe gezeichnet und im Anschluss von Fachexperten verkleinert. Die für die Konstruktion der Schnittmuster zuständigen Mitarbeiter des Verlags waren insbesondere dadurch gefordert, dass eine Vielzahl von Maßanfertigungen bestellt wurde, während die eingesandten Körpermaße oftmals unzureichend oder fehlerhaft waren. Von einer stetigen Fortentwicklung und Anpassung des Verlagsprogrammes an die Bedürfnisse der Kundschaft wird zudem in der Darstellung der Expedition gesprochen. Um 1900 zählten etwa 2000 Buchhändler zum Kundenkreis und 30000 Schneider, die Lehrbücher, Schnittmuster oder auch diverse Hilfsutensilien bezogen.[1014]

Nachfolgend werden anhand ausgewählter Beispiele des Angebots an Fachzeitschriften der Expedition Europäische Modenzeitung die thematischen Schwerpunkte der Medien herausgearbeitet, die sich auf technisch-künstlerische, soziale und wirtschaftliche sowie den Bereich der beruflichen Bildung betreffende Fragestellungen bezogen. In dieser Untersuchung werden zudem weitere Fach- und Verbandszeitschriften des Schneidergewerbes berücksichtigt, um die Zirkulation der Interessensgebiete und deren Darstellung transparent zu machen. Ein kurzer Exkurs in die räumlichen Gegebenheiten der Akademie, sprich die Zusammenführung der Lehranstalt, des Verlags und auch der Bibliothek unter einem Dach,

---

[1009] Vgl. Expedition EMZ 1900, S. 29-30.
[1010] Vgl. ebenda, S. 31.
[1011] Ebenda, S. 33.
[1012] Ebenda, S. 33.
[1013] Siehe komplettes Verlagsprogramm. Vgl. ebenda, S. 28-36.
[1014] Vgl. ebenda, S. 10-11, S. 14-17.

verweist hierbei auf die produktive Nähe und die konstruktiven Austauschmöglichkeiten, das Wissen und die Belange des Schneidergewerbes nach innen und nach außen zu präsentieren und weiterzuentwickeln. Bedauerlicherweise wurden die Räumlichkeiten und die Ausstattung der Akademie 1945 zerstört, so dass man sich auf die wenigen noch vorhandenen Quellen der Europäischen Moden-Akademie berufen muss. Für die Ausbildung der verschiedenen Bereiche der Herren- und Damenbekleidung und des Wäschezuschnitts waren entsprechend ausgestattete und geräumige Lehrsäle für den praktischen und theoretischen Unterricht eingerichtet worden, zu denen auch eine große Werkstatt zählte. Zur Unterstützung der Lehre wurde eine Bibliothek, deren Bestand sich zunehmend erweiterte, eingerichtet.[1015] Darüber hinaus befanden sich nun auch die Redaktionsräume des Verlags auf dem Akademieanwesen. In der Präsentation des Verlagshauses heißt es, dass die Wände des Redaktionszimmers mit einer Vielfalt von Modenbildern und so auch mit Darstellungen von Ausstellungsstücken, bspw. von der Präsentation der Akademie auf der Weltausstellung in Chicago, bekleidet waren. Ferner waren die Räume ausgestattet mit aus Gips geformten Körperteilen, die als Vorlagen für die Zeichner dienten.[1016] Herausgehoben wurde in diesem Kontext *Albin* – eine „Figur als Ersatz lebender Modelle"[1017]. Dabei handelte es sich um ein bewegliches Modell nach menschlichem Vorbild, das die unterschiedlichsten Posen einnehmen konnte. Bereits mit Beginn der Aktivitäten des Verlags wurde im hinteren Gebäude der Akademie ein Archiv eingerichtet. Dort wurden sowohl jeweils zwei Exemplare aller Jahrgänge der Zeitschriften aufbewahrt als auch die Briefkorrespondenz und Ausgaben der herausgegebenen Fachbücher gesammelt.[1018] In diesem Zusammenhang war jedes Mitglied der Akademie gemäß der Satzung dazu aufgefordert, sich an den Aktivitäten des Verlags und dem Aufbau des Archivs und der Bibliothek zu beteiligen. So heißt es, diese waren angeleitet, „1) die Zwecke der Europäischen Modenakademie nach Kräften zu fördern; 2) stets dahin zu wirken, daß das Archiv und die Bibliothek der Akademie mit allem für das Fach Wissenswerthen bereichert werden und behufs dessen sich um die Erlangung von Zeichnungen und Abbildungen alter Trachten und Schnitte, alter Lehrbücher und Kleidergesetze, alter Schriften und Dokumente, Uniformirungen, Massen etc., sowie aller neueren Erscheinungen im Modengebiete zu bemühen, und sie der Akademie entweder als Geschenk oder zu annehmbaren Kaufsbedingungen zu überlassen".[1019]

Die „*Europäische Modenzeitung*", als zentrales Organ der Akademie und als erste deutsche Fachzeitschrift für das Schneidergewerbe, hatte zum einen die Funktion der Vermittlung des technisch-künstlerischen Wissens der Zuschneidekunst und diente zum anderen der Repräsentation der Akademie sowie der übergreifenden Belange des Berufsstandes der

---

[1015] Vgl. ebenda, S. 23-24.
[1016] Vgl. ebenda, S. 14.
[1017] Ebenda, S. 14.
[1018] Vgl. ebenda, S. 23-24.
[1019] Europäische Moden-Akademie 1862, S. 5.

Schneider. Im Folgenden werden nun die Themenschwerpunkte der Fachzeitschriften und die damit verbundene Darstellung und Aufbereitung der Themen erörtert. Fach- und Austauschmedien wie die „Europäische Modenzeitung" wurden sowohl dafür genutzt, die Aktivitäten der Einrichtung nach innen zu dokumentieren, als auch diese in die öffentliche Wahrnehmung zu rücken. In diesem Zusammenhang veröffentlichten bereits Johann Heinrich Klemm und Gustav Adolf Müller im November 1849 in der Zeitschrift „Phoenix" die Bekanntmachung der „Errichtung einer Deutschen Akademie der Höheren Bekleidungskunst in Dresden"[1020]. Nachfolgend waren in der „Europäischen Modezeitung" stets die aktuellen Auflistungen der Akademie-Mitglieder enthalten, während diese zugleich über die anstehenden Generalversammlungen und Tagesordnungspunkte informiert wurden.[1021] Auch im Nachgang wurden die Berichte und Beschlüsse, so auch der Bericht der vierten Zusammenkunft in Heidelberg im Jahr 1862, veröffentlicht. Vermutlich aus platztechnischen Gründen wurden die Berichte und so auch andere Beiträge, die noch besprochen werden, in fortlaufenden Abschnitten in mehreren Ausgaben abgedruckt.[1022] Auch das Schulprogramm der Lehranstalt und eine damit einhergehende Bewerbung der Kurse sowie das erweiterte Konzept und die Reorganisation des Unterrichtsangebotes im Jahr 1856, gefolgt von einem Report der Umgestaltung im Juni 1857, ist in dem Zentralorgan zu finden.[1023] Auch in der Zeitschrift „Der Beobachter", die laut Angaben in der Denkschrift zum 50-jährigen Bestehen der Akademie seit 1856 zum Verlagsprogramm gehörte, wurden Informationen zu den Aktivitäten der Einrichtung veröffentlicht. In der Januar-Ausgabe des Jahres 1871 sind Angaben zu den Filialen der Lehranstalt in Berlin, Kopenhagen, London, New York, Paris, St. Petersburg, Prag sowie in Heidelberg und Wien zu finden, während ebenso Berichte zu den Versammlungen verfasst wurden. Dazu zählte z. B. auch ein Artikel über die 8. außerordentliche Generalversammlung, die im Juli 1871 in Dresden abgehalten wurde.[1024] Aus der fruchtbaren Verbindung einer Lehranstalt mit einem eingegliederten Verlag zogen im Fortgang auch weitere Institutionen ihren Nutzen. In „Die elegante Herren-Mode", die seit Oktober 1893 das offizielle Sprachrohr der Deutschen Bekleidungs-Akademie in München war, wurden entsprechend Informationen über die schulinternen Entwicklungen verbreitet.[1025] In diesem Rahmen gab die Lehranstalt auch die Eröffnung einer Filiale in Wien bekannt, um „dort wie in München nur Nützliches für die Fachwelt

---

[1020] Europäische Moden-Akademie 1900, S. 22.

[1021] Siehe u. a. das Mitgliederverzeichnis (Februar 1852). Vgl. Europäische Modenzeitung 1852, 2. 1852; siehe u. a. die Ankündigung der 3. Generalversammlung, die im September 1852 stattfand. Vgl. Europäische Modenzeitung 1852, 6. 1852; siehe die Bekanntmachung der Tagesordnung der 4. Generalversammlung 1862 in Heidelberg. Vgl. Europäische Modenzeitung 1862, 7. 1862.

[1022] Siehe den Bericht über die 4. Generalversammlung 1862 in Heidelberg. Vgl. Europäische Modenzeitung 1862, 9. 1862 – 12. 1862.

[1023] Vgl. Europäische Modenzeitung 1856, 8. 1856; vgl. Europäische Modenzeitung 1857, 6. 1857; vgl. Europäische Modenzeitung 1858, 2. 1858.

[1024] Vgl. Der Beobachter 1871, 1. 1871, 9. 1871 – 10. 1871.

[1025] Vgl. Die elegante Herren-Mode 1893.

[zu] leisten"[1026]. Auch eine Mitteilung zur Eröffnungsrede Michael Müllers mitsamt der Präsentation seiner Schnittmethode ist in dem Fachorgan zu finden.[1027] Umgekehrt wurden in den Prospekten der Schulkonzepte und Lehrpläne die Fachzeitschriften sowie Hand- und Lehrbücher in Form von Anzeigen beworben und auch die Bedingungen für den Bezug eines Abonnements abgedruckt.[1028]

„Auf ewig vorbei sind die Zeiten der blauen Patrone; neue Wissenschaften, neue Grundsätze haben auch im Kleidermacher-Gewerbe ihren Einzug gehalten, haben aufklärend nach allen Richtungen Licht verbreitet," war 1893 auf dem Titelblatt der Zeitschrift „*Die elegante Herren-Mode*" zu lesen.[1029] „Belehrungen in Wort und Bild"[1030] über das Medium der Zeitschrift dienten dem Transfer von Erfahrungen, um die Fachwelt zu bilden und über aktuelle Errungenschaften und Moden zu informieren. Neben der Veröffentlichung von Bekanntmachungen der Schulgründungen oder von Schulprogrammen wurden in den Fachzeitschriften bildungspolitische Themen behandelt. So sind in der „*Europäischen Modenzeitung*" Ausführungen über die Verbindung von Handwerk und Wissenschaft und technischen Neuerungen wie im Bereich der Nähtechnik[1031], Heinrich Klemms „*Beiträge zur höheren Wissenschaft des Kleidermachens*"[1032] oder auch Erörterungen zum Status quo der Lehrlingsausbildung im Schneidergewerbe[1033] zu finden. Über die unmittelbar in Verbindung zu Akademien herausgegebenen Zeitschriften hinaus wurden Fragestellungen zur Aus- und Weiterbildung in Verbandsblättern, wie im „*Zentral-Organ des Allgemeinen Deutschen Arbeitgeber-Verbandes für das Schneidergewerbe*", behandelt, der sich seit der Jahrhundertwende um die Belange der Fachwelt bemühte. So wurde auch die Forderung der Gründung einer Fachschule für das Schneidergewerbe, die schließlich mit der Eingliederung der Deutschen Fachschule für das Schneidergewerbe in die Genossenschaft Europäische Moden-Akademie erfolgte, ausführlich diskutiert. Die Veröffentlichung des Gesuches gibt Hinweise sowohl zur Schullandschaft im Textil- und Bekleidungsgewerbe, zu

[1026] Ebenda, 1. 1893, o. S. (Titelblatt).
[1027] Vgl. Die elegante Herren-Mode 1893, 3. 1893, S. 35.
[1028] Vgl. Deutsche Bekleidungs-Akademie München 1894, S. 3, S. 12; das Angebot an Zeitschriften, Handbüchern und Schnittmustern der an den Lehreinrichtungen angegliederten Verlage wurde zudem auch in diversen Lehrbüchern zu Bewerbungszwecken abgedruckt. Vgl. Maurer 1922, S. IV-XII; vgl. Klemm 1860a, o. S. (Anhang); vgl. Klemm 1870, o. S. (Im Anschluss an Vorwort).
[1029] Die elegante Herren-Mode 1893, 3. 1893, o. S. (Titelblatt).
[1030] Die elegante Herren-Mode 1893, 3. 1893, o. S. (Titelblatt).
[1031] Der Verfasser des Beitrags, Carl Müller, beschäftigte sich hierbei sowohl mit dem Einzug der Naturwissenschaften in das Bekleidungsfach als auch mit u. a. technischen Neuerungen im Bereich des Bügelns und des Färbens. Vgl. Europäische Modenzeitung 1853, 4. 1853; auch finden sich Abhandlungen und Abbildungen zur Entwicklung und Anwendung der Nähmaschine in der Europäischen Modenzeitung. Siehe „*Die patentierte Näh-Maschine, erfunden und verfertigt von Singer in New York*" von Gustav Adolf Müller. Vgl. Europäische Modenzeitung 1853, 6. 1853 – 8. 1853; siehe auch Abbildungen unterschiedlicher Nähmaschinenmodelle. Vgl. Europäische Modenzeitung 1862, 1. 1862; siehe auch den Beitrag von Starke „*Die Nähmaschinen, und deren Culturgeschichtlicher Werth, mit Bezugnahme auf die Fabrikation derselben*". Vgl. Europäische Modenzeitung 1862, 7. 1862.
[1032] Vgl. Europäische Modenzeitung 1861, 5. 1861.
[1033] Vgl. Europäische Modenzeitung 1883, 7. 1883.

Schulmodellen im europäischen Ausland mit Vorbildcharakter, zum Mangel an geeignetem Lehrpersonal als auch zu der Notwendigkeit, ausreichend Lehrmittel zur Verfügung zu stellen und eine Bibliothek sowie ein Prüflabor für Rohstoffe einzurichten.[1034] Im Kontext der Veranstaltung von Fachausstellungen wurde in einer weiteren Ausgabe wiederholt der Mangel an geeigneten Lehrmaterialien, von mustergültigen Vorlagen oder auch Modellen kritisiert, die in Ergänzung zu den Lehr- und Handbüchern der Zuschneidekunst für den praktischen Unterricht benötigt wurden. Hervorgehoben wurden dabei die bereits 1876 und 1877 veranstalteten Ausstellungen in den Räumen der Dresdner Akademie als wichtiges Mittel zum Austausch und zur Anschauung.[1035]

Unmittelbar in Verbindung mit den Erörterungen von bildungspolitischen Fragen standen das Schneidergewerbe betreffende soziale und wirtschaftliche Interessen, die über die Fachzeitschriften kommuniziert wurden. Anfang des 20. Jahrhunderts spiegeln Artikel über die Situation der Maßschneiderei in Konkurrenz zur Fortentwicklung der Konfektionsindustrie die Herausforderungen für das Handwerk wider. Besprochen wurden in diesem Kontext Lösungsansätze, diesen zu begegnen, während gleichermaßen die Position des Maßschneiders gestärkt werden sollte. Während aufgezeigt wurde, dass die Tendenz der Konfektion eher hin zu preisgünstiger Ware und nicht zu Güte und Eleganz ging, wurde jedoch vermutet, dass Möglichkeiten, die Produktion und damit die Produkte stetig zu verbessern, die Einzelexistenzen der Maßschneider zunehmend gefährden würden.[1036] Über das Medium der Fachzeitschrift veröffentlichte auch die Europäische Moden-Akademie Fragestellungen zu gewerblichen Anliegen, die in Form von Preisausschreiben ausgehandelt wurden. Bereits 1852 sollten die Vor- und Nachteile der Einrichtung von Magazinen für Fertigkleidung im Kleingewerbe erörtert werden. Die prämierte Schrift wurde in Abschnitten in den Ausgaben der *„Europäischen Modenzeitung"* des Jahres 1854 veröffentlicht.[1037] Des Weiteren enthält das Organ der Akademie Ausführungen über u. a. den Prozess über das Führen der Berufsbezeichnung *Marchand Tailleur* in Deutschland[1038] oder auch Darstellungen der Historie des Schneidergewerbes, z. B. die 400-jährige Geschichte der Dresdner

---

[1034] Vgl. Zentralorgan des ADAV. Nr. 30 vom 28. Juli 1906, S. 139-140; vgl. Zentralorgan des ADAV. Nr. 31 vom 4. August 1906, S. 146.

[1035] Vgl. Zentralorgan des ADAV. Nr. 14 vom 7. April 1906, S. 67.

[1036] „In Deutschland macht sich allerdings das Aufreiben des Maßgeschäfts durch die Konfektion noch nicht so bemerkbar, als z. B. in Amerika; sie ist bei uns noch in der Entwicklung begriffen und sucht ihr Streben in der Billigkeit, nicht in der Güte und Eleganz. Was aber die Konfektion leisten kann, sieht man bereits jetzt, wenn man die Anfertigung der Knabengarderobe, der Schlafröcke, Staubmäntel und dergl. prüft; [...]. Wenn auch ein geübtes Auge [...] sofort nach Konfektion und Maß unterscheidet, so wird auch hierin die Intelligenz der ersteren Mittel finden, den Unterschied mit der Zeit zu verringern [...]." Zentralorgan des ADAV. Nr. 5 vom 3. Februar 1906, S. 19; vgl. ebenda, S. 19-20; vgl. Zentralorgan des ADAV. Nr. 6 vom 10. Februar 1906, S. 23-24; vgl. Zentralorgan des ADAV. Nr. 14 vom 7. April 1906, S. 67-68.

[1037] Vgl. Europäische Modenzeitung 1852, 2. 1852; vgl. Europäische Modenzeitung 1854, 5. 1854 – 12. 1854.

[1038] Vgl. Europäische Modenzeitung 1852, 3. 1852.

Schneiderinnung, verfasst von Heinrich Klemm.[1039] In den 1880er Jahren wurden der Zeitschrift zudem die *„Gewerbliche[n] Mittheilungen für Kleidermacher und verwandte Geschäftszweige"*[1040] beigelegt.

Die Förderung der deutschen Mode, die Geschichte der menschlichen Gewandung und zudem die historische Entwicklung der Zuschneidekunst spielten in den Fachzeitschriften eine entscheidende Rolle. Diese thematischen Schwerpunkte wurden wiederholt von der Redaktion des Verlags der Akademie, vorwiegend von Johann Heinrich Klemm, bearbeitet. So ging dieser der Frage nach: „Was ist zur Pflege und Fortbildung einer selbständigen deutschen Mode unbedingt erforderlich?"[1041]. Klemm veröffentlichte darüber hinaus einen detaillierten geschichtlichen Überblick der Entwicklung der Zuschneidekunst sowie der Fach- und Lehrbücher im Bekleidungsfach.[1042] Zudem verfasste er seinen „Versuch einer Urgeschichte der Bekleidung vom technischen Standpunkte"[1043]. Auch Wendelin Mottl beteiligte sich an der Darstellung kostümgeschichtlicher Inhalte, bspw. durch seinen Überblick über die historischen Trachten der Böhmen[1044]. Ferner ist in der *„Europäischen Modenzeitung"* u. a. ein Beitrag zum kulturgeschichtlichen Wert der Nähmaschine zu finden, der von dem Mitbegründer der Zeitschrift *„Der Beobachter"*, Starke aus Leipzig, im Jahr 1862 verfasst wurde und auf die Auseinandersetzung mit technischen Neuerungen der Bekleidungsherstellung hinweist.[1045] Auch in *„Der Beobachter"* wurden kultur- und modegeschichtliche Inhalte behandelt, wie die Analyse des aktuellen Modegeschehens und die Bemühungen, die deutsche Mode zu fördern. Die diesbezügliche Situation erörterte in diesem Kontext F. A. Schmidt.[1046] Zudem wurde in das Werk über die *„Trachten der Völker in Bild und Schnitt"*, erarbeitet von einem Historienmaler aus Nürnberg, eingeführt.[1047] Im Rahmen der Analyse der Werke der Zuschneider wurde auf deren Bestrebungen verwiesen, die Kulturgeschichte der Kleidung und die sozialen und wirtschaftlichen Belange des Schneidergewerbes zu erörtern, die auch in den Hand- und Lehrbüchern behandelt wurden.

Neben den schriftlichen Darstellungen zur Kulturgeschichte der Bekleidung war ein wesentlicher Bestandteil der Zeitschriften die Abbildung der modischen Entwicklungen zu Zwecken der Information und Inspiration. So enthielten diese Berichte über die deutsche

---

[1039] Siehe Heinrich Klemms Beitrag *„Das 400=jährige Stiftungsfest der Dresdner Schneider-Innung"*. Vgl. Europäische Modenzeitung 1882, 2. 1882.
[1040] Vgl. Europäische Modenzeitung 1882, 1. 1882.
[1041] Europäische Modenzeitung 1853, 10. 1853.
[1042] Vgl. Europäische Modenzeitung 1856, 7. 1856 – 12. 1856.
[1043] Europäische Modenzeitung 1857, 3. 1857 – 12. 1857.
[1044] Vgl. Europäische Modenzeitung 1861, 9. 1861 – 11. 1861.
[1045] Siehe den Beitrag von Starke zur Geschichte und Fabrikation der Nähmaschine. Vgl. Europäische Modenzeitung 1862, 7. 1862.
[1046] Vgl. Der Beobachter 1871, 3. 1871.
[1047] Die Redaktion betonte hierbei, dass es sich um das erste kostümgeschichtliche Werk handelte, das Zeichnungen und Schnittzeichnungen enthielt. Vgl. Der Beobachter 1871, 7. 1871.

und europäische Mode [1048] sowie entsprechende Modezeichnungen, Modekupfer und Mode-Lithographien, durch die die aktuell bevorzugten Formen, Silhouetten und Materialien der Bekleidungsmode präsentiert wurden. In diesem Zusammenhang wurde der *„Europäischen Modenzeitung"* der französische *„Progrès"* beigelegt und somit Mode-Lithographien aus Paris in Deutschland verbreitet.[1049] Zusätzlich zu ihren redaktionellen Tätigkeiten fertigten auch Klemm und Müller detaillierte Zeichnungen von Oberbekleidung für die *„Europäische Modenzeitung"* an.[1050] In Abständen wurden zudem Überblicke über die bereits veröffentlichten bildlichen Darstellungen aufgelistet. So ist u. a. in der März-Ausgabe der *„Europäischen Modezeitung"* aus dem Jahr 1856 ein Verweis auf die in den vorherigen fünf Jahren erschienenen französischen, englischen und deutschen Modekupfer zu finden.[1051] Über Johann Heinrich Klemm, Gustav Adolf Müller oder auch Wendelin Mottl hinaus beteiligten sich weitere Akteure der Akademie an der Gestaltung der Zeitschriften, wie es von den Mitgliedern gefordert wurde. Robert Krach aus Prag befasste sich bspw. mit den Erläuterungen von kolorierten Modetafeln.[1052] Auch in *„Die elegante Herren-Mode"*, im Journal der Münchener Bekleidungs-Akademie, wurde die aktuelle Mode thematisiert und in Form von Moden-Tableaus dargestellt. Die Kleiderformen wurden im gleichen Zug mit der technisch-gestalterischen Umsetzung in Verbindung gebracht. Ein steigendes Bedürfnis nach anliegenden Paletots und Sakkos aufzeigend, „in welcher die Figur der Herren vorteilhaft zur Geltung kommt"[1053], wurde zudem konstatiert, dass anliegende Kleidung im Hinblick auf die Kunst der Zuschneidekunst begrüßt wurde. „Es galt vorher, gilt heute und später als eine grosse Kunst, anliegende und doch in allen Theilen bequeme Kleider zu schneiden und zu verfertigen. Diese Kunst ist vielfach vernachlässigt worden"[1054], so dass insbesondere Anleitungen für den Schnitt und für die Verarbeitung Bestandteil der Zeitschriften waren.[1055]

Die Anfertigung von Kleidung galt als „eine der grössten und schönsten Künste, bei welcher man niemals vollständig auslernt, da neue Moden stets neue Theorien und neue Tech-

---

[1048] Siehe u. a. einen *„Modenbericht aus London"*. Vgl. Europäische Modenzeitung 1852 6. 1852; vgl. Europäische Modenzeitung 1853, 2. 1853.

[1049] Vgl. Europäische Modenzeitung 1852 ff..

[1050] Siehe ein *Negligé-Costüm*, und *Galla-Livreé*, gezeichnet von Gustav Adolf Müller und ein *Masken-Costüm aus L'Élegant* und ein *Ball- und Soireé-Costüm mit Überkleid*, gezeichnet von Heinrich Klemm. Vgl. Europäische Modenzeitung 1852, 1. 1852.

[1051] Vgl. Europäische Modenzeitung 1856, 3. 1856.

[1052] Vgl. Europäische Modenzeitung 1853, 3. 1853.

[1053] Die elegante Herren-Mode 1893, 2. 1893, S. 11.

[1054] Ebenda, S. 11.

[1055] Unter der Überschrift *„ Ueber die Mode und die technischen Beilagen dieser Nummer"* wurden in der *„Europäischen Modenzeitung"* Anleitungen für die Schnittkonstruktion, Schnittmodifikationen nach der aktuellen Mode und Anmerkungen zur Verarbeitung gegeben. Zudem waren jeder Ausgabe maßstabsgetreue Schnittzeichnungen und Schnittmuster in Originalgröße beigelegt. Vgl. Europäische Modenzeitung 1858, 4. 1858; vgl. Europäische Modenzeitung 1858, 10. 1858; vgl. Europäische Modenzeitung 1871, 2. 1871; einigen Ausgaben wurde darüber hinaus ein *Reductions-Maßstab* für die Schnittkonstruktion beigefügt. Vgl. Europäische Modenzeitung 1873, 1. 1873; vgl. Europäische Modenzeitung 1891, 1. 1891.

nik mit sich führen"[1056], um diese in der Praxis umzusetzen. Somit wurden detaillierte Erläuterungen von Schnittkonstruktionen und Schnittzeichnungen in erheblichem Umfang in den Fachzeitschriften publiziert. Während einerseits die Unterrichtsangebote von Lehranstalten beworben wurden, priesen die Herausgeber der Fachorgane vorwiegend die Methoden der Zuschneidekunst an, die durch die Betreiber der Anstalten entwickelt worden waren und die Basis der Lehre bildeten. Während die Redaktion der Münchener Fachzeitschrift in diesem Kontext einen Lob auf eben dieses Fachblatt aussprach, das mit der Veröffentlichung des Müller'schen Systems eine Vorreiterrolle einnahm, während keine weitere Zeitschrift bis dato stetig Konstruktionsanleitungen und belehrende Beiträge oder auch Schnittmuster in natürlichen Abmessungen veröffentlicht hätte, waren entsprechende Inhalte bereits seit den Anfängen in der *„Europäischen Modenzeitung"* zu finden.[1057] In jeder Ausgabe wurden Schnitttafeln veröffentlicht, die mit entsprechenden Anweisungen versehen waren.[1058] So wie es auch bei der Auflistung der erschienenen Modenbilder der Fall war, veröffentlichte die Redaktion von Zeit zu Zeit ein Verzeichnis über die bereits beschriebenen Schnittzeichnungen nebst Abbildungen und Modellbezeichnungen derselben unter Angabe der Personen, die diese entwickelt hatten.[1059] Gustav Adolf Müller nutzte das Hauptorgan der Europäischen Moden-Akademie dazu, seine Schnittmethode der *Anthropo-Trigonometrie* der Fachwelt vorzustellen und initiierte damit eine öffentliche Beurteilung und Diskussion derselben. Die Zeitschrift wurde somit auch als Mittel für den Austausch über Erfindungen und die Weiterentwicklung des Formalisierungsprozesses der Zuschneidekunst genutzt. Einhergehend mit der Ankündigung und Bewerbung des Werkes, auf die oben bereits verwiesen wurde, wurde zudem die Korrespondenz, die Auswertung des Systems betreffend, in der *„Europäischen Modenzeitung"* abgedruckt – so auch der Briefwechsel zwischen Müller und seinem späteren Schwiegersohn Anton Gunkel.[1060] In Ergänzung zu Inhalten, die den Zuschnitt und die Verarbeitung von einzelnen Kleidungsstücken nach unterschiedlichen Schnittsystemen behandelten, wurden den Zeitschriften auch originale Schnittmuster oder Reduktionsmaßstäbe für die praktische Anwendung beigefügt.[1061] Zudem wurden Artikel zur rationellen Einteilung der Textilien veröffentlicht oder auch technische Zeichnungen von Nähmaschinen und Nadeln zu weiterbildenden und belehrenden Zwecken publiziert.[1062]

[1056] Die elegante Herren-Mode 1893, 3. 1893, o. S. (Titelblatt).
[1057] Vgl. Die elegante Herren-Mode 1893, 3. 1893, S. 18; vgl. u. a. Europäische Modenzeitung 1852, 2. 1852.
[1058] Vgl. u. a. Europäische Modenzeitung 1853, 7. 1853.
[1059] Vgl. Europäische Modenzeitung 1856, 3. 1856.
[1060] Vgl. Europäische Modenzeitung 1861, 12. 1861.
[1061] Vgl. Der Beobachter 1871, 1. 1871; siehe auch eine Anleitung der Schnittzeichnung nach dem Reduktions-Schema. Vgl. Die elegante Herren-Mode 1893, 3. 1893, S. 34 ff..
[1062] Siehe die technischen Zeichnungen (Vorderansicht, Rückansicht, Durchsicht, Detailzeichnungen u. a. der Nadel) der Nähmaschine der Firma Singer. Vgl. Europäische Modenzeitung 1853, 7. 1853; siehe einen Artikel über die rationale Stoffeinteilung. Vgl. Europäische Modenzeitung 1891, 1. 1891 – 7. 1891.

Bereits erwähnt wurde, dass die Akteure der Lehranstalten und Betreiber der Verlagsunternehmen zudem Hand- und Lehrbücher im Bekleidungsfach oder auch, wie es bei Johann Heinrich Klemm und Wendelin Mottl der Fall war, historische Abhandlungen, Werke zur Etikette oder Ausstellungsberichte verfassten.[1063] Die Fachbücher wurden in einem übergeordneten Sinn ebenso dazu genutzt, den individuellen Beitrag zur Fortentwicklung der Zuschneidekunst darzustellen und zu bewerben. Darüber hinaus wurden die künstlerisch-technischen Anleitungen und die Erläuterungen der Schnittsysteme durch Inhalte ergänzt, die kulturgeschichtliche Aspekte und auch gewerbliche und soziale Fragestellungen der Bekleidungsindustrie, insbesondere das Handwerk betreffend, einbezogen. Bevor anschließend auf diese Werke eingegangen wird, folgen hier noch abschließende Bemerkungen zur inhaltlichen Gestaltung der Fachzeitschriften und ein Verweis auf die weitere Entwicklung der Fachpresse bis in die heutige Zeit. Neben den zuvor erörterten Inhalten enthielten die Fachzeitschriften, hauptsächlich zu Werbezwecken, zahlreiche Anzeigen zu Fach- und Lehrbüchern oder zu Angeboten von Hilfs- und Arbeitsmitteln für die Praxis. Zu diesen zählten Inserate von Nähmaschinen, Schneiderkreiden oder Maßbändern.[1064] In Ergänzung zu der Bewerbung von Lehranstalten und Kursangeboten waren Informationen zum Bezug von Schnittmustern und Abonnementbedingungen der Verlagsanstalten enthalten. [1065] Auch Gesuche und Angebote von Arbeitskräften wurden in den Zeitschriften abgedruckt.[1066] Des Weiteren veröffentlichten die Redaktionen Berichte über bereits veranstaltete Ausstellungen, so auch über die Weltausstellung in London, oder es waren Ankündigungen von Messen für den Bezug von Textilien und Zutaten darin zu finden.[1067] Ferner dienten, wie es von den Mitgliedern der Europäischen Moden-Akademie gewünscht war, Porträts und Biographien renommierter Fachgenossen dazu, die Bande innerhalb der Fachwelt zu festigen und die gegenseitige Wertschätzung, die Schneiderkunst zu fördern, zu demonstrieren.[1068] Die rege Kommunikation und die Teilnahme an der Repräsentation des Berufsstandes spiegeln auch die Leserbriefe wider. Wie bereits zuvor aufgezeigt, äußerte sich die Leserschaft zu veröffentlichten Schnittmethoden und den Preisschriften. Auch Ab-

---

[1063] Vgl. Kapitel 5.

[1064] Siehe dazu eine Anzeige zu Klemms „Vollständigen Handbuches der Bekleidungskunst für Civil, Militär und Livree". Vgl. Europäische Modenzeitung 1852, 6. 1852; siehe eine Anzeige zu Zeischkes Handbuch „Der Rock – Lehrbuch der directen Schnitt-Konstruktion für Röcke, Paletots, Westen etc. zum Selbstunterricht bearbeitet". Vgl. Europäische Modenzeitung 1891, 7. 1891; diverse Anzeigen wurden in allen Ausgaben der „Europäischen Modenzeitung" veröffentlicht. Vgl. Europäische Modenzeitung 1852 ff..

[1065] Siehe eine Anzeige der Europäischen Moden-Akademie. Vgl. Zentralorgan des ADAV. Nr. 32 vom 11. August 1906, S. 153.

[1066] Vgl. Europäische Modenzeitung 1857, 7. 1857; vgl. Europäische Modenzeitung 1859, 5. 1859.

[1067] Siehe den Bericht über die Londoner Industrie-Ausstellung. Vgl. Europäische Modenzeitung 1852, 1. 1852; siehe den Bericht über eine Messe in Leipzig, bei der Textilerzeugnisse der bedeutendsten Engros-Firmen der Branche ausgestellt wurden. Vgl. Die elegante Herren-Mode 1893, 2. 1893, S. 15.

[1068] Siehe „Biographien berühmter Fachgenossen", z. B. von Georg Stulz (1778-1832). Vgl. Europäische Modenzeitung 1857, 1. 1857; siehe die Aufforderung zur Mitwirkung an der Erweiterung des fotografischen Albums der Mitglieder der Dresdner Akademie. Vgl. Europäische Modenzeitung 1862, 5. 1862; dieser Ausgabe wurde zudem ein „Gedenkblatt für Abonnenten", auf dem Klemm, Schmidt und Müller abgebildet waren, beigefügt. Vgl. ebenda.

solventen der Schulen meldeten sich mitunter zu Wort. So berichtete ein ehemaliger Schüler der Münchener Bekleidungs-Akademie von seinen Erfahrungen als Zuschneider in New York und seinem Engagement, das System Michael Müllers und die herausgegebenen Fachbücher dort zu verbreiten.[1069]

Zusammenfassend lässt sich feststellen, dass in den Fachzeitschriften des Schneidergewerbes seit ihren Anfängen die wesentlichen Bereiche und Belange desselben – die Mode, die Technik, das Gewerbe und das Soziale – zusammengeführt und flächendeckend verbreitet wurden. Die ausgewählten Magazine können in diesem Zusammenhang als beispielhaft angeführt werden. Die weitere Entwicklung des Zeitschriftenwesens für die Bekleidungsindustrie, die hier nur kurz angesprochen wird, zeigt die Tendenz, dass sich insbesondere die Bereiche der Gestaltung und der Technik zunehmend voneinander entfernten. Verwiesen sei in diesem Zusammenhang noch einmal auf die Institutionalisierung der formalen Trennung der Studien- und Berufsrichtungen Modedesign und Bekleidungstechnik. So finden wir in der heutigen Zeitschriftenlandschaft Modemagazine[1070], die Modetrends und Lifestyle präsentieren, Branchenmagazine für die gesamte Bekleidungs- und Textilbranche mit entsprechenden marktwirtschaftlichen Analysen[1071] oder Zeitschriften für das Hobby, die Anleitungen zum Nähen, Stricken oder Häkeln enthalten.[1072] Somit kann eine zunehmende Spezialisierung und Aufsplitterung der einst miteinander verbundenen Themen und Belange durch die Fachzeitschrift verzeichnet werden. Die Transformationsprozesse der Wirtschaft, des Sozialen und der Bildung des 19. und 20. Jahrhunderts, die die Fortentwicklung der Bekleidungsindustrie bedingten, spiegeln sich somit auch in den gedruckten Medien und der damit einhergehenden öffentlichen Repräsentation wider. Noch in den 1920er Jahren war das Schneidergewerbe darum bemüht, die Kräfte zu vereinen. Als gemeinschaftliches Organ wurde „Die Rundschau für das gesamte Deutsche Schneidergewerbe. Führende Fachzeitschrift der Herren-, Damen-, Uniformen-, Livrée- und Lieferungs-Schneiderei" 1920 gegründet. Das Fachblatt, herausgegeben durch den Verlag der Zeitungsgesellschaft für das Schneidergewerbe mbH München, diente der Kommunikation der Belange aller Verbände des deutschen Schneidergewerbes. Zu diesen zählten u. a. der Reichsausschuss für das Schneidergewerbe, der Allgemeine Deutsche Arbeitgeber-Verband für das Schneidergewerbe, der Bund deutscher Schneiderinnungen in Leipzig, der Verband der Schneiderinnungen Sachsens, mit Sitz in Dresden, und der Verband Deutscher Schneider-Akademien und Modejournalverleger in München.[1073] Über den „bescheidenen Rahmen

---

[1069] Vgl. Die elegante Herren-Mode 1893, 3. 1893, S. 35-36.
[1070] Beispiele dafür sind die Zeitschriften „Vogue", „Elle" und „Brigitte". Die als Frauenzeitschriften bezeichneten Medien erscheinen monatlich bzw. letztere 14-tägig. Vgl. Vogue; vgl. Elle; vgl. Brigitte.
[1071] Die Fachzeitschrift „TextilWirtschaft" erscheint wöchentlich. Vgl. TextilWirtschaft.
[1072] Sieh dazu u. a. „CUT. Leute machen Kleider" und „Burda Magazin". Vgl. CUT. Leute machen Kleider; vgl. Burda 2018a.
[1073] Vgl. Die Rundschau 1920, 1. 1920, o. S. (Titelblatt).

der früheren Einzelblätter"[1074] hinaus wurde darin die fachtechnische und wirtschaftliche Entwicklung der Bekleidungsbranche erörtert und kommuniziert. Veröffentlicht wurden in diesem Zusammenhang ebenso fachwissenschaftliche Beiträge und praktische Anleitungen für die Schnittgestaltung. Zudem spielte weiterhin die Förderung einer eigenständigen deutschen Mode eine Rolle, während gleichermaßen der Themenbereich der gewerblichen Ausbildung, d. h. die Förderung des Nachwuchs durch entsprechende berufliche Bildungsangebote und Unterrichtsinhalte, diskutiert wurde.[1075] „Die höchste Vollendung eben dieses Handwerks"[1076] galt es mit allen Mitteln zu unterstützen, so dass „dem Kunden vor Augen [ge]führt [wird], daß die Maßschneiderei nicht eine Frage des Preises, sondern ein Fortschritt in der Kunst des Bekleidens ist"[1077]. Heute ist die noch immer existierende Zeitschrift „Die Rundschau" spezialisiert auf den Bereich der Schnitttechnik und der Verarbeitung von Bekleidung. Weitere Inhalte beziehen sich ebenso auf die Auseinandersetzung mit Themen, die die Maßschneiderei, die Verarbeitung und die aktuellen Modeerscheinungen betreffen. [1078] Die Entwicklung der Fachzeitschriften des Bekleidungsgewerbes im 19. Jahrhundert reiht sich somit in die allgemeinen, das Zeitschriftenwesen betreffenden Entwicklungen ein. Diese kommunizierten innovationsorientiert das Neue in technisch-künstlerischer Hinsicht, standen ein für die Interessen und Belange des Berufsstandes und präsentierten ein Idealbild technischer Experten einhergehend mit Diskursen der Rechtfertigung des eigenen Schaffens.[1079] In diesem Zusammenhang bewirkte der rege, flächendeckend mögliche und kontinuierliche Austausch über die Zeitschrift einen Zuwachs an und die Weiterentwicklung von Wissen und Können in der Bekleidungskunst. Die Zirkulation und Repräsentation des Wissens und die Bestrebungen, dieses stets zu reflektieren und weiterzuentwickeln, zeigt sich darüber hinaus in der Erarbeitung der entsprechenden fachwissenschaftlichen Literatur in Form von Hand- und Lehrbüchern für die Schneiderkunst.

[1074] Ebenda, S. 2.
[1075] Vgl. ebenda, S. 14-15, S. 17.
[1076] Ebenda, S. 14.
[1077] Hierbei wird der Wortlaut einer Anzeige der Bekleidungs-Akademie in München zitiert. Ebenda, S. 19.
[1078] Die Darstellungen und Erläuterungen der schnitttechnischen Umsetzungen folgen zudem den Vorgaben der Lehrbücher von M. Müller & Sohn. Siehe z. B. ein Hemdengrundschnitt in Bauchgröße für Dirigenten, konstruiert nach dem System Müllers. Vgl. Rundschau 2018a, S. 14-15; vgl. Deutsche Bekleidungs-Akademie 2000; siehe auch die entsprechende Zeitschrift für Damenbekleidung. Beigelegt ist in der ersten Ausgabe 2018 ein historisches Schnittmuster in Originalgröße. Vgl. Rundschau 2018b, o. S..
[1079] Vgl. Popplow 2011a, S. 296-297.

6.3 Fachwissenschaftliche Literatur im 19. Jahrhundert

Die Brüder Johann Heinrich und Carl Klemm veröffentlichten im Jahr 1846 ihr *„Vollstän-diges Lehrbuch der modernen Zuschneidekunst und Bearbeitung sämmtlicher Herren-kleider"*. Dieses, so heißt es in den einleitenden Worten, „enthält überhaupt Alles, was ein gewandter Meister oder Zuschneider in seinem Fache gegenwärtig zu leisten und zu wissen nöthig hat, um den Anforderungen der feinen Modewelt genügend zu entsprechen"[1080]. Nicht zu Unrecht sollte das Werk als vollständig bezeichnet werden, so dass die Gebrüder Klemm ihre Leserschaft explizit dazu aufforderten, auf mögliche Mängel aufmerksam zu machen, damit diese in der darauffolgenden Auflage berücksichtigt werden könnten. Die stetigen Bemühungen, die eigene Schnittmethode weiterzuentwickeln und das Lehrbuch um wertvolle Informationen zu erweitern, zeigt sich insbesondere an Johann Heinrich Klemms *„Handbuch der Höhern Bekleidungskunst"*, erstmalig in den 1850er Jahren her-ausgegeben, das 1870 bereits in der 26. Auflage vorlag. Das Medium des Fachbuches wurde ebenso wie die Zeitschrift dazu genutzt, die Erarbeitung der Zuschneidemethoden durch einen Austausch mit Fachkollegen zu reflektieren und zu optimieren. Die Inhalte, der Auf-bau und die Art der Vermittlung von sowohl technisch-künstlerischen Anleitungen für die Praxis als auch die Auseinandersetzung mit wirtschaftlichen, sozialen und geschichtlichen Aspekten des Schneidergewerbes über die Lehr- und Handbücher für die Schneiderei des 19. Jahrhunderts spiegeln die wesentlichen Motivationen, die Kunst der Schneiderei zu for-malisieren, wider. Sowohl für die Erörterung der technischen und gestalterischen Fortent-wicklung und der Geschichte der Zuschneidekunst als auch für die Rekonstruktion der so-zial- und wirtschaftshistorischen Transformationsprozesse und Herausforderungen für den Schneider im 19. Jahrhundert stellen die Hand- und Lehrbücher wertvolle Quellen dar.

Die handwerkliche Tradition der Wissensvermittlung in der Sphäre der Meisterwerkstatt und das methodische Prinzip des Zeigens und Nachahmens der Fertigkeiten des Meisters bedurften zunächst keiner Verschriftlichung des Wissens der Schneiderkunst. Mit Beginn der Neuzeit entstand das Fach- oder Lehrbuch aus der Notwendigkeit heraus, technisches Wissen im Allgemeinen darzustellen, zu präsentieren und zu speichern. Adressiert war das Medium an einen anonymen Leserkreis oftmals zu Zwecken des Selbststudiums.[1081] Der zunehmende Wert und die Bedeutung der Aus- und Weiterbildung für das berufliche Fort-kommen, die Existenzsicherung und eine dem technischem Stand entsprechende Produkti-vität in den unterschiedlichsten Gewerben führten zu einem quantitativen Anstieg fachwis-senschaftlicher Literatur im Fortgang des 18. und 19. Jahrhunderts. Der Rückgang von Lehrbüchern in lateinischer Sprache zugunsten von Darstellungen von Fachwissen in deut-scher Sprache ermöglichte seit dem 16. Jahrhundert, eine breitere Leserschaft zu erreichen,

---

[1080] Klemm/ Klemm 1846, S. 1.
[1081] Vgl. Popplow 2011a, S. 294-296.

während sich gleichermaßen der Kreis von Autoren erweiterte. Das Angebot fachwissenschaftlicher Publikationen umfasste zum einen Hand- und Lehrbücher sowohl für die allgemeine Bildung und Weiterbildung als auch für die Vermittlung von spezialisiertem Fachwissen, wie für den Bereich der Zuschneidekunst. Zum anderen wurden vermehrt Sachbücher, Enzyklopädien und Literatur zu wissenschaftlichen oder philosophischen Themen für die breite Masse publiziert. Im Bereich der Bildung spielten insbesondere mathematisch-naturwissenschaftliche Inhalte eine entscheidende Rolle vor dem Hintergrund, die Natur zu berechnen, zu beherrschen und sie sich zu Zwecken der Technisierung und Rationalisierung von Herstellungsprozessen zunutze zu machen. Die Zirkulation des Wissens in Form von Fachbüchern wurde zudem dadurch erweitert und erleichtert, dass die Fortentwicklung der Errungenschaften im Bereich der Drucktechniken nicht nur zu Verbesserungen der Darstellungen bspw. von Zeichnungen führten, sondern die Formate der Bücher zunehmend handlicher wurden.[1082] So existieren noch Werke von Zuschneidern, als Lehr- oder Handbuch betitelt, die aus einzelnen Tafeln bestehen, die eher in Form einer Mappe zusammengestellt sind und die Größe eines Din A3-Blattes übersteigen. Dagegen haben das Lehrbuch der Zuschneidekunst von Wendelin Mottl oder auch die Werke von Gunkel, Schrödter oder Zeischke, die gegen Ende des 19. Jahrhunderts veröffentlicht wurden, Formate, die den gegenwärtigen Abmessungen von Büchern gleichen.[1083]

Das Imitationsprinzip der Weitergabe praktischen Wissens in der Werkstatt des Meisters war zunächst nicht gebunden an eine Verschriftlichung der Darstellung dieses Wissens zu Zwecken der Ausbildung. Der unmittelbare Austausch zwischen Meister und Lehrling erforderte zudem keine technischen Anleitungen, die für einen breiten anonymen Kreis von Adressaten verfasst werden mussten, wie das Fachbuch. Zudem hütete der Schneider seine Fertigkeiten wie ein Geheimnis in der Tradition des alten Handwerks und noch bis ins 19. Jahrhundert war eine gewisse Abwehr gegen öffentliche Diskurse, neue Methoden der Wissensvermittlung sowie gegenüber entsprechenden Austauschmedien verbreitet. Die Fortentwicklung der Zuschneidekunst und die Präsentation des technisch-gestalterischen Wissens in Form von Hand- und Lehrbüchern ging somit einher mit dem Formalisierungsprozess der Bekleidungstechnik und gestaltete sich als Meilenstein desselben. Innovatoren auf diesem Gebiet waren diesbezüglich auch die zuvor besprochenen Akteure der Europäischen Moden-Akademie. Mit Ausnahme der sogenannten Musterbücher war die Darstellung des technischen Wissens der Schneiderkunst bis dahin Nebensache.[1084] Der ganzheitliche, geschlossene Herstellungsprozess in der Meisterwerkstatt erforderte keinen Austausch über deren Grenze hinaus. Erst mit den Veränderungen der Strukturen der Produktion von Bekleidung und den Anfängen der Herstellung konfektionierter Kleidung wurde die Vermittlung von produktionstechnischen Informationen relevant, während die

---

[1082] Vgl. Bödeker 2005, S. 502-503.
[1083] Siehe eine Sammlung von einzelnen Schnittmustern in einer Mappe, deklariert als Lehrbuch. Vgl. Ihli 1888.
[1084] Vgl. Popplow 2011a, S. 294-295; vgl. Niemann 1986, S. 5-8.

Institutionalisierung des Bildungswesens für die Bekleidungs- und Textilindustrie zugleich an entsprechende Lehrmaterialien gebunden war. Eine Vielfalt an Handbüchern, adressiert an einen breiten Personenkreis, wurde im Fortgang publiziert, während stets unterschiedliche Voraussetzungen der Lernenden in Bezug auf die Allgemeinbildung, die Fachbildung und die praktische Vorbildung zu berücksichtigen waren. Anhand der Werke von Wendelin Mottl, Johann Heinrich Klemm und Gustav Adolf Müller lässt sich in diesem Zusammenhang aufzeigen, wie diese ihr personengebundenes und praktisches Wissen im Format des Fachbuches darstellten und somit dieses Arbeitswissen verschriftlichten.

Die arbeitsteiligen Herstellungsprozesse von Bekleidung und die örtliche Trennung einzelner Arbeitsschritte – von der Produktentwicklung bis zur Produktion – erforderten den Austausch von Informationen. Die Herausbildung von spezialisierten Fachgebieten von der Gestaltung, der Schnitttechnik oder der Verarbeitung führte dazu, dass als Grundlage für die Ausbildung entsprechende Anweisungsliteratur verfasst werden musste. Bevor im Folgenden die inhaltliche Konzeption und Struktur der Lehrbücher im Bereich der Zuschneidekunst erörtert und daran anknüpfend auf weitere Fachliteratur der Schneiderei verwiesen wird, kann an dieser Stelle konstatiert werden, dass die Muster-, Meisterstück- oder auch Trachtenbücher der Schneidermeister als Vorläufer der bekleidungstechnischen Fachliteratur angesehen werden können. Im Zuge der Verbreitung des Buchdrucks im 16. Jahrhundert hatten auch die Schneider die Möglichkeit, einen Teil ihres Erfahrungsschatzes zu dokumentieren und zu speichern. Unterschieden werden dabei offizielle Meisterstückbücher, die in den Laden der Schneidergilden aufbewahrt und als Geheimnis gehütet wurden, und Werkbücher, in denen der Meister seine eigenen Arbeits- und Vorbereitungsschritte festhielt. Die Musterbücher der Schneidergilden beinhalteten zum einen bildliche Darstellungen von Formen und Details der Kleidungsstücke. Diese zeigten jedoch vage Vorstellungen des Schnittes und der Verarbeitung ohne entsprechende Spezifikationen, die als Anleitungen gelesen werden könnten. Zum anderen waren Angaben zum Verbrauch von Textilien für die Bekleidungsherstellung oder auch Kleider- und Handwerksordnungen integriert. Zu den ersten Musterbüchern gehören laut Otto C. Niemann die Werke von Juan de Alcega mit dem Titel „*Libro de geometria practica y traca*", datiert um 1589, und die „*Geometria del arte de vestir*", 1619 verfasst von Christophoro Serrano. Auch der geschichtliche Überblick der Zuschneidekunst von Wendelin Mottl beginnt mit einem Verweis auf das Werk von Serrano. Die ersten fachwissenschaftlichen Schriften stammten vorwiegend aus Spanien und Frankreich. Niemann weist diesbezüglich darauf hin, dass Musterbücher in deutscher Sprache des 16. und 17. Jahrhunderts nicht entdeckt bzw. womöglich noch nicht existent waren. [1085]

[1085] Vgl. Mottl 1893, S. 13-14; vgl. Niemann 1986, S. 7; vgl. Kraft 2001, S. 58-59.

Während auch die Arbeit und Arbeitsteilung der Trias von Architekten, Bauherren und Handwerkern für die Umsetzung vom Entwurf bis zum fertigen Bauwerk an den Austausch von Wissen über Materialien und Verfahren der Konstruktion und die Übermittlung von allen für den Bau relevanten Informationen gebunden waren, nahmen bereits in der frühen Neuzeit die schriftlichen und bildlichen Darstellungen in Form von Anleitungen und Handreichungen in der Architektur zu. Zu diesen zählten zudem Musterbücher und Vorlagen für Gestaltungselemente und Ornamente.[1086] Im Bereich der textilen Flächengestaltung spricht man in diesem Kontext ebenso von Musterbüchern. Stoffmusterbücher, wie die des Historischen Archivs der Hochschule für Technik und Wirtschaft Berlin, die bereits erschlossen und digitalisiert wurden, enthalten neben Proben der textilen Flächen Angaben zur Farbgebung, zu Webverfahren oder auch Informationen zu verkauften Stoffmengen einzelner Textilhersteller. Diese dienten nun einerseits als Medium für die Aufzeichnung der geschäftlichen Prozesse der Firmen und können andererseits als Anleitungen zur Rekonstruktion und Speicherung des Wissens von textilen Herstellungsverfahren verwendet und ausgewertet werden.[1087] Die ersten Schnittbücher, so beschreibt es Kerstin Kraft, enthielten noch keine detaillierten Anleitungen oder Bemaßungen, was darauf zurückzuführen ist, dass die Entwicklung eines Regelwerkes in Form von Schnittsystemen, durch die Körper und Kleid mittels mathematischer Berechnungen unter Berücksichtigung der menschlichen Anatomie zusammengeführt wurden, zu Beginn des 19. Jahrhunderts noch am Anfang stand. „Der Zuschnitt wahrte also noch einige Geheimnisse",[1088] die jedoch durch die Bemühungen eines sich stetig erweiternden Kreises von Schneidern gelüftet werden sollten, die über die Gebote der Geheimhaltung hinaus beabsichtigten, ihr Wissen und Können, aufbereitet in Form von technischer Literatur, öffentlich zugänglich zu machen.[1089] Die Hand- und Lehrbücher der Zuschneidekunst des 19. Jahrhunderts, so wird es die anschließende Erörterung zeigen, spiegeln die intrinsische Motivation und die Bestrebungen der Schneider wider, ihr implizites Wissen in explizite Formen und Vorschriften zu überführen.

Definiert werden kann der Überbegriff der *Technischen Literatur* als ein Medium der Kommunikation von technischen Themenbereichen auf unterschiedlichen Gebieten, die eine formale Struktur aufweisen und das Wissen einem möglichst breiten und unbekannten Leserkreis zugänglich und anwendbar machen.[1090] So war es ebenso das Anliegen der Verfasser von Hand- und Lehrbüchern für die Schneiderkunst, eine Vielzahl von Schneidern mit entsprechenden Kenntnissen auszustatten. So heißt es auch bei Carl und Johann Heinrich Klemm: „[W]ir beabsichtigen keinen großen Gewinn mit der Herausgabe unseres Werkes,

---

[1086] Vgl. Erben 2005, S. 607.
[1087] Vgl. Hochschule für Technik und Wirtschaft 2015; 2017 wurde zudem die Sammlung Poser vom Deutschen Technikmuseum Berlin angekauft und der Hochschule für Technik und Wirtschaft zur Erschließung zur Verfügung gestellt. Vgl. Hochschule für Technik und Wirtschaft 2018c.
[1088] Kraft 2001, S. 76.
[1089] Vgl. Popplow 2011a, S. 294-295.
[1090] Vgl. ebenda, S. 292-293.

sondern die Pariser Zuschneidekunst und Bearbeitung der Kleider auch in den Provinzial-
städten Deutschlands immer mehr einführen und verbreiten zu helfen, damit wir den Franzosen in der Kleidermacherkunst nicht länger nachstehen, sonst möglich gleich kommen
mögen, wie es in den deutschen Großstädten bereits schon der Fall ist"[1091]. Die Analyse des
Aufbaus und der Inhalte der Werke der bereits besprochenen Akteure der Europäischen
Moden-Akademie zeigt darüber hinaus, dass diese Übereinstimmungen hinsichtlich der inhaltlichen und formalen Struktur aufweisen und somit beispielhaft für die Fachliteratur auf
dem Gebiet der Zuschneidekunst sind. Jedes dieser Lehrbücher enthält eine Vorrede bzw.
eine Erklärung zum Gebrauch des Werkes gepaart mit der Darstellung der Motivation des
Verfassers. Stets wird in erster Linie hervorgehoben, dass „die nothwendige Theorie vor
dem Beginn der praktischen Uebungen"[1092] die Basis für das Erlernen des Schneiderhandwerks, insbesondere der Schnitttechnik, bildet. Die Verfasser betonten in diesem Zusammenhang ihr Anliegen, die Kunst des Zuschneidens auf ein wissenschaftliches Niveau zu
heben und sahen sich als „Förderer des Fortschrittes in der Bekleidungs- und Zuschneidekunst"[1093]. Damit einhergehend beinhalten die einleitenden Worte biographische Informationen der Zuschneider, die sich sowohl auf den beruflichen Werdegang beziehen, wie es
bspw. bei Wendelin Mottl der Fall war[1094], als auch Hinweise darauf, welche Erfahrungen
und Studien dazu geführt haben, dass diese nun in der Lage waren, eine Schnittmethode
vorzustellen. Präsentiert wurden folglich „der Zuschnitt mit Benutzung weiterhin zu lehrender wissenschaftlicher Principien"[1095] oder der „vereinfachte Zuschnitt aller Ober- und
Ueberkleider nach wissenschaftlich begründeten Proportionalverhältnissen für den normalen und unnormalen Wuchs"[1096].

Bereits erörtert wurde, dass das Medium des Fachbuches zu Zwecken des Austauschs unter
Fachkollegen genutzt wurde, um die Formalisierung der Schnitttechnik zu befördern. Während nun einerseits die vorgestellten Systeme stets als die innovativsten, praxistauglichsten
und verständlichsten Methoden hervorgehoben wurden, beschrieben die Autoren gleichermaßen den Prozess der Anpassung und Optimierung ihrer Errungenschaften. „Das beste,
untrüglichste, und daher allein richtige Verfahren aber für jeden Körperbau auf directem
Wege, ohne erst suchen, vergleichen und combiniren zu müssen, die entsprechende und
passende Schnitt-Zeichnung zu erlangen, ist und bleibt die reine Anthropo-Trigonometrie."[1097] Während Gustav Adolf Müller bereits Mitte des Jahrhunderts sein System als
Basis für die Lehre an der Deutschen Bekleidungsakademie zu etablieren versuchte, sind
die eben zitierten Worte in dem mit Anton Gunkel gemeinsam verfassten Lehrbuch „Die

---

[1091] Klemm/ Klemm 1846, S. 16.
[1092] Klemm/ Klemm 1846, S. 1.
[1093] Mottl 1893, o. S. (Wortlaut zum Andenken seines Vaters)
[1094] Vgl. Mottl 1909, S. 450-463; siehe auch Kapitel 5.
[1095] Klemm 1870, S. 39.
[1096] Expedition EMZ 1905, o. S.
[1097] Gunkel/ Müller 1871, S. 1.

gesammte Fachwissenschaft des Schneiders" aus dem Jahr 1871 zu finden. Hierbei zeigt sich nun die Zusammenarbeit unterschiedlicher Fachexperten und der damit einhergehende fachliche Austausch zugunsten der Fortentwicklung der Schnittmethoden. Ebenso ist in Rudolf Tieslers Vorwort zu *„Heinrich Klemm's Handbuch der Bekleidungskunst"*, das 1905 in der 54. Auflage erschien, das Klemm'sche System bzw. die von Tiesler erarbeitete Weiterentwicklung desselben, basierend auf den Verbesserungsvorschlägen Gunkels, als ein System beschrieben, das einen einfachen und praktischen Gebrauch gegenüber „dem Umständlichen und Komplizierten"[1098] ermöglicht. Obgleich den einleitenden Erklärungen detaillierte Erläuterungen zu den Mess- und Konstruktionsmethoden folgen, in denen die Zuschneider ihr Erfahrungswissen sprachlich und bildlich darstellten, unterstrichen diese stets, dass nur die Übung den Meister macht. Die theoretischen Grundlagen sollten folglich das Fundament für die Praxis bilden.

Auch das Ansinnen, die Zuschneidekunst auf ein wissenschaftliches Niveau und damit einhergehend die kulturelle Leistung und das Ansehen des Schneiderhandwerks zu heben, spiegelt sich in den Ausführungen wider. In diesem Kontext wurden auch soziale und bildungspolitische Themen angesprochen. So heißt es bei Klemm: „[A]uch unser Bekleidungs-Fach – gehoben durch eine früher ganz entbehrte Fachliteratur – auf einen unverkennbar höhern Standpunkt emporgeschwungen, und die Einführung der mathematischen Zuschneidekunst, anstelle der früheren höchst unzuverlässigen Handwerksprincipien, giebt von dem unablässigen Streben nach Vervollkommnung den erfreulichen Beleg"[1099]. In diesem Kontext weist er im Folgenden auf den Bedarf nach Möglichkeiten der Fortbildung hin, die sich zum einen auf die Vermittlung technisch-künstlerischer Prinzipien für den Zuschnitt und zum anderen auf weitere Themengebiete wie wirtschaftliche Kenntnisse oder die Auseinandersetzung mit der Geschichte des Kostüms beziehen. Auch die Unzulänglichkeit und der Mangel eines institutionalisierten Ausbildungssystems für das Schneidergewerbe in der Mitte des 19. Jahrhunderts wird hierbei angedeutet, so dass die fachwissenschaftlichen Schriften Möglichkeiten zum Selbststudium boten.[1100] Einerseits einem belehrenden Zweck folgend und andererseits, um den Leistungen der Zuschneider, die sich um die Fortentwicklung ihres Faches bemühten, eine besondere Wertschätzung zuteilwerden zu lassen, beinhalten einige der Schiften ausführliche Darstellungen der historischen Entwicklung der Zuschneidekunst und der entsprechenden Fachliteratur. Es galt „hierdurch [zu] verhindern, daß die Zeit und die Art der Entstehung der mathematischen Zuschneidekunst, sowie die Namen derjenigen nicht in Vergessenheit gerathen, die sich um dieses Fach verdient gemacht"[1101] haben. Insbesondere wurde in den Werken von Johann Heinrich Klemm und Wendelin Mottl die Geschichte der Zuschneidekunst thematisiert, während in

---

[1098] Tiesler 1905, S. 1.
[1099] Klemm 1870, S. 1.
[1100] Vgl. ebenda, S. 1-2; vgl. Kawisch/ Klemm 1856, o. S. (Einführung).
[1101] Klemm 1870, S. 3.

anderen Lehrbüchern, wie bei Anton Gunkel und Josef Zeischke, Verweise auf die Systeme, Berechnungen und Techniken der Vermaßung des menschlichen Körpers ihrer Vorgänger zu finden sind.[1102] Eine Beurteilung der Schnittmethoden, auf Basis der Erfahrungswerte der jeweiligen Verfasser, floss in diesem Kontext meist mit ein, so dass die Entwicklungsgeschichte der Zuschneidekunst nicht nur in Form von historischen Fakten dargestellt wurde. Die in den Werken enthaltenen Darlegungen der individuellen Denkprozesse in der Auseinandersetzung mit den Studien aus der Vergangenheit ermöglichen einen tieferen Einblick in den Formalisierungsprozess der Zuschneidekunst, da nicht nur die jeweiligen Ergebnisse in Form von Konstruktionsanleitungen präsentiert, sondern der Arbeits- und Forschungsprozess der Akteure und der damit verbundene fachliche Austausch transparent werden.[1103]

Im Detail wurden bereits die einzelnen Schnittsysteme von Akteuren der Europäischen Moden-Akademie erläutert. Zu diesen zählen die Errungenschaften von Gustav Adolf Müller und Johann Heinrich Klemm, der beiden Gründer der Dresdner Akademie, und die schnitttechnischen Lösungen von Wendelin Mottl, Anton Gunkel, Josef Zeischke, Rudolf Tiesler und Alfred Schrödter. Die Analyse der Entwicklung und Ausformung der Zuschneidemethoden diente der Identifikation der expliziten und impliziten Wissensformen. Ohne die Ergebnisse dieser Untersuchung zu wiederholen, sei an dieser Stelle die Darstellung des Wissens der Zuschneider unter formalen Gesichtspunkten, die inhaltliche und konzeptionelle Struktur der Fachbücher betreffend, zusammengefasst. Stets wurde betont, dass das Erlernen der Zuschneidekunst zum einen ein theoretisches und nachvollziehbares Regelwerk voraussetzte und zum anderen dieses erst in der praktischen Übung angewendet und fachgerecht ausgeführt werden kann. Das Verfassen von Lehr- und Fachbüchern war und ist dazu bestimmt, Lernenden, ob im Selbststudium oder im schulischen Kontext, entsprechende Anleitungen für die Ausbildung fachspezifischer Techniken oder Inhalte zur Verfügung zu stellen. Insbesondere Klemm, Müller, Mottl und auch Gunkel verwendeten in diesem Kontext immensen Aufwand darauf, ihre Schnittmethoden und Anweisungen zum Maßnehmen vorweg im Detail zu erläutern, bevor die Leser sich tatsächlich mit den Konstruktionsanweisungen beschäftigen konnten.[1104] In erster Linie legten die Autoren den größten Wert auf das Ausmessen des menschlichen Körpers, auf eine präzise Beschreibung der Körpermaße und Messstrecken sowie auf die Notwendigkeit, unterschiedliche Wuchsformen des Körpers zu identifizieren. In diesen Ausführungen wurde zudem die Herleitung der proportionalen Berechnungen, die in die Zeichnung des Schnittes einflossen, berücksichtigt. Die umfassenden Erläuterungen des Messvorgangs wie auch die detailgenaue Darstellung der Entwicklungsschritte der Schnittkonstruktion wurden sowohl im Fließtext als

---

[1102] Vgl. Zeischke 1891, S. 1-5; vgl. Gunkel 1903, S. 3-4.
[1103] Musterhaft steht dafür der theoretische Teil in Wendelin Mottls Handbuch. Vgl. Mottl 1893; vgl. Mottl 1909.
[1104] Johann Heinrich Klemm erläuterte das theoretische Fundament zu seiner Methode in einem Umfang von 70 Seiten. Vgl. Klemm 1870, o. S.- S. 72.

auch mittels bildlicher Darstellungen transportiert. Zu letzteren zählten neben Zeichnungen der einzelnen Entwicklungsschritte des Schnittes und Abbildungen unterschiedlicher Wuchsformen des menschlichen Körpers auch die Erläuterung der Messtrecken und Messinstrumente anhand von figürlichen Darstellungen. Darüber hinaus setzten die Zuschneider Benennungen und davon abgeleitete Abkürzungen und Zeichen in Form von Buchstaben, Zahlen oder auch geometrischen Formen fest, die in den einleitenden Beschreibungen der Schnittsysteme bereits eingeführt und in der anschließenden Anleitung der durchzuführenden Schnittentwicklung zur Anwendung kamen. Neben der Einführung der Begriffe und Zeichen im Fließtext wurden diese zum Teil erneut in tabellarischer Form dargestellt. Teilweise legten die Verfasser, wie u. a. Johann Heinrich Klemm, Schnittzeichnungen in Originalgröße oder Hilfsmittel für das Konstruieren wie ein Reduktionsschema bei, während die Anleitungen zum Zeichnen der Schnitte im Maßstab dargestellt wurden.[1105]

Die Analyse der ausgewählten Hand- und Lehrbücher stützt auch die Schlussfolgerungen von Kerstin Kraft, die den Aufbau der Schnittbücher wie folgt zusammenfasst. Diese bestanden in der Regel aus einer Vorrede, in der die Kunstfertigkeit und Wissenschaftlichkeit der Schneiderei betont, die entsprechenden, individuellen Schnittmethoden als die optimalen Lösungen vorgestellt und die Kulturleistung des Schneiders hervorgehoben wurden. Ein wesentlicher Teil der theoretischen Abhandlungen war die Auseinandersetzung mit der menschlichen Anatomie, während die Darlegung und Legitimation der Zuschneidesysteme oftmals verbunden war mit einem Überblick und einer Beurteilung bereits entwickelter schnitttechnischer Lösungen. Der Theorie als Grundlage der Praxis schloss sich stets der praktische Teil der Konstruktionsanleitungen an.[1106] Die Lehrbücher der Zuschneidekunst, die im 19. Jahrhundert verfasst und verbreitet wurden, zu denen die Werke von Klemm, Müller, Mottl und Gunkel zählten, ermöglichen das Ablesen des Formalisierungsprozesses der Zuschneidekunst und eine entsprechende Einbettung in den historischen Kontext der Herausforderungen, vor denen das Schneidergewerbe gestellt war. Die persönliche Motivation der Verbreitung der eigenen Fertigkeit in Form der Zuschneidesysteme war stets begleitet durch die Betonung der allgemeinen Hebung des Berufsstandes mittels einer entsprechenden fachlichen, als wissenschaftlich bezeichneten Bildung bzw. Weiterbildung. Die Art der Darstellung und Beschreibung der Erfahrungswerte der Zuschneider und die Übertragung des Wissens in ein formalisiertes Regelwerk spiegeln dabei die Transformation der Tradierung des Wissens wider. Die Auflösung der traditionellen handwerklichen Vermittlung von Fertigkeiten in der Meisterwerkstatt zugunsten einer Ausweitung von Lehr- und Lernmethoden durch die Verbreitung und Zugänglichkeit von Fachbüchern wird durch die Aufbereitung des Wissens deutlich. Zu sehen sind diese Werke zunächst weniger als kompakte Abhandlungen und Anleitungen für die praktische Umsetzung,

---

[1105] Siehe dazu Kapitel 5.2.
[1106] Kraft 2001, S. 75-76.

verfasst für ein anonymes Publikum, sondern erscheinen eher als dialogische Form der Vermittlung zwischen Lehrenden und Lernenden. Die theoretischen Grundlagen zur Herleitung und Anleitung der Schnittmethoden oder auch die historischen Rahmen-bedingungen der Zeit, die in den Werken von Klemm und Mottl bis zu 150 Seiten Text umfassen, zeigen die Bemühungen, den Vorgang des Zeigens und Nachahmens in eine schriftliche Form zu übersetzen.[1107] Im Fortgang, wie es sich bereits bei Schrödter und Tiesler oder auch in Gunkels *„Lehrbuch der Europäischen Moden-Akademie"* zeigt, wurden diese beschreibenden und erklärenden Inhalte zunehmend gekürzt und sind heute nicht mehr Teil der Lehrbücher der Schnitttechnik.[1108] Diese beinhalten letztlich lediglich das Ergebnis des Formalisierungsprozesses – die Determinierung von proportionalen Berechnungen, von Maßanweisungen und Entwicklungsschritten der Schnittzeichnungen, so dass im Umkehrschluss die Lernenden (wieder) an das Zeigen und Erläutern der Lehrenden gebunden sind. Als wertvolles historisches Quellenmaterial, durch das sich die Geschichte der Formalisierung der Zuschneidekunst rekonstruieren und die Wissensformen derselben identifizieren lassen, können die Hand- und Lehrbücher in einem übertragenen Sinne als *Grundschnitt* bezeichnet werden, als Basis für die *Modellierungen* und die anschließende Erarbeitung des *Produktionsschnittes*. So trägt nicht nur das Schnittmuster, sondern auch das Lehrbuch der Schnitttechnik von heute die Geschichte der Zuschneidekunst in sich.

6.4 Speicher und Träger des Wissens der Zuschneidekunst

„Lernt zeichnen, - lernt sehen, lernt, lernt! Das sollte einem jeden jungen Menschen, der das Schneiderhandwerk erlernen will, vom ersten Tage seiner Lehre ab eingeschärft werden"[1109] und „[d]er Schneider lernt nie aus"[1110]. Mit diesen Worten wurden die gesonderte Stellung und die Leistungen des Handwerks in einem Vorlagenwerk zur Anfertigung von fachspezifischen Zeichnungen der Expedition Europäische Modenzeitung, betitelt als *„Berufsschulung und Geschmacksbildung im Schneidergewerbe"* aus dem Jahr 1930, hervorgehoben. In diesem Werk wurden ausführliche Unterrichtsinhalte für vier Lehrjahre zur Ausbildung des Fachzeichnens für den Bereich der Schnitttechnik vorgelegt. Zu diesen zählten Anleitungen zum Freihandzeichnen, zum Zeichnen geometrischer Formen als Grundlage für die Schnittzeichnungen, die Lehre vom goldenen Schnitt sowie die Einteilung des Körpers nach proportionalen, mathematischen Regeln. Zusätzlich enthalten sind Instruktionen zum Einzeichnen von einzelnen Elementen in bereits erarbeiteten Grundformen wie Taschen oder Kragen. Die Zeichenvorlagen wurden dabei ergänzt durch knapp

---

[1107] Vgl. Mottl 1893; vgl. Klemm 1870.
[1108] Vgl. Gunkel 1903; vgl. Tiesler 1905; vgl. Schrödter 1930.
[1109] Müller C. 1930, S. 1.
[1110] Ebenda, S. 1.

gefasste Erläuterungen der einzelnen Abbildungen.[1111] Ein ausgeprägtes „Zeichentalent, Formensinn und guten Modegeschmack"[1112] benötigen diejenigen, die sich in der Bekleidungskunst ausbilden wollen. „Aber das Schneidern wird eigentlich erst zur wertvollen Arbeit, wenn es sich auf die Kunst des Zuschnittes stützen kann. Während das Nähen hauptsächlich auf Handfertigkeit beruht, stellt die Zuschneidekunst höhere Anforderungen."[1113] In keiner Weise soll die Kunst der Verarbeitung, die Ausschmückung von Kleidungsstücken oder auch die Kunst der textilen Flächengestaltung herabgewürdigt werden. Zentral für die Herausbildung des Berufes des Schneiders war jedoch das Teilen, das Zerschneiden des Stoffes. Zentrales Motiv für die Riege der Schneider, und so auch für die Akteure der Europäischen Moden-Akademie, war es ausgehend von der Fortentwicklung der Zuschneidekunst, ihr Gewerbe zu heben und ihr Wissen und Können auf die Transformationsprozesse des 19. Jahrhunderts zuzuschneiden.

Der Formalisierungsprozess der Zuschneidekunst ist eine Geschichte des Wissens, das innerhalb der Berufsgruppe der Schneider ausgehandelt und hervorgebracht wurde. Während ein Teil dieses Wissens explizite Formen angenommen hat, bleibt ein weiterer Teil stets implizit. Im Rahmen einer wissenshistorischen Untersuchung spielt insbesondere die Zirkulation des Wissens eine entscheidende Rolle. So ist die Entstehung, Vermittlung und Aneignung von Wissen eng mit den Austauschbeziehungen derjenigen verbunden, die dieses anwenden. Die Produktion und Zirkulation sind diesbezüglich geknüpft an eine grundlegende Motivation der Beteiligung an der Weiterentwicklung des Wissens, an fachspezifischen Anregungen und Beurteilungen und an die Auseinandersetzung mit angrenzenden Wissensbereichen. Die Austauschbeziehungen zwischen den Akteuren, eingebettet in ein geschaffenes Kommunikationsnetzwerk, ermöglichten das Aufgreifen bereits erarbeiteter Lösungen im Bereich der Schnitttechnik und eine daran anschließende Fortentwicklung.[1114] Die zuvor erörterten medialen Formate – das Schnittmuster, die Zeitschrift und das Fachbuch – nutzten die Schneider zum einen dazu, ihr Wissen sowohl nach außen als auch nach innen zu repräsentieren. Zum anderen gestalteten sich die Medien als dynamische Mittel der Kommunikation und des Dialoges über dieses Wissen zu Zwecken der Speicherung, des Transports und der Darstellung desselben.[1115] Das propagierte Ansinnen, in einem erweiterten Kreis von Experten am Formalisierungsprozess zu arbeiten und die gegenseitigen Beurteilungen und Anstöße konstruktiv zu nutzen, war damit verbunden, Errungenschaften im Rahmen des Formalisierungsprozesses gegenüber anderen anzupreisen, so dass der fruchtbare Austausch gleichermaßen eine Konkurrenzsituation widerspiegelt. So gestalteten sich die Formate und Medien als „Filter, die Wissen selektieren, hervorheben und un-

---

[1111] Vgl. ebenda, S. 1 ff.
[1112] Internationale Schnittmanufaktur 1910, o. S..
[1113] Ebenda, o. S..
[1114] Zur Produktion und Zirkulation von Wissen in einer Gesellschaft. Vgl. Sarasin 2011, S. 164-165.
[1115] Zu Repräsentationsformen und Medialität des Wissens. Vgl. ebenda, S. 167-168.

terdrücken"[1116]. Die Verfasser der Lehrbücher der Zuschneidekunst unterstrichen stets die Praxistauglichkeit und Fortschrittlichkeit ihrer eigenen Systeme, während andere Lösungen offensichtlich berücksichtigt und evaluiert wurden und in die Entwicklung der Methoden einflossen. Ebenso wurden diese jedoch kritisiert und oftmals als nicht zweckdienlich oder unausgereift beschrieben. Neben der Darstellung der gestalterisch-technischen Methoden und Inhalte der wissenschaftlichen Disziplin der Bekleidungskunst handelten die Schneider ihre sozialen, wirtschaftlichen und bildungspolitischen Belange über die medialen Formate aus und machten diese öffentlich zugänglich und transparent. Diese umfassende Inszenierung ihres Fachgebietes spiegelte somit sowohl ein allgemeines Selbstverständnis der ganzen Berufsgruppe als auch das Selbstverständnis einzelner Akteure und ihrer Erfolgsgeschichten.[1117] So können die Formate und Formen der Aufbereitung und Dokumentation als „Wissens-Speicher der Formalisierung und Systematisierung"[1118] der Bekleidungskunst angesehen werden. Das Desiderat, im Rahmen wissensgeschichtlicher und technikhistorischer Forschungen Lehr- und Fachbücher hinsichtlich der Dokumentation des Wissens, des Wissens als Endprodukt des Aneignungsprozesses als auch im Hinblick auf die Erörterung des Formalisierungsprozesses zu untersuchen, kann durch die Analyse des Fachbuches der Zuschneidekunst erfüllt werden und Impulse für die Analyse von Lehrbüchern anderer fachlicher Disziplinen geben.

Die Weiterentwicklung und Systematisierung der Zuschneidekunst ist im Kontext der allgemeinen Transformation technischen Wissens im Verlauf der Zeit und den damit in Wechselbeziehung stehenden Möglichkeiten der Erzeugung, der Speicherung und Kommunikation von Wissen zu erörtern, die sich seit dem Mittelalter herausbildeten und um 1800 zunehmend komplexer wurden. Die genutzten Medien und die Formen der Darstellung wie bspw. technische Zeichnungen oder schriftliche Anleitungen und Erörterungen einer mathematisch-naturwissenschaftlichen Auseinandersetzung mit der Natur zugunsten der Fortentwicklung technischen Wissens, spielten eine entscheidende Rolle für die Zirkulation und die Formen der Repräsentation von Wissen.[1119] Die dazu genutzten Medien und der damit verbundene fachliche und überfachliche Austausch waren dabei eingebettet in die institutionellen Strukturen für die Verbreitung. Das Erreichen einer Öffentlichkeit durch die „Institutionalisierung einer permanenten Kommunikation"[1120] seit dem 18. Jahrhundert und der steigende Bedarf nach Informationen und Bildung im Fortgang des 19. Jahrhunderts wurden geprägt durch die Herausbildung von Verlagsanstalten für Zeitschriften und Bücher und die Fortentwicklung des Bildungswesens.[1121] Die Europäische Moden-Akademie und

---

[1116] Ebenda, S. 168.
[1117] Zur gesellschaftlichen Repräsentation von Wissen. Vgl. Vogel 2004, S. 657.
[1118] Zitierte Bezeichnung von Sonja Petersen. Petersen 2011, S. 135.
[1119] Vgl. Popplow 2015, S. 850-851.
[1120] Bödeker 2005, S. 516.
[1121] Vgl. Ungern-Sternberg 1987, S. 392 ff..

ihre Organe stellen somit einen institutionellen und ideellen Rahmen für eine mehrschichtige Interaktion der Erlangung, Erzeugung und Repräsentation von Wissen und den damit verbundenen Prämissen dar. Die Aktivitäten – die Vernetzung der Lehranstalt und des Verlags, die Einbindung der aktiven Mitglieder der Akademie sowohl in die Lehre und Forschung als auch in die Kommunikation der Belange des Berufsstandes der Schneider – dokumentieren somit den technischen und wissenstheoretischen Fortschritt und die gesellschaftliche Repräsentation des Gewerbes.

Im Rahmen der Berichterstattung über die Weltausstellung in Chicago heißt es bezüglich der Präsentationen im Bereich des Buchgewerbes, dass „die enorme Masse von Kenntnissen und Gelehrsamkeit, die in den deutschen Büchern aufgespeichert ist, [...] die Summe des Gemeinsinnes, von welchem die deutschen Verleger beseelt sind"[1122], aufzeigt. In Ergänzung zu den Fachzeitschriften und der Fachliteratur des Schneidergewerbes und der Interaktion der Akteure, bedingt und befruchtet durch die Herausbildung eines institutionellen Rahmens, repräsentierte sich der Gewerbezweig über die Teilnahme an Ausstellungen wie u. a. in Chicago 1893. Zudem ermöglichte die Errichtung einer Bibliothek und eines Archivs in den Räumen der Dresdner Akademie einen weiteren institutionalisierten und öffentlichen Zugang zum Wissen der Fachgebiete der Bekleidungskunst und der Kultur des Schneidergewerbes. Auch die Einrichtung von Vorlagensammlungen – von Rohstoffen, Artefakten, textilen Flächenerzeugnissen oder Kleidungsstücken – fungierte in diesem Kontext als Medium für die Vermittlung, Speicherung und Repräsentation von Wissen und Fertigkeiten. Die Lehrmittelmuseen stellten somit den Aktionsrahmen der Institution, wie auch den der Europäischen Moden-Akademie, dar und dokumentierten gleichermaßen den technisch-gestalterischen Stand im Bekleidungsfach. Sie eröffneten die Möglichkeiten einer internen und externen Auseinandersetzung sowohl mit der Praxis der Lehre als auch mit dem technischen Wandel. Während die Fachbibliothek, das Lehrmittelmuseum und auch die Veranstaltung von Vortragsreihen und Ausstellungen eine sowohl visuelle, verbale, haptische und direkte Vermittlung von Wissen und Können mit sich brachte, beinhaltet die Zuschneidekunst über die materialisierte Form des Schnittmusterbogens und des Fachbuchs hinaus stets das Geheimnis und das nicht in Worte oder Zeichen überführbare Wissen des Zuschneiders.

[1122] Reichskommissar 1894, S. 1043.

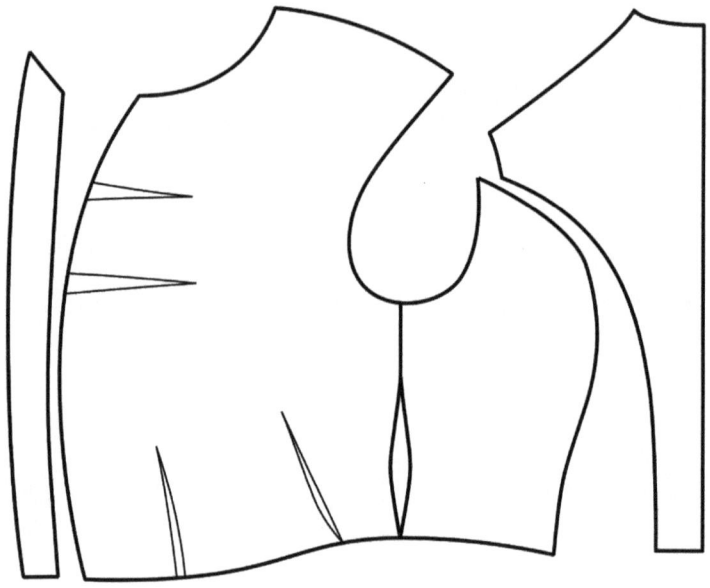

Figur 7

Abb. 7: Figur 7 – Schnittzeichnung nach der Konstruktionsanleitung für den Gehrock nach Wendelin Mottl. Entwicklungsstufe 7. *Quelle: Grafik von Lilly-Britt Weiß, 2018 (Legende: siehe Anhang B)*

„Man wird sich an den Gedanken gewöhnen müssen, dass
dem Handwerk und seiner hochentwickelten Form in der
Technik eine tragende Kulturleistung zukommt. "[1123]
Peter Janich, 2015

7. Schlussbetrachtungen

Die ökonomischen, produktionstechnischen und bildungspolitischen Transformationsprozesse der fortschreitenden Industrialisierung in Deutschland im 19. Jahrhundert ließen das alte Handwerk und das damit verbundene traditionelle handwerkliche Erfahrungswissen, situiert in der Meisterwerkstatt und angewendet in einem geschlossenen, ganzheitlichen Herstellungsprozess, nicht unberührt. Die Bedrohung handwerklicher Strukturen der Produktion, der Kampf um Existenzen und die Legitimation handwerklicher Kunstfertigkeiten gepaart mit der Notwendigkeit der Anpassung von Qualifikationen betrafen insbesondere das Schneiderhandwerk im Kontext der Herausbildung der serienmäßigen Herstellung von Bekleidung. Hatten Menschen sich schon seit den Anfängen der Kulturgeschichte darum bemüht, den Körper mittels dreidimensionaler textiler Hüllen zu bekleiden und diese Kunst stetig auszureifen, entstand das Berufsbild des Schneiders erst, als die Fläche geschnitten wurde, so dass sich die Zuschneidekunst als essentieller Baustein der Verfeinerung und Fortentwicklung der Ausführung der Bekleidungskunst darstellte.[1124]

Die Untersuchung der Europäischen Moden-Akademie als erste höhere Bildungseinrichtung für das Schneiderhandwerk im deutschsprachigen Raum, die Analyse der Forschungs- und Lehrpraxis und die Zirkulation des Wissens durch die Mitglieder und Organe der Akademie lassen die Weiterentwicklung, die Formalisierung und Systematisierung der Zuschneidekunst als zentrales Motiv für die Gründung der Institution erkennen. Die Europäische Moden-Akademie war konstituiert durch ein Netzwerk von Akteuren und den damit verbundenen Mitteln des Austauschs für die Zirkulation von Erkenntnissen und Erfahrungen und die Vermittlung von Wissen und Können durch die Einführung unterschiedlicher Lehrangebote und die Nutzung medialer Formate wie Fachzeitschriften und Lehrbücher. Die Mitglieder der Akademie sahen sich hierbei als Beteiligte im Prozess der Verwissenschaftlichung der Bekleidungskunst. Die Analyse der Dresdner Lehranstalt ermöglichte in diesem Zusammenhang die Einordnung in den wirtschaftlichen, sozialen, technischen und bildungspolitischen Kontext, in dem die Schneider durch die Formalisierung ihres Wissens im 19. Jahrhundert ihre Handwerkskunst zu verteidigen und zu heben beabsichtigten. Durch

---

[1123] Janich 2015, S. 71.
[1124] „Der Beruf des Schneiders entstand, als differenziertere Formen der Kleidung einen Zuschnitt, ein Schneiden des Stoffes und damit ein Schneidern, notwendig machten." Lenger/ Lutum-Lenger 1991, S. 207.

die Gründung der Europäischen Moden-Akademie beabsichtigten Johann Heinrich Klemm und Gustav Adolf Müller, insbesondere die Zuschneidekunst auf ein wissenschaftlich fundiertes Niveau zu heben. Im Rahmen dieses institutionellen und ideellen *Raumes des Wissens*, bestehend aus der Lehranstalt, den unterschiedlichen Distributionskanälen für die Verbreitung von Lehrbüchern und Fachzeitschriften und den damit verbundenen Austauschbeziehungen, konnte das Wissen der Zuschneidekunst kanalisiert und zugänglich gemacht werden. Die Systematisierung und Formalisierung des Wissens gingen dabei einher mit der Zirkulation und Vermittlung der Bekleidungskunst. Die Dresdner Akademie diente zudem als Vorbild für die Errichtung weiterer Institutionen für die fachliche Bildung für das Bekleidungsgewerbe im 19. Jahrhundert. Gleichzeitig fungierte die Institution als Vorreiter für ein ganzheitliches Bildungs- und Forschungskonzept für die Bereiche der Bekleidungsgestaltung und Bekleidungstechnik, ohne dass dabei eine Trennung von Gestaltung und Technik in Erscheinung trat.

Die Auswertung der Werke der Zuschneider diente der Erörterung, inwieweit es diesen gelungen war, die Kunst des Zuschneidens in ein allgemeingültiges Regelwerk zu übersetzen. Damit einhergehend konnten insbesondere unterschiedliche Wissensformen transparent gemacht und die Hypothese belegt werden, dass bis zur Jahrhundertwende ein universalisiertes und wissenschaftlich fundiertes Wissen, das bis heute Gültigkeit besitzt und die Grundlage für die Schnittkonstruktion bildet, entstand – unabhängig davon, welche technischen Mittel und Werkzeuge für die praktische Umsetzung und Vervielfältigung von Schnittmustern bis heute entwickelt wurden. Es konnte dargelegt werden, welche Formen des Wissens einerseits in den Prozess der Wissensgenerierung und Fortentwicklung einflossen und andererseits welches Wissen entscheidend war und ist für die Aneignung und die Anwendung in der Praxis. Die Erarbeitung eines formalisierten, allgemein gültigen und praxistauglichen Regelwerkes für die Schnitttechnik war zudem begleitet durch das genuine Selbstverständnis der Schneider, einen wesentlichen Beitrag zur Kulturgeschichte des Menschen zu leisten. Wiederholt betonten die einzelnen Zuschneider den Mehrwert und die Qualität ihrer eigenen Lösungswege bei der Erarbeitung der Schnittmethoden und stellten Behauptungen auf, das jeweilige System sei dasjenige, das den wahren Kern des Wissens der Zuschneidekunst beinhalte und alleinig den Anspruch auf Allgemeingültigkeit besitze. Motiviert durch das Ziel, die Schnitttechnik zu formalisieren, nutzen die Zuschneider im Wesentlichen ihr Erfahrungswissen, ein Wissen, das im Rahmen der Erarbeitung verbesserter Lösungen nicht nur explizite, auf Regeln basierende Formen annehmen sollte, sondern zudem erstmalig in dieser Komplexität verschriftlicht und dargestellt wurde und somit zirkulieren konnte.

Wissen spezifiziert Jakob Vogel, Berger und Luckmann zitierend, als die „von einer spezifischen Gruppe zu einem Zeitpunkt geteilte Gewißheit, daß Phänomene wirklich sind und bestimmte Eigenschaften haben"[1125], während nach Polanyi diese Gewissheit, die wissenschaftliche Wahrheit, als allgemeingültig anerkannt wird, wenn die aufgestellten Behauptungen verbreitet und respektiert werden.[1126] In diesem Kontext ist der Formalisierungsprozess der Schnitttechnik im 19. Jahrhundert durch parallel und konsekutiv entwickelte Zuschneidemethoden gekennzeichnet, die in der Auseinandersetzung mit individuellem und kollektivem Wissen einerseits und andererseits unter Einbeziehung unterschiedlicher Wissensformen entstanden. Im Rahmen der Systematisierung und Formalisierung von praktisch erworbenem, geübtem und erprobtem Wissen des Schneiderhandwerks im Fortgang des 19. Jahrhunderts kann die Koexistenz verschiedener Wissenssysteme festgestellt werden. Laut Vogel standen im Allgemeinen diesbezüglich handwerklich-berufsständisches und naturwissenschaftlich-technisches Wissen in Wechselbeziehung, so dass die Akteure, die Gruppe der Schneider, zu „Trägern eines *Practical Knowledge* bei der Umsetzung von neuen wissenschaftlich-technischen Errungenschaften"[1127] wurden. Gezeigt hat sich anhand der Analyse der Werke der Zuschneider, dass das Ergebnis des Prozesses der Formalisierung ihrer Kunst sowie die Verschriftlichung ihres Wissens einen großen Anteil an implizitem Wissen beinhaltete. Neben der Auseinandersetzung mit anatomischem Wissen über den menschlichen Körper und die Überführung von mathematischen Grundlagen sowie die Herleitung von proportionalen Berechnungen, die wesentlich für die Entwicklung der Zuschneidesysteme waren, bemühten sich die Zuschneider darum, ihr Erfahrungswissen zugunsten der Vermittlung und Aneignung der Methoden schriftlich darzustellen. Die Auflösung der traditionellen Tradierung des Wissens in der Meisterswerkstatt bedeutete, dass die durch das Imitationsprinzip vermittelten Inhalte und Fertigkeiten durch neue Methoden und Medien verbreitet werden konnten. Die Untersuchung der Lehr- und Handbücher im Bereich der Zuschneidekunst haben in diesem Zusammenhang gezeigt, dass die Verfasser vornehmlich bemüht waren, eine Brücke zwischen Theorie und Praxis zu schlagen, in dem diese versuchten, die impliziten Anteile ihres durch Erfahrungen gewonnenen und gewachsenen Wissens auszuformulieren.

Das Wissen der Zuschneider war und ist zwischen zwei Polen angesiedelt – der Kunst und der Wissenschaft.[1128] Dieses Wissen bezieht sich zunächst auf den Anteil des Wissens, der explizierbar ist und aus (allgemein-)gültigen, nachvollziehbaren Beschreibungen, Anleitungen oder Handlungsanweisungen besteht, die auf wissenschaftlichen, nachweisbaren Er-

---

[1125] Vogel 2004, S. 651; „»Wissen« definieren wir als die Gewißheit, daß Phänomene wirklich sind und bestimmte Eigenschaften haben." Berger/ Luckmann 2001, S. 1.
[1126] Polanyi spricht in diesem Zusammenhang von einem »Allgemeinheitsanspruch« und nicht von einer »erwiesenen Allgemeinheit«. Vgl. Polanyi 1985, S. 72.
[1127] Vogel 2004, S. 654-655.
[1128] Heymann und Wengenroth betonen die Rolle der Intuition und das »*Kunst*können" in Bezug auf das Selbstverständnis der Ingenieure. „»*Kunst*« und »*Wissenschaft*« repräsentieren zwei Pole des technischen Schaffens, die stets präsent sind, sich in ihrem jeweiligen Gewicht jedoch ständig verschieben." Heymann/ Wengenroth 2001, S. 108.

kenntnissen beruhen. Mildenberger bezeichnet dieses Wissen als *Know-that*. Zudem impliziert das Erlernen und die praktische Ausführung der Zuschneidekunst *Know-how*[1129], d. h. ein Wissen und die Erfahrung, wie das Regelwerk und die Anweisungen für die Herstellung von Bekleidung angewendet werden. Die Rekonstruktion der Auswahl von Schnittsystemen, die im 19. Jahrhundert entstanden, hatte gezeigt, dass auch dieses Regelwerk einen impliziten, auf Erfahrungen basierenden Anteil enthielt und entsprechende Gestaltungsräume für die Anwendung ermöglichte – ganz unabhängig davon, welche und inwieweit mathematisch-geometrische Kenntnisse für die Herleitung der Methoden herangezogen wurden. Darüber hinaus bestätigte die Analyse der schriftlichen Erläuterungen als Basis für die Anwendung der Methoden, dass das implizite *Practical Knowledge* trotz immenser Bemühungen nicht vollständig schriftlich festgehalten werden kann, so dass die Theorie immer der Praxis bedarf, die bestenfalls durch das Prinzip der Imitation handwerklicher Kunstfertigkeiten vermittelt wird.

„Man wird sich an den Gedanken gewöhnen müssen, dass dem Handwerk und seiner hochentwickelten Form in der Technik eine tragende Kulturleistung zukommt."[1130] Losgelöst davon, welche technischen Innovationen und technischen Mittel heute nun im Bereich der Schnitttechnik eingesetzt werden, haben die Zuschneider des 19. Jahrhunderts ein allgemein anerkanntes und formalisiertes Wissen der Bekleidungskunst zusammengetragen und der Fachwelt präsentiert, das auf den Funktionsprinzipien der Schnittgestaltung beruht. Dieses Wissen wurde im Prozess der Formalisierung und Kodifizierung stetig adaptiert und weitergetragen. Sekundär ist in diesem Zusammenhang die Beurteilung der tatsächlichen Praxistauglichkeit der einzelnen Zuschneidemethoden und letztlich auch der Bestrebungen, diese Systeme zu optimieren. Gegenstand von Spekulationen kann es somit an dieser Stelle nur sein, warum sich wenige Schnittsysteme wie bspw. das System von Michael Müller & Sohn gegenüber anderen Systemen durchgesetzt und etabliert haben. Die Weiterentwicklung dieser Systeme basierte ebenso auf den Funktionsprinzipien der Zuschneidekunst unter Einbeziehung individueller Erfahrungen. Somit hätten auch andere Experten die Möglichkeit gehabt, ihre Methoden als Maßregel der Zuschneidekunst in der Fachwelt einzuführen und diese sukzessive zu verfeinern.

[1129] Nach Mildenberger ist technisches Wissen eine Kombination aus *Know-that* (Wissen-das) und *Know-how* (Wissen-wie). Dieses impliziert zum einen Beschreibungen von Handlungsbedingungen beim Entwurf, bei der Herstellung und Nutzung technischer Artefakte. Geknüpft ist das *Know-that* an die Integration von natur- und sozialwissenschaftlichen Erkenntnissen. Das *Know-how* ist eingebettet in den Handlungsbezug und impliziert die Transformationen und Rekonstruktionen des Wissens durch eine Person und stellt somit eine erweiterte Erfahrung dar. Vgl. Mildenberger 2006, S. 175.

[1130] Janich 2015, S. 71.

7.1 Der integrative Ansatz einer ingenieurwissenschaftlichen Ausbildung im Schneiderhandwerk an der Europäischen Moden-Akademie

Die Auflösung der Meisterwerkstatt und die damit verbundene Zerlegung des Herstellungsprozesses von Bekleidungserzeugnissen hatten Auswirkungen auf unterschiedlichen Ebenen. Zunächst änderten sich die Strukturen der Produktion zugunsten einer zunehmenden Arbeitsteilung. An verschiedenen Standorten wurden unterschiedliche Arbeitsschritte durchgeführt, so dass nicht nur der Herstellungsprozess an sich aufgesplittert, sondern zudem unterschiedliche Aufgabenbereiche, sprich Teilaufgaben ausgeführt wurden und zu Spezialisierungen im Bereich der Fertigung von Bekleidung führten. Im großen Ganzen setze sich im Fortgang des 19. und 20. Jahrhunderts bis in die heutige Zeit eine Trennung, sogar Abgrenzung der Bereiche der Bekleidungsgestaltung, der Produktentwicklung, der Produktion und schließlich der Vermarktung durch, wie sich nicht nur an den Strukturen der Bekleidungshersteller, sondern auch im Bereich der Ausbildung zeigt. Die verschiedenen Teilgebiete sind zum einen durch entsprechende Tätigkeiten gekennzeichnet, während die Ausführung zum anderen ein spezielles Wissen und Können voraussetzt. Diese Aufgaben lagen einst in den Händen des Schneiders. Sowohl in der industriellen Praxis als auch im Bereich der beruflichen Bildung sind die Teilbereiche miteinander verknüpft, so dass inhaltliche Schnittstellen bestehen, die sich auf ein Wissen über die Grenzen der Tätigkeitsbereiche hinaus beziehen. So können Kleidungsstücke nur erfolgreich vermarktet werden, wenn es Abstimmungen zwischen der Gestaltung und dem Vertrieb gibt. Genauso müssen Designer über ihre kreativen Fähigkeiten oder das Gespür für eine modische Richtung hinaus stets die technische Umsetzung der Entwürfe berücksichtigen. So erfordert die Formgebung im Hinblick auf die Silhouette und die Nahtführungen, durch die die Passform eines Kleidungsstückes festgelegt wird, immer auch Kenntnisse über die Schnittentwicklung. Ferner haben die Schnittgestaltung und die damit verbundenen Anweisungen für das Fügen und die Verarbeitung unmittelbare Folgen für die anschließende Produktion, während auch diejenigen, die für den Verkauf zuständig sind, einen Blick für die Passform haben müssen. Ohne weitere Beispiele aufzuzeigen, impliziert die Herstellung von Bekleidung – von der Idee bis zum fertigen Erzeugnis – ein umfassendes Wissen des kompletten Prozesses, das auf allen Ebenen bei den entsprechenden Akteuren vorhanden sein sollte.

Was musste der Schneider nun alles wissen, um die Kundschaft zu bedienen und über welche Kompetenzen sollte ein Bekleidungsingenieur oder ein Designer gegenwärtig verfügen? Ohne hierbei auf Einzelheiten einzugehen, gilt und galt es zu wissen, wie und mit welchen Mitteln Kleidungsstücke gestaltet, realisiert und schließlich erfolgreich vermarktet werden. Dieses Wissen impliziert das Verständnis und eine Gesamtschau über alle Arbeitsschritte und Werkzeuge des Produktentwicklungs- und Realisierungsprozesses, ohne dass alle Tätigkeiten von einer Person ausgeführt werden müssen. Jeder einzelne Arbeitsschritt beinhaltet das Verstehen des Vorherigen und gleichermaßen eine Vorbereitung und Weitsicht über die nachfolgenden Schritte. Zum einen ist die Ausführung eines Funktionsbereiches, so auch die Erstellung eines Schnittmusters, verbunden mit Übung und Erfahrung, die sich erst im Laufe der praktischen Tätigkeit herausbildet und stetig verfeinert wird. Zum anderen ist das Begreifen eines ganzheitlichen Herstellungsprozesses und die Fähigkeit, diesen zu überblicken, erst mit dem Begreifen der Schnittstellen möglich, so dass sich eine Expertise auf einem bestimmten Fachgebiet entwickeln kann. Die Experten verfügen in diesem Zusammenhang über ein individuelles Erfahrungswissen auf unterschiedlichen Ebenen. Dieses Wissen bezieht sich sowohl auf das Gespür für das Zeichnen einer Kurve im Schnitt als auch auf die Vorausschau des Ergebnisses – des fertigen Kleidungsstückes. Eingebettet in produktionstechnische, produktionsstrukturelle und ökonomische Rahmenbedingungen, spielen die Vermittlung und der Gestaltungsspielraum für die Aneignung und Übung eine entscheidende Rolle in der beruflichen Bildung und den damit verbundenen Fähigkeiten, auf die Rahmenbedingungen reagieren zu können. Vor dem Hintergrund, den Kontext zu kennen, und den Produktionsprozess basierend auf einem gewissen Erfahrungsschatz zu überblicken, wird die Möglichkeit eröffnet, technisch-gestalterische Methoden und Verfahren zu hinterfragen und diese gegebenenfalls zu optimieren und anzupassen.

Die Herausforderungen, mit denen das Schneidergewerbe im Fortgang der Industrialisierung im 19. Jahrhundert konfrontiert war, motivierten Johann Heinrich Klemm und Gustav Adolf Müller, eine Akademie, einen institutionellen und ideellen Raum ins Leben zu rufen, in dem ihr Erfahrungsschatz als Grundlage für die Fortentwicklung ihrer Kunstfertigkeit genutzt wurde. Die Reflexion ihres Könnens und die damit verbundenen technisch-gestalterischen Möglichkeiten führten zu dem Ergebnis, die Schnitttechnik nicht nur zu verfeinern, sondern wissenschaftlich zu fundieren. Während bereits in der Vergangenheit eine Vielzahl von Schneidern die Notwendigkeit erkannte, die Zuschneidekunst zu formalisieren und entsprechende Lösungsvorschläge unterbreitete, fungierte die Europäische Moden-Akademie als neues Modell, Lehre und Forschung und damit die Expertise eines weiten Kreises von Schneidern zu bündeln. Erstmalig im deutschsprachigen Raum wählten die Gründer der Dresdner Institution einen wesentlichen Baustein ihres Handwerks aus, um das inhärente Wissen desselben auf ein wissenschaftliches Niveau zu heben, während dieses Wissen aus der handwerklichen Praxis hervorgebracht wurde.[1131] Die Untersuchung des beruflichen Bildungswesens der Bekleidungsindustrie hat in diesem Zusammenhang gezeigt, dass die Akademie Anreiz für die Gründung diverser Lehrinstitutionen für die Schnitttechnik gegeben hat. Hervorzuheben ist hierbei die Auswahl der Zuschneidekunst als grundlegendes Element der Schneiderei, um die sich eine Lehr- und Forschungsgemeinschaft herausbildete, während im Fortgang der Bereich der Schnitttechnik und Konfektion, wenn auch als essentieller Bestandteil der Ausbildung für die Bekleidungsindustrie, wei-

---

[1131] Die Lehre an Schulen und Akademien der Neuzeit sind laut Ursula Klein verbunden mit der Auswahl von Elementen der Wissenschaft und Mathematik, die sich in der Praxis als nützlich erwiesen haben und kombiniert sind mit dem Wissen, dessen Ursprung in der Praxis liegt. Vgl. Klein 2017, S. 303.

testgehend in bereits vorhandene institutionelle und curriculare Strukturen im Bereich des Textilfachschulwesens integriert wurde. So kann dem integrativen technisch-gestalterischen Konzept der Europäischen Moden-Akademie eine modellhafte, innovative Rolle zugesprochen werden.

Von *Hybrid Experts* spricht Ursula Klein, d. h. von einer Gruppe von Handwerksexperten, die sich im 18. Jahrhundert herausbildete. Diese Sachkundigen unterschieden sich laut Klein von dem Kreis der Handwerker, aus dem sie entstammten. Das Aufdecken bzw. Entdecken sowohl von technischen Herausforderungen als auch von sozio-ökomischen Nischen brachten ein bestimmtes Wissen und Methoden der Wissensgenerierung mit sich.[1132] So heißt es bei Klein, dass das aufkommende Expertentum dadurch gekennzeichnet war, dass die Akteure sowohl direkt als auch indirekt in die Herstellungsprozesse von Produkten integriert waren. Zur Erfüllung eines praktischen Zweckes waren sie mit Analysieren, Messen und Experimentieren beschäftigt, um ein naturwissenschaftlich begründetes technisches Wissen in Form von schriftlichen Abhandlungen zu verbreiten und zugänglich zu machen. Maßgeblich waren die *Hybrid Experts* an der Errichtung von Akademien und Lehreinrichtungen beteiligt, in denen diese ihre wissenschaftliche Expertise vermittelten. Somit wurde die *Amalgamierung von Theorie und Praxis* [Übersetzt von Verf.] unterstützt und der Weg der Akteure in die akademische Welt geebnet.[1133] Zu dieser Mischform von Experten zählen nun auch die Akteure der Dresdner Akademie, die ihre handwerklichen Kunstfertigkeiten in ein formalisiertes Regelwerk für die Zuschneidekunst, basierend auf anatomischen und mathematischen Grundprinzipien, übersetzten. Eingebettet waren diese Bemühungen in einem praxisorientierten Kontext.

Laut Hans Poser zeichnen ein direkter Praxisbezug von Forschung und Entwicklung sowie die Integration von wissenschaftlich begründeten und nachweisbaren Prinzipien die Ausbildung von Ingenieuren aus.[1134] Die Technik- und Ingenieurwissenschaften bezeichnet Poser als Integrationswissenschaften, die im Wesentlichen am Handeln orientiert sind und durch das Handeln, d. h. den praktischen Kontext, systematisiert werden. Einer Handlung liegt in diesem Zusammenhang ein Ziel zugrunde, das ein Wissen bzw. die Entwicklung entsprechender Mittel voraussetzt. Die Vorstellungen über die Ziele sind zudem mit gewissen Wertvorstellungen verbunden, die eine Ingenieurwissenschaft zudem zu einer Orientierungswissenschaft machen. Zweck und Mittel können durch das vorhandene Wissen und die bestehenden praxisnahen Erfahrungen stets reflektiert, überprüft und optimiert wer-

---

[1132] Vgl. ebenda, S. 287.
[1133] „The foundation of mining academies and other technological schools in eighteenth century continental Europe and their amalgamation of *theory and practice* was to a large extent the achievement of hybrid scientific-technical experts.". Ebenda, S. 303; „Some of these men have completed apprenticeship training in the guild system and then paved their own ways into the academic world, [...]." Ebenda, S. 303.
[1134] Vgl. Poser 2000, S. 26.

den.[1135] Die Übersetzung der Kunst des Zuschneidens als essentieller Bestandteil der Bekleidungstechnik und Bekleidungsgestaltung in ein nachvollziehbares, auf wissenschaftlichen Grundlagen beruhendes, formalisiertes Wissen, ermöglichte längerfristig die Entwicklung des Schneiders als Handwerker zu einem Ingenieur für Bekleidungstechnik. Unabhängig von produktionstechnischen Entwicklungen und Strukturen verfügt der Handwerker, d. h. der Maßschneider, und der Bekleidungsingenieur über ein Wissen, das sowohl implizite als auch explizite Wissensformen integriert, so dass jeweils Kunst und Können in Wechselbeziehung stehen. Grundlegend ist dafür das ganzheitliche Begreifen des Herstellungsprozesses von Bekleidung. „Dieser Weg zum Ingenieur über Lernen und Bewährung in der Praxis war der über viele Jahrhunderte gebräuchliche."[1136] Somit verschwimmt die Abgrenzung vom Handwerker zum Ingenieur. Denn, so heißt es in der Darstellung der Geschichte des Ingenieurs, dass es sich stets um „diejenigen, welche in den jeweiligen historischen Zeiten in verantwortlichen Positionen anspruchsvolle technisch-organisatorische Aufgaben lösten"[1137], handelte.

In Bezug auf eine integrierte Arbeits- und Techniklehre verweist Günter Ropohl auf eine Synthese von sowohl kognitiven, affektiven als auch operativen Lehrzielen, die eine entsprechende Fachdidaktik ausmacht.[1138] So müssen Lehr- und Lernprozesse Methoden der Wissensaneignung und der Impulsgebung für selbständiges Denken beinhalten, die eine Überführung von Lehrinhalten auf ein praktisches Handeln ermöglichen. Sowohl die Aneignung und Vermittlung von Wissen und die Ausführung von zweckdienlichen Fertigkeiten sind dabei an die Einstellungen und Motivationen der Lernenden und Lehrenden gebunden. Diese Synthese bedingt die schulorganisatorische Verbindung dessen, „was in der Erfahrungswirklichkeit immer schon miteinander verflochten ist"[1139]. In diesem Kontext steht die Europäische Moden-Akademie beispielhaft und noch immer innovativ für eine integrierte ingenieurwissenschaftliche Ausbildung im Bekleidungsfach. Sowohl die Selektion der Zuschneidekunst als wesentliches und konstituierendes Element für die Herstellung von Bekleidung als auch die Motivation der Formalisierung derselben waren Ziel und Ausgangspunkt für die Implementation eines ganzheitlichen Lehr- und Forschungskonzeptes, das sich in der schulorganisatorischen Struktur der Europäischen Moden-Akademie widerspiegelte. Die Fokussierung auf die Kunst des Zuschneidens als Lehrinhalt und Forschungsgegenstand wurde durch die Integration der weiteren Fachgebiete der Bekleidungskunst ergänzt, die in der Gesamtschau den Tätigkeitsbereich des Schneiders definieren. Die Betonung der Wissenschaftlichkeit und der Zweckdienlichkeit eines formalisierten, expliziten Wissens ersetzte bzw. wirkte jedoch nicht der Demonstration der Kunst des Handwerks und

---

[1135] Vgl. ebenda, S. 27.
[1136] Kaiser/ König 2006, S. 1.
[1137] Ebenda, S. 1.
[1138] Vgl. Ropohl 2004, S. 71.
[1139] Ebenda, S. 105.

der impliziten Formen handwerklichen Wissens entgegen – sowohl innerhalb als auch au-ßerhalb der institutionellen Struktur der Akademie. In diesem Sinne waren Tradition und Fortschritt keine Gegensätze, sondern impulsgebend für die Fortentwicklung des Schnei-dergewerbes. Die Lehr- und Forschungseinrichtung der Europäischen Moden-Akademie steht für eine Wissenstradition, die sich durch Lebendigkeit und ein dynamisches Miteinan-der aus Erkennen, Verstehen und Begreifen auszeichnet.[1140] Diese Dynamik lebt sowohl von der Rückschau, der Identifizierung des Gegenwärtigen als auch von der Motivation, die Zukunft zu gestalten. Die Zusammenführung unterschiedlicher Wissensbestände, die sich in diesem Fall auf die Mikroebene der Bekleidungstechnik bezieht, kann somit Impulse für die Reflektion gegenwärtiger Konzeptionen beruflicher Bildung geben. Ohne die ei-gentlichen fachlichen Inhalte zu berücksichtigen, werden Fachgebiete zunehmend in mo-dularisierten Ausbildungseinheiten vermittelt, so dass das Fachwissen droht, Stückwerk zu bleiben. In diesem Kontext kritisiert auch Konrad Paul Liessmann das Nebeneinander von Fakultäten, Fächern, Methoden, Projekten, Zielen und fachlichen Themen, die ein gemein-sames Wissenskonzept nicht erkennen lassen.[1141] So ist jedoch ein ganzheitliches Begreifen des eigenen Faches, das auch angrenzende Disziplinen berücksichtigt, essentiell für den Bildungsprozess und gleichermaßen wesentlich für die Ausführung und Reflexion von Handlungen und der Gestaltung der Zukunft. Entscheidend ist dabei die intrinsische Moti-vation der Akteure, an einer dynamischen, flexiblen, offenen und wertschätzenden Kultur des Lehrens, Lernens und Forschens mitzuwirken. Nach Auswertung des historischen Quel-lenmaterials lässt sich vermuten, dass diese Kultur im Rahmen des institutionellen und ide-ellen *Raumes des Wissens* – der Europäischen Moden-Akademie – praktiziert wurde.

7.2 Die Formalisierung des Wissens der Zuschneidekunst

Bevor das Schneidergewerbe endgültig den Weg antrat, das Wissen zu systematisieren, zu formalisieren und zu verbreiten, war das Kleidungsstück materieller Ausdruck des Wissens. Laut Matteo Valleriani offenbarte sich Wissen seit der frühen Neuzeit nicht mehr aus-schließlich durch hergestellte Güter, durch die dieses in einer materiellen Form zirkulierte. Wissen an sich wurde zunehmend die Bedeutung als Gut des Austausches zugeschrie-ben.[1142] In diesem Kontext definierten die an einer Institution wie der Europäischen Moden-Akademie engagierten Schneider im 19. Jahrhundert ihre Wissensbestände neu. Die Inte-gration derselben konstituierte sich durch die Verschmelzung von einem in der Praxis erworbenen Erfahrungswissen und einer Übersetzung desselben in eine explizite Form.

[1140] Vgl. Liessmann 2012, S. 112.
[1141] Vgl. ebenda, S. 53, S. 115.
[1142] „[...]: knowledge in the form of the goods of production changed into knowledge as goods of exchange, and knowledge as a means of building conceptual connections." Valleriani 2017, S. 4.

Letztere basierte auf der Auseinandersetzung mit anatomischen Kenntnissen über den menschlichen Körper unter Einbeziehung mathematischer und geometrischer Grundprinzipien, die auf ein formalisiertes Regelwerk, bestehend aus Körpermaßen und proportionalen Berechnungen, für die Erstellung von Schnittvorlagen für die technisch-gestalterische Umsetzung von Kleidungsstücken übertragen wurden. Die in der Praxis erworbenen Fertigkeiten, die damit verbundene Reflexion des Wissens und Könnens und die Identifizierung von Gestaltungsspielräumen bilden die Grundlage des Formalisierungsprozesses des Wissens der Zuschneidekunst. Die Gestaltungsspielräume für die Schnittkonstruktion erweiterten sich somit durch die Integration von eben diesen wissenschaftlichen Prinzipien. Der Formalisierungsprozess steht dabei beispielhaft für die Einbindung von praktischem Erfahrungswissen und der Kodifizierung desselben bis zur Entstehung von fachwissenschaftlichen Disziplinen und der damit verbundenen Forschung und Lehre. Rein auf der technisch-gestalterischen Ebene bedeutete die Weiterentwicklung der Kunst des Zuschneidens eine Optimierung und Verfeinerung der Passform von Bekleidung und die Möglichkeit, näher an den Körper heranzurücken.

Der Formalisierungsprozess der Zuschneidekunst des 19. Jahrhunderts ist ein Prozess der Kodifizierung von praktisch erworbenem Wissen, das zunächst durch das Prinzip des Nachahmens der meisterlichen Fertigkeiten vermittelt und angeeignet wurde. Die Struktur kodifizierten Wissens beinhaltet laut Valleriani unterschiedliche Ebenen und entsteht in einem Evolutionsprozess, angefangen mit einfachen Strukturen, die sich bspw. auf die Darstellung und Kommunikation einfacher Arbeitsabläufe beziehen. Durch die Integration und Verknüpfung mit Aspekten anderer Wissensbereiche – bedingt durch wirtschaftliche, soziale oder auch bildungspolitische Rahmenbedingungen – erweitern sich Wissenskonzepte und werden durch die Ergänzung theoretischen Wissens auf eine abstraktere Ebene gehoben. Die Kodifizierung beginnt somit in dem Moment, in dem das praktische Erfahrungswissen durch eine theoretische Fundierung erweitert wird.[1143] Die Auswahl der Theorie, sprich das Heranziehen von mathematisch-geometrischen und anatomischen Grundprinzipien, stand im Bereich der Zuschneidekunst unmittelbar in Wechselbeziehung zur Praxis des Schneiders. Den menschlichen Körper galt und gilt es zu bekleiden und die zweidimensionale Fläche des Textils in eine dreidimensionale Hülle zu übersetzen. Während das Erfahrungswissen, so heißt es bei Heymann und Wengenroth, unvollständig ist, zufällig erworben wird und zudem in Abhängigkeit zur Qualität des Gedächtnisses steht, weist dieser Umstand auf eine unmittelbare Verbindung zu der wissenden Person und den tatsächlich gemachten Erfahrungen hin.[1144] Im Rahmen der Entwicklung und Begründung ihrer Schnittsysteme legten die Zuschneider insbesondere die Prinzipien der Mathematik auf unterschiedliche Weise aus. Gleichermaßen verwiesen sie stets auf das geschulte Auge. Somit zeigten sie

---

[1143] Vgl. ebenda, S. 2-3.
[1144] Vgl. Heymann/ Wengenroth 2001, S. 114.

eine nicht fassbare, personengebundene Dimension auf, die sich auf ihre Betrachtung und Beurteilung des menschlichen Körpers und des Kleidungsstückes bezog. Unabhängig vom Grad der Abstraktion und der Ausarbeitung der Konstruktionsanleitungen ist dem Regelwerk die personengebundene Dimension stets innewohnend, so dass das wissenschaftliche, das explizite technisch-gestalterische Wissen doch unvollständig bleibt.[1145] In diesem Kontext definieren auch Heymann und Wengenroth das technische Konstruieren als eine praktische Aufgabe, einen individuellen Prozess, der nicht vollkommen algorithmierbar und nur teilweise zu abstrahieren ist.[1146] Die Analyse der Schnittsysteme der Auswahl von Zuschneidern hatte diesbezüglich gezeigt, dass der Prozess des *Learning-by-Doing*, der sich auf den Vorgang der Übertragung des individuell praktizierten und erfahrenen Wissens auf verfeinerte Methoden des Zuschnittes bezog, nicht vollständig in ein formalisiertes Regelwerk zu übertragen war und ist. Zudem impliziert die Anwendung eines Schnittsystems ebenso einen personengebundenen, individuellen Faktor, der an die Erfahrungen des Anwenders gebunden ist. Basierend auf den Funktionsprinzipien der Schnitttechnik hatten die Zuschneider im 19. Jahrhundert sowohl die impliziten, praktischen als auch die theoretisch begründeten, expliziten Formen ihres Wissens in eine formalisierte Form übertragen, die noch heute Gültigkeit besitzt und die Grundlage der Zuschneidekunst bildet. „Die Wissenschaft hatte Eingang in das Handwerk [der Schneiderei] gefunden, konnte das *working knowledge* jedoch nicht völlig ersetzen"[1147]. Eine Konstruktionsanleitung oder auch Messvorschrift bleibt ein grundlegendes Regelwerk, das stets das *Know-how*, das Können, und das *Know-that*, das Wissen des Anwenders, widerspiegelt.[1148] Die technisch-gestalterische Kompetenz impliziert dabei immer die Erfahrung und Intuition des Schnittkonstrukteurs, der dem Kleidungsstück eine Form gibt, auch wenn diese mittels numerischer Werte in die Schnittzeichnung einfließen. Die Arbeit des Schneiders als Handwerker ist verankert in der realen, materiellen Welt des Körpers und des Kleides, während die Ausprägungen von Fertigkeiten bezüglich der Herstellung von Kleidungsstücken mit dem Begreifen und Erkennen der Dimensionen des Körpers und der körperlichen, handwerklichen Praxis verbunden sind. Das Begreifen und Verstehen des technisch-gestalterischen Vorgangs auf Basis verschriftlichter Anleitungen geht einher mit der Vorstellungskraft, die durch die Konstruktionsanweisungen kanalisiert und in eine Richtung gelenkt werden kann. Auch mathematische Theorien sind nur durch die Praxis erlernbar, da so der Gebrauch derselben erst möglich wird.[1149]

[1145] Vgl. ebenda, S. 117.
[1146] Vgl. ebenda, S. 118.
[1147] Petersen 2011, S. 212.
[1148] Polanyi verweist hierbei auf die Definition von »knowing that« und »knowing how« von Gilbert Ryle ohne seine Quelle anzugeben. Vgl. Polanyi 1985, S. 16.
[1149] Vgl. ebenda, S. 25.

Implizites Wissen bezeichnet Polanyi „als unentbehrliches Moment allen Wissens"[1150], das alle Formen des expliziten Wissens durchdringt, während er den Übertragungsprozess von Wissen an die nachfolgenden Generationen ebenso als einen impliziten Vorgang ansieht.[1151] Hatten die Zuschneider ihr Wissen bis zu dem Grad expliziert, wie es die Funktionsprinzipien der Zuschneidekunst zulassen, stellt sich jedoch die Frage nach dem Umgang mit und der Weitergabe des Wissens im Verlauf der Geschichte. Hatten Klemm, Müller oder auch Mottl großen Wert auf die inhaltliche und stilistische Güte ihrer Abhandlungen gelegt, in dem diese detailgenau ihr Wissen verschriftlichten, zeigen bereits Hand- und Lehrbücher, die um die Jahrhundertwende veröffentlicht wurden, eine deutliche Eingrenzung der inhaltlichen Konzeption, die stetig auf knappe Einleitungen und Erläuterungen zum Maßnehmen und die Darstellungen der Konstruktionsanleitungen reduziert wurden.[1152] Die Bemühungen, insbesondere die impliziten Wissensanteile in Worten auszudrücken, wurden im Fortgang offensichtlich nicht mehr benötigt. Nicht mehr in diesem Maße ausformuliert, enthalten jedoch auch Hand- und Lehrbücher der heutigen Zeit ein nun nicht mehr offensichtliches tradiertes Erfahrungswissen. In diesem Kontext gestaltet sich die Tradierung des Wissens als impliziter Prozess, in dem das erprobte Wissen nicht weiter hinterfragt wurde. Darüber hinaus ist insbesondere die Lehre der Zuschneidekunst stets an das Erfahrungswissen der Lehrenden gebunden, die dieses, wie es auch in der Meisterwerkstatt der Fall war, den Lernenden „vormachen" müssen. Gewiss ist, dass die Zuschneider des 19. Jahrhunderts einen großen Wert auf die praktische Übung legten, während ihre Hand- und Lehrbücher zugleich den Zweck erfüllen sollten, das Vormachen des Meisters zu ersetzen.

Der Schneider des 19. Jahrhunderts war zudem konfrontiert mit produktionstechnischen und produktionsstrukturellen Transformationsprozessen der Bekleidungsindustrie, insbesondere im Kontext der sich entwickelnden serienmäßigen Herstellung von Bekleidung. Dies hatte zur Folge, dass nicht nur ein neues inhaltliches Wissenskonzept zu erarbeiten war, sondern dass dieses Wissen, herausgelöst aus der Meisterwerkstatt, veränderte Formen der Zirkulation bedurfte. Diese Zirkulation von Wissen bezog sich auf einen inhaltlichen und konstruktiven Austausch innerhalb der Fachwelt mit dem Ziel, die Zuschneidekunst weiterzuentwickeln. In diesem Kontext nutzten die Schneider das Medium des Fachbuches und das der Fachzeitschrift, um einerseits ihr personengebundenes Wissen darzustellen und andererseits ihre Errungenschaften gleichzeitig zur Diskussion zu stellen und für eine Beurteilung seitens anderer Fachvertreter verfügbar zu machen. Somit bilden die Medien der Verschriftlichung zum einen die inhaltliche Zusammenführung des Erfahrungswissens gepaart mit den anatomischen und geometrischen Studien in Form eines formalisierten Regelwerkes ab. Zum anderen spiegeln die detaillierten Ausführungen der Zuschneider den

---

[1150] Ebenda, S. 57.
[1151] Vgl. ebenda, S. 58.
[1152] Vgl. Gunkel 1903; vgl. Tiesler 1905; vgl. Schrödter 1930.

Entwicklungsprozess dieses Wissens an sich wider. Darüber hinaus dienten sowohl die Hand- und Lehrbücher als auch die Fachzeitschriften einer möglichst flächendeckenden Vermittlung und Lehre der Schnitttechnik. Somit fungierten die erarbeiteten Konstruktionsanleitungen, die verbunden waren mit ausführlichen Erläuterungen ihrer Herleitung, als Mittel der Aus- und Weiterbildung und Verfeinerung der Qualifikationen im Schneidergewerbe. Parallel zur Motivation, nachvollziehbare, systematisierte Regeln für die praktische Anwendung verfügbar zu machen, beabsichtigten die Experten im Schneiderfach, die Stellung des Gewerbes durch den Anspruch von Wissenschaftlichkeit zu stärken und sowohl nach innen als auch nach außen zu repräsentieren. Das Wissen der Zuschneidekunst wurde zum Kapital, das über Fachbücher, Fachzeitschriften und Schnittmuster zirkulierte.

Die technischen, wirtschaftlichen und bildungsbezogenen Entwicklungen und der damit verbundene industrielle Wandel des 19. und 20. Jahrhunderts bis zum gegenwärtigen Zeitalter des Digitalen haben unmittelbare Auswirkungen auf die Implementation des Wissens der Zuschneidekunst. Zwei Prinzipien – die Substitution und die Kontemplation – liegen laut Günter Ropohl dem Fortgang der Technisierung zugrunde. Zum einen überträgt der Mensch zunehmend seine Handlungs- und Arbeitsfunktionen auf Werkzeuge wie den Computer. Diese Substitution geht einher mit dem Prinzip der Kontemplation – der Erweiterung und Ergänzung von Handlungs- und Arbeitsmöglichkeiten. Als Folge ist der Mensch in der Lage, Geschwindigkeiten von Herstellungsprozessen zu erhöhen, seine Leistungen und Kapazitäten zu steigern und sich gleichermaßen hinsichtlich seiner Genauigkeit und Zuverlässigkeit zu perfektionieren.[1153] Schneller, leistungsfähiger, präziser und einfacher in der Handhabung gilt es auch im Bereich der Schnitttechnik zu arbeiten, wie u. a. die Entwicklung von CAD-Anwendungen zeigt.[1154] Als Beispiel für eine damit einhergehende Trennung von Kopf und Hand führt Richard Sennett die Konstruktion von Bauplänen in der Architektur an. Konstruiert wird die „Idee eines Gegenstandes, der vollständig in der Vorstellung konzipiert wurde, bevor man ihn herstellte"[1155]. Die virtuelle Simulation der Wirklichkeit erlaubt dabei kaum eine Beurteilung des realen Maßstabs und der Proportionen und ersetzt nicht das Begreifen mit der Hand, die taktile Erfahrung. „Ein falscher Gebrauch der CAD-Programme schwächt das Verständnis der Benutzer für den Gegenstand ihrer Arbeit"[1156]. Richard Sennet stellt somit die Frage, „auf welchem Weg wir es erreichen können, beim Einsatz mit Technologien wie Handwerker zu denken"[1157]. Die Abstraktion von realen Prozessen und Produkten auf Basis formalisierter Regeln in Form von programmierten Konstruktionen, integriert in den CAD-Anwendungen, betrifft auch die Produktentwicklung von Bekleidungserzeugnissen. Unberührt von technischen Neuerungen, die sich u. a.

[1153] Vgl. Ropohl 1999, S. 22.
[1154] Vgl. Marx 2000, S. 6.
[1155] Sennett 2012, S. 61.
[1156] Ebenda, S. 113.
[1157] Ebenda, S. 65.

auf die körperlosen Vermessungsverfahren mittels Bodyscannern, die Weiterentwicklung von CAD-Anwendungen für die Schnittgestaltung bis zur virtuellen Produktentwicklung beziehen, bleibt die sorgfältige Anwendung der Technik stets verbunden mit dem individuellen Begreifen der Funktionsprinzipien der Kunst des Zuschneidens, die durch Erfahrungen in Form von Kleidungsstücken materialisiert werden und das Wissen und Können des Zuschneiders zum Ausdruck bringen. Sicher ist es nicht der Weg, Schnittmuster wieder mit der Hand zu zeichnen und per Post an den Produzenten zu versenden, um die handwerkliche Kunst wieder in den Fokus zu rücken. Dennoch gilt es zu berücksichtigen, „daß ein Kleid erst am lebenden Modell richtig zur Wirkung kommt"[1158]. So ist die Nutzung von CAD-Programmen dazu bestimmt, die Produktentwicklung effizienter, rationeller und schneller zu gestalten und Aufgaben zu delegieren, während durch stetige Weiterentwicklungen der Vorgang der Ausführung und auch das Lernen erleichtert werden sollen.[1159] Verankert ist der Prozess der Schnittkonstruktion jedoch in der materiellen Welt und gebunden an die Unterschiedlichkeit und Beweglichkeit des menschlichen Körpers und die des Kleides. Die zunehmende Simulation vom Menschen und dem Kleid in einer virtuellen, vermeintlich berechenbaren Umgebung führt dabei zum einen zu einer Entfernung vom Körper und zum anderen zu der Tendenz, das dem Zuschneiden zugrundeliegende Wissen und Können zu entwerten. Eingebettet in den Prozess der Arbeits- und Aufgabenteilung, verbunden mit der Auflösung eines ganzheitlichen Arbeitsprozesses und dem Verlust der haptischen Erfahrung, bleibt zudem weniger Raum für Intuition und kreatives Vorstellungsvermögen. Auch verliert der Faktor Zeit bei der Herstellung von Produkten an Bedeutung. Den Worten von Harper folgend, verändert die Entkoppelung von Zeit – für die Konstruktion eines Schnittes – aus dem Fluss der Aktivitäten die Erfahrung der Arbeit an sich wie auch den Wert und die Qualität einer Aufgabe.[1160] Während zuvor darauf hingewiesen wurde, dass die im 19. Jahrhundert formalisierten Wissensbestände unabhängig von technischen Neuerungen immer die Grundlage für die Aneignung und Ausführung der Schnitttechnik bilden, birgt die Anwendung von CAD-Programmen Gefahren, dass dieses Wissen verloren geht oder zumindest die Wertschätzung für die umfassende Kunstfertigkeit vermindert wird. „Nicht nur, daß die Dominanz der Technik die Worte überdeckt, sie erlaubt auch keine wirklichen Gedanken mehr"[1161], heißt es bei Liessmann. Dieser kritisiert dabei einen „Verlust an Stil, an Feinfühligkeit, an Nuancenreichtum"[1162], wenn es um die Sprache und die Begrifflichkeiten geht, die sich sowohl auf das Gedachte als auch auf das Geschriebene beziehen.

„The general transformation of technique in society is part of an ever-widening split between the envisioning of a thing (engineering) and its production. With each stage of pro-

---

[1158] Dähn 1968, S. 14.
[1159] Vgl. Heymann/ Wengenroth 2001, S. 14-15.
[1160] „This separation of time from the flow of activity changes the experience of work". Harper 1987, S. 135.
[1161] Liessmann 2012, S. 153.
[1162] Ebenda, S. 138.

duction the complexity of knowledge increases while the role of a single individual in relation to the overall task of engineering and production decreases. [...] This process of alienation can, from one perspective, be summed up as the separation of the worker from the knowledge that once guided the work."[1163] Die Ausdauer der Zuschneider der Vergangenheit, alle Arbeitsschritte zu überblicken und ausführen zu können, war durch die praktische Erfahrung verbunden mit einer Selbstwahrnehmung in der unmittelbaren Sphäre der Arbeit und der unmittelbaren Wahrnehmung der materiellen Wirklichkeit, durch die ihr Wissen generiert wurde und zur Anwendung kam. Laut Harper ist der Zustand, sich selber in der Arbeit zu finden, verbunden mit einer genuinen Haltung der Aufgabe gegenüber. Gespiegelt wird dabei die Wertschätzung des eigenen Könnens und Wissens und der Effekt, den die Anwendung des Wissens auf die Ausführung einer guten Arbeit hat. Damit verbunden ist auch die Erkenntnis über ein spezielles Talent sowie die Wahrnehmung der Wichtigkeit der Aufgabe für die Gemeinschaft, geknüpft an ein von der Allgemeinheit benötigtes Wissen.[1164] Die Rekonstruktion des Formalisierungsprozesses der Zuschneidekunst und die Dekomposition der verschiedenen Formen impliziten und expliziten Wissens in einem ganzheitlichen Arbeitsprozess ermöglichen die Reflexion der Implementierung von Wissen im Jetzt. Somit müssen wir nicht zum Handwerker werden, sondern können wie ein Handwerker denken, um sowohl die Verzahnung von Wissen und technischem Fortschritt, von Wissenstradierung und Wissensverlust und den Wert von Wissen auf den Prüfstand zu stellen – ein Wissen, das begründet ist in der Verbindung von Kopf und Hand der handwerklichen Kunst.

7.3 Forschungsperspektiven

Die Rekonstruktion der Entstehung, Formalisierung und Verbreitung des technisch-künstlerischen Wissens der Zuschneidekunst ist ein interdisziplinäres Forschungsprojekt, das sowohl technikgeschichtliche und wissenshistorische als auch bildungsgeschichtliche Gesichtspunkte und Fragestellungen berücksichtigt und in Bezug setzt. Insbesondere konnten im Rahmen der Erörterungen neue methodische Ansätze in der Auseinandersetzung mit dem historischen Quellenmaterial auf das bislang in der technikhistorischen Forschung unberücksichtigte Gebiet der Zuschneidekunst angewendet werden. Im Forschungsprozess zeigte sich, dass die Schnitttechnik ein weites Feld für weiterführende Studien bietet, die sich zum einen auf den Forschungsgegenstand selbst beziehen können und zum anderen impulsgebend für Fragestellungen der Technik- und Wissensgeschichte und so auch für die historische Bildungsforschung und die Handwerksgeschichte sind.

[1163] Harper 1987, S. 21.
[1164] Vgl. ebenda 1987, S. 168-169.

Die in dieser Arbeit herangezogenen und selektierten Quellen gestalteten sich als äußerst reichhaltig und aussagekräftig. Durch die bisher lückenhafte Auseinandersetzung auf dem Gebiet der Kunst des Schneiders aus technik- und wissenschaftsgeschichtlichen Perspektiven haben die zahlreichen Hand- und Lehrbücher, Fachzeitschriften oder auch Denkschriften kaum Beachtung gefunden. Diese werden zumindest sukzessive digitalisiert, wie es bspw. in der Erweiterung des digitalen Bestandes der Sächsischen Landes- und Universitätsbibliothek in Dresden der Fall ist.[1165] Interessant wäre es diesbezüglich, weiteres Quellenmaterial zu digitalisieren, zu systematisieren und zusammenzuführen und dieses mit anderen Bibliotheken und Archiven oder auch musealen Sammlungen zu vernetzen. Beispielgebend sind dabei das Commercial Pattern Archive oder auch die umfassende Bibliographie von Fachzeitschriften und Lehrbüchern des Schneidergewerbes in Großbritannien und den USA, die Seligman zusammenstellte.[1166] Eine entsprechende systematisierte Sammlung ist auch für kulturhistorische Studien von Interesse, in denen bisher nur eine begrenzte, wiederkehrende Auswahl des Materials berücksichtigt wird. Zudem kann die Identifikation und Erschließung von eventuell vorhandenen privaten Sammlungen historischer Dokumente und auch historischer Schnittmuster von Kostümbildnern oder Maßschneidern eine umfassende Sammlung der Zuschneidekunst im deutschsprachigen Raum ergänzen.

Neben zahlreichen Hand- und Lehrbüchern, verfasst von männlichen Schneidern, gilt es zudem die Werke und Schnittsysteme von Zuschneiderinnen für die Nachwelt zu bewahren. In diesem Zusammenhang ist auch eine inhaltliche Auseinandersetzung mit Fachzeitschriften des Bekleidungsgewerbes für beide Geschlechter ein interessantes Forschungsfeld. Diesbezügliche Ansätze wären eine Analyse der Entstehung und Fortentwicklung der inhaltlichen und zweckgebundenen Konzeption der Medien unter geschlechterspezifischen Fragestellungen. Darüber hinaus kann eine Rekonstruktion der Entwicklung des Berufsfeldes des Schnittkonstrukteurs und der Schnittdirectrice und damit verbundene Spezialisierungen beider Geschlechter Aufschluss über die Rollen von weiblichen und männlichen Bekleidungsgestaltern und das damit verbundene Selbstverständnis technisch-künstlerischer Tätigkeiten und Kunstfertigkeiten geben. Diese Verschiebungen und Rollenverteilungen könnten bis in die heutige Zeit verfolgt werden. Neben einer grundsätzlich lückenhaften Darstellung des Bildungswesens im Schneidergewerbe im Rahmen bildungshistorischer Forschungen könnte eine Behandlung der Aus- und Weiterbildungsmöglichkeiten für

---

[1165] Zahlreiche Hand- und Lehrbücher, die für diese Arbeit herangezogen wurden, sind in der Sächsischen Landes- und Universitätsbibliothek in Dresden in digitaler Form verfügbar. Siehe dazu auch die digitale Sammlung *Historische textiltechnische Fachliteratur* der Sächsischen Landes- und Universitätsbibliothek in Dresden. Vgl. Sächsische Landes- und Universitätsbibliothek; der Bereich der Zuschneidekunst und so auch die Geschichte der Europäischen Moden-Akademie könnten hierbei als weitere Spezial-Sammlung ergänzt werden.

[1166] Vgl. Commercial Pattern Archive; vgl. Seligman 1996; auch bei Claudia Kidwell ist eine Zusammenstellung von Publikationen, Werkzeugen und Patenten für die Schnittkonstruktion (in den USA) zu finden. Vgl. Kidwell 1979, S. 105 ff..

Schneiderinnen aufschlussreich für die Darstellung und Rolle der Frau als Forschende und Lehrende im Bereich der Bekleidungstechnik und -gestaltung sein.

Während weitaus umfassendere Studien zum Bildungswesen für das Textilgewerbe existieren, die sich zum einen auf eine allgemeine Entwicklung desselben und zum anderen auf die Historie einzelner Textilfachschulen beziehen, fehlt eine systematische Darstellung des Ausbildungswesens für die Schneiderkunst. Zuvor erwähnt wurden nicht nur die Eröffnungen zahlreicher Zuschneideschulen mit unterschiedlichem Wirkungskreis, sondern auch Vereine, die angegliedert waren an die Schulen und die Fachbildung förderten. Eine detaillierte Untersuchung und Rekonstruktion der Netzwerke dieser Einrichtungen, der Einfluss im Bekleidungsgewerbe und auch deren Auflösung könnte gegebenenfalls ergänzende Klarheit darüber geben, warum tendenziell die Ausbildung der Schneiderkunst im 19. Jahrhundert im Textilfachschulwesen integriert wurde, während sich entsprechende Berufsbilder und Ausbildungskonzepte erst sukzessive entwickelten. Darüber hinaus gibt eine Auseinandersetzung mit der handwerklichen Ausbildung zum Maßschneider heute Aufschluss über die Wertschätzung der Kunstfertigkeit. Zudem ermöglicht die Analyse der Ausbildungsinhalte und Vermittlungsmethoden und so auch der Qualifikationen der Meister einen Vergleich mit der handwerklichen Ausbildung des 19. Jahrhunderts. Somit können nicht nur die Transformationen der Ausbildungskonzepte dargestellt, sondern auch das Wissen im Bereich der Schnitttechnik und ein eventuell damit verbundener Verlust von Wissen aufgedeckt werden.

Bereits zuvor wurde auf eine Identifizierung und Erschließung historischer Schnittmuster als Abbild der Geschichte der Zuschneidekunst verwiesen, die in digitalisierter Form mittels einer entsprechenden Datenbank der Öffentlichkeit zur Verfügung gestellt werden könnten. Des Weiteren ist in der Fachliteratur im deutschsprachigen Raum bisher keine Studie zur Kommerzialisierung von Schnittmustern zu finden, die sowohl die Herstellung als auch die Vermarktung thematisiert. Neben historischen Schnittmustern spielen zudem Artefakte wie Werkzeuge des Vermessens und Zeichnens eine Rolle für die Darstellung der historischen Entwicklung der Konstruktion von Bekleidung. Eine historisch-kontextuelle Aufbereitung der technischen Errungenschaften von der blauen Patrone, dem Maßband und der Schneiderkurve bis hin zu 3D-CAD-Anwendungen und Bodyscannern ermöglicht zum einen die historische Rekonstruktion der Entwicklung technischer Hilfsmittel und Werkzeuge. Zum anderen können die realen Artefakte unterstützend auf das Begreifen und die Erörterung der unterschiedlichen Wissensformen der Kunstfertigkeit wirken. Dabei spielen sowohl zeitliche, haptische als auch optische Faktoren eine Rolle.

Während der Forschungsgegenstand der Zuschneidekunst ein weites Feld für wissenstheoretische Analysen und Fragestellungen eröffnet, sind damit insbesondere Möglichkeiten der Vermittlung, Bewahrung und Präsentation des handwerklichen Wissens in unterschiedlichen Kontexten verbunden. Bisher kaum berücksichtigt wird die Geschichte der Schnitttechnik in Technik- und Industriemuseen. Zwar wird das Thema der Zuschneidekunst in einzelnen Ausstellungskonzepten, so auch 2016 in Potsdam in der Ausstellung „uni-form? Körper, Mode und Arbeit nach Maß"[1167] thematisiert. Eine dauerhafte Präsentation dieser Kulturtechnik und des damit verbundenen Wissens und Könnens fehlt jedoch. Darüber hinaus würde der Umgang des Schneiders mit dem Körper und dem Kleid als Hülle des Körpers auch für die Geschichte des Körpers impulsgebend sein. Insgesamt ermöglicht die Auseinandersetzung mit den unterschiedlichen theoretischen und praktischen Facetten der Zuschneidekunst eine beispielhafte Darstellung der Geschichte des Handwerks. Diese Vielschichtigkeit eignet sich zudem für eine ganzheitliche Vermittlung der Geschichte handwerklicher Traditionen und Kunstfertigkeiten, die dazu führen, den Umgang mit Produkten, Werkzeugen und Verfahren in der Gegenwart zu reflektieren. Denkbar und erstrebenswert ist eine „Übersetzung des technisch verwertbaren Wissens in das praktische Bewusstsein einer sozialen Lebenswelt"[1168] bereits im Kindesalter, um dem Mangel an technologischer Bildung, wie ihn Ropohl feststellt, entgegenzuwirken. In diesem Kontext wäre es erstrebenswert, museumspädagogische Konzepte zu erarbeiten. Zudem sollte die Diskussion um die fortwährende Reduzierung künstlerischer Fächer in allgemeinbildenden Schulen in den Fokus gerückt und entsprechende Schritte eingeleitet werden, insbesondere den Textilunterricht zu fördern. Neben praktischen Projekten, die sich bspw. auf die Anfertigung einfacher Kleidungsstücke beziehen können, kann die Behandlung des Themenfeldes in unterschiedlichen Fächern eingebettet werden. Zu diesen zählen sowohl geisteswissenschaftliche Fächer wie Deutsch und Geschichte, der Kunst- und Werkunterricht als auch der naturwissenschaftliche Bereich der Mathematik und der Biologie sowie der Sachunterricht. So können Theorie und Praxis in einen nachvollziehbaren, lebensnahen Kontext gebracht werden.

Eine umfassende Präsentation und Vermittlung der Geschichte des Schneiderhandwerks und eine damit einhergehende Bewahrung des kulturellen Erbes ist zudem damit verbunden, die Leistungen einzelner Akteure wertzuschätzen, wie es auch die Zuschneider des 19. Jahrhunderts im Rahmen ihrer Darstellungen der geschichtlichen Entwicklung der Schnittmethoden kommunizierten. Diesbezüglich sei an dieser Stelle darauf hingewiesen, dass im Verlauf der Forschungsarbeit eine bisher nicht erschlossene Sammlung persönlicher Dokumente Wendelin Mottls in einem Prager Archiv entdeckt wurde, die in Form eines Forschungsprojektes ausgewertet werden könnte.[1169] Die Erschließung dieses Quellenmaterials eröffnet gegebenenfalls weitere Hinweise auf die Vernetzung Mottls mit der Europäischen Moden-Akademie und über den Kontext seines Wirkens. Darüber hinaus ist bekannt, dass die M. Müller & Sohn. Fachschule für Mode und Schnitttechnik in Düsseldorf über

---

[1167] Vgl. Döring 2016.
[1168] Habermas 1968, S. 107; auch Ropohl zitiert Habermas. Vgl. Ropohl 2009, S. 19.
[1169] Die Sammlung ist derzeit nicht einsehbar.

ein historisches Archiv verfügt.[1170] Die Rekonstruktion der Schulgeschichte könnte unter Umständen wertvolle Informationen darüber eröffnen, warum das Schnittsystem Müllers noch heute zu den marktführenden Systemen für die Schnitttechnik gehört und welche wirtschaftlichen, sozialen und bildungsbezogenen Faktoren dazu beigetragen haben.

7.4 Fazit

Der Fokus der vorliegenden Forschungsarbeit liegt auf der Rekonstruktion des Formalisierungsprozesses der Zuschneidekunst im Schneidergewerbe im 19. Jahrhundert. Erörtert wurden die Rahmenbedingungen, in denen die Akteure der Europäischen Moden-Akademie ihr Wissen auf ein wissenschaftliches Niveau, d. h. in ein formalisiertes, explizites Regelwerk überführten und zugänglich machten. Während dieses Wissen einst situiert war in der Meisterwerkstatt, erforderten die produktionstechnischen, strukturellen und bildungspolitischen Transformationsprozesse im Fortgang der Industrialisierung eine Reaktion des Schneidergewerbes, die handwerklichen Kunstfertigkeiten zu verfeinern. Der Kontext, in dem das Wissen der Zuschneider formalisiert wurde, konnte anhand der Untersuchung des Wirkungskreises der 1850 gegründeten Institution in Dresden aufgezeigt werden. Die Analyse des institutionellen und ideellen *Raumes des Wissens* und der Aktivitäten der beteiligten Personen und Organe ermöglichte darüber hinaus die Erörterung der unterschiedlichen Wissensformen, bestehend aus impliziten und expliziten Komponenten. Herausgearbeitet wurden dabei die Wissensformen, die sich explizieren ließen und lassen und diejenigen, die implizit bleiben. Motiviert war die Gründung der Akademie durch die Bestrebungen, die Schnitttechnik fortzuentwickeln und flächendeckend zu verbreiten. Die Zuschneidekunst war dabei Ausgangspunkt und Basis der Entwicklung eines formalisierten Wissens für das Schneidergewerbe. Die Europäische Moden-Akademie war nicht nur die erste höhere Bildungseinrichtung für Schneider im deutschsprachigen Raum, sondern steht gleichermaßen für eine dynamische, konstruktive und umfassende Lehr- und Forschungskultur für die Fachgebiete der Bekleidungstechnik und Bekleidungsgestaltung, die impulsgebend für heutige Strukturen in Lehre und Forschung und die Integration von Theorie und Praxis sind. Sowohl die intrinsische Motivation der Akteure der Akademie als auch der Prozess, die Zuschneidekunst fortzuentwickeln, das Erfahrungswissen zu verschriftlichen und wissenschaftlich zu fundieren, konnten aus den historischen Quellen – den Hand- und Lehrbüchern der Zuschneidekunst, den Fachzeitschriften für das Schneidergewerbe und den noch erhaltenen Schriftstücken der Europäischen Moden-Akademie – herausgelesen werden.

[1170] Diese Auskunft wurde der Verfasserin telefonisch mitgeteilt. Ein geschichtlicher Überblick der Fachschule ist auf der Internetpräsenz zu finden. Vgl. Müller & Sohn Düsseldorf.

Bezugnehmend auf die zuvor angesprochenen Forschungsperspektiven zeigte sich im Verlauf der Arbeit, dass der Bereich der Zuschneidekunst ein weites Feld für weiterführende sowohl technik- und wissenshistorische als auch bildungsgeschichtliche Auseinandersetzungen bietet. So gilt es grundsätzlich die Zuschneidekunst als wesentliches Element der Herstellung von Bekleidung als Kulturtechnik zu bewahren und als diese zu kommunizieren. Denn der Prozess der Formalisierung der Zuschneidekunst steht beispielhaft für eine Entwicklung, in der implizites Wissen zugunsten eines technisch-algorithmisierten Wissens zunehmend ausgeschlossen wird und Wissen somit verloren geht – laut Polanyi zerstört wird.[1171] Die handwerkliche Erfahrung trägt jedoch dazu bei, „uns eine Hülle an implizitem Wissen für unser Handeln"[1172] zu geben, so dass eine historische Analyse handwerklicher Kunstfertigkeiten nicht nur zu einer entsprechenden Wertschätzung derselben führt, sondern zugleich eine Überprüfung und Reflexion über die gegenwärtige Implementierung von technisch-gestalterischem Wissen ermöglicht wird. Der Forschungsgegenstand der Zuschneidekunst bietet in diesem Zusammenhang Potenziale für einen interdisziplinären Austausch zwischen technischen und gestalterischen Fächern sowie für geisteswissenschaftliche Studien. Nicole Karafyllis weist diesbezüglich auf einen Prozess der Selbstentfremdung durch die Technisierung hin, die bedingt ist durch den jeweiligen historischen Kontext. Der Handwerker vereint jedoch die Realtechnik – das Artefakt, die Sozialtechnik – das Verfahren und die Individualtechnik – das technische Handeln, die es auf einen gemeinsamen Nenner zu bringen gilt, um den Umgang mit Wissen und Können zu beurteilen.[1173]

„Wie überrascht müssen wir also sein, wenn wir gewahr werden, wenn selbst der Jüngste von uns gewahr werden muß, daß die Bekleidungskunst anscheinend noch immer im Dunklen tappt, bald zu diesem, bald zu jenem greift, ja die Meinungen selbst darüber auseinandergehen, ob sie auch nur die elementarsten Bedürfnisse befriedigt."[1174] Zu widersprechen ist dieser Aussage von Max von Boehn von 1918 in Anbetracht der Errungenschaften der Zuschneider des 19. Jahrhunderts. Diese hatten ihr Wissen und Können bis zu dem Grad systematisiert und kodifiziert, wie es die Funktionsprinzipien der Schnitttechnik damals erlaubten. Im Dunkeln tappen wir jedoch, wenn es um das implizite Wissen geht. Auf dieses kann und sollte zwar verwiesen werden, jedoch sind die personengebundenen Erfahrungen – Erfahrungen des Taktilen, des Zeitlichen und des Ästhetischen, die in den Prozess der Schnittgestaltung einfließen und durch das fertige Kleidungsstück gespiegelt werden – kaum zu fassen. Die zunehmende Technisierung und Digitalisierung können dieses Wesensmerkmal nicht ersetzen oder kompensieren. So ist der Mensch der Gefahr ausgesetzt, sich weiter vom Körper, vom Kleid und von der textilen Fläche zu entfremden, obgleich

---

[1171] „Ich meine zeigen zu können, daß der Prozess der Formalisierung allen Wissens im Sinne einer Ausschließung jeglicher Elemente impliziten Wissens sich selbst zerstört." Polanyi 1985, S. 27.
[1172] Sennett 2012, S. 383; vgl. auch Karafyllis 2013, S. 315.
[1173] Vgl. Karafyllis 2013, S. 317-318.
[1174] Boehn 1918, S. 76.

die Bemühungen, immer präzisere und genauere Berechnungen und einfachere Lösungswege für die Schnitttechnik zu entwickeln, stetig im Fokus stehen. So ist Baumwolle jedoch nicht gleich Baumwolle oder Seide nicht gleich Seide. Welche Parameter gilt es dann in einem CAD-Programm zu hinterlegen, die den Fall, die Optik und die Haptik eines Gewebes realgetreu abbilden, um darauf basierend einen optimalen Schnitt zu konstruieren? Und welchen Zweck hat die Simulation über die Zielsetzung hinaus, Produktentwicklungsprozesse zu beschleunigen? Diesbezüglich filtert der Mensch Informationen und Wissen und beteiligt sich aktiv daran, sein einst vorhandenes Wissen zu verlieren. Die Geschichte der Zuschneidekunst ist nun ein prädestinierter Forschungsgegenstand dafür, diesen Prozess der Entfremdung nachzuvollziehen und gleichermaßen die Handwerkskunst zu bewahren. So ist es erstrebenswert, in der Ausbildung von Ingenieuren und Gestaltern nicht nur die handwerkliche Kunst zu erlernen, sondern darüber hinaus den „Geist des Handwerks" im Sinne des integrativen Ansatzes der Europäischen Moden-Akademie zu vermitteln. Ebenso könnten auch die Geisteswissenschaften von der Integration greifbarer und reeller Erfahrungen bei der Erörterung technischer, historischer, sozialer und gesellschaftlicher Phänomene profitieren. In einem übergeordneten Sinne bietet der Brückenschlag zwischen den zwei Kulturen – einer technisch-naturwissenschaftlichen und eine literarisch-geisteswissenschaftlichen Kultur – ein weites Feld für Forschung, Lehre und Praxis.[1175] Eine solche Lehr- und Lernkultur, wie sie in der Konzeption der Europäischen Moden-Akademie verankert war, spielt sowohl in der beruflichen Bildung als auch in der Primärbildung eine wesentliche Rolle für die Reflexion der Gegenwart und die Gestaltung der Zukunft. Die Geschichte der Zuschneidekunst erbringt den Beweis für die Bruchlinien in der Geschichte – zwischen Theorie, Technik und Ausdruck, zwischen Handwerk und Kunst und zwischen Hersteller und Benutzer und der damit einhergehenden Trennung von Kopf und Hand.[1176]

„Im gesunden Körper wird eine gesunde Seele wohnen, und wie würde eine solche sich mutwillig zu Verkehrtheiten in Kleidung und Sitte bekennen wollen? Hier sind Hoffnung und Zuversicht. Wer die Jugend hat, dem gehört die Zukunft."[1177]

[1175] Aufgeführt bei Ropohls Thesen zur technologischen Aufklärung: „(3) Der von C. P. Snow diagnostizierte Gegensatz zwischen »zwei Kulturen« [...], der technisch-naturwissenschaftlichen und der literarisch-geisteswissenschaftlichen, ist zugleich Ursache und Folge solcher Unmündigkeit gegenüber der Technik." Ropohl 2014, S. 13.
[1176] Vgl. Sennett 2012, S. 32-33.
[1177] Boehn 1918, S. 28.

Anhang

Anhang A: Die Rekonstruktion der historischen Schnittmethoden

1. Auswertung der Rekonstruktion der historischen Schnittmethoden

Im Rahmen der Forschungsarbeit wurde eine Auswahl von historischen Zuschneideme-thoden rekonstruiert. Dabei wurden die Grundkonstruktionen des Gehrocks von Wendelin Mottl, Johann Heinrich Klemm, Anton Gunkel, Alfred Schrödter und Josef Zeischke auf Basis der Anleitungen, die den Hand- und Lehrbüchern entnommen wurden, konstruiert und mit der Konstruktion eines Gehrocks nach der aktuell angewendeten Schnittmethode von M. Müller & Sohn verglichen. Analysiert wurden hierbei die Wesensmerkmale der Schnittmethode und des Maßsystems, der Aufbau der Konstruktion und die damit einher-gehenden Maßbezeichnungen und Messtrecken am Körper sowie proportionale Berech-nungen der Längen- und Weitenverhältnisse, die wesentlich für die Schnittzeichnung sind. Darüber hinaus diente die praktische Umsetzung der Schnitte dazu, Lücken in den Kon-struktionsbeschreibungen aufzudecken und Hinweise auf ein erfahrungsbasiertes Wissen der Zuschneider zu identifizieren. Im Folgenden werden die Ergebnisse in tabellarischer Form dargestellt und anschließend die Merkmale zusammengefasst, die sich bis zur Gegen-wart durchgesetzt haben und wesentlich für die Schnittgestaltung sind. Anzumerken ist hierbei, dass die tabellarischen Zusammenfassungen der einzelnen Systeme nach Inhalten, Kriterien und Umfang variieren, bedingt durch Unterschiede, die die Inhalte, den Aufbau und die Konsistenz der Anleitungen betreffen.

1.1 Rekonstruktion des Grundmodells des Gehrocks nach Wendelin Mottl[1178]

Wesensmerkmale der Schnittmethode	- Konstruktion eines Gehrocks nach wenigen genommenen Maßen
	- Die Rücken-/ Schulterblattrundung und die Seitennaht mit dem Armloch müssen passen
	- Die Längenmaße sind entscheidend für die Rundung der Schulter und des Rückens und geben Aufschluss über die Haltung
	- Einteilung von 4 Positionsklassen des Körpers: 1. Normal gerade; 2. Normal

---

[1178] Vgl. Mottl 1893, S. 145-170.

	aufrecht; 3. Normal geneigt; 4. Normal vorgebogen - Hauptmaße für die Konstruktion: Rückenhöhe, Hinterbüstenlänge, Vorderbüstenlänge, Weichenbreite, Armlochvortritt und Schulterblattbreite - Kombination aus direkt genommenen Maßen und proportionalen Berechnungen
Zum Aufbau der Konstruktion	- Die obere und untere Horizontale bilden die Basis für die Schnittzeichnung - Im Ergebnis eine Zeichnung für das Rückenteil und das Vorderteil - Das Rückenteil wird erst gezeichnet, dann ausgeschnitten und die Linienführung der Achsel, des Armlochs und der Seitennaht für die Zeichnung des Vorderteils verwendet
Wesensmerkmale des Messvorgangs	- Kreuz- und Quermessungen werden abgelehnt - Gemessen wird über dem Rock bzw. der Weste - Entscheidend sind das Erkennen und Einprägen der Körperhaltung und Wuchsform - Zum Messen wird ein Leibgürtel verwendet
Gemessene Maße (Auswahl)	- Oberweite: Gemessen knapp unter dem Arm um die Brust (in der Konstruktion wird die Hälfte des Maßes genommen) - Unterweite: Gemessen oberhalb der Hüfte (in der Konstruktion wird die Hälfte des Maßes genommen) - Vordere Länge: Gemessen vom 7. Halswirbel bis zur Taille vorne - Rückenhöhe: Vom 7. Halswirbel bis zur oberen Horizontale (Brustumfangslinie) - Breite des Rückens: Gemessen oberhalb der Mitte des Rückens bis zur Schulter - Armvortritt (Avance): Vom Armloch vorne bis zur Mitte des Rückens - Halsweite: Gemessen um den Hals herum

Proportionale Berechnungen und Zugaben (Auswahl)	- Hüftenpunkt: $1/2$ der gemessenen Unterweite (Gemessen von der Taillenlinie in der Hinteren Mitte bis zum Hüftknochen - Breite des Rückenteils: $1/8$ der halben Oberweite + 0,5-1 cm - Rückenbreite: $1/5$ der ganzen Oberweite (Wird auch gemessen) - Brustkorbweite: $1/2$ der halben Oberweite
Lücken in der Konstruktionsbeschreibung	- Position der Seitennaht ist nicht deutlich - Keine Hinweise auf Zugaben für die Bewegung o. ä. (d. h. keine Angaben zur Mehrweite) - Keine ausreichenden Angaben für die Konstruktion der Abnäher
Anmerkungen des Zuschneiders	- „[...] je nach Geschmack in der Breite abgemessen, zieht man die Contour der Rückenzeichnung nach Muster in geschmackvoller Weise aus."[1179] - „Es sei hier bemerkt, dass die Form des Rückens nicht immer so sein muss wie sie hier gezeichnet ist, es kann die obere Naht höher oder tiefer gezeichnet werden, dann muss aber auch die Achsel höher oder kürzer gemacht werden. Mit einem Wort muss die Form des Rockes immer so bleiben, wie dies das Normal-Modell vorschreibt, aber die Nähte können verlegt werden wie es die Fantasie bringt."[1180]

[1179] Ebenda, S. 161.
[1180] Ebenda, S. 170.

1.2 Rekonstruktion des Grundmodells des Gehrocks nach Anton Gunkel[1181]

Wesensmerkmale der Schnittmethode	- Die Schnittmethode basiert auf direkt genommenen Maßen - Die Zeichnung wird mit allen Nähten direkt auf dem Stoff ausgeführt
Zum Aufbau der Konstruktion	- Das Vorder- und Rückenteil werden zunächst separat gezeichnet - Die Grundlinie der Konstruktion ist die Taillenlinie - Das Rückenteil wird an das Vorderteil angelegt, um die Schulterwölbung und die Seitennaht zu übernehmen
Wesensmerkmale des Messvorgangs	- Die meisten Maße werden vom Armlochvortritt aus gemessen - Gemessen wird über der Weste - Zum Messen werden ein Zentimeter-Hakenmaß, ein Leibgürtel und ein Armlochwinkel verwendet - Die Messergebnisse werden in 5 Rechtecke, bestehend aus zwei Reihen, eingetragen
Gemessene Maße (Auswahl)	- Oberweite: Gemessen unter dem Arm um die Brust herum - Taillenlänge: Gemessen vom 7. Halswirbel bis zur Taille in der hinteren Mitte des Rückens - Rückenbreite: Gemessen von Schulter zu Schulter - Unterweite im Rückenteil: Gemessen von der hinteren Mitte des Taillenrings bis zum Hüftpunkt - Halslochweite: Gemessen um den Hals herum von 7. Halswirbel bis zur vorderen Mitte

---

[1181] Vgl. Gunkel 1903, S. 9-18, Tafel 1-7.

	- Schulterhöhe: Gemessen von der Armlochtiefe über die Schulter am Hals entlang bis zum 7. Halswirbel
Proportionale Berechnungen und Zugaben (Auswahl)	- Breite des Seitenteils: $^1/_4$ der Oberweite - Rückenwölbung: $^1/_2$ Mitte des Rückens bis zum 7. Halswirbel - Breite des Rückenteils am Halsloch: $^1/_7$ der Oberweite - Erhöhung des Halslochs im Rückenteil: $^1/_4$ der Breite des Rückens - Breite des Rückenteils in der Taille: $^1/_{10}$ der Oberweite + 0,5 cm - Halslochbreite im Vorderteil: $^1/_4$ der Rückenhöhe
Anmerkungen des Zuschneiders	- „Bruchtheile von Millimetern werden jedoch bei den Zeichnungen nicht verwendet."[1182] - Wichtigster Faktor beim Zuschneiden: „[...] das mit grösster Genauigkeit und Sorgfalt auszuführende Massnehmen, weil die Konstruktion der Zeichnung in direkter Folge von ihm abhängt."[1183]

1.3 Rekonstruktion des Grundmodells des Gehrocks nach Rudolf Tiesler[1184]

Wesensmerkmale der Schnittmethode	- Erweiterung der Methode Klemms (Reduktions-Methode) - Erweiterung nach Anton Gunkel: Zusätzlicher Maßstab für die Rücken- bzw. Taillenlänge wird für die Konstruktion verwendet - Die Schnittmethode basiert auf direkt genommenen Maßen unter Verwendung der Maßstäbe der Oberweite und der Taillenlänge

---

[1182] Ebenda, S. 11.
[1183] Ebenda, S. 13.
[1184] Vgl. Tiesler 1905, S. 7-15.

Zum Aufbau der Konstruktion	- Das Rückenteil und das Vorderteil werden separat konstruiert - Die Winkellinien in der hinteren Mitte des Vorderteils sind die Basis für die Konstruktion des Vorderteils - Beim Konstruieren werden Maßteile abgetragen. D. h. die Anleitung beinhaltet bereits zuvor proportional berechnete Werte. - Für die Breitenmaße wird der Maßstab für die Oberweite (Einteilung in 48 Teile) und für die Längenmaße der Maßstab für die Taillenlänge (Einteilung in 44 Teile) verwendet
Wesensmerkmale des Messvorgangs	- Gemessen wir über der Weste in natürlicher Haltung
Gemessene Maße (Auswahl)	- Oberweite: Gemessen unter den Armen in waagerechter Linie um den Oberkörper - Unterweite: Gemessen oberhalb des Hüftknochens - Rückenhöhe: Gemessen vom 7. Halswirbel bis zur Brustumfangslinie in der hinteren Mitte - Kurze Taille: Gemessen vom 7. Halswirbel bis zur Taillenlinie in der hinteren Mitte - Armlochtiefe: Gemessen vom 7. Halswirbel am Hals entlang bis zum Armloch vorne - Armlochvortritt: Gemessen vom Punkt der Rückenhöhe unter dem Arm entlang bis zum Punkt der Armlochtiefe - Rückenbreite: Gemessen wird die halbe Rückenbreite von der Mitte des Rückens bis zum Armloch hinten - Gesäßweite: Gemessen auf Höhe der stärksten Stelle des Gesäßes
Proportionale Berechnungen und Zugaben (Auswahl)	- Gesäßhöhe: Kurze Taillenlänge + $\frac{1}{3}$ der kurzen Taillenlänge

Lücken in der Konstruktionsbeschreibung	- Es fehlen detaillierte Erläuterungen zu den Messstrecken, die abgetragen werden müssen, und zur Berechnung der proportionalen Verhältnisse der Breiten- und Längenmaße - Es fehlen Hinweise auf Zugaben
Anmerkungen des Zuschneiders	- „Diese Punkte genügen vollkommen, das Hinterteil aus freier Hand fertig zu zeichnen, in dem man [...] fassonmäßig von einem Punkte zum anderen fährt, wobei aber ganz besonders zu berücksichtigen ist, daß die Ausführung der großen Zeichnung genau dieselbe Form zeigt, wie solche in der kleinen Vorlage angegeben ist."[1185]

1.4 Rekonstruktion des Grundmodells des Gehrocks nach Alfred Schrödter[1186]

Wesensmerkmale der Schnittmethode	- Trianguläre Aufstellung des Schnittes nach Gustav Adolf Müller - Die Schnittmethode basiert auf direkt genommenen Maßen - Bei fehlenden Maßen müssen proportionale Berechnungen durchgeführt werden; ergänzt werden Hilfs- und Kontrollmaße - Basis für proportionale Breitenverhältnisse ist die Oberweite
Zum Aufbau der Konstruktion	- Basis des Schnittes sind die horizontale Brustlinie und Taillenlinie - Das Rücken- und Vorderteil werden zusammen konstruiert - Die Schnittzeichnung beginnt in der hinteren Mitte am 7. Halswirbel; von der Vertikalen aus werden die entsprechenden Winkellinien für die Breitenverhältnisse gezeichnet

---

[1185] Ebenda, S. 13.
[1186] Vgl. Schrödter 1930, S. 8-12.

Wesensmerkmale des Messvorgangs	- Die Maße werden über der Weste genommen - Zum Messen wir ein Taillengürtel verwendet
Gemessene Maße (Auswahl)	- Oberweite: Gemessen unter den Armen in waagerechter Linie um den Oberkörper - Unterweite: Gemessen um die Taille herum - Gesäßweite: Gemessen waagerecht über der stärksten Stelle des Gesäßes - Taillenlänge: Gemessen vom 7. Halswirbel bis zur Taille in der hinteren Mitte - Rückenbreite: Gemessen über die ganze Breite des Rückens (für die Konstruktion wird das halbe Maß verwendet) - Armlochtiefe: Gemessen vom 7. Halswirbel über die Schulter bis zum tiefsten Punkt des Armloches vorne
Proportionale Berechnungen und Zugaben (Auswahl)	- Taillenlänge: $^3/_{10}$ der Körperhöhe + 2 cm - Rückenbreite: $^1/_5$ der ganzen Oberweite + Zugabe - Armlochtiefe: $^1/_3$ der Oberweite +/- Zugabe - Breite des Rückenteils: $^1/_{10}$ der Oberweite; das Maß muss aufgerundet werden (nach Schrödters Erfahrung)
Lücken in der Konstruktions-beschreibung	- Fehlende Richtungsanweisungen zum Zeichnen von Messstrecken - Fehlende Anweisung zum Einzeichnen von Abnähern

1.5 Rekonstruktion des Grundmodells des Gehrocks nach Josef Zeischke[1187]

Wesensmerkmale der Schnittmethode	- Schnittmethode basierend auf der Kombination von triangulären Messungen und proportionalen Berechnungen
Zum Aufbau der Konstruktion	- Das Rücken- und Vorderteil werden separat gezeichnet

---

[1187] Vgl. Zeischke 1891, S. 6-27, Tafel 1-5.

	- Die Grundlinie des Schnittes ist die Vertikale ausgehend vom 7. Halswirbel - Die Auszeichnung der Achsel- und Seitennaht des Vorderteils werden vom Rückenteil übernommen
Wesensmerkmale des Messvorgangs	- Maßsystem der Anthropo-Trigonometrie - Gemessen wird über der Weste - Beim Messen kommen ein Armlochring und ein Leibgürtel zum Einsatz
Gemessene Maße (Auswahl)	- Oberweite: Gemessen unter den Armen in waagerechter Linie um den Oberkörper - Taillen-/ Unterweite: Gemessen um die Taille herum - Rückenlänge: Gemessen vom 7. Halswirbel bis zur Taille - Rückenbreite: Gemessen von der Mitte des Rückens waagerecht bis zum Armloch hinten - Gesäßweite: Gemessen um die stärkste Stelle des Gesäßes - Hinterbüstenlänge: Gemessen vom 7. Halswirbel über die Schulterblattrundung bis zum Hüftpunkt - Vorderbüstenlänge: Gemessen vom 7. Halswirbel über den Höhepunkt der Brust bis etwa 5 cm neben dem Armloch bis zum Hüftpunkt
Anmerkungen des Zuschneiders	- „Das Ausmessen des Körpers erfordert Nachdenken und Uebung."[1188] - „[...] dann zeichnet man so geschmackvoll als nur möglich die Linie zur Seitennaht, um das Hintertheil zu vollenden."[1189]

[1188] Ebenda, S. 18.
[1189] Ebenda, S. 21.

1.6 Rekonstruktion des Grundmodells des Gehrocks nach Johann Heinrich Klemm[1190]

Wesensmerkmale der Schnittmethode	- Die Schnittmethode basiert auf dem System der Corporismetrie - 20 Hauptmaße werden ergänzt durch 18 Ergänzungsmaße für unregelmäßige Wuchsformen - Die direkt genommenen Maße dienen als Basis für die Konstruktion einer regelmäßigen Grundform - Die Konstruktion wird mithilfe des Reduktionsmaßstabs ausgeführt und Weiten- und Längenverhältnisse im Voraus berechnet - Einteilung der Oberweite in 48 Teile als Basis für die Maßstabszeichnung und die proportionalen Berechnungen
Zum Aufbau der Konstruktion	- Das Rücken- und Vorderteil werden separat gezeichnet - Die Grundlinie des Schnittes ist die Senkrechte des Rückenteils ausgehend vom 7. Halswirbel
Wesensmerkmale des Messvorgangs	- Gemessen wird über der Weste oder über dem Rock, wenn es sich um Überzieher handelt - Beim Messen kommt der corporismetrische Gürtel zum Einsatz - Die Maße sollen in ein Maßnotizbuch eingetragen und die Reihenfolge der Messungen auswendig gelernt werden
Gemessene Maße (Auswahl)	- Oberleibweite: Gemessen unter dem Arm um die Brust - Unverlängerte Taille: Gemessen vom 7. Halswirbel bis zur Taille

---

[1190] Vgl. Klemm 1870, S. 39-81, Tafel 2-3.

	- Avancement (Vortreten des Armloches): Gemessen von der Mitte des Rückens bis zum Armloch vorne - Rückenbreite: Gemessen von der Mitte des Rückens bis zum Armloch - Schulterhöhe: Gemessen von der Taille über die Schulter bis zum Armlochtiefpunkt
Proportionale Berechnungen und Zugaben (Auswahl)	- Halsweite: $1/4$ der halben Oberweite - Avancement: $2/3$ der halben Oberweite
Lücken in der Konstruktions- beschreibung	- Die Bezeichnungen der mathematischen Stellpunkte der Konstruktion weichen von denen der Messstrecken ab - Es werden Reduktionsteile ohne Erläuterung der Berechnungen abgetragen (siehe dazu auch Maßteile bei Tiesler) - Fehlende Angaben zum Einzeichnen der Abnäher
Anmerkungen des Zuschneiders	- „Man muß sich besonders Mühe geben, eine recht schöne geschmackvolle Form zeichnen zu lernen; besonders wollen die Seiten- und Achselnath am Rückentheile mit Accuratesse ausgeführt sein, damit man sie weder zu viel ausholt, noch allzu gerade schneidet."[1191] - „Nun braucht man nur noch ungefähr in der Gegend von Punkt n 3 $1/2$ nach o, und bei m $3/4$ herein, dann vollendet man die Zeichnung aus freier Hand, indem man mit der Kreide oder mit dem Zeichenstift faconmäßig von einem Punkte zum andern fährt."[1192]

[1191] Ebenda, S. 79.
[1192] Ebenda, S. 78-79.

1.7 Rekonstruktion des Grundmodells des Gehrocks nach M. Müller & Sohn[1193]

Wesensmerkmale der Schnittmethode	- Das System basiert auf direkt genommenen Maßen und proportionalen Berechnungen - Die Hauptmaße der Konstruktion sind die Körperhöhe, der Brustumfang, der Taillenumfang und der Hüftumfang - Zu berücksichtigen sind folgende Figurabweichungen: 1. Normale Haltung; 2. Aufrechte Haltung; 3. Geneigte Haltung; 4. Hohlkreuz bzw. vorgedrückter Leib
Zum Aufbau der Konstruktion	- Das Rücken-, Seiten- und Vorderteil werden zusammen konstruiert - Die Grundlinie der Konstruktion ist die Senkrechte des Rückenteils, an der die Einteilung des Rückens für das Abtragen der Breitenverhältnisse erfolgt
Wesensmerkmale des Messvorgangs	- Gemessen wird über dem Hemd - Die direkt genommenen Maße dienen als Basis für proportionale Berechnungen - Die Oberweite und die Körperhöhe dienen als Basis für proportionale Berechnungen
Gemessene Maße (Auswahl)	- Brustumfang: Gemessen unter dem Arm um die Brust herum - Taillenumfang: Gemessen 3 cm über dem Hüftknochen - Rückenhöhe: Gemessen vom 7. Halswirbel bis zur Armlochtiefe - Rückenlänge: Gemessen vom 7. Halswirbel bis zur Taille - Rückenbreite: Gemessen von der Rückenmitte bis zum Armansatz auf Höhe der Schulterblätter - Vordere Länge: Gemessen vom 7. Halswirble bis zur Taillenlinie vorne

---

[1193] Vgl. Deutsche Bekleidungs-Akademie 2011, S. 75-76.

	- Armlochtiefe: Gemessen vom 7. Halswirbel am Hals entlang über die Schulterspitze über den Brustkorb bis zur Armlochtiefe - Hüfttiefe: Gemessen vom 7. Halswirbel bis zur stärksten Stelle der Hüfte - Schulterbreite: Gemessen vom Halsansatz bis zur Armkugel - Hüftumfang: Gemessen um die stärkste Stelle der Hüfte - Armlochdurchmesser: Gemessen vom Armansatz vorne bis zum Armansatz hinten
Proportionale Berechnungen und Zugaben (Auswahl)	- Rückenhöhe: $1/8$ des Brustumfangs + 11-12 cm oder $1/8$ des Brustumfangs + $1/16$ der Körperhöhe - Rückenlänge: $1/4$ der Körperhöhe + 1-2 cm - Rückenbreite: $1/10$ des Brustumfangs + 10-11 cm - Armlochtiefe: Rückenhöhe + 1-2 cm - Hüfttiefe: Rückenhöhe + Rückenlänge oder $1/8$ der Körperhöhe ab der Taille - Armlochdurchmesser: $1/8$ des Brustumfangs + 2-3 cm

2. Abschließender Vergleich der Rekonstruktion historischer Schnittmethoden

Im Folgenden werden die Wesensmerkmale und Parameter der Schnittmethoden tabellarisch zusammengefasst, die bis heute Gültigkeit besitzen und in der Praxis angewendet werden. Angemerkt sei hierbei noch einmal, dass als Beispiel die Aufstellung des Grundschnittes eines Gehrocks behandelt wurde und sich die Charakteristika auf die Konstruktion der Grundform von Oberteilen beziehen.

Wesensmerkmale der Schnittmethode	- Die Schnittmethoden basieren auf direkten Körpermaßen in Kombination mit proportionalen Berechnungen für die Längen- und Weitenverhältnisse des Kleidungsstückes

	- Das Hauptmaß der Konstruktion ist die Oberweite, die zudem die Basis für die proportionalen Berechnungen der Weitenverhältnisse bildet - Zu berücksichtigen sind Figurabweichungen, die im Anschluss an die Aufstellung des Grundschnittes durch entsprechende Zugaben eingearbeitet werden, bevor der Schnitt modelliert wird
Zum Aufbau der Konstruktion	- Die Konstruktion des Rückenteils und die des Vorderteils hängen unmittelbar voneinander ab, so dass die Aufstellung des Schnittes in einer Zeichnung erfolgt - Die Grundlinie des Schnittes bildet die Senkrechte im Rückenteil. Ausgehend vom 7. Halswirbel wird die Einteilung der Längenverhältnisse vorgenommen. - Nach Einteilung des Rückens bilden die Brustumfangs- und Taillenlinie die Hauptlinien für die Bestimmung der Weitenverhältnisse des Schnittes
Wesensmerkmale des Messvorgangs	- Gemessen wird in leichter Bekleidung, um möglichst direkte Körpermaße zu nehmen
Gemessene Maße (Auswahl)	- Brustumfang: Gemessen unter dem Arm um die Brust herum - Taillenumfang: Gemessen 3 cm über dem Hüftknochen (bei Herren) - Rückenhöhe: Gemessen vom 7. Halswirbel bis zur Armlochtiefe - Rückenlänge: Gemessen vom 7. Halswirbel bis zur Taille - Rückenbreite: Gemessen von der Rückenmitte bis zum Armansatz auf Höhe der Schulterblätter - Vordere Länge: Gemessen vom 7. Halswirbel bis zur Taillenlinie vorne - Hüfttiefe: Gemessen vom 7. Halswirbel bis zur stärksten Stelle der Hüfte

	- Schulterbreite: Gemessen vom Halsansatz bis zur Armkugel - Hüftumfang: Gemessen um die stärkste Stelle der Hüfte
Proportionale Berechnungen und Zugaben (Auswahl)	- Proportionale Berechnungen werden sowohl für die Einteilung des Rückens als auch für die Bestimmung der Weitenverhältnisse vorgenommen - Je nach Schnittsystem werden verschiedene Formeln und Zugaben angewendet
Lücken in der Konstruktionsbeschreibung	- Fehlen der Herleitungen von proportionalen Berechnungen und Zugaben (expliziertes Erfahrungswissen) - Gestaltungsspielraum bei der Einarbeitung von Zugaben (Erfahrungswissen des Schnittkonstrukteurs)
Anmerkungen der Zuschneider	- Das Ausmessen und das Erkennen der Wuchsform ist entscheidend für die Aufstellung des Schnittes - Das Auszeichnen des Schnittes, z. B. von Kurven, basiert auf individuellen Fähigkeiten - Das Zeichnen eines Schnittes erfordert Übung - Die beigefügten Maßstabszeichnungen in Handbüchern o. ä. dienen als Vorlage für die Konstruktionszeichnung

Anhang B: Konstruktionsanleitungen für den Gehrock nach Wendelin Mottl

Im Folgenden wird die Konstruktionsanleitung des Gehrocks, enthalten in Wendelin Mottls Handbuch aus dem Jahr 1893, und die leicht aktualisierte Anleitung aus dem Jahr 1909 im originalen Wortlaut wiedergegeben. Auf Basis dieser Anleitungen wurden die Schnittzeichnungen, die zu Beginn jeden Kapitels abgebildet sind, gezeichnet.

1. Konstruktionsanleitung aus dem Jahr 1893

„Zum besseren Verständnis führen wir hier die Construction des Modells nochmals in Kurze auf:

A — b. Rückenhöhe.

A — $b - c$. Taillenlänge.

c — $c1$. Verlängerte Taille.

A — $b1$. 4 Zehntel der Rückenhöhe

A — $b2$. 6 Zehntel der Rückenhöhe

A — a1. $^1/_8 + ^1/_2$ Ctm. der halben Oberweite. Von da nach oben auf $A1 = 1\ ^1/_2$ ctm.

$b1$ — L *Rückenbreite nach Mass* — sonst $^2/_{10}$ der ganzen Oberweite + 3 mm. Von L macht man eine senkrechte Linie auf $D1$.

$D1$ — $D\ ^1/_{10}$ ganzer Oberweite, oder $^1/_2$ proportionirter Rückenbreite.

F — J. ist die Richtungslinie der Achsel und des Hüftenpunkts.

D — $D2$ Armlochvorsprung — $^1/_{10}$ der Rückenbreite.

J — A. Mass der Rückenbüstenlänge.

J — F. Mass der Vorderbüstenlänge.

$b3$. ist das Resultat der Rückenbüstenmessung und bezeichnet die Rundung des Schulterblattes.

D — F. ist proportionell um $1\ ^1/_2$ ctm. länger als $^1/_2$ der halben Oberweite.

F — G. $^1/_7$ der halben Oberweite.

G — H. $^1/_3$ von G — F oder $^1/_6$ der halben Oberweite.

H — $A2\ ^1/_3$ von G — F   » $^1/_6$ »   »

$A2 - F\ ^1/_3$ von G — F » $\ ^1/_6$ » »

$J — M.\ ^1/_2$ der halben Unterweite.

$M — M1.$ Untere Rückenbreite.

$F — K.\ ^1/_3$ der Rückenhöhe $A — b$, zeigt die Halsloch- und Schulterlinie.

$K — F1.\ ^1/_4$ der halben Oberweite.

$G — G1.\ ^1/_2$ von $G — H.$

$N.$ ist die halbe Brustbreite von b bis N gemessen.

$N — N1.\ ^1/_{10}$ halben Oberweite.

$E.$ Zirkelzug von $A2$ und $M1$ bis $E.$"[1194]

2. Konstruktionsanleitung aus dem Jahr 1909

„Zur bequemen Uebersicht und zum besseren Verständnis führen wir hier die Konstruktion des Modells nochmals auf, mit Hinzufügung der Fig. 94a und 94b, an welcher alle Stellungen deutlich zu sehen sind.

Stellpunkt	1. $A — b$ = Rückenhöhe.
"	2. $A — b — c$ = Taillenlänge.
"	3. $c — c1$ = verlängerte Taille.
"	4. $A — b1$ = 4 Zehntel der Rückenhöhe.
Stellpunkt	5. $A — b2$ = 6 Zehntel der Rückenhöhe weniger 1 cm.
"	6. $A — a1 = ^1/_8$ der halben Oberweite $+ ^1/_2$ cm, von da nach oben auf $A1 = 1\ ^1/_2$ cm.
"	7. $b1 — L$ = Rückenbreite nach Maß, sonst $^2/_{10}$ der ganzen Oberweite + 5 mm.
"	8. Von L macht man eine Senkrechte Linie auf $D1$.

[1194] Mottl 1893, S. 169-170.

9. $D1 = D\,{}^1/_{10}$ ganzer Oberweite.

10. u. 11. $D — F — J$ ist die Richtungslinie der Achsel und des Hüftenpunktes.

9, 10 u. 11. $J — D — F$ die Länge der Vorderbüste mit Abrechnung der oberen Rückenbreite. Im Falle keine Vorderbüstenlänge genommen wurde, so stelle man von

9. u. 11. $D — F$ proportionell $1 — 1\,{}^1/_2$ cm mehr als die Rückenhöhe. Ausnahmen hiervon sind im Kapitel D „Regelungen der Achsel nach der Rückenhöhe" eigens behandelt.

$J — A$ Maß der Rückenbüstenlänge.

$b3$. Ist das Resultat der Rückenbüstenmessung und bezeichnet die Rundung des Schulterblattes. Das Rückenbüstenmaß wird jedoch in den meisten Fällen nicht genommen, es wird durch die Rückenbreite ersetzt.

Stellpunkt 12. $D — D2$ = Armlochvortritt $^1/_{10}$ der Rückenbreite.

13. $F — G = {}^1/_2$ der halben Oberweite.

14. $F — H = {}^2/_3$ von $G — F$ oder $^1/_3$ der halben Oberweite.

15. $F — A2 = {}^1/_3$ von $G — F$ *oder* $^1/_6$ der halben Oberweite.

16. F bis Stellpunkt 16 = $^1/_3$ von $F — G$ oder $^1/_6$ der halben Oberweite.

Für den Fall, daß eine moderne gerade Achsel gewünscht wird, ist überhaupt

$F — A2 = {}^1/_{10}$ der ganzen Oberweite zu messen.

Stellpunkt 17. $G — G1 = {}^1/_2$ von $G — H$.

Stellpunkt 18. $J — M = {}^1/_2$ der halben Unterweite.

Stellpunkt 19. $M — M1$ = untere Rückenbreite.

20. $F — K = {}^1/_3$ der Rückenhöhe $A — b$, gibt die Halsloch- und Schulterlinie.

21. $K — F1 = {}^1/_4$ der halben Oberweite.

22. $J — E = {}^1/_2$ der halben Unterweite + 4 cm.

" 23. N = ist die halbe Oberweite von b — N gemessen.

" 24. N — $N1$ = $^1/_{10}$ der halben Oberweite + 1 cm.

" 25. E = Zirkelzug von $A2$ und $M1$ bis E

" 26. $b3$ und M = Zirkelzug bis $M1$."[1195]

[1195] Mottl 1919, S. 202-205.

Abbildungsverzeichnis

Literaturverzeichnis

Archivquellen

Bundesarchiv (BArch):

Ingenieurschule für Bekleidungstechnik 1966: BArch DR 3, Nr. 3681.Ingenieurschule für Bekleidungstechnik. Textanalyse zum Kaderprogramm (1966).

Fachhochschule für Technik Berlin-Lichtenberg 1990: BArch DR 4, Nr. 861: Fachhochschule für Technik Berlin-Lichtenberg. Studieninformation. Wintersemester 1990/91, Sommersemester 1991 (1990).

Geheimes Staatsarchiv Preußischer Kulturbesitz (GStAPK):

Berliner Tageblatt 1895: GStAPK, I. HA Rep. 120 E IX (Fach 3, Nr. 7, Bd. 2). Eine Reform der Städtischen Webeschule. In: Berliner Tageblatt. 02. August 1895 (1895).

Höhere Fachschule für Textil- u. Bekleidungs-Industrie 1913: GStAPK, I. HA Rep. 120 E X (Fach 2, Nr. 12 c, Bd. 9). Höhere Fachschule für Textil- u. Bekleidungs-Industrie (vorm. Städtische Höhere Webeschule). Bericht über das Schuljahr 1912-1913. 23. Schuljahr (1913).

Städtische Höhere Webeschule 1903: GStAPK, I. HA Rep. 120 E IX (Fach 3, Nr.7, Bd. 6). Programm der Städtischen Höheren Webeschule mit Ateliers für Musterzeichnen und Konfektion, mit Lehrwerkstätten für Weberei, Wirkerei, Posamentiererei und Stickerei und Laboratorien für Chemie und Färberei (1903).

Städtische Webeschule 1892: GStAPK, I. HA Rep. 120 E IX (Fach 3/ Nr. 7/ Bd. 2): Prospekt der Städtischen Webeschule zu Berlin (1892).

Städtische Webeschule 1895: GStAPK, I. HA Rep. 120 E IX (Fach 3/ Nr. 7/ Bd. 2): Prospekt für den Kursus für Kaufleute an der Städtischen Webeschule verbunden mit Wirk-, Posamentier- u. Färbereischule zu Berlin (1895).

Textil- und Modeschule der Stadt Berlin 1933: GStAPK, I. HA Rep. 120 E X (Fach 2, Nr.12c, Bd.12). Richtlinien der modehandwerklichen Abteilung der Textil- und Modeschule der Stadt Berlin. Berichterstattung Oberschulrätin Fuhr. Anschreiben und Anlage 1 (1933).

Publizierte historische Quellen

Bernhardt 1810: Bernhardt, J. S.: Anleitung den menschlichen Körper, besonders aber den weiblichen nach seinen verschiedenen Abweichungen nach Grundsätzen zu kleiden und zu verschönern. Erster Theil. Dresden 1810. (Online verfügbar unter: http://digital.slub-dresden.de/werkansicht/dlf/963/1/).

Bernhardt 1811: Bernhardt, J. S.: Anleitung den menschlichen Körper, besonders aber den weiblichen nach seinen verschiedenen Abweichungen nach Grundsätzen zu kleiden und zu verschönern. Zweiter Theil. Dresden 1811. (Online verfügbar unter: http://digital.slub-dresden.de/werkansicht/dlf/964/1/).

Deutsche Bekleidungs-Akademie Dresden 1856: [Deutsche Bekleidungs-Akademie (Hrsg.)]: Statut der deutschen Bekleidungs-Akademie. Dresden 1856. (Online verfügbar unter: http://digital.slub-dresden.de/werkansicht/dlf/86115/1/).

Deutsche Bekleidungs-Akademie München 1894: Deutsche Bekleidungs-Akademie, München (Hrsg.): Prospekt der Deutschen Bekleidungs-Akademie. München 1894.

Deutsche Fachschule für das Schneidergewerbe 1911: Deutsche Fachschule für das Schneidergewerbe in Dresden (Hrsg.): Schulnachrichten und Halbjahresmitteilungen Nr. 1 – Nr. 10. (1. – 6. Jahrgang). Dresden 1911-1916.

Dunsch 1870: Dunsch, Emilie: Die fertige Damenschneiderin. Anweisung zum Maßnehmen, Modellzeichnen und Zuschneiden von Damenkleidern. Hand- und Hülfsbüchlein für Damen aller Stände. Dresden 1870. (Online verfügbar unter: http://digital.slub-dresden.de/werkansicht/dlf/31952/1/).

Europäische Moden-Akademie 1862: [Europäische Moden-Akademie (Hrsg.)]: Entwurf zum revidierten Statut der Europäischen Moden-Akademie. Dresden 1862. (Online verfügbar unter: http://digital.slub-dresden.de/werkansicht/dlf/85769/1/).

Europäische Moden-Akademie 1897: [Europäische Moden-Akademie (Hrsg.)]: Bücher-Verzeichnis der Genossenschafts-Bibliothek der Europäischen Moden-Akademie: Aufgestellt im Lehranstalts-Gebäude »Deutsche Bekleidungs-Akademie zu Dresden« und neu geordnet in den Jahren 1896/97. Dresden 1897.

Europäische Moden-Akademie 1900: [Europäische Moden-Akademie (Hrsg.)]: Denkschrift zur Gründung und 50 jähr. Bestand. Dresden 1900. (Online verfügbar unter: http://digital.slub-dresden.de/werkansicht/dlf/89226/).

Europäische Moden-Akademie 1940: [Europäische Moden-Akademie der Deutschen Arbeitsfront (Hrsg.)]: Lehrplan der Europäischen Moden-Akademie der Deutschen Arbeitsfront Dresden. Dresden 1940.

Expedition EMZ 1862: [Expedition Europäische Modenzeitung; Verlag Müller, Klemm & Schmidt Dresden (Hrsg.):]: Verzeichnis der Bibliothek der Europäischen Moden-Akademie, vervollständigt bis Juli 1862. Dresden 1862. (Online verfügbar unter: http://digital.slub-dresden.de/werkansicht/dlf/86137/1/).

Expedition EMZ 1900: [Expedition Europäische Modenzeitung; Verlag Klemm & Weiss Dresden (Hrsg.):]: Das Verlagshaus der Europäischen Modenzeitung Klemm & Weiss in Dresden. Eine illustrierte Darstellung seines Umfanges und seiner Bedeutung, sowie seines Wirkungskreises in Form einer erzählenden Schilderung. Dresden um 1900.

Expedition EMZ 1905: [Expedition Europäische Modenzeitung; Klemm & Weiss Dresden (Hrsg.):] Die gesammte Fachwissenschaft des Kleidermachers. System Fortschritt. Band I-IV. Dresden 1905.

Franzen 1925: Franzen, Otto: Die deutschen Textilfachschulen und ihre wirtschaftliche Bedeutung. Köln 1925.

Franzen 1930: Franzen, Otto (Redaktion): Die Höhere Textilschule Krefeld. 1855-1930. Festschrift zum 75-jährigen Bestehen der preussischen höheren Fachschule für Textilindustrie (Spinn- und Webeschule) zu Krefeld. Düsseldorf 1930.

Giles 1887: Giles, Edward Bowyer: The History of the Art of Cutting in England. London 1887. (Online verfügbar unter: http://library.si.edu/digital-library/book/historyofartofcu00gile).

Gürtler 1929: Gürtler, Max: Textilfachschulen. In: Kühne, Alfred: Handbuch für das Berufs- und Fachschulwesen. Leipzig 1929, S. 341-348.

Gunkel 1890: Gunkel, Anton: Vollständiges Handbuch der Zuschneidekunst für Damengarderobe. Dresden 1890.

Gunkel 1892: Gunkel, Anton: Vollständiges Handbuch der Zuschneidekunst für Damen und Kindergarderobe: als Lehrsystem an der Europäischen Moden-Akademie eingeführt und zum Selbstunterricht bearbeitet. Dresden 1892.

Gunkel 1903: Gunkel, Anton: Lehrbuch der Europäischen Moden-Akademie, enthaltend die Zuschneidelehre für Herren- und Knabengarderobe, sowie Uniformen (4. Aufl. d. Gunkel'schen Handbuches d. Zuschneide-Kunst). Dresden 1903.

Gunkel/ Müller 1869: Gunkel, Anton/ Müller, Gustav Adolf: Die gesammte Fachwissenschaft des Schneiders. Lehrbuch für den Unterricht an der Deutschen Bekleidungs-Akademie zu Dresden, gleichzeitig für den Selbstunterricht. Band 1. Dresden 1869.

Gunkel/ Müller 1871: Gunkel, Anton/ Müller, Gustav Adolf: Die gesammte Fachwissenschaft des Schneiders. Lehrbuch für den Unterricht an der Deutschen Bekleidungs-Akademie zu Dresden, gleichzeitig für den Selbstunterricht. Band 1. Dresden 1871.

Halle 1788: Halle, Johann Samuel (Hrsg.): Das Schneiderhandwerk, welches den Mannsschneider, die Leder-Beinkleider, den Schnürleibschneider, für Frauen und Kinder, die Schneiderin und die Modehändlerin in sich fasset. Vom Herrn von Garsault. Berlin 1788. (Online verfügbar unter: http://resolver.sub.uni-goettingen.de/purl?PPN727052772).

Handels- und Gewerbekammer Wien 1880: Handels- und Gewerbekammer in Wien (Hrsg.): Lehr- und Lesebuch für Männer- und Frauen-Kleidermacher zum Schul- und Selbstunterrichte, herausgegeben von der Handels- und Gewerbekammer in Wien. Wien 1880.

Ihli 1888: Ihli, L. I.: Das Kunstgewerbe der Kleidermacher für Herren- und Knaben-Garderobe. Ein Lehrbuch zum gründlichen Selbstunterricht der wissenschaftlichen Zuschneidekunst. München 1888.

Internationale Schnittmanufaktur 1910: [Internationale Schnittmanufaktur (Hrsg.)]: Zuschneidelehre »Favorit«. Eine ausführliche Anleitung zur gründlichen Erlernung einer einfachen, zuverlässigen und nie veraltenden Zuschneidemethode mit Hilfe von Favoritschnitten. Dresden 1910.

Kawisch/ Klemm 1856: Kawisch, C./ Klemm, Heinrich: Vollständiges Lehrbuch der modernen Bekleidungskunst für Damen: sehr leichtfasslich zum gründlichen Selbstunterrichte bearbeitet. Dresden 1856. (Online verfügbar unter: http://digital.slub-dresden.de/werkansicht/dlf/29203/1/).

K. K. Österreichisches Central-Comité 1869: K. K. Österreichisches Central-Comité (Hrsg.): Bericht über die Welt-Ausstellung zu Paris im Jahre 1867. Vierter Band. Garne, Gewebe, Bekleidung-Gegenstände und Papier (VIII). Kunstgewerbe, Möbel und Einrichtungsstücke (IX). Wien 1869. (Online verfügbar unter: http://reader.digitale-sammlungen.de/de/fs1/object/display/bsb10476882_00007.html).

Klemm 1860a: Klemm, Heinrich: Vollständige Belehrung über Zuschnitt und Anfertigung der geschmackvollsten Knaben-Anzüge für jede Altersklasse. Dresden um 1860. (Online verfügbar unter: http://digital.slub-dresden.de/werkansicht/dlf/17162/1/0/).

Klemm 1860b: Klemm, Heinrich: Vollständiges Lehrbuch der gesammten Kunstwäscherei und Fleckenreinigungskunst sowie der häuslichen Kleinigkeitsfärberei und Appretur nebst allen damit in Verbindung stehenden technischen Vortheilen, Rezepten und Geheimnissen der berühmtesten Sachleute, Lehrer und Lehrerinnen dieser Branche. Dresden um 1860. (Online verfügbar unter: http://digital.slub-dresden.de/werkansicht/dlf/23709/1/0/).

Klemm 1860c: Klemm, Heinrich: Die neuesten Zeichenvorlagen für Herrenkleidermacher. Dresden um 1860. (Online verfügbar unter: http://digital.slub-dresden.de/werkansicht/dlf/12143/5/0/).

Klemm 1860d: Klemm, Heinrich: Ästhetik der Damen- und Herren-Toilette / vollständige Regeln d. wahren Schönheit, d. feineren Geschmacks u. d. Farbenharmonie in Kleidung, Putz u. Schmuck. Dresden 1860.

Klemm 1860e: Klemm, Heinrich: Die menschliche Kleidung vom Standpunkte der Gesundheitspflege und Aesthetik. Wichtige Mahnungen und Aufschlüsse über bisher wenig erkannte Thatsachen und Erscheinungen. Dresden um 1860.

Klemm 1865: Klemm, Heinrich: Vollständiges Handbuch der Bekleidungskunst für Civil, Militär und Livree. Nach den Anforderungen des modernen Standpunktes der mathematischen Zuschneidekunst sowie der verschiedenen Geschmacksrichtungen in der Herren-Bekleidung zum Selbstunterrichte bearbeitet. Dresden 1865. (Online verfügbar unter: http://digital.slub-dresden.de/werkansicht/dlf/26511/1/0/).

Klemm 1870: Klemm, Heinrich: Vollständiges Handbuch der Bekleidungskunst für Civil, Militär und Livree. Nach den Anforderungen des modernen Standpunktes der mathematischen Zuschneidekunst sowie der verschiedenen Geschmacksrichtungen in der Herren-Bekleidung zum Selbstunterrichte bearbeitet. Dresden 1870. (Online verfügbar unter: http://digital.slub-dresden.de/werkansicht/dlf/57489/5/0/).

Klemm 1881: Klemm, Heinrich: Geschichte der altehrwürdigen und wohlangesehenen Dresdner Schneider-Innung von ihren ersten Spuren bis auf die Neuzeit. Eine Denkschrift zur Feier des vierhundertjährigen Jubiläums der Bestätigung des ältesten Innung-Statuts. Dresden 1881. (Online verfügbar unter: http://digital.slub-dresden.de/werkansicht/dlf/86184/1/).

Klemm/ Klemm 1846: Klemm, Carl/ Klemm, Heinrich: Vollständiges Lehrbuch der Modernen Zuschneidekunst und Bearbeitung sämmtlicher Herrenkleider. Paris, Leipzig 1846. (Online verfügbar unter: http://digital.slub-dresden.de/werkansicht/dlf/17211/1/).

Köhler 1871a: Köhler, Karl: Die Trachten der Völker in Bild und Schnitt. Eine historische und technische Darstellung der menschlichen Bekleidungsweise von den ältesten Zeiten bis in's neunzehnte Jahrhundert und zugleich ein Supplement zu allen vorhandenen Kostümwerken für darstellende Künstler, Maler, Kostümiers und Forscher auf dem Gebiete der Trachtenkunde. Teil 1. Dresden 1871. (Online verfügbar: unter https://opacplus.bsb-muenchen.de/Vta2/bsb10985371/bsb:BV013859935?page=5).

Köhler 1871b: Köhler, Karl: Die Trachten der Völker in Bild und Schnitt. Eine historische und technische Darstellung der menschlichen Bekleidungsweise von den ältesten Zeiten bis in's neunzehnte Jahrhundert und zugleich ein Supplement zu allen vorhandenen Kostümwerken für darstellende Künstler, Maler, Kostümiers und Forscher auf dem Gebiete der Trachtenkunde. Teil 2. Dresden 1871. (Online verfügbar unter: https://opacplus.bsb-muenchen.de/Vta2/bsb11006410/bsb:BV020093867?page=2).

Kühne 1929: Kühne, Alfred: Handbuch für das Berufs- und Fachschulwesen. Leipzig 1929.

Langer 1880: Langer, C.: Leibesform und Gewandung. In: Handels- und Gewerbekammer in Wien (Hrsg.): Lehr- und Lesebuch für Männer- und Frauen-Kleidermacher zum Schul- und Selbstunterrichte, herausgegeben von der Handels- und Gewerbekammer in Wien. Wien 1880, S. 1-148.

Lichtensteger 1746: Lichtensteger, Georg: Die aus der Arithmetik und Geometrie heraus geholten Gründe der Menschlichen Proportion. Nürnberg 1746. (Online verfügbar unter: http://digital.slub-dresden.de/werkansicht/dlf/55695/1/0/).

Löwinsohn 1850: Löwinsohn, S./ [Klemm, Heinrich]: Vollständiger theoretisch-praktischer Unterricht in der einfachsten und sichersten Buchführung für Handwerker mit und ohne Ladengeschäfte. Dresden um 1850 (Online verfügbar unter: http://digital.slub-dresden.de/werkansicht/dlf/24629/1/0/).

Maurer 1922: Maurer, Rudolf: Der praktische Zuschneider. Konstruktionslehre des Carré-Systems. Erster Band: Konstruktionslehre. Berlin 1922.

Mottl 1863: Mottl, Wendelin: Die Bekleidungs-Industrie auf der Londoner Ausstellung 1862. Vorträge aus dem böhmischen Gewerbeverein gehalten von Wendelin Mottl. Dresden 1863. (Online verfügbar unter: http://digital.slub-dresden.de/werkansicht/dlf/24266/3/0/).

Mottl 1879: Mottl, Wendelin: Weltausstellung 1878 in Paris. Bericht über die »Classe 38« (Kleidungsstücke für beide Geschlechter) sowie über die in »Classe 58« gehörenden Maschinen zum Zwecke der Kleider- und Schuhwaaren-Erzeugung. Prag 1879.

Mottl 1893: Mottl, Wendelin: Grundlagen und die neuesten Fortschritte der Zuschneidekunst. Theoretische und praktische Lehre. Prag 1893. (Online verfügbar unter: http://tudigit.ulb.tu-darmstadt.de/show/59-4612).

Mottl 1909: Mottl, Wendelin: Grundlagen und die neuesten Fortschritte der Zuschneidekunst. Theoretische und praktische Lehre. Prag 1909.

Mühlmann 1929: Mühlmann, Karl: Sonderfachschulen. In: Kühne, Alfred: Handbuch für das Berufs- und Fachschulwesen. Leipzig 1929, S. 363-380.

Müller C. 1930: Müller, Carl: Berufsschulung und Geschmacksbildung im Schneidergewerbe. Vorlagenwerk für das Fachzeichnen in der Berufsschule. Dresden 1930.

Müller G. A. 1863: Müller, Gustav Adolf: Die Anthropo-Trigonometrie der Zuschneidekunst, zunächst für Herrenkleidermacher, erfunden in Paris. Dresden 1863. (Online verfügbar unter: http://digital.slub-dresden.de/werkansicht/dlf/51471/1/).

Muthesius 1929: Muthesius, Hermann: Kunstgewerbe- und Handwerkerschulen. In: Kühne, Alfred: Handbuch für das Berufs- und Fachschulwesen. Leipzig 1929, S. 349-362.

Pflugbeil 1910: Pflugbeil, Hugo: Deutsche Fachschule für das Schneidergewerbe in Dresden. Dresden 1910.

Pflugbeil 1918: Pflugbeil, Hugo: Lehrlings- und Fachschulfragen. Dresden 1918.

Pflugbeil 1929: Pflugbeil Hugo: Festschrift zur Erinnerung an den 50. Verbandstag in Dresden 1879-1929. Dresden 1929.

Reichskommissar 1894: [Reichskommissar (Hrsg.)]: Amtlicher Bericht über die Weltausstellung in Chicago 1893. Berlin 1894.

Schrödter 1930: Schrödter, Alfred: Lehrbuch der Europäischen Moden-Akademie enthaltend die Zuschneidelehre für Herrengarderobe. Dresden 1930.

Sichart 1926a: Sichart, Emma von: Praktische Kostümkunde: in 600 Bildern und Schnitten. Nach Carl Köhler bearbeitet von Emma von Sichart. Erster Halbband. Vom Altertum bis zur Mitte des 16. Jahrhunderts. München 1926.

Sichart 1926b: Sichart, Emma von: Praktische Kostümkunde: in 600 Bildern und Schnitten. Nach Carl Köhler bearbeitet von Emma von Sichart. Zweiter Halbband: Von der Mitte des 16. Jahrhunderts bis zum Jahre 1870. München 1926.

Thaer 1815: Thaer, Albrecht Daniel: Landwirtschaftliche Gewerbs-Lehre. Celle 1815. [Nachdruck der Albrecht-Thaer-Gesellschaft (Hrsg.). Celle 1967.].

Theuerle 1862: Theuerle, Dr. (Protokollant)/ [Deutsche Bekleidungs-Akademie (Hrsg.)]:
Bericht über die 4. ordentliche Generalversammlung der Deutschen Bekleidungs-
Akademie. Dresden 1862. (Online verfügbar unter: http://opacplus.bsb-
muenchen.de/title/11627305/ft/bsb11035371?page=5).

Tiesler 1905: Tiesler, Rudolf: H. Klemm's Handbuch der Bekleidungskunst für Herren.
Dresden um 1905.

Wieck 1840: Wieck, Friedrich Georg: Industrielle Zustände Sachsens. Das
Gesammtgebiet des sächsischen Manufaktur- und Fabrikwesens, Handels und Verkehrs
historisch, statistisch und kritisch beleuchtet. Chemnitz 1840. (Online verfügbar unter:
http://digital.slub-dresden.de/werkansicht/dlf/9398/1/).

Zeischke 1880: Zeischke, Josef: Verbessertes System der directen Schnitt-Construktion
für Röcke und Gilets. Ein Supplement zur Anthropo-Trigonometrie von G. A. Müller und
A. Gunkel. Dresden 1880.

Zeischke 1891: Zeischke, Josef: Der Rock – Lehrbuch der directen Schnitt-Konstruktion
für Röcke, Paletots, Westen etc. zum Selbstunterricht bearbeitet. 1891 Dresden.

Zeising 1854: Zeising, Adolf: Neue Lehre von den Proportionen des menschlichen
Körpers, aus einem bisher unerkannt gebliebenen, die ganze Natur und Kunst
durchdringenden morphologischen Grundgesetze. Leipzig 1854. (Online verfügbar unter:
http://opacplus.bsb-muenchen.de/title/BV013255120/ft/bsb10255661?page=16).

Zincke 1888: Zincke, Wilhelm: Sechshundert Jahre Geschichte der Berliner Schneider-
Gilde und ihrer Zeit. 1288-1888. Eine Festschrift. Berlin 1888.

Publizierte Sekundärquellen

Albrecht 2000: Albrecht, Roland: Wenn der Vermesser in Vermessenheit auf einen zu
Vermessenden trifft. Ein Drama. In: Ästhetik und Kommunikation. Heft 111. 31.
Jahrgang. Berlin 2000, S. 13-14.

Antoni-Komar 2001: Antoni-Komar, Irene: Körper-Konstruktionen. Die Thematisierung
des Körperlichen in Mode und Kunst. In: Antoni-Kolmar, Irene (Hrsg.): Moderne
Körperlichkeit. Körper als Orte ästhetischer Erfahrung. Stuttgart, Bremen 2001, S. 16-37.

Arnold 1964: Arnold Janet: Patterns of Fashion I. Englishwomen's dresses & their
construction c. 1660-1860. London 1964.

Arnold 1985: Arnold, Janet: Patterns of Fashion. The cut and construction of clothes for
men and women c. 1560-1620. London 1985.

Arnulf 1988: Arnulf, Volkmar: Chronik der Berliner Schneidergilde. 1288-1988. Berlin 1988.

Arnulf 2007: Arnulf, Volkmar: Der Frack – Ein Kulturgut. In: Deutsche Bekleidungs-Akademie München (Hrsg.): Meisterschneider. Die hohe Schule der Handwerkskunst. München 2007, S. 18-19.

Ash 2000: Ash, Mitchell G.: Räume des Wissens (XXXVI. Symposium der Gesellschaft für Wissenschaftsgeschichte. 13. Bis 15. Mai 1999 in Ingolstadt). In: Berichte zur Wissenschaftsgeschichte. Volume 23. Issue 3. Weinheim 2000, S. 235-243.

Asendorf 2002: Asendorf, Dirk: Der digitale Maßanzug. In: Die Zeit. Nr. 45. 31.10.2002. (Online verfügbar unter: http://www.zeit.de/2002/45/Der_digitale_Massanzug).

Bäckmann 1991: Bäckmann, Reinhard: Nähen. Nadel. Nähmaschine. Ursprünge der Nähtechnologie im Zeitalter der ersten industriellen Revolution. Hohengehren 1991.

Barbe 2012: Barbe, Josephine: Figur in Form. Geschichte des Korsetts. Bern, Stuttgart, Wien 2012.

Berg/ Herrmann 1991: Berg, Christa/ Herrmann, Ulrich: Industriegesellschaft und Kulturkrise. Ambivalenzen der Epoche des Zweiten Deutschen Kaiserreiches 1870-1918. In: Berg, Christa (Hrsg.): Handbuch der deutschen Bildungsgeschichte. Band IV. 1870-1918. Von der Reichsgründung bis zum Ende des Ersten Weltkriegs. München 1991, S. 3-56.

Berger/ Luckmann: Berger, Peter L./ Luckmann, Thomas: Die gesellschaftliche Konstruktion der Wirklichkeit. Eine Theorie der Wissenssoziologie. Frankfurt am Main 2001.

Blankertz 1969: Blankertz, Herwig: Bildung im Zeitalter der großen Industrie. Pädagogik, Schule und Berufsbildung im 19. Jahrhundert. Hannover 1969.

Bödeker 2005: Bödeker, Hans Erich: Die Bürgerliche Literatur- und Mediengesellschaft. In: Hammerstein, Notker/ Herrmann, Ulrich (Hrsg.): Handbuch der deutschen Bildungsgeschichte. Band II. 18. Jahrhundert. Vom späten 17. Jahrhundert bis zur Neuordnung Deutschlands um 1800. München 2005, S. 499-520.

Böhle et al. 2001: Böhle, Fritz/ Bolte, Annegret/ Drexel, Ingrid/ Weishaupt, Sabine: Grenzen wissenschaftlich-technischer Rationalität und »anderes Wissen«. In: Beck, Ulrich/ Bonß, Wolfgang: Die Modernisierung der Moderne. Frankfurt am Main 2001, S. 96-105.

Boehn 1918: Boehn, Max von: Bekleidungskunst und Mode. München 1918. [Nachdruck Bremen 2011].

Bohnsack 1981: Bohnsack, Almut: Spinnen und Weben. Entwicklung von Technik und Arbeit im Textilgewerbe. Hamburg 1981.

Bruchhäuser 2005: Bruchhäuser, Hanns-Peter: Berufsbildung. In: Hammerstein, Notker/ Herrmann, Ulrich (Hrsg.): Handbuch der deutschen Bildungsgeschichte. Band II. 18. Jahrhundert. Vom späten 17. Jahrhundert bis zur Neuordnung Deutschlands um 1800. München 2005, S. 401-420.

Buchheim/ Sonnemann 1990: Buchheim, Gisela/ Sonnemann, Rolf (Hrsg.): Geschichte der Technikwissenschaften. Basel, Boston, Berlin 1990.

Burman 1999: Burman, Barbara (Hrsg.): The Culture of Sewing. Gender, Consumption and Home Dressmaking. Oxford, New York 1999.

Cameron 1984: Cameron, Noël: The Measurement of Human Growth. Kent (UK) 1984.

Cassirer 1985: Cassirer, Ernst: Form und Technik. In: Cassirer, Ernst: Symbol, Technik, Sprache. Aufsätze aus den Jahren 1927-1933. Hamburg 1985.

Collingwood 1946: Collingwood, Roger: The Idea of History. Oxford 1946. [Nachdruck Eastford/ California 2014].

Connolly 2010: Connolly, Marguerite: Das Verschwinden der Nähmaschine um die Jahrhundertwende. In: Ortlepp, Anke/ Ribbat, Christoph (Hrsg.): Mit den Dingen leben. Zur Geschichte der Alltagsgegenstände. Stuttgart 2010, S. 97-122.

Dähn 1968: Dähn, Brunhilde: Berlin Hausvogteiplatz. Über 100 Jahre am Laufsteg der Mode. Göttingen, Zürich, Frankfurt a. M. 1968.

Deutsche Bekleidungs-Akademie 1980: Deutsche Bekleidungs-Akademie, München (Hrsg.): Konstruktionen für Jacken und Mäntel. München um 1980.

Deutsche Bekleidungs-Akademie 2000: Deutsche Bekleidungs-Akademie, München (Hrsg.): HAKA-Schnittkonstruktionen nach M. Müller & Sohn. München 2000.

Deutsche Bekleidungs-Akademie 2007: Deutsche Bekleidungs-Akademie München (Hrsg.). Meisterschneider. Die hohe Schule der Handwerkskunst. München 2007.

DIN 61516-1 1978: Deutsches Institut für Normung (Hrsg.): Körper-Kennmaße für Bekleidungsstücke; Grundlagen. DIN 61516-1:1978-11.

DIN 61516-2 1978: Deutsches Institut für Normung (Hrsg.): Körper-Kennmaße für Bekleidungsstücke; Anwendung. DIN 61516-2:1978-11.

DIN 61517 1980: Deutsches Institut für Normung (Hrsg.): Körper-Sekundärmaße für die Konstruktion von Herren- und Damen-Oberbekleidung. DIN 61517:1980-03.

DIN EN 13402-1 2001: Deutsches Institut für Normung (Hrsg.): Größenbezeichnung von Bekleidung. Teil 1: Begriffe und Verfahren für die Messung am Körper (ISO 3635: 1981 modifiziert). Deutsche Fassung EN 13402-1: 2001.

DIN EN 13402-2 2002: Deutsches Institut für Normung (Hrsg.): Größenbezeichnung von Bekleidung. Teil 2: Primär und -Sekundärmaße. Deutsche Fassung EN 13402-2: 2002.

DIN EN 13402-3 2013: Deutsches Institut für Normung (Hrsg.): Größenbezeichnung von Bekleidung. Teil 3: Körpermaße und Sprungwerte. Deutsche Fassung EN 13402-3: 2013.

DIN ISO 18825-1 2014: Deutsches Institut für Normung (Hrsg.): Bekleidung – Digitale Anproben. Teil 1: Vokabular und Terminologie für den virtuellen menschlichen Körper. DIN ISO 18825-1: 2014 (Entwurf).

DIN ISO 18825-2 2015: Deutsches Institut für Normung (Hrsg.): Bekleidung – Digitale Passform. Teil 2: Vokabular und Terminologie für die Merkmale des virtuellen menschlichen Körpers. DIN ISO 18825-2: 2015 (Entwurf).

Domke 1998: Domke, Elke: Der Stoff aus dem Diplomingenieure für Bekleidungstechnik sind. Untersuchungen über eine kreativitätsfördernde Gestaltung von Lernprozessen an der Fachhochschule. Berlin 1998.

Döring, D. 2011: Döring, Daniela: Zeugende Zahlen. Mittelmaß und Durchschnittstypen in Proportion, Statistik und Konfektion. Berlin 2011.

Döring, D. 2016: Döring, Daniela (Hrsg.): Vom Maßnehmen, Zuschnitt und Nähen einer Ausstellung. Publikation zur Sonderausstellung ‚uni-form? Körper, Mode und Arbeit nach Maß' des Hauses der Brandenburgisch-Preußischen Geschichte, 15. April bis 24. Juli 2016. Potsdam 2016.

Döring/ Draude 2012: Döring, Daniela/ Draude, Claude: Körper nach Zahlen. Vom Maßnehmen und der Simulation von Menschlichkeit. In: Zentrum für transdisziplinäre Geschlechterstudien, Humboldt-Universität zu Berlin (Hrsg.): Bulletin Texte 38. Berlin 2012, S. 61-87.

Döring, F.-W. 1992: Döring, Friedrich-Wilhelm: Vom Konfektionsgewerbe zur Bekleidungsindustrie. Zur Geschichte von Technisierung und Organisierung der Massenproduktion von Bekleidung. Frankfurt am Main, Berlin, Bern, New York, Paris, Wien 1992.

Drees 1996: Drees, Gerhard: Die Arbeit der Gewerbevereine auf dem Gebiet des Ausstellungswesens. Ein Impuls für die gewerblich-technische Ausbildung in Industriebetrieben?. In: Greinert, Wolf-Dietrich/ Harney, Klaus/ Pätzold, Günter/ Stratmann, Karlwilhelm: Berufsausbildung und sozialer Wandel. 150 Jahre preussische Allgemeine Gewerbeordnung von 1845: 5. Berufspädagogisch-historischer Kongreß (4.-6. Oktober 1995 in Bochum). Band II. Bielefeld 1996, S. 209-233.

Dupré 2017: Dupré, Sven: Doing It Wrong. The Translation of artisanal Knowledge and the Codification of Error. In: Valleriani, Matteo (Hrsg.): The Structures of Practical Knowledge. Cham (Schweiz) 2017, S. 167-188.

Eberle 2007: Eberle, Hannelore et al.: Fachwissen Bekleidung. Haan-Gruiten 2007.

Efrat 1982: Efrat, Shraga: The development of a method of generating patterns for clothing that conform to the shape of the human body. [PhD thesis. School of Textile and Knitwear Technology. Leicester Polytechnic]. Leicester 1982. (Online verfügbar unter: http://hdl.handle.net/2086/5846).

Emery 1999: Emery, Joy Spanabel: Dreams on Paper. A Story of the Commercial Pattern Industry. In: Burman, Barbara (Hrsg.): The Culture of Sewing. Gender, Consumption and Home Dressmaking. Oxford, New York 1999, S. 235-253.

Emery 2014: Emery, Joy Spanabel: A History of Paper Pattern Industry. The Home Dressmaking Fashion Revolution. London, New York 2014.

Erben 2005: Erben, Dietrich: Architekturtheorie. In: Enzyklopädie der Neuzeit, Band 1. Stuttgart 2005, S. 587-614.

Fan/ Hunter/ Yu 2004: Fan, Jintu/ Hunter, Lawrance/ Yu, Winnie: Clothing Appearance and Fit: Science and Technology. Cambridge 2004.

Ferguson 1993: Ferguson, Eugene S.: Das innere Auge. Von der Kunst des Ingenieurs. Basel 1993.

Fickers 2015: Fickers, Andreas: Hands-on! Plädoyer für eine experimentelle Medienarchäologie. In: Technikgeschichte Bd. 82 (1) (2015), S. 67-85.

Flämig 1996: Flämig, Rüdiger: Staatliche Kunst- und Fachschule für Textilindustrie 1877-1945 Plauen/ Vogtl. Plauen 1996.

Flingelli 2007: Flingelli, Willy: Plädoyer für Maßarbeit. In: Deutsche Bekleidungsakademie München. Meisterschneider. Die hohe Schule der Handwerkskunst. München 2007, S. 9.

Gassert 1995: Gassert, H.: Aus Sicht der Industrie. In: Verein Deutscher Ingenieure (VDI) (Hrsg.): Ingenieure für die Zukunft. Ingenieurqualifikation – Basis für Innovation und Technologie im internationalen Vergleich. VDI-Berichte 1198. Düsseldorf 1995, S. 79-92.

Geppert 2013: Geppert, Alexander C. T.: Weltausstellungen. In: Leibniz-Institut für Europäische Geschichte (IEG) (Hrsg.): Europäische Geschichte Online (EGO). Mainz 2013-06-20. (Online verfügbar unter: http://www.ieg-ego.eu/gepperta-2013-de).

Gierl 2005: Gierl, Martin: Akademie. In: Enzyklopädie der Neuzeit, Band 1. Stuttgart 2005, S. 150-156.

Gierl 2009: Gierl, Martin: Preisfragen. In: Enzyklopädie der Neuzeit, Band 10. Stuttgart 2009, S. 307-309.

Gierl 2012a: Gierl, Martin: Wissenschaft. In: Enzyklopädie der Neuzeit, Band 15. Stuttgart 2012, S. 59-65.

Gierl 2012b: Gierl, Martin: Wissenschaftssprache. In: Enzyklopädie der Neuzeit, Band 15. Stuttgart 2012, S. 85-93.

Gispen 2006: Gispen, Kees: Der gefesselte Prometheus: Die Ingenieure in Großbritannien und in den Vereinigten Staaten 1750-1945. In: Kaiser, Walter/ König, Wolfgang (Hrsg.): Geschichte des Ingenieurs. Ein Beruf in sechs Jahrtausenden. München, Wien 2006, S. 127-176.

Grüger 2007: Grüger, Matthias: Die Vertikalisierung der Textilwirtschaft durch Handelsmarken-Produktdesignteams, Shop-in-Shop- und Concession-Konzepte. Überlegungen zur Variation der Arbeitsteilung zwischen Bekleidungsindustrie und Handel. Köln 2007. (Online verfügbar unter: https://www.econbiz.de/Record/vertikalisierung-textilwirtschaft-handelsmarken-produktdesignteams-shop-shop-consession-konzepte-überlegungen-variation-arbeitsteilung/10003556516).

Grüner 1991: Grüner, Gustav: Fachschulen. In: Berg, Christa (Hrsg.): Handbuch der deutschen Bildungsgeschichte. Band IV. 1870-1918. Von der Reichsgründung bis zum Ende des Ersten Weltkriegs. München 1991, S. 389-397.

Gugerli/ Speich Chassé 2012: Gugerli, David/ Speich Chassé, Daniel: Wissensgeschichte. Eine Standortbestimmung. In: traverse. Zeitschrift für Geschichte. 2012/1, S. 85-100.

Habermas 1969: Habermas, Jürgen: Technik und Wissenschaft als »Ideologie«. Frankfurt a. M. 1969.

Hahn 2010: Hahn, Hans-Peter: Von der Ethnografie des Wohnzimmers – Zur »Topographie des Zufalls«. In: Tietmeyer, Elisabeth/ Hirschberger, Claudia/ Noack, Karoline/ Redline, Jane: Die Sprache der Dinge. Kulturwissenschaftliche Perspektiven auf die materielle Kultur. Münster 2010, S. 9-21.

Hård/ Oldenziel 2013: Hård, Mikael/ Oldenziel, Ruth: Consumers, Tinkerers, Rebels. The People Who Shaped Europe. London 2013.

Harper 1987: Harper, Douglas: Working Knowledge. Skill and Community in a Small Shop. Chicago 1987.

Hausen 1978: Hausen, Karin: Technischer Fortschritt und Frauenarbeit. Zur Sozialgeschichte der Nähmaschine. In: Geschichte und Gesellschaft. Zeitschrift für historische Sozialwissenschaft 4. 1978, S. 148-169.

Heßler 2007: Heßler, Martina: Die kreative Stadt. Zur Neuerfindung des Tops. Bielefeld 2007.

Heymann/ Wengenroth 2001: Heymann, Matthias/ Wengenroth, Ulrich: Die Bedeutung von „tacit knowledge" bei der Gestaltung von Technik. In: Beck, Ulrich/ Bonß, Wolfgang: Die Modernisierung der Moderne. Frankfurt am Main 2001, S. 106-121.

Horlebein 1991: Horlebein, Manfred: Kaufmännische Berufsbildung: In: Berg, Christa (Hrsg.): Handbuch der deutschen Bildungsgeschichte. Band IV. 1870-1918. Von der Reichsgründung bis zum Ende des Ersten Weltkriegs. München 1991, S. 404-410.

Hubert 2005: Hubert, Hans W.: Architekturzeichnung. In: Enzyklopädie der Neuzeit, Band 1. Stuttgart 2005, S. 614-624.

Hufschmidt 2016: Hufschmidt, Anke: Handwerkliche Qualitätsarbeit und Maschinen. Zur Veränderung handwerklichen Arbeitens seit der zweiten Hälfte des 19. Jahrhunderts. In: Lindloff/ Zeitler 2016: Lindloff, Axel/ Eitler, Conny Nora (Hrsg.): Handwerken. Vom Wissen zum Werk. Hanau 2016, S. 57-72.

Huisinga 1996: Huisinga, Richard: Die Weltausstellungen des 19. Jahrhunderts als Instrument der Gewerbeförderung und ihre berufspädagogische Bedeutung. In: Greinert, Wolf-Dietrich/ Harney, Klaus/ Pätzold, Günter/ Stratmann, Karlwilhelm: Berufsausbildung und sozialer Wandel. 150 Jahre preussische Allgemeine Gewerbeordnung von 1845. 5. Berufspädagogisch-historischer Kongreß (4.-6. Oktober 1995 in Bochum). Band II. Bielefeld 1996, S. 169-194.

Hülsenbeck 1981: Hülsenbeck, Annette: Schneidern und Nähen. Entwicklungsgeschichte der Bekleidungsherstellung. In: Schütte, Ilse (Hrsg.): Technikgeschichte als Geschichte der Arbeit. Die historisch-genetische Methode in Technikunterricht und Arbeitslehre. Bad Salzdetfurth 1981, S. 254-283.

Hüttinger 1999: Hüttinger, Gisela (Redaktion)/ Fachhochschule für Technik und Wirtschaft Berlin (Hrsg.): Festschrift 1999. 5 Jahre Kuratorialhochschule des Landes Berlin. 50 Jahre Ingenieurausbildung. 125 Jahre Textil- und Modeausbildung. Berlin 1999.

ISO 8559 1989: International Organization of Standardization (Hrsg.): Garment construction and anthropometric surveys – Body dimensions (First edition 1989-07-01). ISO 8559: 1989 (E).

Janich 2015: Janich, Peter: Handwerk und Mundwerk. Über das Herstellen von Wissen. München 2015.

Jansen/ Rüdiger 2002: Jansen, Jutta/ Rüdiger, Claire: Systemschnitt II. Modeschnitte für Mäntel, Parkas, Bademoden, Kinderbekleidung. Berlin 2002.

Jeismann 1987: Jeismann, Karl-Ernst: Zur Bedeutung der »Bildung« im 19. Jahrhundert. In: Jeismann, Karl-Ernst/ Lundgreen, Peter: Handbuch der deutschen Bildungsgeschichte. Band III. 1800-1870. Von der Neuordnung Deutschlands bis zur Gründung des Deutschen Reiches. München 1987, S. 1-22.

Jenß 2005: Jenß, Heike: Customize Me! Anmerkungen zur Massenindividualisierung in der Mode. In: Mentges, Gabriele/ Richard, Birgit (Hrsg.): Schönheit der Uniformität. Körper, Kleidung, Medien. Frankfurt am Main 2005, S. 199-220.

Jost 2003: Jost, Wolfdietrich: Quellen und Dokumente zur Geschichte der technischen Bildung in Deutschland. Teil 1. Das gewerbliche Fachschulwesen 1821-1890. Köln 2003.

Kaiser/ König 2006: Kaiser, Walter/ König, Wolfgang (Hrsg.): Geschichte des Ingenieurs. Ein Beruf in sechs Jahrtausenden. München, Wien 2006.

Karafyllis 2013: Karafyllis, Nicole: Handwerk, Do-it-yourself-Bewegung und die Geistesgeschichte der Technik. In: Zeitschrift für Kulturphilosophie. Band 7/ Heft 2 (2013), S. 305-328.

Kidwell 1979: Kidwell, Claudia B.: Cutting a Fashionable Fit. Dressmakers' Drafting Systems in the United States. Washington 1979. (Online verfügbar unter: http://www.sil.si.edu/smithsoniancontributions/HistoryTechnology/pdf_hi/SSHT-0042.pdf).

Kirchdörfer et al.1989: Kirchdörfer, Elfriede et al.: Passform- und grössensichere Schnittkonstruktion DOB. Bekleidungstechnische Schriftenreihe. Band 70. Köln 1989.

Kirchdörfer et al. 1992: Kirchdörfer, Elfriede/ Reusch, Karin et al.: Anforderungsdefinitionen für die automatische Modellschnittkonstruktion. Bekleidungstechnische Schriftenreihe. Band 88. Köln 1992.

Kirchdörfer et al. 1995: Kirchdörfer, Elfriede/ Reusch, Karin et al.: Konstruktionsgrundlagen für Damen- und Mädchenbekleidung. Teil A. Konstruktionsmaßtabellen für die untere Körperhälfte. Bekleidungstechnische Schriftenreihe. Band 51. Köln 1995.

Kirchdörfer/ Reusch 1993: Kirchdörfer, Elfriede/ Reusch, Karin: Maßkonfektion (Herren). Umsetzung individueller Körpermaße und -haltungen in die Schnittkonstruktion. Bekleidungstechnische Schriftenreihe. Band 94. Köln 1993.

Klein 2017: Klein, Ursula: Hybrid Experts. In: Valleriani, Matteo (Hrsg.): The Structures of Practical Knowledge. Cham (Schweiz) 2017, S. 287-306.

König 1988: König, Wolfgang: Spezialisierung und Bildungsanspruch. Zur Geschichte der Technischen Hochschulen im 19. und 20. Jahrhundert. In: Berichte zur Wissenschaftsgeschichte. Band 11. Weinheim 1988, S. 219-225.

König 1998: König, Wolfgang: Zwischen Verwaltungsstaat und Industriegesellschaft. Die Gründung höherer technischer Bildungsstätten in Deutschland in den ersten Jahrzehnten des 19. Jahrhunderts. In: Berichte zur Wissenschaftsgeschichte. Band 21. Weinheim 1998, S. 115-122.

König 1999: König, Wolfgang: Künstler und Strichezeichner. Konstruktions- und Technikkulturen im deutschen, britischen, amerikanischen und französischen Maschinenbau zwischen 1850 und 1930. Frankfurt am Main 1999.

König 2000: König, Wolfgang: Gewerbeschulen und Polytechnische Schulen als Instrumente nachholender Industrialisierung. In: Schwarz, Karl (Hrsg.): 1799 – 1999. Von der Bauakademie zur Technischen Universität Berlin. Geschichte und Zukunft. Eine Ausstellung der Technischen Universität Berlin aus Anlaß des 200. Gründungstages der Bauakademie und des Jubiläums 100 Jahre Promotionsrecht der Technischen Hochschulen. [vom 3. Dezember 1999 bis 30. Januar 2000 in der Technischen Universität Berlin]. Berlin 2000, S.116-118.

König 2006: König, Wolfgang: Vom Staatsdiener zum Industrieangestellten: Die Ingenieure in Frankreich und Deutschland 1750-1945. In: In: Kaiser, Walter/ König/ Wolfgang (Hrsg.): Geschichte des Ingenieurs. Ein Beruf in sechs Jahrtausenden. München, Wien 2006. S. 179-231.

Köpf 2002: Köpf, Peter: Die Burdas. Hamburg 2002.

Kraft 1998: Kraft, Kerstin: Schnittmuster. In: Text, Textil, Textur. form + zweck 15, 30. Jahrgang. Berlin 1998, S. 44–53.

Kraft 2001: Kraft, Kerstin: kleider.schnitte: In: Mentges, Gudrun/ Nixdorff, Heide (Hrsg.): Textil – Körper – Mode. Dortmunder Reihe zu kulturanthropologischen Studien des Textilen. Band 1. Dortmund 2001, S. 19-140.

Kuhles 2003: Kulhes, Doris: Journal des Luxus und der Moden. Band 1-3. München 2003.

Kytzler/ Redemund/ Eberl 2007: Kytzler, Bernhard/ Redemund, Lutz/ Eberl, Nikolaus (Hrsg.): Unser tägliches Griechisch. Lexikon des altgriechischen Spracherbes. Mainz 2007.

Lenger 1989: Lenger, Friedrich: Handwerk, Handel, Industrie: Zur Lebensfähigkeit des Düsseldorfer Schneiderhandwerks in der zweiten Hälfte des Neunzehnten Jahrhunderts. In: Wengenroth, Ulrich (Hrsg.): Prekäre Selbständigkeit. Zur Standortbestimmung von Handwerk, Hausindustrie und Kleingewerbe im Industrialisierungsprozess. Wiesbaden 1989, S. 71-91.

Leroi-Gourhan 1988: Leroi-Gourhan, André: Hand und Wort. Die Evolution von Technik, Sprache und Kunst. Frankfurt am Main 1988.

Liessmann 2012: Liessmann, Konrad Paul: Theorie der Unbildung. Die Irrtümer der Wissensgesellschaft. München 2012 (7. Aufl.).

Lindloff/ Zeitler 2016: Lindloff, Axel/ Zeitler, Conny Nora (Hrsg.): Handwerken. Vom Wissen zum Werk. Hanau 2016.

Link 2005: Link, Jürgen: Textil genormte oder textil differenziell gestylte Körper? Uniformität zwischen Normativität und Normalität. In: Mentges, Gabriele/ Richard, Birgit (Hrsg.): Schönheit der Uniformität. Körper, Kleidung, Medien. Frankfurt am Main 2005, S. 43-58.

Lundgreen 1987: Lundgreen, Peter: Fachschulen. In: Jeismann, Karl-Ernst/ Lundgreen, Peter: Handbuch der deutschen Bildungsgeschichte. Band III. 1800-1870. Von der Neuordnung Deutschlands bis zur Gründung des Deutschen Reiches. München 1987, S.293-305.

Lundgreen 1994a: Lundgreen, Peter: Die Ausbildung von Ingenieuren an Fachschulen und Hochschulen in Deutschland, 1770-1990. In: Lundgreen Peter/ Grelon, André (Hrsg.): Ingenieure in Deutschland, 1770-1990. Frankfurt am Main, New York 1994, S. 13-78.

Lundgreen 1994b: Lundgreen, Peter: Ingenieur-Vereine und technisch-wissenschaftliche Gemeinschaftsarbeit, 1856-1914. In: Lundgreen Peter/ Grelon, André (Hrsg.): Ingenieure in Deutschland, 1770-1990. Frankfurt am Main, New York 1994, S. 294-303.

Lenger/ Lutum-Lenger 1991: Lenger, Friedrich/ Lutum-Lenger, Paula: Schneider und Schneiderinnen. In: Reith, Reinhold (Hrsg.): Lexikon des alten Handwerks. Vom späten Mittelalter bis ins 20. Jahrhundert. München 1991, S. 207-214.

Loschek 1995: Loschek, Ingrid: Mode im 20. Jahrhundert. Eine Kulturgeschichte unserer Zeit. München 1995.

Loschek 2011: Loschek, Ingrid: Reclams Mode- und Kostümlexikon. Stuttgart 2011.

Magnenat-Thalmann 2010: Magnenat-Thalmann, Nadia: Modeling and Simulating Bodies and Garments. London 2010.

Marx 2000: Marx, Andreas: Pädagogische Überlegungen zum technischen Zeichnen im Technikunterricht der allgemeinbildenden Schulen. Freiburg 2000.

Mentges 1995: Mentges, Gabriele: Der Mensch nach Maß – der vermessene Mensch. In: Design Center Stuttgart (Hrsg.): Design aktuell 6. Moden und Menschen. Eine Vortragsreihe des Design Centers Stuttgart. Stuttgart 1995.

Mentges 2005: Mentges, Gabriele: Die Angst vor der Uniformität. In: Mentges, Gabriele/ Richard, Birgit (Hrsg.): Schönheit der Uniformität. Körper, Kleidung, Medien. Frankfurt am Main 2005, S. 17-42.

Mildenberger 2006: Mildenberger, Georg: Wissen und Können im Spiegel gegenwärtiger Technikforschung. Technikphilosophie Band 15. Berlin 2006.

Mittelstraß 1980: Mittelstraß, Jürgen: Enzyklopädie Philosophie und Wissenschaftstheorie. Band 1: A-G. Mannheim 1980.

Mittelstraß 1996: Mittelstraß, Jürgen: Enzyklopädie Philosophie und Wissenschaftstheorie. Band 4: Sp-Z. Stuttgart 1996.

Niemann 1986: Niemann, Otto C. J.: Der Zuschnitt im Wandel der Zeiten. Ein kulturhistorischer Einblick in die Zuschneidekunst des Bekleidungsgewerbes. Hamburg 1986.

Obschernitzki 1987: Obschernitzki, Doris: »Der Frau ihre Arbeit«. Lette-Verein. Zur Geschichte einer Berliner Institution 1866 bis 1896. Stätten der Geschichte Berlins Band 16. Berlin 1987.

Pätzold/ Reinisch/ Wahle 2015: Pätzold, Günter/ Reinisch, Holger/ Wahle, Manfred: Ideen- und Sozialgeschichte der beruflichen Bildung. Entwicklungslinien der Berufsbildung von der Ständegesellschaft bis zur Gegenwart. Hohengehren 2015.

Paulinyi/ Troitzsch 1991: Paulinyi, Akos/ Troitzsch, Ulrich: Mechanisierung und Maschinisierung. 1600-1840. In: König, Wolfgang (Hrsg.): Propyläen Technikgeschichte. Band 3. Berlin 1991.

Petersen 2011: Petersen, Sonja: Vom »Schwachstarktastenkasten« und seinen Fabrikanten. Wissensräume im Klavierbau. 1830-1930. Münster, New York, München, Berlin 2011.

Pfister 2007: Pfister, Ulrich: Industrialisierung. In: Enzyklopädie der Neuzeit, Band 5. Stuttgart 2007, S. 902-920.

Pfister 2011a: Pfister, Ulrich: Textilgewerbe. In: Enzyklopädie der Neuzeit, Band 13. Stuttgart 2011, S. 398- 403.

Pfister 2011b: Pfister, Ulrich: Textilien. In: Enzyklopädie der Neuzeit, Band 13. Stuttgart 2011, S. 403-408.

Pfister 2011c: Pfister, Ulrich: Textiltechnik. In: Enzyklopädie der Neuzeit, Band 13. Stuttgart 2011, S. 408-411.

Polanyi 1985: Polanyi, Michael: Implizites Wissen. Frankfurt am Main 1985.

Popplow 2007: Popplow, Marcus/ König, Wolfgang: Ingenieur. In: Enzyklopädie der Neuzeit, Band 5. Stuttgart 2007, S. 951-978.

Popplow 2011a: Popplow, Marcus: Technische Literatur. In: Enzyklopädie der Neuzeit, Band 13. Stuttgart 2011, S. 292-297.

Popplow 2011b: Popplow, Marcus: Technische Zeichnung. In: Enzyklopädie der Neuzeit, Band 13. Stuttgart 2011, S. 303-310.

Popplow 2015: Popplow, Marcus: Formalization and Interaction: Towards a Comprehensive History of Technology-Related Knowledge in Early Modern Europe. In: ISIS. Journal of The History of Science Society. Volume 106, Number 4, December 2015, S. 848-856.

Poser 2000: Poser, Hans: Technik und Bildung. In: Schwarz, Karl (Hrsg.): 1799 – 1999. Von der Bauakademie zur Technischen Universität Berlin. Geschichte und Zukunft. Eine Ausstellung der Technischen Universität Berlin aus Anlaß des 200. Gründungstages der Bauakademie und des Jubiläums 100 Jahre Promotionsrecht der Technischen Hochschulen; [vom 3. Dezember 1999 bis 30. Januar 2000 in der Technischen Universität Berlin]. Berlin 2000, S. 24-29.

Reim 1996: Reim, Heidrun: Mode und Modehäuser in Dresden. In: Stadtmuseum Dresden (Hrsg.): Dresdner Geschichtsbuch. Band 2. Altenburg 1996, S. 152-165.

Reith 2016: Reith, Reinhold: Wissenstransfer und Wissensbestände im historischen Handwerk. In: Lindloff/ Zeitler 2016: Lindloff, Axel/ Eitler, Conny Nora (Hrsg.): Handwerken. Vom Wissen zum Werk. Hanau 2016, S. 44-55.

Riello 2010: Riello, Giorgio (Hrsg.): The Fashion History Reader. Global Perspectives. London 2010.

Roetzel 2007: Roetzel, Bernhard: Das formelle Sakko für den Gentleman. In: Deutsche Bekleidungs-Akademie München (Hrsg.): Meisterschneider. Die hohe Schule der Handwerkskunst. München 2007.

Ropohl 1999: Ropohl, Günter: Technologische Aufklärung. Beiträge zur Technikphilosophie. Frankfurt a. M. 1999.

Ropohl 2004: Ropohl, Günter: Arbeits- und Techniklehre. Philosophische Beiträge zur technologischen Bildung. Berlin 2004.

Ropohl 2009: Ropohl, Günter: Allgemeine Technologie. Eine Systemtheorie der Technik. Karlsruhe 2009.

Sarasin 2011: Sarasin, Philipp: Was ist Wissensgeschichte? In: Internationales Archiv für Sozialgeschichte der Deutschen Literatur 36 (2011). Nr. 1, S. 159-172.

Schiffer 2013: Schiffer, Michael Brian: The Archaeology of Science. Studying the Creation of Useful Knowledge. Heidelberg, New York, London 2013.

Schmiel 1987: Schmiel, Martin: Landwirtschaftliches Bildungswesen. In: Jeismann, Karl-Ernst/ Lundgreen, Peter: Handbuch der deutschen Bildungsgeschichte. Band III. 1800-1870. Von der Neuordnung Deutschlands bis zur Gründung des Deutschen Reiches. München 1987, S. 306-310.

Schmiel 1991: Schmiel, Martin: Landwirtschaftliche Berufsbildung: In: Berg, Christa (Hrsg.): Handbuch der deutschen Bildungsgeschichte. Band IV. 1870-1918. Von der Reichsgründung bis zum Ende des Ersten Weltkriegs. München 1991, S. 398-404.

Scholl 1996: Scholl, Lars U.: Karl Karmarsch (1803-1879). Forscher, Institutsgründer, Wissenschaftsorganisator. In: Greinert, Wolf-Dietrich/ Harney, Klaus/ Pätzold, Günter/ Stratmann, Karlwilhelm: Berufsausbildung und sozialer Wandel. 150 Jahre preussische Allgemeine Gewerbeordnung von 1845. 5. Berufspädagogisch-historischer Kongreß (4.-6. Oktober 1995 in Bochum). Band I. Bielefeld 1996, S. 245-262.

Schütt 2000: Schütt, Hans-Werner: Pläne zur Gründung einer »École polytechnique« in Berlin. In: Schwarz, Karl (Hrsg.): 1799 – 1999. Von der Bauakademie zur Technischen Universität Berlin. Geschichte und Zukunft. Eine Ausstellung der Technischen Universität Berlin aus Anlaß des 200. Gründungstages der Bauakademie und des Jubiläums 100 Jahre Promotionsrecht der Technischen Hochschulen; [vom 3. Dezember 1999 bis 30. Januar 2000 in der Technischen Universität Berlin]. Berlin 2000, S. 119-122.

Schütte 2003: Schütte, Friedhelm: Technisches Bildungswesen in Preußen-Deutschland. Aufstieg und Wandel der Technischen Fachschule 1890-1938. Köln, Weimar, Wien, Böhlau 2003.

Schütte 2007: Schütte, Friedhelm: Jahrzehnt der Neuordnung 1890-1901. Die Reform des technischen und allgemeinen Bildungssystems in Deutschland. Berufspädagogische Anmerkungen zu einem bildungshistorisch ‚disparaten' Forschungsfeld. In: Zeitschrift für Pädagogik 53 (2007) 4. S. 544-561.

Schütte 2010: Schütte, Friedhelm: Berufsbildung in der Gründungsphase. Kaiserreich und Weimarer Republik. In: Büchter, Karin (Hrsg.): Enzyklopädie Erziehungswissenschaft Online. Fachgebiet: Berufs- und Wirtschaftspädagogik, Berufsbildungsgeschichte als Gegenstand der Berufs- und Wirtschaftspädagogik. Weinheim, München 2010, S. 1-39.

Seidl et al. 2001: Seidl, Andreas/ Michels, Stefan/ Dauer, Gerd/ Bruder, Wolfgang: Zukunft Masskonfektion. Frankfurt am Main 2001.

Seligman 1996: Seligman, Kevin L.: Cutting for All. The Sartorial Arts, Related Crafts and the Commercial Paper Pattern. A Bibliographical Reference Guide for Designers, Technicians and Historians. Carbondale/ Illinois 1996.

Sennett 2012: Sennett, Richard: Handwerk. Berlin 2012 (4. Aufl.).

Soanes/ Hawker 2006: Soanes, Catherine/ Hawker, Sara (Hrsg.): Compact Oxford English Dictionary for University and College Students. Oxford 2006.

Sprenger 2010: Sprenger, Ruth: Die hohe Kunst der Herrenkleidermacher. Tradition und Selbstverständnis eines Meisterhandwerks. Wien, Köln, Weimar 2010 (2. Aufl.).

Staubermann 2012: Staubermann, Klaus (Hrsg.): Reconstructions. Recreating Science and Technology of the Past. Edinburgh 2012.

Stehr 1994: Stehr, Nico: Arbeit, Eigentum und Wissen. Zur Theorie von Wissensgesellschaften. Frankfurt am Main 1994.

Stöger 2011: Stöger, Georg: Sekundäre Märkte? Zum Wiener und Salzburger Gebrauchtwarenhandel im 17. und 18. Jahrhundert. Wien, Köln, Weimar 2011.

Stollberg-Rilinger 2005: Stollberg-Rilinger, Barbara: Politische und soziale Physiognomie des aufgeklärten Zeitalters. In: Hammerstein, Notker/ Herrmann, Ulrich (Hrsg.): Handbuch der deutschen Bildungsgeschichte. Band II. 18. Jahrhundert. Vom späten 17. Jahrhundert bis zur Neuordnung Deutschlands um 1800. München 2005, S. 1-32.

Stratmann 1987: Stratmann, Karlwilhelm: Betriebliche Berufsausbildung. In: Jeismann, Karl-Ernst/ Lundgreen, Peter: Handbuch der deutschen Bildungsgeschichte. Band III. 1800-1870. Von der Neuordnung Deutschlands bis zur Gründung des Deutschen Reiches. München 1987, S. 271-281.

Thiel 2010: Thiel, Erika: Geschichte des Kostüms. Die Europäische Mode von den Anfängen bis zur Gegenwart. Leipzig 2010 (9. Aufl.).

Thöne 1986: Thöne, Dietrich: Rechnergestützte Modell- und Schnittentwicklung. In: Rieser, Willi/ Schierbaum, Wilfried: Jahrbuch der Bekleidungsindustrie 1986. Berlin 1986, S. 99-111.

Ungern-Sternberg 1987: Ungern-Sternberg, Wolfang von: Medien. In: Jeismann, Karl-Ernst/ Lundgreen, Peter: Handbuch der deutschen Bildungsgeschichte. Band III. 1800-1870. Von der Neuordnung Deutschlands bis zur Gründung des Deutschen Reiches. München 1987, S. 380-418.

Valleriani 2017a: Valleriani, Matteo (Hrsg.): The Structures of Practical Knowledge. Cham (Schweiz) 2017.

Valleriani 2017b: Valleriani, Matteo: The Epistemology of Practical Knoweldge. In: Valleriani, Matteo (Hrsg.): The Structures of Practical Knowledge. Cham (Schweiz) 2017.

Vogel 2004: Vogel, Jakob: Von der Wissenschafts- und Wissensgeschichte. Für eine Historisierung der »Wissensgesellschaft«. In: Geschichte und Gesellschaft. Zeitschrift für historische Sozialwissenschaft 30 (2004), S. 639-660.

Wahle 2010: Wahle, Manfred: Handwerkerbildung im 19. Jahrhundert. In: Zehner, Christine: Enzyklopädie Erziehungswissenschaft Online. Fachgebiet: Erwachsenenbildung, Geschichte der Erwachsenenbildung. Weinheim, München 2010, S. 1-28.

Waugh 1964: Waugh, Norah: The Cut of Men's Clothes. 1600-1900. London 1964.

Wefeld 1988: Wefeld, Hans Joachim: Ingenieure aus Berlin. 300 Jahre technisches Schulwesen. Berlin 1988.

Westphal 1992: Westphal, Uwe: Berliner Konfektion und Mode 1836-1939. Die Zerstörung einer Tradition. Berlin 1992.

Wilson 2012: Wilson, Catherine: Wissen. In: Enzyklopädie der Neuzeit, Band 15. Stuttgart 2012, S. 1-30.

Zander-Seidel 1990: Zander-Seidel, Jutta: Textiler Hausrat. Kleidung und Haustextilien in Nürnberg von 1500-1650, München 1990.

Zander-Seidel 1991: Zander-Seidel, Jutta: Ready-to-Wear Clothing in Germany in the Sixteenth and Seventeenth Centuries: New Ready-Made Garments and Second-Hand Clothes Trade. In: Per una storia della moda pronto: problemi e ricerche; atti del V convegno internazionale del CISST, Milano 26 - 28 febbraio 1990. Firenze 1991, S. 9-16.

Zeitschriften

Der Beobachter 1871: Der Beobachter deutscher, französischer und englischer Herrenmoden. 2. fachmännisches Zweigorgan der Europäischen Moden-Akademie/ Expedition der Europäischen Herrenmoden. Verlag Klemm & Weiss Dresden. 1. 1871 – 12. 1871.

Die elegante Herren-Mode 1893: Die elegante Herren-Mode. M. Müller's Moden-Journal. Organ der Deutschen Bekleidungs-Akademie München. 1. – 3. 1893.

Die Rundschau 1920: Die Rundschau für das gesamte Deutsche Schneidergewerbe. Führende Fachzeitschrift der Herren-, Damen-, Uniformen-, Livrée- und Lieferungs-Schneiderei. Verlag der Zeitungsgesellschaft für das Schneidergewerbe. 1. 1920.

Europäische Modenzeitung 1852: Europäische Modenzeitung für Herrengarderobe: Hauptorgan des deutschen, französischen und englischen Modegeschmacks. Verlag Klemm & Weiß Dresden. 1. 1852 – 12. 1852.

Europäische Modenzeitung 1853: Europäische Modenzeitung für Herrengarderobe: Hauptorgan des deutschen, französischen und englischen Modegeschmacks. Verlag Klemm & Weiß Dresden. 1. 1853 – 12. 1853.

Europäische Modenzeitung 1854: Europäische Modenzeitung für Herrengarderobe: Hauptorgan des deutschen, französischen und englischen Modegeschmacks. Verlag Klemm & Weiß Dresden. 1. 1854 – 12. 1854.

Europäische Modenzeitung 1855: Europäische Modenzeitung für Herrengarderobe: Hauptorgan des deutschen, französischen und englischen Modegeschmacks. Verlag Klemm & Weiß Dresden. 1. 1855 – 12. 1855.

Europäische Modenzeitung 1856: Europäische Modenzeitung für Herrengarderobe: Hauptorgan des deutschen, französischen und englischen Modegeschmacks. Verlag Klemm & Weiß Dresden. 1. 1856, 7. – 12. 1856.

Europäische Modenzeitung 1857: Europäische Modenzeitung für Herrengarderobe: Hauptorgan des deutschen, französischen und englischen Modegeschmacks. Verlag Klemm & Weiß Dresden. 1. 1857 – 12. 1857.

Europäische Modenzeitung 1858: Europäische Modenzeitung für Herrengarderobe: Hauptorgan des deutschen, französischen und englischen Modegeschmacks. Verlag Klemm & Weiß Dresden. 1. 1858 – 12. 1858.

Europäische Modenzeitung 1859: Europäische Modenzeitung für Herrengarderobe: Hauptorgan des deutschen, französischen und englischen Modegeschmacks. Verlag Klemm & Weiß Dresden. 1. 1859 – 12. 1859.

Europäische Modenzeitung 1860: Europäische Modenzeitung für Herrengarderobe: Hauptorgan des deutschen, französischen und englischen Modegeschmacks. Verlag Klemm & Weiß Dresden. 4. 1860 – 5. 1860.

Europäische Modenzeitung 1861: Europäische Modenzeitung für Herrengarderobe: Hauptorgan des deutschen, französischen und englischen Modegeschmacks. Verlag Klemm & Weiß Dresden. 1. 1861 – 12. 1861.

Europäische Modenzeitung 1862: Europäische Modenzeitung für Herrengarderobe: Hauptorgan des deutschen, französischen und englischen Modegeschmacks. Verlag Klemm & Weiß Dresden. 1. 1862 – 12. 1862.

Europäische Modenzeitung 1882: Europäische Modenzeitung für Herrengarderobe: Hauptorgan des deutschen, französischen und englischen Modegeschmacks. Verlag Klemm & Weiß Dresden. 1. 1882 – 12. 1882.

Europäische Modenzeitung 1883: Europäische Modenzeitung für Herrengarderobe: Hauptorgan des deutschen, französischen und englischen Modegeschmacks. Verlag Klemm & Weiß Dresden. 1. 1883 – 12. 1883.

Europäische Modenzeitung 1891: Europäische Modenzeitung für Herrengarderobe: Hauptorgan des deutschen, französischen und englischen Modegeschmacks. Verlag Klemm & Weiß Dresden. 1. 1891 – 12. 1891.

Europäische Modenzeitung 1892: Europäische Modenzeitung für Herrengarderobe: Hauptorgan des deutschen, französischen und englischen Modegeschmacks. Verlag Klemm & Weiß Dresden. 1. 1892 – 12. 1892.

Journal des Luxus und der Moden. Bertuch, Friedrich Justin (Hrsg.): Journal des Luxus und der Moden. Weimar 1786-1827. (Online verfügbar unter: http://zs.thulb.uni-jena.de/receive/jportal_jpjournal_00000029).

Rundschau 2018a: Rundschau 2018. Die Fachzeitschrift für internationale Damenmode und Schnitt-Technik. 1-2/ 2018. Rundschau Verlag München 2018.

Rundschau 2018b: Rundschau. Die Fachzeitschrift für internationale Herrenmode und Schnitt-Technik. 1-2/ 2018. Rundschau Verlag München 2018.

Zentralorgan des ADAV 1906: Zentralorgan des Allgemeinen Deutschen Arbeitgeber-Verbandes für das Schneidergewerbe (ADAV). Nr. 5, Nr. 6, Nr. 14, Nr. 30 – 32. 5. Jahrgang. 1906.

Internetquellen

Brigitte: https://www.brigitte.de/. Abgerufen am 13.03.2018.

Burda 2018a: Verlag Aenne Burda. Burda Style. Online-Shop für Schnittmuster/ Online-Magazin: https://beta.burdastyle.de/. Abgerufen am 14.03.2018.

Burda 2018b: Verlag Aenne Burda: Aenne Burda. Vorbild ganzer Generationen! Der Verlag Aenne Burda: https://www.burdastyle.de/wir-ueber-uns/. Abgerufen am 14.03.2018.

Commercial Pattern Archive: http://copa.apps.uri.edu/index.php. Abgerufen am 22.12.2017.

Costume Antique: http://www.costumeantique.de. Abgerufen am 22.11.2017.

CUT. Leute machen Kleider: http://www.cut-magazine.com/. Abgerufen am 22.11.2017.

Deutsches Historisches Museum. Fashioning *fashion* – Europäische Moden 1700 – 1915: http://www.dhm.de/archiv/ausstellungen/fashioning-fashion/. Abgerufen am 22.11.2017.

Deutsche Nationalbibliothek. Klemm-Sammlung: http://www.dnb.de/DE/DBSM/Bestaende/KlemmSammlung/klemmsammlung_node.html. Abgerufen am 16.03.2018.

Deutsches Technikmuseum. Abteilung Textiltechnik: http://sdtb.de/Textiltechnik.90.0.html. Abgerufen am 22.11.2017.

Elle: http://www.elle.de/. Abgerufen am 13.032018.

Erzabtei St. Ottilien. Nähmaschinen Museum: https://web.archive.org/web/20090603195111/http://www.erzabtei.de/html/Aktuelles/Pres se/2007/11/naehmaschinenmuseum.html. Abgerufen am 15.03.2018.

Grafis CAD Software: http://www.grafis.com/files/Downloads/Infomaterial/Prospekt%20V12_DE_web.pdf. Abgerufen am 22.02.2018.

Hantzsch 1906: Hantzsch, Viktor: »Klemm, Heinrich«. In: Allgemeine Deutsche Biographie 51 (1906). https://www.deutsche-biographie.de/pnd116222034.html#adbcontent. Abgerufen am 08.03.2018.

Hochschule für Technik und Wirtschaft Berlin 2013: Hochschule für Technik und Wirtschaft Berlin. Forschungsprojekt: Entwicklung einer Matching-Technologie zur online-basierten Passform- und Größenempfehlung von Konfektionskleidung auf Basis individueller Kundenkörpermaße aus der Web-Cam-Vermessungstechnologie, Bekleidungsstückdaten und persönlicher Präferenzen (Matching). Projektlaufzeit 01.03.2012 - 30.06.2013: http://www.htw-berlin.de/forschung/online-forschungskatalog/projekte/projekt/?eid=1903. Abgerufen am 13.03.2018.

Hochschule für Technik und Wirtschaft Berlin 2015. Hochschule für Technik und Wirtschaft Berlin Forschungsprojekt: Digitalisierung und Erschließung der Stoffmusterbücher des Historischen Archivs der HTW Berlin (DESSIN - Stoffmuster digital). Projektlaufzeit 01.04.2013 - 30.09.2015: https://www.htw-berlin.de/forschung/online-forschungskatalog/projekte/projekt/?eid=1897. Abgerufen am 13.03.2018.

Hochschule für Technik und Wirtschaft Berlin 2018a: Hochschule für Technik und Wirtschaft Berlin. Studiengang Bekleidungstechnik/ Konfektion: https://btk-bachelor.htw-berlin.de. Abgerufen am 15.03.2018.

Hochschule für Technik und Wirtschaft Berlin 2018b: Hochschule für Technik und Wirtschaft Berlin. Studiengang Modedesign: https://md-bachelor.htw-berlin.de. Abgerufen am 15.03.2018.

Hochschule für Technik und Wirtschaft Berlin 2018c: Hochschule für Technik und Wirtschaft Berlin. Forschungsprojekt: Die Sammlung Poser - Erschließung und Digitalisierung (Sammlung Poser). Projektlaufzeit 01.10.2017 - 31.12.2018: https://www.htw-berlin.de/forschung/online-forschungskatalog/projekte/projekt/?eid=2463. Abgerufen am 13.03.2018.

Hochschule Niederrhein 2011: Ressort Forschung und Transfer der Hochschule Niederrhein (Hrsg.): Wissen für Wirtschaft. Institute und Kompetenzzentren als Partner von Unternehmen und Kommunen: https://www.hs-niederrhein.de/fileadmin/dateien/alle/Forschung_und_Transfer/Wissen-für-Wirtschaft_2011-08-26-FINAL_WEB_2.pdf. Abgerufen am 14.03.2018.

Hochschule Reutlingen. Geschichte der Hochschule Reutlingen: https://www.reutlingen-university.de/uploads/media/HR_Fest_Broschuere_Historie_01.pdf. Abgerufen am 13.03.2018.

Hohenstein Institute 2014: Hohenstein Institute. Pressemitteilung: Passend für jede Zielgruppe. Fakten und Hintergründe zu den Konfektionsgrößen in Deutschland. 04.11.2014: https://www.hohenstein.de/de/inline/pressrelease_54785.xhtml. Abgerufen am 22.02.2018.

Hohenstein Institute 2016: Hohenstein Institute: Projekt: Erarbeitung einer durchgängigen Prozesskette zur Kopplung von virtuellen 3D-Modellen und 3D-Basiskonstruktion an die 2D-Modellschnittentwicklung: https://www.hohenstein.de/media/forschungsprojekte/Virtuelle_3D_Modelle_IGF_18223 BG.pdf. Abgerufen am 05.01.2018.

Human Solutions 2018a: Human Solutions. Size World – North America: https://www.human-solutions.com/mobility/front_content.php. Abgerufen am 13.03.2018.

Human Solutions 2018b: Human Solutions. Der Innovative mit Realitätsplus. Farb-Scannen mit erweitertem Scanvolumen für neue Geschäftsmodelle für Handel, Berufsbekleidung oder Hersteller: https://www.human-solutions.com/fashion/front_content.php?idcat=812&lang=5. Abgerufen am 13.03.2018.

Lette Verein e.V.: Lette Verein Berlin. Berufsausbildung seit 1866: http://www.letteverein.berlin/ueber-uns/profil/. Abgerufen am 13.03.2018.

MIRALab. Welcome to MIRALab – Where research means creativity: http://www.miralab.ch/about/about/. Abgerufen am 14.03.2018.

Modemuseum Meyenburg: Modemuseum Schloss Meyenburg e.V.: Sammlung Josefine Edle von Krepl: http://www.modemuseum-schloss-meyenburg.de/. Abgerufen am 22.11.2017.

Sächsische Landes- und Universitätsbibliothek: Digitale Sammlung. Historische textiltechnische Fachliteratur: http://digital.slub-dresden.de/listenansicht/. Abgerufen am 14.03.2018.

Müller & Sohn Düsseldorf: M. Müller & Sohn. Fachschule für Mode und Schnitttechnik in Düsseldorf. Historie – Unsere Tradition ist maßgebend: http://www.mms-schule.de/historie.php. Abgerufen am 22.11.2017.

Musée du Chapeau: »Der Conformateur«: http://musee-du-chapeau.ch/index.php?chapeaux=fab/chapeaux-3&cat=thematique&language=german. Abgerufen am 22.02.2018.

Nationalbibliothek der Tschechischen Republik: Katalogsuche nach Vendelín Mottl: https://aleph.nkp.cz/F/NMFSSISCQPM2I5VGV3DRKVTDXIJFB5GUAM3K47T4QCG N48CY3T-21200?func=find-b&find_code=WRD&x=0&y=0&request=Vendelin+Mottl&filter_code_1=WTP&filter_r equest_1=&adjacent=N. Abgerufen am 14.03.2018.

OSZ Bekleidung und Mode: Oberstufenzentrum Bekleidung und Mode. Bildungsgänge: http://www.osz-bekleidung-mode.de/?Bildungsgaenge. Abgerufen am 14.03.2018.

SizeGERMANY. Die deutsche Reihenmessung: https://portal.sizegermany.de/SizeGermany/pages/home.seam. Abgerufen am 14.03.2018.

Textilkultur in Krefeld: Rösner, Angelika: Kultur in Krefeld: http://kultur-in-krefeld.de/kulturhistorie/design/textilgestaltung. Abgerufen am 13.03.2018.

Textilwerk Bocholt: LWL-Industriemuseum. Westfälisches Landesmuseum für Industriekultur. Textilwerk Bocholt: http://www.lwl.org/LWL/Kultur/wim/portal/S/bocholt/ort/. Abgerufen am 14.03.2018.

TextilWirtschaft: TextilWirtschaft. Business/ Fashion: http://www.textilwirtschaft.de. Abgerufen am 14.03.2018.

TIM Bayern: Staatliches Textil- und Industriemuseum Augsburg. Dauerausstellung: http://www.timbayern.de/ausstellung/dauerausstellung/. Abgerufen am 15.03.2018.

Universität Dortmund: Institut für Kunst und materielle Kultur. Seminar für Kulturanthropologie des Textilen: http://www.fb16.tu-dortmund.de/textil/01_bereiche/kulturanthropologie.html. Abgerufen am 22.11.2017.

Universität Paderborn: Kulturwissenschaftliche Fakultät. Institut Kunst/ Musik/ Textil. Fach Textil: https://kw.uni-paderborn.de/fach-textil/ Abgerufen am 14.03.2018.

Vogue: http://www.vogue.de/ Abgerufen am 13.03.2018.

Unveröffentlichte Quellen

Mallwitz o. J.: Mallwitz, Christian Peter: Die Europäische Modenakademie in der Äußeren Neustadt zu Dresden. Präsentation für historische Stadtführungen durch Dresden. o. J. (Powerpoint-Präsentation). [Christian Peter Mallwitz – Dresden – Freistaat Sachsen. Stadtführungen, Bildvorträge, Fotodokumentation: http://www.mallwitz-dresden.de]. Abgerufen am 14.03.2018.

Danksagung

Seit mein Sohn laufen kann, besuchen wir regelmäßig das Deutsche Technikmuseum in Berlin. Von besonderem Interesse ist für mich die Abteilung Textiltechnik. Die historische Entwicklung der textilen Flächengestaltung und der damit einhergehende technische Wandel bilden hierbei die Verbindung von Kunst und Technik, zwischen Maschinen, Produkten und Menschen ab. Nicht weit entfernt befindet sich ein weiterer Ausstellungsbereich, der sich der Evolution der Computertechnologie und dem Beginn des Computerzeitalters widmet. Als Ingenieurin für Bekleidungstechnik mit Schwerpunkt Schnittgestaltung kam mir bei einem unserer Besuche der Gedanke, dass die Zuschneidekunst bzw. Schnitttechnik einen entsprechenden Raum in der musealen Präsentation verdient hätte. Als wesentlicher Bereich der Bekleidungstechnik bildet diese ebenso die Verbindung von Menschen, Maschinen, Produkten und den Brückenschlag zwischen Technik und Kunst ab, während die Weiterentwicklung der Schnitttechnik zudem gekoppelt ist an Innovationen im Bereich der Computertechnologien.

Nach langjähriger Berufserfahrung in der Bekleidungsindustrie sowie in der Hochschullehre habe ich in diesem Kontext meine Begeisterung für die Forschung entdeckt und mich entschieden, im Rahmen einer Promotion die Geschichte der Zuschneidekunst im Schneiderhandwerk zu untersuchen. Die vorliegende Dissertation ist das Ergebnis eines inspirierenden Forschungsprozesses, für den ich sehr dankbar bin. Über die Erschließung des äußerst spannenden Quellenmaterials des 19. Jahrhunderts hinaus habe ich einen Dialog mit den Zuschneidern führen können. Durch diesen Dialog konnte ich zum einen technische Innovationen und Entwicklungen in der Bekleidungstechnik reflektieren und habe zum anderen mein Interesse an der Bewahrung, Vermittlung und Erforschung des Handwerks entdeckt. Vor diesem Hintergrund habe ich 2019 einen Verlag gegründet, in dem nun diese Arbeit veröffentlicht ist.

Mein Dank gebührt nun den Menschen, die mich vor und während der Promotion unterstützt und begleitet haben. Insbesondere danke ich Prof. Dr. Marcus Popplow (Institut für Technikzukünfte/ Department für Geschichte, KIT Karlsruhe) für die Betreuung und das Vertrauen in das Gelingen meiner Arbeit. Stets betonte er den Mehrwert meiner berufspraktischen Expertisen in der Bekleidungsindustrie für diese technikhistorische Studie. Dankbar bin ich für seine konstruktive Kritik und seine Anregungen sowie für den Freiraum, meinen eigenen Weg zu gehen. Ebenso gilt mein Dank Prof. Dr. Haffner (Museumskunde, HTW Berlin), die mir stets mit klaren und inspirierenden Worten zur Seite stand.

Ohne die ideelle und finanzielle Unterstützung der Hochschule für Technik und Wirtschaft Berlin wäre diese Arbeit nicht zustande gekommen. Ermutigt und unterstützt hat mich insbesondere Edda Wilde, ehemalige Promotionsberaterin der HTW. Hilfreich waren in diesem Zusammenhang auch die begleitenden Workshops, die ich als Stipendiatin des Berliner Programms zur Förderung der Chancengleichheit für Frauen in Forschung und Lehre, im Projekt: „Qualifizierung und Professionalisierung von Frauen für eine Professur an Hochschulen", besuchen konnte. Zudem danke ich Dr. Ulrike Richter für die vertrauensvolle Begleitung und ebenso den weiteren Stipendiatinnen, mit denen ich stets offen über die Herausforderungen während der Promotion sprechen konnte.

Dr. Franziska Ebert danke ich für die Durchsicht meiner Arbeit während der Manuskripterstellung.

Darüber hinaus danke ich von Herzen meiner Familie, insbesondere meiner Mutter Annette Heiber, meinem Mann Richard Weiß und meinem Sohn Emil. Stets haben sie an mich und die Relevanz meiner Forschung geglaubt und mich bestätigt, diesen Weg zu gehen und nun auch fortzusetzen. Diese Arbeit ist meiner Familie gewidmet.